王元化传

吴琦幸 著

清园百年书系

上海教育出版社

目录

序曲　命名[①]（1920）

我 本 楚 人

上海的气候，似乎只有两个季节，冬季和夏季。湿冷的冬季和酷热的夏季占据着一年的主要时段，温馨可爱的春天和爽朗干燥的秋季像小时候玩躲猫猫那样忽闪着，还没有品味到它们的好处就溜走了。在上海已经生活了大半辈子的王元化在他的闲谈中曾经这样评价这座城市的气候，而这也是他父亲——在上海居住了半辈子的北方交大退休教授王芳荃当年这样告诉王元化的。

1993年9月23日，一个难得的晴朗天气，上海摆脱了不久前的连日高温和湿热，进入了短暂的秋高气爽季节。王元化今天早上5点就起床了。看着熟睡中的妻子张可，他轻手轻脚地洗漱完毕，走出家门。车，此刻正等在吴兴路吴兴大楼底下。他登上车，汽车开往附近的富民路，去接他的三姐桂碧清。

昨天他还伏在案上，把在高温下连续一个多月撰写的《杜亚泉与东西文化论战》稿子杀青，交给编辑。现在他们姐弟俩准备到自己的家乡——湖北省荆州市江陵县去寻根。

这一年，王元化73岁，桂碧清76岁，两位古稀老人虽然在成年之后各种表格的籍贯一栏填的都是湖北江陵人氏，但就像很多中国人一样，江陵只是表格上的地名，他们自小跟着家人在外漂泊，从来都没有到过那个地方。王元化出生在湖北武昌，然后北京，然后上海，一生在外奔波。江陵对王元化来说，只是一个符号，但他的内心，却有着化不开的故乡情结，

---

① 取自贝多芬C大调钢琴奏鸣曲《命名日》，作品编号：OP.115 1814。

越到老，这情结越浓烈。

故乡情结，在中国传统文化中保有着一种独特地位，它精确地指向一个人的根，也就是“我从哪儿来”的重大人生问题。与西方文化不同的是，中国的故乡是有意味的形式，代表着性格和精神世界。不要小看这种情结，中国的历史是一种连续性的用文字和传说接续起来的完整图谱，从故乡发现自己性格和性情的来历，对于国人来说，有着心灵上、人格上的认同感。这三千年连贯式的历史传承，串连起浓烈的宗族血缘的认同，世代传承对故乡那种宗教式的虔诚和敬意。中国文化中虽然缺少西方意义的宗教精神，却有故乡崇拜情结。几千年的地域文化，特色鲜明，浓浓的乡情包裹着的是一种性格、身份、情趣，甚至生理上的心心相依，一种摸不透的感觉。

愈到晚年，王元化对故乡的认同意识愈强烈。细细追究这种情结，可以感觉到他愈到晚年，他的中国寻根文化意识逐渐苏醒，愈重视故乡这个标志性的传统文化。不仅是他，很多知识人血液中都流淌着这种传统，挥之不去，即便五四时期激烈地反传统、打倒孔家店的鲁迅、胡适以及当时一大批受他们影响的年轻人，依然秉持着古老的传统。这种对于故乡的眷恋，使人无法超越个人的思想和精神，虽然未必是向往这个故乡给自己的教育和文化，但骨子里的一种寻根意识将每个中国人都带回他所来自的那个地方。我们可以说这就是“故乡崇拜”。

江陵曾经是楚国的都城郢都，那个地方演绎了多少悲壮的历史？出现了多少悲剧英雄？

太史公在撰述这段历史时，用“楚虽三户，亡秦必楚”来凝聚楚国的历史和个性。这个历史古国承受着太沉重的冤屈和不公，最后楚国贵族项羽果然亡秦。王元化对这个传奇般的故乡，早已濡染心印，向往已久，甚至稍稍以此为荣。此刻，他的心情有点激动，姐弟俩在车上用江陵话谈着要去的几个地方，包括外祖父桂美鹏的故居、当年外祖父做牧师传教的教堂、中国第一所分班制教育的美鹏学堂、父亲的老屋、古城墙，等等，满是对于故乡江陵的期待。

王元化跟他的学生和朋友常喜欢在书斋“清园”谈古论今，时不时地会说到故乡，从他的语气和用词中，都可以感受到他为自己是江陵人氏而自豪。他常常说，我是江陵人，江陵古代在郢，曾经做过楚国的国都，又称郢都。我的血液中，融入的是楚国人几千年形成的基因。在秦楚之争中，楚国的结局非常惨烈。楚人的复仇性格决定了这个地域人的特征。史上有“楚虽三户，亡秦必楚”的说法，流传至今。说的是楚人性格中的这种刚烈、倔强和坚毅，王元化也有这种性格，脾气有的时候还很暴烈，常常会无意中得罪人。他常说，这种性格是上一代人传下来的，要改还有点难。①

他认为自己的性格是继承了父亲王芳荃先生。王元化常说父亲人好，正直，淡泊名利；直言自己传承了父亲的很多品性，也包括父亲的暴烈脾气。王元化曾说：“我们家的上代，是一个寡妇拉着两个孩子逃到湖北去的。”这个上代，指的是王元化的曾祖一辈，由曾祖母带着两个孩子从江西逃到湖北。这一支楚人血性刚硬倔强。王元化回忆小时候淘气，有一次，在客厅里，父亲不知为了什么事生了儿子的气，当着客人的面，一个盘子就“哗啦”摔过来，碎了一地，吓得一位姨父赶紧抱住王元化的头。王元化也曾对人说：“我有楚蛮的血液，这是不好的，而且有些可怕，我也觉得不好，但很难克服。”

除了父亲这一系，王元化母亲也是楚人。母亲曾告诉他，外祖父桂美鹏十分刚直。有一次为教会事与外国人争执，外祖父脸涨了个通红，一口气喝了三大碗凉茶才压住火气。②王元化在《癸酉日记》中写道：“小时听父亲说，家乡一带留下不少三国故事的遗迹，什么‘张飞过河一拳一脚’，什么‘咬草崖’等等。前者说的是张飞有急事要过江，受阻过不去，一怒之下，在一块巨石上打了一拳，留下一个比常人拳头大数倍的拳头凹痕，又

---

① 参看吴琦幸：《王元化晚年谈话录》，上海人民出版社 2013 年版；吴琦幸：《王元化谈话录》，上海人民出版社 2015 年版。

② 参见胡晓明：《跨过的岁月——王元化画传》，上海文艺出版社 1999 年版。这是由王元化口述而由其弟子胡晓明执笔撰写的。这段叙述及引用《癸酉日记》的段落在第二版的《王元化画传》（文化艺术出版社 2006 年版）中删去。

踢了一脚，留下一个比常人脚大数倍的脚印。‘咬草崖’也是一种传说，相传关云长一次骑着他那赤兔马，翻越一座险要的山岭，行至悬崖峭壁，无路可走，马咬着青草向上攀登。所以至今那里生长的草，还是没有草尖的。儿时听了这些带有传奇性的故事，真是不禁神往。”①王元化在叙述这些事迹的时候，也许忘记了张飞和关云长并不是楚人，他们只是驻军在楚地的外邦人。但这已经不重要了，他只是强调了这种刚烈急躁的性格。如果以此来观察王元化坎坷传奇的一生，他那种桀骜不驯的性格或许成就他独立、正直和刚烈的一生。而从对楚文化的赞美中，我们不难体会出他对楚人这种性格赞赏的内在思路。

从20世纪80年代末到90年代初，王元化就不断地将自己的重要证书、证件和奖章捐给江陵图书馆和荆州档案馆，其中包括他两次被任命为国务院学位评定委员会学科评议组成员的证书及证章，还捐赠了他父亲王芳荃亲笔所写的《我之祖及我的生平略述》等。王元化又将大量的友朋赠送的签名本著作和他自己所有著述捐赠给故乡的图书馆，总数达三千册之多。江陵县政府的萧旭副县长曾专程到上海拜访王元化，对他的乡梓之情表示感谢，并邀请他和家人在合适的时间到故乡访问。这也正是埋藏在王元化心底的一个愿望，于是他邀约三姐桂碧清同往。

上午7点20分，飞机准时从虹桥机场起飞，抵达武昌机场时萧旭副县长已在机场出口等候。萧副县长将他们送到武昌珞珈山宾馆住下，这里离武汉大学和华中师范大学都不远。

基督教家庭

武昌是王元化的出生地。他的家是一个虔诚的基督教家庭，父亲王芳荃和母亲桂月华都是同一个基督教圣公会的信徒。

① 王元化：《九十年代日记》，浙江人民出版社2001年版，第195页。

1920 年 11 月 30 日午时，王元化出生在武昌市陶家巷一幢两层楼的房子中。王芳荃在北平清华学校教授中等科英语，兼任注册部主任，他为了儿子的出生特地从北京赶回武昌。家中有桂月华和王元化的三个姐姐，九岁的大姐王元霁、七岁的二姐王元美、四岁的三姐桂碧清，另外还有大厨严师傅和保姆黄姨妈。他们这个家位于武昌圣公会基督教圣三一堂旁边一个巷子中，全家靠王芳荃在清华学校每月三百大洋的优厚报酬过着富足的生活。

王芳荃是中国现代最早接受西方文化的一代人，从小在基督教圣公会的学校读书，后留学美国芝加哥大学攻读教育学，回国后在清华学校工作，受西方文化影响颇深，并无男尊女卑的意识。如今，添了一位俊朗的小公子，又是家中的独子，全家都很高兴。该给儿子取一个什么名字呢？此时，岳父桂美鹏已经去世，王芳荃请来了桂美鹏的连襟曾兰友。

武昌的江家是世代书香门第，江氏的两个女儿江国祥和江菊霞，知书达理，颇有大家闺秀风范，分别嫁给曾兰友和桂美鹏。曾兰友与桂美鹏同是基督教圣公会的教友，又是邻居和朋友，这样的联姻，更加深了两人的友谊和感情。19 世纪初期，欧风美雨来袭，西学东渐盛行，西方的新教传教士登陆中国。最早者为 1809 年的马礼逊，他首选的传教地点是中国南方诸城如香港、澳门、广州等地。位于长江重镇的武汉，由于交通便利，水陆兼达，成为中国内陆省份中基督教新教随之传入的地点之一。基督教有不同教派，有的保守一些，有的自由一些。曾兰友和桂美鹏信奉的圣公会一派，属于最重视家庭和教育的一个保守教派。此教原为英国的国教，今天的英国王室即属圣公会一派。这个教派并不崇拜天主教的罗马教皇，而崇奉坎特伯雷大主教，其宗教教义在于新旧之间，重视世俗生活，关心民众疾苦，大力倡导医疗和教育。这一入世的慈善理念逐渐在世界各地得到了反响，尤以北美最盛，很快就发展出了众多的圣公会分会。该会 1835 年进入中国传教，办教育和医院是这个教派的重要工作，发展非常迅速，到19世纪末俨然成为中国规模最大的新教教派。圣公会在武汉兴建了圣保罗座堂、圣约翰堂、圣诞堂、圣米迎勒堂、圣安得烈堂、仁主堂、圣三一堂及圣救世主堂等众多著名教堂，兴办的学校和医院则有武昌文华书院①、彭刘杨路上的同仁医院等。曾兰友于1910年筹资创建了基督教圣公会武昌圣三一堂(Trinity Church)，并成为首任堂牧。这座教堂位于今武汉市解放路363号，是武汉基督教堂中容量最大的一座，可同时容纳上千人做礼拜。曾兰友不仅主持这座教堂，同时创办了位于教堂边的三一小学，还兼任武昌文华书院校董。教堂的遗迹至今仍部分矗立在武汉市解放路口陶家巷附近的繁华商业区，教堂的一些建筑曾在新中国成立后改建为小学，虽已无法辨认出教堂的原貌，但保存了完好的门廊大厅。正门是一个中式飞檐翘角的高大圆形建筑，充分结合了中西式的特点。这也是武汉仅存的三座中西合璧的大教堂之一。

曾兰友一家居住在圣三一堂院内。夫妇二人共育有八个子女，也全部出生在这座教堂里。②曾、桂两家世代住在这个地区。1880年，桂美鹏被圣公会派到沙市创建圣公会教堂和学校，后被委任为鄂西片区的牧师和第一任华人圣公会会长。于是他在沙市建了房子，全家定居在那里。1911年桂美鹏在沙市去世，该市将桂美鹏创建的圣公堂所在地的路命名为美鹏路，桂美鹏遗孀、王元化的外祖母江太夫人率全家从沙市搬回到武昌，从此一家人生活在武昌的陶家巷桂家旧居。

---

① 武昌文华大学、文华中学以及华中师大的前身，由美国圣公会创办于1871年10月20日，初为男童寄宿学校，名叫文惠廉纪念学堂，中文校名为文华书院，英文名Boone Memorial School。1890年增设高中，成为六年制完全中学。1901年翟雅各任院长之后，发展迅速。1903年又增设大学部，1910年设文华公书林(为武汉最早的现代图书馆)，逐步发展成文华大学。1924年改名为华中大学，后改为华中师范大学。

② 圣三一堂名字的来历是基督教义中的三位一体，即圣父、圣子、圣灵三位一体。所以很多教堂就会叫三一教堂。最著名的圣三一教堂为纽约三一教堂，位于纽约市曼哈顿下城的百老汇大道79号(百老汇大道与华尔街的交会处)，是圣公会纽约教区的一座古老的堂区教堂。1696年，英国圣公会购买这块土地兴建新教堂。为曼哈顿当时下城最高的建筑及哥特复兴式建筑的经典，1976年被列入美国国家史迹名录。

名字的来历

曾兰友按照基督教的仪式，为王元化施洗，并在圣三一堂亲自主持洗礼。曾、桂两家关系极好，王家孩子的名字均由曾兰友所取，以“元”字作为辈分之序。此次，王芳荃郑重地烦求曾兰友为儿子取名。就像很多旧式文人一样，曾兰友旧学淹博，先是为王家小儿卜一卦，卦象为“恒，巽下震上”，卦辞说“恒，亨，无咎，利贞，利有攸往”。是一个吉卦。其象曰：“恒，久也。刚上而柔下，雷风相与，巽而动，刚柔皆应，恒。恒，亨，无咎，利贞，久于其道也。天地之道，恒久而不已也，利有攸往，终则有始也，日月得天而能久照，四时变化而能久成，圣人久于其道而天下化成，观其所恒而天地万物之情可见矣。”于是取名“元化”。①

玩味这个卦象，其核心意思便是天地万物永恒存在，得日月四时的变化延续下去。其中最重要的是一个“化”字，竟预示着生命中充满奇特的变化。这种变化，正是由于个人的恒久而不已，贯穿始终的恒心和意志。曾兰友将中国传统文化和基督教文化结合在一起，愿这个孩子持恒久之道，为人立言。

曾兰友取名颇喜用数字，大概跟他的圣三一教堂这个外来名字有关。他在王元化的三个字上皆取四画一字。他给自己的男孩取名，也喜用数字。曾兰友的八个孩子，五男三女，五个儿子从长到幼分别为曾宪五、曾宪三、曾宪一、曾宪九、曾宪七，女儿则为曾宪章、曾宪文、曾宪华。有意无意中将一到九的单数全囊括了。中国文化中，单数为阳，双数为阴。故男

---

① 元化一词，也有寺庙所用。笔者近年去浙江新昌大佛寺寻找刘勰为大佛所撰的碑文，意外发现该处有一座“元化寺”，后改为千佛禅院。《嘉泰会稽志》载：“七宝院，旧元化寺，东晋高僧于法兰建，与石城隐岳鼎足而立。”刘勰《梁建安王造剡山石城寺石像碑》将建寺年代为石城隐岳寺之后：“后兰公创寺号曰元化，兹密迩石城，而拱木高阻，似石桥之天断，犹桃源之地绝。”

儿用单数。细观这些数字的排列，也颇有讲究。曾宪五、曾宪三名字中的“五”和“三”取自孙中山先生的“五权宪法”“三民主义”，足见曾兰友对中山先生倡导的“自由、平等、博爱”的向往和追求。老三曾宪一生于1911年，当年辛亥革命爆发，推翻了清王朝帝制，开启了民国元年，其名字中的“一”寓意“一统中国”。曾宪九的“九”字，则取自《礼记》中的“九锡”。“锡”通“赐”，“九锡”是指天子赐给诸侯、大臣有殊勋者的九种器用之物，有最高礼遇的寓意，表达着父亲对这个儿子的疼爱和厚望。“宪章”“宪文”“宪华”一方面是曾父对所钟爱的基督教文华学院教育的纪念，更表达出对中华典章文明源远流长的自豪。①

晚年王元化并不讳言自己出生在一个基督教家庭，但王元化较少谈起他小时候曾受过基督教的洗礼，是一名真正的基督徒，从懂事起即去教堂礼拜，对于《圣经》十分熟悉，从小在家都保持宗教礼拜形式，例如饭前祷告，讲圣经故事等。1938年他加入中国共产党之后便放弃了原先的信仰。

父亲王芳荃

王元化的父亲王芳荃，原名王房全，字维周。清光绪六年(1880)六

① 曾家儿女都是中国早期得西方风气之先的知识分子。大哥曾宪五又名曾定夫，生于1898年，中学就读于武汉文华中学；上海圣约翰大学医预科毕业后，赴美、英等国留学，主修内科临床；回国后先后担任武汉同仁医院院长和重庆宽仁医院院长，成为20世纪三四十年代国统区著名的内科医生。大姐曾宪章，1924年毕业于北京协和医学院高级护士学校。这所1920年开办的中国第一所高等护士学校，从高中毕业生中招收学生，经考试择优录取。第一班只招了数人，学习过程中多数中途退学、转学，第一届学生毕业时，全班只剩曾宪章一人。曾宪七出生于1919年，在其父兄熏陶下，自幼喜爱艺术。17岁时入南京中央大学艺术系，抗战时随校迁往重庆，师承徐悲鸿、吴作人、傅抱石、张书旂、黄君璧等大师；毕业后曾留校任教；1946年越洋就读于美国哈佛文理研究院，专攻西洋与东方艺术史；毕业后任职于波士顿美术馆，直至因眼伤退休。曾宪九出生于1914年，中国外科专家。1940年毕业于北平协和医学院，获美国纽约州立大学医学博士学位，留校任外科医师。他培养了许多优秀的外科医师，主编《医学百科全书·腹部外科分册》。曾宪文毕业于圣约翰大学，后担任波士顿大学图书馆员，嫁给裘开明(哈佛大学燕京图书馆馆长)。

月，出生于湖北沙市一个贫民家庭。他家祖籍江西，在清朝“湖广填四川，江西填两湖”时迁来湖北。王芳荃曾对王元化说过家史，说是“一个寡妇带着两个儿子从江西闯湖北”，就是指当年王芳荃的祖母带着儿子从江西逃难到湖北江陵的故事。这样一个刚烈的画面，常常会在年幼王元化的心中引起遐想：漫漫红土路上，绵延的丘陵起伏，一位重负着家庭命脉的妇女，领着年幼的孩子，坚定地向着希望走去，最后来到了湖北江陵。生活的艰难困苦，是可以想见的。王芳荃的父亲幼年得了一场大病，由于家贫而耽误了救治，以致吃错了药，由聋致哑。但他身体健壮，聪颖伶俐，为家庭所迫，很早就在沙市码头上当了搬运工。

19 世纪的沙市是长江沿岸的重要码头，清朝末年已经成为中华大地的棉花、粮食转运、交易中心，中日 1895 年签订《马关条约》，日本人点名要求在沙市开埠。此后十年，沙市逐渐成为湖北最发达的新兴城市，居然有“小汉口”之称。王芳荃的父亲成年后，与同是聋哑人的母亲结婚，王芳荃是家中唯一的儿子。家境的困厄、生活的拮据并没有泯灭其父的天资禀赋，他心灵手巧，有艺术的天赋。虽然干的是体力活，偶得闲暇还会画画、写毛笔字，有时候还用当地的土产加工成日用品，那黄灿灿、软绵绵的柚子皮经过他灵巧的手反复揉捏加工，定型晾干后可制作成六面香炉、供盆和果盒等。他的画作简洁传神，有一次，画了一个樵夫担着一担枯柴回家，生动传神，给儿时的王芳荃留下很深的印象。

王芳荃的父亲还是地方上划龙船、耍龙灯的一把好手。荆楚大地，河汉纵横，自古以来就有在端午节划龙船以祭祀先贤屈原的传统。父亲尽管听聪闭塞，当桨手难以辨听号子，但是他当掌艄人却是一把高手；耍起龙灯来，总是担任舞绣球的重要角色，在他的引领下，龙灯队的小伙子们把一条金龙舞得上下盘旋，腾跃翻飞，常常引来围观群众的一片喝彩。

1880 年王芳荃出生时，家里一贫如洗，父亲每日去码头扛包，母亲在家做一些家务。小小年纪的王芳荃就帮父母料理营生，他每天提着一个小藤篮，装上一些瓜子、花生、米子糖，到附近的学堂门口去卖，一天跑下来，挣得十来个铜钱交给母亲贴补家用。

渐渐地，王芳荃长大，到了八岁，该上学了的时候，家中的顶梁柱却突然倒塌。父亲意外受伤，病卧床上，生活难以为继。事发那日，父亲在码头上工作，见一个驻防的旗人在码头上欺负瘦弱的工友，父亲打抱不平，出手相助，却被那壮硕的兵丁打伤了腰，以致无法起身而只能卧在床上，慢慢丧失了劳动能力。王芳荃全家三人的生活来源就落在王芳荃的身上。八九岁的孩子，只身挑起全家生活的重担，全天候出外贩售果子、零食来维持生计。

沙市处于长江中游地区，交通方便，南来北往，人流如织，这个长江的重要码头，其繁华程度远超荆州，直逼武昌、汉口，是当时中国的重要商业城市。王芳荃每天出外，最喜欢去的地方则是美鹏路上的一个学堂。学堂中有很多读书的孩子，他一边出售零食、糖果，一边也在那里看孩子们上学。那琅琅书声，整齐的书包，充满着知识能量的课堂，都吸引小芳荃，让他不愿意挪动脚步离开。后来，他干脆就在教室外边听课，向往知识、渴望受教育的童心渐渐发芽，常常在外一听就是大半天。长此以往，他居然能够跟学生们一样认字读写。教堂的孩子们一下课，就会拥到王芳荃的小卖篮子旁，向他购买零食。

这所学堂就是美鹏学堂，是王芳荃后来的岳父桂美鹏创办、圣公会教堂的附属学堂。这条路当年叫作“美鹏路”，新中国成立后改称新沙路，学堂和教堂的建筑全部铲除，在原址改建成新沙路小学。唯一留下的是当年竖立在教堂门口的石碑，约一米半，现置放在该校教学楼的二楼走廊，用一个巨大的玻璃罩罩住，上面刻着桂美鹏亲笔书写的“圣公堂”三个大字。观其笔触、风格竟与王元化的书法极像。可惜王氏姐弟这次来到江陵和沙市并没有找到这个教堂的遗址，也就没有看到留下的这一遗迹。

1885 年建立的圣公堂在当年沙市是数一数二的建筑。美鹏学堂则是第一个新式的分班式学堂，在当年湖北首开风气，打破了传统中国混合教学的私塾教育方式。小小的王芳荃在门外听了不少神学、国学课程。时间一长，他在这里提篮卖小吃的瘦弱身影引起了校长桂美鹏的注意。他不时询问小芳荃一些课程内容，了解到这个聪明、伶俐的少年虽然只在校外旁听，学到的知识却超过了一些在校就读的富家子弟，心中暗自称奇，于是破格免费让他进校读书。王芳荃以家中实情相告，无法来此上学。桂美鹏得知王芳荃家境贫寒，深为他在艰困之中好学的精神感动，为让王芳荃免去后顾之忧，特意在圣公堂后面清理出一间小屋，将他父母接来居住，并让他的母亲在教堂做一点杂事，每月付五元大洋以维持生活。王芳荃父母对桂美鹏感激不尽，并在桂美鹏的精神感召下，成为虔诚的基督教信徒。

王芳荃进入学堂之后，聪颖的秉性充分发挥出来，求学如饥似渴，高度专注。一学期下来，居然门门功课都是第一。除了学习文化、科学等知识之外，基督教教义教理是他学习的主要课程。我们可以相信，此时王芳荃选择了他一辈子的信仰——基督教，并以此影响了家人。①

外公桂美鹏

回到本书的开头。经过长时间的汽车颠簸，王元化、桂碧清姐弟俩由萧副县长陪同来到了沙市，这次来故乡的目的之一是寻找当年外祖父创

---

① 此段资料来自王芳荃《我之祖及我的生平略述》手稿，藏荆州档案馆；见陈礼荣《清节自励的王芳荃》一文，载《史学与档案》2004 年第 3 期。我于 2015 年 10 月来到沙市，见到了陈礼荣先生。他带领我来到了美鹏学堂的所在地，美鹏路的路名已经改为新沙路，所在原址改作新沙路小学。原先的建筑几乎无存，盖起了新的校舍。只有当年桂美鹏手植的一棵泡桐树，在蓝天白云下绿荫覆盖，郁郁苍苍。我随着学校领导来到二楼，那里保留了一块巨大的石碑，上书“圣公堂”，是桂美鹏的手迹，与王元化晚年的书法极神似。当年这里不仅是美鹏学堂，也是圣公会教堂的所在地。从当地的档案馆保存的一幅美鹏学堂的建筑图中可以看到，前面是一座教堂，后面是学校的建筑群，这块“圣公堂”石碑就置于教堂门前。当年武昌的基督教圣公会委派桂美鹏到沙市来担任鄂西片区华人牧师职司，他到了这里以后，于 1885 年以教会之力，建造了教堂和教堂前的学堂，校名“美鹏学堂”。

办的圣公会教堂、美鹏学堂和故居。

当年的沙市至少有十座教堂。王元化对外祖父的印象颇深，但没有见过他，只是小时候常听母亲讲述外祖父的故事。他知道外祖父姓桂，讳美鹏，字博九，在上海圣约翰书院毕业之后，没有走读书人求功名的老路，当了一名传教士。据说他还是圣公会头一位由中国人担任的会长，负责长江一带的传教会务。相对父系亲族而言，王元化似乎更看重母系亲属对他的影响。这次姐弟俩在县政府领导的陪同下，到处打听，却没有找到桂美鹏所创办的美鹏学堂和圣公会教堂。他们与沙市的渊源虽然很久，但是全家人出外 70 多年，其间只有王元化的母亲在民国时期曾经回到老家扫墓，后来就再也没有人回到这个地方。

姐弟两人想去寻找外祖父的坟墓。王元化记得全面抗战前一年，母亲带着黄姨妈来到沙市，去外祖父坟上扫墓，留下了一张她在坟前十字架下拍摄的相片，一旁还站立着黄姨妈。今天的桂家后代，已无人留在沙市，经过了多年的折腾，不仅是桂美鹏的墓地，所有当年的墓地都影踪全无。姐弟俩向陪同者提出去寻觅外祖父传教的那座圣公堂。陪同者自然是一脸茫然，那座教堂找不到了。不仅如此，当年的圣公会组织在中国的遗产都很难见到，各派教会已统合进“三自一爱”组织中。最后姐弟俩在沙市总算找到了一座小教堂，与其中几位年老的教友攀谈，他们都不知道光绪年间沙市曾经有个圣公会的教堂。①这可能是姐弟俩此行最感失落的一件事。于是姐弟俩在这座小教堂中拍了一张照片后失望而归。

作为鄂西片区的华人牧师、传教士，桂美鹏的西文并不很好，他基本上是一个传统的中国知识分子。晚清时代，民智未开，尤以乡野僻壤为突出。外国传教士以新的科技、观念和生活方式来宣传教义，由此在长江中下游形成新思想比较活跃的区域。辛亥革命在湖北武昌发生，与基督教的发展有某种关系，而圣公会附设的日知会成为革命党的聚会之处，为推

---

① 参见王元化：《九十年代日记》，第 196 页。

翻清王朝摇旗呐喊。他们从书报杂志的宣传方面制造舆论，其作用不可低估。在宗教传播过程中，中国的传教士比较早地接受了新思想。而对于他们来说，要真正全面、深刻了解基督教，英语能力应该是非常重要的，由此可以直接通过阅读原版《圣经》来理解教义和信仰。王元化记忆中的桂美鹏旧学根柢很深，又像当时许多受到西学影响的人士一样，对西方存在着朦胧的向往，希望中国走西方富强的路。他曾向王元化母亲吐露他不懂西文的遗憾。[1]于是桂美鹏将希望寄托在年轻一代身上，特别是寄托在聪明而悟性极高的王芳荃身上。

桂美鹏共有一子六女。长女桂月华，长子桂质廷，二女桂质玉，三女桂德华，四女桂质良，五女桂醒华，六女桂质议。他家的教育都是西方式的，由圣公会办的学校给教友免费教育。长子桂质廷在宜昌美华书院读书四年后考入清华学校，他又先后送女儿们到上海的圣玛利亚女中读书。[2]而对于王芳荃，他觉得是足以担当大任的青年才俊，为此倾全力支持他学习英文和基督教教理。王芳荃并没有辜负恩人的这一期望，他品学兼优，学习十分刻苦，完成学堂的各项科目，在当时的美鹏学堂中名列前茅。清光绪十八年(1892)，桂美鹏亲自送年方12岁的王芳荃去宜昌，到由美国牧师柯霖时(H.C.Collins)主持的全英语教学的美华书院攻读英文和神学。对于王芳荃来说，这是他生命中的一个转折点。五年后，1897年，他作为圣公会宜昌教区的尖子学生，被选送到上海圣约翰书院就读。

圣约翰书院

圣约翰书院(Saint John's College)，圣约翰大学的前身，创办于1879

① 参见钱钢:《王元化集·学术年表》(第十卷)，湖北教育出版社2007年版，第303页。此学术年表由钱钢编撰，王元化校订。

② 桂家在圣玛利亚女中毕业的有：桂月华(1904届)、桂质玉(1911届)、桂德华(1916届)、桂质良(1920届)；桂质良两个女儿闻玉平(1949届)和闻玉梅(1951届)。

年，最初是美国基督教圣公会为培养在华传教人士而设立的一所集西学、国学和神学于一体的教会学校。该校后来改成大学之后，知名度在中国广为人知，其特色是全英语教学。该校创校之始，并没有采用这种方式。1881年，该校英语教师卜舫济牧师（F.L.Hawks Pott）意识到，在中国，学生学习英语需有一个良好的英语环境，以便提高英语口语和听力，于是首创了“听说读写全面结合”的英语授课法，圣约翰书院成为中国首座全英语授课的学校。卜舫济后来成为该校的校长，在中国的高等教育史上留下了他独创性的教学方法和理念。就像很多中国早期的大学从专科和预备学校扩展为综合性大学一样，圣约翰书院在几十年中，积累了丰富经验和信誉，在国际上逐渐有了知名度，遂在1905年正式升格为大学，脱离原先属于教会的纯神学的私立学校体系，直接在美国政府注册，并获美国大学学位协会的承认，成为一所拥有文学院、理学院、医学院、神学院的美式综合性教会大学。该校的学位以及学分在美国亦被认可，并于1907年颁发了首届学士学位的毕业证书。这是中国本土第一次颁发西方意义上的学士学位。由于该校不属中国政府管辖，其教育大纲、学位设置等都直接与美国教育接轨，从该校毕业的学生，其课程和成绩均等同于美国大学资历，该校毕业的学生到美国留学的比例相当高，成为中美教育史上的一个范例，开启中美双向教育的先河。

为了适应全日制普通大学的教学目标和大纲，1905年之后该校的教学目标不在于仅仅培养神学人才，而转型成为一所综合性的高等教育大学，并在办学中展示出它的独特性和广泛的学科应用性，在中国早期高等教育中占有重要地位。作为一所著名的教会大学，其名声和教学质量可以与北方的清华、燕京媲美，其独特的全英语式教学在中国高等教育中更是领风气之先。毕业的校友以及任教的教师有钱基博、钱锺书，外交家施肇基、顾维钧，政治家宋子文、俞鸿钧、严家淦、钟士元、鲁平，教育家张伯苓、张建邦，作家林语堂、刘以鬯，作曲家瞿希贤，企业家刘鸿生、荣毅仁、吴舜文、经叔平，建筑师沈祖海、张肇康，语言文字学家周有光，宗教人士丁光训、邱励、徐诚斌，经济学家蒋中一，以及宋子良、宋子安、孔令侃、俞大维、钱绍祯、陈从周、邹韬奋、萧孝嵘、史久镛等人。著名建筑师贝聿铭则是圣约翰大学附属中学校友。

美国的大学都有校训，圣公会主办的圣约翰大学（圣约翰书院）也不例外，其校训有中英文各一则，英文是"Light & Truth"，中文校训为《论语》中孔子论学的一段名言："学而不思则罔，思而不学则殆。"英文校训的意思是"光与真理"，来自《圣经》，带有浓厚基督教义色彩。光，指耶稣基督带给世人的精神之光，真理的追求则在基督教义中非常重要。王元化晚年常常会引用罗曼·罗兰的话："要有光！太阳的光明是不够的，还必须有心的光明。"要用心的光明去拥抱世界，积极、向上、进取，正是校训中的名句之一。显然，圣约翰大学的校训不仅使王芳荃受益，还影响了他家中的独子——少年王元化。

王芳荃在这所美式的私立大学中接受比较全面的英语教育，虽然桂美鹏希望他将来以神学为目标，但是王芳荃认为积弱落后的中国，需要的不是信仰，而是新的思想、观念、科技，并将这种知识全面地教育给下一代，他毅然选择教育学作为专业。他在这所学校中打下了坚实的英语基础并接受、认同了基督教圣公会提倡的新思想，以开阔的眼界看待西方科学技术。1903 年王芳荃从圣约翰书院毕业后，开始了他的教书生涯。①

婚姻与自由

桂月华也是一名虔诚的基督徒，生于 1887 年，比王芳荃小七岁。王元化回忆说，母亲记忆力很好，又对文学有着浓厚的兴趣，能背诵许多古代诗词以及清代闺阁诗人所作的弹词，她还能帮助丈夫润色中文函牍。

---

① 《王元化集·学术年表》（第十卷）中称王芳荃是圣约翰大学的第一届毕业生，误。王芳荃毕业于 1903 年，当时还是圣约翰书院，尚未升格为圣约翰大学。

王元化说他自小喜欢文学，一是源于母亲的熏陶，一是受到三姨母桂德华的影响。王元化常常听到母亲讲述外祖父的故事和圣公堂救济穷人的事迹。那时，桂美鹏创办的学堂，带有慈善性质，只要是教友的孩子，都可以免费前来就学。那些教书的师爷们，都寄居在桂美鹏的家中。

桂美鹏是王芳荃的恩人，后来能够将自己的爱女嫁给他，成为王芳荃的岳父，显示了对王芳荃的赏识和善心。王芳荃在写自己家世和成长之路的回忆中这样说：

> 桂牧师把我送到宜昌读书。他叫人帮助我母识字，后来又派她做女牧师，每礼拜日，照护女教友做礼拜，每月可得工资五元，这给我们生活上很大的帮助。我在约翰（上海圣约翰学院）读书时，他又叫我父母住在礼拜堂旁边的一个小屋里，不收租金，这给我们很大的帮助。我毕业后，他又把他所最爱的大女儿许配给我，就成了我的岳父。我的岳母道德高尚，性情温和。我妻聪明，帮我不少忙，好几次都是她解决了重要问题。我一直到老都埋头看书，都不用我管家事，都是她承担。所以桂牧师，我的岳父，是我家境转变的主要因素，我永感不忘。①

我们也有理由相信，王芳荃、桂月华这段相濡以沫的婚姻，跟他们共同的信仰有密切关系。桂月华在家中排行老大，年轻时曾经跟随芬兰的传教士女医生学过医，后来父亲将她送往上海的圣玛利亚女校（St. Mary's Hall）②学习，毕业于1904年，晚王芳荃一年。这同样是一所由圣公会创

---

① 王芳荃：《我之祖及我的一生》手稿。

② 上海圣玛利亚女校（St.Mary's Hall）是上海著名的女子教会中学，成立于1881年，原名上海圣玛利亚女书院，1923年改名为上海市私立圣玛利亚女子中学，建校以来亦称上海圣玛丽亚女校。当年这是一所女子贵族教会学校，学校招生对象多为中上等家庭的女子，旧上海滩的很多名媛淑女、红极一时的影星都出自这所学校，如张爱玲、俞庆棠等。圣玛利亚女校原址地处中山公园西南侧，长宁路1187号。

办的女子教会学校，最早的校址也在上海西部，紧邻圣约翰大学（圣约翰书院）。圣玛利亚女校在教会的资助和重视下，办得非常出色，成为上海闻名的女子贵族学校，许多大家闺秀来到这个学校学习。该校与圣约翰大学（圣约翰书院）仅一步之遥，而王芳荃此时正在圣约翰书院求学，可以说是同学，由此他们之间的交往此时就更加多了。虽然有关王芳荃夫妇如何相识相爱的资料非常少，但是我们可以从这个时间表上来推算，王芳荃 1897 年进入圣约翰书院读书，1903 年获得毕业证书；桂月华 1901 年入圣玛利亚女校，1904 年毕业。王芳荃 1903 年毕业之后，以王房全之名在江苏如皋和湖北宜昌两地教书；桂月华毕业之后则回到沙市。两年之后，1906 年，王芳荃 26 岁，桂月华 19 岁，两人在沙市结婚。

关于王芳荃和桂月华的婚姻，王元化的三姐桂碧清则提供了另一种说法：

> 我妈妈叫桂月华，毕业于上海圣玛丽亚女校，她记性很好，人也很能干，是个很有味道的人，会背古书《天雨花》，很喜欢里面聪明的女主角左义珍。爸爸是沙市人，家里穷，但爸爸好学，就经常在外公的学校外面听课。因为我奶奶是外公教堂的教友，外公就让爸爸免费到学校里念书，后来教会又送他到圣约翰大学念书。有阵子日本的大学请爸爸去教英文。我外公介绍自己的侄女给爸爸认识，让他们试着谈对象。爸爸嫌这个女孩没学问，外公说可以培养她也去念书，爸爸说不行，自己心里已经有人了，但不能说出来，因为这是不可能有结果的。后来在外公的追问下，他终于说出这个人就是我妈妈。因为爸爸在做礼拜时看到过我妈妈，也听人说过她如何漂亮、能干。但当时妈妈不同意，担心爸爸家里太穷，自己会不习惯也没面子。外公就劝她："你不用嫁到他家去，跟他一起去日本就行了。"妈妈很爱外公，就听从了外公的话。当时还有个英俊的商人也喜欢我妈妈，但我外公不喜欢。那个年代，家里有男人来，女孩子都要回避，所以到

爸爸妈妈在 1905 年[①]前后结婚之前，都没有正式见过面。[②]

结婚后的当年两人就东渡日本，王芳荃任职志成学校教授英文。

志成学校，日本的一所服务清朝学生留日的预备学校，与基督教圣公会有密切关系。19 世纪末，美国圣公会派人到日本传教，创办了教会学校立教大学，于 1906 年 4 月在该校内附设一所以清朝留学生为教育对象的志成学校作为预备教育，教授英文、法律等科目。王芳荃通过教会的介绍，在立教大学内的志成学校获得了一个教英语的职位。该校设立在东京筑地。[③]夫妇俩 1906 年东渡日本，总共在日本待了四年，于 1910 年回国。王芳荃回到武昌，在基督教圣公会所属的文华书院（后为文华大学，即今华中师大前身）教书。1911 年辛亥革命之后，获教会推荐，派遣到清华学堂中等科教英语。[④]1912 年 10 月 17 日清华学堂改名为清华学校，1913 年王芳荃由清华学校出资派遣到美国芝加哥大学留学，获教育硕士学位。回国后继续在清华学校工作，并担任注册部主任。

后来清华学校改为清华大学，1928 年 9 月国民政府接手清华，罗家伦掌校，改为国立清华大学，重新改组该校的行政部门和教学人员，聘请很多有名的专业教授，并将原先以美国教会为主聘用的教员裁撤了大部分。王芳荃从此离开清华，到东北大学教书，再没有回到清华。

王芳荃属于比较早介绍西方文明的知识分子之一，他扎实雄厚的英

---

① 此处记忆有误。经王元化手订的《王元化画传》中称王芳荃和桂月华 1906 年结婚。

② 《桂老师口述记录》（一），见 http://blog.sina.com.cn/s/blog_5ff8a3060102w0v1.html。

③ 日本立教学院编《立教学院百年史》。昭和四十九年第一版第 30 页："志成学校（立教大学）：1906.4 美国圣公会所派威廉姆斯主教在筑地设立（1874）立教学校，后改称立教学院。总理塔克为让清国留学生接受基督感化，且作为日本学校预备教育，向传道局申请设立新校，并获许可与帮助。明治三十九年（1906）四月，将学校设在学院内。主事为越石乙太郎（台湾长老教会中学校教师）在小田原町设置寄宿舍。明治四十一年末，有学生四十至五十名。持续至大正二年（1913）。"

④ 清华大学的前身清华学堂也是基督教圣公会与清政府合作的赴美预备学校。清政府被推翻之后，清华学堂继续用美国退还的庚子赔款培养留美学人。

语教育背景不仅奠定了他日后在高校中任英语和教育学教授的基础，同时也对王元化的一生有着深远的影响。王元化很小的时候就开始学习英语，并由父亲亲自任教，王元化英语的阅读能力，以及此后借以翻译不少英文著作，就是在家庭的熏陶和教育下形成的。

辛亥革命

王元化的母亲桂月华 1986 年逝世之后，王元化从她的遗物中清理出几张早年的《圣公会报》，其中有一则教讯中讲到庚子年间，义和团兴，德国公使被杀，反教会活动增多，圣公会牧师遂在街头放置书报，供大众阅读，让普通大众了解西方的实际情况，特别是教会组织的意义。据说这种形式成为公共图书馆的雏形。圣公会通过这种露天书报摊的方式来传播新思想，推动反清革命，甚至与革命党人站在一起。此后，具有激进的革命思想的日知会便在圣公会中诞生。湖北的日知会在圣公会教堂内开会，演说革命，被清朝官吏张之洞、张彪获知，派兵包围圣公会，捕去刘家运、朱子龙、胡瑛、李亚东、殷之衡、吴贡三、李雨霖等多人，检出名册四大本，多属军学两界分子；余诚、冯牧民等幸得逃脱。①当年的熊十力也是日知会中的一分子。

基督教圣公会在中国辛亥革命前后，是一个具有非常活跃和新式思想的教派。经过了义和团运动和八国联军的侵略，有识之士都认为中国需要开启民智，而颟顸陈腐的清帝国已经无法承载新思想的推进和传播。很多宣传新思想的革命组织在圣公会的名义下举行，湖北的反清组织日知会甚至借助圣公会的名义和地点来从事反清革命活动。王芳荃当时正在武昌文华书院教书，接受的新思想、新观念使他在辛亥革命兴起的时候，立即参与其中，奔走呼号，并在武昌发生革命之际，到战场上为外籍医

① 参见王元化：《九十年代日记》，第 349 页。

生救送伤病员担任翻译。那个学校是辛亥革命的一个根据地。王元化记得小时家里的墙上挂有一幅孙中山执政时期的政府奖状，那是王芳荃一直珍藏的一段光荣——武昌起义时，他冒着枪林弹雨在战场上奔波。他同情革命，具有正义感，救死扶伤也是圣公会的基督徒在战争期间的经常性工作。①

王元化在这个家庭出生长大，受到的基督教文化影响是不言而喻的。王元化讲起家庭中的宗教氛围，坦承“我是受过洗礼的基督徒，在一个笃信基督教的家庭中长大。只是参加了革命之后才不信教”。在《王元化集》的卷十“传略”中，他亲笔加上了一句“人不可以成神”，这句话说出了基督教的基本思想。西方的宗教，建立在“凡人都不可能十全十美，无论他多么努力；包括尧、舜、孔子在内，只要他们是人，就不可能成为十全十美的圣人，就不可能做人类精神的导师”②的思想上。王元化坦承基督教对他的影响主要在两个方面。“一是知道人人都是有缺点的。莎士比亚也说过类似的话，虽然他不是基督徒而是异教，但他的话也体现了这种精神。他说：‘上帝造人，总是要他先有了缺点，才成为人。’基督教有原罪说，每个人身上都有与生俱来的罪，所以人不可以成为一个神。恰恰因为如此，对人身上的缺点，可以采取一种谅解、宽恕的态度，而不是非得疾恶如仇。其次，基督教给我们的好处，是人可以比较谦虚，不觉得人可以和神一样，所以我年轻时对领袖没有什么崇拜，对鲁迅我是有一些崇拜的，但没有到偶像的地步。二次文代会，我到北京第一次见到毛泽东，许多人都怀着虔诚膜拜的神情拥过去，我觉得自己没有这个情绪，只有我在原地站着，内心不免有些惶恐。这大概就跟基督教有点关系，因为在神的面前，人人都是平等的。”③人不可以成神、人与人之间是平等的、充满着爱

---

① 参见王元化：《人物·书话·纪事》，人民文学出版社2006年版，第184—186页。

② 林毓生：《中国传统的创造性转化》，生活·读书·新知三联书店2011年版，第113页。

③ 胡晓明：《跨过的岁月——王元化画传》，第32页。

心对待一切人、宽容和容忍等这些现代基督教精神在王元化身上曾经产生影响。

在北京上中学的时候，王元化和姐姐桂碧清得了一种很厉害的眼病，眼底出血，找了协和医院的教授看，也没有把握，只得躺在床上静养，几乎就这样疗养了一年。在这个时候，基督教圣公会的女传教士常常来他们家中，宣讲教义，从上帝到子民，从天国到凡世，使焦急中的王元化母亲纾解了烦恼。这段轶事在《跨过的岁月王元化画传》中作了简单的叙述，考虑到桂月华本人就是虔诚的基督徒，她们的互动都是在宗教教义上的理解和信仰，而躺在病床上的桂碧清和王元化所受到的精神鼓舞也是不言而喻的。后来姐弟俩的眼病如有神助似的不治而愈。

当年的王元化家里，大家吃饭前总要一起背诵公祷文，一直到初中，这种仪式才不坚持了。王元化小时候与三姨母桂德华十分亲近，桂德华酷爱文学，曾去英国和欧洲其他地方求学，回国后任圣约翰大学教授，讲授外国文学。她对激起王元化的文学兴趣产生了相当大的影响。“大革命时，父亲鉴于北方局势紧张，一人留在清华，把母亲和我们送到外婆家。那时三姨桂德华和外婆住在一起，她在圣彼得教堂附小任校长。我和两个姐姐都被送到这家小学就读。那时我只有五六岁，上的是幼儿园。我因为听不懂老师和小朋友的上海话，闹了不少笑话。这些往事至今仍依稀记得。”①王元化受到桂德华在欧洲文学方面的影响是很大的。“元化自小喜爱文学，一是母亲的熏陶，一是三姨的影响。当然，也不要忘了提及慈祥的老外婆常常带他去看戏。晚年仍酷喜京剧的王元化，总忘不了这一段童子缘。”②这就是王元化在上海的那段日子给他的启蒙教育。在叙述自己的身世时，王元化特别提到三姨桂德华：“三姨母去世时，四姨母在她门口写了一个大大的‘爱’字，元化和所有的表姐弟们，一个个进去和

---

① 王元化：《人物·书话·纪事》，第186页。

② 胡晓明：《跨过的岁月——王元化画传》，第14页。

她告别。三姨母对元化很好，这个大大的‘爱’字，连同三姨母温和的神情，一直留在他的记忆里。后来他回忆三姨母以及童年家庭基督教影响时，说过这样一句话，三姨母正是一个很能体现基督教仁爱的人。”①

在这样善良、虔诚，贵族般的家庭氛围中，王元化从一个童稚未泯的孩童，渐渐地成长起来，有着真挚的性情。同时，作为家中的独生儿子，他那倔强的性格、任性的脾气也在童年生活中渐渐形成，这对于王元化的未来也有着一定的影响。

---

① 桂德华终身未婚，1945 年去世，享年 50 岁。林韵：《姐姐眼里的王元化》："三姨桂德华曾留学英国及欧洲其他国家，回国后就在圣约翰等大学教外国文学，一生未婚。母亲怀她（桂碧清）时，上面已有两个姐姐。三姨很羡慕，就与母亲商定，如果再生女儿，就过继给她。就这样，碧清娘娘出世后就姓桂。她告诉我，三姨丰富的中西学养，特别是酷爱文学，给元化以很大影响。可惜三姨早逝。长期以来，碧清娘娘与父母弟弟同住。元化先生有三个姐姐一个妹妹，只有她终生未婚，就以照料这个家庭为己任。"见 http://www.aisixiang.com/data/65839.html。

第一章　田园[1]（1921—1928）

清园生活

1921年9月，王元化一岁，桂月华带着他和两个姐姐元美、桂碧清来到北京，与在清华学校的王芳荃团聚。家里的两个佣人黄阿姨和厨师严师傅不愿离开，一同前往。此后在清华园中，王元化住了八年。1929年，王元化离开清华园，随父母住到北京东城区报房胡同，开始了北京城内的生活。

清华园这段生活对王元化一生起到了多大影响？我们无法臆测，只知道王元化越到老年越频繁地说到清华园童年时代。尤其是20世纪90年代进入反思时期，他屡屡提及这段生活，并以“清园”作为自己的书斋名，后也以此为号，为论文集的书名、书法作品的落款。[2]虽然他未接受过清华大学的系统教育，但是在此时认同清华先贤的思想、价值观和学问观，并融会而贯通。

清华的学术思想精神，可以概括为“独立之精神、自由之思想”，出自陈寅恪为王国维纪念碑所写碑文，下面这段话，到了1990年代他常常反复吟诵，并在演讲中奋力鼓吹，文章中多次引用，他真正体会到这段话中的精妙含义。在王元化的倡导下，学术思想界很快接受了清华理念，以致满城竞说“独立之精神、自由之思想”。

陈寅恪撰写的碑文如下：

---

① 取自贝多芬第六交响曲《田园》，作品编号：OP.68。

② 今人多知王元化的书房为“清园”，此为他1989年之后取的书斋名，以纪念孩童时代清华园氛围中的“独立精神，自由思想”。此前书房名为“逸园”。见王元化著《传统与反传统》，上海文艺出版社1990年版，第220页。

海宁王先生自沉后二年，清华研究院同人咸怀思不能自已。其弟子受先生之陶冶煦育者有年，尤思有以永其念。佥曰，宜铭之贞珉，以昭示于无竟。因以刻石之词命寅恪，数辞不获已，谨举先生之志事，以普告天下后世。其词曰：士之读书治学，盖将以脱心志于俗谛之桎梏，真理因得以发扬。思想而不自由，毋宁死耳。斯古今仁圣所同殉之精义，夫岂庸鄙之敢望。先生以一死见其独立自由之意志，非所论于一人之恩怨，一姓之兴亡。呜呼！树兹石于讲舍，系哀思而不忘。表哲人之奇节，诉真宰之茫茫。来世不可知者也，先生之著述，或有时而不章；先生之学说，或有时而可商。惟此独立之精神，自由之思想，历千万祀，与天壤而同久，共三光而永光。

此石之立，其原委可见之于蒋天枢《陈寅恪先生编年事辑》："民国十八年己巳（一九二九），先生四十岁。研究院同学为静安先生树立纪念碑于校园内工字厅东偏，乞先生为"王观堂先生纪念碑铭"，文中论思想自由之真谛。"[①]此碑由陈寅恪撰文，林志钧书丹，马衡篆额，梁思成设计碑式。末署"中华民国十八年六月三日二周年忌日国立清华大学研究院师生敬立"字样。

王元化童年时代的人生轨迹曾经在清华园轻轻划过，从此之后就挥别经年。过了 70 年的风风雨雨，晚年从清园的先贤中得到启迪，获得了强烈共鸣。他所思所虑，竟聚焦在"独立之精神、自由之思想"十字，认定此为知识分子的基本操守，也是一种知识分子之所以为知识分子的原则。他最大的愿望是将独立和自由的思考融入他的血液中，成就于晚年反思的成果之中。虽然年轻的时候他搞地下工作，为了躲避国民党的追捕，也曾取过"王清园"的化名，那只是应对革命工作的需要。到了

① 蒋天枢：《陈寅恪先生编年事辑（增订本）》，上海古籍出版社 1997 年版，第 72 页。

晚年再次用清园作为书房之名乃至号，是他从清园的具象中找到了学术的境界、人生的真谛。可以说，清华园成为他晚年的精神寄托和思想根基的来源。

如果要用单纯的史家眼光来看王元化与清华园的关系，两者几乎没有什么直接的思想和学术上的传承，有的只是清华园中活泼、淘气、任性、娇纵的童年生活。王元化并没有在清华小学或清华附中上过学，更毋论清华大学。在早期清华园的学习生活无非是上了两年的清华附小幼儿园，其中至少有三个月时间还在上海居住。王国维、陈寅恪这些大师1925年搬进清华南院生活、教书的时候，他大约四五岁，整天与小朋友嬉戏玩闹。要求一个儿童对这些耆老有印象，恐怕是过于苛刻的要求。虽然在王元化生前最后改定的传略中曾说“清华园中王国维的辫子，对他有那么一点印象”①，怕也是王元化成年之后的反刍现象罢，更何况王国维陈寅恪们博大精深的精神世界？而事实上在“画传”的第一版中则写道：“陈寅恪搬来南院时，王元化才四岁，他当然不会认识他。而王国维的辫子，在童年王元化的心目中，也许根本就没有留下过什么印象。”②从“没有印象”到“有一点印象”的这个改动不会是无意的，应该可以看作王元化晚年对清华精神不断加深认同的一个过程，而非具体的人和事。王元化的挚友李锐曾经在纪念王元化的文章中说：“我敬重元化还有一个原因，知道他的父亲是清华大学的教授，他是在清华园长大的。1934年，我没有考上清华，乃平生遗憾。”③由陈寅恪提出的独立精神和自由思想的清华园成为1990年代知识界公认的精神的象征，映照着思想界的光与火。确实如此，王元化与住在南院的那些导师们，到了晚年才真正产生了共鸣，才真正产生了某种精神和人格上的亲近和感应。他第三次反思带来的一种思想上的整体性的觉悟，使他找到了中国知识分子保持人格、精神

---

① 胡晓明：《王元化画传》，第4页。

② 胡晓明：《跨过的岁月——王元化画传》，第3页。

③ 李锐：《王元化与新启蒙》，载《美中社会和文化》第12卷第1期，2010年。

独立的源头，为此王元化在文章和演讲中都有意无意地强调清华园这段生活，并且多次呼吁学界重视清华园中的导师王国维、陈寅恪的学术和精神。以王元化晚年在学坛上的影响力，他的这种呼吁引起了学术界、思想界的响应和注意，这才使王国维、陈寅恪的声誉在国中风生水起，自然是言在此而意在彼，真正的原因却是他要通过倡导独立精神和自由思想，来反思中国从"五四"以来的各种思潮。清华园则是他用来提出这个观念的一个由头。

难忘的南院

1908 年，美国国会通过法案，授权罗斯福总统退还中国庚子赔款中超出美方"实际损失"的部分，用这笔钱帮助中国办学，并资助中国学生赴美留学。双方协议，创办清华学堂，并自 1909 年起，中国每年向美国派遣 100 名留学生。1909 年、1910 年和 1911 年，三次从全国招考庚款留学生，史称第一次庚款留美学生。当时对考生的要求除了通晓国文、英文外，还须"身体强健，性情纯正，相貌完全，身家清白"。年龄均在 20 到 22 岁左右。这些学生在清华学堂接受英语培训后派出国外。在这三届之后，也即清王朝被推翻之后，清华学堂继续招收庚款留学生，改名清华学校。但将招生年龄限定在 15 岁以下，并明确了作为留美预备学校的功能，为这批还是少年时代的学子进行英语、文化等方面的培训，性质实际上转向了赴美留学预备班。1911 年年底，时在武昌文华书院担任英语教师一职的王芳荃应清华学校之聘，来到该校担任中等科英语教师，于是他辞去文华书院英语教师一职，来到北京清华学校任教。

恰在这一年，桂美鹏在沙市去世，桂家的家庭经济情况出现了危机。其时桂家多个子女都在外求学，大儿子桂质廷在上海圣约翰大学读书(1912 届毕业生)，此时正是他个人学业的重要阶段；二女儿桂质玉刚刚从圣玛利亚女校毕业(1911 届)；三女儿桂德华还在该校求学(1916 届)；

四女儿桂质良 11 岁；五女儿桂振华 7 岁。①要想维持全家的教育和生活，得需要较大的开支。家庭支柱倒了，生活境遇立显困难。桂美鹏的遗孀、王元化的外祖母江太夫人（江菊霞）性情慈祥、知书达理，她坚守教育为本的理念，不让任何一个儿女辍学。于是她打定主意，变卖家产，供子女们继续上学。老人带着幼女与大女儿桂月华一家从江陵搬到武昌居住。

虽然刚去清华学校担任中等科英文教员，但王芳荃的薪水却不低，每月有 300 大洋，在当时属于高薪阶层。②他尽全力接济这个大家庭，挑起家庭重担。岳母江太夫人和两个小姨以及桂月华和大女儿王元美、二女儿王元霁都在一起吃住。正在圣约翰大学读书的桂家大儿子桂质廷多次表示想停学就业，但其母认为家中只此一子，坚持要他继续求学。而在王芳荃的帮助下，他得以衣食无忧地在上海继续求学。中国传统文化中的家庭观念一向讲究"父慈子孝，兄友弟恭，夫义妇顺"，在王家充分地体现了出来。1890 年代，桂美鹏曾经资助王芳荃上学，现在轮到了王芳荃反哺之时，他义无反顾地站出来。王芳荃的言传身教以及传统的家庭观念对于后来的王元化影响甚为久远，到了晚年，他还提出对于传统的三纲五常等资源需要重视的看法。中国传统文化中知恩图报和念旧思想在此时充分彰显出来，桂、王两家知恩图报的故事至今仍为江陵地方的美谈。

1916 年，桂美鹏的三女儿桂德华在上海圣玛利亚女校毕业并留校教学，后担任圣公会上海圣彼得堂附小校长，江太夫人决定从武昌搬到上海和女儿居住。从此王、桂两家正式离开祖居地湖北，分别到北京、上海等地发展。离开祖居地到大城市发展，不仅是追随着经济的兴衰规律，也是

---

① 桂家共有六个孩子，五女一男。桂振华是王元化的五姨。另，《王元化画传》将桂质廷写成"桂质庭"。

② "五四时，陈独秀任北大文科学长，月薪 360 银元；李大钊教授月薪 240 银元。为从日本手中赎回胶济铁路，清华要求该校教授捐出一个月的薪水，清华注册部主任（相当教务长）王芳荃捐了 280 大洋、马约翰捐了 68 大洋。"参见许建平：《去蔽、还原与阐释：探索中国古代文学研究的新路径》，社会科学文献出版社 2007 年版，第 226 页。一说王芳荃的薪水是 300 大洋。

向着新的思想。当时这种情况成为一股时代风潮，也是中国走向现代化的第一波移民潮——告别故乡，涌向经济文化政治中心。像这样走出祖居地到政治文化的中心去发展，在知识分子中蔚然成风，他们后来陆续成为革命的中坚力量，这也恰成为近代中国城市化过程的典型例子。

王元化常常对人说起，当时的清华园南院住着清华四大导师中的赵元任、陈寅恪、王国维三家。他对于这段经历非常重视，并以自己的记忆订正了一般论者说王国维住西院的史实。这本来并不是一件很重要的轶事，但王元化对这件史实颇为坚持，确认王国维与他家住在一个院，即南院。

根据清华校史档案和王国维亲笔写给他人的信件、王国维后人的叙述，王国维当时应该住在西院 16 号和 18 号，而并非南院。史载 1927 年 6 月 2 日王国维自沉昆明湖，被救难人员打捞起来后，从他身上衣袋中寻出一封遗书，封面上书写着“送西院十八号王贞明先生收”。王贞明即王国维的儿子，他们全家同住在清华园。

根据清华校史档案所载，几个院的建造过程分别如下：

(1) 北院是清华学校成立前首批建造的高标准住宅，与清华学堂、同方部同期兴建，1911 年竣工，共有西式单幢单层砖木结构住宅 8 栋和会所 1 座。建成之初，专供美国教师居住。

(2) 1917 年，建成供校行政主管居住的甲所、乙所、丙所，均为西式单幢砖木结构，草木山冈溪流环绕，环境幽雅。梅贻琦、冯友兰分别在甲所、乙所长期居住。

(3) 1920 年代初相继建成的南院、西院住宅，为此后延揽名师组建研究院国学门和创建大学各系提供必要的物质保障。仅以 1925 年延聘的研究院国学门导师群体为例，1925 年 4 月，王国维住进西院 16 号和 18 号；9 月，梁启超住进北院 1 号和 2 号；赵元任、陈寅恪相继住进南院 1 号和 2 号，李济住进南院 9 号。不过，当时的清华园教授住宅并不多，除了北院供几十位美国教授、教师居住之外，南院、西院以及甲所、乙所居处都不算太远。梅贻琦、马约翰等人都住在附近。王芳荃作为清华学校英语教师并注册部主任，与清华学校的元老们都住在一起，这是档案中的资料，应该不会有错。一个五六岁小孩的记忆，相较于清华校史的档案，我们自然相信档案。事实上这几个院都是差不多同期建造，相距较近，故而各个院的一大群小孩可以在一起玩耍。无论如何，王元化是在书香氤氲、大师云集的清华园中度过了他的童年。

“老　天　爷”

王芳荃一家住在清华南院 14 号中式教职员宿舍，生活安定而祥和。南院其实在清华校园外面，当时学校里的中国教授大都住南院，像校长梅贻琦一家就住在南院的一栋洋房里。南院的房子另有一圈是中国传统的四合院中式建筑，黑瓦粉墙。窗户上方是用布纸糊的，可以卷起来，下方则是玻璃。房子有地板、厨房，也有卫生间，卫生间里有抽水马桶、瓷的洗脸盆和浴缸。1925 年北方军阀混战，北京城内发生战事，打破了这种稳定。王芳荃在暑期中将王元化和两个姐姐送到上海，与外祖母、三姨桂德华居住，暑假后再回到北京。王元化回忆那一段的生活，令他印象最深刻的是三姨母的文学修养和外祖母，一个喜欢西方文学著作，一个喜欢听京剧。三姨母在圣彼得堂附小任校长，王元化那时才只有五岁，上的是幼儿园，两个姐姐则在三姨母的小学读书。这是王元化第一次与上海的亲密接触，他没有想到后来的大半辈子将会在这个城市生活。这段时间，王元化与三姨母桂德华比较亲近。三姨母热爱文学、热爱经典，尤其是对于欧洲的小说、散文都极为喜爱，常给王元化讲这些经典故事。王元化晚年回忆说这对于自己后来走上文学道路有着深刻的影响。在这段时间里，外祖母经常带着王元化去看京戏，第一次在京剧的锣鼓中感受到了中国传统戏曲的唱念做打的表演方式，虽然他根本不懂京剧的形式，但是却在心中植下了对于京剧影影绰绰的爱好的种子。

童年王元化在南院的生活无忧无虑，他天性爱好自由和率真，而且那个时候也很调皮捣蛋，被一起玩的女童们称为“老天爷”。这是北京话中形容淘气大王的意思。在王元化的三姐桂碧清的回忆中，可以知道当年的王元化是如何的顽皮：

> 南院后门外是一个方形的大广场。弟弟小的时候很顽皮，常常骑着个大竹竿在广场上乱跑，厨师严师傅除了做饭，就是跟着弟弟跑，防止他闯祸。清华的一些外籍教师看见了，常常好奇地问：“这是谁家的孩子？为什么一个大男人老跟着他跑？”弟弟四五岁大的时候，有一天在外面跑时，不小心竹竿戳到了隔壁邻居家的一个小女孩，小女孩跑回家向她爸爸告状，那个爸爸就把弟弟拉到他们家去打手心，弟弟回来哭得很伤心。但另外有一次，弟弟淘气，把一个坐在秋千上的女孩推到了地上，清华总务处处长兼成志小学的校长李广成看见了，轻言轻语地叫住他：“元化，你跟我来。”到了办公室，李校长问他为什么要那么做，弟弟不吭声。校长就拿了把尺，轻轻地在弟弟手心里敲了三下，说：“下次不可以噢，你把人摔疼了。”这样的经历，也许最早开启了弟弟对于教育的理解。
>
> 有一阵子，弟弟寄住在清华园西院的六姨家。[①]北京的冬天很冷，六姨家的保姆把砖在火上烧热了，用毛巾包好，放在他的被窝里头。劳动人民的智慧给弟弟留下了深刻印象。六姨家有条小黑狗，因为六姨父不喜欢张作霖，就管那条小狗叫“作霖”。弟弟常常带着小狗出去玩。他爱吃冰淇淋，每天一包，六姨、六姨父给钱让他去小

---

① 据《王元化集·学术年表》(第十卷)，此时应为1927—1928年。六姨桂质议，嫁给刘廷藩。刘廷藩(1899—1950)，字定寰，浙江永嘉人，金陵大学文学学士，武昌文华大学图书科毕业，1923年8月到清华学校图书馆工作。后任北洋工学院图书馆主任，1934年任甘肃特税局局长。

卖部买，剩下的钱弟弟总是如数还给他们。他这种诚实的品德得到长辈们的赞赏。弟弟从小知错就改。一次，他偏听了别人的话，当面骂四姨为富不仁，后来发现自己错了，就一大清早跑去给四姨道歉，说："我对不起您，错怪了您。"他长大后为人正直、从不说假话的品质从小就可以看到影子。①

王元化小时的玩伴、赵元任的女儿赵如兰在晚年这样形容少年王元化：

我们那个院子里，女孩子多，小孩稍稍大了之后，就互相配对取笑。小伙伴们总是笑王元化跟我要好，我们玩娶新娘子的游戏，元化也喜欢跟我在一起扮新郎新娘。但是他顽皮得很，即便跟我最要好，也会来欺负我，我们小孩子都叫他"老天爷"。他的顽皮淘气在我们这群年龄差不多的群里是都知道的。可以说，他是在家庭全体成员和朋友们真诚的溺爱中长大的。他的家庭对他期望很大，而他也确实是在很优越的环境中生活。②

---

① 林韵：《姐姐眼里的王元化》，见 http://www.aisixiang.com/data/65839.html。这里提到王元化骂四姨为富不仁的轶事缺少时间和年代。四姨桂质良嫁给闻亦传（闻一多堂弟）当是1930年之后。闻亦传和桂质良都在美国留学和教书，直至1930年才回国。两人都是医科专家，闻亦传1922年暑期在清华学校高等科毕业，9月抵达美国，先入波士顿麻省理工学院，次年转入芝加哥大学医学院。1924年夏获学士学位，1930年夏回国，服务于协和医学校解剖系，主讲胚胎学、神经学两门课程，深得学生和同事的敬重。闻亦传在求学期间，嗜书如命，或手持书卷，几日不休；或溺于实验室通宵达旦，以致体力日益不支，身染肺病，几经治疗，一旦好转，又用功如初，终至不愈，1939年4月20日逝世。桂质良（1900—1956）为中国著名的女性精神病科专家。中学就读于圣玛利亚女校。1921年仅21岁的她就以全国第一的成绩通过清华学校出国留学生考试，官费赴美国威尔斯廉女子大学就读。1929年桂质良获得医学博士学位，回国后在北京担任女性精神病科开业医师。这段轶事应该发生在1930年之后，也就是王元化十岁左右的时候。

② 赵如兰（1922—2013），著名的美国音乐学教育专家，哈佛大学教授，赵元任的女儿。此谈话为2010年吴琦幸剑桥采访赵如兰的谈话记录稿。未刊。

王元化在跟彭柏山的女儿彭小莲的谈话中则充满了感情地说起这段生活：

我和你爸爸（指彭柏山）真是不一样，他出生在一个穷苦的农民家庭。我不像你爸爸，他的政治意识要强烈得多，为什么呢？因为我的家庭是一个知识分子家庭、基督教家庭……

我比你父亲小 10 岁。我父亲从美国留学回来以后，就在清华园里教书。我是生在武昌的，我十个月的时候，母亲把我带到了清华园。我们就住在南院，那个生活是无忧无虑的，我们的童年跟你们是很不一样的，那是非常的平静，就像很多人在小说里描写的，环境也很优美，但是，我那时候很小，还很不懂事。当时清华是一个很高的学府，在所有的大学中，各方面的设备，教员的工资，请的教授，都是最好的一个学校。最近我看了一些材料，讲他们在国学院做研究生的生活，他们没有那种很庸俗很低级的谈话，大家见面就是说你看了什么书，我看了什么东西。没有看过的，就复述给你听，看过了，两人就在那里讨论。就是这种，很理想化的生活。在清华就是这样一种生活。

我们周围的气氛完全和校外的不一样。我都记得小时候，到了周末，家里会带我们去郊外野餐，像你们在美国电影上看见的那样。那时对我们来说，一点都不稀奇。我们在草地上铺上一块桌布，我母亲总是把一切都准备得好好的，我们还自己做点甜酒酿，好吃极了。

那时候我的两个姐姐都是在香山英国人办的笃志学校（教会学校）读书。姐姐每一次回来就向我们描述，生活是多么可怕。成天穿着黑乎乎的裙子，一直到脖子这里都被口子勒得死死的。管他们的人，就像狄更斯小说里描写的嬷嬷那样，一双眼睛从来没有对她们笑过。晚上睡觉她们都脱得光光的，再套一个袍子那样的衣服，完全是英国教会式的教育。

有时，我母亲一回头，发现姐姐出现在家门口，生气极了。说是："啊哟，见鬼了。你怎么又逃学回来了。"姐姐就说："我不要在那里住，我害怕。就是弟弟在家打我，我也愿意回家住。"你看，我小时候有多淘气，常常打姐姐。我现在都70多的人了，姐姐都80了，还会说到这些事情。①

淘气，任性，真实，在田园般的环境，在牧歌的悠扬声中无忧无虑地成长，这就是王元化童年的性情和环境，并潜移默化地隐藏在人格中，直到成年。

清华园的文化和书院气氛，使王元化能够早早接触到影响他一辈子的高雅的中西文化，那就是：他祖辈向往的西方先进文化和优雅的传统文化。不必小看儿童时代的生活环境，人的精神、气质、品位就是这样地被耳濡目染着。当北京城中还很稀罕的电影、话剧以及美式校园文化刚刚在古老的中国大地上出现时，他都已经有机会接触了。印象最为深刻的莫过于去看美国电影。那时的清华大礼堂每周末都放映一次电影，每次演电影小元化都要争着去观看。直到晚年他还记得，在黑黝黝的大厅中，电影开场了，银幕上映出一个流浪的小人物，他那圆形的小礼帽，褴褛的破西装，嘴上一撇小胡子，手里执着一根瘦伶伶的手杖，八字脚……这些全是小元化熟悉的、喜欢的。一看到这个形象，就知道这是卓别林。虽然儿时看过的片子大多已经模糊了，独有卓别林这个形象在他脑海中留下了难以忘怀的印象。这个看似可笑的人物带来的有笑，有泪，有讽刺，有温暖……每次看完电影回来，在黑夜中走在碎石子的小径上，路旁树丛隐没在黑影中。小小的元化心中充满了同情，充满了爱……它们使你感到有一股暖流从胸中升起，不再感觉到夜晚的寒冷。②今天的人们都非常强

① 彭小莲：《他们的岁月》，上海文艺出版社2000年版，第93页。

② 参见王元化：《人物·书话·纪事》，第135页。

调早期教育，小元化幸运地在那个时候接受了这种教育，亲人的爱、邻人的爱、朋友的爱、世界的爱在艺术作品中具象地展现出来，植入心田，使孩子们对人间的友爱、平等有了影响一生的认识。

王芳荃辞职

> 1927年，国民党派罗家伦接管了清华。罗家伦入主清华，请来了一大批有名的教授，同时，也在清华园实行党化教育，也不知为了什么事，王芳荃与罗家伦发生抵牾，甚而一气之下辞职，去了东北大学任教。于是，全家就搬出了清华园，搬到东城报房胡同。而王元化则寄居清华园西院六姨家。

上述内容出自王元化手订的四部不同时间出版的自传和一篇学术年表，[①]此说自然源于王元化自述。细细揣摩，其中隐含着不为人所知的史实。

第一个史实：罗家伦入主清华是1928年9月，而非1927年。罗家伦上任的第一件事就是改清华校名为“国立清华大学”。此处根据王元化的记忆，如果王芳荃是1927年愤而辞职，那么罗家伦尚未入清华，因此王芳荃也就无法与罗家伦发生抵牾而离职。查“发生抵牾”一说始见于由王元化亲手改定的小传《走自己的路——记王元化教授》(1988)。[②]这篇小传

---

① 王元化生前发表和出版了四个版本的传记，都由他口述并由学生撰写。计1988年《走自己的路——记王元化教授》、1999年《跨过的岁月——王元化画传》、2007年《王元化画传》、2007年《王元化集·传略》(第十卷)。另《王元化集·学术年表》(第十卷)由钱钢编撰，王元化校订。文字均有不同程度的改动。

② 这篇小传发表于1988年《时与潮》杂志。署名“吴晓卓”，是他的三个研究生吴琦幸、陆晓光、蒋述卓姓名各取一字，吴琦幸执笔，是迄今最早的王元化传记。实际上均由王元化本人口述和最后审定，就连这个笔名也由王元化所取，此文堪称夫子自道。参见吴琦幸：《王元化谈话录》，第121—135页。

中是这么说的，王芳荃“在清华留美学堂中等科教授英语，后任清华大学注册部主任。辛亥革命时，他自愿到战场救护伤兵，曾得代总统黎元洪颁布的奖状。大革命期间也参加过反军阀的进步活动。1927 年国民党清党后，派罗家伦接管清华大学，他与罗抵牾，愤而辞去职务”①。将国民党清党后派罗家伦接管清华大学定为 1927 年，在时间上却早了一年。史载国民党 1927 年“四一二”清党，即“四一二”反革命政变。国民革命军此时尚在北伐途中，北洋政府由张作霖主政，国民党尚无可能“接管”清华，罗家伦更无法在此时进行党化教育。直到 1928 年 6 月国民革命军攻克北京，将张作霖赶走，北洋政府被打倒，国民政府才在 8 月接管了清华，9 月罗家伦入校②，后易名为国立清华大学。

第二个史实：王芳荃“在清华留美学堂中等科教授英语，后任清华大学注册部主任”③。清华大学这个校名是 1928 年 8 月之后正式使用，前面还应该加上“国立”二字。清华留美学堂即早期的“清华学堂”，于 1912 年改为“清华学校”，以区别学制仅一年的前三届赴美留学生的留美学生预习所，学童均为 15 岁左右的学生。清华学校属于大学前的教育，主要教授英文、国文，分中等科四年和高等科四年。无论王芳荃是 1927 年离开还是 1928 年离开清华，只可能担任过清华学校的注册部主任，而非国立清华大学。

至于“也不知道为了什么事情，维周老先生与罗家伦发生抵牾，甚而一气之下辞职，去了东北大学任教”④，王元化的三姐桂碧清在回忆这件事情的时候说得稍稍不同一些：

---

①③ 王元化：《走自己的路——记王元化教授》，见冯契主编：《时代与思潮·五四反思》，华东师范大学出版社 1989 年版，第 112 页。

② 《吴宓日记》第四册：“九月十八日星期二：赴大会堂罗校长宣誓就职典礼。一切如党国新仪，演说甚多。罗氏以(一)廉洁化，(二)学术化，(三)平民化，(四)纪律化四者为标志。又谓兼容并包，惟贤是用云。……罗氏以革命政府自居，旧约均作无效。教职员留者另发聘书，否则均在斥去之列。”

④ 胡晓明：《跨过的岁月——王元化画传》，第 20 页。

我五岁①的时候，罗家伦来当清华的校长后，清华就进行了改组。新校长不要的教员就被贴大字报："欢送某某教授"。我爸爸本科念的是英文，硕士念的是教育学，当时他边教英语，边当班主任之外，还是清华(学校)的注册部主任。那时一般教授的月薪是80大洋，我爸爸则有300大洋，学校聘人都要通过他。那些教授被"欢送"后，我爸爸很生气，后来罗校长说要见他时，他就不去见。爸爸对我妈妈说："好的同事都走了，我也不想留下去了。"不久，他也离开了清华。②

这是桂碧清从王芳荃那里得知的离职原因，由于清华学校的不少同事都"被离职"，所以王芳荃也不想留下去了，于是愤而离职到天寒地冻、开办不久的东北大学任教。其中包括与王芳荃相交很深的汪鸾翔(字公严)也离职去了东北大学。在汪公严的自传中亦说"至1928年，与当事者意不合，始离去"③。

王元化在向彭小莲说起这段往事时则另有一说："童年真的快乐得很。可是到大革命以后，国民党派来了罗家伦，头一个在大学实行军事管理的就是他。像我父亲这样的知识分子怎么能接受这一套？他们在美国接受的是民主教育。我父亲辞职带着我们全家离开了清华园。"④离开清华起因于罗家伦在清华实行军事管理而辞职。

要细细考究起来，王芳荃的离职与清华学校转制为国立清华大学并

---

① 桂碧清生于1917年3月，卒于2013年7月。此处桂碧清回忆时间有误，她5岁即1922年。罗家伦则于1928年来清华学校。

② 《桂老师口述记录》，见 http://blog.sina.com.cn/s/blog_5ff8a3060102w0v1.html。

③ 与王芳荃相交很深的汪公严，在清华学校担任国文教授，与王芳荃同时离职。他名鸾翔，字公严，号巩庵。但有关王元化的传记都将他称为"汪公岩，字鸾翔"，作"岩"，误。善画，由旧学而新学，27岁入张之洞幕并与周彦昇共同编辑《劝学篇》，1918年入清华学堂讲授国文并撰写清华校歌，始与王芳荃相识而交往。

④ 彭小莲：《他们的岁月》，第94页。

实行党化教育有关。

清政府建立的“帝国清华学堂”，内设两大机构，一为管理机构“游美学务处”，二是留美预备学校“游美肄业馆”。1912 年 10 月改为清华学校，遴选 15 岁以下的优秀儿童在此学习，以备留美。留美学童（即小留学生）最需要学习的自然是英文。分为中等科和高等科，学制分别为四年。王芳荃为该校中等科的英文教员。这个学校从办校初始到 1928 年 6 月北洋政府遭驱逐，转由国民政府来接管，其经费和人事、行政都由外交部和学部（民国后改为大学院）共同管辖。由于该校培养学童的目的是留美学习，因此教育主权基本在美国人手里，由基督教青年会（YMCA）从美国遴选师资，同时也在国内遴选部分英文和国文师资，所以该校的师资中基督教徒甚多，且大部分从上海圣约翰大学而来，例如梅贻琦、王芳荃、马约翰等，无异于一所教会办的学校。而教会学校恰是美国办学的最初模式，也是西方最早的办学模式，欧洲最早的大学均由教会组织兴办，一开始是神学教育，兼及其他科目。正因为是教会办的学校，所以，世俗的政治权威管不着它，这就是后代大学自治的渊源，也是清华实行美式教育的起始。当年经外交部与学部遴选，王芳荃作为首批聘用人员，从同样为圣公会教会学校的武昌文华书院奉调到清华学堂。1913 年，清华学校出资派王芳荃前往美国留学，1915 年，王芳荃回国，在清华学校任教。“清华学校初期，教师三十多人，一律称为教员，其中美国教员十多人。”①

从清华学堂到清华学校，换过不少校长。比较重要的是 1913 年 8 月—1918 年 1 月的校长周诒春，他开始着手使清华学校向高等教育方向发展，在任职期间盖了一批适应未来大学需要的高标准建筑，即清华著名的“四大建筑”——大礼堂、图书馆、科学馆、体育馆。到了 1924 年 5 月 12 日，当了两年代理校长后的曹云祥被任命为正式校长，决计将这所留美预

① 《清华大学志》，清华大学出版社 2001 年，第 98 页。

备学校转为综合性大学，并开始建立大学部和研究院，其标志就是 1925 年春成立的清华学校研究院国学门，聘请梁启超、王国维、陈寅恪、赵元任为导师，李济为讲师。①此时的清华学校功能遂从派遣小留学生、教授中等及高等英语逐步转向培养本国高级专业人才，并重视国学研究。留美预备学校正式改为大学部，开始招收大学生，始创四年制本科教育，分文、理、法三院。这一年，清华学校正式分为三部分，第一部分是旧制的留美预备学校，第二部分是刚刚设立的大学部，第三部分是研究院。这三部分并存，互不隶属。由于派遣赴美留学的官费减少，小留学生从 1926 年开始下降，从 1925 年的 79 人降到 1928 年的 48 人。

从此清华学校开始摆脱昔日的留美预备学校的功能，逐渐向综合性研究型大学方向发展。鉴于专业的设置及高等教育的要求，遂在以前留美预备学校的师资方面开始一连串的整顿。办学方向的改变，不需要太多的英语教育师资，更需要的是研究型的专业教授。这也是前述“请了一大批有名的教授”的由来。1928 年 6 月北洋政府垮台后，国民政府请梅贻琦代理校长；8 月 27 日正式任命罗家伦为校长。他到任的第一天，就将清华学校改为“国立清华大学”，并于 1929 年裁撤了留美预备部。也就是说罗家伦到校后的重要工作就是将清华留美预备部的性质转制成研究型高校。一大批为预备留美童生教育的教授被裁，于是作为该校中等科英文教师的王芳荃也就成为牺牲品。1933 年开始，清华大学从全国招考庚款留美公费生，均为大学毕业程度，直到 1943 年终止。②

这段史实，目前所见的有关王元化的传记中都语焉不详。由王元化手订的学术年表为避免罗家伦到职与王芳荃的离职在时间上的矛盾，干

---

① 李济等同于导师，但因为他另有兼职，因此才聘为讲师。

② 据何炳棣记，何进入清华大学为 1934 年，为清华第十级学生。“我们这级称为十级，是清华由留美预备学校改为大学后的第十班，应于 1938 年毕业。”何炳棣与杨振宁均为庚款公款 1943 年第六届留美生，此也是清华大学庚款公款留学考试的最后一次选送。参见何炳棣：《读史阅世六十年》，广西师范大学出版社 2005 年版。

脆将两年的事情合写:“1927—1928 年　七一八岁　国民党派罗家伦接管清华大学,王芳荃与罗抵牾,愤而辞职,去东北大学教书。全家搬出清华园,住在北平东城报房胡同。王元化则单独寄居在清华园西院六姨家,仍在清华附小成志小学读书。”①避开了罗家伦到职是 1928 年,而王芳荃的离职却是 1927 年的扞格。

《清华大学志》中如此描写此次的改制:“清华学校初期,教师 30 多人,一律称为教员,其中美国教员 10 多人。1925 年,清华学校设立大学部和国学研究院,学校设置了研究教授、教授、讲师、教员、助教等职称。1925 年有教师 59 人,其中教授 42 人,讲师 10 人,助教 7 人。教授中有研究院研究教授王国维、梁启超、赵元任、陈寅恪四人,为大学部开课的教授 10 人。1928 年,清华学校改为国立清华大学,教师增加到 91 人,其中教授 58 人。此后教师有较多增加,有一批名师,如朱自清、叶企孙、陈桢、冯友兰、陈岱孙、顾毓琇、王文显、吴宓、吴有训、周培源、熊庆来、刘先洲等。”②生性耿直的王芳荃不满意罗家伦在大学中实行党化教育,由此而发生抵牾,这种可能也很大。但从目前的资料来看,也不排除罗家伦为了党化教育而对原有教师进行裁撤。因此,王芳荃离职的原因不是简单的“与罗家伦抵牾”,而是对于罗家伦带来的党化教育,将政治党派带到高等学府中来的不满。国民党将教育纳入一套“俗缔”——意识形态的控制之中,导致耿直的王芳荃愤而离开,性格使然,也是时事使然。

罗家伦这个人

王元化生前对罗家伦颇反感,多次在不同场合提到罗时均语带批评,

---

① 钱钢:《王元化集・学术年表》(第十卷),第 306 页。

② 《清华大学志》,第 99 页。

可能与这件公案有关。早在 1946 年，年仅 26 岁的王元化在上海编辑《联合报·副刊》时，曾写过一篇关于罗家伦的短文，对罗家伦进行了辛辣的鞭挞：

礼义廉

曾任大学校长的罗某，“五四”时代之健将也。“革命已经成功”，但“同志仍须努力”，遂混迹官场步步高升。二次大战前，罗某吹捧希特勒，将《我的奋斗》一书，列为青年必读书之一。抗战后罗某又摇身一变，成为“爱国分子”。惟江山易改，本性难移。人多讥其丑，遂戏赠打油诗一首：

一生做帮闲，
两手只要钱，
三擅吹拍骗，
四讲礼义廉。

全诗尤以末句为佳，含意微妙，读后自可会心一笑。

1946 年 6 月 17 日

1928 年 9 月 18 日，罗家伦宣誓就职并宣布国立清华大学成立，此事在清华校史上意义重大。对于罗家伦长于清华的功过，学术界、教育界自有不同看法。罗家伦任清华大学校长两年期间，在改制、充实大学的学术力量方面，以下几件事情是值得肯定的：

第一，“罗致良好教师，是大学校长第一个责任”（罗家伦语）。为了提高清华的教授水准，适应综合性大学而不是留美预备学校的性质，他采取了重发聘书的措施。到任第十一天，送出教授聘书 18 份，为期一年。学校原有 55 名教授，解聘了 37 人。解聘的人中以早期教会学校性质的教师为多，而他延揽的一大批著名教授，如历史学家蒋廷黻，政治学家张奚若、萧公权，哲学家冯友兰，化学家张子高等，多达几十人。这些人的到校，大大增强了教授阵容。罗家伦以此来改变清华的教会性质之意很明显。

第二，废除董事会，使清华改归教育部；整顿庚子赔款的退款基金，将原先由基督教青年会为主的决策机构改由国民政府的教育部主管，改制为国民政府的国立大学。

第三，充实大学图书馆的国学图书。罗家伦回到杭州省亲，得知江南著名藏书家杨文莹之子杨复愿意出让其丰华堂的全部藏书，闻知其中善本书极多，立即电请图书馆主任洪范五南下，商量购书。后以三万四千元购下全部收藏，计有宋版 2 种 7 册，元版 6 种 24 册（此宋元本均为史部书），明版 400 余种 4 859 册，抄稿本 200 余种 2 161 册，清版及民国以后刊本 4 000 余种，总共 47 546 册，于 1930 年假期整理完竣运回北平，成为当时清华最丰富的一项图书收藏。

这三件大事相互关联，核心在于重整清华师资，确立清华的国立特色，试图从留美预备学校转化成中国第一流综合大学。在罗家伦到来之前，作为一所留美预备学校，清华不受中国教育系统的限制和领导，完全是美式教育，课程与美国大学接轨，毕业学生可以直接到美国大学中攻读学士学位。学校中教授治校，重视通才教育，德智体全面平衡等，师生受自由主义思想的影响很深，不直接参与政治。罗家伦来了之后，试图摆脱教会影响，把教授治校、教育与政治分开的原则废除，甚至把美国教师赶走，以图加强国民党政府对这个学校的管理和控制。罗家伦主持制定的《国立清华大学组织条例》，大大地削弱了教授会、评议会的权力。罗家伦虽然自称在国民党内不属任何派别，但他毕竟带有浓厚的政治色彩，而且有意借重这层关系，将党派政治推进到学校的教育中，这是历来主张学术独立于政治之外的清华人无法容忍的。他来清华之后，以所谓政治正确的导向使学校参与当时的政治活动，他本人在校身着戎装，在学生中推行军训等。这位当年"五四"反传统的干将，任职清华时方三十出头，年轻气盛，好展才华，一味地在将大学国有化的过程中，导致了思想国有化，背离了早年清华的“独立之精神、自由之思想”的原则，这也是国民党党化教育的具体内容。这些因素都是清华师生不欢迎他的原因。后被学生赶走，成为清华大学唯一一个被学生赶走的校长。

记忆清华

离开清华园70年之后，1997年3月12日，王元化第一次重访儿时记忆中的清华园南院。

他熟门熟路地带领一行人走向南院。在清华园大门外，有一条河流，上面架着一座石桥，对面就是通向南院的道路。令王元化惊讶的是，这里居然还是70多年前的老样子，只是小河的河床似乎更向下深陷了。校园大门外停着的人力车，现在已看不见了。进了南院西门，一切如昔，只是显得更为破旧。王元化记忆中1920年代清华国学院的四导师，除梁启超住在城里外，王国维、赵元任、陈寅恪都曾经住在这里。

王元化看到南院颇有点激动，这所院子居然还保存着初建时的格局。院子呈方形，由西式和中式两种不同样式的房屋构成，北面东面是西式房屋，南面西面是中式房屋，所谓的中式房屋也就是北京传统的四合院式的黑瓦青砖平房。中间有一广场，王元化小时与小伙伴们就在这片场地上玩耍。那时他觉得十分宽敞，现在不仅显得狭小，而且杂草丛生。他记得北面洋房1号住宅是赵元任家，2号是陈寅恪家，在西面一排中式平房中，有一户是王国维家。

王元化家的旧居是南院的14号，后来由唐篢芳居住。这次他向几位退休老人打听唐先生，他们说唐先生已于去年去世了。王元化还记得小时在南院广场上一起玩耍的友伴，有马约翰先生家的启华、启伟、佩伦，李广诚先生家的增德、华妹，梅贻琦先生家的祖彬、祖彤，赵元任先生家的如兰（英文名IRIS）、新那（英文名NOVA），虞振镛先生家的佩曹、佩兰，杨光弼先生家的大田、二田，另外还有住在北院的王文显先生家的碧仙、碧云；几位外国教授的孩子，也有时到南院来一起玩。有一对美国教授的女儿美瑞和玉瑞，她们有时也来王家，喜欢吃他们家的中国饭菜，王元化幼时就与三姐碧清常常到北院她们家玩，去喝他们家新挤出来的羊奶。为了寻找儿时的旧居，他们来到了当年的南院 14 号，这是南面一座三合院的中式平房。他们一行找到了这里，令人惊讶房子居然还原模原样地等着他。

仍有人居住在里面。敲门后，来开门的是一位身穿草绿色旧警服的上年纪的人，当同去的人介绍了王元化后，这位老人马上问是不是王国维的后代。他说，一两年前有王家后人来访过。他姓全，是 1931 年生在这里的，问王元化知不知道全家？王元化自然知道全绍文、全绍武，当时在北京颇有名望，是王元化的父执辈。上海沦陷后，王元化曾通过母亲与全绍武商量，将他的华亭路住房让出一小间给王元化住。后来地下党文委将此地作为临时机关。当时全绍武虽然多少有所察觉，但他采取同情态度，从未有什么不满表示。王元化等地下党人在敌伪统治时期得以平安度过，要感激这所豪华住宅的荫蔽作用。两位全先生都是很富有也很有地位的金融界和企业界人士。王元化看到眼前这个全氏后人似乎很潦倒，便问他的父亲是谁，他说他的父亲是全绍志。王元化不认得，也许是两位全先生的堂兄弟。

有意思的是他们居然开始了一场有意义的较劲谈话：

王："您知道唐篑芳先生吗？他住过这儿。"

全："没有，唐篑芳住西院。"

王坚持："不，唐篑芳是住南院。"

全更坚持："不，不，是住西院。"

王再坚持："不，是住南院。我以前在南院住过。"

全毫不犹豫地再否定："不，我知道。我 30 年代初生在这儿的。"

王当仁不让："我是 20 年代初生在这儿的。"

以现在居住在南院14号的老人记忆，与70年前居住在同一地方的人记忆相比，自然是不一样的。唐贇芳如果住在南院14号，这位全先生不会不知道。看来年岁的增加对于记忆确实是会有一种隔膜的。巧的是唐贇芳与王国维都住在西院，而王元化先生认为都是南院。

无论如何，王元化在时隔70多年后第一次返回儿时故居，凭吊儿时生活的旧地，他并不感到惆怅，出现了这场小小的喜剧，这也是令他没有想到的。①

王元化对清华图书馆印象尤为深刻，这座建筑与其他三座1919—1925年建造的大礼堂、科学馆、体育馆在当年是令人叹为观止的建筑。图书馆有一层铺的是玻璃地板，著名的工字厅就是在这里由回廊连成一体，分布着一些大大小小气魄宏伟的典雅厅堂；最后一进背靠小丘环绕的荷花池，大厅里陈设着各种瓷器古玩，两厢各有一间可供人留宿的房间。王元化记得小时一位在清华读书的大表哥曾带着他在这里住过一夜，有关工字厅闹鬼的故事把他吓得要死，把头蒙在被里才睡着。童年常嬉笑游玩之地，道旁延伸着小丘陵，坡上建了一个大钟亭。每天，悠扬的钟声为清华人报时，当晚上最后一遍钟声敲响时，那就是熄灯信号，所有电灯马上就要熄灭了。

那时候，他父亲每天在熄灯前就将擦亮的煤油灯罩预备好。油灯发出昏黄的微光代替了雪亮的电灯，孩子们发现夜降临，睡觉的时候到了。离荷花池不远就是朱自清先生写过《荷塘月色》的所在地，当时的他还不知道有这篇名作，也不懂得恬静幽美，只是觉得太静谧、太寂寞了。在体育馆前有一大片场地辟为运动场，四周有跑道，中间是足球场。清华园的孩子常常来看球赛。王元化记忆最深的是棒球赛，清华的棒球队穿着紫色条纹的白底运动服，戴着紫色遮阳的白棒球帽。白和紫两色是清华校徽的颜色，队员个个雄赳赳气昂昂。马约翰先生还让他的两个孩子启华、

① 参见王元化：《九十年代日记》，第372—377页。

启伟穿同样的队服，排在前面出场。比赛时，孩子们拼足力气为清华校队助威呐喊。清华重视体育，无形中对这些孩子也发生了影响，后来，王元化和几个姐姐上了中学，都积极参加体育活动，还被选入校队。

王元化认为，清华给他最大的教益是大学的学术气氛，不过那时他对此一无所知。经过耳濡目染，顶多只能领会一点读书的重要和乐趣。到了1990年代，他似乎反刍到这种气氛给他的熏陶，独立的精神和自由的思想在那样一种气氛中自然地回归到他第三次反思中。他感悟到，千万不能看轻儿童时代所受到的熏陶和影响。有人说，人的一生都被童年时期所决定，这似乎有一定的道理。童年时代所获取的印象像一粒种子埋藏在儿童的心田，慢慢地发挥着它的潜在功能。这些不知不觉的思想熏陶和影响，原本是极其简单粗糙的，随着时间的推移，在一定的气候土壤的培育下，逐渐地萌动、变化、发展、壮大。①

为什么是清华

看得出来，王元化反复强调的是早期清华园对他的人格形成的影响。而在王元化晚年的文字中，对清华大学的学术和精神更是赞赏有加，有时还不惜就此稍稍揶揄北大一下。他特别强调清华的学术气氛，那是一种为学术而学术的空气，而不是在学术中掺杂政治的空气，这与北大有所不同。他小时候第一次到北大去的印象不知什么原因，竟然长远地留在他的记忆中：那是他读小学三年级，老师准备带学生们去那里表演节目，王元化和同学们很早就在学校认真地排练，到了北大，还没有表演，就听到大礼堂里面传出一片乱糟糟的声音，两帮学生正在里面争吵，越吵越厉

---

① 此节所述内容，王元化曾发表在湖北《艺坛》杂志，《文汇读书周报》作了转载。文末加了一段注："今年5月参加北大举办的五四纪念会时，顺访从美国来北京探亲的原清华大学梅贻琦校长长女祖彬女士。她的记忆真好，将小时住在南院的几家门牌号见告。她说，王国维住17号，隔壁16号是马约翰家，18号是李广诚家。"见王元化：《九十年代日记》，第372—378页。

害，那种架势和嘈杂的声响，把孩子们吓坏了。节目演不成了，在杂乱的人丛中，老师只得带领学生们回去。这是王元化第一次对北大的印象，当然这只是童年的印象。成年后，王元化对它有了另一种看法，他知道了北大的校风自由，那里可以不受什么约束。特别是上课，任何人即便不是北大的学生也可以去旁听，没有人管，自由自在。更值得赞扬的是蔡元培的兼容并蓄的办学方针，那是十分可贵的，只是后来并没有得到认真贯彻。有些人在这个问题上往往从蔡元培移到陈独秀那种"不容许讨论"的立场上去了。

对于清华的很多美式校园风习，王元化似乎并不欣赏。例如清华早期从美国大学中沿袭来的新生入校"拖尸"，源自英文"toss"，是发轫于1920年代美国校园的玩意儿：新生在报到前必须先到体育馆，高年级生好事者列队在那里对新生进行"拖尸"。方式就是几个彪形大汉把新生的两手、两脚抓住，举了起来，在空中摇晃几次，然后抛到垫子上，才算是完成了；又如每逢10月31日夜间，大礼堂熄灭了灯火，学生用挖空的南瓜罩在头上过万圣节（鬼节）；还有在大礼堂前草坪上的一棵大树顶端悬一面旗帜，由参赛学生去夺旗，以分胜负……诸如此类都是美国化的。王元化认为清华从美国引进政治与学术分开来的教育原则和治学态度，直到今天仍具有重大意义。他说，我们太重功利，不承认学术的独立地位，必须使它依附学术以外的其他目的。后来更是强调政治统帅一切，把立场态度看得比什么都重要，用立场态度来判定真理和是非。清华在治学态度上所显示的自由思想、独立精神是非常可贵的。事实上民国时期的北大在蔡元培的领导下，也同样具有这种精神。只是在大学的教育和培养方面，两校却有不同风格：清华强调计划培养，严格训练；北大强调兼容并蓄，自由发展，各极其妙，不可偏执。王元化举王瑶生前对他说，他从清华分配到北大教书，但他认为自己不是北大人，而是清华人。他认为这话含有对治学态度的看法。①

① 参见王元化：《人物·书话·纪事》，第32页。

显然王元化晚年以清园自号，不仅是纪念幼时清华学术气氛对他的熏陶，也有借清华大学早年的学术价值取向来重振学术风气的意味。长期以来，在意识形态的笼罩之下，教育、学术或艺术成为一种工具，为政治服务。清华继承了西方大学自治、独立、与政治分离的传统。正如顾准所说："欧洲的最早的大学都是教会组织的……因为是教会办的学校，所以，世俗的政治权威管不着它，也许这就是后代大学自治的渊源。"①学术应该是独立的，不应该成为政治的附属品。了解了这点，我们就知道王元化强调清华南院精神的动机，因为那里住着王国维和陈寅恪，那里有着一大批坚守学术独立的教授和管理者。他们将"独立的精神和自由的思想"坚持到生命的结束。恐怕这也是他特别反感当年国民党接管清华时把用政治元素和以党派治校的方针带进校园，并连带着对罗家伦没有好感的真实原因吧。

① 顾准：《从理想主义到经验主义》，光明日报出版社2013年版，第17页。

第二章　悲怆[1]（1929—1936）

北平城里的孔德学校

1928年，不仅王芳荃离职，他的好友、后来成为王元化国学老师的汪公严也一起离职。王芳荃全家搬出清华园后，由于王元化小学课程尚未结束，八岁的他单独寄居在清华园西院六姨母家，继续完成他的学业。

在成志小学附属幼儿园的时候，有一件事深深地烙在王元化幼小的心灵里。那就是1926年3月的“三一八”惨案，当时死伤群众数百人，罹难者中有清华学校的学生韦杰三。王元化代表幼儿园的孩子，与另外一个女童参加了韦杰三的追悼会，在遗体前默哀并献上花圈。这个“民国以来最黑暗的日子”，对于六岁的王元化来说，现在已经无法确切地知道当时是什么感受，但他年老的时候还郑重地表示记得这件事，并写进书中。凭着常识，在这样的肃穆悲哀的时刻，生命的尊严和人性的卑劣，总是会把成人的感受带给幼小的心灵。可以想象，这件事催化了“老天爷”王元化心中正直的、人与人之间平等的感觉。从一个淘气的孩子，受到了某件事的刺激，慢慢地进入了人生新的阶段。就像他晚年的挚友，同在北京城里长大的林毓生先生居然也有这样一段童年时代因一件小事而受到的启蒙：

> 我1934年出生在沈阳，不久迁居到北平。当时我家很富有，父亲在北方从事轻工业，如纺纱、染布、织布等，但是父亲并没有给我母亲很多零用钱。当时北平被日本人占领，但我并没有受日本人的欺

① 取自贝多芬《悲怆奏鸣曲》，作品编号：OP.13。

负，只觉得为什么我们的国家被日本人管？我们家是一个大家族，在当时可以算是豪族了，但是在家中，佣人和主人相处和谐，是一种平等的关系。我们兄弟姐妹每人由一个佣人照顾，我上幼儿园都由佣人接送。使我的心灵感到震撼的，或者说在我的记忆中让我无法忘记、激起我的爱国情绪，并且想着未来要为中国做些事情的动机源于一个冬天。那天雪下得很大，佣人送我去学校。路上，就在一个胡同边上，蜷缩着一个黑乎乎的人，他在白雪上显得分外醒目，佣人领着我走近这个人影，原是我每天路过这里都会看到的一个乞丐，在这寒冷的冬天，他在原来的地方冻死了。佣人拉着我的手赶快离开。当时北平经济不错，文化基础很好，但是冬天竟然有冻死的人，这个社会是多么不平等啊！一种从未有过的责任感升起，我觉得自己最大的任务是把国家弄好，国家与我有密切的关系，我无法忍受这种国家！我的平等观念要感谢我的母亲，家里佣人很多，每个佣人都有自己清苦的故事，佣人的家里出了事，或家人生病，我的母亲虽没有许多零用钱可以帮助他们，但对他们有同情心，似乎是亲身感受，完全一视同仁，并不只是同情他们。我母亲的言行教导了我。①

因童年时代的一件极具象征意义的小事留下深刻的印象，从而激发起一种责任感，我们常在那个时代的作家、学者记述的童年故事中读到过。在那个年代，那些身处军阀混战，外族入侵，国家蒙难的孩子们，尤其是出自养尊处优的家庭的孩子们，往往一件小事就会触动他们心灵深处的同情和责任，在物质条件优越的环境中，只有体验到残酷的现实，才会启发并自然地流露出来平等观念，从而导致了对世间不公的疑惑和震动。王元化自幼得到这样的启发，似也蕴含着未来的责任认同。

---

① 吴琦幸：《林毓生访谈录》(2011 年 7 月 24 日电话录音稿)。未刊。

1929年春，九岁的王元化结束清华附属成志小学的课程，住到北平东城的家中，成为离家不远的孔德学校的学生。

孔德学校有着一批认真办学的教育家，该校于1917年由蔡元培、李石曾和北大教授沈尹默、马幼渔、马叔平等创办，位于北京东城区方巾巷的华法教育会会址，即今天北京市第二十七中的前身。校名取自法国实证主义哲学家奥古斯特·孔德（Auguéste Comte）的姓——“孔德”，可以见出该校的宗旨。孔德曾经是著名的空想社会主义者圣西门的秘书，他研究实证主义哲学有年，并在其著作中正式提出“社会学”这一名称并构建社会学的框架和构想，是现代社会学的创始人。这个学校的学制是初小四年，高小两年，中学四年，共十年。1924年又增设大学预科两年，共12年。这所实验性学校，从学校风格到教学内容，充满了“五四”科学与民主的理念。当年蔡元培曾谈到孔德学校办学的宗旨：“我们是取他注重科学的精神，研究社会组织的主义来做我们的教育的宗旨。为注重科学的精神，所以各科教学偏重实地观察，不单靠书本同教师的讲授。要偏重图画、手工、音乐和体育运动等科，给学生练习视觉、听觉……”①孔德小学特别重视儿童的美育培养，一年级学生用的国语课本，由该校教师自编，内容有短语、儿歌、故事等，每个字都有注音，还配有插图，插图由徐悲鸿画。课本中先教注音字母，这在当时是一种新的试验，属于很前卫、很西式的教学方式。孔德的图书馆，原为了办中法大学孔德学院作准备，因此特别丰富。自1924年起，由沈尹默、马廉等人去挑选购买图书，全馆共藏书64 000多册。当时鲁迅研究中国小说史，也曾来此阅读词曲旧小说。新中国成立后这些藏书全部归入首都图书馆。蔡元培、胡适、钱玄同、李大钊、沈尹默、周作人等北大教授的孩子，都在孔德读书，校友中则有钱三强、陈香梅等。甚至北大知名教授也在这里兼课。

---

① 钱秉雄：《北京记忆——我所见到的孔德学校》，载“澎湃新闻”2018年11月19日，http://www.thepaper.cn/newsDetail_forward_2593375。

在这样一所崇尚自由、博爱的学校上学，王元化全身心放松，学习成绩好，常得第一名；他还记得孔德的校歌："孔德，孔德，他的主义是什么？是博爱，是研究人生的真理，是保守人类的秩序，是企图社会的进步……"孔德学校的教师年轻、热情，常常让学生到他们的房间，有说有笑，气氛融洽。王元化跟教师在一起，就像跟哥哥姐姐、叔叔阿姨在一起一样。后来因为长期担任英语教师的父亲说学法文不好，适应面小，应改读英文，王元化在孔德小学读了仅仅一年就跳级转到了育英学校的小学部。

桂碧清回忆这段生活时说：

孔德是一些教授办的学校，教法语。学校里有个特别的规矩：学生功课有进步，座位就可以往前进一个位子。弟弟在那所学校学得很好，考试成绩全年级第一，坐在第一排。爸爸觉得他学有余力，就让他跳班去念教英语的育英小学。弟弟喜欢田径，在育英经常得了田径比赛的奖品回来，但因为顽皮得要命，功课被老师打了五门不及格。我爸爸望子成龙心切，见了成绩单不分青红皂白就要打弟弟，还常常气得把他田径比赛得来的奖品都砸了，要赶他出门，弟弟只好逃去四姨母家。在那所学校，弟弟感觉不到师生之间的互助和友爱，他后来常常对我们说，爸爸当时让他转学的这个决定是错误的，切断了他与适合他成长的环境之间的联系。

淘气归淘气，弟弟对人对事向来绝对负责，也很细心、孝顺。他10岁那年，北京有个歌咏队选他到上海表演节目，他是其中最小的队员。我那时就很崇拜外国的东西，但当时除了日货，北京的外国商品非常少，偶尔妈妈买了一些日本瓷器什么的，坚决抗日的爸爸也会很反对地把它们都砸烂丢掉。我那时觉得外国的丝袜是好的，稀里糊涂地也知道北京比较土，上海是个国际化大城市，就让弟弟到了上海后，去租界帮我买丝袜。弟弟一下火车就问警察租界在哪里，警察问他找租界干什么，10岁的弟弟就说要买丝袜。警察听了大笑："丝袜哪儿都有，为啥偏要上租界买？"那次，他还特地给妈妈带了把切菜用的小铜刀。①

与育英学校结怨

育英学校是个由基督教公理会办的老学校，创建于1864年(清同治三年)，初建时学生仅二三十人。早期的教学人员主要是美国传教士，学校功课除读写外，又加上福音、音乐、浅近的地理和算术等门，所使用的教材全部由美国运来。那时候，西学风气未开，一般人士尚醉心于科举，而视学校为异端，开办数年后，学生仍是寥寥无几，都是一些穷孩子。学校对于学生不但不收学费，且择其贫者，助以衣食。1912年，设置了七年制小学、两年制中学，成为一个初具规模的学校。王元化到育英学校之后，离家虽然近了，读书却读得很糟，原因归结于他对这所学校的师生关系不满意。因为有了孔德学校的经历，他感到育英的师生关系很紧张。由此他明言不喜欢育英学校，直到晚年还是这样认为，这颇令人意外。从历史的记载和口碑来看，育英在当时是一所非常好的学校，王元化本人也正是在这所学校的中学部接受了左翼思想，编辑刊物，参加民族先锋队(简称"民先")。或许育英学校教育的风格不符王元化的性格，或许由于王元化从小就不受拘束，淘气好玩，爱好自由，不喜欢教会学校管束甚严的传统，再加上那个学校的师道还有点太尊严。

实际上在中国教育史上，育英学校的地位并不低。该校秉承美国的教育理念，最大的特色是注重德智体全面发展。教学方针则是西方式的通识教育，或可译为通才教育。王元化的世交、也是他们家在清华园的邻居全绍武，曾在这个学校担任过学生生活导师兼国际讨论班及职业研究

---

① 林韵:《姐姐眼里的王元化》，见 http://www.aisixiang.com/data/65839.html。

会导师。这个学校特别注重体育，全绍武在协和书院(燕京大学的前身之一)上学时就是田径赛高手。但王元化觉得这个学校没劲，教师与学生缺少一种像孔德学校那种融洽的朋友关系，与这所学校的声望不符。细细探究起因却是某件事深深刺痛了他，在心灵上造成了创伤，故而对这学校没有好感。在几十年之后的回忆中，他才提及了这样一件轶事：有一回上学很早，进学校靠近教室的墙上有一张表格，王元化一时好奇心发，就大声地念了起来。谁知教室隔壁竟冲出一位教英文的教师，常失眠，被吵醒了，恼怒至极，竟然用一根大藤条，使劲抽打王元化。王元化伤心极了。这件事给他留下很久的心理阴影。作为一个出生在基督教家庭的独生子，家庭施行爱的教育，王元化与每个人和睦相处，周围的环境平等、互爱，更何况在家中养成的充分自由发展的性格，对于这种体罚式的管教方法无法适应，甚至无形中生出某种阴影。这位教师虽然是教英文的，但是他管教学生的方式却十分中国传统，且有中国文化中不宜提倡的阴暗面。根据王元化回忆，整个育英的教师和学生关系似乎都不怎么好。在育英，学生们还给教师取了不少难听的绰号。师生之间、学生之间完全没有互助、友爱的情感可言，以致王元化对于育英的总体印象是负面的，他只记得一些不愉快的往事。他说“该校的校长叫李如松，也算是美国回来的，可并没有多少真实学问。学校里学生与教师的关系对立极了，同学与同学也不好”①。这样的评价对于一所学校来说，几乎可以列为最劣等级了。

不过王元化的记忆在有关校长的来历上似乎有误，李如松并非从美国回来，而是协和书院(燕京大学前身)毕业的高材生。根据育英的校史：1918 年李如松被教会选派担任育英学校首位中国人校长。李如松，字鹤朝，北京顺义县人，在校时就喜好体育运动，也是中国当时著名的运动员。在 1914 年的第二届全国运动会上，以 100 码成绩 10 秒 4、200 码成绩 25

① 胡晓明：《跨过的岁月——王元化画传》，第 20 页。

秒及440码成绩56秒独获三项冠军，创造全国纪录，还获得了十项全能第三名。1915年5月4日第二届远东运动会在上海召开，李如松以52秒之成绩夺得440码冠军，并打破他本人创造的全国纪录。后曾获得十项全能远东运动会亚军。从协和书院毕业后，北京基督教青年会鉴于他在体育方面的成就，准备公费保送他去美国深造。不幸，他在一次竞赛中伤了腰部，从此退出体坛，转而到育英学校担任校长，终生从事教育事业。

李如松在任职的几十年中，始终为发展教育与体育出力，这表现在以下几个方面：(1)主张把体育与德育、智育并列，以此作为育英学校学生的培育目标；倡导和赞助学生开展课外体育活动。育英的学生几乎人人参与体育活动，教师则积极组织各项体育活动，并给本班学生当业余教练。每年春秋两次运动会，各年级各班都很早开始练习，全校呈现一片生机勃勃的局面。(2)育英为体育活动提供尽可能优越的条件。(3)李如松身体力行投入体育竞赛之中。每年春季篮球赛，他都把教师组成一队，与学生中的优胜队进行比赛。在北平市的中学生运动会中，常看到他站在学生啦啦队的前面，挥舞一顶旧呢帽，高呼口号，为运动员助兴。育英学校的体育运动在20世纪三四十年代的北平中学中总是名列前茅。这也是桂碧清回忆王元化进入育英之后体育成绩名列前茅的缘由。

1948年北平解放前夕，李如松离大陆赴台湾，并在台北继续办学，仍以“育英”为校名。1969年他在台湾去世。①

总的说来，王元化对孕育了他革命思想的育英学校，评价不高。恰恰在这所学校，王元化完成了从不知愁的少年到天下兴亡、匹夫有责的左翼青年的角色转化。可以说，他从少年时代转向青年时期，获得个性萌芽和对社会的意识的觉醒，就是在育英学校完成的。其中包括阎润之老师为他们选择了读鲁迅的作品、读古典小说《水浒》、编辑校刊，以及参加中共的外

---

① 参见《中西合璧育英才——北京市东城区灯市口小学百年纪事》，见 http://www.bjdskxx.com/aboutus.aspx?id=3¤tpage=2。

围组织“民族解放先锋队”等重要人生经验，均在这所学校中获得资源。

一个新的世界

从远离北平城的清华园搬了出来，回到北平城里家中。此时父亲王芳荃远赴张学良任校长的东北大学教书，王元化首先接受的是一个新世界，那就是历史古城的文化和民俗。一个敏感的年轻人，到了北平城里，那日子就完全不一样了，一切都是新鲜和刺激的。在水木清华的园子中，处处假山小溪、花木葱茏、流水潺潺，像一座幽静美丽的古典园林，一座古旧人家的书香大宅子。图书馆、化学馆、体育馆，却又是相当现代化的美式建筑，两者奇妙地结合在一起，倒也有中西文化辉映的趣味。教授们有的中式服装，夹着书袋子；有的西装革履，皮鞋锃亮。学生们，则多圆眼镜、多分头，屋子里穿单褂，出门外套皮大氅。似乎与外界隔离。王元化一直这样住下去，将来或许也会自然地成为其中一员。然而他来到了北平城里！那是一个鲜活、真实、充满现实人生实感的古老都城。人生变得那样的实在和感性，繁忙、热闹、肮脏、杂乱，却充满了世俗人生的滋味。王元化印象最深的，是北平城里的风沙，从塞外裹挟着西北风，呼啸而来，灰蒙蒙一片。要不是大人拉着手，一阵大风刮来，不得不向后退几步。风卷尘沙扑面，嘴里也时时有细沙在牙间沙拉沙拉作响。冬夜，睡不着觉时，户外北风怒吼，火炉的铅皮烟筒、纸的窗户，都在乒乒乓乓地相碰着，人如深夜大海中一叶破舟。到了天朗气清、风和日丽的时候，北京城又是那样的和平安详，边塞的杨柳青青，空气中洋溢着清新、生机勃勃的气息。到了冬天，幽静的小巷里，常常有老头叫卖花生的悠扬声音，“空壳儿——多给”。王元化和姐妹们跑出巷子去玩耍，胡同口子那一带，清晨卖豆汁儿的，下午卖切糕的；冬天卖烤白薯的，夏天叫“萝卜赛过梨”的，热闹得很。再往大街跑远一点，一天到晚有着看不够的东西：牵骆驼的，赶大车的，各种江湖艺人的玩耍，耍猴的，耍叉的，以及“出大差”的，——一辆马拉的大车，车上捆绑着囚犯，摇摇晃晃而来，车后跟着一大群叫“好”的闲人；囚犯要酒，就有路人倒一大碗递上去，要吃的，旁边就有人送上吃的……北平城就是一个五光十色的大戏台子，印象最深的恐怕要数那驯鹰的。“鹰是猛禽，性悍，不易驯。驯鹰人使用的办法叫‘熬鹰’：不给吃，不给喝，不给睡，用自己的眼睛盯着鹰的眼睛，鹰一闭眼睛就把它捅醒，这样熬着，直熬到鹰驯服为止。”①生活的细节常常成为成年之后思考重大问题的资源，1975 年，王元化写作《韩非论稿》时，这一段少年北京的见闻，竟被他用来生动阐释韩非的“君主驭臣之术”！

一个来自宁静的书香清华园，身上又带着楚蛮血性的少年，简直觉得北平城里的世界让人目不暇接。走出大门，走出胡同，那换“取灯儿”的老头还在，就给他一些破破烂烂，可换得一盒洋火、一张烟盒，或几个角子，再去买一串挂拉枣儿、山里红，挂在胸前。北平好玩的地方真多。父亲常带着他去逛厂甸，游庙会，看琉璃厂；可以骑小毛驴，可以“砸老道”（扔钱去敲响白云观桥洞下的铜铃），可以在“伦池斋”（父亲熟人的古书画铺子）去看书看画。再跑得远些，西山的夕阳晚景，长城的霜天残垣，颐和园的长廊总连着残荷水塘，北海的水鸥掠过船舷钻进芦苇丛子中去。太庙里那三五人不足以环抱的大树，总有许多灰鹤停在上面，而浓荫之下的几张茶桌，弈棋的、喝茶的、读书的，总是表现着北平古城的悠然似太古，日日如小年。连到家里来修暖气管的年轻工人，说着“那年张大辫子兵进城时，雪才下得真大哩”，口气里都透出皇城气派。饭馆的堂倌，依然对那客官说：“您来了，楼上看座儿！”……王元化对儿时家门口那锔碗师傅，印象十分深刻：一只摔成两半的细瓷碗，居然能用钉子缝合，破碗重生，盛一碗清水，分毫不漏！②

---

① 参见王元化：《清园论学集》，上海古籍出版社 1994 年版，第 191—192 页。

② 此处大段的有关北京城生活的精彩的描写，节选自桂碧清的回忆录《桂碧清老师口述记录》（未发表）。原文刊载于新浪博客，http://blog.sina.com.cn/s/blog_4dbfef410100a48k.html。参见胡晓明：《王元化画传》。

放不下一张书桌

1931年，“九一八”事变，日本军队占领东三省，国人被丧权辱国的现实所激愤，掀起了排日运动。此时正在东北大学教书的王芳荃，不甘忍受外族的侵略和统治，毅然于9月28日逃出东北，回到北平家中，后来在北平铁道管理学院担任英文专任教师。同年，由于原先的房子太小，全家搬到了北平西观音寺72号。此后，东北大学也走上了流亡之路，全体师生都离开东北，流亡到北平等地，成为中国历史上第一所流亡大学，后正式迁到北平。王元化对这一事件在他心中激起的爱国情感，记忆极其深刻。

> 爸爸去东北教书，我们一家就住在北京城里。进城以后，生活就不一样了。我看不见那些诗意化的生活了。我开始接触一些我从来不知道的现实。当时家里还有钱，我们住在很漂亮的赵元任搬走以后的西观音寺72号的一栋洋房里。可是，就在我们家对面，就有一家朝鲜人开的白面馆，……去的都是一些很穷的人，特别多的就是拉人力车的，还有那些干苦力活的。用那种长长的烟枪在那里抽白面。
>
> 到了冬天，北京很冷啊，我看见他们焦黄的脸被风吹得都是皱纹，他们裹着袄子，低着头就往烟馆里跑。有时候，早上去上学，就看见有人冻死在烟馆的门口。……正赶上1931年的“九一八”事件，国民党政府把东三省让给了日本人。那时候有多少人从东北逃亡到北京啊。
>
> 我记得，我还在上小学，9月9日那天，我去上学，老师和同学都低着头，像是有一个很大的丧事，我们默默地坐在自己的位子上。老师告诉我们，我们的国家发生了灾难，成千成万的东北人给日本人打死了。同学中间有人开始哭泣，老师让大家自愿地走到她的讲桌前来拿黑纱。我们都走上去了，大家把黑纱绑到自己的手臂上，为死难

的中国人哀悼。回到家里，我母亲看见我就哭了，她说：你这个孩子怎么这么不懂事，你父亲在东北是活是死都不知道，你戴个黑纱，给政府看见了，以为是大人教的。这不是给你父亲找麻烦吗？我摘下黑纱，母亲又哭了，她说：我们中国人被日本人杀了……

很快，我的父亲从东北逃回来了，留在北京工作。但是，我还是要跟你讲，我为什么会有反帝国主义的意识。这是受我父亲的影响。他们这一代的知识分子是非常正义的，虽然他们并没有参加革命，参加任何左派组织，但他们都是用自己的良心和独立思考来判断事物的。记得，1925 年五卅惨案发生的时候，上海纺织工人在日本人开的工厂举行罢工，结果走到英国人租界的时候，英国警察开枪打死十几个工人。我父亲愤怒极了，他拉了一头小毛驴就到香山的教会学校去了。那时候，没有什么交通工具，天上下着大雨，我母亲就说：你等一下吧，等雨停了，等天晴了再去把孩子接回来。我父亲脾气非常耿直，他说：我不能再让她们在那里呆下去。英帝国主义欺负我们，我的孩子怎么还能受他们的教育？

就这样，他和我姐姐骑上小毛驴，冒着大雨，走了整整一天，才把她们从教会学校接回家。对了，那时候，我们家里绝对不吃香蕉。因为我父亲说，那是日本进口的。我们全家一直禁用日货。

我们家住在东单，出胡同不远就是日本人的练兵场。他们真是可恶之极。平时不练兵，到刮风下雨的日子，就在那里大喊大叫。后来更可怕了，干脆跑到大街上来练打靶。我们一下学，就看见他们举着枪在街头上开枪。吓得我们跑啊，跑啊。可怕极了。到后来那就什么都不管了，连坦克都在北京大街上开来开去。所以，我从小对日本人充满了深刻的仇恨。①

① 彭小莲：《他们的岁月》，第 94—96 页。

冷峻的现实、残酷的环境，给少年王元化以莫大的刺激，抗日、不愿做亡国奴的想法就像一颗种子，在他的心田里开始发芽。他坦言在现实中激起的反帝爱国思想，受到他父亲王芳荃的影响很大，他不止一个地方谈到，父亲这一代的知识分子是非常正义的，虽然他们没有参加革命和任何组织，但他们都是用自己的良心和独立思考来判断事物的。有一件事情印象深刻：那些年冬天的北平城，刮大风，道路泥泞，城里靠马车做运输工具。有一回，王芳荃先生回家向孩子们说起路上的一副惨景——一匹老马，极艰难地拉着一辆载重大车，在严寒的冬天，全身浸透了汗水，完全是一副精疲力竭的样子了，老马一次一次跪倒在泥泞道中，马车夫一次一次狠命抽它，老马挣扎着，却又一次次摔倒在泥水里……他经常给儿女们讲这样的事情。还常常说起中外文学中的一些故事，如《聊斋志异》中席方平在人间受尽冤曲、而在地狱里申冤又遭受严刑拷打的故事，外国寓言中母鸟舍身护住子鸟不受老鹰扑击的故事。王元化的姐妹们常常会听得大哭起来，拉住他，不让父亲再讲下去了。

王元化虽然出生在一个西化的家庭，但是就像当时很多受到西方影响的知识分子家庭，甚至包括“五四”时期秉承反传统主义的鲁迅、胡适、陈独秀等人，在他们的思想深处仍为传统保留着一席之地。王芳荃此时除了在北平铁道管理学院教英文之外，还收藏了不少名家字画，其中包括了吴昌硕、齐白石等名家的作品，并且据此用英文编写了一部 *Chinese Free hand flower painting*（《写意花卉》）的书，1937 年在北平出版。“写意花卉”四字，为王芳荃亲笔题写，并在第一页附上他随汪公严学习国画的作品《清影护窗幽》。该书的用意即在外寇入侵之际，弘扬中华文化，与章太炎在此时兴办国学讲习所，用国学来激扬种姓、唤醒国人的用意具有异曲同工之妙。序中写明画作来自家藏、故宫博物院、商务印书馆以及私人收藏，从宋苏东坡到明清、到民国的历代精品，总计 67 幅名家画作，其中齐白石 8 幅，吴昌硕 5 幅。全书用英文详细解释了中国画中的写意花卉的特色以及源流，并介绍中国画的画法。由此书可见王芳荃英文功力极深，同时也具有高雅的国画鉴赏力。由于中国画的风格与西方完全不同，用英文来进行介绍，其中的遣词用句对作者都是一个考验。在扉页上，王芳荃写下这样一段话："献给我的老师汪鸾翔教授，感谢他对我在绘画方面的耐心和诚挚的帮助指导。"而在序言中，王芳荃则详细介绍了他随汪公严学画的经过，字里行间对汪崇敬有加。他将中国画的艺术技巧转为西方人可以了解的特色，在弘扬传统文化方面作出了一个非常大的贡献，是中国艺术走向世界的先声之作。此书在海外流传甚广，其中收录的一些书画作品如今已成绝响。①

自学的年代

王元化一生并没有接受过完整和系统的高等教育，但是他却通过父亲以及自己的学习和探索，打下了扎实的国学基础和外国文学及理论的基础，这就是王元化最富于特色的读书方法——自学。而这种自学方式既源自家庭的教育，也出自他本人的勤奋好学以及聪慧的钻研能力。这种自学方法的时间可以从在育英学校读书的年代开始。

在育英小学读五年级时(1930 年)，王元化患麻疹，在家养病，无法上学。父亲给他买来了一套石印本七十回的《金批水浒传》，这是王元化第一次接触和阅读中国古典小说。他很喜欢这部小说，在病中反复翻阅，很多内容多年之后都能复诵。几年之后他到上海加入地下党，担任文化方面的工作，写出精彩的评论文章，其素养和文学鉴赏力，与这段时间的读书不无关系。1942 年他发表《关于金批〈水浒传〉的辨正》，文中批评抗战时期上海沦陷后的汉奸文人对于这部书的曲解，对于金圣叹借批《水浒》而杀害《水浒》，同时他把鲁迅先生有关《水浒》的评论作为自己的利器，来指出金圣叹腰斩《水浒》和刻意将《水浒》贬低的心态。从今天的角度来

① 此书在欧美国家流传很广，至今还有极少量的珍本在网上拍卖。在国内似乎已成绝版。

看，这篇文章很大程度上虽然是一种机械的批评方式，但其兴趣和积累却可见出少年时期的旨趣。

在王元化成长的关键期——12 岁的时候，他首次接触到了鲁迅作品。1932 年，王元化在育英学校读初一，忘记不了的是语文老师阎润之，一位对文学兢兢业业、视之为自己生命的中学老师，对他的一生从事文学和文学批评工作起到重要作用。这位关心民生疾苦、富于正义感的青年教师，特意选择了鲁迅的《孔乙己》和《故乡》作为教材。丰富的资料，精彩的讲课，使学生们受益匪浅。这是王元化第一次读到鲁迅作品，这对于他后来的读书、做人以及选择文学作为自己终身职业都有着重大影响，同时，也使他一辈子对鲁迅作品有着持久的爱好，并拓展开去在鲁迅的思想研究上有着独到的见解。这一切都因着这个苦难中国现实的激励。虽然他的家庭经济在当时处于中等偏上，但在这个接受西方思想的知识分子家庭，一种平等、博爱的思想充溢着全家。王元化忘不了充满爱的善良的姨母，心肠软，极富同情心，一见到别人受苦受难就忍不住流泪，往往倾己所有，甚至不惜脱下陪嫁的金镯去周济穷人。

少年王元化从鲁迅作品中见到了另外一个世界，如果说北平城给了王元化以中国传统、民俗以及忙碌的世道人间的话，那么取材自“病态社会的不幸人们”的鲁迅小说，则为他打开了另一扇观看世道的窗。在他完全陌生的另外一群人物中，他才知道还有这样的一个社会，才看到了劳动人民的不幸。《孔乙己》这篇小说就是以强烈的同情和悲哀刻画出孔乙己这个人物，来揭出社会的病，揭示封闭社会中的民族的精神弱点。这对于王元化是一种震撼，“天底下居然还有这种令人窒息的生活和人物”！卑微、痛苦、丑陋……在他的生活中何尝有过这样的人和场景。孔乙己是一个现实中的长衫顾客，这被鲁迅定义为与短衫党是不同的阶级，但他又是属于连短衫党都不如的那种人。这个艺术形象给王元化的心灵留下的深刻印象挥之不去，几十年之后还在文章和谈话中常有提及。

《故乡》是鲁迅的自传体小说，这在鲁迅的小说创作中属于比较另类的作品。他在这篇小说中以“我”回故乡的活动为线索，按照“回故乡—在故乡—离故乡”的情节安排，依据“我”的所见所闻所忆所感，着重描写了闰土和杨二嫂的人物形象，从而反映了辛亥革命前后农村破产、农民痛苦生活的现实；同时深刻指出了由于受封建社会传统观念的影响，劳苦大众所受的精神上的束缚，造成纯真的人性的扭曲，造成人与人之间的冷漠和隔膜，表达了作者对现实的强烈不满和改造旧社会、创造新生活的强烈愿望。但少年王元化从中读到的是纯真的友情和对新生活的向往。他特别欣赏“我”与闰土少年之间那白璧无瑕的友情。他们成人之后，双方的感情就隔阂了，这是鲁迅着力刻画农村破产之后的生活现状，两人之间已经分属不同的阶层，那少年时代的感情飘然而去，有的只是木讷的闰土和作者。王元化曾作文分析闰土和“我”之间的感情变化和变化的线索，把这种变化用理性的方式描写出来，得到了阎润之老师的欣赏，他对于王元化能够理解这种感情而感到惊讶，给了他很高的评分。这也是少年王元化在未来的文学理论生涯前的初试啼声。

当然，不仅是鲁迅的作品，在阎润之老师的推荐和指导下，王元化此时还读了不少其他文学名著。阎老师讲过一篇叫《流星》的外国作品，讲那里面的作者站在窗前，看着茫茫夜空，一线流星，划破长夜，而作者此时已是老人。这幅图景，也不知为什么，王元化越到老年，越发记忆分明。另外一位教国文的老夫子喜欢韩文，一篇《祭十二郎文》，朗诵得回肠荡气，王元化甚至到了晚年还能够用这种抑扬顿挫的调子背诵古典诗词和古文。在中学老师的启发、教育和鼓励下，再加上他个人的刻苦学习，王元化阅读了大量古今中外的优秀作品，从中汲取着营养，文学艺术的细胞活跃在这些优秀作品的字里行间，从而激励他在文学、在广泛阅读中国古典作品和鲁迅作品中寻求着人生的真谛。

1936 年，16 岁的王元化在育英中学读高二。从一个稚嫩的少年渐渐成长为具有自己独立想法的青年。

此时，桂月华感到孩子都大了，住房不宽敞，于是在西城的小麻线胡同租到一处宽大住房，据说是原荣禄府的一部分，她花了不少钱加以装修。王元化自学的契机也恰在这一年发生：他和三姐桂碧清都患上了一种很厉害的也是很古怪的眼病——眼底回血管出血。那时家境不错，他父母寻遍了北平城的名医，包括协和医院最有名的眼科医生，却都无法找到病因；有的医生还说王元化的眼睛将来恐怕要瞎掉。经过了一段时间，仍无法彻底治愈，只能静养，经历整整一年的时间。这是多么艰难的时间啊！眼睛对于一个几乎以求学为自己生命的年轻人来说，其重要性不亚于甘泉之于人。他无法想象没有了视力，人生将会多么黑暗。严酷的现实也给了王元化人生中第一次绝望的考验，他悲观之极，甚至还有过了断此生的想法。看着跟自己差不多大的青年人，自由自在地在外面跑，要读书就读书，要做事就做事，心中羡慕不已。暗自思忖，只要像他们一样，再活五六年，死也甘心。幸好一个温暖的家，慈母的爱始终给了他无穷的力量。经过了整整一年的治疗和抗争，到1937年"七七"事变，抗战全面爆发那一年，眼睛居然奇迹般地好起来了。连医生也莫名其妙。他们始终不知这病的起因和治疗方式。①

这段时间恰成为王元化自学的最好时期，从此也奠定了他的自学能力。为了让王元化在眼病期间继续能够学习，桂月华特意请了人来为他朗读书籍。这样，他每天都有五六个小时的听书时间，由于他不需要到学校按部就班地循着教学大纲去读书，也不需要应试，他就可以选择自己喜欢的书籍来听，这也促使他喜欢自学而不是到大学中接受刻板的系统教育。了解这一点，对于了解王元化后来成为一位别具风格的文艺理论家的原因是非常重要的。整整一年的时间，他走进了中外名著的世界。屠格涅夫的森林、河流、书生、才女，契诃夫的车夫、老马、厨娘、变色龙，托尔斯泰、罗曼·罗兰以及其他的俄罗斯文学大家；鲁迅的狂人、祥林嫂、

① 王元化：《人物·书话·纪事》，第124页。

孔乙己、阿Q等，都在这时走进了王元化的文学天地。当然也有不少当时的新文艺作品，也是王元化了解当代中国文学现状的重要来源。为了更好地理解这些文艺作品，他需要读一些理论方面的作品，包括当时的左翼读物，尤其是介绍社会主义的经济、哲学、政治等文章；由鲁迅搜集、编辑，瞿秋白翻译的《海上述林》是他当时心爱的理论读物。书中介绍的马克思、恩格斯的文学、文艺理论原典，是他后来走向左翼文艺的理论来源，直到后来漫长的岁月，甚至在困境中仍给了他思想和精神的资源。

现实中总是充满了有趣的片段。他听读的现实小说自然要真实地再现生活中各色人物，当念到诸如小说中对话场景的时候，书里总会夹进一些口语和詈骂的内容，像“他妈的”“混蛋”这类口语，佣人黄姨妈有时听到了，就会皱眉头，对桂月华说：“弟弟读的什么书哩，你不能让他读这些不好的东西呀！”这一情景，王元化印象深切。后来他渐渐懂得，黄姨妈虽然没有文化，却是个干干净净的人，喜欢干干净净的东西，就像中国旧时许多没有文化的老百姓那样，传统道德、礼义廉耻，甚至“敬惜字纸”的传统观念很深，认为书本、文字是神圣的所在，是不能嬉戏、轻慢、苟且对待的。王元化还能忆起儿时的情景：严师傅买了很多连环画，是宣传北伐骂军阀的，后来大革命局势紧张时，他就在清华园的厨房灶头里烧这些连环画。他还记得严师傅烧书时的紧张情景。这两位佣人在家中都很长时间，他们与小元化产生了深厚的感情，他们同时也是王元化了解社会的一个窗口。北平的冬天极冷，屋子里烧着煤炉，被窝里依然冻如冰窖，黄姨妈把砖放在炉子里，翻来翻去烤得透烫，然后用布包密实了，放进王元化的被子里。清晨，黄姨妈早就起来了，厨房里传来她擀面、切面的声音，大铁锅里的水烧得滚开，切好的面条还在水里翻腾着，黄姨妈已经炒好了咸菜肉丝。王元化曾回忆，那是他一生中吃过的最好的汤面。

晚年时候回忆自己的读书生活，王元化感悟到从小学的后期到中学这段时间是一生中一个重要的读书阶段，同时也是他认识中国社会的重要岁月，他不禁感慨，自由自在的阅读，给了他自学的最好的方式，也给了他自觉认识社会的最好方式。一个青葱稚嫩的年代，带着对未来朦朦胧胧的憧憬，人生中的美好和庸俗，正义和邪恶，正是通过中外优秀的文学作品，影响着他。那段时间，他可以抛开任何杂念，在这些作品的世界里遨游。青年时代接受的教育往往是决定性的，这段时间的读书，与他后来的被隔离时期的读书一样，无意中令他一辈子受用不尽。从此，他对于自学读书有了本能的热爱，这种热爱伴随着他，直到最后的岁月。

第一次拿起笔战斗

1935 年的北平，局势一日比一日紧张了。“九一八”事变时佩戴的黑纱仿佛还在眼前，又传来了国民政府与日本签了《何梅协定》《秦土协定》的消息。王元化记得，悠闲、热闹、自在的鼓楼大街忽然不再属于你，而不得不避在路边，眼看着荷枪实弹的日本兵耀武扬威地经过，任何一个有自尊的中国人眼睛里都要冒出火来。一个民族被剥夺的空间越多，就越能在有限的自由中攒积起向外的反抗力来。此时的中国，国事和家事的命运紧紧相连，而直觉的耻辱亦可以捶击一个少年的正直的心灵，使他迅速地长大成人。

1935 年 12 月 9 日，在王元化一辈子的记忆中，是刻骨难忘的日子——“一二·九”学生运动爆发，即便坐在家中，也能感受到北平城大街上成千上万学生“打倒日本帝国主义”的阵阵声浪。王芳荃那一天对女儿王元霁、王元美说：“你们的同学都在外面，你们为什么在这里，你们要回到你们学生队伍里去！”家中早已禁止用日货，王芳荃常在孩子面前咒骂日本侵华的军国主义者昭和、荒木、本庄繁，说“昭和，招火、招祸！荒木，荒胆、荒国！本庄，本盗、本恶”！言谈中充满对日寇的愤恨。街头所见种种不平事和家中父亲的抗日情绪都深深影响了王元化。12 月 16 日，当北平学生、市民再次举行示威游行时，他跑到学生临时组织起来的非常自治会，主动要求参加，从此投入到血与火的抗日洪流中去。[①]这是他第一次亲身投入到爱国抗日的斗争中，从书斋中跨出这一步，将自己的生死抛在脑后，融入政治洪流。自此，王元化从典雅、舒适的家庭迈向革命的洪流，义无反顾，终身不悔。

很快，这位爱国热情高涨的青年王元化，担任了学校的校刊《课外选课专页》主编，这也是他第一次当刊物的主编。作为主编，他不仅要选用稿子，还要自己动手撰写。他生平第一次撰写的稿子排成铅字发表，就是在育英高中一年级编刊物的时候，那一年他 15 岁。

1935 年 10 月，意大利法西斯主义头子墨索里尼发动了侵略埃塞俄比亚的战争，此前，意大利已占领了埃国东面的索马里和北面的厄立特尼亚。现在，它希望迅速占领埃塞俄比亚，控制红海这条战略交通要道，并以此为据点吞并整个非洲。当时的意大利虽然不能与德国相比，但对于埃塞俄比亚这样一个几乎还处于原始社会状态的封建王国来说，无疑是一个现代巨无霸，它拥有当时比较先进的现代化武器，有大量飞机、坦克和装甲车，而埃塞俄比亚则连统一的军队也没有，只有属于海尔·塞拉西皇帝的卫队和各封建领主的私人军队。他们的武器主要是原始的长矛、弓箭、棍棒，力量对比如此悬殊，墨索里尼狂叫要“惩罚这些非洲蛮子，给他们点颜色瞧瞧”。但埃塞俄比亚人民并没有被强大的敌人吓倒，他们决心保卫自己的祖国，保卫自己的家园。很快，该国实行了全国总动员。10 月 17 日，皇帝塞拉西在首都亚的斯亚贝巴举行了隆重的阅兵式。他高声问他的臣民：“法西斯侵犯我疆土，鱼肉我人民，我们怎么办?!”“坚决抗敌，宁死不屈!”10 万人发出了震天的怒吼。“对！誓死抗击侵略者，保卫我们的家园!”塞拉西说完，命令 5 万人组成的联合军队立即出发。他自己也亲临前线指挥作战。青年学生们走上街头进行宣传动员；妇女们组

① 王元化究竟有没有参加“一二·九”运动，在《王元化集·学术年表》(第十卷)中说“王元化参加了‘一二·九’学生运动”。从目前所见的资料中，没有这方面的证据。但是王元化参加了此后的“一二·一六”游行活动，并在次年参加民族解放先锋队。

织了红十字协会和妇女协会，运送伤员，组织后方供给；一些封建庄园主也拿出钱来向国外购买武器弹药和粮食，支援前线抗战。

王元化从埃塞俄比亚人民抗敌精神联想到中国的抗日战争，同样展示了人民大众的意志，于是撰文谈意大利侵犯埃塞俄比亚的战争，呼吁中国民众也要发扬埃塞俄比亚人民的抵抗精神，起来抵抗侵略者。这篇文章发表在他主编的校刊《课外选课专页》，其用意自然很明确，使人们联想起日本帝国主义在中国发动"九一八"事变，企图侵吞中国，他呼吁中国人民奋起抗战。王元化在文章中列举了上海十九路军在三年之前（1932年）的"一·二八"淞沪战争中给了日本军队以沉重打击的英勇作为，展现了中国人民抗战的意志。这篇文章虽是从报上寻章摘句、剪辑编采的东西，却显示出他观察社会、分析现实的眼光，尤其是他的爱国热情。在担任主编期间，他还发表了另一篇文章，专门批评日货走私。这两篇文章都是在爱国的情绪下对日本帝国主义试图霸占中国的野心进行了抨击。虽然只是报纸文章的综合，却也显示出他分析社会、观察社会的眼光。正是这两篇文章的影响，引起国民党蓝衣社学生特务的注意，捕风捉影地怀疑他和共产党有联系，到校长面前去告状。于是才当了两期主编的王元化就被撤职了。他第一次尝到了社会的险恶和爱国的代价。

向往民主自由的进步青年是不会停止他们的求索的，险恶的环境反而激起年轻人的勇气。第二年，1936 年 1 月，王元化与同学李克（查先进）、夏淳（查恒禄）等人一起正式参加了民族解放先锋队——中国共产党的青年外围组织。这是王元化人生中的一大转折，从普通学生转为有信仰的青年，而且这一切就意味着要为事业献身。一次在聚会中，查先进宣读了他激于时愤而写下的自挽——"羡君早归去，免多尝甜酸苦辣；笑我尚浮沉，空勘破富贵荣华！"在这样热切的讨论中，王元化自感幼稚，但最初模糊的国难现实状况下的人生理想却日益清晰，爱国、爱人民、爱家庭，这是王元化当年的单纯想法，从此身体力行，义无反顾。王元化后来说："'一二·九'学生运动后，我像许多救亡青年一样，以极大的热情去寻找左翼读物来阅读。当时上海有一批才华出众的理论家，冯定就是一个；其他还有艾思奇、钱亦石、孙冶方、骆耕漠、薛暮桥、何干之、李平心、许涤新、胡绳、顾准、金仲华等等。”①这些左翼理论家的哲学、经济、历史等著作，虽然都是简单诠释苏联的一些理论、介绍马克思列宁的基本社会主义理论，但对王元化来说，却是一种针对现实的启蒙教育，也在他的心中萌生了左翼的思想。

回忆起意气风发的青少年时代，王元化说："当你做孩子时，你就能看到当时社会上以强凌弱，以大压小，极其不公正。正是这反日的情绪使我走向了共产党。"②他的这条道路也是当年大多数左翼青年走过的道路。

---

① 王元化：《人物·书话·纪事》，第 96 页。

② 胡晓明：《跨过的岁月——王元化画传》，第 33 页。

第三章　英雄[1]（1937—1941）

逃离北平

卢沟桥是北京的重要地标，西方人称它为“马可·波罗桥”。早在13世纪，意大利旅行家马可·波罗来中国，在他的游记里十分推崇这座桥，说它“是世界上独一无二的”，并且特别欣赏桥栏柱上刻的狮子，说它们“共同构成美丽的奇观”！清代皇帝乾隆钦定的京城八景中，“卢沟晓月”成为重要的风景之一。

1937年7月7日，就在位于京郊宛平的卢沟桥附近，日军挑起了军事冲突，中日之间爆发全面战争，史称卢沟桥事变或“七七”事变。

17岁的王元化遇到了人生路上第一个灾难性的转折，他将要随着家人逃难。

全家安静的生活被打破。刚装修完的小麻线胡同的住宅无法住下去了。全家商量之后，决定去上海，那里有着外祖母江太夫人和三姨母，王元化小时候曾经在暑期去住过，他忘不了外祖母带他去听京戏，也忘不了三姨母给他朗读外国文学作品。逃往上海的另一个原因是虽然日本军队这时候在上海虹口已有驻军，但整个上海尚在国民政府统治下，还属安全，此外还有租界。况且上海也是父母熟悉的地方，当年他们俩一个在圣约翰书院读书，一个在圣玛利女校读书。从很早开始，王芳荃就为家中唯一的儿子安排好将来的前程，并为他存好一笔钱，希望到上海后，王元化最好也能够进入圣约翰大学读书，然后去美国留学，走一条学术和教育的道路。事实上，王元化的姐妹们和母系家族的桂家，甚至与桂美鹏联姻的

---

① 取自贝多芬降E大调第三交响曲《英雄》，作品编号：OP.55。

曾兰友一家的孩子大部分都走上了出国留学、回国后成为某领域专家的道路。[1]这也是当年家境殷实的中产阶级人家都向往的一条路，更何况王芳荃本人还是地道的留美学生呢。

此时，王元化的眼病基本上好了，但尚未痊愈。北平驻城的国军要撤走了，留下的是一片恐慌和混乱。在将要被抛弃的北平城里，到处是准备逃难的人群。王芳荃听说日本军队要在 8 月 8 日进驻北平，这位胸有成竹的大家长决定，全家必须在此之前离开北平，决不当亡国奴。但是一旦要准备离开，需要做的事情非常多。毕竟是战争时代的逃难，又是在北平住了近 20 年，需要整理家中杂物，从书籍、油盐酱醋坛坛罐罐、衣物钱财，到应该带些什么东西走，全家人颇费周折。街上各种传说都有，最令人心慌意乱的传言是日军要抓知识分子，看到携带书籍的就要盘问，甚至扣留。

这时的王元化，在国难当头之际，变得特别成熟，他在这一年的眼病期间，听读了不少中外书籍，现在他的心中，鲁迅和罗曼・罗兰是他最尊崇的作家。在鲁迅的笔下，他看到了中国社会底层的生活以及黑暗的一面。而在罗曼・罗兰刚刚由商务印书馆出版的小说《约翰・克利斯朵夫》中，他受到了强烈的感染，心中流淌着一样的英雄情结，要勇敢地在理想的道路上前进。他读出了苦难和不幸所带给人的不屈的精神，从此，他在任何时候都会以这种精神鼓舞自己活下去。这些心爱的书籍，例如鲁迅绝大部分的杂文集，屠格涅夫、托尔斯泰、契诃夫等俄罗斯作家的文学作品，以及他最喜爱的罗曼・罗兰的书籍等，他都不愿就此抛弃，因为它们都是人生理想和自己命运的一部分。

---

① 王元化一家：父亲王芳荃毕业于圣约翰大学，留学芝加哥大学，回国任清华教授；母亲桂月华毕业于圣玛利亚女中；大姐王元霁，燕京大学毕业，任中学化学教师；二姐王元美，燕京大学毕业，从事话剧编导；三姐桂碧清，上海幼儿师范毕业，从事外国人汉语教育；妹妹王元兆，圣约翰大学毕业，任上海交通大学教授。桂美鹏一家：舅舅桂质庭，考取清华留美学堂赴美攻读，获美国耶鲁大学物理学博士，武汉大学教授；二姨桂质玉，毕业于圣玛利亚女中；三姨桂德华，毕业于圣约翰女中，留学于英国及欧洲其他国家，回国后从事外语教学；四姨桂质良，获美国约翰・霍普金斯大学医学博士；五姨桂醒华；六姨桂质议，嫁给清华大学刘廷藩教授。

这时候，北平城到处都在传说，日本人专门抓读书的青年人。为了安全，当时逃难人群中的知识人，上衣不插钢笔，口袋不放片纸，甚至连眼镜也不敢戴。全家商量之后，决定不带书籍出走，将所有的书籍放入一口大缸中。然后在后院开始挖坑，把水缸埋到地里，盖上了厚厚的油布，再用土结结实实地盖上。可是王元化实在不舍得那一幅自己画的鲁迅像和两册精装的绒布面《海上述林》，瞒着家人塞入行李箱中。青年王元化总想着很快就会回来的，还不乏书生气地、郑重地在埋藏地点做了记号，希望等抗战胜利后再让它们重见天日。这些书籍成就了少年王元化的精神世界，也使他告别了青涩的少年时代。与北平一别经年，1946 年后几年里，王元化曾多次从上海重返北平，那时他已经是一个身负党重任的地下工作者，但他没有闲心再去找这些书籍了。现在如果这一大缸书籍能够重见天日，对于研究早期王元化的生平思想会很有意义的。

全家依照王芳荃决不当亡国奴的信念，在日本军队进驻北平的当天，8 月 8 日凌晨 1 点左右，离开住了多年的北平。外面下着大雨，全家分头坐上黄包车。油布把车给挡住了，透过油布的缝隙，只见一盏黄黄的小灯吊在车轮子上，一抹暗淡的清光照在柏油马路上。王元化心中一片凄凉，想到自己深爱的北平即将被日军侵占的时候，又充满了愤怒。一家到了火车站，那又是另一幅景象，像一个大型的集市，熙熙攘攘的人们在那里乱成了一团，因为那是最后一班去天津的火车，都在拼命往上挤。当时王元化的眼病尚未痊愈，只得由家人扶上火车。他连眼镜都不敢戴，因为只要日本人说你是知识分子，就随时可以把你拉出去杀了。终于上了车，才总算定下心来。

平时到天津只需两三个小时，那天却走了一整天。下车后，只见日本兵和便衣排成两长列守在出口检查，中间仅可容单人经过，一发现形迹可疑者就立即将人带走，那种被侮辱、被鞭打的感受，立时占据了王元化的身心。骄慢的日本兵看到中国人不给他们敬礼的话，就会马上一个耳光打过来。那种不可一世的态度，使他印象深刻。逃难路上目睹的这一切，仅短短几天，就使他从一个天真自负的学生，一个过惯优裕生活的公子，变成为一个知耻、愤慨的热血青年。车到了天津站，全家刚走出站台，就有一队日本兵捧着一个骨灰盒，上面用一块雪白的布包着。大概是战死的日本兵，他们板着脸，默默地捧着它“夸夸夸”地走过，大家就立刻给他们让路。王元化感受得到他们的满脸怒气，可怕得很。等全家从站台走出车站门，一路上，两旁站着日本兵，手上拿着枪都上了刺刀。就这么一点点宽的路，中国人就全都低着头，像是送到屠宰场去的羔羊一样，向前方走去。更加恐怖的是，每隔一小段路，在日本兵后面就有一个凳子，上面站了一个汉奸特务。只要他随便向什么人一指，两个带枪的日本兵就走上前，连一点声音都没有出，就把那个人带走了。被带走的人似乎也无法反抗，现场一片静默。那种静默的恐怖，让同样行走在这条路上的王元化全家吓得气都透不过来，只感觉到那段路长极了。

这一趟旅程，王元化真正目睹了中国的现状，心中充满了对日本侵略者的愤怒，产生了要抗日，赶走日本人的想法。但是那时候，个人能有多少力量？除了国民党，就是共产党。全面抗战前国民党奉行不抵抗主义，国难当头的时候，一个正义的中国人、知识分子谁会去相信国民党？共产党当时不是执政党，可是一直在那里号召大家抗日，组织力量和日本人打。到了后来，共产党取得了平型关大捷，让热血的年轻人看到了希望。这就是王元化自述走上抗日、加入中国共产党道路的原因。①

逃难第五天，也即 8 月 13 日，上海爆发了“八一三”抗战，史称第二次淞沪战争。这是由国民党领导的第一次大规模抵抗日本侵略者的战争。当时整个上海陷入战火的包围之中，逃难的民众从闸北、宝山一带向租界蜂拥而来。王家希望到上海去短暂避难的计划暂时落空了。此时根本没有交通工具到上海。由于战事正紧，火车已经无法开行，南下逃亡只能坐船从海上走。那时船运主要靠洋商，从塘沽口出海。既然无法前往上海，

---

① 参见彭小莲：《他们的岁月》，第 94 页。

王芳荃率领着全家只能暂时滞留在天津，临时在天津租界里租房，全家暂居了整整一个月。到了9月底，王芳荃最后总算买到了去青岛的船票，全家从天津出渤海湾到了青岛。一开始也想过在这里安顿下来，但日本军队长驱直入，已经逼近胶东，此地也非安身之地。于是赶紧再候船，继续南下。如此辗转折腾，直到1937年的10月才到达上海。

桂碧清对当年这段经历有着详尽的回忆：

> "七七"事变爆发后，一天，厨师严师傅从外面打听来消息说日本兵就要进城了，我们全家赶紧准备逃难。弟弟把一箱进步书籍埋在了我们当时住的小麻线胡同德王府花园的土山坡上。动身那天，日本兵已经进北平城占领了火车站，他们每个人腰间斜挎着一把刺刀，分两大排站立着，明晃晃的刺刀尖在空中搭成一个顶棚，我们从刺刀下面走过，怕得要命。弟弟的眼病那时还没有痊愈，由家人扶着上车，却仍冒着很大的风险，偷偷将自己画的鲁迅像和两册《海上述林》携带上了路。在火车上，我们的邻座是个学生。有个汉奸模样的人过来，要那个学生让座给他。学生不肯，两人就吵了起来。弟弟看到那情景，气愤地就要起身为学生打抱不平，妈妈好不容易才拉住了他。那人走的时候一副不肯罢休的样子，我们很担心火车到站后，他会带日本人来抓学生。后来火车到天津前面的一个小站时，这个学生从车窗口跳下去，跑了，我们才都松了一口气。①

南行轮上

这次南下，是王元化青年时代一次真正的人生洗礼，他从逃亡中感受到了当亡国奴的耻辱，对日寇的横行霸道有了感性的认识，爱国的种子在

① 桂碧清：《和弟弟王元化一起走过的日子》，http://www.aisixiang.com/date/27676.html。

心底发芽。

在南下的轮船上，王元化处于愤怒和哀伤的情绪中，酝酿着他的第一篇小说《南行记》(后改名为《南行轮上》)，写的正是国难当头，平津沦陷之后一艘开往上海客轮上的流亡人群众生相。在这艘船的甲板上和锅炉边到处都挤满了人，充满着混乱、恐惧、哀伤和愤懑。王元化是如何描写这段旅程的呢？他在这篇处女作中主要刻画了几个普通人：虽无可奈何但具有爱国精神的小厨子、胆小并且担心被小鬼子(日本侵略军)打针中毒的天津人、霸道的船员“守门将”等，从侧面反映了抗日战争中的平民精神面貌。按照王元化所说，他们“都是实实在在的人，这些人在动乱的大时代里面，也许是微不足道的。然而，我愿他们现在都有意义地生活下去”①。这篇小说后来发表在抗战中上海学联主办的特刊《上海一日》上。

今天来看这篇小说，它的稚嫩和青涩是毋庸置疑的，但却难得地保留了王元化早期创作的纯真感情和朴实的风格。这与他后来成为左翼青年接受阶级论、唯物主义反映论之后的文学创作和理论大相径庭。这篇纪实式的小说刻画了抗日初始的市民百态，人物有点灰暗，没有英雄式的行动和口号，但塑造的人物普遍对于“小鬼子”具有痛恨情绪，并能够通过刻画细节如强制当时的百姓打针来表示民众的无可奈何。这都是从现实中提炼出来的真实和细微的生活特征和情节，因为没有任何条条框框的束缚，活生生的刻画，显得清新可喜，从中依稀可以看到鲁迅文风的影响，也有现实主义作家屠格涅夫的影子。与《猎人笔记》相比较，王元化笔下的这些小人物似乎更加稚嫩和天真。王元化自己也承认这只是记载了由天津到上海的一段旅程。以王元化在北平的生活环境，平时难得观察普通的平民生活，这段旅程给他留下难以磨灭的印象，这也是他踏上社会的一个前奏。可以说，与其说这是一篇小说，不如说是一篇纪实报道。这种写作手法和表现，反映了一个真实世界，或可看作王元化后来在文艺理论上

---

① 王元化：《王元化集》(第一卷)，第18页。

提倡“向着真实”的最早实践。

平津流亡同学会

一到上海，一群素不相识的青年学生来接站，他们手里摇着小旗子，不停地喊着抗日救亡的口号，热情和真诚洋溢在码头周围。望着“热烈欢迎平津流亡同学”的横幅，青年王元化和她的姐姐们不约而同，“哇”的一声哭出声来。1937年10月下旬，王元化全家总算在上海安顿了下来。紧接着，11月12日，淞沪抗战失利，国军全面西撤，日本人立即占领了上海租界之外的地盘。

作为“民族解放先锋队”成员的王元化一到上海，就希望立刻与组织接上头。经过辗转联系，他来到静安寺赫德路(今常德路)金城别墅，找到了“平津流亡同学会”总部，这个组织专门为那些人生地不熟的南下学生提供帮助，解决各种初来乍到时所碰到的困难和问题。更重要的是，这个同学会是党领导下的群众组织，其任务是要为流亡的青年学生找到自己的组织。王元化就是通过这个同学会，联络到了自己在北平参加的组织——民族解放先锋队。

到上海后的第二年(1938年)，王元化用文学的语言描写他刚到上海，心中怀着向往革命、向往组织的情愫：

> 轮船渐渐地驶进了港口。
>
> 旅人伫立在甲板上，凝望着将要到达的岸边。
>
> 快到了，先生！你一路辛苦啦！
>
> 是的。扑满风尘的旅人若有所思似地点了一下头，马上沉入过去的回忆里——
>
> 风怒啸着，海涛卷起了汹涌的浪花，泛起一片惨白的泡沫，空中挤满了狰狞的乌云。人们像被抛进无底的深渊里，失去了依靠……

"哦！我有些疲倦了。"

"你从哪儿来的呢?"

"一个严寒的地方。辽远辽远……"

旅人仍旧遥视着前方，眼光显得十分暗淡。

"你在沉思些什么?"

"……"

"哦，我明白；哦。你一定怀念那地方。"

"不……"

"那一定是忆念你的家人。"

"一切都毁灭了，逝去的我并不惋惜。"

"你有爱人吗?"

旅人摇了摇头。

"那你——"

"是为了那面旗子的缘故啊!"

岸上，仿佛有一面火焰似的旗子在眼前招展着。

"我已经有很久没看到这面旗子了。"旅人激动地说。

轮船靠拢了码头。旅人以坚定的步伐走上岸去。①

真实的感情，真实的画面，把青年王元化找到旗子、找到党组织的迫切心情刻画得淋漓尽致。这种信念直到晚年没有动摇。

同一题目下的另一篇散文诗《火》，毋宁是一篇理想的誓言，坦诚地诉说着愿意在自己信奉的主义中抛弃一切，要抛弃的信仰中就包括了王元化的家庭和他本人早年信奉的基督教。事实上，王元化到上海四五个月后就从"民先"队员直接转为中国共产党员，从此抛弃了自己以及家庭的基督教信仰，这是一种决裂。这篇散文应该是在加入中共的时候所写的，

① 王元化:《王元化集》(第一卷)，第7—8页。

明确地显示自己立场，把一切都交给了党。在此文中，他借着一位孤独的青年人玩火的意象，阐述着自己“我爱我的母亲，可是我更爱火”的信念，甚至愿意抛弃自己的生命。文章依然使用对话的方式，但是通篇只有青年人出现，对话者隐藏在无影之中。

> 在黑暗里，火是光明；在寒冷里，火是热力。火可以烧掉所有腐败的东西……
>
> 哼！你那么爱火，可是连你手里的火把都熄灭了！?
>
> 火把虽然有熄灭的时候，可是火却永远存在，
>
> 为了黎明的到来，我准备抛弃一切！①

这篇东西的意象悠远和凝重，虽然是对话，却无对话者出现，令人想起鲁迅的《野草》中的“过客”，用意象和隐喻来表达自己心理深处的信念。文章的技巧明显地有着 18 岁青年王元化对鲁迅作品的模仿。鲁迅的散文诗更加隐晦和具有象征主义，内容也更加深沉和灰暗，其调子是失望乃至绝望的，用以衬托出过客的坚毅和冷峻。青年王元化没有那种几近绝望的色彩，而是充满着信心和亮色，他在象征物上运用了火这一极具欢乐、力量和原动力的物体来表明自己理想和信念的辉煌，用果敢的近似于宣言的语句来表达自己的信心。

此一组散文诗标明的日期是 1938 年 12 月 7 日，也就是王元化到上海一年之后发表的。一方面，他把初到上海，急迫地寻找党组织的心情写得非常真实，他在旅途中失去了跟党的联系，显得焦虑和失望。北方已经沦陷，“一切都毁灭了”，而逝去的并不惋惜，这是 17 岁的王元化成为“民先”队员之后的第一次与组织失去联系。另一方面，在加入中共之后，立即面对着日本军队占领上海的险恶处境，他充满了革命激情，向往着、跟

---

① 王元化：《王元化集》（第一卷），第 7 页。

随着这面火焰般的旗子，终其一生永不抛弃。

从此他在上海，在这面旗子下，置家庭和学业而不顾，开始了真正的革命工作。

他在上海第一个接触的共产党组织负责人是当时联系平津流亡同学会的地下党员辛劳：

> 我认识辛劳是在抗战初，那是我刚刚从北平流亡到上海，还是一个读高中的十七岁的青年。我在上海参加了平津流亡同学会，做一些联系文艺界的工作。一九三八年的一个春天，我带着一封介绍信，到马斯南路（今思南路）一家难民收容所去见辛劳，准备请他到平津流亡同学会去谈谈文学创作问题。他在那里负责难民的文教工作。马斯南路是法租界一条幽静的马路，平时车辆不多，在并不宽敞的柏油马路边，栽着两排望不见尽头的梧桐，树上布满绿色的嫩叶。收容所用竹子和木板搭成的简便房屋，虽粗陋但清洁，一切都井然有序。室内有几个青年人，有男的也有女的，其中一个二十几岁的男子看见我，向我走来。我说明来意，他没有做声，只是用一双湿漉漉的鹰眼注视着我，要我跟着他走。经过了两三间屋子，他才停下来，还是不做声，盯着我看。直到我把信交给他，说明要找辛劳先生，他才用几个简单的字说我要找的就是他。这时我才注意到他的外貌。他有一张狭长的脸，一头蓬乱的鬈发，穿着一件叫乌克兰衫的俄罗斯农民服式的上衣。这种打扮很特别，他给我的头一个印象并不好，我觉得他身上有一种罗曼蒂克气息。他谢绝了演讲的邀请，但为我写了一张便条，要我改请别人。后来我发现他给人的最初印象几乎都是不好的。他不仅口吃，也不善于讲话。他的大舌头发音含混，加上他的语言表达能力不强，往往不能把自己的意思完全说明白。他总喜欢盯着人看，好像要在你身上搜索什么可疑的东西。这种对人的逼视的习惯，使人感到不舒服。那时他要比我大八九岁，但我觉得

他并不比我成熟。我在收容所一见到他，就感到他在模仿普希金，他的样子也确实有点像。我不知道他的鬈发是天然的，还以为是故意弄成这样子。①

这是处于转型期间的王元化对一位共产党文化工作者的看法，很快他也成为这个队伍中的一员。他还面临着一个问题，在还没有成为职业革命家之前，他需要考虑家庭对他的期待——读大学然后留洋，学成归国之后成为某一方面的专家学者。在这两者中，最后，王元化选择了革命——那充满危险而又具有崇高理想的一条道路，而不是走父亲期望他走的平坦道路。这也正符合王元化青年时期从 19 世纪西方作品以及鲁迅作品中所逐渐凝聚起来的英雄情结。

读大夏大学

王元化有没有读过大夏大学？如果读过，是哪一年读的？是否毕业？这两个问题在王元化生前似乎有着不同说法。

初到上海，王元化就参加了平津流亡同学会，做一些联系文艺界的工作。父母希望他读理工科，以便将来出国深造，但是当时的大学秩序混乱，也没有好的专业供选择，于是暂时考入了大夏大学攻读经济专业。看重中学传统与西学先进的父母亲又为他延请了任铭善先生与周班侯先生，一个授他国学，精讲了《说文解字》、《庄子》、《世说新语》等；一个则引导他读了大量丁尼生、柯勒律治等所著英文诗文。

尽管这样的学习大增了他的文化功底与英文水平，但是时事艰难，心中常被在“孤岛”四周的凶猛战火困惑着、鼓动着，很难集中心

---

① 王元化：《人物・书话・纪事》，第 86 页。

力于学问，于是就尝试起文艺写作来，以泄心中愤懑。一九三八年，第一篇作品《雨夜》问世，发表在《文汇报》副刊《文会》上，这之后陆续用笔名洛蚀文、佐思、方典、函雨等发表习作，其中主要是文艺理论，偶尔也写点创作。从此无暇再去顾及什么经济专业，而在文艺道路上摸索叩问救国之路，并于一九三八年初加入了中国共产党，在隶属江苏省委的文委领导下工作。①

以上文字表述王元化到了上海后，似乎很快就进入了大夏大学学习，同时父母请了两位私人老师授课。由于王元化在战火之中无心问学，于是开始文艺写作以抒愤懑，1938 年发表第一篇作品之后，无法停止写作，更无暇顾及经济专业，从而走上文艺救国道路，并由此加入中国共产党。

这叙述与当年鲁迅通过弃医从文，并以发表《狂人日记》为标志而一发不可收的经历有点相似。但王元化真正的经历与此有点出入。

现有史料表明，王元化全家 1937 年 10 月底到上海，他并没有立即进入大夏大学学习，却很快就在 1938 年年初加入中共，从此开始接受中共地下党分配的任务，从事反日抗日的文艺战线群众运动的组织工作。

王元化去世之后，笔者为了查看他捐赠给华东师大的书籍手稿等档案，专程去华东师大档案馆查找，偶然发现了他的学籍记录。一张有着王元化 19 岁照片的学籍卡显示王元化于 1939 年秋季进入该校学习。②由官方主编的档案是如此记载王元化在大夏大学的学业："王元化在 1939 年秋入读大夏大学法学院经济学系。到 1941 年肄业，他共计修读了国文、英文、政治学概论、伦理学、经济学、中国通史，以及普通生物及实验。任这些课程的多为名家，例如王蘧常、葛受元、傅统先、陈高佣、王志稼等。在读书期间，他参加了上海文艺通讯总站的组织工作，并任文艺刊物《奔

---

① 胡晓明：《跨过的岁月——王元化画传》，第 36 页。

② 参阅吴琦幸：《杰出校友王元化》，载《华东师范大学校报》2010 年 8 月 3 日。

流》《万人月刊》的编辑。”①

这样就可以确定，王元化是 1939 年秋进入大夏大学攻读经济学专业的。那也就是说，从 1937 年 10 月底开始，有将近两年时间，王元化并没有进入大学，而是在从事革命工作，直到 1939 年秋季入学。

王元化生前似乎没有太多谈他的大夏大学经历，甚至不太喜欢谈这段经历。在王元化生前审定的学术年表中入大夏大学并肄业的这段重要的经历没有详细记载。只记载了：

> 1935 年，读育英中学高一时，被推选主编校刊《课外选课专页》。②
>
> 1936 年，因眼底回血管出血，在床上躺了近一年。家里专门请人读书给他听。③
>
> 1937 年，尚未痊愈的王元化被家人扶上火车。……不久考入大夏大学攻读经济专业。④

自 1936 年到 1937 年 8 月 8 日，他高中休学了一年，此时正是高二的全年。1937 年底到了上海，他应该补上高二，并完成高中课程之后于 1939 年考大学。这也是前述王元化为了不违背父亲的意愿，开始有系统地在家庭教师的指导下，复习中英两门功课，准备考大学，最后才在 1939 年秋季注册为大夏大学经济学系学生的真实经历，如此，王元化的求学经历才完整。

王元化在回忆任铭善老师的文章中也说到：“七七事变后，我们一家从北平逃难到上海，母亲怕我荒废学业，通过老朋友之江（大学）教务

---

① 汤涛：《大夏大学：90 年 90 人》，华东师范大学出版社 2014 年版，第 160 页。
② 钱钢：《王元化集·学术年表》（第十卷），第 307 页。
③ 钱钢：《王元化集·学术年表》（第十卷），第 308 页。
④ 钱钢：《王元化集·学术年表》（第十卷），第 308—309 页。

长胡鲁声教授请来任先生来教我中文，以准备报考大学。”[1]随任铭善和周班侯习国学和英文，两年后正式注册为大夏大学经济专业学生，也就是他以同等学力考入该校的。但他只读了一个学期就休学了。他在上海搞地下工作，工作繁忙，根本无法全天上学。按照当时的规定，读了半年大学而辍学，是无法得到肄业证书的。于是桂月华为他付每学期的学费，以保留学籍，最后在1941年肄业。这就是王元化读大夏大学的始末。

桂碧清的回忆中提到此事：

> 家里让弟弟去念大夏大学，但他去了没多久就不肯再去了。妈妈每学期特地亲自去学校为他缴学费，他还是不肯去念，说那里的老师太差，他教他们还差不多。[2]

的确，读经济学并非王元化的意愿。他在北平患眼病的一年，通过自学阅读了大量的中外名著，激发了他对于文学的浓厚兴趣，并且立志要像鲁迅一样，将文学作为自己的终身职业。加入中共地下党之后，他的工作是联系业余剧社，他的自学能力在这时得到了井喷式的爆发，不仅继续大量阅读文学作品，更扩大到文学创作、文艺理论等，《海上述林》就是他这时候阅读的重要文学理论。他的自学如果说在高二患眼病的时候打下了基础，那么，这时候才开始真正从生活中汲取养料搞创作，根据斗争的需要撰写文艺理论文章。此时的他已经成为地下党文委领导下的职业成员，父亲期望他走的那一条道路，对他来说已经很遥远了。在火热和危险的环境中，在亡国和抗日的急迫形势下，他从事着自己喜爱的左翼文艺工作，用笔唤醒民众抗日，最终走上了专业的地下党文艺工

---

① 王元化：《人物·书话·纪事》，第115页。

② 桂碧清：《和弟弟王元化一起走过的日子》，http://www.aisixiang.com/data/27676.html。

作者的道路。

两位私人老师

从1937年底到1939年入大夏大学前，父母安排了指导王元化学习的两位老师：英文老师是当年上海滩颇有名气的翻译家和作家周班侯，国学老师则是专治训诂小学及经学的任铭善老师。

周班侯（1917—1998）是自由职业的翻译家，也是一位1930年代广为人所知的通俗作家，新中国成立后改名周炳侯，另有笔名班公、无咎、平斋等。江苏苏州人，毕业于清华大学外国语文系。[①]早期以翻译为主，后来开始文学创作并创办刊物，这就跟1940年代上海文坛扯上了关系，成为张爱玲的好友。1940年9月创刊的上海《西洋文学》上，以笔名班公发表了一些外国戏剧和小说的翻译作品，如Sacha Guitry的《生意经》和A.A. Milne的《解甲归来》，Aldous Huxley的小说《画像》的翻译者也署名周班侯。从1943年起，周班侯开始文学创作，作品经常出现在上海的《风雨谈》《杂志》等刊物上。尤其是《杂志》，该刊从1943年12月到1945年8月停刊，署名班公的散文、随感源源不断地发表，如《谈时髦文章》《贬雅篇》《春山小品》《扬州绘卷》《听曲梦忆》《论不修边幅》《健全的白话》等。这段时期也正是张爱玲文学创作的喷发期，她几乎每个月也都有小说、散文在《杂志》刊出，两人多次有同刊之雅。可能也是这个原因，张爱玲中短篇小说集《传奇》出版时，周班侯受邀出席《杂志》社主办的“《传奇》集评茶会”。他因故未到会，却递交了一篇书面发言，被世人评为是一篇精练评价张爱玲的短评。周班侯早于夏志清20多年就对张爱玲的文才高度赞赏。[②]

---

① 参见徐廼翔、钦鸿编：《中国现代文学作者笔名录·周班侯》，湖南文艺出版社1988年版。

② 参见陈子善：《识小录》，香港城市大学出版社2019年版，第23页。

周班侯1949年以后改名周炳侯，任职新知识出版社，后并入上海教育出版社工作至退休。据与他共过事的青年编辑回忆："周炳侯先生倒是给我们当时新进社的青年编辑上过课，讲《阿拉伯的劳伦斯》，讲《字林西报》，他英文极好，讲课中穿插不少中英互译的案例。后来听说他和张爱玲有过不少交往，有人想要拜访他，周先生一笑却之。"①

对于这样一位1940年代文化人，在王元化学术年表中只用了两句话"在上海，家里延请周班侯教授王元化英文。周授他丁尼生、柯勒律治等所著诗文"②，可见晚年王元化对周班侯并不十分欣赏，原因很可能是周对于张爱玲很赞赏，而王元化对张爱玲却是很不喜欢的。倒不是因张爱玲在1940年代有汉奸之嫌，而是作为中共地下党的文化工作者，王元化对于在抗战中躲避民族矛盾、在风花雪月中插科打诨的作品都反感，直到晚年还是如此。③

丁尼生和柯勒律治这两位英国文学史上的重要人物，一以诗歌闻名，一以介绍莎士比亚研究及哲学著称，其中以柯勒律治为最独特。这位诗人兼哲学家，是王元化和张可极为重视的大文豪莎士比亚的研究者。王元化也坦承"在英国莎学研究著作中，我最喜欢的是柯勒律治的《关于莎士比亚演讲录》"④。但是他读这部书感到很吃力，其中夹杂着不少希腊文、拉丁文、苏格兰文；还有许多双关语、隐喻、省字符号。幸得周班侯的指导，耐心读下去，才发现柯勒律治的好处，除了分析莎学对人类的本性的深刻描述之外，其语言中闪烁着的机智、敏锐的光芒，令王元化惊叹不已。后来王元化甚至想要翻译柯勒律治著作中的《论查理二世》一篇，以收入到《论莎士比亚》集中，由于时间不够，加之确实有着不少的语言上的

① 王为松：《今天我们如何做编辑》，载《出版广角》2014年第7期。

② 钱钢：《王元化集·学术年表》(第十卷)，第309页。

③ 1986—1989年我向他求学期间，大学校园正值一股"张爱玲热"，我读后感叹竟还有如此好的文字。向王元化提起张爱玲作品，王先生冷冷地说："张爱玲的作品是不行的。"

④ 王元化：《人物·书话·纪事》，第166页。

困难,未能完稿。

我们从王元化 1964 年写的一篇《柯勒律治论〈查理二世〉》一文中知道,他当年阅读柯勒律治主要是有关莎士比亚的内容。他说:"小时上英语课时,读过他的《古舟子咏》,其中若干警句,至今尚可背诵。"①柯氏的英文素称难懂,一般的小学课本是不会收入他的英语作品的,这个"小时",据笔者判断应当是周班侯授王元化英文之时,王元化的笔记本上还记载了柯氏的不少警句。从王元化翻译莎士比亚作品、呤俐的《太平天国从军记》以及中古英语的其他作品,他的英文阅读和翻译的底子相当不错,这与周班侯的英文教学有关。

对国学老师任铭善,他则常常提及,说道:"我觉得我最对不起的是任铭善先生,那时很年轻,刚参加了地下党","他觉得我是自由散漫,不好好读书。我拿着文章给他看,他说不行。那时候我还自已很得意,在报上发表过一篇文章,他看了说文气很差。我蒙头一晃,有点不服气。这都是他很用心地教我,他从来没有跟我笑过。有时候组织上派我工作,忙了,去跑腿了,没到他那里去,他特意跑到我家里,跑得满头大汗,从江苏路跑到虎跑公寓,向我母亲告状,说我自由散漫,不好好读书,我还记得他留了条子,说我今天在那里。后来他批评了我一顿"。②这种愧疚感一直延续到王元化生命即将结束,可见任铭善先生在影响王元化学术和为人的道路上的重要性。

2005 年王元化撰专文介绍任铭善:

> 他教我的时间不长,前后约一年光景,但他给我讲授了《说文解字》、《庄子》、《世说新语》二门课程。《说文解字》依序按照部首一个字一个字讲的;《庄子》用的是郭庆藩的集释本,他讲授了《内篇》和《外

---

① 王元化:《人物·书话·纪事》,第 168 页。

② 吴琦幸:《王元化晚年谈话录》,第 98 页。

篇》,《杂篇》则没有时间教了;《世说新语》是他指定我自己读的。我除了每周三次到忆定盘路他家里去上课外,有时他还要我到慈淑大楼去旁听他在之江大学讲课。任先生讲课时全神贯注,声音洪亮。我在他家上课时,虽然只有我一个人,他也是用同样洪亮的声音对我讲解。①

王元化后来重视训诂小学功底,并能够在古典文论的研究方面游刃有余,以及作文特别讲究文气,与任铭善的教学有很深的关系。

任先生后来在礼学上造诣甚深,恐怕与他早年下过苦功夫有关。书桌上还有一方小砚台和一锭小朱砂墨。我去时,他不是在埋头攻读,就是用朱笔在书上圈点或在书眉上批注。……任先生教我读《庄子》,每遇到艰深难懂的句子,他总是把重要的诸家注释逐条地解说。最后再加以分析和评断,向我阐明哪家之说不可通,哪家之说费解,哪家之说才最为惬洽。倘所有注释全都不妥,而他也不能以己意解通,就取存疑态度。例如他对《养生主》中的"指穷于为薪"一句,就是如此。②

这是王元化时隔 68 年后写的回忆文章,其记忆如此之好,而印象如此之深刻,可见任铭善的经学和小学的治学方法对他的影响之大。

他对于文气的理解和领悟也是始于任铭善先生。

那时我读了一些左倾书,社会阅历浅,却自以为掌握了"前进的意识",有时也在报上发表一些小文章。我曾挑出几篇拿给任先生看。他读了,只是冷冷地说:"写得不行。"接着指出:"你看你的文章气势这样急促,这是不好的。"我听了不禁感到浇了一盆冷水,心想任

---

①② 王元化:《人物·书话·纪事》,第 116 页。

先生对我的要求未免太高了。过了几天任先生拿他的学生作文卷给我看。这些学生年龄和我差不多,但他们写得确实好,使人从中感到有一股清新不迫的韵味。我还记得一份描写湖边观景的作文卷,有“远山踏波欲来”之类的句子,任先生在旁加上了圈点以示褒奖。在此之前,我不知道“文气”是什么,经过任先生的点拨,我开始有点明白了。①

“气”是中国传统文化的一个特有范畴。王元化在 1980 年代后期曾经撰文谈到在西方很难找到和“气”相对应的字,但在中国文化传统中,“气”这个概念却存在于各个领域。早在曹丕《典论·论文》中提出“文以气为主”之前就已存在,这是否跟中国的语言文字有关?后来王元化在这方面下苦功钻研,写出来的文章别具一格,生“气”贯注,与此时的训练大有关系。他自己承认注重文气是源于任先生的教导。

任铭善的一生坎坷不平,后来在反右时被打成“极右”而被剥夺了各种权利,不准教书,不准发表文章,每月只发生活费 30 余元,令他到资料室劳动。为了维持全家生活,他不得不将自己心爱的藏书和历代碑帖卖掉。“文革”的第二年(1967),任铭善年仅 54 岁郁郁而终。

王元化总结任铭善的为人,赞誉不绝,写下了这样一段话:“论曰:瘢夷者恶燧镜,伛曲者恶绠绳。此所以忠言常遭忌于当道,直行多为社会所不容也。呜呼!任先生两者兼而有之,怎能不陷入悲惨之境?他的敬业精神是令人肃然起敬的。他以直道事人,也是无可厚非的。但是我有时想,他在为人处世上是不是太执着一些?对于这种品格,我不知道究竟应当加以赞美,还是为之痛惜?”②但是如果要任铭善去掉这种因素,“要他和光同尘,与世推移,那么恐怕会使他身上那种耿介正直与敬业精神也随

① 王元化:《人物·书话·纪事》,第 117 页。
② 王元化:《人物·书话·纪事》,第 118 页。

之消失。因为，某种缺陷往往是和美德混在一起的，这是性格所生成，难以分解。去掉这一方面，往往那一方面也就不复存在了。恐怕这也就是人产生许多困扰和悲剧的原因之一吧。任先生也难逃此数"①。

王元化知人论世，对于早年的老师的真切认识，可谓其言也善，其中也有对自己性格的评价。

从1938年到1939年近两年左右的时间，王元化的生活中面临着三大挑战：(1)按照家人的愿望和计划，跟随私人老师学习英文和国文，并以相当长的时间复习和进修大学前的课程，以考取大学；(2)在隶属江苏省委的中共地下党文委领导下，联络上海业余戏剧联谊社以及各学校的剧团；(3)作为一个左翼文艺青年，需要用笔作为武器，撰写散文、小说以及理论文章。

他以顽强的毅力和年轻人的热情，齐头并进，将这三件事完成得非常好。他的英文和国学的底子就是在这个时期打下的。自学时期阅读国外作品都是汉译本，而这一阶段的阅读则以英文原文为主。他在左翼刊物上发表了散文、小说作品，如《雨夜》(1938年2月10日)、《献》(1938年12月7日)、《南行轮上》(1938年)、《出征》(1939年3月)、《脚踪》(1939年)等；另外开始尝试撰写文艺理论的文章，发表《论抗战文艺的新启蒙意义》(1938)、《鲁迅与尼采》(1939年10月)。在实践过程中，他选择了文艺理论作为他的主要撰写内容，并以此作为终身的学术专业方向。

业余戏剧交谊社

回忆起这段意气风发的青年时代，王元化一语道出了参加组织的缘由："是这反日的情绪使我走向了共产党。"②在沙文汉（江苏省委宣传部

---

① 王元化：《人物・书话・纪事》，第119页。

② 胡晓明：《跨过的岁月——王元化画传》，第33页。

长)、孙冶方(江苏省文委书记)、顾准(江苏省文委副书记)领导下工作。他具体的工作是代表党组织联系上海业余戏剧交谊社,与郑山尊同在一个党小组。①

当时,上海共有两个戏剧交谊社,一是以于伶为主要代表的戏剧专业人士的组织;另外一个则是高校和中学的戏剧交谊社,参加者都是学生,也称业余戏剧交谊社。当时由于王元化刚到上海,还是一个年轻学生,联系后者是顺理成章的事。

1937 年 11 月 12 日,日本侵略军占领上海,中共组织留沪的部分剧人转移到"孤岛"——法租界和公共租界继续开展抗战戏剧运动,史称"孤岛"戏剧运动。"孤岛"戏剧运动由中共江苏省委文委书记孙冶方主管,文委委员于伶主要负责。12 月 3 日,于伶和欧阳予倩、阿英、许幸之、李伯龙等,以原上海救亡演剧队十队、十二队部分留沪队员为基础,成立青鸟剧社,从 1938 年元旦起公演许幸之导演的《雷雨》,欧阳予倩导演的《日出》,于伶编导的《女子公寓》,阿英编剧、于伶导演的《不夜城》,洪谟导演的《大雷雨》等。不久,青鸟剧社解散。于伶组织了李健吾、顾仲彝、朱端钧、吴仞之等青鸟剧社大部分演职员,着手组建上海艺术剧院。在筹建过程中,为救济上海难民义演了《梅萝香》(王尔德编剧,顾仲彝改编,李健吾导演)和《女子公寓》。后在敌伪的破坏和法租界当局的阻挠下,此事中止。1938 年 7 月,于伶等又以"中法联谊会"名义在法租界另组上海剧艺社,它的成立标志着"孤岛"戏剧运动进入了新阶段。上海剧艺社的演出称为"大剧场活动",从 1938 年秋至 1941 年底,除演出反映现实生活的《夜上海》《花溅泪》《不夜城》等剧目外,还演出了几十出寓有抗敌意义的外国剧和历史剧,激励"孤岛"人民在艰难的条件下保持民族气节。

王元化负责联络的则是 1938 年初组成的上海业余戏剧交谊社,这是

---

① 《王元化集·学术年表》(第十卷)记此事为"上海戏剧交谊社",误,应为上海业余戏剧交谊社。详见下文。

他从平津流亡同学会出来后第一份正式的地下党工作，由姜椿芳、扬帆（殷扬）等负责领导。地下党派他去联系学生运动，具体是抓排演抗日话剧工作。王元化通过同学汪玉岑的关系，说动了汪家将长乐路陕西路口的一所花园洋房借出，建立平津流亡同学会的基地，还代表平津流亡同学会参加“学联”，出任上海市学生联合会宣传部副部长。

他联络的业余戏剧交谊社有各大中学校的业余剧团、社会职工的业余剧团，还有在工人夜校中组织的业余剧社共120多个。业余剧社的活动早于上海剧艺社，演出则称“小剧场活动”，是以若干业余戏剧团体中的中共地下党员为骨干，进步群众为基础，用交朋友联络感情的方式组织起来的群众业余戏剧活动。剧社经常演出反映抗日、鼓动民众团结起来反日的进步剧目。活跃、热情的青年王元化身边很快聚集起一批业余话剧精英，他利用这支力量到各剧社去辅导，帮业余演员化装，兼当导演，王元化本人也常去剧社说戏。有一次他到暨南大学附中为学生剧团分析丁玲的剧本《重逢》，剧团成员听得津津有味，说“你讲得头头是道，干脆直接导演算了”！以王元化文学的修养，又读过很多俄罗斯剧作家剧本，在分析剧本时可以驾轻就熟，但是要当导演，还是第一回。但他也试试了。然而毕竟隔行如隔山，业余演员往往需要手把手地教戏，这就难为王元化了，排了两天，败下阵来，只好另请高明。

业余剧团在地下党的领导和影响下，以各种方式组织不定期的演出，并曾以“星期实验小剧场”名义作连续性的星期早场公演。“孤岛”抗战文艺活动蓬勃开展起来后，地下党就租下一个剧场，逢周日演出，名为“星期小剧场”，地点在新光大戏院，①吸收团体会员加盟，为群众救亡话剧演出

① 今新光影艺苑，黄浦区宁波路586号。最早称新光大戏院，建于1930年。一开始放映电影，1936年开始改演京剧及沪剧。当年3月卓别林抵沪时，梅兰芳、胡蝶陪同在此观看马连良的演出。1937年，戏院一度停业暂作难民所，到11月底才恢复演出。“孤岛”时期每星期日上午为业余话剧演出基地，这种演出被称为“星期小剧场”。1948年9月4日，芳华越剧团迁往新光大戏院。尹桂芳与傅全香搭档，老生为徐天红。

提供舞台。“星期小剧场”很快成为文艺青年向往的地方，在此基础上组建更大规模的“戏剧交谊社”，把上海200多个剧社团结在地下党周围，上演了60部左右的话剧，后涌现出四大导演费穆、黄佐临、吴仞之、朱端钧；四小导演吴天、胡导、洪谟、吴琛。

1938—1939年间，上海各界救亡联合会组织了慰问团赴皖南新四军后方根据地进行慰问，业余话剧界也于1939年7月在黄金大戏院举行慈善公演。参加公演的有11个剧团，演出多幕剧7部、独幕剧3部。银联剧团演出《缓期还债》（夏霞导演），华联剧团演出《醉生梦死》（徐渠导演），保联剧团演出《日出之前》（原名《群莺乱飞》，鲁思导演），工华、益友、职妇、精武4剧团联合演出《阿Q正传》（章杰导演），夜鹰剧社演出《永久的朋友》（予且导演），复旦剧社演出《生死恋》（吴仞之导演），互助剧团组织舞女姐妹演出反映自己生活的《花溅泪》（蓝兰导演），赞助这次公演的戏剧团体有上海剧艺社、雪社及海关俱乐部的乐文剧团。公演连续进行了11天，共22场，有300多名业余剧人参加。公演所得的款项除演出开支外，全部捐献给新四军。

在“孤岛”戏剧运动开展期间，唐槐秋领导的中国旅行剧团曾在“孤岛”演出《林冲》《碧血花》和《雷雨》等宣扬爱国主义精神和民主思想的剧目，上海职业剧团演出了《蜕变》《边城故事》，中法剧校演出了《阿Q正传》，天风剧团演出了《清宫怨》《浮生若梦》等，都受到“孤岛”人民群众的好评；属于国民党系统的晓风剧社也曾做过有益的演出活动。“孤岛”戏剧工作者还出版过一些戏剧刊物，其中有李伯龙等主办的着重于戏剧理论建树的《剧场艺术》月刊，于伶、林淡秋主办的专门论述戏剧文学的《戏剧与文学》月刊以及张可等主办的以介绍剧情为主的报纸型刊物《戏剧新闻》等。

在这个阶段，王元化认识了生命中最重要的人，后来成为他一生伴侣的张可。

根据王元化的回忆，他在1937年10月下旬到上海不久之后，就认识了张可。其时，张可不仅在暨南大学攻读英国文学，还主编《戏剧新闻》，在学校中经常演出话剧，刚好属于王元化联系的业余剧社。《学术年表》在1937年11月的大事记中是这样叙述的：

> 十一月，国军西撤，上海租界沦为“孤岛”。
>
> 结识张可。张可原名张万芳，在暨南大学攻读英国文学。出身苏州世家，祖父张一鹏、伯祖父张一麐，均在北洋政府任过职。①

张可那时是“星期小剧场”演抗日话剧的活跃分子，王元化和张可就在这抗日舞台上，自然地、悄悄地绽出爱情的新芽。一开始，王元化在组织剧社活动时，读过张可发表的一些散文，心生爱慕，常常与张可谈艺说文，相知日久，感情愈深。王元化的任务除了联络各个学校的剧社，还要安排剧场以及与编剧导演的沟通等事宜，于是结识了刚从欧洲美国留学归来的、正参与编辑《文学与戏剧》的满涛（原名张万杰，更名逸侯，满涛是其笔名），即张可的哥哥，很快成为最亲密的朋友。他们常常在满涛裕和坊4号家中的亭子间开会、谈论天下大事。②

家里不知道出了个共产党

从1937年8月离开居住了16年的北平和郊外的清华园，一下子走进华洋杂处、光怪陆离的冒险家乐园，王元化一开始不太习惯，尤其是他一口京片子，在西装旗袍纷乱的大上海，似乎有点格格不入。十里洋场浸染的是上海独有的租界文化，对于在京城和清华园长大的王元化，还真有点格格不入呢。这种生活和环境上的变化，十七八岁的王元化并不能完

① 钱钢：《王元化集·学术年表》（第十卷），第310页。

② 究竟王元化先认识张可，还是先认识满涛，有不同说法。按照桂碧清的回忆，王元化先认识了满涛，后认识张可。

全游刃有余，他那荆楚的血性、清华园的书香门第以及家中独子的娇宠，加上作为文艺青年的热情和理想，与十里洋场的文化冲撞着，慢慢地成熟。

王元化在上海参加地下党，家里人开始并不知情。

他们全家避难到上海后，父亲带了大姐二姐跟随北平铁道管理学院流亡去内地，家里只剩下王元化和母亲、三姐桂碧清、小妹王元兆，住在西爱咸斯路（今永嘉路）租的房子中。

桂碧清回忆这段生活：

> 1937 年“七七”卢沟桥事变，抗日烽火燃起，全家从北京避难到上海。元化时年 17 岁，是个爱国的热血青年，很快参加了中国共产党，从事秘密斗争，家里人并不知情。当年父亲曾先后在清华大学、圣约翰大学等高等学府执教，薪酬颇丰，积蓄了一笔钱准备送元化去美国留学，他执意不肯。1939 年①国军撤退，上海成了“孤岛”，父亲带了大姐、二姐去了内地，母亲、弟弟、小妹和我留在上海。
>
> 元化当时也兼过一些教职，但他的工作取决于秘密斗争的需要，不稳定。我们从他飘忽不定的行踪中，意识到他干的是脑袋系在裤腰带上的危险事儿，常为他担惊受怕，但知道他是为正义而斗争，所以并不反对，有时还帮他掩护同伴。从抗战开始到胜利、到新中国成立的那段生活，至今回忆起来犹感到辛酸。
>
> 抗战初期的上海租界被称作“孤岛”，非常乱，日本人常常在街上公开侮辱女孩子。妈妈不放心在圣约翰大学念书的妹妹和在中西幼儿园教书的我，每天差不多到我们放学或下班的时候，她就站到阳台上望下面的街道，等我们回家。我们给那个母爱深深的阳台起名叫“望儿台”。那时，电厂、自来水厂都被日本人炸了，常常停电、停水，

---

① 桂碧清回忆有误。国军撤退，上海成为“孤岛”的时间应为 1937 年 11 月。——编者注

炸“大世界”是最大的一次轰炸，听说有人腿在天上飞。晚上，国民党常常拉防空警报。我们怕轰炸时玻璃窗碎成玻璃渣落下来，都用厚窗帘，还在窗上贴了纸。因为逃难的时候几乎什么都没带，妈妈那阵子还回了趟北京，想从老家运点东西回来。那些日子就由妹妹负责买菜、烧饭，我负责做菜，弟弟负责倒垃圾。因为怕轰炸，我们常常在只有一个窗子的厕所里做饭、吃饭。大家只知道弟弟是很爱国的，写文章说直话，爱打抱不平，净得罪人，不知道他当时已经加入了共产党。①

与林淡秋的友谊

王元化在上海搞地下文化工作时，认识了不少当时上海文化艺术界的中共地下党员，林淡秋当时正在与于伶主办论戏剧文学的《戏剧与文学》杂志，他们同在一个党的支部，于是王元化跟林淡秋认识了，他们俩亦师亦友，成为几十年的至交。

林淡秋比王元化大14岁，原名林泽荣，笔名林彬、应冰子、应服群、肖颂明，浙江省三门县蒲西乡小蒲村人。1922年考入上海大同大学，后转入上海大学攻读英文。1927年“四一二”反革命政变后，上海大学被封闭，与柔石等在宁海中学教书。1928年初南下广州，以中山大学旁听生名义，在中山大学图书馆阅读“五四”以来新文学著作。半年后返回，进上海艺术大学英文系。当年冬，因支持英租界电车工人罢工，被羁押周余。获释后，至新加坡华侨中学任教，兼该校图书部主任。1930年春回上海，与柔石等同为革命奔波，从事文学活动。先后翻译出版《布罗斯基》、《列宁在一九一八》、《丹麦短篇小说集》（与柔石合译）、《时间呀！前进》、《中国的新生》，以及《西行漫记》、《续西行漫记》（与他人合译）等。1933年开

① 桂碧清：《和弟弟王元化一起走过的日子》，http://www.aisixiang.com/data/27676.html。

始发表小说、散文与评论。同年，参加中共领导的社会科学者联盟。1934年夏，化名林彬，经“社联”介绍从沪到镇海县蔚斗小学任教。1935年转入中国左翼作家联盟，任“左联”常务委员、组织部部长。他比王元化早两年即1936年春加入中国共产党。他们同为地下党戏剧方面的工作者，由此结下深厚的友谊。

林淡秋的太太唐康曾经在2003年回忆与王元化的交往，为我们刻画出青年王元化形象：

> 你（王元化）与淡秋的情谊之深，我受到你全家人的关怀难以忘怀。
>
> 三十年代淡秋住在四四二号，你来看他。你身穿一套中式绸衣裤，一件银灰色绸长袍，谈得哈哈大笑，将长袍挂在门后，一挂就是一个多月。当时你十八岁，是淡秋朋友中最年轻的一个，我是小保姆，比你小一岁。我问这位少爷怎么不取回自己的衣服？淡秋笑答：“他是个小孩子。”后来淡秋将我送到许广平先生办的中华女子中学附小读书。淡秋和我结婚住在建国西路，你与蒋天佐是我们家的常客。你去皖南之后，大约是一位同志出了问题，你母亲很急。因此，淡秋专写了一篇文章题为《家》。文中叙了你母与你的母子情，你追求真理爱国之情很深，你母亲爱儿子之情也很深！
>
> 淡秋去皖南，你特约我和淡秋去普希金纪念碑前留影。
>
> 四十年代上半期你在上海做地下工作，淡秋隐居在上海做盐商经理，你们见面叙说抗战的艰苦岁月。我因产后病从崇明岛来到你家，由你母亲带我去看了妇科病。后不久，我又住在你家等待返回苏中根据地。你将床让给我和女儿睡，你睡在地板上。还有淡秋从皖南回到上海，我们夫妇立个家，一无所有。你从家中搬了床、桌子、椅子等等。你与淡秋是一对亲兄弟，坐在床上谈编《奔流》杂志，谈写小说，说抗战胜利那天想吃的东西……

解放战争时期，你与天佐又是我们家的常客，你们谈理论、谈形势，甚至谈你与张可结婚仪式上你不得不穿礼服，“他们要把我打扮成小丑啊！”你说得是多么兴奋！①

这段回忆真实又富于细节的描写，活脱脱地再现出当年王元化的坦诚、真挚、热情和善良的性情。

王元化对林淡秋的描写也可见出当年他们地下工作的真实写照：

抗战初，我和淡秋认识不久，常常找他去聊天。那时他住福履里路（今建国西路）一条弄堂中一间不足六平方米的亭子间，里面只放得下一床、一桌、两椅，他和唐康就住在这样简陋的地方。我去聊天时，三人中总有一人得坐在床上，但是在这样的小屋里，我们仍谈得十分欢畅。到了吃饭的时间，我常常不顾人家的麻烦，就自动留在他们家吃饭。唐康取出一只小小的打气煤油炉，淘米煮饭，然后再用一个小油锅，把早上买来的裙带鱼收拾干净，放进油锅一炸，三个人就围着小书桌吃起来，我吃得特别有味道，所以常常喜欢到他家聊天，再吃这么一顿饭。有一次时间过晚，我把自己的长衫忘在他家了。直到六十多年后，唐康还几次对我笑谈这件往事，说我年轻是如何粗枝大叶、生活散漫。这段时期，我们身在孤岛，生活艰难、环境险恶，却很愉快地从事着地下工作。朋友之间没有猜忌、没有摩擦，或者其它不愉快的事情。虽然有时也会发生争吵，但不久就乌云消散，不留下任何感情的芥蒂。这种坦率纯真的生活真是令人向往。②

王元化多次说过，他是吸吮抗战初期上海地下党文委乳汁长大成人

---

① 王元化：《人物·书话·纪事》，第109页。

② 王元化：《人物·书话·纪事》，第105页。

的，文委中那些至今令他难忘的人，对他的思想的形成和人格的培养，曾经发生过巨大的影响。他们就是孙冶方、陈修良、林淡秋、顾准、姜椿芳、黄明，这些被他视为大哥大姐的同志。①

新四军军部之行

在地下党的主导下，“保卫中国同盟”分会组织了“上海各界民众慰问团”到皖南慰问新四军。1938 年 12 月，第一批慰问团在王纪华、顾执中的率领下，通过了日军的封锁线和国民党第三战区顾祝同的防地，到达皖南新四军军部。慰问团给新四军带去了“保盟”筹集的一批手术器械和大量药品，以及食品、被服、文化用品等。此外，“保盟”每月还向新四军的医院提供 1 500 元，作为医院的开支。1939 年 2 月，又组织了第二批慰问团，由吴大琨任团长，殷扬为副团长。王元化跟随这次慰问团去了新四军军部（安徽泾县云岭），他化名白蚀，还带领了 20 多位文艺青年一同前去。这次带去的慰问品中，有一部分是“保盟”给新四军医院的紧急援助物资，包括 6 000 码（1 码等于 3 英尺，合 0.914 4 米）蚊帐用料、20 万片奎宁、400 听炼乳、12 万剂预防霍乱的疫苗、2 000 个消毒包等。慰问活动结束后，20 多个青年就在那里参加了新四军。②

出发的时候，为安全起见，近 30 人的慰问团分几路赴皖南。王元化凌晨乘飞康轮从十六铺起锚开船，哪知轮船出了吴淞口就被敌人汽艇截住，日寇上船搜查，四处寻找抗日书报，将旅客全部赶到甲板上，一个个盘问，看看头上有没有帽印，食指上有没有老茧，这是在搜捕中国军人。王

---

① 参见王元化：《人物・书话・纪事》，第 95、108 页。

② 参见朱大建、翁思再：《抗战时期的王元化》，见《走进历史深处》，上海文艺出版社 2001 年版。据翁思再称，王元化审阅了该文，并做了修订。但有关细节稍有出入，如出发时间该文说是 1939 年 2 月，据王元化写的《记冯定》，应是 1938 年底。该文中又说“慰问团要出发了，王元化的母亲看到儿子冒险远行，难过得哭了起来，知子莫如父，父亲王芳荃毅然对妻子说：他向往革命，让他去吧。”此时王芳荃随北方交大颠沛流离在西南地区，不在上海。

元化和散在各舱的团员沉着应对，但随慰问团到第三战区去的四位军人伤病员却被日本兵抓走了。第二天，上海报纸刊登“今晨日军飞康轮抓走四个抗日分子”的消息，桂月华以为儿子可能在其中，难过得大哭一场。后来接到王元化的小姨夫从温州寄来的家信，说是见到了元化，桂月华才稍稍安心。

王元化等从温州乘民船溯瓯江而上，借道青田，来到金华。这里是国民党第三战区的中心，长官是顾祝同和上官云湘。当时是国共合作时期，王元化在这里见到了邵荃麟、骆耕漠等中共党内的文化精英。慰问团里准备投奔第三战区所属新四军的演剧人才，就在这里先演了几个节目。此时，适逢周恩来从皖南视察后来到第三战区，王元化在一个小旅馆里见到他。那时在国共两党均担任要职的周恩来，穿着缴获来的黄颜色日本军大衣，亲切地问他：“上海的情况怎么样？”王元化挤在人群中汇报了救亡工作，重点谈了抗日宣传，他才 19 岁，居然毫不怯场，侃侃而谈。其实当时国民党已经在内部下达了“禁止异党活动”的命令。周恩来告诉面前这位青年人，自己作为国民政府军事委员会政治部副主任，来到这里也有特务监视。宪兵来这里声言说要检查周恩来，被周恩来严词骂了出去。由于周恩来的来到，金华还遭到日军的空袭。

在金华的日子里，王元化生病了，发烧得很厉害。幸亏得到他带去投奔新四军的青年郑大方日夜照料，下挂面，炖鸡蛋，终于使病情渐渐好转。郑大方在上海时受到王元化的影响，他俩一块儿研读日本人藏原惟人写的关于辩证唯物论的文艺理论书籍，受到很大影响。当时同在地下党工作的骆耕漠、邵荃麟等文化名人也都在金华，听说王元化病了，都来看望。王元化在 1995 年 3 月 19 日的日记中详细记载了此事：

我第一次见到骆老（骆耕谟）是一九三九年初在金华。我是随上海赴第三战区慰问团准备去皖南新四军军部云岭的。由于受到阻挠，滞留在金华。团部的人都去上饶了，我本来也随团出发的，可是半夜在火车站候车时，天下着倾盆大雨，我发着高烧。同志们见我的脸通红，身上滚烫，坚决要我留在金华养病。这时金华成了东南战线上的一座文化人集中的重要城市。骆耕漠、邵荃麟与葛琴都在此地工作。他们听说我病了，都来看望。那时我还是一个不满二十岁的小青年，和他们只是萍水相逢，而他们都是很有成就的文化人。抗战时期一些素昧平生的人，由于抗日这一大目标，偶尔碰在一起，彼此之间所显示的那种关心友爱之情，是在其他时候很少碰到的。这次见到骆老，他已垂垂老矣，双目失明。我向他提起往事，不知他记忆中还留下印象否？当时来往金华的人太多了，要他记住一个在那以后再无往来的不知名的小青年（那时我用的是后来再没有用过的“白蚀”这个名字），恐怕是不可能的。①

王元化病愈后，继续向安徽一带前进。一天晚上，下起了大雨，慰问团小分队来到小旅社住宿。那里地上积水，只能是两个人合睡一块窄窄的床板上。慰问团里唯有一名女青年，她姓汪，提出和自己合睡对象是王元化。是夜，这两位抗日青年，一男一女，和衣而卧于窄板床，毫无杂念。晚年王元化回忆说，当时的进步青年，心灵就是这样纯洁。

由于慰问团行至金华受到国民党干扰，殷扬嘱王元化带一名同志先行。行前，殷扬写了一封临时介绍信，要王元化交给贝叶。介绍信藏在一枚未使用的牙膏管内。王元化随新四军交通员阿陀，由金华出发，经岩寺、太平，到了泾县找到新四军军部的接待处。开始接待处一时不知贝叶是何人，几经周折，才弄清楚原来贝叶就是冯定。冯定当时在新四军宣教部任科长，宣教部长是朱镜我。冯定非常热情地接待了王元化。冯定身穿一身灰色军装，左臂上缝一块新四军的徽号，上面印着“抗敌”二字，字下面有一个端着刺刀冲锋的军人的木刻像。他个子不高，身材瘦小，脱了

① 王元化：《九十年代日记》，第 317 页。

军帽是一个剃去了头发的光头，戴着眼镜，脸上皱纹很多，说话声音微弱，但是精力充沛。就这样辗转到达皖南，顺利送上药品、书报和青年才俊。新四军回赠一面锦旗，上写“变敌人后方为前线”。冯定告诉王元化，政治部主任袁国平要接见。于是王元化跟着冯定，来到袁国平的办公室门外。冯定喊一声：“报告！”袁国平在里面说“进来！”进门后冯定“啪”地立正，打一个敬礼，介绍说：“这是上海地下党派来的白蚀同志。”军队里的礼节，使王元化感到十分新鲜。那天谈话后，袁国平还挽留他共进午餐。王元化应邀在新四军教导团、服务团作关于上海救亡运动情况的报告，全文被整理发表在新四军《抗敌报》上。王元化还在那里多次看新四军服务团的演出，看过张茜(当时尚未与陈毅结婚)在《杨乃武与小白菜》中演的小白菜，看过吴强(后来当了作家写出长篇小说《红日》)演的阿Q。王元化初步体验了革命军旅的生活，并同那里的文艺工作者接触，知晓了新四军中文化人的文艺思想。

军旅创作的热情

这是王元化第一次近距离接触新四军，心情十分激动，军旅生活也让他有一种新鲜感。尤其是新的环境和人物激起了他的创作热情，随着这次慰问团之行，他写了《出征》《脚踪》两篇小说。前一篇的灵感闪现在他访问途中，并急切地写下了当时的感受，并注明是1939年3月写于金华，后一篇则是回到上海之后所写。

通过这次生活体验和观察，王元化对于军队与文化人的关系有了新的认识，并敏锐地认识到在军队中有农民意识，也有一种反智主义，也即对于知识分子的轻视，他认识到这一点是缘于朋友辛劳在新四军中的心情不舒畅。这唯一的一次在党领导下的军队中的经历对于王元化来说非常可贵。1991年在一次国际会议上，他在发言中专门谈了农民意识的问题，并以50多年前(也即此次)在新四军中的观察作为例子，写了一篇《关于中国政治主流中的农民意识问题》论文在该次会议上宣读。他认为反智主义是一条很长的了解中国文化的脉络。他论文中提到："直到今天我对当时不少文化人在皖南的遭遇才算有了一些了解。我以为这是基于农民意识的反智主义。其实早在太平天国革命时期就已经有了这种迹象，土地革命时期也出现过'打倒知识分子'的口号。"①他的这篇发言激起了会议的不同观点的讨论，余英时、林毓生等不同意他的观点，认为农民朴实忠厚，对于知识是很尊敬的。

总的说来，这次军旅之行给王元化带来的是书本上从来没有学到过的知识，尽管旅途艰辛，经常生病，但他的心情是愉快的，昂扬的。"从温州到金华，由于公路被破坏，乘民船在瓯江溯江而上。船抵青田过夜。青田是一座临江的小山城，建在半山腰，下船要爬上一段长长的石阶通道，半途还要经过一座用石块垒成的门洞。到了门洞上面，有个平台，坐在那里可以眺望四周的风景。这座不满百户人家的小山城，被气势宏伟的崇山峻岭所环抱，瓯江的清丽江水在下面平静舒缓地流着。太阳落山后，天空的晚霞渐渐转暗，巍峨的群山笼罩在一片绛紫色的暮霭中。青田的美丽令人陶醉。"②

根据这次的经历写的关于新四军的小说《脚踪》是王元化比较喜欢的作品，后来并用此作为早期作品集的书名。从这个短篇小说中，可以看到青年王元化在创作方面已经有了明显的进步，当然一个年轻作者在创作的道路上总是比较稚嫩的，小说明显地模仿鲁迅小说《离婚》的风格和语言，刻画了一个捧着《论持久战》在阅读的东北青年投奔新四军，要到云岭去参加抗日的故事。该小说简捷但敏锐地抓住了在新四军中看到的和听到的青年参军的故事，虽然刻画的人物不够丰满，却显示了青年王元化观察人物的细腻。总的说来，王元化这一阶段的创作处于模仿，有一点需要

---

① 吴琦幸：《王元化与1991年夏威夷会议》，载《美中社会和文化》第12卷第1期，2010年。

② 胡晓明：《跨过的岁月——王元化画传》，第37页。

肯定的是，当时他还没有染上机械论，即纯粹用阶级论的方式来刻画人物，这使他的作品流露出一种清新可喜的自然。

回到上海后，他根据在皖南搜集到的材料，发表了长篇论文《艺术—宣传—宣传戏剧》，其中引用了毛泽东在延安报告中提到的“中国作风，中国气派”的说法，为上海文坛所首见，带来一股清新气息。[①]很明显地，青年王元化在文艺理论方面的写作比他的创作更有深度。但是在初学文艺理论的写作方面，不免存在着模仿和照着说的倾向。在晚年编辑《王元化集》的时候，王元化认为此文比较简单，够不上论文的标准，就删落了。

此次和王元化一起前往皖南的20多个青年中，很多人成为新四军的优秀人才。如白沉成为电影军事片导演；郑大方参军后，作战勇敢，从日本鬼子手里夺来一门大炮，立了大功，后来当营长，在战斗中壮烈牺牲。

但是王元化不知道他这次的皖南之行，让他的全家担了多少的心。他的姐姐桂碧清在回忆中说道：

> 一次，弟弟说要坐船去看看新四军，我们觉得那太危险，劝他不要去，他不肯。就在弟弟走的第二天，报上登了上海出发的一艘“飞康轮”上四名旅客被抓的新闻，我们很担心弟弟和他的朋友就在其中，提心吊胆了好久，直到有一天，小姨父写信来，说弟弟路过金华的时候去看望过他，我们才放心那被抓的四个旅客中没有他。弟弟回来后告诉我们，他们几个人一路吃了许多苦才找到新四军，身上都长了跳蚤，沿途有时乘坐装货的大卡车，人得趴在货上，才能避免车子经过大树的时候，大树枝把人刮下来。他也讲一些关于新四军的情况给我们听。有一天，妈妈发现弟弟房间里最好的一只箱子不见了，

① 参见朱大建、翁思再：《抗战时期的王元化》，见《走进历史深处》，第233页。

一问，原来是弟弟把它送给了他的一个投奔新四军的朋友。[①]

从创作转向文艺理论

王元化早在中学时代就开始阅读鲁迅的小说和散文，他也希望像鲁迅那样，能够将文学创作作为战斗的武器，唤醒国难当头的民众起来抗日。他早期作品并不多，收在《王元化集》中共计有《雨夜》《献》《南行轮上》《出征》《脚踪》《乞丐收容所》《舅爷爷》《雨屋手记》。上述八篇创作，时间跨度从 1938 年到 1946 年，第一篇发表的作品则是《雨夜》(1938)。这些小说中，带着明显的时代痕迹。1939 年 2 月从皖南回来之后，王元化奉命离开了原先联系的上海业余戏剧交谊社，转到了文学党小组，这也是他在政治上逐渐成熟的标志。当时上海地下党的文学小组有两个，分别由戴平万、林淡秋各任一个小组的组长，分管上海的文学和文学理论的工作。小组成员有钟望阳、林珏、蒋锡金、蒋天佐、束纫秋、萧岱、赵不扬、王元化。由此，王元化从一个负责左翼戏剧社团的联络人变成党的文学小组的成员，这对于他今后走上文艺理论研究道路是决定性的因素。

从此，上海一些报刊的副刊上常常会看到用“洛蚀文”笔名发表的文章。首开记录的是在《华美晨报》副刊《浪花》上连载的《关于文艺通讯》的文章，这是王元化最初写的有关文艺的文章，他在此文中论述了“文艺通讯的意义”“怎样做一个文艺通讯员”“怎样写文艺通讯”等问题。王元化负责文艺通讯运动的组织工作，钟望阳则负责宣传工作。虽然这是有关新闻报道的基本工作，但是王元化认真地从事着，快乐而又真诚。重要的是，他在兄长般的领导林淡秋、戴平万等人的器重下，信心十足地开展起他热爱的文艺理论研究。

在担任地下党文学党小组成员期间，王元化根据党的政策，在 1938

---

① 桂碧清:《和弟弟王元化一起走过的日子》,http://www.aisixiang.com/data/27676.html。

年发表了一篇论文《论抗战文艺的新启蒙意义》，这篇文章标志着王元化的文艺理论工作从一开始就按照党组织的要求，强调文艺的大众化和理性化，这在他文艺理论生涯中有着重要地位。①

新启蒙思想的倡导者是时任中共北方局宣传部长的陈伯达。他首先在 1936 年 9 月的《读书生活》第四卷第九期上发表了《哲学的国防动员——新哲学者的自己批判和关于新启蒙运动的建议》，对五四运动的激烈的反传统口号进行了批评。他说："如果我们稍为涉猎一下过去一些启蒙思想家的著作，那么，我们就可以看到他们对于一些问题的提出，有时甚至比我们现在所提出的更为无顾忌地激烈。一般说来，我们对于许多问题的提出是很谨慎的。"②张申甫提出一个口号："打倒孔家店，救出孔夫子！"③接着起来响应的是《读书生活》杂志的主编艾思奇，称受了陈伯达的启发而在 10 月份的《生活》周刊上发表了《中国目前的文化运动》，认为五四新文化运动没有完成它自己的任务，因此在"九一八"以后民族敌人的政治、军事、文化的猛烈进攻下，必须开展"以爱国主义为直接的主要内容"的文化运动，"这个运动完全是民主主义的性质"。而新启蒙则是以无产阶级的新哲学、新思想不但"启"传统文化之"蒙"，而且"启"五四时代资产阶级旧民主思想所加于人民之"蒙"。这个定义愈后而愈显。他又在《文化食粮》第一卷第一期说得更明显："国难的紧迫，不容许我们完全推翻什么或建立什么……就把孔家店去作例子吧……我们……不必要彻头彻尾地把它打倒。"

王元化此文延续上述的观点，并且加以定义说："新启蒙运动并非是

① 他在 50 年之后，主编了当年名重一时的政治思想刊物《新启蒙》杂志，最初的时候取名颇费斟酌，后来决定用这个名字，不能不说跟这篇文章有着一定的关系，但观点又有了较大的改变，认为"五四"的全盘反传统是天经地义的。详见第九章。

② 见《读书》第三号。

③ 见张申府：《什么是启蒙运动》。本文系张申府写于 1937—1939 年间的，关于新启蒙运动的意见与看法的系列文章，力主"自由民主的思想文化运动"，倡导"反迷信、反盲从，反独断"的主张，凸显当时的知识分子在危难时期对国家的关切及担当。

五四启蒙运动的简单再版，它是把五四阶段上所提出的任务放到一个更高的基础上来给予解决。五四的新思潮含有一个重要意义：价值的重新估定。"[①]他提出了民主的爱国主义和反独断的自由主义的两个中心内容。由于王元化属于地下党文学组成员，所以在他工作范围中提出了抗战文艺如何贯彻新启蒙的上述任务，认为文艺必须大众化，而不能像五四启蒙运动那样"只徘徊在少数知识分子和小市民的圈子当中"[②]。这是王元化遵照当时党的文化工作的指示，贯彻要求知识分子到群众中去，到抗战第一线去深入生活的政策，只能看作是诠释党的工作重心的文章。尽管如此，他还是提出了一个新鲜的观点，那就是对于五四新文化运动的看法，这一看法跟他 50 年之后撰作《为五四精神一辩》的看法是不一样的——他认为，五四新文化运动还留下了另一个没有解决的任务：要批判地接收"文化遗产"。他认为当时的一批知识分子对于旧文化完全采取毁灭的态度，这是不够的。"我们可以看到五四新文化运动的健将鲁迅、吴虞、陈独秀等这些人对于礼教国粹的确来了一个很大的扫荡，但这只是进行了文学革命的第一个任务，而跟着接收'文化遗产'的问题却始终没有解决。"[③]于是他将这一个问题归结到"真正反礼教的还是一小部分人，而大众仍沉醉在旧文化里面，这原因的一部分也是五四启蒙运动忽视了大众的缘故"[④]。这个观点在晚年王元化的反思中重新提出，他认为传统中的资源值得研究和开发，并明确提出传统文化中的仁义礼智信以及家庭道德和关系需要进行开发，甚至三纲也应该重视，不能偏废等。[⑤]

王元化回忆，后来由于接到中共党内的通知，要求不再采用新启蒙运

---

① 王元化：《王元化集》(第一卷)，第 87 页。

② 王元化：《王元化集》(第一卷)，第 91 页。

③④ 王元化：《王元化集》(第一卷)，第 92 页。参看 1988 年发表的《为五四精神一辩》。在该文中，王元化为"五四"辩护说，"五四"并不是全盘否定旧文化，例如法家和墨家的东西就不反等。林毓生对此作了反驳，见林氏《迈出五四以光大五四——兼答王元化先生》一文。

⑤ 参见王元化：《清园近作集》，文汇出版社 2004 年版，第 49 页。

动的提法，关于新启蒙运动的讨论告一段落。[①]此文成为王元化晚年在编辑全集时收录的早期第一篇文艺理论论文，但在收进文集时进行了删改。

在进行文艺理论研究的起初阶段，王元化首先对于现实主义和写真实的问题进行了探讨。

> 自然，我对于现实主义包括写真实这一原则的理解，是有自己的认识过程的。我不愿掩饰自己的幼稚和偏颇。早年我也走过弯路。一九三七年，我开始文艺理论习作，我只有青年人的革命热情，却不能识别教条主义的危害。当时写的那些文字今天已经没有什么意义。[②]

1940年，王元化在《戏剧与文学》上发表长篇论文《现实主义论》，他的理论见解与现实生活密切相关，但这篇文章基本上是照搬了苏联的日丹诺夫主义和从藏原惟人那里转译的机械的苏联文艺政纲。当然他把文学艺术建立在把真实性作为基本原则的基础上是不错的，这是他此一时期重要的见解，这一观点延续到他在建国之后的反思之前。纵观他的早期理论见解和读书心得，都是关怀着社会的现实，即便是论《金批水浒传》，这部他在中学时候就读熟的古典小说，他也是联系现实来阐发自己的观点的。国民党对于当时进步书籍的禁锢，使他在《金批水浒传辨证》一文中极力推崇金圣叹对待禁书的胸襟，知“不可相禁”，而“脱然授之于

---

① 新启蒙运动的提法始于陈伯达，后以此为口号进行提倡。1937年，北平一些文化团体和救亡团体提出了一个鲜明的口号：“纪念五四，要展开新启蒙运动。”5月19日，张友渔（共产党员）、张申府（其时已脱离共产党）与吴承仕（其时尚未加入共产党）等九名教授在北平正式发起成立了“启蒙学会”，发表了《启蒙学会宣言》，引起了文化界、思想界的热烈响应（其中也包括当时在上海的艾思奇、何干之、夏征农、陈唯实等人）。后来被张申府接过这个口号，并进行重新诠释，在国统区有一定影响。一直到1940年之后，这个口号才逐渐被新民主主义文化论代替而式微。

② 王元化：《向着真实》，上海文艺出版社1982年版，第206—207页。

手”。[①]1941年，他针对国民党顽固派的所谓“抗建文学论”与敌伪的“和平文学论”，写了反驳文章《民族的健康与文学的病态》。该文对于社会上流行的艺术“当尽全部精力于歌颂”，不应写“自己的病痛”观点进行了辛辣的讽刺和严厉的批判。对于那种抹杀暴露黑暗面的作品，并把这些作品一概称之为病态文学的所谓“抗建文学”“和平文学”论者，认为他们打着健康的旗号，实际上是不健康的，“借民族的大招牌作幌子，谋自己一群人的利益，却是和上述的统治者一样的”，是从他们一集团的利害出发，而不是从大众的利害出发。他大声呼吁“一面暴露异族的残酷，一面暴露自己阵营中的黑暗”，这“正是中国老百姓的普遍的要求”。[②]这些观点是具有现实意义的，但是却遭到一些人不理解，认为没有团结广大文化界人士。

40年后，王元化谈到当年写作这些文章时说：

> 四十年代，我读了《海上述林》介绍恩格斯关于现实主义的理论后，我一直没有改变对于现实主义的信念。应该说，把真实性作为现实主义的基本原则，是恩格斯最早提出来的。自然，我对于现实主义包括写真实主义原则的理解，是有自己的认识过程的。我不愿掩饰自己的幼稚和偏颇。早期我也走过弯路。[③]

对鲁迅的研究

在谈到基督教文化对自己的影响时，王元化1999年说过两个方面的影响：一是人总是有缺点的，他讲到莎士比亚作品中也讲过这样的话：“上帝造人，为什么要他先有了缺点，才成为人?”[④]所以人不可以成为一个

---

① 王元化：《向着真实》，第197页。

② 王元化：《向着真实》，第151页。

③ 王元化：《向着真实》，第206页。

④ 胡晓明：《跨过的岁月——王元化画传》，第29页。

神。因此，对人身上的缺点，可以采取一种谅解、宽恕的态度。另外就是人可以比较谦虚，因为人不可能和神一样。他年轻时对领袖没有什么崇拜，但是对于鲁迅却有一些崇拜，尽管还没有到偶像的地步。①

基督教新教的核心是人不是神，唯一可以崇拜的是神，将人的趋于崇拜的自然属性奉献给唯一的神——上帝。这就使得人世间的平等有了着落，也因此没有了偶像崇拜的对象。而恰恰对于鲁迅，王元化内心是有一些崇拜的，彼时是少年王元化，故而这种崇拜也仅限于少年，至多延伸到入党之前的王元化。他的精神世界中比较没有个人崇拜的思想。理解了这一点，对于王元化一生在坎坷历程中始终坚守的基本道德和人品，不畏权势、不盲目尊崇某种极度的权威会有更深的理解。

《海上述林》是瞿秋白翻译的马克思、恩格斯等的一些文学理论文章，瞿被国民党杀害后，由鲁迅为亡友搜集、编辑和出版。上卷为《辨林》，收马克思、恩格斯、列宁、普列汉诺夫、拉法格等文学论文，以及高尔基论文选集和拾补，并插入恩格斯、列宁、普列汉诺夫、拉法格、高尔基、歌德等照片和画像；下卷为《藻林》，专收诗和小说的译文，有高尔基的《海燕》《二十六个和一个》及卢那察尔斯基《解放了的唐·吉诃德》等作品，并悉数收入了这些文艺作品的插图。但下卷于1936年底（版权页印作10月）印成时，鲁迅已逝世，没有看到它的问世。这部精装的《海上述林》一出版，王元化就买了，并特意用紫红丝绒包装，一直在家经常翻看。后随身珍藏，经历了七七事变之后从北平辗转逃难到天津、青岛、上海，经历了“孤岛”时期的颠沛流离、解放战争时期的动荡不安、新中国成立之后的历次运动，尤其是在“文革”之后，从未离身，终于得以保全下来，可见他对这部书的喜爱程度。他不仅收藏了这部书，而且从少年开始就认真研读，红笔画线，写下不少的体会和评语。王元化精读了其中介绍恩格斯关于现实主义的理论，这是他后来提倡向着真实的理论基础，当然这也与当时苏联文

① 参见胡晓明：《跨过的岁月——王元化画传》，第29页。

艺界由卢卡契潮流派短暂地占据主流地位有关，王元化受此影响很深。他从唯物主义的反映论出发，接受了文学是现实的反映；在反映同一现实的前提下，文学艺术与科学、哲学是彼此独立、价值相等的两个不同的认识现实的领域。后来经过了对拉普派的批判，初步认识到当时藏原惟人从苏联拉普派翻译传来的所谓社会价值与艺术价值的二元论的偏颇。他在《戏剧与文学》发表长篇论文《现实主义论》时，很明显地从该书《写实主义文学论》中沿袭而来。要指出的是，勇于反思的王元化对自己的少作贬之有加，称当时“我只有青年人的革命热情，却不能识别教条主义的危害。当时写的那些文字今天已经没有什么意义”①。

1939 年 10 月，重庆读书出版社编辑的《新中国文艺丛刊》第三辑《鲁迅纪念特辑》，出版了景宋、巴人等著的《鲁迅的创作方法及其他》一书。这是正式出版的第二本鲁迅研究论集。第一辑为夏征农编的《鲁迅研究》。在这本以名家为主要作者的论集中，出现了一个生疏的名字：洛蚀文，发表了一篇很长的颇有理论深度的论文《鲁迅与尼采》。这就是由 19 岁的王元化撰写的中国鲁迅研究史上第一篇从学理上系统探讨鲁迅与尼采关系的学术论文，在后来的鲁迅研究中屡屡被提及。之前，1938 年 8 月 29 日广州《黄花岗》旬刊 2 卷 4 期刊出的张震欧的《鲁迅与尼采》，虽然首次开辟此课题，但是仍嫌浮于感想，过于简单。这篇论文却是鸿篇巨制，相当深入地分析了鲁迅与尼采的关系。该文讨论的中心，是“鲁迅在他的世界观里是不是吸取了尼采主义？和他们之间的关系到底是怎样的”②？

从今天走出了意识形态的束缚和跳出了僵硬的阶级分析的模式来看，这篇文章受到 1930 年代苏联式话语影响非常之深，基本上用苏联传过来的“日丹诺夫主义”的模式来分析鲁迅和尼采。③王元化在 1981 年出

---

① 王元化：《向着真实》，第 206—207 页。

② 王元化：《向着真实》，第 48 页。

③ 详见本书第四章“第一次反思”。

版的《向着真实》收录了这篇早期的论文，并在后记中特别提到此文，当时他对自己的思想定位为"机械味儿"，他说："这刊物的编者是戴平万同志。他为了给我一点勉励，在《编后记》中说：'《鲁迅与尼采》的作者，还是一位二十岁左右的青年；他以这样的年龄，而能有这么严正的精神来治学，真是可敬。虽然在这篇论文中，对于尼采的个性解放，在某一阶段的革命性，估计尚不充分，多少有点机械味儿，但对于鲁迅先生的思想分析，却非常正确。'这已是过奖的评语，但我正年少气盛。当平万同志见面征询我的意见时，我竟顶了回去。现在我还记得他那有些失望并对我宽容的脸色。如何评价尼采自然可以各持己见。不过，那时我如果虚心一点，我是可以从当时自己写的某些理论文字中发现机械论痕迹的。"①王元化这段对年轻时代自我的描述，就像李子云后来回忆的，一个"很飙的青年知识分子"形象跃然纸上。确实，王元化在这篇文章中，认为鲁迅跟尼采是不同的阶级，因此在关于世界观、文艺观以及创作方面的成就都有着质的区别。这种通过所谓的阶级属性来拔高鲁迅的方式，受到1930年代的日丹诺夫理论以及从藏原惟人那里转进过来的唯物论、阶级论的影响。

王元化关于鲁迅的研究，从这篇文章开始，一发而不可收，用方典、函雨等笔名发表了很多鲁迅研究的理论文章。其中包括1945年发表的《关于阿Q》，1950年发表的《纪念鲁迅先生》，以及1951年《鲁迅的三十年战斗的起点》。正是因为王元化对鲁迅的研究，才引起了当时在学术思想界处于权威地位的胡风等人的看重。但从王元化研究的方法来看，他对鲁迅是崇敬多于理性，赞颂多于深刻的分析，显而易见的是他还没有形成自己的独立思考。从1930年代末到1950年代初，王元化对鲁迅只是带着极为崇敬的态度来研究，正如他自己所说，鲁迅先生引导他从青年时代跨进革命文学，他一直是衷心爱戴鲁迅的青年学子。这时的王元化，从立

---

① 王元化：《向着真实》，第207页。

场、观点到语言，都不是自己独具的，基本上从当时的红色左翼那里套用过来的，顶多只不过是做了一些诠释罢了。例如他在1940年代写的研究鲁迅的文章：

> 真正民族的战士，不可能不是人民的战士。
>
> …………
>
> 从他自己的作品也可以看出，他的热爱一直是贯注在那些被侮辱被损害的卑微灵魂的身上。即使像《阿Q正传》这篇被人歪曲做作者“心里藏着可怕的冰块”的讽刺小说，如果我们理解他那“哀其不幸，怒其不争”的基本命意和唤醒昏睡麻木的自觉的企望，那么无论如何也不能够把“冷嘲”和“滑稽”这种曲解胡说去侮辱作者的。
>
> 一个作者如果有所否定，也必然不可免的有所肯定，对于旧的批判的愈深，对于新的则爱之弥切。这是理解任何伟大作品的人民性所不可或缺的一个认识。理解鲁迅，自然也应该这样。①

1951年10月14日，在《鲁迅的三十年战斗的起点》一文中说：

> 他再三警惕青年们，必须坚持正确的原则立场，反对那种东倒西歪摇摆不定的态度，反对那种故作激烈而又受不住考验的空谈，反对那种专一冲锋反遭覆灭的无谋之勇的浪漫情绪，反对那种为对方留情面也正是为自己留退路的一团和气的作风。②

这些文章充满着对鲁迅的崇敬和爱戴，他满怀着热情讴歌鲁迅，其中

---

① 王元化：《向着真实》，第33页。

② 王元化：《王元化集》（第二卷），第52页。

也包含着一个左翼青年在当时环境下的教条和机械的观点，用的语言大都是重复着领袖和组织上用过的语言。一直到了1990年代，王元化才真正摆脱依傍，在鲁迅研究方面令人耳目一新。如在1998年12月10日的日记中，他对于鲁迅思想轨迹作了思考：

> 读鲁迅，得以下二条：一、《自选集自序》："我所遵奉的是那时革命的前驱者的命令，也是我自己所愿意遵奉的命令，决不是皇上的圣旨，也不是金元和真的指挥刀。"二、《我们不再受骗了》："帝国主义和我们，除了他的奴才之外，那一样利害不和我们全相反？我们的痈疽，是他们的宝贝。那么他们的敌人，当然是我们的朋友了。"（毛的《语录》："凡是敌人反对的，我们就要拥护。凡是敌人拥护的，我们就要反对。"）［补记：近来有人把鲁迅和毛泽东的"思想联系"，归之于许广平在解放后为了适应环境，而在自己的记述文字中有所增饰。这固然是可能的，但二人在思想上确有相通之处，亦不容抹煞（如斗争哲学、排中律等）。正因为如此，毛对鲁迅有共鸣处（昔日曾听冯雪峰言及），而不仅是借重其影响与威望而已。］①

此段话虽然简单，但是表述的思想却非常要紧，显示了晚年王元化对于鲁迅的重新认识，虽然他没有写成文章申论，不过我们从中可以看到，王元化认为鲁迅同样是一种意图伦理的思维方式。所谓的立场决定思想。只要是敌人反对的，我们就要拥护，这也会导致非黑即白的二元论，没有看到事物的融合的一面，导致一分为二的机械论，简单粗暴地否定了事物的融合可能；另外将生动的思想的互动的可能性抹杀，导致斗争哲学。另一方面，也是王元化指出的从感性到理性的过渡——知性的忽视，而将片面所得视为全体，将知性视为真理。

---

① 王元化：《九十年代日记》，第475—476页。

与 满 涛

王元化一生中的至交莫过于满涛。无论是亲情还是友情，无人可出其右。更重要的是，满涛给予他的是对于文艺思潮更加冷静和客观的思考，提供了与王元化接受的既定观念之外的另一种学术资源。

桂碧清在她的回忆中说：

> 1939年国军撤退，上海租界成了"孤岛"，[①]父亲带了大姐、二姐去了内地，母亲、弟弟、小妹和我留在上海。1941年底，太平洋战争爆发，日本侵略者占领租界，上海陷入黑暗，钱币一再贬值，家庭经济出现危机，不得不动用那笔为元化留学储备的存款，勉强度日。维持了一段时期，家里经济更见窘迫，我们姐弟四处找工作，挣钱糊口，每天只能吃两顿，直至抗战胜利生活都未改善。记得当年我除了在中西女中办附属幼儿园，从事幼儿教育外，还利用暑假在家编草帽加工出售，贴补家用。元化与满涛是志同道合的好友，他由此结识了满涛的妹妹张可，两人由志趣相投而互相爱慕。张可常来我家帮我一起在草帽上画花，完工后我骑自行车去一些摊点出售，收入低且不稳定。元化的朋友黄明(后来知道他是元化所属的地下党文委的领导)知道我家的困境，设法联系当时上海的四大公司，在其中增设草帽销售点，情况有所改善。结账时我们要元化去收钱，他总是不肯，不愿沾光，常常是黄明收了钱送到我家。收入虽不多，但应付日常柴米油盐、买大饼油条之类的开销，还是有所补益的。就这样度过一段艰苦的日子。[②]

---

① 国民党军队撤离上海时间为1937年11月，桂碧清的回忆有误。——编者注

② 桂碧清：《和弟弟王元化一起走过的日子》，http://www.aisixiang.com/data/27676.html。

作为王元化的至亲，桂碧清记忆中将他们的相识定于1939年，王元化先认识满涛，然后再认识张可，这一时间和相识前后却与《王元化集·学术年表》(第十卷)表述的不同。

“学术年表”中说：“1937年11月，国军西撤……结识张可。……不久又结识张可哥哥满涛。”王元化自己也说：“抗战初，我结识了满涛，他从美国经欧洲返国。由于共同的爱好，他成了我最好的朋友。”①

我认为王元化结识满涛应该是1938年。其中的时间节点是满涛1938年6月才刚刚从欧洲回到上海。此时王元化已经通过地下党领导的业余剧社的活动中认识了张可，再认识张可的哥哥满涛。

出生于1919年的张可，1937年在暨南大学外语系攻读英国文学，受教于外国文学和戏剧专家李健吾、孙大雨，她在19岁(1938年)时即翻译出版了奥尼尔的剧本《早点前》，署名范方，出版后的第二个月，张可就在上海法租界的法国总会礼堂(今科学会堂)演出此剧。王元化跑去看了。在演出之后，有剧评家专门为此写了剧评《观〈早点前〉》，发表在《戏剧杂志》第一卷第三期上，署名瑞任。评论说：“一个演员演戏成绩之好坏，对于他是否了解剧本是很有关系的，现在以译者来充任主角，当然她对于这个剧本的理解是不用说的了。……范方小姐把低声、高声、满腹狐疑，半耳语地，激怒地，神经质地，轻蔑地，愤愤地，洋洋自得地，讽刺地，辛辣地，黯然，静静地，郁郁，干哭，满意地，所有各种地方都很深刻地表现出来，使观众看了忘记这是个独角戏，和其他戏的热闹场面一样地提起了兴趣。”②后来，她还排演过外国剧《锁着的箱子》、曹禺的《家》、于伶的《女子公寓》、吴祖光的《风雪夜归人》等。

王元化与张可的认识一开始纯属工作关系。因受命负责联络业余戏剧交谊社，王元化常来聚会地点和年青朋友们联络，也就在那儿认识张

---

① 王元化：《清园论学集》，上海古籍出版社1994年版，第4页。

② 王元化：《人物·书话·纪事》，第172页。

可，此时满涛还在国外留学。

满涛（1916—1978），张可的哥哥，原名张逸侯，满涛是他的笔名，出生于苏州的一个世家。其伯祖父张一麐，字仲仁，为清末特科进士。民国时历任袁世凯大总统府秘书长，政事机要局局长，因反对袁氏帝制自为，改任教育总长，终辞职出京。章太炎将其与蔡锷、梁启超并提，同为导致洪宪帝制失败的三个关键人物。日后张一麐为国事奔走呼号、不遗余力，深得大众敬重。“九一八”事变后，张一麐创办《斗报周刊》，自署“江东阿斗”，撰发刊词，号召奋起救亡图存。1932 年“一·二八”淞沪抗战爆发，张一麐积极参加各种活动，支援抗战。1937 年“八一三”事变后，组织抗敌后援会，捐募军需，收容难民，并与李根源着手组织“老子军”，号召全国凡 60 岁以上者，前来从军，与侵华日军决一死战。各地耆老闻风响应，轰动全国。由于种种原因，“老子军”没有组成，但这爱国行动，鼓舞全国军民同仇敌忾，起到了相当的作用。从此无人不知苏州有个张仲老，而“老子军”之名，也不胫而走，妇幼皆知。“八一三”淞沪之战，抗战军士多有死伤，张一麐与李根源一起，将抗日烈士遗骸收葬于苏州善人桥，并披麻戴孝，恭送入殡。后从武汉转重庆，担任国民参政会参政员，于 1943 年在重庆逝世，黄炎培、梁漱溟、郭沫若等均撰文纪念，汪懋祖《追念江左耆英张仲仁先生》道：“先生貌清癯，自奉甚寒俭，初见之类一村儒，及把谈稍久，其清刚之气每使人悦服，益其素修极深，内充而外弗露。又遇事肯负责而不居其功，对于已往政治变故不愿多述，其出处进退之际毫无遗憾，爱国之忱老而弥笃。”①可想见其人风神。

张一麐的爱国精神传递给家人。其兄弟张一鹏，即为满涛、张可的祖父，曾得官费赴日本法政大学留学，回国后被任为京师地方检察厅厅长。后云南起义，张一鹏任蔡锷秘书，其后张家兄弟的政治生涯与之息息相关，只是官场多变，世事沧桑，多乱人心。满涛的父亲张为儒，号伟如，后

① 胡晓明：《跨过的岁月——王元化画传》，第 67 页。

以号行。他没有从政，赴美国留学，以化学专业获得学位，回国后，在商检局做了一个工程师。

满涛是张伟如长子，和妹妹张可在这个高级职员家庭中衣食无忧。当时张伟如月薪400银洋，祖父的收入则更高。他和弟妹们各有一个奶妈，一个粗作仆人服侍，家中还有其他佣仆，每天光下人餐食要开两桌饭。张伟如从不问家事，也不善理财，抗战前存入中央银行七年期定期存款数万元，到了抗战胜利后这笔钱几同废纸，家道由此中落。

在教育子女方面，张伟如秉承西方教育的理念，对子女任其自由发展个性。满涛10岁前在私塾里学习三年，11岁至16岁换了八个学校。他读高一时不参加学期考试被除名，但他借了一张高中毕业文凭，竟一举考入复旦大学。半年后被复旦发现除名，他又考进持志大学[①]法科，课余读恩格斯的《自然辩证法》入了迷，发现自己的数理化知识太少，又自动降级去读大同大学附中初中二年级。读了半年感到课程太浅，改进立达学园[②]，这次总算读满三年，毕业后再考进复旦。在那列强鲸吞、国步艰危的时代怒涛中，喜欢读书和思考的满涛，从一个锦衣玉食的大少爷逐渐变成一个思想激进的青年。在中学时代他已开始读马列主义书籍，并身体力行，自愿到大隆铁工厂去学打铁，希望锻炼成为无产阶级战士。经“九一八”事变和“一·二八”淞沪抗战，他积极参加抗日救国会的活动，其后还参加共青团街道支部的工作，常常于深夜外出在墙壁上刷写“拥护苏维埃”等标语。但他毕竟是一个书生，不懂得斗争策略，烫得很平的长衫，偏要弄皱了穿在身上，有时干脆穿上工人的短装在街上奔波却又无法掩饰知识分子的举止气质，连遭盯梢并被捕两次。有一次他白天在家写革命传单，连房门也不关，听到敲门声仍不停挥写，直到有双陌生人的皮鞋出现在身前，抬头一看，才发现是租界的巡捕。敌人不费吹灰之力就把他和

① 民国时期综合性的私立大学，又名持志学院。今上海外国语大学的前身。

② 民国时期的一所艺术学校，1925年由匡互生、丰子恺、朱光潜等人在上海创办。

“罪证”一起抓住,被租界法院判刑一年半。经过他的祖父和父亲的努力营救,并托了杜月笙的律师说情,才改判缓刑两年。家里不再让他在上海待下去,他也想到国外去学些有用知识,遂于1936年去日本留学经济,1937年转往美国印第安纳大学和伊利诺伊大学学习。1938年从美国经法国等欧洲国家,由水路回国,于当年6月回到上海。①

满涛回到上海后,偌大个上海,除租界外都为日伪所统治,他决心拿起笔来战斗,主要从事翻译俄苏文学作品,希望用进步的思想和苏联的榜样来鼓舞民众。他参加了上海地下党领导的并且由王元化联系的“进步文艺工作者座谈会”(会址后设在满涛家中),编辑地下党领导的文艺刊物。有时他也陪同祖父到苏州去,甚至当祖父拜会一些日本要人时,他在旁担任翻译。这些是地下党授意的呢,还是他拗不过祖父的意旨呢?现在是无从索解了。

王元化跟满涛结识后,对满涛十分佩服。满涛的日、俄、英文都说得那么好,思路是那样的清晰;更重要的是,他跟王元化既有很多共同语言,也有自己独立的想法。那时满涛已经从俄文译出了契诃夫的《樱桃园》,译笔漂亮流畅,一些北京俗语的妙用更使全书神采奕奕。不久,这本书在巴金主持的文化生活出版社出版,成为王元化接触契诃夫作品的启蒙读物。他们俩常在满涛的家聚会聊天,满涛住在亭子间,张可住二楼。他们不仅谈论当时在西方名噪一时的《尤利西斯》,探讨契诃夫与莎士比亚的艺术特色,还争辩托尔斯泰与陀思妥耶夫斯基优劣等问题……

关于他们争论的问题,王元化在1994年9月20日的日记中可见一斑。王元化将他们对托尔斯泰和陀思妥耶夫斯基优劣的争论详细记载了下来,并进行了反思。从中可以看到,作为地下党上海文艺工作成员的王元化,当年的思想比满涛更加激进:

---

① 《跨过的岁月——王元化画传》中说到满涛回国时说:“早年赴日本学经济,后由日赴美攻读化学,欧洲战争爆发,方辗转返回家园。”欧洲战争爆发为1939年,是年德国入侵波兰,英法等国对德宣战。

回忆青年时期曾与满涛争论托陀优劣，我曾举《安娜·卡列尼娜》书前题词引《圣经》"申冤在我，我必报应"，认为这是全部小说的中心主旨。满涛大不以为然，但他提不出充足的理由反驳我。其实作品中的主题，有时并不在于作者有意识地去表现什么观念。海涅说："一个天才的笔往往超过他暂时的目标以外。"海涅以《唐吉诃德》为例，他说塞万提斯只是要用这部书来代替当时教会对武侠小说的禁令，结果却创造了一个伟大的艺术人物。老舍的情况也是一样。陈西禾和我谈话时，曾幽默地说道："老舍解放后写的作品都表现了一个主题，这就是新社会比旧社会好。"不错，老舍的作品确是企图表现这一思想。但是，老舍作品中的主题思想决不可以简单地用"新社会比旧社会好"这种观念来概括。为什么？因为作品的主题，并不在于作者要表现怎样的思想，而往往是不知不觉从作品流露出来的那些东西。例如，作者如何去对待他所要表现的生活，如何去对待他所要表现的那些人物。作者对生活对人物的态度和理解，是经过日积月累长期在生活实践中所形成的。所以要分析作品的主题思想，不是简单地根据作者的意图，而是要根据他在作品中自然而然流露出来对生活对人物的感情和态度才能加以掌握。现在回过头来，再看看《安娜·卡列尼娜》，我在青年时代用书前题词来概括书中的中心主旨，可以说是一种机械观点。可惜满涛已无法知道我现在的看法了。①

无法割舍的感情

新中国成立后，满涛继续勤勤恳恳地翻译了别林斯基选集第一、二卷和果戈理、契诃夫等的作品，他的译笔清新流畅，能传原作神韵，翻译界和

① 王元化：《九十年代日记》，第269—270页。

读者都认定是第一流的，但是他与王元化都由于同样的原因在1956年6月被打成“胡风分子”。幸而有些领导人知道满涛同胡风只会过几次面，约胡风写过几篇文章，并无密切交往，也有人爱惜满涛的才华，虽定他为“胡风反革命集团”的一般分子，却照“人民内部矛盾处理，不影响使用”，也不将结论向他宣布。

满涛作为职业翻译家，既非党员，也不是领导，一向在家里译述不用上班，很少接触社会，糊里糊涂地以为自己的问题已经弄清楚，拼命投入翻译。正是因为他没有受到“胡风案”的干扰，使他一生中的译著竟达数百万字。1960年，作为民主人士的满涛还有幸出席了全国文代会，并担任上海市政协第一至第四届委员。

“文革”开始了，像其他所谓资产阶级知识分子权威一样，满涛遭到抄家、批斗，无休无止的检讨、批判、打击……他得了高血压，曾昏倒在马路上，但他仍尽可能利用一切时间翻译。1976年4月，上海“四人帮”的帮派分子为了进一步压制知识分子，突然对满涛宣布了十年前的“反革命分子”结论，并给他扣上“妄图翻案”的罪名。这对满涛是个致命的打击，他无法忍受屈辱，实在压制不住胸中的愤懑时，他唯有从书桌上抬起头来呐喊“我不是反革命”！不到半年，“四人帮”垮台了，他加倍努力，完成《别林斯基选集》和《果戈理文集》的未竟部分，所在的单位已开始着手准备为他平反，然而超负荷的工作，20余年的折磨，使他终于抵挡不住第三次脑溢血的扑袭，年仅62岁，壮志未酬而逝。这对于当时尚未完全平反的王元化宛如晴天霹雳。满涛病危时，王元化一直守护在他身旁。遗体送入太平间时，王握其手，仍感到死者身上的体温，永别挚友，极感悲痛。

办好“文艺通讯”

自皖南回来后王元化从戏剧组转到文学组工作。这个时期，王元化发表过小说、散文、杂文等，更多的则是文艺批评，显示出他在文艺批评、治学方面的才华。用的笔名除佐思外，还有洛蚀文、方典、函雨等。在地下党文委的领导下，王元化和梅雨、林淡秋等人共同组织和主持文艺通讯工作，开拓群众抗日文化活动新方式。王元化一直记得文委领导顾准第一次来文艺通讯支部开会的情景。顾准潇洒又和蔼，拎了四大包水果、点心（顾准是潘序伦会计师事务所高级职员，薪水高，又有会计著作版税），和文艺通讯支部同志开会时一起吃，他富有人情味的、轻松活泼的工作作风，很受大家欢迎，王元化特别喜欢这样的工作方式和党内领导人的风格。

当时担任江苏省地下党文委书记和副书记的是孙冶方、顾准两人，他们在经济思想和民主思想方面影响了中国20世纪八九十年代的思想和历史。年轻的王元化好学深思，常常会在党内学习时提意见提看法，有的看法甚至与党的政策和方针不同。有人认为他不应该反对组织的决定，或者对党的一些理论思想提出不同意见。顾准就说，王元化谈自己的看法不错呀，说明对工作负责。大家都觉得这个人有人情味。王元化和孙冶方在“文革”后有几次晤谈，可惜的是，与顾准自1939年分手后再也没有见过。1990年，王元化为顾准的《从理想主义到经验主义》一书作序，特别赞赏他在多舛的命运中，坚持独立思考、忌虚妄求真知的自由精神。四处碰壁之后的《顾准文集》，经王元化多方设法而得以出版，正是他们精神一脉相承的明证。王元化还为高建国写的《拆下肋骨当火把——顾准全传》作序，纪念这位曾经是那样开明和思想开放的领导。

他在日记中记下的这段话，可以对他那段时间生活作一个印证：

> 此次见面我发现冰夷的身体已经大不如前。而徐老（徐雪寒）更加显得衰老。抗战时他是地下党江苏省委成员，我所属的文委是归江苏省委领导的。但我和他没有接触过。见面就听人说他因为忧国忧民身体很不好，这次谈话时，他说了不少愤激的话。五十年代初，

他被卷进抗战时在上海和他共过事的潘汉年案，为此吃了不少苦头。但他不畏强御，正直的秉性未改，他见不得黑暗丑恶现象，而他所处的地位和能够察见渊鱼的洞察力，使他看见了不少卑微龌龊的东西。他又是一个过于认真的人，对这类事一直耿耿于怀，因此谈话中常有愤激语。别人说他忧国忧民把身体搞坏了。抗战初期上海地下党内聚集了一批这样的人物，实在是很不平常的现象。这是在其他地方见不到的。当时我们这批乳臭未干的青年，入党不久，受到党内这种空气的熏陶，根本不懂得趋承上意那些政治陋习，只知唯真理是从，始终保持着青年的朝气和理想。可是，这批不谙世事在温室长大的人，在以后历次政治运动中，个个都挨了整，几乎全军覆没，无一幸免。①

领导文通运动

文艺通讯（简称文通）运动指 1939 年春至 1940 年春，上海党组织发起的一场颇具声势的抗战文艺大众化运动，主要通过搭建专门的创作平台，把民间的业余文艺爱好者，积极吸纳到抗战文艺队伍中来，让他们作为主体性力量，与专业作家一道以笔为枪，为宣传群众、发动群众勇作贡献。王元化负责这项工作，并由此而写了大量的有关抗日进步的文章。

上海沦陷后，抗战文艺创作队伍面临人少困境，部分留沪专业作家的创作又因与大众现实需求存在一定距离，直接影响到了抗战文艺的接受与传播。而应抗战宣传需求发展起来的文艺通讯，以其不求较多艺术加工，只求贴近社会现实，真实鲜活、爱憎分明、篇幅短小等亲民特点，既适合没有或较少创作经验的普通民众写作，又切合大众口味，便成为破解这一窘境的切入点。1938 年春，经中共地下党文委策划，《华美》周刊、《每日译报》以“反映上海”为题，向社会公开征集反映“八一三”淞沪会战后一

---

① 王元化：《九十年代日记》，第 318—319 页。

年中上海军民战斗与生活的文艺通讯稿件，活动反响空前热烈。学生、工人、职员、士兵、难民、家庭妇女、舞女、妓女等各行各业的写作爱好者，都云集到了稿件应征的前列。400 多万字的稿件后经筛选，汇编为 120 万字的《上海一日》专集，公开出版发行。

《上海一日》活动不仅让上海党组织真切感受到了人数众多的草根作者的创作力量，也看到了“他们和作家之间缺乏联络，同时也缺乏指导和工作上的观摩”等问题，于是决定在“孤岛”建立专门的文通组织，设总站、分站和支站，向社会广征通讯员，通过定期学习、参加讲习班、党员作家审评等方式，不断提高他们的思想水平与写作能力，“文通”运动旋即风靡上海。反映“孤岛”真实生活和抗日斗争的文艺通讯稿件大量涌现，一支充满活力的业余文通队伍迅速形成。在“文通”组织成立之前，参加的是一些专业作家；但自从党领导文通组织、开展文通运动后，许多青年参加到文艺大众化运动中来了。他们大多数是 20 岁上下的人，其中有工人、职员、学生、家庭妇女、小学教师。他们分布在各地、生活各个角落，写作热情高，又熟悉生活，能及时把所见所闻和自己的感受用文艺通讯反映出来，作品的内容是如此广泛和多样，读了使人开阔视野。这支充满活力的文艺通讯队伍的出现，给“孤岛”抗战文艺大众化运动增添了一支生力军。

王元化到“文通”后负责组织工作，宣传工作则由钟望阳负责。他们办的公开刊物起先叫《野火》，后改为《春风》，编辑部承担辅导作者的任务。表面上，“文通”类似现在报纸、刊物的固定作者、通讯员制度，它是地下党的外围组织。通过王元化一段时间的工作，建立起“文通”总站—分站—支站这样一种自上而下的网络，可以逐层传达上级指示、文件精神。“文通”的日常学习分为政治和业务两类，前者主要是不断地作形势报告，演讲世界反法西斯战争的时局，介绍抗日前线的战况，分析抗战的前途，这是大家所特别关心的。业务学习就是写作辅导，当时往往选用苏联的教材，如苏联作协《给初学写作者的一封信》，以及高尔基辅导“工农通讯员”的文章等。王元化也专门写过“文通”辅导报告，题为《关于文艺通讯》，论述了“文艺通讯的意义”“怎样做一个文艺通讯员”“怎样写文艺通讯”等问题，油印后下发供学习，后来分三次在《华美晨报》副刊连载。

通讯员入选的文章，除了登载在《野火》《春风》外，王元化等还推荐发表到其他报刊，如《文汇报》《大美晚报》《华美晨报》《神州日报》等。在此过程中，“文通”队伍如滚雪球似的壮大起来，后来达到二三百人。这些人后来多数参加革命，且成为骨干，新中国成立后成为我党的干部；还有些“文通”成员干脆投笔从戎，由地下党陆续送到皖南，或其他抗战前线（如钟敬文、田青）；有些人（如何为）则一直在文坛辛勤耕耘。

当时还发生了这样一件事，很能够看出王元化的性格中耿直的一面：由于形势变化，文艺通讯支部被顾准撤销并入其他支部，王元化不了解这是为了适应日军可能南下的形势变化，于是写了一份长达六七页纸的报告表示反对。王元化的意见并不正确，顾准却毫不责怪，反而说，王元化敢于向领导提出不同意见，精神可嘉，是个人才！当时的党内上下级关系，就是这么健康、单纯！为了给顾准写这份秘密报告，王元化还为顾准起了个化名“王开道牧师”。这也可见王元化认真的个性，这种个性也给他带来后来的麻烦遭遇。王元化常常自言，我是很“疙瘩”的，也很“耿”。这是两个沪方言词汇，前者是过于认真或顶真的意思，后者则是“犟”“倔强”的意思。当他遇上了像顾准、孙冶方等懂他的领导，不至于会因此引起麻烦。不久，顾准、孙冶方先后奔赴苏南抗日根据地，又去华中根据地。到了后来就不那么容易地得到领导的理解了，因而吃了不少苦头。

分管《奔流》杂志

1941 年春，上海地下党文化总支由黄明任书记。[①]那时，党组织估计

① 这时的上海地下党属于江苏省委领导，文中所说的文委也是江苏省文化工作委员会，下设文化总支，分别有文艺、戏剧、新文字三个小组，设立在上海。

到日寇将会南下和英美交战，租界可能会沦陷，上海局势将会发生很大变化。为此，除了主要负责人离开上海之外，还将比较暴露的王任叔、林淡秋等党员撤退至华中根据地，而由比较隐蔽的王元化、肖岱和新来的总支书记黄明组成负责文艺工作的党组织。王元化分管《奔流》文艺丛刊，并联系文学组方面的党员以及党外人士。该刊后来改名为《奔流新集》，参加编辑的有楼适夷、满涛、蒋锡金。《奔流》编辑部设在满涛家里。

《奔流》利用租界的特殊地位，一方面揭露日寇的暴虐和国民党反共顽固派的阴谋，一方面继续坚持现实主义原则，扩大中共的思想和文化影响，并对文艺界出现过的反动逆流进行斗争。发表过的作品如林淡秋的《渣》《寒村一宿》、钟望阳的《丧事》，都反映底层人民的苦难，揭露国民党的腐败；越薪（束纫秋）的《李德才的遭遇》，控诉日军的暴行。有一批作品是颂扬革命领袖和革命阵营里的作家的，如许广平的《鲁迅先生在北平的反帝斗争》、莫洛的《陈毅将军》、楼适夷的《怀雪峰》等。发表过的理论和评论文章有茅盾的《谈技巧、生活、思想及其他》，以及"每月读书"栏里一些作者对名著如《静静的顿河》《约翰·克利斯朵夫》等的评价。在《奔流》的撰稿人中，有蒋天佐、戴平万、辛劳、林珏、赵不扬、孙石灵、孙家晋、辛未艾（包文棣）以及仇山（唐弢）、柯灵、朱维基、姜椿芳、田青等。该刊改名为《奔流新集》后，参加编辑的有楼适夷、满涛、蒋锡金、蒋天佐等。

那时国民党顽固派帮腔文人标榜所谓"抗建文学"，敌伪方面则叫嚷所谓"和平文学"。"抗建文学"派认为，揭露国民党阴暗面的暴露文学，是帮助敌人破坏抗战，损害了民族的健康，是"病态文学"。为此王元化以"佐思"的笔名，在《奔流》第五期上，发表《民族的健康与文学的病态》予以反驳，指出揭露国民党的黑暗面，打击少数顽固派，符合广大人民群众意愿，这样做非但不损害民族健康，反而有利于医治民族弊端，恢复民族健康。王元化批评某些"帮腔文人"，只反对所谓暴露文学，却把敌伪的"渣滓文学”轻轻放过，忠告他们不要滑到敌人方面去，希望他们不要在既反对“渣滓文学”又反对所谓“病态文学”之间，老是矛盾下去，而应走到进步方面来。此文一出，立即遭到围攻，“帮腔文人”漫骂王元化是什么“卑劣的文士”“黑暗中的蠕虫”，指责作者所肯定的作品，是什么弯弯曲曲忸怩作态的不良倾向。王元化随即发表应战文章《论隐蔽·弯弯曲曲·直接地戳刺》指出，今天“颂扬”鲁迅直接戳刺的人，过去在鲁迅活着时，也曾指责鲁迅弯弯曲曲；弯弯曲曲不是判定作品好坏的标准，正是恶劣环境下顽强生长的表现；标准应该是：是否反映现实，揭示真理。而指责别人弯弯曲曲的人，正是在弯弯曲曲地替抗战阵营内专门吃摩擦饭，发国难财，反对民主，实行倒退的顽固派进行掩饰。他的文章观点鲜明，极具斗争的锋芒，形成了他后来的针对现实而发，面向时代而作，从不用空洞的口号或无的放矢的语言。这种写作风格一直持续到他的晚年。

地下工作的一个重要特点，就是一切都在隐蔽中进行。当时文艺总支的组织生活，没有固定地方，有时在党员供职单位的办公室，如银行、钱庄等，有时在公园里。如今的静安公园当年是外国人的坟地，里面很安静，居然也一度成为“游击式”地下党过组织生活的场所。那时已是1941年，处于“孤岛”末期，许多同志已在党组织安排下逐渐撤至抗日根据地，经费的来源日渐困难。为了维持刊物生存，王元化和其他编辑们便自愿捐款，硬把《奔流》办了下去。那个时候，长期的割据状态的生活，令时局非常黑暗，城里常常封锁、戒严，布置在租界与本地居住区的铁丝网将上海分割得像一座座监狱。晚上常常停电，昏黄的路灯有的时候暗了很多，更有一种阴森森的感觉，甚至连空气中都散发出一种令人窒息的肃杀味道。王元化虽然勇敢地面对这一切，但是家人却提心吊胆。只要楼梯上一传来咚咚的大皮靴声，母亲的心就抽紧了，她以为是日本人来抓她的儿子。日军还到处搜刮粮食，上海粮食奇缺，老百姓能吃到碎米、杂粮已是万幸，更多的人是吃了上顿没下顿，忍饥挨饿是常事。

根据党提出团结鸳鸯蝴蝶派作家的要求，王元化在1941年11月出版的《奔流新集》之二《横眉》上，发表《礼拜六派新旧小说家的比较》一文，肯定张恨水、包天笑等的成就，指出张恨水的文学作品，目的在创造人生、叙述人生，张恨水在"一·二八"后写的《弯弓集》是充满民族解放思想的。王元化同时赞扬包天笑的《无婴之村》，是"警戒"那些侵略者、好战分子的。包天笑在《小说家的审判》中，以判官阎王作比喻，无情鞭挞国民党反动派如用酷刑一般地残酷镇压左翼作家。王元化这篇文章为团结鸳鸯蝴蝶派发挥很好作用。包天笑晚年在香港写的《钏影楼回忆录》中说："孤岛时期，有一位名叫佐思的青年作家经常上门，他很能说话，是左翼阵营里的人，我的一篇长篇小说《海市》就是应他的邀约而创作的，并由他拿去发表在一份新办的《万人小说》月刊上。"①这里的"佐思"就是王元化。

1941年12月7日，太平洋战争爆发，日军占领租界，所谓的"孤岛"时期结束，上海完全沦入日寇之手。这时，中共上海地下党的抗日斗争，处于十分危险的境地。为此，江苏省委根据中央提出的"隐蔽精干，积蓄力量，长期埋伏，以待时机"的地下斗争方针，指出在上海沦陷后仍要贯彻周恩来在抗战前就提出的白区地下工作要"勤业""勤学""交朋友"的工作方针和斗争策略。"勤业"是指党员要在职业上显出自己的正直和才能；"勤学"是指学生党员要做一个公认的好学生；"交朋友"是指在"勤业""勤学"的基础上，用多种形式，在敌人的心脏里开展最广泛的抗日统一战线工作。

王元化一边从事地下党文委抗战文化的领导工作，一边埋头笔耕。毕竟那时他刚21岁，反应灵敏的负面就是"跟风"。当时，马克思、恩格斯著作是通过日文转译过来的，还有些是演绎之作，文艺理论更是照搬苏联那一套，王元化受此影响，文章里难免有机械论和极"左"的东西。比如皖

---

① 朱大建、翁思再：《抗战时期的王元化》，见《走进历史深处》，第237页。

南回来后所写的论文，有些提法就是受了藏原惟人[①]的影响。苏联“拉普派”[②]关于社会价值和艺术价值的“二元论”理论，最早也是由这位日本左派理论家引进中国的。普列汉诺夫说，艺术作品中有社会等价物，这就把商品两重性的性质引入艺术领域。王元化在那个年代，还缺少独立思考的能力，不免受其影响，附和社会标准、艺术标准的提法，并以社会标准为第一，写进文章就发表出去了。颇有见识的文委有关领导对王元化的观点不以为然，戴平万、林淡秋都希望他能从这种机械论里跳出来，更不要过多引用那些教条的文字。可是王元化年少气盛，而且文章见报多了，知名度也高了，正在沾沾自喜，耳朵里听不进批评。有一次戴平万向他正面提出这类意见时，竟被他顶了回去。虽然一些有识之士在当时已经感觉到一种极“左”的思潮在文艺理论界蔓延，但是无法全面阻止。而王元化并未意识到这一点，仍我行我素，继续以老腔调撰论投稿，于是戴平万、林淡秋就不发表他的文章了。屡投屡不中，迫使他带着困惑去苦读，去系统地研读马恩的原典，以便改进文风。“孤岛”沦陷之后的上海，王元化将要承担更重的工作，同时也要在实际生活经受一波三折的磨炼。于是，王元化将走进他晚年总结的第一次反思时期。

---

① 藏原惟人，日本共产党文艺批评家，1925 年作为日本《都新闻》的特派员到苏联。在莫斯科东方劳动者大学学习俄国文学和马克思主义。1926 年回日本，投身于无产阶级文艺运动，1928 年参加日共。发表文艺评论与翻译作品引起人们注意。藏原惟人在 1927—1932 年间，撰写了不少理论性的文章。

② 拉普，俄罗斯无产阶级作家协会的俄文缩写的音译，1922 年 12 月起到 1932 年是苏联最大的文学团体。拉普的活动分两个阶段。1923—1925 年，以《在岗位上》杂志为主要阵地，捍卫无产阶级文学的战斗原则，但妄自尊大，排斥不同观点作家，甚至把高尔基和马雅可夫斯基也列为“同路人”作家加以攻击。1926—1932 年，拉普新领导表示接受党的决议，提出要学习、创作和自我批评的口号，但它继续排斥、打击“同路人”及其他不同观点、风格的作家，搞宗派活动，并在内部闹无原则纠纷。1932 年 4 月联共(布)中央作出《关于改组文艺团体》的决议后，拉普宣告解散。

第四章　咏叹[①]（1942—1950）

沦陷中的生活

1941年12月7日，以美国珍珠港遭日本偷袭事件为标志的太平洋战争爆发，上海“孤岛”时期结束，日军全面侵占了上海租界。“上海顿时陷入了黑暗之中……抗日活动转入地下，我们只在自己的范围内活动，座谈会取消了，刊物不办了，不是工作需要的来往切断了，犯忌的书籍自行焚毁了。我们必须遵守地下工作的原则，甚至必须牺牲自己的爱好和读书的兴趣。……我们充分尝到在敌人刺刀下丧失家国之苦。”[②]

王元化此刻正在分管《奔流》文艺丛刊，并担任地下党文艺总支委员。为了保存实力，地下党的主要领导陆续离开沦陷区，包括地下党文委领导沙文汉、孙冶方、顾准等。一些已经暴露的同志也离开奔赴抗日根据地，留下的同志为了维持刊物，大家你拿十元，我出五元，集腋成裘、自筹资金、义务劳作、不领稿酬。在这样艰苦的局势下，王元化等人节衣缩食地仍坚持办《奔流》杂志。

50年之后王元化回忆这段时间说，那是他担任地下工作以来最黑暗的年代。经济上困窘拮据，生活上缺衣少食，工作上隐姓埋名，而且缺少主心骨。

这种生活的艰难从王元化回忆辛劳的一段话可以见出：

> “孤岛”局面结束以前，辛劳曾经从新四军回到上海。他在上海

---

① 取自贝多芬《帕伊谢洛咏叹调主题变奏曲》，作品编号：WoO 69。

② 钱钢：《王元化集·学术年表》（第十卷），第316页。

> 的生活很艰苦。一次正当上海的潮汛期，连下了几天暴雨，街道都被积水湮没了。夏天是酷热的，有好几天我因为大水没有出门。突然辛劳走上三楼推门进来了。他向我说，关在家里实在闷不过，所以用手中最后一点钱叫了一辆三轮车，涉水到我家来。他在上海很少和人接触，见到我特别感到高兴。但我觉得他太由着自己的性子了。难道不会等几天再来？他如果坐电车来看我只要几分钱就够了。这天他谈得很兴奋，谈话的内容已经回忆不起来了，只记得他说这些日子里常常挨饿。他竟把饿的感觉一一记下来，写了三十来条。后来他还把这稿子给我看过。他在回到上海的时期，全靠投稿拿点稿费过活。这天对我说稿费用光了，新投的稿子一时还拿不到稿费。他有几天没有吃肉了，很想吃大排，问我有没有钱。那时我用的是家里的钱，我掏出身上所有的五块钱，他高高兴兴地拿走了。①

淞沪会战后，上海老百姓的生活就进入动荡不安之中，但"孤岛"是一块三不管世界，这也是地下工作者主要活跃的地方。上海沦陷后，租界均被日寇占领，汪伪特务到处横行，生活陷入了更加困苦的境地。

原先处于中等生活水平家庭的王元化家，生活有了今不如昔的困顿。王芳荃在外地，这位爱国教授带领着学生随学校的迁移到处跋涉，以躲避日寇。全家只能靠以前的积蓄度日，桂月华平时节约开销，粗茶淡饭。只有当过年过节时，她才能将平时省下的菜钱用来改善伙食。只是纸币贬值太厉害，刚到上海时，桂月华曾想将长年积蓄的钱换成金子、外币，以避未来法币贬值的风险，但是年轻激进的王元化坚决反对，他从爱国的立场出发，觉得将国币换成外国货币是不爱国的行为。从小到大，王元化一向不具备经济型的头脑，他不管钱财，在这困难的时期，他认为坚持爱国立场比换取一点外币更加重要。桂月华听了王元化的话，放弃了兑换外币

---

① 王元化：《人物·书话·纪事》，第89—90页。

的想法。没有想到，随着战争的逐步升级，日寇最终进入了以前被称为三不管的租界，经济恶化，纸币贬值，积蓄化为乌有。

这是王元化一生中第一次遭遇到家庭生活的经济困窘，有时候连温饱都很奢侈。这就是国破家贫的真实存在。为了生存，王元化与留在上海的姐姐王元美、桂碧清姐弟三人到处寻找工作。书生所能做的最直接的工作就是教书，桂月华为王元化弄了一部旧脚踏车，于是每天他一早骑着去几个地方教书，教完学校的再教私人的，从中学到业余学校，只要能够赚到一天两顿温饱，不饿死就算好的了，平常甚至连吃花生米也成了一种奢望。更令人胆战心惊的是，桂月华虽然不知道王元化已经加入地下党，但是从他的行踪中，也隐约猜出了他正在做提着脑袋生活的工作，跟缺乏食物相比，她更担心的是儿子的生命安全。

任教储能中学

1942 年，听从地下党的安排，也为了解决生计问题，王元化化名王少华，到上海储能中学教国文与文学概论，总算有了一个比较稳定的工作。

储能中学前身是宁波私立效实中学。1938 年，日机轰炸宁波，效实中学部分师生来上海避难，校长冯度在工商业者支持下开办了上海效实分校。该校位于今人民广场附近的一个庙宇清凉寺的旁边，只是一座窄小的本地民宅，地址是牛庄路 770 弄 3 号。太平洋战争爆发后，宁波很快被日寇占领，效实中学解散，上海的这所分校却由一批教师坚持办学，后干脆改名为储能中学。与“效实”的名字一样，“储能”的校名也出自严复翻译的《天演论》中“物竞天择，效实储能”。

王元化进入这所学校，与皖南新四军军部宣传部科长的冯定推荐有关：

(1938 年)我快要回上海的时候，他(冯定)托我回上海后去看他的堂弟冯宾符，说冯宾符还不是党员，要我回去后对他起些影响。当时我还不满二十岁，抗战前我读中学时就读过冯宾符发表在《世界知识》上的文章，他这样说使我不免有些惶然。后来上海沦陷期间，冯宾符在储能中学主持校政，邀我去教书，我们才见了面，成了朋友。①

22岁的王元化进储能中学教的是1942年的下半年秋季班。王元化第一天去上班的时候，一头黑发，年轻英俊。当他推着自行车进去的时候，还闹了一个小小的误会，被工友阿龙拦住了："同学，迟到了，要登记！"王元化看看自己，穿短裤、骑单车，一副年轻学生模样，自己也忍不住要笑出声来。他一边往里走，一边大声回头说："我是教师！""教师？"阿龙的声音里显然对这位学生模样的教师有些疑惑！

这是一个袖珍型的中学。所谓的校园，就是一幢带有小天井的民居，狭小而简陋。全校只有三四个教室，小小的天井中则摆了两张桌子，算是活动区域，课间十分钟学生们纷纷来这里打乒乓。王元化边走边和熟人打招呼。这是一所有着地下党背景的学校，在这里工作的左翼文人楼适夷、周建人、段力佩、郑效洵、娄立斋、满涛等都是因冯宾符的介绍来这里教书的。宁波效实中学本来就有严谨、民主的学风，在储能中学更加发扬光大。由于这些新教员大多是中共党员、进步人士，他们的到来无疑给学校注入了新的活力，从而使这所学校成为地下党的基地，当年有"校外是国统区，校内是解放区"之称。

校舍虽然狭小而简陋，但是学校内的天地却十分广大，教师和学生的关系也十分融洽。学生在这所与众不同的学校中，面对着国难当头的现实，他们的学习热情跟教师的教学热情一样的高涨。教导主任冯宾符、训导主任段力佩、历史老师盛雨辰（震叔）、日文老师楼适夷、国文老师王元

---

① 王元化：《人物·书话·纪事》，第97页。

化、生物老师周建人……从这一连串的名字中就可以知道这所中学的实力和政治倾向。每天上课时，学生的朗读声与清凉寺的钟声、僧人的念经声交织在一起，是那样的有活力，那样的生机勃勃。王元化在这里开始了他的教学生涯，这也是他十分喜爱的工作。

第一次上课，面对着求知若渴的学生们，年轻的王元化不免有着些许的紧张。他走上讲台，拿出自编的讲义；学生们则安静地等待着。当时的教材都是自编的，王元化常常选择一些进步作家的文章如鲁迅、雨果、果戈理、陀思妥耶夫斯基、契诃夫等的作品，加以声情并茂的剖析，紧紧贴近现实进行引导；有的时候会选用古代优秀的爱国诗篇和散文来讲解，如王秀楚《扬州十日》、文天祥《指南录》、杜甫的爱国诗篇等；进步知识分子撰写的优秀杂文也在他讲解之中。王元化环视学生，能够理解在思想受严格控制、色情文化泛滥的日伪时期，他们的眼里有多少求知求真求善美的渴望。之所以自编讲义，选入一些外国文学家的大作，就是希望在这茫茫暗夜中点起一盏心灵之灯，启发这些孩子们的慧心、悟性与爱国热情。

在学生们的琅琅书声与热烈讨论中，王元化不由想起了自己中学时在阎润之先生指导下第一次读鲁迅作品《故乡》时的心情。鲁迅针砭时弊的现实主义风格和他对国民哀怒交织的深沉感情使王元化崇仰不已，从此再没丢开。尽管感到正确把握并阐释鲁迅杂文多少还存在困难，他还是决定把鲁迅作品作为教学生辨别大是非的首选材料，他要让学生们认清生活中有着怎么样的“聪明人”“奴才”还有“傻子”。40 年后，储能中学校友、当年的学生曹玫玖回忆道：“这一堂课大大激发起同学们的爱国热情和求知欲望，课后，我们对鲁迅作品和革命理论书籍发生了浓厚兴趣。”①

也许是青年王元化身上的朝气跟学生们特别投缘，也许是王元化在上课的时候那种专注和带有感情的课文分析，他的课具有很大的感染力和说服力，他跟学生们的关系也非常好，很多同学都和王元化十分亲近。

---

① 胡晓明：《跨过的岁月——王元化画传》，第 54 页。

这些孩子都很成熟，关心国家大事，关心抗战的前途。课余，他们还找课外书来读，这也正是王元化所期望的，于是王元化指导他们阅读鲁迅、屠格涅夫、契诃夫、罗曼·罗兰、果戈理、高尔基等作家作品。在王元化的影响下，学生们组织了小小的交流图书馆，将自己的好书拿到这里来交流阅读。环境越恶劣，生活越艰难，孩子们反而更早懂事。这样的教学相长使学生和教师感受到了别样的师生情。

多年之后，储能中学校友会为纪念那一段难忘的岁月，集众同学之力编辑《青春无悔》一书，载有当时学生的回忆文章。其中的回忆文章提到王元化的有："自 1942 年起至抗战胜利前，储能中学的同学共 50 人，分批赴苏北、浙东、苏南、淮南等抗日根据地参加革命工作，其中出自王元化担任班主任的初三班则有 20 人。平时他十分关心同学的成长，在潜移默化中给同学很大的影响。"（冯玥珍）"王老师上课时不理睬日伪编写的教科书，而用他自己编的讲义教材。他既教给我们语文知识，又教我们怎样善于辨别大是大非，做一个真正的爱国者，所以深得同学的爱戴，课堂纪律也特别好。最使我深刻难忘终身受用的是他所讲授的鲁迅的《聪明人、傻子和奴才》。"（曹玫玖）"王老师为我们敞开世界文学的大门，他辅导我们读雨果、果戈理、陀思妥耶夫斯基、契诃夫等大师的不朽著作。在他敦促下，我曾经写出两篇读书心得，一篇是关于罗曼·罗兰的《约翰·克利斯朵夫》，另一篇是谈托尔斯泰的《战争与和平》。"（杨学纯）有一首诗真切地描绘了储能中学上课时的情景："门前寺庙常敲磬，院后电车紧打铃。活动困难无隙地，玩球只有小天庭。"①

革命和生活的咏叹调

除了储能中学，王元化还去另外一所私立学校麦伦中学兼课。在这

① 胡晓明：《跨过的岁月——王元化画传》，第 54 页。

两所中学教书期间，王元化与学生之间产生了非常深厚的友谊。他不仅在课堂上给他们上课，还从生活中和思想上给予他们无私的帮助。

王元化在储能中学教初一，从1942年下半年到1943年，仅仅两年不到的时间，但是他对学生课业和思想方面关心超出了一般教师的职能。以吴步鼎为例，他是国文课的学生，作文很好，在王元化任教的时候，全校举行了作文比赛，他获得第一名，引起了王元化的注意。但是不久吴步鼎就因病辍学了。王元化获知了他生病后，开始跟他通信，从文学上思想上帮助他，也鼓励他战胜病魔。他甚至还写下自己对时局的观点和对当时的沦陷区文学的看法，包括在地下工作中的苦乐。这对于一个好学的文学青年来说，不啻是暗夜中的月光，迷途上的指路灯，吴步鼎增强了活下去的勇气，并且用笔开始写下点点滴滴，进行文学创作尝试。王元化成为引领他走上文学道路的第一人。这批信有幸保存了下来，从中不仅可以看到王元化对于进步学生的关系和爱护，也可以看到王元化当时真实的文学和革命工作中的心理活动及思想，是反映1940年代王元化文学和革命活动的第一手资料。

王元化50多年之后为这批信写了一个按语：

> 这一组信是抗战胜利后不久(一九四五年)，写给我在储能中学教书时期(一九四二—一九四三年)的学生吴步鼎的。我教他国文课时，他才读初中一年级，作文很好，当年全校举行作文比赛，他获得第一名。但是不久他就因患肺病而辍学。我们通信一年后(一九四六年)，他就逝世了。我信中署名用的是当时教书名字王少华的缩写。这些信在他逝世后，一直由热爱他的弟弟步鼐珍藏着，直到九十年代初期他才将它们寄回给我。①

---

① 王元化：《清园书简》，湖北教育出版社2003年版，第101页。

这批信的全文发表在《清园书简》一书中，共计七封，未注日期。我依照逐月涉及的事件校勘，发现次序有误，重新编排，最后一信应为 1946 年 2 月之后。在此摘录跟王元化此段时间思想及文学、地下党工作有关的内容，以见抗战胜利之后王元化的思想和工作。①

一

来信说的都很暗淡，读后怃然。达观一点罢。静心养病，我相信你会好起来的。我刚进高中时，曾患一种古怪的眼病。那时家境不错，不惜花钱为我治病，但医生束手，不少医生说我的眼睛将来恐怕要瞎掉。瞎掉跟死亡不是差不多么？那时我像你现在一样悲观得很。我看见和我差不多大的青年人，自由自在地，在外面跑，要读书就读书，要做事就做事。我想只要像他们一样，再活五六年，死也甘心。我在床上整整躺了一年，痛苦极了。七七抗战爆发，那一年我居然奇迹般地好起来了。连医生也莫名其妙。他们始终不知这病的起因和如何去治疗。你已经和病斗争这么久，再坚持下去，像你这样一个有用的人，我相信是不会离开我们而去的，我们还需要你。我比你大不少岁，阅世阅人不少，但真正的人并不多，得意的、享福的、掌权的、操纵别人的，以美名标榜自己的……太多了。但这个世界的命运应该由人来决定，我们不要自暴自弃，有苦难就忍受吧，把温暖和阳光送到世上来。我并不把生死放在心上，但不要毫无意义地死掉。让我们珍惜自己的生命。

前天听到蔡达君的死，我愕然。他是有前程的，但走到半路就消逝了。他写的《大姐》不错，《魇》更好。将来设法找到给你看，希望你有条件也动动笔。不要太悲观。

吴案：阅世阅人不少，但真正的大写的人并不多，小人很多，即得

① 王元化：《清园书简》，第 101—111 页。

意的、享福的、掌权的、操纵别人云云，这是对人世间冷眼旁观，也是青年王元化对周围的人的观察和评语。此信中讲到“前天听到蔡达君的死”。蔡达君(1923—1945)，笔名郑定文，因家境贫寒，进储能中学任勤杂工，与王元化友好。此信未署日期，应写于1945年5月后。

二

《文坛》就快出版了。里面有我从前写的一篇小说，出版后当寄给你看看。这刊物的老板很疙瘩，处处要干涉，下期大概不能合作，难以为继了。不过，刊物还是要办的，我们想改在别处出版。

你的身体怎样？望保重，最近新出的刊物如雨后春笋，大批大批地涌现出来，但办得好的并不多。《文艺复兴》可以一看，但撰写的人都是名家，似乎缺少了一点青年人的朝气。其他刊物多剪抄杂凑而成，不值一顾。今天从早上写稿，直至现在，手没停过，腰也有些酸痛了。改日再谈。

吴案:《文坛》即《文坛月报》，魏金枝主编，丁景唐任助理编辑和策划事务，联华公司陆守伦为发行人。1946年1月20日创刊，同年5月10日出版第三期，即告终刊。“从前写的一篇小说”即《舅爷爷》，署名函雨，发表在该刊第一期。发表后有较大反响，收入《王元化集》。王元化自己认为这篇小说摆脱了机械论的影响而在描写人性方面有突破。《文艺复兴》是抗日战争胜利后左翼文人李健吾和学者郑振铎共同策划出版的一个大型综合性文学期刊。1946年1月出版了第一卷第一期。郑振铎和李健吾分头向在上海、南京、重庆、北平的一些文友与作家征稿。值得一提的是后来成为王元化和钱锺书之间恩怨绵延达50年之久的钱锺书长篇小说《围城》，即在该刊第一卷第二期开始连载(1946年2月)。此信当写于1946年1月之前，故尚未谈到《围城》。

三

我虽然不像你在生病，但生活中有许多事在压迫着我，消耗着我的精力。我不比病人更少痛苦。我所经历过的，大概你是不会想到的。许多不应有的事，恰恰是有些高喊革命的人做出来的。这你想得到吗？罗曼·罗兰说过，跟在狮子后面的狼是到处都有的。我为什么要写舅爷爷这样一个旧时代的人？因我在茫茫人海中找不到感情的寄托。较之那些皮面上的笑容和眼泪，口头上的豪言和壮语，我宁可神往旧时代的朴素的小人物。有人说我的小说受到屠格涅夫的影响。这其实是不对的。我并不怎么喜爱屠格涅夫的作品。这篇小说是读了《旧式的地主》影响。果戈理在写旧式地主时说，他在一群穿着燕尾服的绅士中间，常常想到已经消逝的那些可爱的老人面庞。

吴案：王元化为什么感觉到生活中的许多事在压迫着他？这些事情又都是高喊革命的人做出来的。这里隐晦地说到了王在党内的遭遇。所谓皮面上的笑容和眼泪，口头上的豪言壮语等等，都是在隐约批评党内的领导。显然他在革命内部受到了打击。据今天掌握的资料，王元化从1938年初入党，总共有三次在组织内遭遇到处境困窘，跌入低谷的时期。第一次是1939年，从皖南劳军回到上海后，革命激情高涨，伴随着的是在文艺理论方面激进的思想，对于社会价值第一、艺术价值第二无条件认同，并写进理论文章中。受到颇有见识的文委领导戴平万、林淡秋的告诫，希望他从机械论和教条主义中跳出来，他不以为然，为此后来有相当一段时间他的文章不被发表，心中苦恼。第二次是在1946年，他从文件中看到了政治标准第一、艺术标准第二的提法，随即向上级（此时的文委领导是唐守愚）坦率地谈了自己对这种提法的不同意见。这位领导①对于王元化提出的问题很警觉，学术问题仿佛成了“政治问题”，从此王元化在文委里开始变得“不可靠”起来。一些会议不让他出席，一些工作不让他做，还撤

① 王元化没有提及领导的姓名，笔者按照时间推断，应为唐守愚。

掉了他的代理文委总支书记的职务。第三次是1948年，发表《论香粉铺之类》于《横眉小辑》上，再次受到文委领导唐守愚①批评，认为是不符合党的统一战线政策，并要其他人“背靠背”揭发他。此案没有解决，直到1949年解放，还没有恢复他的组织生活。此信应该是1946年三四月间唐守愚第二次来主持工作之后。

四

《童年》《人间》都读完了吗？你认为《人间》比《童年》好，我也是一样。在高尔基的作品中，我比较喜欢他的自传体的小说，写的是亲身经历，感情也真挚。他的初期作品，似乎太追求美，太追求情调。我不喜欢它们的罗曼蒂克气息。他后来写的长篇又太理智化了，如同生物学家在解剖标本，而没有作者的感情贯注。

我已退出《文坛》，现打算和满涛、林淡秋、冯雪峰合办一个《现实文艺丛刊》，由中国文化投资公司出版。其中将发表我的一篇小说（是写一个残废人的）。希望你读后，提提你的看法。

近来手边无好书可读。偶尔去书店去翻翻最近出版的新作，大多肤浅得很。不是空喊，即是那些十分草率的急就篇。倒是几本旧书，让我越读越有味。契诃夫的剧本真是好极了。不知你读过他的《樱桃园》没有？大可一读。不过，一般读者似乎不大能了解契诃夫的朴素和平静。你读后有什么感想？我愿意你找一本《樱桃园》读读看。我们编的那个小刊物，下期就预备发表一篇介绍契诃夫的论文。我相信会帮助你去理解契诃夫的。

吴案：王发表的小说即《残废人手记》，后收入王元化的小说集

---

① 唐守愚在上海工作有两次：1936—1942年，由其北大同学胡乔木介绍到上海地下党教委工作，负责联系高校。1938年离开上海到苏北，后又回到上海。1942年因其被捕，经地下党组织营救出来之后离开上海去延安。1946—1949年，自延安返回上海，负责上海地下党文委工作。见《唐守愚致姜沛南的信》（亲笔信）、《有关三十年代上海党组织的情况和解放前“大教联”等情况》（1979年访问唐守愚同志的谈话记录）。

《脚踪》。[①]这段时间，王元化还沉浸于契诃夫的作品，对莎士比亚的作品不甚喜好，因为不喜欢他的语言文字的堆砌和华丽对偶等等。这个问题他与满涛和张可都进行过讨论。直到建国之后尤其是在牵涉进胡风案并遭隔离审查之后才开始对莎士比亚有了很大的兴趣。

七

《现实文艺丛刊》已定下月十日出版。一出版就会送给你一份。这个小小刊物，一拖再拖，全是些人事问题，好在现在全解决了，一部分稿子已发排。我写的一篇，自己并不满意，你读后也许会失望。

据我推想，你读了《沙宁》不会怎么满意的。书中有股虚无气息，这个人物也太颓废了，充满着世纪末的悲哀。我虽然不是强者，但我也不喜欢这种精神太不健康的作品。何况《沙宁》写得也并不深刻。我喜欢《克利斯朵夫》，这是一个人，你会觉得他并不陌生，是属于你自己的灵魂，包括你的坚强和你的软弱……这部书的第一本还不是最好的。我最喜欢的是包括《节场》在内的第二本。我早就鼓励你写点东西，不必顾虑，也不要怕写不好，你只要翻翻现在的那些报刊，里面充斥了多少无聊的垃圾。我也不喜欢钱锺书的《围城》。朴素地说话，真诚地写文章的人太少了。我如果能读到你写的东西，我会多么高兴啊！我们都喜爱文学，都把文学当做照耀阴霾人间的火把，为什么不把自己的生命奉献给它呢？

一年多来我碰了不少钉子，不是我做错了事，而是我不肯作违心之论，不肯说谎，不肯趋炎附势。我受到的打击不是来自黑暗势力，有的冷箭从背后射来，竟出自革命营垒……这些你也许不明白，我向你说这些话，是要让你知道，每个人都有他的不幸。但是，我们还是应该坚强一些。

吴案：这封信在王元化书信中属于比较隐晦的思想流露，透露了

---

① 王元化：《脚踪》，福建人民出版社 1983 年版。

他不习惯作违心之论的消息。一年多来，即从1946年以后，他自述受到打击，主要是上海地下党文委来了新领导之后的事。出自革命营垒的暗箭，则是仿照鲁迅的笔法，描述自己受到的打击。原因是不肯作违心之论，不肯说谎。不喜欢《围城》，这是最早出现在王元化笔下的关于钱锺书《围城》的评论。这部小说从1946年2月在《文艺复兴》的第一卷第二期上首次刊载，连载到1947年第二卷第六期，共十期。1947年6月，《围城》被赵家璧主编的"晨光文学丛书"收入，由晨光出版公司正式出版。此信应在1946年2月之后所写。

青年王元化与学生之间的感情正是王元化真诚和善良的人性闪耀着的光辉，这种真诚人格也映照在40年之后，他与研究生以及数量不少的私淑弟子的关系中。

《约翰·克利斯朵夫》

1945年8月在中国历史上注定是一个永载史册的月份：日本宣布无条件投降。消息传来，全中国抗日的军民，沦陷区中工作的地下党工作者，终于可以昂起头向着蓝天白云高呼一声"我们胜利了"！八年的全面抗战，八年的秘密斗争，就意味着2 800多个日夜身体与精神上的煎熬、民族自尊的隐忍！王元化与满涛等一批战友们回顾往事，很难想象，如果不是因为内心对真诚、对正义、对人生以及对主义的坚定信仰，这种艰辛隐秘的工作，是难以进行下去的。

在这些难辛的日子里，有两个人的名字始终伴随着他。一个是鲁迅，一个是罗曼·罗兰。与鲁迅不一样的是，罗曼·罗兰是以小说创造的艺术形象约翰·克利斯朵夫鼓舞着他、激励着他——从青年到晚年。

克利斯朵夫的原型贝多芬正是王元化所喜爱的音乐家。他多少次地被贝多芬的作品所感动、所激励、所鼓舞。当王元化听到罗曼·罗兰逝世的消息时，他不禁黯然了。这位法国伟大作家逝世的消息，当时被抗日战争胜利的欢欣所掩，在中国并没有引起太大轰动，然而却让一个青年文学工作者感到这个冬天多少有些悲凉。他从克利斯朵夫身上，获得的不是一般的信心，而是一种信仰。无论如何，一个人的成长需要一种榜样的力量。而在漫长的人生道路上，会遇到各种各样的荆棘丛生、晦暗失望的低谷，就是老了，也会暗流汹涌，险象环生。在《约翰·克利斯朵夫》中，约翰·克利斯朵夫热情豪放、倔强不屈，他决不向命运低头，决不向恶劣环境妥协，王元化从中得到了一种战胜自我的信仰般的支撑：光明最终将战胜黑暗，尽管其间要经过众多曲折，但光明必将胜利。

王元化 1941 年卖了自己的衣服才购买到了这部书，一直保存到他去世。青年王元化不止一次地阅读了这部书，他读到了那种处贫而不求达，对人生的深刻理解和不屈服于虚伪的意志，给了他莫大的生活勇气！在听到罗曼·罗兰去世的消息之后，王元化怀着无限哀悼的心情撰写了《关于约翰·克利斯朵夫》一文。一边写作，一边在冥想着第一次读这本书时的情景。他的眼前马上又浮现出了这样一个画面：在岁月维艰的环境中，一早就起来躲在阴暗的小楼里，静静地读着这本英雄的传记。窗外可以看见低沉的灰色云块，天气是寒冷的，但是他忘记了手脚已经冻得麻木，在他眼前展开的却是一个清明的、温暖的世界。王元化感到自己正在跟着克利斯朵夫去经历壮阔的战斗，同他一起去翻越崎岖的、艰苦的人生的山脉，把他当作像普罗米修斯从天上窃取了善良的火来照耀这个黑暗的世间一样的神明。他行动之前并没有预先看到成功的希望，不像投机家有了成功的保障之后再来动手。他不是为了成功，而是为了信仰才去战斗！

王元化相信，克利斯朵夫给予了一个人对于生活的信心，在那个年代，无数的拥有理想的青年人都在他那巨人似的手臂的援助下，才不致沉沦下去。这就是榜样的力量。王元化感到，只要认真读了这本书，就永远不会把克利斯朵夫的影子从心里抹去。“当你在真诚和虚伪之间动摇的时候，当你对人生、对艺术的信仰的火焰快要熄灭的时候，当你四面碰壁、心灰意懒、准备向世俗的谎言妥协的时候，你就会自然而然地想到克利斯朵夫，他的影子在你的心里也就显得更光辉、更清楚、更生动……”①

王元化在这篇文章里提出了他对于文学评论中索隐派的看法。他说，外国许多批评家和中国许多批评家一样，常常喜欢为一本名著中的人物“索隐”。“红学”学者几乎花费了毕生的精力去推敲贾宝玉是以谁为模特儿。对于克利斯朵夫也一样，有的说他是根据贝多芬，有的说他是根据韩德尔……总之，几乎把克利斯朵夫比之于所有著名的音乐大师。这样研究作品就如同吃菜时辨别里面放了多少盐、多少醋、多少酱油似的反而失掉了原有的滋味。读《克利斯朵夫》，谁能够抛弃那种文学 ABC 的滥调俗套，用自己的朴素的眼睛去看，谁才会领略到原作的真正的精神。

自然，这是王元化当年的看法，50 年后他的看法就有变化了。研究一部小说或传记，领略原作的精神固然很重要，但是对于考证其中的故事来历，原型是什么人，同样也是一种研究的方法，只要言而有据，材料观点都是一样重要的。

《约翰·克利斯朵夫》对他的另一个意义就是引起了他对少年时一段友谊的温馨回忆。读初中时，高年级学生包文霁就像奥多对待克利斯朵夫一样宽厚、细心地照顾他，记得有一次坐火车两个人吵架了，王元化一个人站着，默默地看着窗外，忽然从后面递过来一个大苹果，他回头一看，两个人相视而笑了……一本好书就是这样，一旦你在其中发现了生活的影子，它在你的心中就将永远占有重要一席。

第一次反思

王元化在晚年重新回顾了自己的一生，总结自己思想上有过三次较

① 王元化：《清园论学集》，第 17 页。

大的变化。“这三次思想变化都来自我的反思。我是在严格意义上使用‘反思’一词的，即指对自己的思想进行反省和检讨。”①

王元化自言第一次反思发生在抗战时期的1940年前后，但是对于这次反思的经过，其间读了一些什么著作以及对于思想上的哪个（或几个）重大问题进行的思考却并没有系统阐述。这次反思更偏重在一种方法论意义上的省思，也就是对年轻时候的偏激情绪和理论上的幼稚盲从重新思考。

他论述他的第一次反思浓缩在下面这段话中：

那时我入党不久，受到了由日文转译过来的苏联文艺理论影响。举例来说，一九三九年我写的《鲁迅与尼采》一文，发表后有较大影响（甚至至今还有人提到它）。但我坦率地说，那时我并没读过多少尼采著作，我的许多看法大多袭自苏联一本论尼采的著作。就在这篇文章发表后不久，大后方传来了一股学习古典名著的热潮，孤岛也受到了影响。阅读名作，座谈心得，一时蔚然成风。我在读中学时热爱鲁迅，这使我的思想有了一点基础，所以在四十年代读名著的诱发下，很快就识别了自己身上那种为了要显得激进，所形成的“左”的教条倾向。还要补充说，当时一些朋友，特别是满涛，对我这次反思起过很大作用。我们两人常为一些文艺问题争得面红耳赤，他曾发表文章，批评我的机械论，指出我在艺术与政治的观点上，以及从藏原惟人那里转借来的所谓艺术价值和社会价值双重标准等是错误的。这些争辩十分激烈，但并不影响我们的友情。不过，我纵然明白了自己思想中的问题，倘要克服，却并不是一件容易的事。直到沦陷区时代即将结束，时间已过去了三四年，我才取得一些进展。当我把我写的一篇小说《舅爷爷》和评论曹禺改编《家》的文章给一

① 王元化：《王元化集·总序》（第一卷），第1页。

位朋友看时，这位朋友禁不住说："真的脱胎换骨了。"这时我成为满涛喜爱的契诃夫作品的爱好者，我们在文艺思想上则主张回到马恩的原初理论上去。[①]

与表述第二次和第三次反思的内容和用语相比，王元化总结第一次反思的用语和口气是比较简单和模糊的。其原因在于，这次反思"左"的思想，在青年时代进行，思想没有完全成熟，虽然明白了其中的问题，但并没有彻底击中要害，只是点到为止。就像夏中义指出的那样，"高高举起，轻轻放下"[②]。这是客观条件所限导致。如果不进一步解读王元化 1930 年代的经历和他发表的文章，基本上无法了解王元化第一次反思的内容。我们可以这样说，那一段时间王元化初入文艺理论领域，受到苏联传来的日丹诺夫主义[③]影响，还只是一种认识，尚未深入地在王元化的思想中形成一种定式，故而他无法梳理这种理论的根源来反思。至于他所说的成功的标志则也仅是一种感性认识，并未能改变核心问题，即遵循着体制内的要求去思考和思想，仍无法摆脱在日丹诺夫主义影响下的写作、研究。不过我们要青年王元化在当时便突破体制内的要求而进行彻底的反思，是一种过于苛刻的要求。他后来在"反胡风"运动中，仍用这种观点立场的模式来批判胡风、批判武训、批判胡适等，甚至在他经过第二次反思并于 1960 年代之后开始动手撰写《文心雕龙柬释》时，还无法完全摆脱"既定的思想观念"。无论如何，王元化在当时能够就某些概念和观点进行思考，已经说明了他达到了一般左翼文艺理论工作者所无法企及的高度。

---

① 王元化：《王元化集 · 总序》(第一卷)，第 1—2 页。

② 夏中义：《王元化文论方法演化释证——以"与日丹诺夫主义的关系"为纲》，载《文艺理论研究》2012 年第 1 期。该文对王元化的第一次反思内容作了客观的分析。经他同意，我在本节中运用他的研究成果来进行。不另出注。

③ 日丹诺夫(1896 年 2 月 26 日—1948 年 8 月 31 日)，斯大林时期主管意识形态的主要领导人之一。

回到第一次反思的经过。首先，这里的很多用词需要进一步解读：上述所谓“1940 年前后”，实际上可以推溯到王元化入党的 1938 年，甚至更早。当时，很多左翼文艺工作者接受的文艺理论是藏原惟人转译的具有浓厚的日丹诺夫主义色彩的艺术和政治的双重标准理论。日丹诺夫主义的基本精神就是要求艺术描写的真实性和历史具体性必须与社会主义精神从思想上改造和教育劳动人民的任务结合起来，同时要求在现实的描绘之中展现出明亮的历史远景。这种用政治宣判的方式解决文学问题，反对资产阶级意识形态的口号式理论，在当时是作为革命的文学家用党的政策为创作指针的基本要求。日丹诺夫在关于《星》和《列宁格勒》两杂志的报告中说：“我们要求我们的文学领导同志与作家同志，都应以苏维埃制度所赖以生存的东西为指针，即以政策为指针。”①他也特别对党员作家指出：“要站在党的立场，站在党性和党的政策的立场。”②后来又进一步将不同意这个观点的作家化为党的异己，甚至对于不同意见的作家加以迫害，开了观点不同就是政见不同同时就属于异己分子的先例。在 1946 年 12 月就曾迫害苏联的异见文学家，如安娜·阿赫玛托娃及米哈伊尔·米哈伊洛维奇·左琴科等人。

日裔的藏原惟人在 1932 年出版的《艺术论》中，其基本观点可归纳如下：(1)在组织上提倡革命文艺团体大联合，建立革命文艺的统一组织；(2)提倡“党的文学”，主张艺术家要“成为真正布尔什维克的共产主义艺术家”，“必须把无产阶级及其政党当前面临的任务当作自己艺术活动的任务”，“创造革命的无产阶级艺术”；(3)作为一个共产主义作家，“不能采用同无产阶级及其政党的需要完全脱离的题材”，而提倡“主题的积极性”。他认为“必须用无产阶级先锋的‘眼睛’观察世界，描写世界”。在创作方法上，提出“无产阶级现实主义”，后改为“辩证唯物

---

①② 参见夏中义：《王元化文论方法演化释证——以“与日丹诺夫主义的关系”为纲》，载《文艺理论研究》2012 年第 1 期。

论的创作方法”。这一理论深刻地影响了中国的左翼文学。他的有关马克思主义文艺理论著作，不仅广泛译成中文，而且被鲁迅、冯雪峰、周扬、夏衍等左翼文学家多次引用，影响广泛，俨然成为中国左翼文坛的理论鼻祖。

在租界成为“孤岛”的年代，图书出版和报纸新闻形成了一个无人管理的情况，各种左右翼的书籍均可在上海租界出版发行，一切以市场需求为准。一些左翼出版社出了不少此类书籍，尤以日丹诺夫、藏原惟人的崇尚唯物主义和阶级论的新现实主义文艺理论为主。请注意王元化文中的几个关键词——“由日文转译过来的苏联文艺理论”“学习古典名著”“激进和左的教条倾向”“艺术价值和社会价值双重标准”“马恩的原初理论”。这都是当年的左翼文艺工作者普遍接受的观点。

根据王元化自己的介绍，他反思成功的标志可以在创作的小说《舅爷爷》(1944)和文艺评论《曹禺的〈家〉》(1943)中见出。前者是一篇短篇小说，后者则是一篇不足三千字的评论。发表之后，被朋友认为是从以前的机械论“脱胎换骨”了。这位朋友就是满涛。反思成功源自他通过阅读大量的原著(指那些没有受到日丹诺夫主义影响的早期俄罗斯和欧洲19世纪文学和文艺理论作品)，如契诃夫、果戈理、陀思妥耶夫斯基、巴尔扎克、托尔斯泰等。

王元化的这一思想过程跟他自学和接受马克思列宁主义的意识形态有关。

1936年到1938年王元化从一个爱国主义热情高涨的中学生成长为中共党员。这个阶段中他自发地、凭着感性的启发而自学阅读了中外文学读物，包括鲁迅、屠格涅夫、罗曼·罗兰等，从家庭的基督教背景逐渐转化为爱国、反帝、为劳苦大众说话的左翼青年，最终接受马列主义意识形态也即世界观。第二阶段(1938—1942)：入党之后，王元化成为地下党领导下的文艺战线的战士，在党的教育下，他抛弃了影响至深的基督教信仰，努力改造成为一名共产主义战士。他忠实地在党的领导下，在弥漫着政治硝烟、布满日伪特务暗哨的环境下进行文艺批评和宣传的工作，撰文来阐述和宣传党在文艺界的政策和主义。他接受的马克思主义世界观，就他自己的专业范围内，在文艺理论方面吸取马恩、列宁的文艺理论，除了一部分译文之外，他通过日丹诺夫和藏原惟人的间接介绍而全盘接受了唯物主义的立场、观点、方法。故而他遵循这种对世界各个方面的系统性认识，即反映论、文艺与生活的关系、价值观、道德情操等一套"正确的"说法。开始用这种说法来解释和分析当时的文艺现象。基于他的思想和理论兴趣集中在文学批评领域，除了一小部分文学创作外，更多的是富有现实意义、具有战斗性的文学批评的文章[大部分收集在《文艺漫谈》(1947)和《向着真实》(1952)两本文集中]。为此，他阅读了几乎所有可以找到的汉译世界名著和"五四"以后的新文学，特别钟情19世纪俄、法、英的现实主义、人道主义经典作品。他后来说自己是"19世纪之子"，根子就在这里。他从小在基督教的家庭中接受的有关"大爱"的教义，经过人道主义文学的滋润，得到充实、扩展、深化，引向了马克思主义。

从文学走向马克思主义，这是王元化接受新的世界观的一条道路。当他要用马列主义来进行文学创作、文艺理论探讨时，就需要有一个指导性的武器，于是作为马列主义普及读物的日丹诺夫和藏原惟人著述就成为青年王元化最早接受的教科书。

"左"的教条主义影响

王元化是如何用日丹诺夫文艺理论来作为文学批判的工具的？王元化检讨自己陷入这种理论的时候，只说是"教条主义"和"机械论"。教条主义是一个外来语，英文为 Dogmatism，其词根 Dogma 意为宗教的"教义"，又可翻译为定理、信条、信理、教条、教理、定论，即一个或一组原则，被归源至由某个权威所制定的，从而被认为是绝对正确，不可争辩的意见。它是一个意识形态或信仰体系的基础部分，且是一个封闭的系统，要求追随者绝对服从，并以之为真理。日丹诺夫的文艺理论纲领，在当时的左翼文艺理论中，被视为绝对正确的金科玉律，故简言之又叫“理论模式”。夏中义教授为了简明起见，将此模式概述为一对“正负△”：(1)由所谓政治上的革命或进步→哲学上的唯物主义→艺术上的现实主义，这三者构成“正△”；(2)由所谓政治上的反动或没落→哲学上的唯心主义→艺术上的非现实主义乃至反现实主义，这三者构成“负▽”。①

王元化分别于1939年和1940年发表的《鲁迅与尼采》和《现实主义论》正是运用日丹诺夫理论模式来研究文艺问题的样本。日丹诺夫的模式用在鲁迅与尼采这两个历史人物上的机械评论，是属于思维上的“硬套”，而《现实主义论》则是图解和印证日丹诺夫模式在无产阶级文学中的正确性，严格说来，是选择了现实主义的理论来加以阐述。前者为实例，后者为理论。日丹诺夫从“立场”(政治上的革命或反动)、“方法”(哲学上的唯物或唯心)、“观点”(艺术上的现实主义或非现实主义乃至反现实主义)这三方面，来全方位地审核对象，故青年王元化在评判鲁迅与尼采时也率先抓“立场”，用他的话说“在研究一般思想问题之前，我们首先应该分析鲁迅与尼采的阶级意识”②。于是从这一解读开始，王元化从“政治”立场出发把鲁迅尊为“一个激进的民族主义者，他正代表当时向上发展的市民阶层的意识形态”③，又从“进化论”发掘出“达尔文主义与马克思主义”实质相通，因为“达尔文发现了自然工艺学的发展法则，而马克思发现了人类工艺学的发展的真理”④，从而确认信奉进化论的鲁迅于这些方法契合唯物史观，更不必赘言鲁迅小说于艺术“观点”取法现实主义。至此，一个全面印证日丹诺夫“正△模式”的人格造型也就呼之欲出。而作为陪衬，尼采在青年王元化笔下，也就不得不忍辱负重，被矮化为应对日丹诺

① 参见日丹诺夫：《在关于亚历山大洛夫著〈西欧哲学史〉一书讨论会上的发言》《关于〈星〉和〈列宁格勒〉两杂志的报告》。

②③ 王元化：《向着真实》，第48页。

④ 王元化：《向着真实》，第66页。

夫"负▽模式"的人格标本。这就是：尼采不仅于政治"立场"是代表"德国布尔乔亚中最反动的部分"，并被后来的"法西斯主义者所用"，其植根于遗传学的"人种论"，于哲学"方法"也即唯心地演绎尊卑秩序之不移；至于美学"观点"也就不用再提。因为在青年王元化看来，尼采已经够丑陋了。

夏中义认为："日丹诺夫模式"在青年元化手中，酷似一支画脸谱的魔笔，人妖之间具有天壤之别，这就未免离学术太远，远的连资深左翼及王元化的文委领导戴平万也看不过来。戴平万是将《鲁迅与尼采》收入《新中国文艺丛刊》第三辑《鲁迅逝世纪念特辑》的编者，他在编后记中婉言王元化"对尼采的个性解放，在某一阶段的革命性，估计尚不充分，多少有点机械味儿"①。王元化后来追忆："我正年少气盛。当平万同志见面征询我的意见时，我竟顶了回去。现在我还记得他那有些失望并对我宽容的脸色。"②当时元化未满20，正是一个左翼学术青年豪气四溅的年龄，就把"日丹诺夫模式"模拟得溜溜转，当时的意识形态将这一模式作为样板来学习和领会，戴即便是领导，即便资深，他的话语怎么能够敌得过"日丹诺夫"—苏联—斯大林等的尚方宝剑呢。更不用说王元化那时"并没有读过多少尼采著作，我的看法大多袭自苏联一本论尼采的著作"③。

青年王元化初习文论的另外一篇代表作《现实主义论》(1940年)则是他在深入研究日丹诺夫模式之后，用理论来论证这个模式的正确性。用夏中义的研究来说："青年元化那年想做的，旨在把'日丹诺夫'那个'政

---

① 钱钢：《王元化集·学术年表》(第十卷)，第312页。

② 王元化：《向着真实》，第207页。

③ 王元化：《王元化集·总序》(第一卷)，第1页。这部苏联论尼采的著作，即《尼采哲学与法西斯主义》，(苏联)勃伦蒂涅夫著，段洛夫译，上海潮锋出版社1941年出版。段洛夫，江西永新人。1933年毕业于东京日本大学英文、日文系。1938年参加新四军。同年加入中国共产党。曾任新四军第七师政治部敌工部副部长，中共皖江区委秘书长、联络部副部长、城工部副部长，华东野战军第三纵队司令部秘书长，大连关东日报社、关东通讯社副社长。新中国成立后，历任东北行政委员会教育局副局长，教育部计划司司长、副部长、顾问，高等教育部副部长，中央广播电视大学校长。除从日文翻译此书之外，还与陈非璞从日文合译《钢铁是怎样炼成的》，1937年由上海潮锋出版社出版。《新文学上的写实主义》，米尔斯基著，段洛夫译，潮锋出版社1948年版。

治立场'为顶点文化政纲△(另两端点是'哲学方法'和'艺术观点'),转译为'艺术观点'为顶点、却不失为'日丹诺夫'本色的'新现实主义文艺学'△。这么做的理论意义,首先是让左翼文论认清自己在'日丹诺夫模式'中的位置,即明白'自己是谁'。而要表白'自己是谁',又务必说清如下两个问题:(1)现实主义为何是哲学唯物论在文艺论域的必然绵延?(2)现实主义在20世纪为何与革命力量特别有缘或加盟?"①在1948年出版的《文艺漫谈》中,《现实主义论》俨然成为开卷第一篇,以显见此篇理论诠释的重要性。第二篇才是具体运用日丹诺夫主义来分析人物的《鲁迅与尼采》。

青年王元化在《现实主义论》中论证了现实主义是哲学唯物论在文艺论域中的必然绵延。他受到列宁《唯物主义与经验批判主义》中反映论的启发,将哲学上的写实误读为现实主义。王元化当时执迷于反映论,以为大凡精神现象(包括艺术在内),皆须追问到所谓终极性源头,说出"物质第一精神第二"这最后一句话(近乎末日审判,否则,未免"不彻底,不坚定")。于是,王的结语如下:

> 反映论者须清除认识论上各种明显的或隐藏的经验论的残余,公开地说明,人的认识是客观实在性在人意识上的反映。……文艺上的现实主义是以这种反映论为基础的。文艺不是说明经验了的感情和思想的再现,而是现实的反映。假设没有坚决肯定这种结论的勇气,就必然和不可知论拥抱在一起了。②

相比较日丹诺夫主义,藏原惟人所提倡和传播到中国来的"拉普派"文学理论则更加简单和普及。1920年代,苏联文艺界流派纷呈,其中影响最大的是"拉普派"(俄罗斯无产阶级文化派)。"拉普"认为创作方法问

---

① 夏中义:《王元化文论方法演化释证——以"与日丹诺夫主义的关系"为纲》,载《文艺理论研究》2012年第1期。

② 王元化:《文艺漫谈》,署名何典,上海通惠书局1948年版,第13页。

题是作家世界观的问题，作家只有深入了解辩证唯物主义才能从事无产阶级意义上的文艺创作；“拉普”强调“阶级意识”，认为只有工人才能表现无产阶级思想。“拉普”的观点后来被认为犯了“教条主义”和“宗派主义”错误，后来在发源地苏联遭到清算，苏联文艺领导层提出了“社会主义现实主义”概念来替换这种极“左”的文艺观念。王元化在文艺理论上直接受到了藏原惟人的艺术价值和社会价值双重标准影响，也就是后来中国发展出来的“政治标准第一，艺术标准第二”的金科玉律。

《舅爷爷》和《曹禺的〈家〉》

王元化反思的标志性作品是《舅爷爷》和《曹禺的〈家〉》。这两篇作品都是从标语口号式的文艺理论和创作转向了更加注意“人”和“人性”。例如在《曹禺的〈家〉》一文中，他谈到戏剧家曹禺的作品，从《雷雨》到《北京人》，一直到《家》的演出，王元化几乎每部都看。但在观看《家》之后，他却从“人”的角度发现了另一种表现方法。他说“《家》虽然根据的是巴金的原作，但是除了大体的轮廓之外，曹禺受到的巴金的影响极少”①。也就是说，曹禺没有被原作所束缚。“曹禺在写这个剧本的时候，更多的却是受了奥尼尔的影响。”②王元化谈到，曹禺的《家》在三角恋爱关系里，“触到每个人的心灵深处，弹动他们的心弦，使他们的心弦发出隐秘的音响，融成一片哀怨、凄凉、阴暗和痛苦的交响曲。……与其说曹禺是站在‘作家’的地位说话，不如说他站在‘人’的立场说话”③。而这部根据巴金小说改编的话剧所以让他感佩不已，是因为此剧与曹禺的另一出戏《北京人》类似，皆属“生活的散文：平凡、朴素”，表明“曹禺渐渐从故事性、紧张、刺激、氛围气、抽象的爱与仇的主题……这些狭小的范围出来，接触到真实广阔的人生”④。

---

① 王元化：《王元化集》（第一卷），第189页。

②③ 王元化：《王元化集》（第一卷），第192页。

④ 王元化：《王元化集》（第一卷），第188页。

这就突破了既定的教条程式，即必须用唯物主义和阶级的立场来表现人物，王元化在写这篇评论时，头脑中回荡的是19世纪的优秀的俄罗斯文艺作品，而不是生硬的模式。

青年王元化眼中的“写真实”，其实涵盖“题材”与“意蕴”两种水平。他期待作家在“题材”水平写出众生世相的“平庸、琐细、无聊、污秽”的同时，还得在“意蕴”水平给受众以“几乎近于无事的悲剧”感(鲁迅语)。尽管王元化清楚坊间“看惯了英雄的传奇式的悲剧，再来看这种平庸、琐细、无聊生活的描写是会觉得气闷的。许多观众往往只能接受传奇的悲剧，而不能接受‘散文的悲剧’”①，但王元化依然认定：“散文的悲剧比传奇的悲剧需要更真实的内在的美。”②理由之一，便是世界文坛充塞着别林斯基所调侃的此类案例：当一个资质平平的作家描绘激情时，或许他能紧张，能说几句响亮的独白，且结构漂亮，形式雅致，故事成熟，词句绮丽；但若要他描写日常场景，描写普通的、散文式的生活，他便不行了，显得“滞钝、冷淡与无灵魂”。

也因此，当看见“曹禺用细致准确的笔触写出一群灰色动物”，“高家的一家人，每个人都没有罪，而每个人都在受苦”，即使其间那个最糟的陈姨太，“这个叽叽喳喳搬弄口舌，面孔上尽量隐藏内地阴险的可怕的妇人”，最初也不过是丫鬟，后成了老太爷的贴身侍婢，她果然“幸运、机警、谄媚”，但目睹“她一生处在钩心斗角，非欺诈就不能生存的环境中，因此养成了她的刁滑、险毒、报仇的性格”，这便使王元化最终恨不下去，却渐渐“胸中涨满了同情和怜悯”。③

同样，当喟叹“曹禺在三角恋爱的关系里，触到每个人的心灵深处”“使他们的心弦发出隐秘的音响”“野地里发出杜鹃的寂寞的长鸣，房里

---

① 王元化：《王元化集》(第一卷)，第185页。

② 王元化：《王元化集》(第一卷)，第186页。

③ 王元化：《王元化集》(第一卷)，第189—190页。

是觉新、瑞珏和梅喁喁低诉般的对话，听到他们发自灵魂深处的颤抖的声音”，[1]王元化的心弦显然也被拨动：“使我想爱他们，同情他们，即使他们是这样的犹豫、动摇、懦怯到可恨的地步，我也宽恕他们。”[2]王元化感慨：“他们互相爱而又不能互相团聚在一起，反而每个人成了每个人的刽子手。这难道不是最大的悲剧？”[3]

王元化认准曹禺的《家》受到了契诃夫的影响。后来，王元化 1950 年撰文《关于〈契诃夫与艺术剧院〉》，引用高尔基的话，说契诃夫之所以能从日常琐事透视出深邃哲理，是因为他对人生自有其“高度的看法”，且借此“照亮了它的倦怠、它的愚蠢、它的挣扎、它的整个混乱……”而此“看法”，不是别的，正是契诃夫所亲证的，他在书写“原来样子的生活”时，同时对“应该是的那样的生活”具有信念，正是这种“每一行都像液汁一样地渗透着对于目的的自觉”，[4]才使他在描写凡俗时不会流于庸俗，反显其精神之高贵。

这种“像液汁一样地渗透着对于目的的自觉”，当是价值性的“思想”“倾向”。但此“思想、倾向，不仅存在你的头脑中，主要的应当存在你的心中。它应当是‘一种感觉’‘一种本能’，受到你自己的‘人格印证’，被你‘彻底同化’”[5]。这就是说，当“思想、倾向”一俟转为作家审视人生、历史、世界时的独特眼光或神情，当此眼光或神情流露得如此自然，以致作家忘了它们源自何方，仿佛天然长在身上似的，那么，这“思想、倾向”与其说源自外部灌输，不如说已内化为作家的精神血肉即个体人格了。王元化所谓曹禺的“人”的立场，其本义很接近契诃夫式的“人格力量”。[6]

1943 年撰《曹禺的〈家〉》后，王元化秉承着这一思路，一鼓作气地在 1944 年冬创作了小说《舅爷爷》，此小说全然践履了《曹禺的〈家〉》所阐明的“写真实”见解。这就是说，对他曾“模仿”的苏联版“现实主义”，他不仅在学理上“脱胎”了，更在创作上“换骨”了。

---

①②③　王元化：《王元化集》（第一卷），第 192 页。

④⑤⑥　参见夏中义、何懿：《论青年王元化的价值根基》，载《南方文坛》2008 年第 4 期。

有关小说《舅爷爷》，王元化曾先后写过两段话，今昔对照，意味隽逸。1982年他说《舅爷爷》“写的是一个纯朴未凿的善良老人”“试图唤起陷在泥沼里的人对人性美的向往”①。何谓“生活泥沼”？谁“陷在生活泥沼”？语焉不详。但他在1945—1946年间一封私函中却透露些许：“我为什么要写舅爷爷这样一个旧时代的人？因我在茫茫人海中找不到感情寄托。较之那些皮面上的笑容和眼泪，口头上的豪言与壮语，我宁可神往旧时代的朴素的小人物”②，又说：“这篇小说是读了《旧式的地主》的影响。果戈理在写旧式地主时说，他在一群穿着燕尾服的绅士中间，常常想到已经消逝的那些可爱的老人面庞。”③王元化还谈到：“我确实有个舅爷爷，在我童年时就死去了。他是替儿子到车站去买车票时被火车轧死的，他的惨死在我幼小的心灵中难以抹去。不过，小说中的舅爷爷并不是真人真事，他是经过艺术构思的人物。”④

这篇小说发表后，曾引起几位作家的注意。首先是魏金枝在报上撰文介绍，接着是《文哨》上加以推荐；差不多同时，师陀主持的苏联电台文艺节目中，也播送了这篇小说，并且照例加上作者简介之类的按语。因为王元化用了函雨这个笔名，师陀不知道是他，于是在开头的时候说“不知道小说作者是谁”。王元化这篇小说发表之后获得如此成功，使他对创作的信心大增，一度还想要放弃文艺理论，专门从事创作。但是后来由于工作的关系，舍弃了这种想法。

19世纪文学作品哺育了他质朴深沉的审美趣味，这种趣味浓浓地浸润在他的血液里，直到晚年。

在文艺观方面，他和当时许多左翼青年一样，喜欢阅读俄罗斯苏维埃的文艺理论，尤其是“别、车、杜”（别林斯基、车尔尼雪夫斯基、杜勃罗留波夫）的理论，其中又以别林斯基最符合他的审美情趣。他总结道：“我始终

---

①④ 王元化：《王元化集》（第七卷），第416页。

② 王元化：《清园书简》，第102页。

③ 王元化：《清园书简》，第102页。参见本书本章“革命和生活的咏叹调”一节。

不能忘记，我在四十年代从教条主义摆脱出来时，别林斯基的艺术观对我所发生的影响，他帮助我把自己的零碎感受提升为一种观念。”①什么是1940年代的教条主义？教条主义就是机械论的别称，其意相似，也就是套用苏联日丹诺夫主义、“拉普派”以及藏原惟人机械地阐释和概括的文艺理论。

对政治和艺术的标准提出质疑

据王元化自己回忆，他曾经在1942年《在延安文艺座谈会上的讲话》（以下简称《讲话》）发表之后，在党内学习会上对其中的政治标准第一，艺术标准第二的提法有疑义。记载此事的最早出处在《跨过的岁月——王元化画传》：

> 这一段时间元化读了《海上述林》介绍恩格斯关于现实主义的理论，初步认识到藏原惟人从苏联拉普派所传来的所谓社会价值与艺术价值的二元论的偏颇。当时苏联文艺界正是暂以卢卡契潮流派居主导地位的时候，所以有这种批判拉普派的观点。1942年，毛泽东《在延安文艺座谈会上的讲话》发表后，元化对政治标准第一，艺术标准第二的想法有疑义，在党内学习会上谈了自己的看法。②

此事件收入《王元化集·学术年表》（第十卷）1942年大事之内。

按照目前所得史料，我以为此事应该发生在1946年以后。

1942年是“孤岛”成为沦陷区的第一年。地下党无法公开在上海租界活动，缩减了党组织，主要领导转移到根据地，一部分转入地下，并以教

---

① 王元化：《人物·书话·纪事》，第174页。

② 胡晓明：《跨过的岁月——王元化画传》，第45页。

员、编辑、职员等身份作掩护，积蓄力量，等待光明。1941 年 12 月 7 日，太平洋战争爆发，“孤岛”时期结束，日军占领租界，抗日活动以及地下党的所有活动均转入地下，并减少公开露面，座谈会取消，刊物暂停，不是工作需要的社会来往切断，犯忌的书籍自行焚毁，革命处于低潮。为了解决经济问题，王元化在 1942 年下半年进入了储能中学教书。以此推测，当时的党内学习会应该也很少了。

另外从王元化思想发展的线索来看，1942 年，整个的左翼文坛和地下党领导的文艺界，正是将苏联的文艺纲领作为最高原则来尊崇的年代，即日丹诺夫的三段论以及从藏原惟人那里转译过来的艺术价值和社会价值双重标准最盛行的时候，王元化从理论上和思想上都接受了这种理论。从他这一时期所写的《鲁迅与尼采》和《现实主义论》中可以看出他完全信服并加以诠释。此二文就是用日丹诺夫主义来分析鲁迅和尼采的阶级、观点的文章。王元化自承“就在这篇文章发表之后，大后方传来了一股学习古典名著的热潮，‘孤岛’也受到了影响。……在四十年代在读名著的诱发下，很快识别了自己身上那种为了要显得激进所形成的‘左’的教条倾向”①。所谓的读古典名著就是读马恩的原著，而非日丹诺夫、藏原惟人等转售的二手货。正在此时，满涛从国外回来，与王元化成为好朋友。在海外经历了几年，能够阅读外文原著的满涛，具有更加清晰的不受教条主义影响的思路。他发表文章批评王元化的机械论，指出王元化恰恰就是在艺术与政治的观点上，从藏原惟人那里转借来的所谓艺术价值和社会价值双重标准等是错误的。一开始王元化不服，与之进行了激烈的争论。直到 1944 年沦陷区时代即将结束，时间已过去了三四年，王元化说自己才取得一些进展，满涛是帮助他从教条主义和机械论中认识到错误的一位。此时正好是发表小说《舅爷爷》和评论《曹禺的〈家〉》的时间节点，促使他暂时改变了艺术价值和社会价值双重标准的看法。

---

① 王元化:《沉思与反思》,上海辞书出版社 2007 年版,第 1 页。

另外从时间上来说，王元化也无法在1942年就能够对这个标准作出判断。

《讲话》的背景正值太平洋战争爆发，当时的主要矛盾是与国民党合作抗日，并没有向全党公开。

据史料，参加座谈会的在延安的文艺工作者约140人，分三天开会座谈，最后一天，也就是5月23日晚上，毛泽东作了这个讲话。不过没有任何证据表明当时要立即向国统区或沦陷区的地下党传达。讲话之后，当时延安的报纸上都没有报道。为什么会发生这种现象？人民出版社2003年出版的《胡乔木回忆毛泽东》中说："稿子（指《讲话》）整理后并没有立即发表，其原因，一是他要对稿子反复推敲、修改，而他当时能够抽出的时间实在太少了；二是要等发表的机会。到1943年10月19日鲁迅逝世7周年时，讲话全文正式在延安《解放日报》上发表。……1944年1月1日，《新华日报》以摘录和摘要形式刊登《讲话》主要内容。"①也就是在1943年底以后，才正式将讲话提到党内统一思想的高度。发表《讲话》的第二天10月20日，中共中央下发通知。在沦陷区见到报道这个讲话的时间则更晚。1944年1月1日，《新华日报》以《毛泽东同志对文艺问题的意见》为题，在其第六版《新华副刊》专栏，整版摘要刊登了《讲话》的内容；1945年，新华日报社以《文艺问题》为书名，率先在国民党统治区公开出版了全文的《讲话》单行本，受到重庆、桂林、昆明、成都等地进步文艺界的热烈欢迎；同年10月至11月的上海《新文化》半月刊第1期至第3期，以《鲁迅先生纪念特辑》的名义，刊发了《革命文艺的正确发展》等三篇文章，介绍了《讲话》的基本内容；1946年2月，香港中国灯塔出版社首先在香港出版了单行本，书名《文艺问题》，第一页题为《毛泽东同志在延安文艺座谈会上的讲话》；翌年初，香港新民主出版社出版了报纸版《讲话》单行本，并于1947年8月和1949年5月两次再版。至此《讲话》广为

---

① 胡乔木：《胡乔木回忆毛泽东》，人民出版社2003年版，第260页。

流传。

从王元化的思想发展脉络来看，也应该是在1946年之后。他在《我和胡风二三事》一文中说到：

> 我在北平教了三年书，被组织上叫回上海(1948)。那时上海的文委领导是新从延安回来的一位老同志，他经过延安整风和“三整三查”，一回来，就把整风精神带来了。在敌伪统治时期，我开头是上海地下党文委的委员，后来做文委的代书记。这位同志一来，觉得我思想不纯(在学习《讲话》时，我提出了一些想不通的地方)，就罢了我的官，要过去我所领导的文委委员(包括萧岱、束纫秋、包文棣、樊康等)背对背地揭发我。他们揭发不出任何东西，但这位同志仍认为我有问题，不安排我工作。我从北平回上海后，他咬定《横眉小集》是我倡办的。他认为这个刊物很不好，勒令停刊了。虽然萧岱、樊康等一再声明《横眉小集》的创办与我无关，但他仍坚持这个丛刊是我授意办的。①

这段话说得比较清晰，这位“新从延安回来的一位老同志”即唐守愚。唐守愚1946年三四月间从延安到上海担任文委领导。由此可见，王元化是在此后唐守愚主持的学习会上谈了对《讲话》的疑义，也就是对政治标准第一，艺术标准第二发表了不同的意见。而这也符合王元化第一次反思的时间过程。

《围城》风波

王元化生前口述编定的画传中特别列了一章“满涛其人”，记了这样

---

① 王元化：《人物·书话·纪事》，第288—289页。

一件事:“一九四一年元化分管《奔流》丛刊时,编辑部就设在满涛家,一对文友,在紧张复杂的地下工作中结下了深厚的友谊。现在抗战胜利了,两个人自然而然又走到了同一岗位上,在北平教书时为《时代日报》撰写的《论香粉铺之类》被满涛拿去发表在1948年《横眉小辑》上,还作为该丛刊刊名。但一位领导人认为该刊批评文艺界现象不符合党的政策,勒令停办,而元化则被认为是丛刊的发起者,虽经他本人和当事者辩白亦无效。……”①

2007年8月再版该书时,王元化对此书逐句进行了修订,在该段话中“岗位上”之后加上了“编辑的可还不是《奔流》吗?满涛还没少给他惹麻烦呢”②。这段引起当时文坛上注目的轶事确实也是一个麻烦,影响一直持续到50年之后,成为王元化心中的一个结,因为他不仅在画传中提及,且在他的日记乃至最后审定《王元化集》的学术年表中,还专门引用了这段话。省略号是原书中就有的,显然有着不愿说下去的意思。如果不知道他写的《论香粉铺之类》是什么文章,确实无从了解究竟批评文艺界何种现象而不符合党的政策。

《论香粉铺之类》一文批评了钱锺书《围城》一书,而且火力还很猛。

从1946年开始,唐守愚是地下党文委领导,他对于王元化撰写此文以及刊登此文的《横眉小辑》相当不满意,认为不符合党的统战政策。王元化表示《横眉小辑》的创办者是满涛和萧岱,他只是寄去了一篇给《时代日报》的稿子,后来被满涛用在《横眉小辑》上发表了。《横眉小辑》为此一期而亡。但是不管用在《时代日报》还是《横眉小辑》,文章的影响总是存在的。在两位老先生生前,学界中人都避免提及这段公案,王元化在编撰他的全集《王元化集》时,虽然在友人的提醒下,请他注意《论香粉铺之类》一文的重要性,应该予以收录,但是他最后终于未将之收入集中。显然他

---

① 胡晓明:《跨过的岁月——王元化画传》,第60—61页。

② 胡晓明:《王元化画传》,第67—68页。

希望这段学术公案被人忘却。

但作为历史，这段公案是无法回避的。因为这件事的牵连，王元化政治生涯还一度遇到了麻烦。他在《学术年表》中引用了自己所撰《舒同书法集书后》中的一段话："上海刚解放，我被姜椿芳同志找去编《时代》杂志。但我的组织关系被领导我的唐守愚同志扣住不转过来。后来姚溱同志告诉我，舒同同志由于看到了我在报上发表的一篇文章，问及我情况而表示关切，才由上海市委组织部出面解决了我的组织关系问题。"①唐守愚同志扣住不放的原因就跟他认定王元化没有按照党的统一战线政策对待进步人士有关。后来舒同出面之后，王元化作了检讨并且带着处分才将组织关系转到《时代》杂志。

公案的背景

抗战胜利后的1946年4月，26岁的王元化由地下党安排到《联合晚报》的副刊《夕拾》当主编。

那一年是上海左翼知识分子和报人创办各类杂志和报纸最兴奋的一年。1941年到1945年，大批报人、文化人都转移到大后方办报办杂志，留在"孤岛"的左翼知识分子只能处于潜伏状态。抗日战争结束之后，中共与国民党之间的矛盾公开化，一些国统区进步人士的力量，广泛地进入大中城市，尤以上海、北平、武汉、南京等地为主，大办报纸杂志、设立文化机构、成立出版公司等，以壮大力量，发出声音。上海以其文化界半壁江山之地位，吸引很多积累了丰富经验的报人、新闻记者和文化人涌入。阔别多年的上海，又是文化人熟悉的创作环境，由进步人士郑振铎和李健吾主编的大型综合性文学刊物《文艺复兴》杂志1946年1月10日创刊于上海。该刊立刻得到了左翼知识界的支持。这是抗战结束之后的第一份大

① 钱钢：《王元化集·学术年表》(第十卷)，第323—324页。

型综合性文学刊物。上海沦陷之后，很多作家没有机会发表作品，故而刊物创刊伊始，很多作家和文艺理论家投稿踊跃，加上郑振铎本人的影响力和包容性，各方响应，精英云集。主要撰稿人有郭沫若、茅盾、巴金、叶圣陶、郑振铎、李健吾、钱锺书、辛笛、周而复、靳以、沈从文、许广平、师陀、路翎、吴岩、季羡林、罗洪等；体裁有论文、小说、剧本、诗歌、散文等。钱锺书创作的长篇小说《围城》从该刊第二期（1946 年 2 月 25 日）开始连载。

王元化任职的《联合晚报》是一份中共地下党领导下的报纸，1946 年 4 月 15 日正式创刊，初名《联合日报晚刊》。中共地下党原设想创办《联合日报》，初衷是帮助民众了解中共关于战后方针、长期策略以及成为介绍国际国内形势、传播意识形态的阵地，由具备中共地下党员身份的知识分子出面主办，该报的公开登记人为刘尊棋①。国民党当然防备中共的这一手，对于一些由中共领导或倾向于中共的报纸登记注册进行了百般抵制和刁难，包括《新华日报》在内的一些报纸都遭到了国民党政府的阻挠，《联合日报》在注册登记过程中，当时的上海市政府迟迟不发营业执照，使之无法正常发行。于是办报的中共地下组织在“先出晚报、再图日报”的方针下，将原先要办的《联合日报》改为《联合日报晚刊》登记出版，三天后正式更名《联合晚报》。

该报社长为刘尊棋，社务委员为金仲华、陈翰伯、冯宾符、王纪华、陆诒、郑森禹等，王纪华任发行人兼总经理，陈翰伯任总编辑，冯宾符任主笔，陆诒任采访主任，姚溱、冯亦代、王元化等分管副刊，记者和编辑乔石、

---

① 刘尊棋，中共党员。1937 年 11 月，到国民党中央社任战地记者。1938 年末，刘尊棋、胡愈之、范长江创办中共直接领导的通讯社——国际新闻社，刘尊棋任该社第一任社长。1939 年 9 月，全国慰劳总会组织的前线抗敌将士慰劳团从重庆出发，到达延安。随团三位记者（中央社记者刘尊棋、《扫荡报》记者耿坚白、《新民报》记者张西洛）于 9 月 16 日在慰劳团住地的新市区边区政府交际处的窑洞采访了毛泽东，采访内容后收入《毛泽东选集》。新中国成立后刘尊棋曾担任华东新闻出版局局长。

翁郁文等大多数均为共产党员。[①]

该报创刊后，以进步报纸的面貌，引导上海人民开展反内战、反独裁的斗争，连续报道了上海人民争取和平民主，反对国民党专制独裁、发动内战的阴谋，大量报道了工人运动、学生运动消息。该报先后开辟了金仲华主编的《今日与明日》、姚溱主编的《文拾》、郑森禹主编的《经济周刊》、郑振铎主编的《文学周刊》等副刊和专刊，都受到读者的欢迎。王元化则在《夕拾》版担任主编。

王元化说是《夕拾》主编，实际上就是编辑，因为这个副刊就只有王元化一个人，既是主编又是编辑。这是26岁的王元化第一次到报馆担任编辑。一开始的时候对于编辑工作不熟，需要学习如何从来稿中挑选合用的稿子，到排字房排字、校对、改错以及发排印刷等。好在王元化生性聪颖，领悟力很强，尤其是凭着对文字工作的热爱，他很快适应了报社编辑的工作。不久后王元化发现，不仅要当主编、编辑，甚至还要当作者。常常碰到稿子不够，需要亲自动笔写稿，填满版面。后来几乎每天都要写稿。这个副刊专栏属于杂谈类，内容包括了谈文化、谈社会、谈时事等民众感兴趣的话题。编辑要写的短评文章最重要的是时事性强，通俗而贴近生活，谈的问题不可以太专门。像以前王元化写的一些文艺理论、外国文学等文章，在这个副刊中就不能使用。环境让王元化拾起了鲁迅的笔锋，用短评来讽刺社会现实、针砭时弊。他的文章既有评论政府办事效率不高的，也有对某些党国要员不点名的批评，例如批评前清华大学校长罗家伦。这些短评都以“馆园”作为笔名，另外还用“禹鼎”作为笔名撰写《古史新论》。

王元化谈到这段生活时说：我也搞过新闻工作。那时每天准时去报馆办公室编报，工作又紧张又有挑战。报社的办公室是一个大统舱式的房间，各个部门的编辑都在这里办公：打电话的、谈天的、抽烟的、与作者谈话的，人声鼎沸，我在这样的环境中写稿，锻炼出了充耳不闻的急就章

① 参见陈日浓编著：《中国对外传播史略》，外文出版社2010年版。

本事，多则一千字，少则两三百字，写完就去发排，看了清样之后就上架印刷，傍晚出报。①

《夕拾》副刊从 4 月创刊到 10 月下旬离开，王元化一共写了两百多篇短评，平均每天一篇。本来，这样的工作可以延续下去。王元化也已经跟张可计划明后年结婚，但是这年的 9 月，上海滩发生了臧大咬子被美军水兵打死的案子，将王元化在上海有规律的生活打乱了。

臧大咬子命案

臧大咬子是个苏北籍的人力车夫，姓臧，名咬臣，大咬子只是他的外号。在当时上海有三大行业：拉人力车、澡堂搓澡修脚、剃头店（理发），大部分人都是来自苏北的农民，他们住在苏州河沿岸的滚地龙里，家庭人口众多，靠着微薄的收入维持一家生活。1946 年 9 月 22 日晚上，西班牙水手赖令奈从虹口海员俱乐部玩乐出来，坐臧大咬子的人力车到朱葆山路的安乐舞宫门口下车，没有付车钱就径直进去。臧大咬子跟西班牙水手语言不通，以为他还要出来拉回程车，于是就在门口等他。赖令奈在舞厅酒吧喝酒，并结识了美国水兵饶得立克。11 时许，赖令奈喝得醉醺醺，踉踉跄跄地由饶得立克扶着出来，准备乘坐饶得立克停在路旁的吉普车回去。臧大咬子在门口看到赖令奈出来，遂走上前去拉着他要车资，赖令奈不理。正当两人要上吉普车之际，臧大咬子急忙拉下赖令奈，两人遂扭在一起。赖令奈一边与臧大咬子推搡，一边用英语关照饶得立克帮忙。饶得立克出手狠狠一拳，这个美国人学过拳击，出手很重，臧大咬子不防备，往后倒下，顿时昏迷过去，后送医不治而亡。饶得立克看到自己闯了祸，想要驾车逃走，路旁行人纷纷围住，两人无法逃脱。正在此时，美军的宪兵巡逻至此，遂将饶得立克带走，赖令奈则被扭送到黄浦区警察局。该案

---

① 笔者初赴美，曾在美国报社工作，回国见王元化先生，他屡次谈及这段生活。

立即在媒体上曝光，很快在上海审理，当年颇引起轰动。美军军事法庭后来判决海军士兵饶得立克无罪，理由是因为双方语言不通而造成误会；西班牙水手则被上海警察局拘留，后由于他仅仅乘车不付钱，不构成重罪，由法官判刑21个月。

中共认为这个牵涉美国水兵的案子正好可以用来教育民众、启迪民众反美反蒋，于是地下党发动社会各界进行抗议，在《文萃》上专门讨论臧大咬子一案，针对美军水兵，将此事上升到国家民族尊严高度，并批评当政者袒护美国人、甘愿做美国附庸的行径。上海各进步报纸《文汇报》《联合晚报》《新民报》等都开始大量报道，抨击美国水兵。为配合这一斗争需要，王元化写了两篇有关的短评，发表在《夕拾》上，将矛头指向通译官（法庭翻译）许少勇，未料被许少勇控告诽谤，必须出庭。为了避免暴露身份，根据上级指示，王元化只得于10月下旬离开上海。

惹出官司的一篇文章如下：

丑

九日法官侦查臧大咬子案，证人陈学东讲至半途，通译官许少勇，用恫吓的态度对陈学东说："你当心点，说错了要吃官司的！"

倘使要在这句话底下批一按语，那么我只有模仿金圣叹的办法，大书一"丑"字。

说其丑者，有三个理由。忘掉自己的身份，丑之一也。以奴隶总管自居，丑之二也。含血喷人，丑之三也。

通译官不过是沟通双方言语隔阂的舌人，本没有插嘴置喙的余地，但是这位许少勇，一旦到了中国的法庭，自以为站在美国人的屁股后面，就可以肆无忌惮，胡作非为，恫吓起自己的同胞来。臧案发生的经过，陈学东是在旁的目睹证人，至于这位许少勇却明明不在场，他根据了什么理由指别人说错了话？纵使证人说错，也只有法官才可以出面阻止。许少勇不但越俎代庖，反而威胁证人要吃官司。

拿了主子的一点钱，就下作至此，真可以说是无耻之尤了！

将来如果有人要编“丑学大观”，我提议把许少勇这句话，列入其中的头一条！

（一九四六年）十月十三日①

此文在当时的上海引起了不小的轰动，故而当事者要提起诉讼，当然也不无国民党借此机会寻报纸麻烦的因素。

撰《论香粉铺之类》

此文惹上官司之后，根据组织上的指示，王元化于1946年10月下旬离开上海来到北平。王芳荃介绍他到自己任职的国立北平铁道管理学院教大一、大二国文。教学之余，王元化还不忘记上海共事的朋友，与满涛、萧岱等人都经常联系，并为之写文章。他主要是向《时代日报》投稿，将在北平的所见所闻写成文章，例如报告文学《极目苍凉话雄关》就是1947年4月22日写后由该报编辑楼适夷、林淡秋发表。

在离沪之前，王元化读到了在《文艺复兴》上独家连载的署名“钱锺书”的长篇小说《围城》的开头几篇。当时他对钱锺书的背景并不十分了解，只知道是一位学者。到了北平之后，约在1947年下半年，他撰写了一篇批评文章《论香粉铺之类》，对《围城》以及当时文坛的丑陋文风以及色情文学的倾向性，都一一做了刻骨镂心的批评，成文后投寄《时代日报》。

这篇文章在王元化一生的文艺批评文章中可算是火力最猛的一篇，一开头就说“小报上，方型周刊上，这批呕尽心血每天像鸡下蛋似的制造一二篇猥亵文字的家伙，这传播着传染病的垃圾堆，屠户展览的肉市场，厕所里做出来的菜肴，我们且不去说它。可恼的是这种东西竟在有些文

① 王元化：《集外旧文钞》，上海文艺出版社2001年版，第33页。

学家的笔下出现了"①。

具体分析《围城》的时候，他指出："你在这篇小说里看不到人生，看到的只是像万牲园里野兽般的那种盲目骚动着的低级的欲望。倘使你是鲁迅、罗曼·罗兰、契诃夫的爱好者，把文艺当作一座精神的岛屿，企图用文艺来洗净你灵魂中的污点，在蹉跌中求它支援，在患难中求它慰藉，那么这篇小说会使你得到完全相反的东西。这里没有可以使你精神升华的真正的欢乐和真正的痛苦，有的只是色情，再有，就是霉雨下不停止似的油腔滑调的俏皮话了。"②在分析中，他认为只有那种无聊、追求消闲的读者才会对《围城》中的所谓的讽刺、机敏的描写和比喻会满意：如"两只眼睛像害相思病似的距离很远""这个人被人叫做真理，因为有赤裸裸的真理这句话。但是她还穿着一条贴肉的浅蓝色短裤，所以只能算作局部的真理"③。文中对于作者本人进行了讽刺，虽然作者引经据典、中外混合那样的博学，但在王元化的笔下，却是无聊的，"你万万没有料到法国的画家塞尚品评他的模特儿，原来和西门庆夸奖潘金莲竟一个字不差的同样说过：'好一块肥肉！'这么一句话"④！并直言"作者对于女人无孔不入的观察，真使你不能不相信他是一位风月场中的老手，或者竟是穿了裙子的男人！他在他的小说中，闯进了女人的闺房，翻动了她们的床褥，检阅了她们的全身，甚至描写到她们的每一个毛孔"⑤！

文章由此而过渡到对文坛和艺术界出现的色情文学和戏剧进行直言讽刺，并捎上了对张爱玲小说的批评："张爱玲在上海又死灰复燃起来，快要像敌伪时代那样走红了，而且聚拢在她周围的不仅是那些小报的读者，流行歌曲的听客，其中还参杂了几个文艺界的知名人士。看到这种景象，我不懂为什么大家还要沉默着？为什么还不把这些伪善的法利赛人从神圣的殿堂赶出去？难道睁着眼睛让我们的文艺变成香粉铺不成？"⑥"色

①②③④⑤ 王元化：《横眉小辑·论香粉铺之类》，横眉出版社1948年版，第7页。

⑥ 王元化：《横眉小辑·论香粉铺之类》，第8页。

情冲击到我们的文学里来，似乎大家并不以为怪，顶多只能听到朋友们在闲谈中说几句不满的话，偶尔出现的一二篇批评文字，结果也毫无反响的在沉默中消失了”[①]。

此文在当时《围城》诸多的批评文章中，其辛辣、其猛烈可谓无出其右，真实地再现了二十七八岁的王元化在左翼文化熏陶下剽悍的战斗风格以及年少气盛的性情。这也是当时左翼文艺批评界的一种风气，不仅王元化如此，其他青年批评家也如此。

为什么王元化要用如此激烈、辛辣的语言来批评《围城》及其他文艺现象，可以从下列三方面来探究：

（1）抗战胜利之后的畸形繁华和颓废。要对这篇批评文章作出客观的分析，首先必须要看到当时的国内形势。左翼文化在抗战胜利后得到复苏，同样，另一种颓废文化也开始复苏和发展。在抗战胜利之后，国民党接收大员以及各路逃难避风头的官员、财阀、文人重回上海，普遍有一种绝处逢生的念头，遂而产生了一种醉生梦死、及时行乐的生活方式。市场畸形繁荣，追求享乐成为当时的社会风气，文坛普遍存在着不良风气，姑不论那些无聊作家，甚至有的严肃作者的作品也存在着低级趣味，刻画肉体和欲望，以迎合市场。左翼文化工作者对于旧知识分子的这种无病呻吟、风花雪月开始表达明确的厌弃并加以批评，这在当时是一种思潮，也是历史所形成的时代基调。

（2）受到胡风文艺思想的影响。胡风曾在1946年跟满涛、王元化谈话时提到当前的形势，需要反对客观主义和色情，而重视主观战斗精神，对文坛上的这种颓败之气，要旗帜鲜明地予以反对。这个观点与王元化契合。[②]

---

① 王元化：《横眉小辑·论香粉铺之类》，第8页。

② 王元化：《我和胡风二三事》中说到“我认识胡风是在抗战胜利后。一九四六年，我和满涛一起去雷米路文安坊看望冯宾符，他对我们说胡风就住在他隔壁，愿介绍我们认识一下。……这次我们见面，谈话的内容我还记得。他说今天中国的文艺界，要反对两种倾向，客观主义和色情，我们听了都很赞同”。王元化《人物·书话·纪事》，第288页。参见本书第五章。

《论香粉铺之类》一文很明显地体现了这个观点，即将《围城》归入客观主义和色情文化。恰从 1947 年下半年到 1948 年，也正值胡风派对文坛进行所谓“整肃”和“清算”的一年，对于一些不符合他们“主观战斗精神的”文人、作家都一一予以强烈批评，例如由北大学生、“胡风派”同人朱谷怀担任主编的《泥土》刊物（其稿件大多为胡风所推荐）。从《泥土》第 4 辑（1947 年 9 月 17 日出版）起发表了几篇引起文坛所谓“地震”的文章，如初犊的《文艺骗子沈从文和他的集团》、阿垅的《从“飞碟”说到姚雪垠底歇斯底里》、杜古仇的《堕落的戏，堕落的人》、吉父的《马凡陀的山歌》等。这些文章文风粗暴，用语强烈，如初犊在其文中咒骂“沈从文袁可嘉李瑛们”是在“大粪坑里做哼哼唧唧的蚊子和苍蝇”①；阿垅在其文中咒骂姚雪垠是“一条毒蛇，一只骚狐，加一只癞皮狗”②；杜古仇在其文中指责陈白尘的《升官图》是“借‘暴露丑恶’的掩盖下的白日宣淫”③；吉父在其文中指斥袁水拍的《马凡陀山歌》为“虚伪的制作”④等。我们不能说王元化加入了“胡风派”的这一文学批评行列，但多少受到了这种影响。实际上“胡风派”也注意到了王元化这篇文章的“火力”。1948 年 4 月 27 日，舒芜写给胡风的信中说：“《泥土》之类，气是旺盛的，可是不知怎样，总有令人觉得是坛上相争之处。我以为，梅兄近来的论文，如特别置重于李广田等，并且常有过分的愤愤，也不大好。或者是我不大熟悉这方面的事吧，总觉得今天重要的问题，并不在那里似的。昨天偶然看到《横眉小辑》（不知这是些什么人办的），曾想到，具体的批评是好的，可是还要展开，加深，提高，总之，还要有更强更丰富的思想性才好；那然后才不会被认为坛上相争。”⑤“胡风派”的人也觉得王元化此文带有情绪的谩骂，需要有“更强更丰富的思想性”⑥。

（3）罗曼·罗兰的小说《约翰·克利斯朵夫》的崇高和向上的英雄情

---

①②③④　《泥土》（第 4 辑），泥土文艺社 1947 年版。

⑤　吴永平：《1948 年——胡风拒纳舒芜诤言》，载《博览群书》2010 年第 2 期，第 122 页。

⑥　吴永平：《1948 年——胡风拒纳舒芜诤言》，载《博览群书》2010 年第 2 期，第 123 页。

结对王元化文艺思想的影响。1941年，由傅雷翻译的该书由商务印书馆出版了第一册，王元化就读到了，他始终被英雄克利斯朵夫的精神所激励，在此后的沦陷区的困难岁月中，他把克利斯朵夫当作“像普罗米修斯从天上窃取了善良的火来照耀这个黑暗世间一样的神明”地崇拜和仿效。1945年商务出版了该书第二册，他卖了自己的衣服才购得。这第二册就非同小可了，包括了“反抗”和“节场”两大部分，尤其是第五卷“节场”中克利斯朵夫批评巴黎的萎靡文风，那种辛辣和挖苦的风格，对王元化作文批评《围城》的启发很大。不仅是克利斯朵夫批评巴黎的颓唐之风让王元化获得了可资比较的资源，他甚至直接套用其中的语言，用来批评《围城》及当时的文坛、艺坛现象。标题中的“香粉铺”即来源于《约翰·克利斯朵夫》该节中“令人读了如入香粉铺，闻到一股俗不可耐的香味与糖味”①。他还直接援引了“节场”的多处表述方式，如“风流豪侠的护花使者”“证明某部描写男娼风俗的小说实在是纯洁”“肉欲是艺术酵母”“用着本多派教士那样耐心研究五大洲艳窟”“这样便产生了雨点般多的小说，老是猥亵的，装腔作势的……”②等；直接借用的句词如“像鸡下蛋似的”“万牲园”“呕尽心血每天像鸡下蛋似的制造一二篇猥亵文字的家伙”“这传播着传染病的垃圾堆”“屠户展览的肉市场，厕所里做出来的菜肴”③等。深深沉浸在《约翰·克利斯朵夫》英雄式的人物情怀中的王元化，得到以这部书为代表的优秀文学作品的指引，度过了八年精神上的煎熬、民族自尊的隐忍。以己度人，王元化很难想象，一个人如果没有对真诚、对正义、对人生的坚定信仰，是无法度过茫茫黑夜的。但是他没有想到，抗战胜利，出现了以这样格调的小说来反映那个年代的作品，它带给人们的不是向上的奋发精神，而是蜷曲在一个勾心斗角的圈子中的庸俗人群。反庸俗则是

---

① 罗曼·罗兰：《约翰·克利斯朵夫》，人民文学出版社1980年版，第357页。

② 罗曼·罗兰：《约翰·克利斯朵夫》，第321、354、355、357页。

③ 罗曼·罗兰：《约翰·克利斯朵夫》，第338页。

他一辈子的信念。值得注意的是，1945 年他在写《关于〈约翰·克利斯朵夫〉》①一文结尾处还特意激赏了"约翰·克利斯朵夫对巴黎艺术'市场'的挑战"②，并对此深表钦佩。三年后，1948 年的王元化在《论香粉铺之类》中，用此文向当时文坛的不良现象进行挑战，他的辛辣、激烈的言辞也就可以理解了。

褒贬不一

《论香粉铺之类》一文完成之后，王元化投给《时代日报》，但是主持该报工作的楼适夷、林淡秋却按下没有即刻发表。恰在此时，满涛正在筹备出版专门对文坛现象进行批评的刊物，于是把这篇文章发表在他们自己创办的《横眉小辑》第一辑上，这期的刊名也就借用王元化这篇文章的题目《论香粉铺之类》，于 1948 年 2 月 25 日以横眉出版社名义出版。③

作为一份同人杂志，《横眉小辑》在这一期上几乎都是批评当下创作中的文艺倾向以及风格的文章，但以王元化的这篇批评文章火力最大，用词也最为辛辣。此外还有阿垅谈诗歌创作和倾向性文章两篇、批评许杰的一篇、批评"新第三种人"一篇。编者似乎也知道这期的杂志火药味儿太浓，特意在前记中说明："就这一期的文章来说，因为筹备匆促，收到的稿子差不多全是属于批评的。好在我们的小辑与一般杂志不同，何妨第一辑就把全部篇幅献给热诚的检举和抗议。如果再出第二辑，我们的内容却不一定是拘囿在批评这个范围上的。"④

事实上，《围城》一开始在《文艺复兴》连载，文艺评论界围绕着这部作

---

① 《约翰·克利斯朵夫》一作《约翰·克里斯朵夫》。

② 王元化：《向着真实》，新文艺出版社 1952 年版，第 145 页。

③ 这个集刊有点像 1988 年王元化创办的《新启蒙》集刊。每一辑都以集中某篇文章名为刊名，不定期出版。

④ 王元化：《横眉小辑·前记》。

品的倾向性以及所使用的冷嘲热讽，掉书袋式的比喻、挖苦就有两极的评价。颂之者谓小说人物和对话生动、心理描写细腻、人情世态观察深刻，由作者那支特具清新辛辣的文笔，写得饱满而妥当；零星片段充满了机智和幽默，整篇小说的气氛悲凉而又愤郁。李健吾、郑朝宗、邹琪等人还在作品连载之时，就已经评价这部书为难得一见的好书，称之为"字字珠玑""灿烂可爱"，誉之为如狄更斯的杰作、当代的《儒林外史》或菲尔丁的《汤姆·钟斯传》等。持负面评价者除了王元化之外，还有巴人、唐湜、张羽等。在《同代人》文艺丛刊第一集《由于爱》上刊出张羽的《从〈围城〉看钱锺书》，称"作者俨然是个上帝"；只有"装饱了肚皮，闲着没事做的绅士和清客，才会在这五光十色的市场上演幻术，为那些遗老遗少们寻开心，替那些妖姬艳女们讲恋经"①。该文认为钱锺书是超过冯玉奇和张资平的新鸳鸯蝴蝶派，《围城》是"一篇有美皆臻无美不备的春宫画，是一剂外包糖衣内含毒素的滋阴补肾丸"②。至今为止，张羽这个笔名究竟为何人还无法确定。李辉认为，"张羽"这一名字，也是王元化所"化"，但查无实据。也有人从整体上认为，这部小说的格调不高，将知识分子写得猥琐不堪，把留洋的学生几乎做了整体的否定，不厚道云云。到了 1950 年代夏志清开始在美国写作《中国现代小说史》(英文版)，于 1961 年出版，以无比辉煌的赞词评价《围城》："《围城》是中国近代文学中最有趣和最用心经营的小说，可能亦是最伟大的一部。作为讽刺小说，它令人想起像《儒林外史》那一类的著名中国古典小说。但是，它比它们优胜，因为它有统一的结构和更丰富的喜剧性"③"除了讽刺外，《围城》亦有'流浪汉小说'的风险味道。在这方面它和 18 世纪英国小说的相类似殊非意外"④"在所有战时和战后的小说中，《围城》最能捕捉到旅途的喜趣和苦难"⑤。此后，对《围城》的评价日益升高，几乎到了无法批评的地步。本来，文学批评与反批

①② 张羽:《从〈围城〉看钱锺书》，见骆宾基编:《同代人文艺丛刊·第一年第一集·由于爱》，1948。

③④⑤ C.T. Hsia, *A history of modern Chinese fiction*/by with an introduction by David Der-wei Wang. 3rd ed. Indiana University Press, c1999. P.340.

评对于作家来说，是一种很正常的现象。一部小说的好坏必须要由读者来评说，作品发表了，就成为社会的公众读物，应让社会来检验，批评家的用语即便是过火了一些，但是只要这种批评有利于作家的创作，并借以认识到作品的瑕疵，作家应予欢迎。

晚年王元化对自己早年血气方刚、激烈过火的论战文字也有所反思，自承："我们对鲁迅精神作了自以为深刻其实不无偏差的理解，以为在论战中愈是写得刻骨镂心、淋漓尽致，也就愈是好文章。偏激情绪对于未经世事磨炼、思想不够成熟、血气方刚的青年来说，并不是什么好的征兆。"①自然其中也包括了批判《围城》的这篇文章。

余　波

事实上，整个1940年代，来自不同方面对《围城》的批评，对小说作者确实起到了一定的影响，使作者得以重新审视这些批评，在某种程度上接受了批评意见，将一些露骨的带有色情意味的比喻，包括王元化指出的"好一块肥肉"之类的庸俗描写在《围城》正式出版的时候删去了。经过用几个版本的《围城》进行校对，下举《围城》作者删减的几例：（粗字是《围城》在《文艺复兴》上连载所有，但在初版和定本中被删去的文字②）：

（1）苏格拉底的太太是泼妇，**把脏水浇在丈夫头上，亚里士多德的情妇把他当马骑，叫他裸体在地上爬，还给他吃鞭子，**奥里立斯的太太偷人，褚慎明好朋友罗素也离了好几次婚（《围城》，人民文学出版社1980年版，第96页）。

（2）证明这旅馆是科学管理的。**她的奶肥大得可以进波德莱亚**

① 王元化：《沉思与反思》，第4页。

② 初版指上海晨光出版公司1947年版，定本指人民出版社1980年版。

咏比利时土风的诗，小孩子吸的想是溶化加糖的猪油。那女人不但外表肥，并且看来脑满肥肠，彻底是肉，没有灵魂——假如她有灵魂，也只是那么一点点，刚够保持她的肉体不至于腐烂，仿佛肉上撒了些盐，因为全没有灵性，肉体就死了，无论如何（同上，第 160 页）。

（3）他也看过爱情指南那一类的书，知道有什么肉的相爱，心的相爱种种分别。**鲍小姐压根儿就是块肉，西门庆夸奖潘金莲或者法国名画家塞尚品题模特儿所谓："好一块肥肉"。**谈不上心和灵魂（同上，第 24 页）。

王元化也关注到作者的这一删减。在他的 1992 年 9 月 15 日的日记中写道："偶见《文学报》某公文，翻出半个多世纪老账，揭发《香粉铺》一文对某大家不敬。（我在文中批评他书中太多俏皮话和'掉书袋'，如先引西门庆赞潘金莲语'好一块肥肉'，再举塞尚赞其模特儿也是'好一块肥肉'。此书重印时，此等地方皆经作者本人删除。）。"①他记下这一笔，是为了表明自己对这桩旧案的态度——当年的批评是对的。

对于王元化早年的批评，钱锺书到了晚年还没有忘记。在 1980 年代中给美籍华裔历史学者汪荣祖的信中说到：

来信所言在沪交往四君，皆旧相识。王君昔尝化名××（墨迹涂去，据字形可认为"方典"——引者）作文痛诋拙作，后来则刻意结纳，美国俗语所谓"*If you can't lick'em, join'em*"②者是。弟亦与之委蛇。要之，均俗学陋儒，不足当通雅之目。兄沧海不捐细流，有交无类，自不妨与若辈过从耳。③

---

① 王元化：《九十年代日记》，第 146 页。

② *If you can't lick'em, join'em* 这是一句英语俗谚，意为如果你打不过他们，那就跟他们合伙。"lick"也作"beat"。

③ 汪荣祖：《史学九章》，三联书店 2006 年版，第 166 页。

汪荣祖曾任美国弗吉尼亚州立大学历史学教授，与钱锺书通信往返七十余通，上述钱锺书所言就在此信之中。汪氏所撰《史学九章》其中一章专谈钱锺书的史学贡献。全书独选上述有关《围城》的一信全文影印刊出，此外并无其他任何影印资料，显然是该书作者欲让世人知晓钱锺书私人信件中曝光的个人恩怨，作为历史文献。他八九十年代曾拜访王元化先生，甚谦卑，央王介绍国内文史界人士，王元化热情为之介绍了不少学术圈和文化圈中人。

但是钱、王二人在 1980 年代的交往中，却是很友好的。1981 年夏天，王元化到北京去拜访钱锺书，钱锺书将自己珍藏的端砚给王元化观赏，王元化将自己的《文心雕龙创作论》赠钱锺书指教。[①]据王元化回忆，1981 年 12 月他参加国务院第一届学位委员会评议组，与钱锺书在一个文学小组中，王元化很尊重钱。会后一起合照的时候，王元化自认小辈（是最年轻的评委），主动站在后排，钱锺书却一把将他从后面拉过来，站在他的身边，以致挡住了站在后排的王季思（起）先生。1982 年 9 月，王元化应周扬之邀到北京去商讨起草文章之事，空余时间也拜访钱锺书，时值钱锺书外出。回上海后，王元化将张可刚出版的《莎士比亚研究》托敏泽转赠送给钱锺书。

后来，钱锺书介绍马悦然去见王元化。为此，王元化在日记中还特意记了一笔：

> 我和马悦然相识在八十年代初，他是由钱钟书介绍给我的。当时钱先生曾向我说："我不会把不相干的人介绍给你，这个人是不错的。"当时马悦然还不是瑞典皇家学院的院士。他当选为院士（同时也就成为诺贝尔文学奖的评委）以后，不知为了什么，钱钟书和他的交往逐渐疏远，以至断绝。有一次我听到钱钟书批评他说："他的董

① 胡晓明：《跨过的岁月——王元化画传》，第 130 页。

仲舒也搞不下去了。”①

巧的是上海嘉泰拍卖公司在2008年6月23日一次春拍中，出现了一批王元化的私人物品，其中就有钱锺书写给王元化的此信。②

此信全文如下：

元化我兄：

瑞典皇家人文科学院副院长马悦然教授(N.G.D.Malmqvist)主持欧洲汉学会所编近代中国文学丛书，素仰大名，又知兄主持“孤岛文学丛书”，特介绍来访，祈推爱会谈为感。

暑安。

弟钱锺书敬上

七月十九日

根据马悦然的回忆，他曾与钱锺书和杨绛在两个场合见过面。第一次会面是1981年夏天，第二次是1982年8月。这两次会面，他都是以《中国文学手册：1900—1949》编撰负责人身份拜访钱锺书的。钱锺书修书给王元化介绍马悦然是1981年夏天的那一次，此事马悦然到后来才知道。得王元化的帮助后，马悦然与很多中国作家诗人取得了联系。至于钱锺书对马悦然的态度变化，仅为王元化一家之言。个别作家为惊听回视，在此基础上作了渲染，有博眼球之嫌。③

1998年12月19日，钱锺书去世。上海的《文学报》于24日发表了一

① 王元化：《九十年代日记》，第69—70页。

② 从印刷精美的嘉泰古籍善本拍卖目录和照片中可以看到除了此信之外，还有郭绍虞、钱仲联、李一氓、李锐、光未然、任步武等赠王元化书法作品，以及王元化书写《江陵图谱序》《无邪堂答问》原件。此外还有周扬、胡风、钱锺书、李济、李一氓、梅志、孙冶方、李锐、杨明照、郭绍虞、林毓生、胡道静等人签赠著作近30种。

③ 参见肖鹰：《钱锺书的确斥责过马悦然》，《中华读书报》2013年3月20日。

篇采访王元化记，以追思钱锺书，题目为《一代学人的终结》。王元化对钱锺书的评价是："钱先生去世，意味着本世纪初涌现出来的那一代学人的终结。"但后来香港《亚洲周刊》在发文时，却将钱锺书与王国维、陈寅恪并列为三位本世纪的一代学人，王元化表示了不同意。

王元化最后两年的岁月中，对年轻时代的王元化又做了深刻的反思。2005年11月29日他在《新民晚报·夜光杯》上发表的《清园谈话录》反思了不少问题，从他最崇敬的罗曼·罗兰的《约翰·克利斯朵夫》谈起：

> 复旦同学来读书，读的是《约翰·克利斯朵夫》。这部书是我年轻时最爱读的，并且不知读过多少遍。这次重读，和以前最后一次读它时，相距有四十多年了。目前我的感受和从前不同的是，我不再把约翰·克利斯朵夫看作像普罗米修斯一样的神明，因为我不再有年轻时的那种狂热的激情了。我十分服膺莎士比亚说的：上帝造人先让他有了缺点才成为人。人的认识、人的理性力量，不是无所不能的，而是有限的。克利斯朵夫也是有缺陷的。过去我爱读的是这部书的第四卷《反抗》和第五卷《节场》，我对克利斯朵夫不顾一切想要去涤除艺术界多年积存的油垢，向那批用艺术以外的手段去骗取金钱、地位和名誉的文士进行挑战，那时我是多么倾倒于克利斯朵夫啊！我觉得他说的每句话、做的每件事都成了批评的正义和艺术的真理。可是，这次重读我发现，他的批评并不总是对的，有时他做过头了，把值得肯定的作品和值得尊敬的前辈也一概践踏在脚下，我想罗曼·罗兰只是把这种反潮流、反传统的极端态度，当作青年艺术家在精神发展历程中的一个时段。虽然罗兰是含着同情的理解去写这样一段精神历史，但并不意味着他要我们都去学他。罗兰在他的剧作《群狼》和《爱与死的搏斗》中都明确表达了他并不赞成狂热、激进和偏激的观点。①

① 王元化：《清园谈话录》，载《新民晚报·夜光杯》2005年11月29日。

这是多么坦诚和真挚的情怀？多么真实和勇敢的精神？他对于自己青年时代进行了反思和重新的领悟，就像约翰·克利斯朵夫有着青年生涩的一面一样。“因为这是一个人，你会觉得他并不陌生，是属于你自己的灵魂，包括你的坚强和你的软弱……”[①]这也可以看作是王元化对这桩公案的最后断语。

认 识 张 可

在王元化的一生中，与妻子张可的感情生活是那样的久长和浓厚，命运早就等待着这一时刻——1938 年春天。在上海的平津流亡同学会的活动中，他们相识。那时王元化刚到上海，他从“民先”转为中共党员，党组织分配他在平津流亡同学会，做一些联系文艺界的工作，主要就是联系业余戏剧社。张可是暨南大学的学生，在演剧队。剧社常到难民收容所演一些抗战救亡的戏，称为“国防戏”；有时候也去孤军营演出。孤军营是曾经在“八一三”淞沪会战中四行仓库抗敌的国军八百壮士圈禁驻地的称呼。在谢晋元的领导下，他们几经周折，后来被迫围禁在沪西的一块地方过着类似囚禁的生活。[②]

初次见张可，是在一个清华来的黄姓学生家里，复兴中路襄阳路口的××里，剧社排练的地方。有一个叫郑山尊的，抗战前被关进国民党监狱，刚刚释放，在这里帮剧社演戏。王元化还记得是坐法租界 42 路红色的单层公共汽车去的。

> 她很朴素的，剪一个不长不短的齐肩发，穿一件旗袍，也不是很考究的布料。从我认识她到结婚到后来，她都是不喜欢修饰的，擦粉

① 王元化：《清园谈话录》，载《新民晚报·夜光杯》2005 年 11 月 29 日。

② 孤军营位于上海沪西余姚路胶州路。详见拙作《消逝的蒋家巷》“谢晋元墓”一节，上海书店出版社 2019 年版，第 195 页。

啦，口红啦，都不大弄的。偶尔把头发梳成个辫子盘在头上，就算很时髦了。记得后来我们熟了，有一次去京都剧院看她，我小时候是很吊儿郎当的，那次去穿了一条西裤，当中裤缝也没有的，她说，“你怎么穿了一条卓别林式的裤子就来了，这样不好。”呵呵，批评了我一下。①

王元化2006年回忆的时候说。

张可也加入了中共地下党，比王元化稍微晚一点点。②入党的时候，她称自己是“一个温情主义者”。王元化对张可的个性评价是“一生都没有什么很强烈的情绪，她都是很淡的，她哥哥满涛（张逸侯）说她就是四个字——轻描淡写”③。即便他们俩恋爱写信，很肉麻的那种话都没有。王元化有时去掉那个“张”字，称她“可”，她收到信后就说，以后不要这样称，还是叫张可。他们新婚时王元化在北平铁道管理学院教书，两人住在北京的四合院，那个二房东就笑：王先生啊，你们两个真奇怪，你叫她张可，她叫你王元化，怎么都是直呼其名啊？

两人的初恋，对于王元化来说是一件很陌生的事。王元化比张可小一岁，热情、好动，善于言谈，看上去比张可稚嫩。张可话不多，温柔善良，很有气质。他坦承自己也不懂，那时20岁不到，有点愣头愣脑的，只是觉得她很好啊。有一天，王元化对她说：我要约你谈谈。她简单地说：好。于是两人走到雁荡路复兴公园，当时叫法国公园。哪知道王元化没有带钱，只得对张可说，你买两张票。张可后来笑他：你约女朋友谈话，倒要人家买门票。在公园里，王元化习惯性地说，我对你怎样怎样。张可非常冷

---

①③　吴琦幸与王元化谈话笔记（未刊）。

②　1949年之后，上海的地下党员要重新登记，张可没有登记，就此失去了中共党员的身份。其动机无可考。当从下文王元化讲张可“一生都没有什么很强烈的情绪，”并用“轻描淡写”来论定张可，她的这一举动也是很容易理解的了。

静，说你怎么会……当时问了他三个问题，王元化哑口无言，于是大家就散掉了。

王元化是一个单纯热情的年轻人，不知道如何去讨女孩的欢心，张可却正是看中了他的这种率真的性格。

执子之手

1948年3月，上海慕尔堂。在母亲桂月华的主持下，王元化与张可以基督教的仪式结婚。

张可的父母也许并不认为王元化是那些候选青年中最出色的，但女儿的选择总是有着她的理由。当时王元化负责黄炎培任社长的《展望》杂志，用化名撰写了不少抨击、揭露国民党的文章。不久《展望》被查封。到了3月底或4月初的时节，地下党要王元化负责编辑《地下文萃》。那是提着脑袋在国民党眼皮底下工作的岁月，时刻都要提防着出门之后就一去不返。正是在这个危险时刻，他们用爱情对人生和时代做出了表征，"死生契阔，与子相悦"。父母没有真正阻止女儿，而是从容地挽着一身白色婚纱、美丽恬静的女儿，郑重地把张可的手交到了王元化手上。在那里，这对新人发誓不论生病还是健康，灾难还是幸福，都始终如一，永不离开对方直到生命结束。他们用一生的和谐和相守验证了这一誓言。不论生活中遇到何种灾难病苦，不论遭受到何种程度的灾祸和人生的劫难，他们携手度过一生。不论是以月下老人还是以上帝为证人，幸福的婚姻总建立在心灵的相契、平凡细微的互相扶持之上。上帝作证，他们的心灵相通，他们将彼此的命运紧紧维系在一起了。

像张可这样一个女性，这样一种19世纪式的大家闺秀而又具有着崇高素养的女性，在20世纪的中国，在那疾风暴雨、反目相仇的斗争年代，会不会不适应？或者与这个时代格格不入？生在这个时代就是这个时代。尽管不是很适应吧，也要在那种环境中顽强生存。特别是在当时那个环境下，阶级斗争的调子提得很高，昨天还是同志，今天就是敌人，背叛无所不在。王元化有时无法忍受的人与事，张可却反而可以淡然处之，且承受力更强。

在生活中，张可是一个贤妻良母。作为大小姐，张可在父母家里从不烧菜的。结婚以后，便得尝试起来。她学她母亲汪毓秀，喜欢弄安徽人的那种一品锅，弄个蹄膀、弄只鸡，再弄些鸡蛋、火腿、白菜等，放在一起，既有营养又美味。刚结婚在北平生活的时候，张可花了不少钱买了个锅，备齐这些东西，烧好端出来。王元化一吃，不对啊，整个是苦的。到了后来，张可就得心应手了，很多朋友和学生到他家，最喜欢吃张可烧的菜。当然，王元化对张可是有内疚的。结婚以后，她为家庭付出很多，相夫教子，安排家庭各种事务，调理得非常好，从来没有让王元化觉得家里经济上有危机。"文革"的时候，她把旧的呢袍子缝在中式棉袄里，舒服、大方，也很暖和。1950年代初，许多年轻的知识分子意气风发，王元化常常激情与才学喷发，侃侃而谈。但从1954年"反胡风"运动到"文革"结束，20多年，王元化被禁声。张可默默地陪伴着他，给他信心和希望。到了1980年代，王元化又恢复了这种精神，在家中的客厅中，各路朋友和学子满座，王元化说话总是最多的。张可总是笑吟吟地迎客，然后陪伴着坐在一起，静静地听。对于王元化的看法，很罕见地，张可也会插几句表达自己的看法，王元化坚持着自己的看法，张可会看着他，洞悉一切般地笑笑，然后对他竖起修长的拇指来：对，对，你总是"我，我，我"，你是最好的，你了不得。张可就是具有这样的修养。

王元化谈到张可和满涛的性格时说，张可气质很平和、很文静、很含蓄；她哥哥满涛有时候会有一点很强烈的情绪，譬如不喜欢什么，是要流露出来的。张可不会，她十几岁就是那样子。王元化把这归之于张可的天性。人的气质与出身、家庭环境、教育有关，但也跟基因有关系。王元化晚年认为，像张可这样一个性格温和的人，参加革命可能跟满涛有关。当时整个就是那样一个氛围，红色的，革命的年代。张可就读的上海暨南大学，当时请的老师，像周予同等人，都是革命的。世界范围里也是这样，那些苏俄的文艺作品都是革命而充满着激情。

在生活中，王元化的脾气比较急躁，有时与相熟的朋友、学生发点脾气。张可相反，她温和柔顺，从来没有跟人脸红过。王元化有观点就说，哪怕在“文革”中也有点毫不忌讳。张可却不大喜欢表露自己内心世界，话也很少。“文革”期间，王元化夫妇都被隔离，两人分开来，一人在这头看书，她在那头看书。张可是学英国文学的，喜欢看文学书，后来常常帮王元化翻译稿子。她幼承庭训，写一手娟秀的毛笔字，王元化自承自己的小楷不如她写得好。她为王元化抄写的重要论文《龚自珍论稿》至今还被保存着，其工整流畅的笔力，一看就具有深厚的书法底气。生活中自然总是免不了意见相左，有时他们也会争执，但总是张可谦让，于是争执的空气缓和。在研究外国文学方面，王元化一开始受到满涛翻译契诃夫《樱桃园》的影响，大量阅读了契诃夫的作品，后来迷上了 19 世纪俄罗斯文学所显示的那种质朴无华的沉郁境界，尤其是契诃夫那种描写日常生活中流露出来的淡淡哀愁，尤使他心中相契。但张可始终觉得“莎士比亚不比契诃夫逊色”。

莎士比亚不比契诃夫逊色

张可给王元化学术上最大影响就是关于莎士比亚研究。早在 1930 年代，王元化深受别林斯基文学理论的影响，尤其是别林斯基对自然派文学技巧的概括：一篇小说，内容越是平淡无奇，就越显出作者过人的才华；那些响亮的独白，圆熟的叙述，绚烂的词藻，是庸才依靠博学、教养和生活经验所得来欺骗读者的，他们不会描写日常的平凡的生活。沉醉于这种风格，王元化对于讲究辞藻华丽、语句排比的莎士比亚作品没有产生兴趣，甚至还不太喜欢。早期王元化认为莎士比亚作品语言雕琢得太厉害，他的剧作句子冗长，批评者说可以“删去千行”，将他归入“夸张、做作、过时的伟大天才"一类。结婚后，王元化和张可在家中有时会就此争论一下。张可赞赏莎士比亚的才情和思想深度，认为并不比契诃夫逊色。两人谁也没有说服谁。

在1955—1957年隔离审查期间，张可没有任何怨言，默默地付出全部的爱，并且有机会再次向他推荐莎士比亚的作品，这引导了王元化在隔离室中阅读了大量莎士比亚作品。孤独中的思考和反复品嚼，从莎士比亚中读到了人性中的胆怯和卑鄙，并有着对于人生的淋漓尽致的鞭挞和深刻发掘。这一切似乎在他心中开启了另一扇通向光明的门。1957年2月，王元化结束隔离审查。回家以后，为排遣心中愤懑和寂寞，常到四马路（今福州路）外文旧书店去淘书，一个礼拜甚至会去几次，这几乎是王元化1950年代后期的一件乐事。从此他跟张可共同阅读、研究莎士比亚。时值张可在上海戏剧学院教授莎士比亚作品，王元化看到有关莎士比亚的书籍就会买回来，有柯勒律治的《莎士比亚演讲录》、赫兹列特的《〈莎士比亚戏剧人物论〉序言》等，包括当时很难找到的施莱格尔的《戏剧艺术与文学演讲录》，那是一位朋友朱维基（新月派诗人）借给王元化的，他也是少数几个还敢跟王元化来往的人之一。在书店中，王元化看到了不少原版的西方文艺杰作，法国的泰纳、丹麦的勃兰兑斯、德国的施莱格尔是文化历史学派的三位主要理论家。泰纳的《英国文学史》，旧书店进了凡隆的英译本，王元化即刻买了回家，与张可共享。这部书的第二部分第四章专论莎士比亚，张可看了也很喜欢，于是就根据这个英译本进行翻译，后来就成为两人合作出版《读莎士比亚》《莎士比亚研究》两本书的基本内容。夫妻两人在家中畅论莎士比亚，夫唱妇随，互相切磋，几乎生活的乐趣就在读书、论书和研讨，这对神仙眷侣的当时生活颇可比肩李清照、赵明诚夫妇在家中论古人金石诗文之趣。①在共同的合作和研讨中，王元化

① 李清照：《金石录后序》："余性偶强记，每饭罢，坐归来堂烹茶，指堆积书史，言某事在某书、某卷、第几页、第几行，以中否角胜负，为饮茶先后。中即举杯大笑。"载赵明诚《金石录》（金文明校证），上海书画出版社1985年版，第258页。

极为重视张可的观点，对莎士比亚作品进行研究，并最终接受了张可所说的“莎士比亚一点不比契诃夫逊色”的论断。他从《奥赛罗》开始重读莎士比亚，确实觉得他了不起。于是他们开始一起翻译有关莎士比亚的研究论文。1960 年代初王元化撰写了《论莎士比亚四大悲剧》近十万字，张可用娟秀的毛笔小楷誊抄在朵云轩纸笺上，再用磁青纸作封面，线装成一册。可惜在“文革”初，“我害怕了，在慌乱中将它连同十力老人几年来寄我的一大摞论学信件，一并烧毁了”①。然而妻子字里行间流注的情谊、默默一旁全力相助的理解，都并不曾在元化心中消失……1982 年上海译文出版社出版了张可的《莎士比亚研究》，1998 年上海教育出版社出版了他们夫妇合作翻译研究的《莎剧解读》，张可的名字排在王元化之前，见证了这对学术伉俪的真情和共同的爱好。②

求学汪公严

1946—1948 年，王元化一直是国立北平铁道管理学院（今北方交通大学）的一名兼职讲师，教授大一、大二基础国文，所用的教材是杨遇夫编著的《高等国文法》（商务印书馆大学丛书），古典文学则使用的自己编的教材。

刚从风起云涌、明争暗斗的上海文坛来到这个还残存几分书生文气的学院中来，这其中的滋味，恰似峰回路转。往昔每日在嘈杂的报社排字间中，现在终于脱身出来，从事大学校园的教学工作，但这是需要一个过程的。青少年时期王元化受鲁迅的影响颇深，当时的“五四”人物在全盘性的反传统思想中对古书激烈地否定。鲁迅在“五四”时期有一句名言：“中国书虽有劝人入世的话，也多是僵尸的乐观，外国书即使是颓唐和厌

---

① 王元化：《王元化集》（第三卷），第 4 页。

② 张可、王元化：《莎剧解读》，上海教育出版社 1998 年版。王元化与张可共同研究、翻译莎士比亚的论文集。

世的，但却是活人的颓唐和厌世。我以为要少——或者竟不看中国书，多看外国书。"①于是"不读或少读中国书"，对青年的影响很大，王元化也不例外。记得"孤岛"时期，桂月华曾请任铭善先生教他《庄子》《说文解字》《世说新语》，那时他并没有心思读，但是母亲叫他读，不得不读，但并没有入门，还受到任铭善先生的批评。王元化自述那时"我几乎读不懂魏晋时代那种对仗式的骈体文字，更没有经书的一般知识。后来我对《诗经》、《易经》、《左传》等略有常识，完全由于先生的教导"。②现在面对大学生，要教中国古代文学名作，王元化突然觉得书到用时方恨少，勉力备课，常常到夜里一点多钟。一些大学生觉得王元化的年龄跟他们差不多，不免轻视。王元化也很慌，讲课有点心里发抖，吃了很多苦头。他不得不埋首读书，读到鲁迅的《摩罗诗力说》中有五次提到《文心雕龙》。王元化说："《文心雕龙》有一篇《辨骚篇》，讲屈原的《离骚》，刘勰认为后世模仿《离骚》的作家可分为四类：'才高者菀其鸿裁，中巧者猎其艳辞，吟讽者衔其山川，童蒙者拾其香草。'鲁迅说屈原的后世模仿者：'皆着意外形，不涉内质，孤伟自死，社会依然，四语之中，函深哀焉。'鲁迅怎么可以看出这么深刻的道理，我怎么一窍都不通，这句话里有什么样的'深哀'——深深的哀痛在里边呢？他是为了挽救社会而讲这些话。才高者是用屈原的体裁去模仿他的，真正对他思想内在的东西一点没有理解。鲁迅说刘勰讲这四句话时，有一种深深的哀痛在里边。我那时候无法理解。"③

于是，王芳荃专门请了汪鸾翔（公严）先生④来教他古文，自此，王元化开始有系统地学习古代典籍。汪公严幼承庭训，6 岁发蒙读书，父亲教以四书、毛诗、唐诗等；14 岁应童子试，屡列前茅；18 岁广雅书院考试获第

---

① 鲁迅：《鲁迅全集》（第三卷），人民文学出版社 2005 年版，第 12 页。

② 王元化：《王元化集》（第七卷），第 141 页。

③ 王元化：《英雄可以忍辱负重　但开风气不为师》，载《时代周报》2012 年 7 月 5 日。

④ 汪鸾翔（1871—1962），字公严，又字巩庵。从 1999 年版《跨过的岁月——王元化画传》："汪公岩，字鸾翔"始，所有读物均误将"公岩"为名。2006 年王元化获汪鸾翔三子汪复强编写的汪鸾翔年谱，始将"岩"改为"严"。汪鸾翔共有三子：汪振武（健君）、汪振儒、汪振慧（复强）。

一名，此时梁节庵任山长，第二年朱一新任山长；22 岁入京，倾心于新学，后入张之洞幕府；48 岁时得梁节庵推荐入清华学堂任教中等科国文；64 岁（1934 年），陈曾寿介绍汪鸾翔赴伪满洲国宫内府，任溥仪及子侄们的数理化科老师①；至 1941 年返回北平。

初始给王元化授课的时候，所涉及的古书，王元化一窍不通。汪公严说："你不懂这些东西，没法懂中国文化。"②这句话点醒了王元化，从此在三部书上下了很大的功夫，一是《文心雕龙》，另外是《文选》和《楚辞》。从此，一直到晚年，王元化重新审视传统名著，从阅读到研究，最后选择了《文心雕龙》作为研究对象。他后来一生中最重要的学术著作《文心雕龙创作论》中的某些想法最早即萌生于这一时期的听讲之中。

一生最重要的老师

1920 年代，父亲王芳荃在清华学校任中等科英文教员，汪公严是其同事，为清华学校的中文教员。汪公严书画文绝佳，王芳荃后从其学书画，颇得指点。清华校歌的歌词即为汪公严所撰，王元化到晚年的时候还能复诵并唱。下为汪公严所撰的清华学校校歌歌词，至今仍沿用为清华大学校歌：

（一）

西山苍苍，东海茫茫，吾校庄严，岿然中央。

东西文化，荟萃一堂，大同爰跻，祖国以光。

---

① 溥仪《我的前半生》："补习数理化的老师叫汪鸾翔，是位博学多才的人。书、画都拿得起来，水彩、油彩不怵，新学样样通。不过给我补课的课本，不管是数理化还是别的科，都是木刻、线装的课本，是汪老师在光绪年间教书时自己编的教材。"王元化《记汪公严》一文说汪公严"与陈曾寿携行至伪满长春授溥仪数理化科"，案陈曾寿 1925 年当末代皇后婉容的师傅，1937 年出宫。见《王元化集》（第七卷），第 137—139 页。

② 王元化：《英雄可以忍辱负重　但开风气不为师》，载《时代周报》2012 年 7 月 5 日。

莘莘学子来远方，莘莘学子来远方，
春风化雨乐未央，行健不息须自强。
自强，自强，行健不息须自强。

（二）

左图右史，邺架巍巍，致知穷理，学古探微。
新旧合冶，殊途同归，肴核仁义，闻道日肥。
服膺守善心无违，服膺守善心无违，
海能卑下众水归，学问笃实生光辉。
光辉，光辉，学问笃实生光辉。

（三）

器识为先，文艺其从，立德立言，无问西东。
孰绍介是，吾校之功，同仁一视，泱泱大风。
水木清华众秀钟，水木清华众秀钟，
万悃如一矢以忠，赫赫吾校名无穷。
无穷，无穷，赫赫吾校名无穷。

汪公严早年在广雅书院求学，广雅书院由张之洞创办，其宗旨在于“博古通今，明习时务”，在学派中居于汉宋之间，对于古文献的解读讲究不墨守成规，要有创意。王元化形容道：“公严先生身体瘦小，须发皓然，说话带着广西口音。他穿着件古铜色的长袍，腰间系着一条蓝绸腰带，下面是双梁布底鞋。”“先生授课，大多全凭记忆。有时身边也放着几本书，但很少查阅。……他对我讲授《离骚》时，全用古音，读来押韵。就我总的印象，汪先生讲授各书时，似不太重视前人的训诂考据，这大概是‘通人恶烦’吧。他的讲解往往有独到之见。比如讲解《文赋》‘虽离方而遁圆，期穷形以尽相’一句，即与何义门所释‘此言文章须有规矩方圆’不同。照先生的意思，离方者是离开方去说方，遁圆者是离开圆去说圆，否则以方说方，以圆说圆，就变成前人所讥的‘以弹说弹’。如果用这种方式去作文，那就叫作骂题了。这一说使我叹服，长久不能讲通的道理也就豁然贯通了。"[①]最重要的则是"先生讲授《文心雕龙》更使我终身受益。这部书虽仅四万余言，却是包括了史论评在内的百科全书式的著作，倘非具有极渊博的知识是很难理解它的"[②]。王元化在今后的困厄年代能够静下心来研究《文心雕龙》并成为一方的专家，与这个时期打下坚实的研究基础大有关系。汪公严的学问确实好，不仅是古典文献，即便是当代的西方理论著作，也多有浏览。王元化上课之余，定期去汪公严的家中问学，"看到书架上有不少水沫书店刊印的马列主义文艺理论中译本，那时，汪鸾翔已近80岁了。……从广雅书院毕业出来后，汪鸾翔教授过自然科学，还作过溥仪的化学老师。那时的学人阅读面极广，反而是后来的学人，各有所专，阅读也就偏于一隅，形成了知今者多不知古，知中者多不知外。于是由'通才'一变而为鲁迅所谓的'专家者多悖'了"[③]。这种浓厚的传统国学学风对王元化一生的治学风格颇有帮助，而汪公严新旧学博通的风格，也启发了王元化在《文心雕龙创作论》写作中打通中西、博通新旧、横贯古今的研究方向。汪公严对自己的学生评价颇高，1949 年，汪公严在回王芳荃信的底稿中有"元化文笔，条畅可喜，自可在文学界占一位置"[④]。

王元化在晚年说，他一生的五位老师中，汪公严对他的帮助最大。那时候王元化跟着他是真正读了一点东西的，而且都是精读，可以说得汪公严真传。

北平的春天，文人墨客都有郊游的习惯，其中最常去的是宣武门外崇效寺。崇效寺始建于唐贞观元年(627 年)，历经五代、宋、元、明几个朝代，到清朝时已经开始衰败，唯有每年春季赏牡丹为一盛事。崇效寺又因藏有著名的《青松红杏图》图卷而闻名遐迩。

---

① 王元化:《王元化集》(第七卷)，第 140—141 页。

② 王元化:《王元化集》(第七卷)，第 141 页。

③ 王元化:《思辨录》，上海古籍出版社 2004 年版，第 287 页。

④ 此条资料由汪公严后人汪端伟先生提供。

明末，明朝蓟辽总督洪承畴与清军战于辽宁杏山及松山两役，终被清军所败，1642年投降于清军。洪承畴手下一将军不愿投降，遁离军队，后隐居河北盘山青沟寺，削发为僧，法号智朴。1644年清军入关，统治了华夏，智朴和尚为表达对那两场战役惨烈死去战友的怀念，绘制了一幅图卷以寄托。据民国陈宗蕃《燕都丛考》记载，该图“一老僧凭松而立，苍枝虯亘，红杏夹之，一沙弥手执一芝立其下”①。其中青松、红杏隐指松山、杏山，以寓亡国之痛。此图后经辗转落户于京城崇效寺，从此成为崇效寺镇寺之宝。清代文学家王士禛首见图卷，深为震动，题写“青松红杏图”五字于图，由此得名。王元化随父偕公严先生游崇效寺正是初春时节，藤萝花开满一架，而幽香更将静谧点深化浓……将一杯清茶细细地慢慢地饮，尘嚣皆去。又看了寺中所藏《青松红杏图》，见一松、一杏、一童，卷末附有清一代名家题跋，曾国藩所题七律，反用红杏满枝来颂扬满清，王元化愤慨，作七绝讽刺：

青松红杏两相持，公意渊深耐细思。权贵不解孤臣恨，千秋宝卷染瑕疵。②

两年大学教书和向汪公严问学的经历，给予王元化古典文论方面造诣以极大提高。此期间，王元化除了偶尔为上海的左翼刊物报章写写文章之外（包括前述《论香粉铺之类》），真正的时间都花在古代文学、《文心雕龙》和训诂小学的学问中。他按照汪公严要求的读书方法，沉潜往复，为读通《文心雕龙》下功夫。另外一方面又教学相长，大学教授古代文学的课，必须要实实在在接受比较系统的古代汉语的训练，这也提高了他在古代文学领域中的修养，这一切都为12年之后转向古代文论研究奠下了基础。

---

① 参见柴念东：《历史钩沉：记载一段鲜活历史》，http://www.guoxue.com/?p=20573。
② 王元化：《人物·书话·纪事》，第219页。

1948年9月王元化应中共地下党之召回到上海后，给汪公严写了一信汇报自己的学业情况。汪公严先生的长孙汪端伟提供了这封信的原件，今披露于下：

公严夫子大人：

自离平来沪后，已近二载，未能亲聆教诲，思之常觉怆然！近得家父来信，云及夫子居处被籍没，藏书无存处，数十年之心血，恐将散亡于一旦。闻之更增悲思，感伤不已！受业抵沪后，即入此间诚明文学院执教，后又转入展望杂志社担任编辑工作，社长为黄任之（炎培），时正值平津变色，长江吃紧，上海入于战争状态，汤（恩伯）毛（森）诸匪实行恐怖政策，白昼杀人已成司空见惯，凡我小民，略一不慎，出语疏忽，即有被捕之虞，甚至有谓八路电车误传八路军而遭扣押者，风声鹤唳，一夕数惊，此情此景，令人忘掉人间，如游地狱。受业因编《展望》杂志，早受当局之侧目，故虽非狡兔，亦备三窟，做藏身之地。幸时时迁移，逃避有方，始告无虞。上海解放后，受业去《时代》出版社，担任编辑《时代》半月刊之职，已历半年。兹因琐事烦集，久疏问候。实感汗颜。然夫子谆谆善诱之形象，无时无刻不在记忆之中，每一念及，辄欲执笔作书，但事杂心浮，屡屡中辍，此当向夫子大人告罪者！受业于抗战胜利后，曾以拙作文艺论集付梓问世，唯赶印匆忙，粗陋不堪，现拟另觅书局再版，俟出书后，当奉赠，请夫子斧正。近日上海久阴初晴，天气骤变，已不若数日前之温暖矣。室外寒风刺骨，入夜冷气逼人。遥望北京，谅更有冬意。不知夫子需要何物，请即示下，当托人带上（最近友人往来于京沪道上者甚夥，带物极为方便），乞万勿客气为荷。匆匆不尽一一敬请

福安

受业　元化叩

十四日

原信用时代出版社信笺书写，直排十五行一纸，共两纸，为王元化档案史料中所见唯一用文白相间书写的信。此信应该写于1949年底到1950年初。王元化于1948年秋从北京调回到上海，先在诚明文学院教书一学期(秋季班)，到1949年1月，被派往《展望》杂志任主编。上海解放为1949年5月，王元化在此后“被姜椿芳同志找去编《时代》杂志”。中间经过了唐守愚不让转组织关系到《时代》社而拖延一段时间，到下半年正式进入《时代》。故此信应写于冬季，与他从北京到上海将近两年的时间相符。

迎接新中国诞生

1948年秋天，王元化被党组织召回上海，暂时中断了向汪公严问学的学业，投入地下工作关键的时刻——迎接新中国的诞生。他先在由胡朴安等人创办、后由蒋维乔任校长的诚明文学院教了一学期的书，[①]然后又去做他的老行当——编杂志。

黄炎培任社长的《展望》周刊杂志初出版时，唐守愚与黄炎培联系，由地下党员潘朗任主编。不久，潘朗离开上海到香港去工作，黄炎培向唐守愚提出，要求党组织派一位得力的干部到《展望》来主持编辑部的工作。唐守愚就在由沙文汉主持的江苏省文委会议上[②]提出了这个问题，决定由王元化去，时间大约在1948年底。王元化接受了这个任务后，去展望出版社担任《展望》周刊的编辑工作，他用的是“王清园”这个名字。刚进中华职业教育社的二楼，就见到了大名鼎鼎的教育家、出版家黄炎培，黄炎培直截了当地问他：“王先生，你能否将真实姓名和地址告诉我?”事前

---

① 该校是一所中型的私立大学，学院先后设有中国语言文学系、教育学系、外国语言文学系、商学系四个系，国学、商学两个专修科，每系开课50多门。1949年国学专修科、商学专修科分别改为国文、会计专修科。1952年院系调整时有关系科分别并入复旦大学、上海财经学院等校。这也是后来王元化入复旦大学(当时叫震旦大学)教书和结缘的伊始。

② 此时上海地下党文委由江苏省文委领导。

唐守愚曾交代王元化，如果黄炎培要知道他的真实姓名，可以告诉他，以便在紧急情况下得到他的帮助。于是王元化就将自己的真实姓名告知黄炎培。他在那里一直工作到 1949 年 3 月 18 日，该刊被国民党查封。王元化转而负责编辑《地下文萃》，一共编了三期，组织上通知停刊，上海即将解放。

1949 年 5 月上海解放后，王元化去上海市委组织部报到，见到了时任上海文化系统领导陈虞孙，陈准备筹划《文萃》的复刊，指定由王元化负责，并在军管会登记出版刊号，列上海解放之后的期刊第一号。后来上海的文化工作统一规划部署，改变了复刊《文萃》的计划，暂时不出版。王元化又被姜椿芳找去负责《时代》杂志的编辑。但是他的组织关系属于江苏省文委领导，被文委书记唐守愚扣住不放，其理由是王元化在执行党的统一战线上犯了错误，主要指他发表文章批评钱锺书的《围城》，不符合党的统一战线政策。此外，王元化还对当时的政治标准和艺术标准的原则发表了不同的看法，思想不纯，要王元化检讨错误。①

王元化只得等待。这段等待工作的时间对王元化来说是痛苦的。恰好此时，任华东局宣传部长的舒同看到了他在报上发表的一篇文章，对王元化倍加欣赏，并问及他的近况，才由上海市委组织部出面解决了他的组织关系问题，顺利地进入了时代出版社编《时代》杂志，地址在林森中路(即今淮海中路)1610 弄 2 号。②同时他还应郭绍虞的邀请，到复旦大学中文系担任兼职教授。唐弢在纪念郭绍虞的《狂狷人生》一文中说："绍虞先生担任复旦大学中文系主任以后，锐意改革，约请不少当时在上海的文学家去讲课，我现在记得起来的，计有：雪峰、胡风、李健吾、王元化等，我也

---

① 解放初，全部党员要重新登记，唐守愚将王元化的组织关系握在手中，不予登记，王元化的中共党员的身份无法恢复。后来华东局宣传部长舒同来过问此事，交到上海市委组织部，王元化受到了党组织的警告处分才恢复党籍，被安排到时代出版社工作。

② 参见王元化：《舒同书法集・书后》，文物出版社 2005 年版，第 250 页。

是那时应约前去教书的一个。”①日本学者今富正已称：

> 中国人民解放军进入上海，……又因大学的几次重组合并，转入复旦大学中文系。在该校受到了赵景深、郭绍虞、刘大杰、王元化、刘雪苇、蒋天枢、贾植芳、蒋孔阳等教授的指导。和我同一个班级的同学有章培恒、张德林、陈秀珠(已故)以及其他一些人。他们后来大都成为颇有贡献的教授、学者、编辑。当时的复旦大学校长是陈望道先生，教务长是苏步青先生。②

1951年，31岁的王元化调到华东局宣传部工作，担任科长。适逢“三反五反”政治运动，他遇到了生平很难过关的事，这就是让他这样一个长期从事文化工作的知识分子头一次面临批评与自我批评。通过互相揭发和批评来帮助同事，会上的气氛总是那样的紧张沉闷，但又不得不去批评自己并不认为有问题的怀疑对象。每次开会，平时说说笑笑的同志，突然全都绷紧了脸，空气顿时紧张起来，他非常不习惯。有一次大家说完，轮到王元化，他实在说不出，但又不能不说，而要说又不知道说什么。原本是熟悉友好的同事，突然一下子成为面对面交锋的对手，必须要有一种敌意才能够表示自己的斗争立场。于是在严肃的众目睽睽的环境下，他无法说出一字，憋了半天，只有“哇”一声哭了出来。这时的泪水，那个时候的泪水，如果用历史的试纸来量，它会是什么颜色？如果不是一位同情他的同志，同时也是对这种斗争具有经验的革命队伍中的同志站出来，他很可能会转换角色，成为被斗争的对象。这位同志站出来泛泛地批评了他受19世纪西方资产阶级文学影响太深，划不清人道主义思想界限。原来革命不能保留温情脉脉，不能小资情调。

他接受了批评，并且还得表现出由衷的感谢，确实如此——因为这一

①② 钱钢：《王元化集·学术年表》(第十卷)，第324页。

股如龙卷风般越卷越巨大的“左”倾之风，正在袭来，而此后的革命生涯中，他将目睹神州大地一场场风暴，挑战着他一入党就认定的宗旨——真理、正义、良心……比起新中国成立前艰苦的抗敌生涯以及此后20多年他所受到的心灵煎熬，这一段时间的“考验”简直是小试牛刀，真的不算什么。只是他性格中的“耿”，在这一段相对平静的生活中已经表现出格格不入的姿态，暗示着王元化后来的崎岖道路，他将因耿直把自己送上一段段的磨难，开始一段漫长的历程。

一位同事回忆了当年王元化的为人：“王元化兄在新文艺出版社时是我的上司，又是朋友。那时他住在皋兰路尚未迁新居。元化了解我方从农村放回，很诚恳地问我经济上有什么需要，说他有些稿费云云。……我在元化办公室偶谈起以往的经历，我表示一点忧虑，很清楚地记起他这样说：那是那时候为了生活做事，不必顾虑云云。作为一单位的负责人之一，换一个人是不肯这样说的，因为那时的形势谁都清楚。元化的为人宽厚，在我是印象是很深的。”①

在这一段岁月中，王元化只能写一些命题文章，有独立见解的不多，其中有《几种夸张》《用光明暴露黑暗》《论题外发言》《鲁迅三十年战斗的起点》《反对“无巧不成书”的“巧”》《论倾向性·世界观·人格力量》。前五篇文章收入《向着真实》论文集。

当年的5月，批判《武训传》运动开始，王元化奉命撰写了《关于武训传》《武训传与文艺批评》《武训传与“单纯技术的观点”》三篇文章，后收入《向着真实》初版(1952年)，在改版时被删除。②

《向 着 真 实》

1952年，论文集《向着真实》由上海文艺出版社出版，署名何典。这

---

① 钱钢：《王元化集·学术年表》(第十卷)，第325—326页。

② 参见钱钢：《王元化集·学术年表》(第十卷)，第326页。

是王元化继1946年出版《文艺漫谈》之后的第二本论文集。这部书出版当年即印刷了两次，总数达10 000册之多，后来又印刷一次。但是在1955年之后，这部书连同作者都被封禁了，写真实也遭到了厄运。

王元化对这部书是有感情的——他一生的宗旨与此书相连。如果一定要找到什么字眼来概括王元化平生中最重要的生活原则、主导思想的话，也许莫过于这四个字——“向着真实”！他从1940年代初接触到现实主义理论，并将之作为文艺创作的指导性理论，内心存在的“向着真实”就没有离开他的人格和宗旨。他一生为之努力的观念在他生来耿直的心性土壤中驻扎生根，成为不可摧毁的人生信念。今天，如果要用一句话来概括王元化一生的思想、性格、理念、信仰、为人，那就是真实、真实、还是真实。

但什么是真实？如何来界定真实？这对王元化来说是一种新的思考，这种思考来源于生活及理论中的本质，王元化对于“真实”命题的形式上思考也是逐步深化的。在这个版本中，他还只是用这句斯大林“写出真实来”来作为现实主义的基本原则。到了1981年重新编辑这部书的时候，在后记中他依然保持了这种观点：

> “写出真实来！”斯大林同志说的这句话是现实主义的基本原则。文艺上的许多错误，不正是因为忘记了它才滋生蔓延起来的么？那么，坚持现实主义，向着真实努力，这是必要的。凭着这么一点看法，从一九五〇年四月间起到一九五一年底，陆续写了十来篇东西，就是现在收在这里的文字的一大部分。由于水平限制，我只能象画记号似的写下一些零碎的感受。……
>
> 这段话仍适用于现在改版后的内容。①

① 王元化：《向着真实》，第206页。

不同时期不同语境下则有不同的解释。当时对于“真实”的界定，必须要在革命所限定的斗争生活中，表现进步阶级必然战胜腐朽阶级的立场。到了后来，王元化认识到“真实”就是要对事物做合乎客观的分析及表现，包括落后的、中间的甚至所谓的反面人物的形象。另外对于作家本身也要求真实的人格。他检查了最初开始文艺理论工作的局限性，“一九三七年，我开始文艺理论习作，我只有青年人的革命热情，却不能识破教条主义的危害。当时写的那些文字今天已经没有什么意义，现在只收入一九三九年以洛蚀文笔名发表在《新中国文艺丛刊》第三辑上的《鲁迅与尼采》一文”①。

直到 1987 年，王元化才初步认识到了在“写真实”这一问题上的局限：

> 写真实过去长期被当作心怀叵测去揭露丑恶的同义语而遭到厄难，今天又被当作机械的反映论而受到嘲笑。其实这不是一个复杂问题。真实不仅是发生过的，而且包括可能发生的；是现实，而不仅是存在。可以用写实的手法表现，也可以用象征以至荒诞的手法表现。真实不仅仅存在于物质世界，而且，还包括精神世界的种种现象。它并不把人们头脑中出现的想象、幻想以至看来似乎只荒诞不经的意象和意念摒弃在外。真实既是审美客体的属性，也是审美主体的属性。后者就是许多作家一再说到的作家的真诚、说真话等等。这也就是说作家应当写自己的真情实感，写自己真切感受到的和体会到的东西，而不能在任何情况下去作违心之论，去撒谎。②

这段话，使人不难理解贯串《向着真实》十几篇文章的一个共同倾向：

---

① 王元化：《向着真实》，第 206—207 页。

② 王元化：《思辨录》，第 404 页。

王元化对作者自身心灵素质的高度重视。他以为，只有内心存在着光明和纯洁，才能写出感人的篇章，即使是暴露文学，使人认识的也不仅仅是黑暗，而且有黑暗中包藏的火种。这与主流提倡的立场观点是有距离的。正因为此，王元化深深服膺于罗曼·罗兰在《贝多芬传》序文中的宣言：没有伟大的品格，就没有伟大的人，甚至也没有伟大的艺术。这是他近十年后重读《约翰·克利斯朵夫》后再一次确认的作家人格力量的证明。但他没料到，在即将到来的"反胡风"斗争中，在他站在被告地位又被剥夺答辩的情况下，这些纯粹表达对自己喜爱作家的景仰之情的文字会惨遭笔伐。王元化在震惊之余似乎看到了个人恩怨背后的东西："由于长期以来学术和权力的结合，丧失独立人格的依附地位所形成的卑怯，使得我们中国知识分子永远像恶梦般地被窒息生机的极'左'思潮所缠绕。"①

即便是王元化自己，又何曾完全逃脱得了这一股极"左"思潮的浸淫呢？

前述 1951 年 5 月全国掀起对《武训传》的批判时，他也撰写了三篇文章。当大多数人被政治热情所蛊惑时，要保持自己在艺术上的人格和对真假的分辨能力是多么难啊！30 年后，尽管在再版时删去了这三篇文章，王元化仍在后记中记上一笔："不管它们出现在怎样特定的历史条件下，我都不应掩饰自己的责任。"②毕竟，追求真理的道路上也会有不少的陷阱，而激情世界的真实到头来往往是虚妄不实的。

当思想的自由受到限制时，生命的负荷变得如此沉重，即使既小而微的事情也可能被放大成滔天之罪，人的活法也只能选择小心翼翼了。当王元化编《向着真实》集子时，本想收入《论倾向性·世界观·人格力量》一文，但对他怀有善意并担任领导工作的朋友刘雪苇劝他不要收入，因为它和当时正在大力宣传的作家必须先改造世界观的指导思想相悖。王元化接受了他的意见，这样使他在接踵而来的运动中稍减惊扰，但也只是稍

---

① 王元化：《清园论学集》，第 500 页。

② 王元化：《向着真实》，第 207 页。

减而已，该来的总是要来的。以王元化向着真实的勇气和思想，他此时的幸运毕竟是一时的。

1955年，王元化被打成胡风分子而遭隔离，此书被禁。正像王元化后来在文章中所说："当我用《向着真实》作为自己的书名的时候，我完全没有料到在以后历次文艺思想批判的政治运动中，写真实竟会成为受攻击的目标之一，历经厄难。"①在任何一种理论都有可能成为政治和权力斗争的工具时，曾经作为无产阶级文艺创作的原则的"写真实""现实主义"成为受攻击的目标也就不难解释。从此王元化对于学术和思想有了新的思考。但还没有来得及思考出结果，厄运已经在前头等着他了……

---

① 钱钢：《王元化集·学术年表》(第十卷)，第327页。

第五章　命运[1]（1951—1961）

组建新文艺出版社

中华人民共和国成立之后，开始考虑将当时大量的私营出版机构统一规划、统一管理。上海在近代史上是中国出版业的龙头老大，解放前夕，上海一地出版机构就有约250家，其中资本在500万元的有一家（商务印书馆），400万元的有一家（中华书局），30万元以上的四家（世界、大东、开明、正中），10万元以上的四家（北新、现代、华通、儿童），2万元以上的16家（广益、群益、锦章、有正、中原、校经山房、大众、新中国、会文堂新记、太平洋、佛学、中央、生活、铸记、南强、法学），其余都是万元以下的小出版社。大出版社附设发行部和印刷厂，中小出版社除图书出版外兼营发行。1949年前，全国出版了各类图书10多万种，其中十分之七八是由上海出版业完成的，上海出版业对中国文化建设做出了重大贡献。同时，对新中国来说，要按照新的政策来规划出版业也很重要。

1950年在北京召开第一届全国出版会议，提出“公私合营”问题。华东新闻出版局按照中央人民政府出版总署的部署，考虑将新中国成立前与共产党有密切关系的海燕书店、群益出版社和大孚出版公司合并组成公私合营的新的出版社，作为一个全行业的试点。当初曾提出“新文化出版社”与“新文艺出版社”两个名称。报到北京后，在一次文化部会议讨论中，郭沫若认为“新文化”涵义较广泛，且因过去有个书店叫“新文化”，容易混淆，最后决定采用新文艺出版社。1951年10月，华东新闻出版局副局长周新武（后任局长）等在中共中央华东局宣传部部务会上，正式提出

① 取自贝多芬第五交响乐《命运》，作品编号：OP67。

一个建立华东文学读物出版中心的方案，内容是：出版社应是公私合营性质，以私营的海燕书店为基础，合并群益出版社和大孚出版公司，定名新文艺出版社，由华东局宣传部文艺处处长刘雪苇负责筹备编辑部并领导全社工作。

1951年12月，中共华东局宣传部正式委任刘雪苇和文艺处文学科科长王元化来加强党的领导和建立编辑部，刘雪苇担任社长，王元化担任副社长兼总编辑。在酝酿编辑部人员时，刘雪苇提出调梅林和郑炳中（耿庸）任编辑；王元化则举荐了张中晓和同在华东局宣传部共事的罗泽浦（罗洛）、杭行（罗飞）。刘雪苇在筹备中的编辑会议上说，为了建立华东地区一流的文学出版社，应以毛泽东同志《在延安文艺座谈会上的讲话》为编辑指导思想，要根据文学的工农兵方向，来组织编辑出版宣传爱国主义与国际主义的文艺书籍。根据这一要求，编辑部对海燕、群益、大孚三家出版的书重新审读，审读通过后，以新文艺出版社名义出版；非文学类的陆续转给其他出版社；凡是有政治性错误的则立即停版停售；同时有计划地约新稿。社址暂借用华侨银行二楼作为办公室，筹建期间的社务会议制度，由刘雪苇、王元化、俞鸿模、梅林、冯秉序、王敏等人参加，通常由王元化主持会议。不久，原三家出版社的书陆续再版。

1952年春季，随着出版业务的发展，工作人员已从最初的15人增加到40多人。华侨银行大楼的办公室早已不够应用，王元化便四出奔走，最后在康平路先后找到9号、83号两处房子，"新文艺"迁入新址办公。1952年6月1日，新文艺出版社在康平路正式挂牌宣告成立，社名由郭沫若书写。那天下午3时由刘雪苇和王元化陪同华东局宣传部副部长匡亚明、上海市委宣传部长夏衍、华东军政委员会文化部副部长彭柏山和华东新闻出版局副局长周新武等领导到社里开全体工作人员大会，宣布新文艺出版社正式成立。成立大会结束后，王元化将一则"新文艺出版社昨成立"的短讯，交给杨规臻送去《解放日报》发表。

新文艺出版社是第一家由中共领导的文艺出版社，在当年的中国出版业中具有举足轻重的地位，在文学艺术读物的出版方面，位居全国老大。

新文艺出版社成立时的人事安排如下：社长刘雪苇（兼），副社长王元化、俞鸿模；总编辑王元化（兼），副总编辑梅林，编审耿庸，总编辑办公室秘书王勉；编辑部编辑罗洛、张中晓、罗飞、江鹜；经理部经理俞鸿模（兼）、副经理冯秉序，科长有王敏（出版）、李宪文（秘书）、杜鸿翔（总务）；校对科由王敏兼管，后由罗飞、王燕棠先后负责。

刘雪苇和王元化是华东局宣传部直接任命的干部，宣传部副部长匡亚明经常听取他们的汇报，了解新文艺出版社的选题。匡亚明还传达了上海市市长陈毅的意见，要求出版古籍方面的书籍。由于新文艺出版社缺乏古典文学编辑，王元化请冯雪峰帮助介绍人选，冯雪峰推荐了钱伯城。王元化通过郑振铎调来了孙家晋（吴岩）做外国文学编辑。1952年，由姜椿芳领导的时代出版社要迁往北京，该出版社的一些编辑如满涛、包文棣（辛未艾）、顾用中等不拟去北京。王元化专门找了姜椿芳协商，将包文棣、顾用中等调来做俄文编辑。当时陈毅的夫人张茜随军来上海，有相当的俄文基础，组织上分配她到新文艺出版社当俄文编辑。她曾用笔名"耿星"翻译了苏联绥拉菲摩维奇的小说《沙原》。那时，新文艺出版社的编辑或是学者型的专家，或是著名的文艺理论家，或是有成就的翻译家，可谓"人才济济，俊乂辈出"。编辑部分为两个编辑室，第一编辑室（文学）由梅林兼管，第二编辑室（翻译）由包文棣负责。

当时新文艺出版社出版了一些来自解放区作家创作的小说，如：《铁道游击队》（刘知侠著）、《地道战》（李克、李微含著）、《新儿女英雄传》（孔厥、袁静著）等，这些书都是新中国成立之初的优秀作品。文艺理论作品有郭绍虞的《中国文学批评史》、艾青的《诗论》、胡风的《从源头到洪流》、方典（王元化）的《向着真实》等都是那个时期文坛上有影响的作品，郭绍虞的《中国文学批评史》则开创了古代文论这门学科，被不少大学选用为教材，影响甚巨。翻译作品有满涛（张逸侯）翻译的俄国《别林斯基选集》、辛未艾翻译的俄国《车尔尼雪夫斯基论文学》与《杜勃罗留波夫选集》等都受到读书界的好评。①

1952年年底，刘雪苇调任华东文化局党组书记、常务副局长，出版社工作逐步移交给了王元化。刘雪苇回忆说："从1952年12月起，将华东文化部整编为华东文化局开始，连去(新文艺出版社)也没有时间了，只能在找上门来时才管。又不到一年，即1953年11月，便完全卸掉任何责任。在新社长未到任前，有大事由王元化同志直接找夏衍同志。"夏衍时任上海市委宣传部长，在与王元化交集的过程中，对王元化的人格、才华都有相当的了解。王元化此时还兼任上海作协党组成员、副秘书长、出版局党组成员。1953年年底，刘雪苇奉调北京，任中央文化部社会文化管理局副局长，社内工作由王元化全面负责。翌年年底(1954年)，34岁的王元化调市委文艺工作委员会任文学处处长(此时夏衍调上海市委宣传部任部长)，正式离开了新文艺出版社。李俊民、蒯斯曛分任新文艺出版社正副社长。

与胡风的相识和交往

王元化是与满涛一起认识胡风的，时间为1946年②，在王元化担任《联合报》副刊编辑期间。有一天，他和满涛一起去看住在雷米路(即今天的永康路)文安坊的冯宾符。冯宾符告诉他们俩，胡风就住在他的隔壁，并表示愿意介绍他们认识一下。当时的胡风在左翼文学界堪称领袖，名气甚大。他编的《七月》文学杂志，在"孤岛"时期的上海还能够看到，王元化和满涛两人几乎每期都要看，尤其是胡风写的《论民族形式问题》，王元化印象特别深刻，对胡风在文章中反对将文艺降低为政治附庸的观点和

① 本节内容参见王敏《胡风案前后的新文艺出版社》一文，《世纪》2003年第3期。

② 《王元化集·学术年表》(第十卷)中是1945年，误。此据王元化自述《我与胡风二三事》一文，见氏著《人物·书话·纪事》，第288页。

始终强调"社会学与美学原则相统一"的批评方法甚为认同。胡风在该文中提出:"文学与政治的联结(矛盾与统一)问题,实质上就是创作与生活,或者说创作实践与生活实践的联结问题。"①在胡风心目中,"创作"离开了"生活"便会成为无本之木、无源之水,"生活"离开了"创作"便会永远只是一口处在"原生态"的或者遍身尽是青苔旧痕的古井。因此文学与政治彼此完全不存在谁主谁从、谁尊谁卑、谁高谁低的问题;而且,文艺与政治"合为一体"的唯一条件和标准就是文艺真实地反映社会和历史,文艺应当"在革命的思想照明下面反映出历史现实底内容和发展趋向,由这来为政治开路,推动政治前进"②。当然,胡风更不赞同文艺成为"权变的政治战术的应付"。

1945年,新华日报社在国民党统治区公开出版了毛泽东《在延安文艺座谈会上的讲话》全文单行本,然后组织重庆文艺界结合延安整风和《在延安文艺座谈会上的讲话》(以下简称《讲话》),展开学习讨论。但在讨论中文艺界发生分歧,其焦点主要是围绕国民党统治区进步文艺界究竟应该反对"非政治倾向"(所谓的政治倾向即"文艺为什么人、为哪个阶级"的问题),还是应该反对"主观教条主义""公式主义"和"客观主义"倾向。胡风主张后一种意见,他在那次跟满涛、王元化谈话的时候,也强调了要反对客观主义和教条主义,王元化甚为赞同这些观点。胡风后来在他主编的《希望》创刊号上,发表了舒芜的长篇哲学论文《论主观》。这是舒芜早期的重要文章。该文从宇宙本性、人类历史发展的角度,论证了"主观"的意义和作用,自称这是"人类""社会"与"主观"的"三位一体观"。开始的时候,胡风对这篇文章的观点颇费踌躇,因为与当时的《讲话》要求甚远。但他认为整风学习既然要批评主观教条主义,就应与实际问题联系起来开展群众性批评。为此,胡风在《希望》编后记中推荐《论主观》一文,说它"再提出了一个问题,一个使中华民族新求生的斗争会受到影响

---

①② 胡风:《论民族形式问题》,载《七月文丛》第1辑,海燕书店1947年版。

的问题"①,要求读者"不要轻易放过,要无情地参加讨论"②。这里所谓"再提出了一个问题",其实是在国民党统治区的特定环境下,暗指延安整风中毛泽东批评主观、教条主义"妨害革命""祸国殃民"的话,试图再次引起人们对延安整风的注意。但是这种不太清晰的说法,却被误解为直接对抗毛泽东发动的反对主观主义的整风运动。用何其芳的话来说,胡风问题的要害是对于主流文艺方向的反对。

胡风的这一观点,与当时王元化曾经思考过的同样问题有关。王元化后来撰写《论倾向性·世界观·人格力量》一文也就此展开了论述。

胡风在关于文艺与政治的关系这一问题上,固然有其一定狭隘性,其中不乏一些特定情感、特定立场和由此带来的不那么全面的观点,但他希望文艺不要异化成政治斗争和一时一事之利的吹鼓手,也不要异化为有的文艺领导者包装自己的遮羞布和翦除"异类"的刀枪,正是出于对脆弱不堪而又横遭干涉的文艺的本能呵护。这些观点对王元化是有影响的。他也在自己主编的刊物上发表过胡风等人的文章。1948 年,王元化在编《展望》时,收到了樊康拿来的一篇冰菱(路翎的笔名)的文章,觉得不错,就在他编辑的《展望》上发表了。此后受到了上级领导唐守愚的严厉批评。唐守愚向王元化宣称"胡风是有政治问题的"③。王元化和他争辩,特别举出鲁迅答徐懋庸的那篇文章等来肯定胡风的言辞,使唐守愚倍感尴尬。到 1952 年党内整风时,胡风已经开始遭到党内的批判,王元化却向冯定也表示过"胡风有些文艺观点我是赞同的"④。

由于鲁迅是当时左翼的偶像,最高领导曾经做了极高的评价,王元化用鲁迅的话来顶撞唐守愚,虽然使他一时无语,但内心被王元化的耿直激怒,十分生气,认为王元化"不听话",对抗组织。而王元化的耿直则又表现在另一件事上。在"文革"中,唐守愚遭批斗,被隔离审查,有人拿着组

---

①② 胡风主编:《希望》创刊号编后记,1945 年。

③ 王元化:《人物·书话·纪事》,第 289 页。

④ 王元化:《人物·书话·纪事》,第 291 页。

织介绍信来上海，向王元化了解唐守愚的历史问题，并告诉王元化说唐守愚曾经被捕两次，是叛徒。但王元化说不是，因为上海沦陷期间(1942 年左右)，唐守愚确实被捕过，当时他在地下党文委工作，组织没有遭到破坏。后来唐守愚被组织营救出来之后，张可亲自把唐守愚送到火车站并辗转去了延安。不讲假话的王元化并没有因为与唐守愚工作上的龃龉而落井下石，反而言辞凿凿地以此证明唐没有叛变，以致来外调的人说王元化在包庇他。王元化的耿脾气又来了，坚持说“没有，你们可以去调查”。外调的人说:“他被捕两次，头一次是有问题的，你为什么瞒着不说!”王元化说:“这我就不知道了。”①

七封书信

王元化在 1946 年见到胡风之后，只是认同胡风的一些观点，并没有私人来往。新中国成立之后，王元化才得以真正与胡风交往。从 1950 年到 1954 年，王元化任职新文艺出版社，跟胡风有着工作上的关系，并还有通信联系。“反胡风运动”中查抄了胡风所有朋友给他的信件作为罪证，王元化给胡风的信也都被抄走。平反之后，这些信才得以发还。保留下来七封珍贵的书信收录在《清园书简》②，是研究王元化文艺观点的重要资料。以下摘引这些书信中的部分内容，并且加以点评和介绍。

一

胡先生

奉上时代出版的新编书八册。其中一册俄译鲁迅选集(是)送给

① 王元化:《人物·书话·纪事》，第 289 页。

② 王元化:《清园书简》，第 480—492 页。

胡太太的。您送给我的两册诗集，已拜读了。我很喜欢第二乐篇：《光荣赞》。这是使人鼓舞的一部作品，它把我最近积压在心上的一些苦恼全扫清了。希望以下的几部乐篇能早早问世。①

解放后读了一些文艺杂志和副刊上的文章，看看还是老调子，抗战以前搬弄什么上层建筑、下层建筑的人，现在还是只会搬弄这些东西；抗战初期提倡"意识＋技巧"的人，现在还是号召大家向古典作品"学习技巧"……他们的思想好像钟摆一样摆动，摆来摆去仍在老地方。

这些人狂热地赞美"新"越剧、"新"京剧……但是对于把全部生命献给人类、苦斗了一生的鲁迅、罗兰等，却用着轻薄的态度玩着——像您所说的"后来居上"的蚍蜉式的"批判"。更下者，是那些残渣重又泛起，发出一片空漠式的叫嚣……读着这些东西，使你不得不感到苦闷。因此，对于有生命的作品，更觉得有迫切的需要。希望您写下去！

握手

元化手上

（约 1950 年）

吴案：此信是王元化被姜椿芳找去在时代出版社工作期间写的一封信。此信的珍贵之处，不仅因为是保留下来的 1950 年王元化唯一一封书信，且是目前所见王元化给胡风的最早信函，其中保留着不少罕为人知的信息。第一，王元化对胡风写的赞美新中国的大型组诗《时间开始了》其中的一个乐章《光荣颂》特别欣赏，其影响力大到可以把

---

① 胡风在新中国成立后发表的长篇政治抒情诗《时间开始了》，包括《欢乐颂》《光荣赞》《青春曲》《安魂曲》（后改名为《英雄谱》）和《又一个欢乐颂》（后改名为《胜利颂》）五个乐章交响乐式的结构，共 4 600 余行，为当代"颂歌"创作开了先河。《光荣赞》以李秀真、戎冠秀、李凤莲、诗人的母亲为代表的中国人民的贫穷和苦难，歌颂了中国劳动人民质朴、纯真、谦逊、献身的美德。此组诗发表后不久即遭批判。

他“最近积压在心上的一些苦恼全扫清了”①。有些什么苦恼呢？他的组织关系此时正被唐守愚压着，无法转到时代出版社，这意味着当时王元化中共党员的资格无法被确认。其次，通过对毛泽东文艺思想的学习和贯彻，一切文学艺术家，首先要在思想上成为革命家；文学艺术是为政治服务的工具。这个思路从抗日战争胜利之后，《讲话》成为无产阶级文学艺术的唯一政纲，新中国成立之后，成为越来越需要紧迫解决的意识形态问题。王元化说的老调子，即指此。而胡风等人在思想上首先不是革命家，却想成为革命文学家，不愿抛弃个性和主观，却要用理论来为无产阶级文学艺术指导方向，就会被抛弃。1949 年，一批原解放区创演的现代戏《白毛女》《血泪仇》《赤叶河》《王贵与李香香》《兄妹开荒》《三打祝家庄》，解放初期创作的《三座大山》等随着解放大军的步伐进入城市。然而，大部分初期现代戏多是配合“中心任务”和“政治运动”而作，艺术上比较粗糙，思想上比较浅显。对此，长期在上海从事党的戏剧界、文化界地下工作的王元化有自己的想法，这也是王元化说的新京剧和新越剧的由来。由于王元化顾虑到其中的人与事会牵涉到不必要的麻烦，因此用了省略号来删去了一部分重要的内容。可见王元化的文艺理论观点，并不完全站在当时官方的立场上，却与胡风保持着相当近的关系。

二

胡先生

星期六您说的那篇西蒙诺夫的文章，我已经请水夫直接由原文译出第七节，译文是这样的：“作家必须知道得多。他应当研究马列主义，他应当向科学共产主义的经典名著——马、恩、列、斯的经典名著学习革命思想。”金人译文与此似乎无多大出入。奉上《翻译通

① 王元化：《清园书简》，第 480 页。

报》，看好请寄还给我（这是社里的）。最近有些什么文章应该看看的（不问是好的还是坏的）？希望您介绍一下。那篇西蒙诺夫的文章我已找到，正预备仔细读读。匆匆。

祝好！

王元化手上

（1951年？）

吴案：叶水夫即罗飞，时任时代出版社编辑，后成为副总编辑，是著名的俄国文学翻译家。请他翻译的这段话是西蒙诺夫访问中国之后的一段谈话。西蒙诺夫是苏联当时著名的军队作家，在当时的苏联文学机构中担任领导。新中国成立初期，中国的文学作品和理论常常照搬苏联的那一套，此信可见一斑。

三

胡先生

……

这些事好像解疙瘩一样，刚刚解开，不知道明天他又在什么地方再打上一个。事情虽不足道的，可是麻烦得很，使精力全浪费在这些无聊的事上了。雪苇以为俞这样的人才难找，可以为社挣钱，但×正是抬出俞做幌子，把社里搞得一团糟，将来的麻烦恐怕还多呢！充实编审力量自然是对的，但基本恐怕更重要的是使经理部充实起来。但不知雪苇是否有决心加强、补充一副经理。

关于阿Q[①]一文的几个问题，正在研究，我以为给雪苇看是好的，我也看了，并向他提出几点意见，主要一点我感觉似乎被动了一点，如对方说阿Q是“劣根性”的表现。他就找出大批材料证明今天新中国人民身上精神奴役创伤是“累累的”，并引加里宁关于社会主

① 此信发表时王元化加了一个注，这是指耿庸写的批评冯雪峰谈《阿Q正传》的文章。

义共青团的话等，这不仅显得笨重，不能解决问题，且容易使人同样引文摘句地来纠缠，一纠缠反而不容易搞清楚。再如，对方说阿Q是被作者枪毙了的。于是他就大量发挥阿Q的革命性，并说大团圆是预言二十年以后的中国革命胜利。这样说我也觉得被动而不妥，并且也没有说服力。倘再加强调，就更容易造成自己论点的不统一了（至少读者会这样认识）。实际上对方说的那一面也不能完全否定，因为那正是从作者要求的"自觉的企望"，是从"哀其不幸，怒其不争"的基本命题出发的。倘这基本命题不能很好的贯注进去，在分寸上，就片面了。我觉得那篇文章，基本点是击中了。引杜勃罗留夫那句话："最后的最弱者，提出的控诉是最强的。"（大意）说明了问题。总之，我希望他压缩一下，因为我觉得行文杂乱了一点。概念不是很清楚的，不是前后有序，层层深入下去。重点也不够突出。这大概不是一口气写下去的缘故罢。在文字上也的确有毛病。他的文字我总觉有些做作，不自然、喜堆砌，这的确不好。我的意见已全部向他提出了。现中晓和罗洛也正在看，看后也会提出意见来的。

关于时代被吃掉似已成定局。将来发展一定会如此的。满涛自然不去，包也决定不去，打算请他到新文艺来。《别林斯基选集》原想送你两册，你既要一平装一精装，那么，先将平装的一本寄上。满涛现正在写一篇后记，打算附在二卷末，我已读过，不坏，提了些意见，现正在修改中。你不忙的话，将来打份样子寄你，再提意见。如果时代认真一点，我想第二卷月底可出版，但我对时代的工作是一点信心也没有的。最近雪苇也写了一篇关于《故事新编》的文章，基本上是为鲁迅辩护的。大意说这部作品既不可作为反历史主义的借口，也不可列入教授文学。意见是好的，但材料占全文的三分之二篇幅。他叫我提意见，提了，他说是对的，可是否有时间补充还不一定。现在他开始工作了，一工作又不知要做些什么。我劝他不要编刊物，他未做肯定表示。至于我自己，成天就这么过去了，会不开是不成的，事务不管也是不成的。但晚上还可看看书。下月初打算争取休假半月(大概没问题的)。你有什么好书好的文章介绍给我看么?……当成宝贝一样藏起来的事,也是滑稽的。但我们关心的是你留京呢还是回沪呢?有时间经常来信罢!

握手

化

1952年9月7日

今天到社办公,看到你和亦门给耿的信。亦门提出阿Q革命性与"精神胜利法"矛盾问题,指出这是"胜利的形式,屈服的内容",是"既反抗又逃避的东西",这一点非常之正确,正是我想说而未说的话。这个修改是必要的,否则说得笼统模糊,别人可以抓住这个漏洞。——又及

吴案:此信无论从叙述的内容和行文的口气,在王元化给他人的信中是比较少见的,有点像汇报工作似的风格,可见当年胡风在王元化心目中的地位不仅是一位作者(新文艺出版社出版了两部胡风的著作),更是一位可以抒发心中无奈和愤懑的长者。这不仅因为王元化服膺胡风的文艺观点,另外一种重要的原因是胡风是鲁迅先生所信任的人。其中讲到的新文艺出版社中的人事纠葛我们不便去全面铺叙,但指向一个重要标的:王元化不习惯或不适应一个单位过于复杂的人事问题,他是一个追求学术和思想的人。此信虽然并不是非常明显地,但是很清楚地暗示了王元化最终的人生发展道路。关于讨论鲁迅精神和作品的问题,此信对耿庸的文章表示了意见。这种意见深植在王元化思想中。耿庸撰写了《〈阿Q正传〉研究》约6万字,第二年在泥土出版社出版,对冯雪峰《论〈阿Q正传〉》一文进行批评,这是当年鲁迅研究以及后来的"反胡风运动"中的重要事件。当时冯雪峰担任《文艺报》主编,与胡风一派的人形成不同的阵营,他在文中论述鲁迅的道路,提出了两个时期,即前期是相信进化论,后

期则是阶级论，而阿Q这个形象中的诸多性格特征如精神胜利法等，不仅仅是阿Q作为流浪的雇工所特有的，实在地存在于中国人的身上，因而可以说鲁迅深刻地揭露了中国问题，而非农民问题。耿庸对此却抱有相反的意见，并且逐条批驳。在“反胡风运动”前夕，围绕着耿庸的这本书，文艺界进行了讨论，形成了“胡风派”和“非胡风派”的斗争，也是后来“胡风派”升级为“胡风反革命集团”的预兆。直到三十多年之后，耿庸还继续在这方面撰文批评冯雪峰的这些观点。从王元化的观点来看，并不完全赞同耿庸的批评，而比较接近冯雪峰的意见。多年后王元化在与他的博士生谈话时还明确地表达出来：你说到的耿庸呢，包括何满子，实际上跟胡风都有很复杂的关系，尤其是耿庸这种趋于极端的，反传统的，移植西方的观点。他觉得中国的文学没价值，必须移植西方的，当然这个移植论就是胡风的民族形式问题，论战的时候他就是这个观点，非常激烈。①

四

谷先生②

……

最近文学上的那篇策论看到了，有人还特地打电话通知我，但懒得逐字逐句去看，随便翻了一下就发现了幸福的暖流，才明白原来流着血爬来的，也成了“歪曲的情绪感受”。大概是饱人不知饿人饥罢。我觉得即使要表明自己的“健康”和“正确”，也不应该这样挑剔的。请不要“这样”批评的“批评”真是多得很！

来信中所说很对，自己也常谴责自己，觉得还达不到那种头脑清明和宁静，容易冲动，也容易情绪不好。的确应该使自己的灵魂粗糙

---

① 吴琦幸：《王元化晚年谈话录》，第53页。

② 即胡风。

起来，多做一些有益的工作。

……

握手

化

1952年9月23日

吴案：这里所说的“策论”应该指下列事件：1952年5月25日，胡风旧友舒芜在《长江日报》发表检讨自我的文章《从头学习〈在延安文艺座谈会上的讲话〉》。1952年6月8日，《人民日报》转发舒芜的文章，并加胡乔木撰写的“编者按”。“编者按”对“以胡风为首的”“文艺上的小集团”的“错误性质”，作出裁定：“他们在文艺创作上，片面地夸大主观精神的作用，追求所谓生命力的扩张，而实际上否认了革命实践和思想改造的意义。这是一种实际上属于资产阶级、小资产阶级的个人主义的文艺思想。”“使自己的灵魂粗糙起来”也是王元化常常对他的朋友和学生所讲的。他当时就感觉到自己达不到那种头脑清明和宁静，容易冲动，也容易情绪不好。这种勇于认识自身的性格特征和脾气，贯穿在王元化的一生中，到临终之前几个月还在谈自己身上的“楚蛮”的脾气不好，想要改，但是一遇到事情就容易暴躁易怒，认为自己的性格打上了遗传的烙印。

五

谷先生

一直没有通信，但经常从屠先生处和其他朋友处听到关于你的近况。最近的工作，越来越多，越来越忙……

上星期日在屠先生处听到文章写了二万多字，已交上去，内容她也告诉了我大概情况。有些文艺思想问题恐怕一时难弄清楚，只有保留到以后再说吧。但出于意料的是……居然又派了用处，实在想不通何以一定要这样做？天下事如果真能这样解决，那也太可笑了。一年多以来，深感文艺工作不好做。听说最近将决定你的工作问题了，我想还是争取各处跑跑，至少还可以静下来写些东西，这是对大家都很有益处的。不知你怎样决定？盼告。

……

握手

化

1952年12月3日

吴案：当年5月25日，舒芜在《长江日报》上发表《从头学习〈在延安文艺座谈会上的讲话〉》；9月25日，舒芜写的《给路翎的公开信》在《文艺报》发表，这是舒芜脱离胡风派的重要标志性文章。胡风要进行反击。胡风从7月就开始撰写《关于舒芜和〈论主观〉》一文，三易其稿，直到10月7日才完成，并正式寄交中宣部文艺处。这是胡风继路翎写的《和舒芜关系的报告》之后对于舒芜进行的反击。也有论者认为这两篇文章都是胡风派抹黑舒芜而打的"小报告"。

六

……我觉得世界观与创作方法问题以及社会主义现实主义问题，说得最莫名其妙。这些都是老问题，而今天仍像从前那样混乱，实在令人痛心。但我是这样想的，今天新中国在前进，许多问题将来一定会清楚的，因为事实是事实，这是比什么都强的。一时弄不清楚怎么办呢？忍耐吧，好好的工作吧，文艺的确较别的复杂，苏联文学史是很好的例子，早期许多问题，今天不都明确了么。我是有信心的。你不回来，我很觉可惜，许多话想畅谈一次。我觉得你能跑一趟，再多接触一下新的人物，一定会愉快的。否则的话，我还是从前的愿望，希望你写，尤其是鲁迅传。自然这要看分配什么工作才能决定的。这信是在办公时挤出时间写的，很杂乱。

紧紧握手

化

1953年3月6日

吴案：这是王元化与胡风探讨文艺观点的比较重要的一封信，他同意胡风有关世界观和现实主义论的观点，对于时髦的世界观与创作方法问题以及社会主义现实主义问题，感觉他们说得最莫名其妙。因此他感叹这些老问题仍像从前那样混乱，实在令人痛心。就像王元化大约在1946年之后对于政治标准第一、艺术标准第二有着不同看法一样，到了新中国成立之后，这些都已经成为纲领性文件，不容讨论。“但我是这样想的，今天新中国在前进，许多问题将来一定会清楚的，因为事实是事实，这是比什么都强的。一时弄不清楚怎么办呢？忍耐吧，好好的工作吧，文艺的确较别的复杂，苏联文学史是很好的例子，早期许多问题，今天不都明确了么。”这里所说的苏联文学史，是指拉普派的观点，后来也逐渐遭到了清算。

七

谷先生

……首先想要说的，就是希望你回答的文章一定要写，这一点，上星期碰到屠先生时，曾再三向她建议过，不知她转达给你了没有？我觉得这一点很重要。不写就会被认为是默认，而默认又不检讨，那就会使人觉得是对抗。自然关于所提出的那些文艺思想问题，一时是不可能谈清楚的，因而发表的可能也极少。但本着弄清是非，说明真相起见，还是应该诚恳地把自己的意见拿出来。我觉得这样做很有必要，希望你考虑一下。据屠先生说，你在京正忙于解决房子问题。但房子问题，一时看情形是解决不了的。而这篇文章比房子更重要……最近看了一些苏联的文艺理论，他们澄清了许多混乱思想，将来对我们是不会起作用的。例如就在最近发表学习马林科夫报告的文章中，像对批判现实主义的估价，以及它与社会主义现实主义承继关系等问题，理论界已得到共同的认识。拉普的机械论，则遭到普遍反对。而典型论和无冲突理论等，也都有明确的提法。《小译丛》准备大量介绍这些文字。第二辑中满涛译的叶尔米洛夫的那篇，虽有些小毛病，但基本上是好的。这些问题很希望你能谈谈，写出文章来，这是很重要的。不知以为如何？关于这一点，上次也和屠先生提过，不知她告诉你没有？

……

化

1953年4月8日

吴案：这封信是研究王元化与胡风关系的重要文件，其中王元化支持和鼓励胡风对于当时的批判做出回应，正表明王元化对于批判胡风有着不同意见。从1951年起，就有一些人写信给《文艺报》编辑部，要求再次批评胡风文艺思想。1952年初，《〈文艺报〉通讯员内部通报》陆续刊登了这些来信，从此拉开运动序幕。1952年5月25日，胡风旧友舒芜在《长江日报》发表检讨自我的文章《从头学习〈在延安文艺座谈会上的讲话〉》；6月8日，《人民日报》转发此文并加胡乔木撰写的"编者按"，首次把胡风们戴上了"小集团"的帽子。1952年9月至年底，中共中央宣传部召开了四次有胡风本人参加的胡风文艺思想座谈会，对胡风进行了批判，并要求他承认错误，但胡风不服。中宣部在写给中共中央和周恩来的报告中，对胡风的文艺思想的"主要错误"做了如下归纳："抹煞世界观和阶级立场的作用，把旧现实主义来代替社会主义现实主义，实际上就是把资产阶级、小资产阶级的文艺来代替无产阶级的文艺。强调抽象的主观战斗精神，否认小资产阶级作家必须改造思想，改变立场，片面地强调知识分子的作家是人民中的先进，而对于劳动人民，特别是农民，则是非常轻视的。崇拜西欧资产阶级文艺，轻视民族文艺遗产。这完全是反马克思主义的文艺思想。……为了清除胡风和胡风类似的这些思想的影响，决定由林默涵和何其芳两同志写文章进行公开的批评。”[①]此后，林默涵和何其芳代表官方发表了对胡风等异质思想进行系统清理的文章——《胡风的反马克思主义的文艺思想》《现实主义的路，还是反现实主义的路？》分别刊登于1953年第2期和第3期的《文艺报》，《人民日报》1月31日转载。王元化此信写于1953年4月，是读到了上述的权威批判文章后给胡风写的信，显然王元化内心并不同意这些批判，故要求胡风将反驳意见写出来。王元化自然站在胡风的一边鼓励胡风的，因为“不写就会被认为是默认，而默认又不检讨，那就会使人觉得是对抗”。他万万没有料到，胡风后来果然写成了长达三十万言的意见书，后被作为由头，掀起了反“胡风反革命集团”的一场声势浩大的运动。

批判胡风领导小组

1954年开始，文艺界批判胡风的反马克思主义的文艺思想和理论运动逐步升级。作为中国文联委员和全国人大代表的胡风对此不服，他的反击也开始了。在路翎、徐放、谢韬、绿原的协助下，从1954年3月至7月，胡风完成了《关于解放以来的文艺实践情况的报告》，并附说明信一封，在1954年7月22日呈给中共中央政治局。这就是后来历史上著名的“三十万言意见书”。该报告共四部分：

(1) 几年来的经过简况；

(2) 关于几个理论性问题的说明材料；

(3) 事实举例和关于党性；

(4) 作为参考的建议。

胡风在报告中全面否定了林默涵和何其芳的文章对他的批评，申明他在若干重要的文艺理论问题上的观点，批评“解放以来”文艺工作上的

---

① 林默涵：《胡风事件的前前后后》，载《新文学史料》1989年第3期，第4页。

方针、政策和具体措施，并提出他的建议。但并没有得到回音。

1954年12月8日，中国文联和作协主席团召开联席扩大会，讨论《红楼梦》研究的问题并检查《文艺报》的工作。胡风感到自己的上书没有任何回音，而此时毛泽东、党中央对《文艺报》和文艺界领导进行了一些批评，掀起了批判胡适的运动。胡风以为是自己的“意见书”起了作用，认为全面质疑、挑战文学规范的时机已到，便在会议上作了两次长篇发言，抨击当时文艺界主事者。于是，此次本来针对“胡适派资产阶级唯心论”的斗争、检查《文艺报》“错误”的会议，在快结束时，突然将斗争的风向转向胡风。周扬在“我们必须战斗”发言的第三部分，把胡风问题单独提出，并发出“为着保卫和发展马克思主义，为着保卫社会主义现实主义，为着发展科学事业和文学艺术事业”“我们必须战斗”的号召。

由此，全国拉开了批判胡风的运动。开始是将胡适与胡风拴在一起，在各地党委中成立领导小组，在文化艺术界中开始批判。此时，胡风才感到自己对形势的误判，给他的朋友们写信表示不要再写信写文章了，并且告诉他们他准备写自我批判的文章。1955年1月11日，胡风在痛苦中完成了一万多字的《我的自我批判》。1月30日，《文艺报》发表了姚文元的一篇批判胡风的文章，题目叫《分清是非，划清界限》；2月5日，中国作协在北京召开主席团扩大会议，作出了“展开对于胡风资产阶级唯心主义文艺思想批判”的决定。在上海的文艺界，由文艺工作委员会出面成立了批判胡适胡风领导小组，王元化于1954年底调离新文艺出版社，到上海文艺工作委员会担任文学处处长，并成为批判胡适胡风的领导小组成员。

自此，全国开始掀起了一个声势浩大的批判胡风运动，一些知名的文化人无不奉命写批判文章。有些是真情实感的表露，有的只是迫于形势的自保。

这是新中国成立后文坛最早、牵涉面最广、蒙冤时间最长的案件，也是其后反右运动的预演。当时的一些文化人，甚至是名人大师也对胡风进行了批判。也有些人要表现自己，真心地要将胡风往死里打，调门比普通人都高。而也正是他们的推波助澜，使得胡风及其一干人的命运雪上加霜。

……

1954年12月，中共中央发红头文件，令文艺界所有党员写反胡风文章。担任上海市委宣传部长的彭柏山告诉王元化，这场运动是由高层发起的，每个人都要写批判文章。王元化也被"责令"写批判文章。

> 一九五四年我调到上海文委，年底，全国开展了批判胡风的斗争，来势凶猛，从思想问题很快上升到政治问题。这时，彭柏山把我和孔罗荪叫到市委宣传部，他拿出刚刚发下的红头文件对我们两个人说："中央责令每个党员都要写批判胡风的文章。这件事很严重，是毛主席亲自抓的，我也要写，你们也要写。"谈话回来不久，果然柏山写了，我也写了。这是我一生中所写的至今深以为内疚的文章。①

1955年王元化完成了两篇违心的文章，一篇是1955年1月31日完成的《胡适派文学思想批判》，另一篇就是2月27日完成的批判胡风的——《胡风的反马克思主义的立场观点》。后一篇文章的撰写，对他来说更为痛苦。他感到，在当时的情况下，这场运动就像压路机一样气势磅礴地压过来，任何人都无法躲避碾压。

王元化晚年回忆说：

---

① 王元化：《人物·书话·纪事》，第291页。此文的标题为《胡风的反马克思主义的立场观点》，写于1955年2月27日，总计10 000余字，后收入《胡风文艺思想批判论文集》（第四集），作家出版社1955年版。在王元化晚年编《王元化集》的时候，该文没有收入集中。王元化认为这类文章包括《论香粉铺之类》《论倾向性·世界观·人格力量》《现实主义论》等文章都已经没有什么意义了。这是从他自己审视思想发展的角度，但是如要全面了解和研究王元化的思想和生命中的各个阶段来理解，这些文章都有着一定价值。

北京开始批判胡风后，冯定专门找我谈话。那时我的想法很幼稚简单，认为文艺界有宗派，而党的最高领导是完全正确的，可是由于全国刚解放，诸事待理，还来不及过问文艺方面的事，一旦过问，许多问题就会迎刃而解了。我还认为苏联也是这样的。（这些简单幼稚的想法，在我当时写给胡风的信中都表现得非常清楚，可参照）。冯定和我谈话时，向我严肃地说，毛主席把胡风的全部著作都读过了，认为胡风是反马克思主义的，叫我划清界限。我听了震动极大。（大概那时他也向刘雪苇讲了同样的话。）冯定还跟我说："你不能跟胡风走，你应该跟党走。"我听了内心十分矛盾。我向他说："胡风有些文艺观点我是赞同的，如果我马上就划清界限，那是假的，我希望组织上在这方面能够帮助我。目前我所能做的，就是不再和他们来往了。"（直到最近，我为北大出版的《纪念冯定百年寿辰研究文集》所写的《认识冯定》一文，才把这情况说明，可参阅）。我长期对批判胡风采取抵制的态度，因为冯定是我信任的人，我认为他和文艺界没有任何瓜葛，完全可以信任的。自然更主要原因是我当时对党的最高领导的迷信。①

王元化奉命写的这篇批判文章便以阐述高层领导关于文艺的"为什么人的问题是一个根本的问题，原则的问题"。这也就是文艺工作者的立场观点问题，从这点出发，他解释了"要使自己的作品为群众所欢迎，就得把自己的思想感情来一个变化，来一番改造"②。这也是王元化晚年反思中所认识到的意图伦理的问题，即知识分子作为小资产阶级，只有转变了立场，改造了思想，才能够为工农兵服务。在此文中王元化用的语言是"做到改造思想，只有由一个阶级变到另一个阶级，才能真正站稳立场"③。他批判了胡风的资产阶级唯心主义则是不需要改变自己原有的

① 王元化：《人物·书话·纪事》，第291页。

②③ 王元化：《胡风的反马克思主义的立场观点》，见《胡风文艺思想批判论文集》（第四集），第83页。

立场观点，而是认为“小资产阶级的作家的根本问题是所谓忠实于现实主义的问题”“用虚伪的口号来达到在实际上抹煞作家的立场观点等问题，他说：小资产阶级出身的革命作家，只要通过现实主义就会达到马克思主义”。①这也确实是王元化在当时学习最高领导的关于文艺为工农兵服务之后所认识的论点。王元化是否完全同意这种观点？这是一个很难回答的问题。但是他至少没有像其他的人那样落井下石，发狠话，把胡风往死里整。这是他对党领导的迷信，也自认为还没有把立足点转过来，属于资产阶级的知识分子(小资产阶级)，因此才会按照党的意图，来转变自己的立场到无产阶级。当年的这种理论指出，知识分子要转变立足点，就要到农村、到工厂去改造思想、转变立场，“变成”另一个阶级，才能成为无产阶级知识分子，才能够为工农兵服务，否则“从血管里流出的是血，从水管中流出的是水”，就永远也不可能成为无产阶级一员。当时的王元化是真诚的，那一大批知识分子也是真诚的。

直到在40年之后，王元化才真正反思了这种理论的荒谬之处，他将这种思维模式总结为韦伯所说的意图伦理：

> 近数十年来此种思维模式大盛。我曾询问一些友人，延安文艺座谈会的讲话，提出知识分子思想改造的要义可否用一句话回答，朋友多答不出。其实很简单，就是“把屁股(后改为立足点)移过来”。这意思是说：在认识真理、辨别是非之前，首先需要端正态度、站稳立场。也就是说，你在认识真理以前首先要解决“爱什么，恨什么，拥护什么，反对什么”的问题，以达到“凡是敌人赞成的我们必须反对，凡是敌人反对的我们必须赞成”。但是这样一来，你所认识的真理，已经带有既定意图的浓厚色彩了。我觉得这是思想领域

① 王元化：《胡风的反马克思主义的立场观点》，见《胡风文艺思想批判论文集》(第四集)，第85页。

的一个重大问题。[1]

这也是后来历次运动将知识分子作为必须要改造思想的对象，到了“文革”则发展到极端，到农村、工厂中去改造成为社会主义新人，只有立足点转到牛粪田里、车间中，知识分子才可能成为工人农民中的一员，所写出的作品才有可能是无产阶级、工农兵的作品。这种意图伦理式的思考，曾经对于王元化有很大的影响，他的反思才真正将这个问题说得非常深刻。

五五年六月，我被隔离审查了。隔离后期，审查我的同志对我说：“你的问题已经弄清楚了，没有历史问题。在对敌斗争时期，你的表现是好的。现在的问题是你对胡风的认识不清，立场和态度都没有转变过来。你转变过来了，就可以出去工作。”由于我一直坚持胡风不是反革命集团，终于在最后给我作结论时，定我为胡风反革命集团骨干分子。当时，领导上有不同意见。中宣部的周扬、上海市委的王一平、石西民都反对给我戴上反革命帽子。但是，上海反胡风五人小组领导张春桥坚持定我为反革命。我的结论是到五九年底才作出来的。[2]

胡风的“反革命据点”

胡风的三十万言书送交中央，中宣部对此进行研究后，于 1955 年 1 月 20 日向中央做了《关于开展批判胡风思想的报告》。报告提出，过去虽然对胡风思想进行过一些批判，但由于不彻底，没有发动更多人来参加斗争，始终没有解决根本问题。因此在批判胡适、俞平伯的资产阶级唯心论

① 王元化：《九十年代反思录》，上海古籍出版社 2000 年版，第 142—143 页。
② 王元化：《人物 · 书话 · 纪事》，第 291 页。

的同时，对胡风进行彻底批判是十分必要的。为此，报告也提出了具体部署。中共中央批准了中宣部的报告，并指出胡风的文艺思想是资产阶级唯心论的错误思想，披着马克思主义的外衣，在长时期内进行着反党反人民的斗争，对一部分作家和读者发生欺骗作用，必须加以彻底批判。中共中央要求各级党委必须重视这一思想斗争，把它作为工人阶级和资产阶级之间的一个重要斗争来对待。这是斗争的开始。

胡风的"意见书"便由中共中央交中国作家协会主席团处理。2 月，中国作协主席团扩大会议决定对胡风文艺思想进行全面批判。主席团将《关于开展批判胡风思想的报告》其中的二、四两部分专印成册，随《文艺报》1955 年第 1、2 期合刊附发，"在文艺界和《文艺报》读者群众中公开讨论"①。高层领导也在此时的一份批示中，要求文艺界"应对胡风的资产阶级唯心论，反党反人民的文艺思想进行彻底的批判"②，一场全国性质的批判运动全面展开。大量报刊发表批判文章，王元化的批判文章即在 2 月 27 日完成，并发表在《文艺报》上。4 月 1 日，《人民日报》发表郭沫若的文章《反社会主义的胡风纲领》，对胡风的三十万言书进行逐一批判。不久，舒芜在《人民日报》上发表抨击文章《胡风文艺思想反党反人民的实质》，同时还交出了在 1940 年代与胡风的私人通信。随后，文艺报社将舒芜提供的信件和胡风送上的检讨《我的自我批判》一并发布。后来又"搜出"或要当事人交出他们的往来信件后，"性质"上升为"犯罪"。

同时，高层领导亲自审阅舒芜交出的胡风给他的多封信件，断定胡风等人是一个"反党小集团"，立即指示中央宣传部和公安部成立"胡风反革命集团专案小组"；5 月初，由中共中央宣传部和公安部共同组成的胡风问题专案组，开始集中在全国各地调查胡风等人的历史情况，收集他们的有关信件。

由于胡风的拒不认错，在这场运动中，新文艺出版社被指是胡风"反

---

①② 钱理群：《毛泽东与胡风事件》，载《炎黄春秋》2013 年第 4 期。

革命据点”而成为重灾区。由于社长刘雪苇在左联时期就认识胡风，称赞过胡风的《文艺笔谈》，被认定为他和胡风的关系类似高、饶的关系；俞鸿模的海燕书店则与胡风有出版人与作家的历史关系；其他的人凡是与胡风有书信往来，都被牵连了进去。有关胡风本人的性质，随着全国性的批判运动调门越升越高，《人民日报》在 1955 年 5 月 13 日至 6 月 10 日接连发表了三批“关于胡风反党（反革命）集团的材料”和《必须从胡风事件吸取教训》的社论，其中涉及新文艺出版社的很多人。当时任何人如果一经公布与胡风有书信往来，立刻停职，隔离审查，有的甚至直接逮捕，依据的材料则是从抄家得来的信件中断章取义而摘取的“罪证”。

编者按语中称胡风经过刘雪苇，安置了好几个胡风集团的分子在上海新文艺出版社里面，企图把这个出版社作为他们的一个重要据点。只这一句，新文艺出版社就成了铁板钉钉的胡风分子老巢。张中晓在“胡风案”中被打成骨干中的骨干，在当年“胡风案”中臭名远扬，也来源于“关于胡风反党（反革命）集团的材料”中的按语，字字千钧，下力极重。王元化正是由于胡风的介绍而推荐和安排张中晓到新文艺出版社当编辑的，难逃罪责。当时张中晓才只有 22 岁。事隔 40 年，王元化还记得“他那双闪闪发亮似乎永远在追寻生活奥秘的大眼睛，是那样澄澈、坦诚……”①

第二批材料公布，有满涛、王元化与胡风的通信，王元化的文委文艺处处长职务立即被停止，并对其审查。公布材料中的通信是胡风 1953 年 8 月 17 日写给满涛和王元化一封信的摘句，信中说“要遵守组织原则”，胡风的本意是指中国共产党组织，却被诬陷为“胡风反革命集团”的组织原则，并凭借着想象力，罗织了这个组织的大本营就是新文艺出版社。第三批材料公布时的编者按语严厉地批判张中晓，说“还是这个张中晓，他

---

① 王元化：《无梦楼随笔·序》，见张中晓：《无梦楼随笔》，上海远东出版社 1996 年版，第 1 页。

的反革命感觉是很灵的，较之我们革命队伍里的好些人，包括一部分共产党员在内，阶级觉悟的高低，政治嗅觉的灵钝，是大相悬殊的。在这个对比上，我们的好些人，比起胡风集团里的人来，是大大不如的”①。

于是一场打击反革命的运动，从文艺界开始扩大到全社会各行各业。

在全国声势浩大的“反胡风”运动中，新文艺出版社出了名。某些掌权的人恨不得将该社的所有人都打成“胡风反革命集团”分子。一些主要负责人及编辑如刘雪苇（社长）、梅林（副总编辑）、俞鸿模（副社长）、冯秉序（副经理）、耿庸（编审）、罗洛（编辑）、罗飞（编辑）、张中晓（编辑）和陈梦熊（编辑）等遭逮捕，王元化（副社长兼总编辑）则被单独隔离一年零八个月，上述人员都被打成“胡风反革命集团”骨干分子，整个社瘫痪。为此，新文艺全社留下的人员曾在康平路155号会堂开会，市委宣传部派来的干部宣布：全社停止工作，集中整顿学习。这一状态持续了一年。

隔离审查

从1950年代初就与王元化做同事的李子云曾在她的回忆文章中描画出30多岁的王元化的形象。以下是她的叙述：

> 五十年代初，他（王元化）很被领导器重，身负文艺界好几个方面的重任，当时胡风问题刚露端倪，隐约间也听到过视他为胡风派的议论，而且几度传闻在他担任总编的新文艺出版社，为社内的“胡风派”所不满，遭到他们的攻击，但他仍受到上海的领导，至少是夏公（夏衍）的信任和支持。当时他给人的印象是“少年得志”（听说他十七岁入党就得到地下党领导人的另眼相看了）。恃才而骄、颇为自负，甚

① 《关于胡风反革命集团的第三批材料》，《人民日报》1955年6月10日。

至有一股凌人的盛气。平时不苟言笑，发言每每带着一种不容置疑的口气。这种神态用普通话说是“很凶”还不传神，要用俗语说“很飙”才行。①

李子云是当时的上海市文委书记夏衍的秘书，跟文艺处长王元化同事，同在一幢楼中，甚至办公室门对门，“我也不想和他多打交道，连当时我写了文章，夏公叫我先拿给他看看，我也尽量拖延。让我对他改变看法的是反胡风运动。据我接触所及，胡风除去文艺主张不见容于最高领导之外，还被认为有‘宗派主义’。夏公一直认为他在这两方面都与他们有所不同，一九五四年还将他吸收进上海批判胡适、胡风学术思想的领导小组。但待到胡风‘反革命材料’公布，涉及他们之间有过通信往来之后，谁也无法保住他了。凡有信件公布者一律立即沦为审查对象。他的情况还相当严重，不仅宣布进行审查，而且当即抄家隔离”②。

第二批材料公布之后，李子云目睹了王元化立即被停职审查的现场：专案人员向他宣布停职审查的决定，于是王元化立即靠边，由专案组人员来搜查他的办公室，他只得直挺挺地躺在一张窄小的帆布床上（当年处级以上的干部都在办公室配一张帆布床，以供午休之用），王元化以臂掩目，一语不发。“尽管后来在‘文革’中我自己也反复被抄家，但那第一次亲眼看抄家所受到的精神震撼至今仍难忘。由此不仅看到党内斗争的残酷，同时，还看到人作为个体脆弱的一面。王元化，还有一些所谓‘胡风分子’，都是当时已很少见的‘飞扬跋扈’、桀骜不驯的文人，但在强大的政治运动面前不堪一击，只要政治机器压过来，毫无挣扎余地只能束手待毙，甚至化为齑粉。后者（指王元化）给我的震动尤大。”③

---

① 李子云：《我所认识的王元化》，见王元化：《王元化集》（第十卷），第163页。

② 李子云：《我所认识的王元化》，见王元化：《王元化集》（第十卷），第163—164页。

③ 李子云：《我所认识的王元化》，见王元化：《王元化集》（第十卷），第164页。

与王元化共事的黄屏这样描述自己的领导王元化：

1954年10月，华东军政委员会文化部(后改为华东行政委员会文化局)撤销。我和谢泉铭、田念萱一起随吴强调到新成立的中共上海市委文艺工作委员会。文委主任是夏衍，秘书长兼办公室主任是吴强。办公地点在福州路的都城大厦四楼。谢泉铭调任吴强的秘书，我和田念萱则到文学处任干事，1955年1月3日正式上班。那天先召开全体工作人员大会。夏衍讲话谈工作方针、任务，勉励大家认真学习、努力工作。散会后，各处室开会。文学处连正副处长共五人，王元化是处长。这是我第一次见到他。他给我的第一印象是温文尔雅，文质彬彬，看上去就是个文人、学者，没有领导架子。一开始，他先介绍自己，然后一一询问我们每个人的情况，过去的工作，写过作品没有等。……在以后的日常相处中，元化同志始终平易谦和，更难得的是他对下属的尊重、信任和宽容。我从未见他对下属大声斥责，而是耐心地指出不足，提出要求。不久，全国开始了批判胡适唯心主义和批判胡风文艺思想的运动。他很细心地指导我和田念萱合写批判路翎小说《洼地上的战役》一文，不厌其烦地一遍遍地审稿、提意见、修改，直到可以发表为止。还有一次《人民日报》副刊来人组稿，要求我们处写一篇批判性的短文，他让我写，我当然写不好。他又动手改，最后，这篇短文竟有一半是他重写的。那时，王元化也是批判领导小组的成员。他很用心地看胡风的作品，要我帮他摘胡风"万言书"中的言论观点，为了赶任务，他带我到他家中帮着抄稿。那时文委的办公室已搬到五原路，到他武康路的家很近。……正当我庆幸自己遇到了一位有学问的好领导时，突然有几天不见王元化来上班。我问刘溪同志，他板着脸不答。那时我还是一名团员，却也敏感到有什么事情发生了，但又不敢再问，直到后来看到报上发表的第二批所谓"胡风反革命集团材料”的按语中，赫然点了王元化的大名，我才知道王元化出问题了。但是，我怎么也不相信王元化是一个反革命！他少年入党，在文坛上也小有名气，现在地位也不低，有什么理由去反革命？接着，吴强在全体干部大会上宣布了他的罪行，并发动大家揭发批判。从此，王元化消失了。①

李子云和黄屏与王元化早年就认识，保持着朋友关系达50年之久，除了公布材料的时间记错了或隔离审查时间有误（王元化是在第二批材料发表之后才遭隔离的）之外，对于王元化年轻时代的描述既准确又真实。

王元化被隔离审查的时间从1955年6月上旬到1957年2月下旬。隔离之前，王元化一家住在武康路100弄的一幢花园洋房中，隔离之后，被扫地出门，全家搬到高安路100弄。他的二姐桂碧清是这样回忆的：

1955年的一天，我妈妈带着二姨母去武康路的弟弟家看他，当时弟弟还在华东局高干住的花园洋房里，那房子我爸爸进去还得签名。那天，弟弟对妈妈说：“妈妈，下次你不要再带人来了，我现在在停职反省。”当时他的儿子只有4岁。不久，就有人来抄弟弟的家，当场把弟弟带走隔离审查。后来我们才知道是因为胡风问题。他为此在“文革”前就被连降六级。隔离审查期间，我们不被允许见弟弟，也不知道他关在哪儿，报上登他是“胡风反革命集团骨干分子”，当时我就觉得莫名其妙。我知道他曾经出过胡风的书，但在我的心里，弟弟一直是个正义、革命的人，为党做了许多工作，甚至可以为党牺牲自

① 黄屏：《吾师吾友王元化》，见陆晓光主编：《清园先生王元化》，华东师范大学出版社2009年版，第44—45页。

己的生命。解放前夕，他负责的地下党进步文学刊物《地下文萃》的工作人员一批接一批地牺牲，形势紧张到弟弟成天东躲西逃，甚至不能在自家的亭子间里住，就在那样的情况下，他都没有放弃过党的事业。我实在想不通怎么刚解放没几年，他一下子就变成反革命了。信基督教的妈妈只好整天做祷告，说弟弟是个好人，祈求上帝为他洗清冤屈。

弟弟被隔离后，他们家被要求搬到高安路100弄一个很蹩脚的新公房里去。张可带着儿子王承义与另一户人家合住一套房子。我常常陪张可去找一些朋友打听弟弟的消息。他们中有人告诉我们，弟弟没什么大问题，只要他承认胡风是反革命。但弟弟坚持“我不能证实，就不能随便说别人是反革命”。他一边提醒自己共产党员不能说假话，一边被人逼迫说假话，为了自己的自由，随便去侮辱别人，就这样整天自己和自己的思想进行着斗争。①

导致王元化立即隔离审查的直接原因有两种说法，一是王元化自述，是因为张春桥当上了反胡风专案组成员之后。在《王元化集·学术年表》中称：“一九五五年四月底，文委书记夏衍调京，张春桥被提升，接替夏衍任上海文委书记并成为反胡风专案组成员，王元化立即被隔离审查，时间自一九五五年六月上旬至一九五七年二月下旬。先后幽禁在两处地方，家里人也不知他在何处。”②第二种说法即上述李子云所说的，待到胡风“反革命材料”公布（三批材料依次为1955年5月13日、5月24日、6月10日发表），第二批材料发表出来涉及他们之间有过通信往来之后，谁也无法保住他了。他的情况还相当严重，不仅宣布进行审查，而且当即抄家隔离。

---

① 桂碧清：《和弟弟王元化一起走过的日子》，http://www.aisixiang.com/data/27676.html。

② 钱钢：《王元化集·学术年表》（第十卷），第329页。

区别对待

我们采用李子云的说法。即使夏衍在位，要在当时的严重形势下来保王元化也是极其困难的。当然“从反胡风运动”的一开始，上面确实在将王元化与其他胡风集团分子区分开来。我们注意到下面几个细节：李子云的回忆说新文艺出版社的胡风分子并没有将王元化看作是自己人。从现有的发表材料中看到，不仅传言上层文艺界领导如周扬、夏衍等希望保王元化，并且还可以从《人民日报》发表的编者按语和注释中细细体会到这种区分，将王元化与同在新文艺出版社担任领导的刘雪苇和时任上海市委宣传部部长彭柏山等有所区别对待。

在《人民日报》上发表的第三批材料中有一封张中晓给梅志（胡风妻）信（绍兴），大约写于195×年6月26日，信中张中晓问梅志：“问你，这位雪苇是代表官方的呢？还是接近官方呢？还是熟悉官方的呢？梅林说希望我和方典、耿庸两位通讯，不知你可否给我介绍他们底一些什么否？譬如说：他们在干什么事？记得‘希望’一卷三期有一篇‘你们以为那熏鱼的味道怎样’，不知道是不是这位耿庸？”①

在《人民日报》编者按语中说：“‘官方’即指中国共产党的领导。方典即王元化。张中晓在这封信里询问几个人的情形，目的是在建立他们集团之间的联系。雪苇、梅林、耿庸均胡风集团分子。”②这里的用语却没有提王元化是胡风集团分子，似乎暗示了王元化同这三位“胡风集团分子”的区别。

而在另一封信的按语中，称王元化是“胡风分子之一”，没有“集团”两字，我们必须注意这两个细节的重要性。胡风分子是指受到胡风思想影响的人；而胡风集团分子，则是在这个小集团内部的自己人。从两封信中

---

①② 《关于胡风反革命集团的第三批材料》，《人民日报》1955年6月10日。

我们可以了解到王元化与胡风集团的微妙关系，也即前文所说的，他并不被胡风信任。这两封信都发表在 1955 年 5 月 24 日的《人民日报》上，黑压压的标题是“关于胡风反党集团的第二批材料”。这个标题到了将三次材料结集成书的时候就成为《关于胡风反革命集团的材料》，从“反党”到“反革命”升级了。顺便说一下，发表的信件都非信件全文，而只摘引了其中可以定罪的部分。

以下是发表的一封信(1953 年 10 月 12 日胡风由北京寄给罗洛和张中晓)的摘句：

> 我想，怕事，为自己……这就弄到屈服和牺牲别人，但为了向上爬，似乎还不至于。所以，似应从积极的意义上去争取，必要的斗争非做不可，但也是为了争取。尽可能接近，说服，必要时拆穿，但也是为了争取。从现在的情况看，当然不能信任，但也不能完全不信任。
>
> 《人民日报》按语：(怕事，为自己……)这里说的是胡风分子之一的王元化。王元化在检讨了他的错误思想以后，胡风指挥另两个胡风集团分子罗洛、张中晓包围他，“争取”他继续为胡风集团服务。“他”即指王元化。这是特别值得注意的，是“必要时拆穿”这一句。这个王元化一定有什么不可告人的政治尾巴给抓在胡风们手里，所以他们企图用此恐吓他，使他不敢脱离胡风集团。同时，胡风也很怕王元化脱离，于他们不利，故想各种办法争取他。①

由此看到，当时胡风在信中并不将王元化视为自己人，而是要罗洛、张中晓去争取他。可见“编者注”的洞察力还是非常强的。

关键的另一封信也发表在第二批材料中。胡风 1953 年 8 月 17 日写给满涛和王元化两人的信，但是在发表的时候，小标题却成了“一九五三

---

① “人民日报”编辑部：《关于胡风反革命集团的材料》，人民出版社 1955 年版，第 61 页。

年八月十七日胡风给满涛信”，没有了王元化三字。这不是简单的疏忽。此信特别重要，是关于所谓的“胡风反党集团”的组织原则的。全信如下，粗体字部分则是《人民日报》发表的摘要：

满涛、元化兄：

几天内到朝鲜去。

想有一个时间跟你们玩玩、谈谈，但终于匆匆忙忙，没有做到。临走时，把三本切面装的书各一份托人送上（时代转），如尚未收到，打电话作家书屋姚增祥要。

文场主脑在失脑的状态之中。二马发言撞祸，报告被否决，其他可想而知。但要虚心地正视现实，现在还没有此勇气。所谓大会，说是要九月初开。但能否开成，是很难说的。你们来开会时，我无法见到你们了。但到我处来玩玩罢。

现在，还是、正是需要点滴斗争的时候，要遵守组织原则，但组织原则是为了保证斗争的。要正视现实，爱惜力量，否则，退一步就得退十步，退十步就非完全成为影子不止。今天正在争取转机之中，不能有一点不必要的伤亡。①只有从积极的意义去看每一步才是严重的。

看来，元化是很难调换工作的。我以为，如果如此，要积极，要愉快，要没有什么忧虑。有些事，虽然以组织的名义而来，但其实是个人的即兴而已。谈一谈，争一争，还是会讲道理办事的。当然，有时候很难，但不难就没有必要斗争了。在斗争中才会健旺起来。

握手！

胡风

八月十七日

---

① 《关于胡风反党集团的第二批材料》，载《人民日报》1955年5月24日。

《人民日报》按语:(组织原则)指“胡风反党集团”的组织原则。

此信除了提供给人们看所谓的胡风反党集团有着自己的组织原则之外,还额外提供了人们一个信息,在满涛、王元化与胡风的关系上,满涛更加重要。

从上述几个方面看,可见当时确实有一种意图,要将王元化与胡风集团骨干分子区分开来,给王元化一个出路。“曾听说周扬同志提出王元化同志是党内少数的对马克思主义文艺理论造诣较深的学者之一,如果他肯承认公布的关于胡风集团的三批材料属于反革命性质,尽量将他作为人民内部矛盾处理。王元化同志仍然坚决拒绝,结果戴上了胡风反革命分子的帽子。”①

诚然,如王元化自己所述,张春桥在定王元化为胡风分子一案中起到了推波助澜的作用。“元化的专案是张春桥插手的,因为元化坚决不承认胡风是反革命,张春桥对他百般折磨,迫得他害了精神分裂症(按:应是心因性精神病)。”②当时张春桥和专案组另一成员说王元化态度恶劣,主张从严惩处,但王一平、石西民等主张按政策办,不能因态度问题即划为反革命。③

王元化自述这段经历时说:

当时,领导上有不同意见。中宣部的周扬,上海市委的王一平、石西民都反对给我戴上反革命帽子。但是,上海反胡风五人小组领导张春桥坚持定我为反革命。我的结论是到五九年底才作出来的。④

---

① 李子云:《良知的痛苦,艰难的挣扎——周扬同志印象》,见《王元化集》(第十卷),第329页。

② 黄屏:《吾师吾友王元化》,见陆晓光编:《清园先生王元化》,第44—45页。

③ 参见朱微明:《柏山和胡风及胡风事件》,转引自钱钢:《王元化集·学术年表》(第十卷),第329页。

④ 王元化:《人物·书话·纪事》,第291页。

一九五七年初，我在隔离时期，两位和我共过事的老作家李俊民、于寄寓来找我谈话。我说不能因为胡风与周扬文艺观点不同即将胡风打成反革命。我为中晓申辩，说他是一个纯朴的青年，当即受到李俊民的严厉呵斥。后来我被指为对抗组织审查，这也是证据之一。①

王元化最后的处理结果不是像彭柏山等人那样进了监狱，而是隔离审查，这又显示了不同的政策。如王元化所说，当领导向王元化宣布他被隔离审查之后，马上对他的办公室进行了查抄，尤其仔细的是检查信件，胡风集团人员来往的信件是定他们组成反革命小集团的重要证据。②

以上可以看到，王元化在胡风案中不肯隐瞒自己的观点，即胡风是有问题的，但并不是反革命，最后导致了从严处理的经过。

50年后反思“胡风案”

时隔50年之后，王元化在晚年(临终前十个月)跟笔者有过一段时间的长篇谈话，所有内容收录在《王元化晚年谈话录》中。谈话的第一天，他带着虚弱的身体，单独跟笔者谈了被卷入“胡风案”的真相，并且要笔者保证在他闭眼之后才发表。这是王元化第一次向世人揭示了他被打成“胡风分子”的经过，并解释了胡风信中的所谓“必要时拆穿”的意思：

2007年7月17日(访谈第一天)

……

这时候，护士又拿着药过来了。我在那里问护士，要不要吃药？

---

① 王元化:《无梦楼随笔·序》，见张中晓:《无梦楼随笔》，第2页。

② 参见李子云:《我所认识的王元化》，见《王元化集》(第十卷)，第164页。

护士点点头。

蓝云把一杯水递过来，先生默默地听话地吃药。吃完以后，先生告诉我，我等会稍微地走一走。

我忙说，那我来扶你走，到走廊去一下吧。

我扶王元化先生到医院的走廊里，先生的身体靠着我，我感到了先生的虚弱，我们用非常慢的脚步踱步，走廊中只我们单独两个人贴在一起。

先生感慨地说，琦幸啊，我想我给你讲一下一些不宜现在发表的历史，你要答应我，要等到我眼睛闭上之后才能公开。我点点头。

先生喘着气慢慢地说，那就是在反胡风的时候，胡风曾经说过“对于王元化要拆穿他”。

我想起胡风反革命集团第三批材料中，胡风针对王元化说的“必要时拆穿他”的话语，我就问，这是什么意思？

先生慢慢说，拆穿他，这是怎么回事，没有人懂，我不讲，没有人知道。这是胡风给罗洛一封信里讲的。

先生几乎是贴着我说，胡风这个人的宗派思想非常厉害。

我认真地问，那么，胡风要“拆穿”您怎么回事呢？

先生说，其实很简单。我那个时候弄新文艺出版社，出一些书。胡风那个人宗派意识很强。他们只是要把胡风一派的书可以出，别人的书都不可以出。他们想出天蓝的一部诗集，后来华东文化方面的主管部门不让出，说其中有些问题。他们不服气，我也跟他们说，这是不能硬来的，要按照组织原则。但是他们不大懂。他们就写信给胡风，说王元化不愿意斗争。我说这是领导机关的（意思），天蓝的书只好这样，于是他们说我是两面派，对领导不提意见，实际上心里是有意见。这就是要“拆穿他”的意思的由来。

我听懂了这件事情，才知道了当年材料中的“拆穿”的来历。

我们到走廊尽头转了个弯，王先生说，是啊，总要有个组织原则。

胡风这些人不懂这些。我对于胡风这个人可以说是很不喜欢的。但是后来说胡风是反革命我是不同意的，我始终不认为。后来搞了半年，结论说你对敌斗争是好的，受过表扬的，为什么在胡风这个问题上没有站出来。我只好说胡风思想是反动的，反马克思的，但是我从组织上没有办法说他是反革命。我不承认的。

我听了不由得暗自佩服先生的这种骨气，这是何等的骨气？这是何等的人格？我不由得说，那你不是两头受气，两头受到冤枉了吗？

先生说，琦幸啊，我这个亏吃得可大了。胡风这个人我是不喜欢的，如果他当了文化部门的领导人，可能比周扬还更厉害。

说完这句，王先生顿了一下，叮嘱我道，这些东西等我闭上眼睛再发表吧。

于是我们在走廊里默默走着，回到病房。王元化先生躺下休息。没有再说话。①

不承认胡风是反革命

王元化正式隔离审查时间是1955年6月上旬。

武康路100弄，王元化的家就在这里。

那是一个普通的早上，他本来在家写交代材料，突然被叫去。那天，他还一点也不知道马上要被隔离起来。院子里的那株大树上集满了老鸹，响亮地一片乱叫。王元化是走着去文委机关的，文委派来了一位副处长刘溪陪同，实际上也就是押送。行至华山路较偏僻处时，忽遇一队送葬队伍，吹鼓手吹吹打打喧嚣而来，有一孝子扶一黑棺前行。这一幕在当时的上海颇为罕见。多少年后，王元化的记忆中一直保存着当时这一幅罕

① 吴琦幸：《王元化晚年谈话录》，第45—49页。

见而奇怪的场景。不想，这却预示着他20多年的厄运……

去了之后，王元化就在机关中被隔离，勒令交代，不得回家。几天后，妻子张可才得到消息，领着儿子王承义来单位，但不准见他。从窗外可以看到，儿子要看父亲，一个人爬上高高的院墙，摇摇晃晃地在上面行走。王元化眼睁睁地瞧着，担心他会摔坏，却无法冲出禁闭所去拦阻。

在那个地方禁闭没有多久转移到其他地方，后来又转移过两次，都是在完全孤独的隔离之中，甚至家人也不知道他的去处。24小时有人看守，周围汹汹逼人而来的全是冰冷、轻蔑的眼光。那种单独禁闭，比坐牢还难以忍受，坐牢起码还有狱友讲讲话。禁闭中，王元化感到比肉体的孤独更难忍受的是精神上的茫然无助。脑子里充满了各种矛盾、充满着各种怀疑，他最大的心愿是能尽早结束审查。于是，他始终抱着一线希望，每天清晨在墙上画线记日，希望出去。就这样在焦躁和煎熬之中度过了四个月，接下来终于绝望了。天天都是写不完的交待，无休止的审问。看管更加严厉，待遇似乎升级了，每天居然改由四个看守轮流监视，和他挤在一间房子里，总是向他投来敌意的眼光。这些看守都是从公安部门调来的年轻人，把他当罪犯看待，有时口出不逊，让他感受到难以忍受的人格侮辱。

就在这种毫无希望的漫长日子里，王元化写的交代似乎永远不能让上面满意，不断发回重写，这使得王元化感到，案子似乎越来越复杂，也越来越严重。历史上的许多事本来毫无问题，现在却都成了重大的疑案或罪证，他觉得越说越不能说清，索性不再申辩。“革命内部的清理”比对反革命的清理，其声势似乎更为浩大和严厉。在迎面掷来的嚣嚣盈耳的“交待问题”的斥责声中，所谓的“审查”并非是字面上的意义。他什么也无需做，所需要做的是只承认一种声音的力量，这种声音是权威性的，因而也是“无可置疑”地正确的。他个人所代表的另外一种声音是这么弱小，并因隔离又显得如此孤寒，他不由得怀疑：什么是真？什么是假？是非该如何判定？如果这对立的双方必定有一方是错误的，这错误的又究竟是谁呢？平日里本是漫不经心自觉无足轻重的一些事，在审查中一再的追问之下都变成了重大关节，而连自己也都觉得是说不清的问题了。反复思考，重新认识，灵魂处在这样的煎迫之中，意识逐渐在拷问下迷糊。结果是在长时间的隔离、反复审问和不断责令交代的压力下，他几乎失去了辨别真假是非的能力。但有一点是始终坚持的和明确的：不能因为胡风与周扬的文艺观点不同，就将胡风打成反革命！

最后，由上海市公安局一位副局长出面，亲自到隔离室里交待政策，给王元化一个星期的时间，只要他承认胡风是反革命集团，就放他出去，并说我们这里见过的人多喽！什么国民党特务、反动军官、托派，都没有你这么顽固。限你一个礼拜，你承认胡风是反革命，马上出去恢复工作，你不承认就怎么样怎么样。这一个礼拜，王元化的内心激烈地斗争，处于极度的矛盾之中，人几乎崩溃。他也想过，假使再坚持下去会很糟糕，为了母亲、妻子、孩子，唉，就算了吧。但是后来，他想，根据家庭的教育，还有在地下党文委孙冶方、顾准等人在一起工作，要坚持原则，这个原则就是不能违心地去指摘一个清白的人。①

当专制被当成民主，诬陷被说成忠贞，昔日的美好于今日轰毁，假与真、恶与善、丑与美互相颠倒，那么，王元化也便只剩下了“顽固”。这种顽固将会变成一种精神上的煎熬，导致了崩溃。他几乎真的精神崩溃了——曾经不想活下去，曾以头撞墙而自杀未遂，被斥为抗拒交代，嘴也歪了，眼神也呆滞了。那以后，隔离地点又搬到香山路，恰巧是他母亲住房的对面。母亲可以登楼隔街相望，曾经见到他在冬天穿一条单裤，倔着头，身子硬硬地不停在雪地里走啊走，母亲相信他一定是精神有问题了。

他母亲细致的观察是对的，王元化就此患上了心因性精神病。但儿子所受到的痛苦，非母亲能够想象。在隔离审查时期，如不为自己编织一

① 参见刘绪原、陈飞雪：《王元化再忆为周扬起草异化论：有一处记错，“我有一定责任”》，载“澎湃新闻·思想”2015年4月29日，http://www.thepaper.cn/baidu.jsp?contid=1326167。

些罪行，别人就将对你进行惩罚。由于他始终坚持胡风不是反革命，被看守的人指为“顽固不化”。他回忆道：在隔离室中，“每天吃完晚饭以后，人就开始抽搐。头开始剧烈地疼痛。这成了一个规律，一定是吃了饭以后。对了，就是吃下这碗饭以后，人就开始抽搐。不能控制地抽搐，到了夜晚不能好好地睡觉。那疼痛带来的是一阵一阵的心慌，黑夜马上就要降临了，可是头却像被铁夹子给箍紧了，一点一点往里钻，疼得难以忍受。这时，头顶上的灯打开了，刺眼的照射，直直地逼视着他。身后是看守在那里打牌，不知是存心的，还是头太疼了，他们在那里猛一拍桌子，在那里猛地一声叫喊，都让人胆战心惊。还在那里吃饭，总是在吃完饭以后，人开始抽搐，头开始剧烈地疼痛……现在，想起来已经晚了，甚至也不敢再往深处多想一点。那时候，怎么没有想到，哪一天晚上不要吃那碗饭，看看人是不是还抽搐？没有，那时候怎么会朝那么恶劣的方面去思考呢？从来就没有怀疑过，会在饭里放下一些什么……没有，就是没有这么去想，于是每到吃饭的时候，就把那一碗饭这么吃下去了，于是，每一次吃饭之后，人就开始抽搐……最后越来越厉害，甚至能感觉到那里的肌肉在被一点一点地撕开，痛得难以入睡。彻夜彻夜地失眠，那实在是无法用语言描述的日子”①。那些人看见王元化生病，高兴坏了，说是看王元化会说出些什么。他再也不能控制自己的思维了，看他怎么把所有的阴谋都交代出来，还有那些纲领、计划、漏网的胡风分子等。总之，终于可以从一个病人这里打开缺口了，他们真是满怀着希望——一个精神病人在发病的时候，把什么都交代出来。

万万没有想到的是，也令审查者失望和震撼的是，王元化在发病的时候，大声地叫喊的却是：“我没有罪，没有罪！”

桂碧清这样回忆他这段时间的状态：

---

① 彭小莲：《他们的岁月》，第 159 页。

不久以后，弟弟从新康花园（淮海中路1273弄）被转移到香山路龚品梅神父的花园洋房（香山路6号）里进行隔离。真的像上帝显灵一般，弟弟被关的那个花园正对着我妈妈家厕所的窗户，中间仅隔着一条马路。一次，我妈妈抱着刚会说话的大外孙女透过窗户看马路，正好看见弟弟在那个院子里放风，妈妈激动地喊："你看，舅舅，舅舅！"小女孩儿也跟着叫。从那以后，我们家里人常常透过那扇窗户看弟弟。有一天，天非常冷，我看到弟弟只穿了一条米色的单裤，木头木脑的，在雪地里走，赶紧对妈妈说："他可能脑子不好了。"后来，张可找到看管弟弟的人，要求让弟弟出来看病，医生一看，果然是不对了。其实他就是自己跟自己的思想斗不过来，才得了精神病。结束隔离那天，弟弟的嘴巴已经歪了，他去抱儿子，儿子都怕他，很陌生地望着他。平时，弟弟发病起来会骂人，他儿子常常怕得逃到我家。有一回，他还跑到人民广场，在马路上一边乱跑，一边乱嚷乱闹，张可在后面追着才把他带回了家。他的病给家人带来多大的痛苦，多大地影响着家人的成长和心情，旁人也许难以想象。①

夏中义则从另外一个角度观察王元化在审查中被逼疯的原因，王元化生前读了这一段细致和深刻的分析，频频点头，表示"深得吾心"。今不敢掠美，附录于下：

一九五五年王元化陷于"胡风集团"案而不自拔，毛病依旧在他太真诚，太拘泥于"独立想法和做人原则"。人家是"吃一堑，长一智"；王元化是"宁肯玉碎，不为瓦全"，靠出卖良知与友人来换取苟活，告密者的这套把戏，王元化太陌生，学不会，也不屑学会。有人说张中晓是极端反革命，他说张中晓是纯朴青年；有人说胡风非粉碎不

---

① 桂碧清：《和弟弟王元化一起走过的日子》，http://www.aisixiang.com/data/27676.html。

> 可,他说不能因为胡风文艺观不同于周扬就算反动;有人说只要承认胡风组织反革命集团,就放你出去,他硬不说,以至公安局长看不懂他的"顽固"。若转换视角,"顽固"又堪称是对王元化在厄运前不辱身、不降志,不因人生危难而昧心的另类"人格鉴定"。①

然而,这毕竟是一场不对称的"对话"或对峙:一边是权威的声音,是暴风雨所诞生、所奠立的,其光荣、其伟大"无可置疑";另一边则是心理上不设防,兀地被剥夺自由,被裹在孤寒中的文弱书生……这还不算最致命的。最致命的在于:王元化顷刻痛感平素令其心安理得乃至意气风发的心灵根基——此即夏中义所说的"价值意向"链业已断裂,被摇撼,有被掏空之危!王元化的"价值意向"链本是由他的"精神英雄"情结与现实政治取向在想象中耦合而成的。两种骨子里不一的价值参照系,犹如一是泥土,一是沙粒,前者柔软,后者坚硬,性本迥异,很难捏到一块,但兼具柔肠铁肩的王元化又委实很想用青春热血将两者搅拌成混凝土,为其精神支柱奠基。谁知本土语境风云翻卷,三九骤寒,原先掺入水泥的沙粒因大气候巨变而顿显僵硬,它不仅不屑与泥土为伍,相反,它彻底得多,还要否决对方存在的理由,你死我活,一个吃掉一个,方显其立场坚定……

以"价值取向"链解体为中心的"精神危机"对王元化的灵魂轰毁是双重性的:一是原先用血肉浇灌的"精神英雄"情结而今已遭体制放逐;二是原先同样用血肉来践履的现实政治取向却转眼变得粗粝乃至粗暴,其指令,其呵斥,虽咄咄逼人,却终因其虚假与虚妄,难以使人诚服。这恰似青年王国维曾体验过的心灵苦闷:可爱者不可信,可信者不可爱。不过王国维是在学业领域,而王元化则是在政治—人生领域,故后者苦闷更大,濒临绝望。

① 夏中义:《王元化襟怀解读》,见《王元化集》(第十卷),第227页。

读书生活

隔离审查第二年，外调内查终于结束了，他的问题也基本弄清，在政治上没有问题，对敌斗争经得起考验。但他的态度不好，仍需继续隔离。王元化经过不断申请，终于争取到可以读书。先是读毛泽东的《实践论》与《矛盾论》，又找来列宁的《唯物主义与经验批判主义》《哲学笔记》，看出毛泽东的理论来自列宁；又进而看马恩的作品，还读了黑格尔。越读到后面的，越是能发现理论的源头。

王元化根本不可能想到他一生中最能全神贯注的读书时期居然是在隔离审查！他静下心来阅读，从书中看世界，并与在现实中看到的对比，发现了与他信奉的信念格格不入的事情。他无法解释，此时唯有从前辈的智慧中寻找解答。最终他把自己的阅读范围集中于三位伟人的著作：马克思、黑格尔、莎士比亚。隔离生活造成了他的孤独处境，同时却解脱了他的种种外在羁绊，促使他完全地投入到了与人类伟大精神相互对话的奇妙契合中去。读书成为他的所有，也成为他生活的全部。他以极其刻板的方式，规定了每天的读书进程，从早到晚，除了进餐，在准许时间内到户外散步以及休息等极为有限的短暂时间外，没有分毫光阴的浪费。读书使他觉得犹如在大海中游泳，感受到细腻的水在抚摸他被现实摧残的灵魂，从中获得了无穷的享受；读书在他的眼前打开了一个色彩缤纷的世界，他觉得书中的世界是多么理性和理想，他从来没有过如此精彩的读书生活，甚至有时觉得自己真像是契诃夫小说《打赌》中的人物，再也不想从这里出去了。读过茨威格名篇《象棋的故事》的人，也许都不会忘记，那个在监狱中的奥地利贵族，在一部棋谱上倾注了那么多心血，逐渐成为象棋高手的精神苦炼过程，是如何的惊心动魄。王元化在隔离读书中的精神世界，也是精神苦练的过程，这种苦练，只有一个人在孤独中阅读，才能知晓其甘苦，其中的滋味，一言难尽！

隔离中，王元化于1956年9月7日、1956年11月1日，分别两次通读了黑格尔的《小逻辑》。最初不让用笔记本，只有交代纸张，他用几叠香烟盒纸做读书笔记。后来得以送进笔记本来，他用笔记本，慢慢地记下了厚厚的几大本。王元化在日后的回忆中说，自此他成了黑格尔的景仰者。黑格尔给了他力量……在以后的岁月里，他始终记得黑格尔在柏林大学授课前向听众所做的"开讲词"中的一句："精神的伟大的力量是不可低估小视的。"①从黑格尔哲学中体味到的那种坚毅清明的思想力量以及对人充满着巨大信心，使他在那段愁苦的日子里得以拯救于绝望之上。

1957年2月22日，王元化终于结束了隔离，回到家里。他得到组织上的批准，到华东医院去看病，经过粟宗华和夏镇夷两位医生的诊治，病情逐渐好转。最初他已丧失了辨别真假的能力，许多过去的事或新发生的事都弄不清楚，以为是不真实的，医生说这是长期隔离的孤独生活所引起的心因性精神病症②，只要恢复正常生活就可以慢慢康复。在医生的精心治疗下，果然种种不正常的心理现象逐渐消失了。但王元化的睡眠仍旧不好，天天都要服用安眠药才能入睡。

跟柏山的友谊

1955年初，彭柏山任上海市委宣传部部长，王元化是上海市委文艺工作委员会的文学处处长，在工作的交集中互相认识。王元化听说柏山是鲁迅的学生，心中更生仰慕之情。两人后来同被打成胡风分子，从此以后，他们就成为在患难中少数可以深刻交流思想的难友。彭柏山比王元

---

① 王元化：《王元化集·总序》(第一卷)，第7页。

② 心因性精神障碍是指当某些个体突然遇到严重的、强烈的生活事件刺激以后，如亲人突然亡故、严重自然灾害、突发事件等，个体承受不了超强刺激而表现出的一系列与精神刺激因素有关的精神症状，经过短时间的治疗后或心因消失以后，症状消失如常人，一般愈后良好不会复发。但王元化在"文革"中又发过一次。

化的职务要高，比他大十岁，知道的事情也多，历练也更丰富，对于元化来说，无疑是一个兄长般的知己。正是从彭柏山那里，王元化才知道自己的案子是张春桥插手的。

彭柏山从小就喜欢文学创作，1931 年加入“左联”领导下的文艺研究会，担任大众教育委员会书记，创作上得到鲁迅的鼓励和指导。1934 年发表了最早反映苏区人民斗争生活的短篇小说《崖边》；同年被捕，1935 年在狱中加入中国共产党；1937 年获释后参加新四军。

1934 年被国民党逮捕后，彭柏山化名给鲁迅写了封信，经胡风辨认，确定是彭的笔迹。鲁迅嘱胡风按月寄钱、物到狱中给彭，直到 1937 年彭获释。他 1938 年去皖南新四军军部，1953 年转业到上海，任上海市委宣传部部长。由于胡风在“三十万言书”中称赞了他，1955 年 5 月，上海市委决定将彭逮捕。在监狱中审查，因无罪证，只得说彭属“胡风分子”，当年这一罪名就可以判刑。后彭被开除党籍，免去党内外一切职务，降级处分，于 1956 年底释放回到家中。王元化则在次年的 2 月回到家中。从此，他们就常常用无声的交流在思想上、政治上互相交换意见和信息。

王元化认为彭柏山的政治头脑比他清楚，对于形势观察得非常深刻。他对彭柏山的女儿彭小莲说：“那时候，我才真是幼稚啊。刚从隔离室里出来，还振振有词地跟你父亲说，我要给主席写信，我要告诉主席，是有人在里面捣鬼，我们都是冤枉的。他们在欺骗主席，我们不是反革命。”①

彭柏山摇了摇头，说：“元化，你怎么一点都不明白啊……你千万写不得啊，你写了要出大事的。”②

王元化告诉彭小莲：“我当时真的很惊讶，不是你父亲跟我说这话，我说不定就写信了。这会惹出多大的事情来啊。怎么再敢往下想。”③

两人住得不远，他们也有过快乐的片刻。一次就是彭柏山从青海回来的一次，大家都很苦，王元化就拿了点钱说，柏山，我们到馆子里去吃一

---

①②③ 彭小莲：《他们的岁月》，第 204 页。

顿。他说，不要了，不要了，还吃什么。但是后来，他们两人还是到了一个小馆子里去吃了一顿饭。这就是两位难友最高兴的时候。

王元化回忆彭柏山时说道，生存对他来说已经没有什么意思了，只有责任感，完全是对孩子。他到了晚年，已经没有什么目标了，像自己还要翻身，自己将来还要做什么事啦……没有了。只是考虑对子女的一些想法。常叹气，这已经成了他的习惯。彭柏山回到上海唯一的串门就是来到王元化家中。连王元化的父亲都从他的表情和叹息中感到了他的悲观，于是对彭柏山说，彭，怎么情绪这么不好啊。

王元化最后一次看见彭柏山，是他去河南农学院那一次。王元化说柏山是来告别的。

> 他除了自己家里，就到我这里来。他也没有其他的朋友了。他来时，我记得是下午。我们就坐在那个吃饭的桌子上的。他说："我要到郑州去了。"我说："你怎么要去郑州了？"他说："是啊……"连他自己也搞不清楚什么原因。他总觉得有人在搞他。我给了他首诗。诗，我现在还保存着。这首诗是《送柏山上路》，是什么时候写给你爸爸的呢？①

实际上是1959—1960年期间，彭柏山刚刚到青海去，回来跟王元化讲了在青海的生活和遭遇，彭柏山那种完全是充军发配去的心情，给了王元化很大的刺激，于是写了这首诗。但王元化并没有给他。后来彭柏山在老上级皮定均的帮助下，到厦门大学教书。1965年，蒋介石准备"反攻大陆"，上面有人批示，此人（彭柏山）不适合在前线。正在厦门工作的彭柏山当即被调往河南农学院工作。他回到上海，与王元化见面的时候，王元化才把诗给他了，从此就天人永隔。如此的经历使这首诗有种悲怆渺

---

① 彭小莲：《他们的岁月》，第201页。

茫的绝命诗的感觉，令从来不相信命运的王元化回想起这件事情感到非常奇怪的，似乎冥冥中有一种天意。

这首诗是王元化一生中最喜欢的一首诗，无论从诗的意境和格律方面都非常深沉和凝重，倾诉当时悲天悯人、抑悒情怀，包含了王元化对彭柏山的友谊、对现实的无奈和前途的渺茫。

送柏山上路

边城风雪锁春寒，千里荒漠万重山。
墨翟有感哭歧路，老聃无意出函关。
豪情都作断肠梦，岁月渐催鬓发斑。
心事浩茫谁堪诉，问君更得几时还？

短短八句，一气呵成，血泪凝聚，有情之人吟来，能无壮士拂剑，浩然弥哀，萧萧落叶，漏雨苍苔之感乎！但是意外的是，彭柏山回到家之后，背下全诗，就把王元化手录的那一份烧掉了。在那风雨苍黄的年代中，他似乎闻到了什么气息。他已经无法预测自己的明天，他只是想完成他战争年代就朝夕相伴的“写作梦”——最后一个梦想：他要完成他的长篇小说《战争与人民》。

1968年4月3日，彭柏山在河南农学院被人用棍子活活打死。他的女儿彭小莲回忆道：“一个活人，竟然被他们一棍子一棍子打死了。是父亲去世三个月以后，才通知我的大姐小钧去收尸。爸爸整个人被泡在医院福尔马林的药水里，人已经面目全非，彻底变形了。但是被打伤的痕迹却历历在目……”①

至于彭柏山的长篇小说《战争与人民》，虽然柏山每写完一章都要给

---

① 彭小莲：《他和她的岁月》，“凤凰周末”，http://news.ifeng.com/history/zhongguoxiandaishi/detail_2013_03/23/23436842_0.shtml.，2013年3月23日。

王元化看，但是王元化却并不赞成他站在歌颂战争和领袖的立场写这部小说。那还是在1957年初的时候，彭柏山刚从监狱出来，就开始着手写这本书了。大概在1959年底，在临去青海之前，第一稿完成了，王元化通读了这部稿子。后来彭柏山把稿子寄给了当时的中央宣传部长周扬，因为他总觉得周扬是会帮他的。不过稿子很快就退了回来，周扬告诉他，他的作品不能发表，因为离开毛主席的革命军事路线，离开毛主席的伟大思想太远。他写的女主人翁资产阶级情调太重，不能正面表现我们伟大的人民战争……

彭柏山认真地听取了周扬的意见，接下来的日子里，他一稿又一稿地改写这个长篇小说，直到1965年调到河南农学院，生存环境极端糟糕，生活在一个狭小的空间里，还经常被批斗，他还在那里修改着。从写作到修改，整整花了11年时间，他从来没有放弃，总共六次修改这部34万字的长篇小说。

王元化对柏山如此修改一部这样的小说，表示了不同意见。他认为柏山有一份幻想。他总以为自己是鲁迅的学生，虽然政治上出了问题，但是他的作品是可以和他的政治问题区分开来的。彭柏山参加了淮海战役，在这点上，他认为中央一定会肯定他的功绩的……王元化认为这部小说还是无法真实地反映这场战争。但他没有将自己的全部意见告诉彭柏山。

虽然王元化也在为柏山的书奔走，为他说情，但是他会一点不含糊地跟彭小莲说：唉，你父亲干什么去写那么一本书呢，什么伟大的军事路线，这有什么价值？文学的价值，还是写人……你说，谁会去看呢？他如果能把自己经历的一生，非常真实的，点点滴滴，详细地写下来。那留到今天，会是一本非常有价值的作品。他在湘鄂西的那段经历，我都不知道。为什么不好好写写这些事情？

那时候，大家都被“大跃进”搞得脑子发热的时候，彭柏山就跟王元化说：看吧，20年以后，一定会重新评价这个运动。当时有人能这样思考，是很不简单的。所以，如果彭柏山能好好地把他自己思考的东西写下来，把自己经历过的事情写下来，那就是留给后人非常有价值的东西。

为了这本书，后来王元化也被牵连进去了。河南农学院的造反派冲到了上海作协，非常野蛮地要他交代跟这部书的关系。王元化对彭小莲说：他们狠得不得了，在我那里胡闹。到我单位，逼着我交代。我写了一些，他做宣传部长，是我的上级。我们怎么开始来往，怎么认识的。后来我俩都受到处理。他们实际上就是要追究那一部稿子，然后问我，他是不是写了一部稿子？我说，我不知道，他没有给我看。后来他们拍桌子拍台子，好在他们还没有打我，凶得不得了。最后说，彭柏山自己都交代了，你还替他隐瞒。我说，他交代了归交代，我怎么晓得他写了什么？我不知道，他乱讲的，你也让我乱讲。我怎么知道，他也没有跟我讲。结果，话没有说完，就把我拉到大厅里开批斗会。我记得很清楚，批斗会是戴厚英主持的，她也很凶，她说，王元化态度恶劣，把材料都摊给他看了，他还要在那里顶着，说是没有。

王元化估计彭柏山给他们逼到最后跟他们说了，他把稿子给王元化看了。不然戴厚英不会说，把材料都摊给你，你还要赖，还不承认。①

第二次反思

在被隔离的期间，王元化读书的顺序最初是从《毛泽东选集》（四卷本），到列宁的哲学著作《唯物主义与经验批判主义》《哲学笔记》。这以后，反复阅读列宁的这两本著作，并与斯大林时期的哲学观点进行比较，以求得连贯性和其中的不一致性。读完这些之后，带着疑问后更进一步去探索苏联哲学的来源——马克思恩格斯哲学的思想世界，几乎把马恩的哲学著作读遍了。当这一切进行完毕，又要寻找马克思恩格斯哲学思

---

① 参见彭小莲《他们的岁月》中有关王元化和彭柏山部分。

想的源头，于是将全部的时间集中攻读马克思《资本论》(第一卷)，然后上溯到黑格尔《小逻辑》《哲学史讲演录》，从中找到马克思哲学思想的来源。最后他又阅读了《莎士比亚戏剧集》。他在读书中的快感，多年后总结为越读到后来，越能够看出问题来。这次的阅读，对于王元化重建他的知识结构是有着极其重大的意义的。

如果我们将王元化从少年时代到后来的读书整理出这么一个书单，可以看出他的思想发展脉络：

少年时代(1935 年前)：《圣经》；鲁迅全部的小说及杂文；中国古典名著，特别是金圣叹批《水浒》等；《大学》《中庸》等。

青年时代(1935—1938)：《海上述林》；契诃夫、果戈里、屠格涅夫、托尔斯泰、巴尔扎克的著作；英语原版诗文如丁尼生、柯勒律治等人著作；《说文解字》《世说新语》，当代小说等。

1938—1954 年：《约翰·克利斯朵夫》《罗曼·罗兰传》《贝多芬传》，契诃夫剧本《三姐妹》《伊凡诺夫》《海鸥》《凡尼亚舅舅》，莎士比亚剧本《丹麦王子汉姆莱脱之悲剧》等，歌德、别林斯基、车尔尼雪夫斯基、杜勃罗留波夫、陀思妥耶夫斯基、藏原惟人、日丹诺夫、普列汉诺夫、高尔基、普希金、史坦培克、斯坦尼斯拉夫斯基等人的著作；1948 年之后，在汪鸾翔的指导下，增加了中国古典文学和文论著作《文心雕龙》《楚辞》《文赋》《文选》等。

1955 年到 1957 年 2 月 22 日结束：《毛泽东选集》(哲学部分重点阅读：《实践论》《矛盾论》)，列宁《唯物主义和经验批判主义》，列宁《哲学笔记》，马克思、恩格斯的所有哲学著作，马克思《资本论》第一卷，黑格尔《小逻辑》，《莎士比亚戏剧集》。

在哲学方面，可以看出王元化在现实中被奉为不可动摇的哲学理论中，上溯其来源。《莎士比亚戏剧集》虽然并非是哲学著作，但是从中寻找人生的真谛，尤其是《奥赛罗》的命运起伏，对于王元化有着重要的现实参照，给予他生活的勇气。他一边读书，一边思考，对于长期以来的现实问题从理论上去进行反思。其中最重要的是认识论问题的反思，终于有了自己新的体会：

(1) 认识到感性—理性的认识论是不充分的，必须补入知性阶段；其时非常流行的矛盾要“抓要害”(是从抓主要矛盾和矛盾的主要方面衍化出来的)成了一种片面的知性分析方法(在认识过程中，知性是理性认识的一个环节，或照黑格尔说法是认识的一“时段”，知性的功能决不可少，但一旦把知性的功能和知性的方法加以绝对化、片面化，并取代辩证的理性，就陷入了简单的形而上学)。

(2) 认识到断言只有阶级的人性而没有一般人性的存在，是违反马克思论人性观点的。这一理论在强调阶级性而忽视了人的一般人性上是片面的。马克思认为人身上存在着“不同历史时期变化了的人性”，也同时存在着“人的一般人性”；凡人的思想莫不打上阶级的烙印这一命题，正如否定一般人性存在的观点一样。《资本论》所提到的那些工厂视察和公共卫生报告医师，就是不受资产阶级思想局限的；《自然辩证法导言》所提到的那些文艺复兴时期的巨匠也是不受阶级局限的；《资本论》还说“超利害关系的研究”和“无拘无束的研究”是存在的，只是在庸俗经济学出现后才消失。这种研究，也是没有阶级烙印的。

(3) 认识到马克思在《政治经济学批判导言》中提出的“由抽象上升到具体”这一命题，并不是如过去理论界所认同的是指由“研究方法”到“说明方法”，而是表达了感性—知性—理性的过程。

(4) 认识到中国理论界跟随苏联的理论界批判德波林的差异说，断言差异就是矛盾，这也是有问题的。因为不承认非矛盾性的差异存在，抹煞了多样性的统一，必将导致斗争性的绝对化。

(5) 认识到列宁的《唯物主义和经验批判主义》(简称《唯批》)将政治概念引进哲学，认为哲学也有党派性，也有路线斗争，并断言从希腊罗马开始就存在着唯物主义与唯心主义两条路线斗争。列宁后来写《哲学笔记》接触同一问题时，就不同于上述观点了。但我们理论界仍将前者奉为圭臬，作为必须严格遵守的经典原则，这就导致了将观点、方法、思想之争上升为两条路线斗争。

(6) 认识到在反胡风斗争中对“人格力量”“人的尊严”“艺术良心”等进行批判是一种极“左”思潮，与马恩的观点并不相侔，甚至与列宁斯大林的观点也不同。

王元化在当时隔离的环境下，深入地思考了上述这些方面的问题，是对于长期积累下的习惯思维作出的一种反思。这些反思成果当时并没有写成文章，也无处发表。王元化只是在自己几大本笔记中记述了这些内容，等到有条件可以将它们整理成文，已是在 20 多年之后。对于从入党之后就被灌输在头脑中的既定观念，在不得不遵守体制所规定的政治立场和思想路向的时代，作为一个崇尚自由思想的青年人，虽然也曾经产生过某些质疑，但王元化没有力量去揭示它们的错误，去思考这些问题的来源。如今有静心读书思考的机会，可以在思想的海洋中无所顾忌地漫游，知道了已形成的价值观念和伦理观念都需要重新去再认识、再估价。王元化自述自己在这场旷日持久的隔离审查中慢慢地得以解决了这些思想问题，得到了一场思想上大的解放。他后来说：“这是我一生中读得最认真也受益最大的时候，此后不是由于外在的干扰，就是由于自己的分心，再也不能专心致志地读书了。”①老子的“祸兮福所倚，福兮祸所伏”，在丧失身体自由的环境中，却享受到了思想自由的大欢乐，此之谓也。这种独立精神的养成，对于王元化晚年的再度反思重大哲学和思想问题，勇于探索哲学、思想方面的理论问题，起到了极大的作用。因为这将使王元化可以在思想方面摆脱依傍，在自由的海洋中沉潜往复。

“过去那些灌输在头脑中的既定观念，在不得不遵守体制所规定的政治立场和思想的路向的时代，虽然也产生某些质疑，但我没有力量去揭示它们的错误，如今我在自己精神危机的时刻顾忌皆去，解决了这些思想问

① 张可、王元化：《莎剧解读》，第 13 页。

题，真使我感到是一场大的解放。我万万没有想到在我丧失身体自由的环境中，却享受到了思想自由的大欢乐。”①这是他追求真理的意外收获，也奠定了他此后不断追求真理，否定自己，更新理论，唯以求真知为要。其中最有价值和新的见解的是关于知性的认识。王元化从黑格尔那里得到了力量和理论资源。但是如果仅仅把目光放到1950年代他在隔离时期的反思，就他的反思范围和成果而言则狭窄化了。因为当时他是深深服膺黑格尔哲学中的逻辑力量和无坚不摧的理性精神。

与父亲一起工作的喜乐

王元化回到家中，恢复了正常的生活，同时配合医生的精心治疗，病情逐渐好转乃至康复。但是，在日伪占领上海期间，由于从事紧张地下工作引起的睡眠问题，此刻越发加剧了，每天均须服用安眠药方能入睡。长期的失眠，使王元化常常在孤独的夜幕中度过，这使他精神和身体受到伤害，但另一方面却使他思考的时间也更加多了。思考，成为他与孤夜挑战的方法，也使他此后的一生都用这一习惯对待任何思潮和知识。在以后他很多出版的著作中，常常爱用“思”字来作为书名，从《文学沉思录》到最后一部《沉思与反思》都体现王元化生命中与思考紧密联系在一起的学思经历。

幸运的是他拥有一个温暖的家庭，不仅妻子张可，他的父母和姐姐，张可的父母和哥哥满涛等，都为他在愁闷的岁月中带来了慰藉。家庭，在这位共产党人的心中，具有不可言说的重要地位，这是与有些经历“五四”反家庭伦理的知识分子不同的。他对于家的温情和依恋甚至融入到他后来对于传统文化的思考之中。尤其是张可，这位坚强而又温柔的女性对他一生坎坷的遭遇几乎没有一点点埋怨，甚至从来没说过一句有激烈字

① 王元化：《王元化集·总序》(第一卷)，第5页。

眼的话。这不仅是对待遭难之后的王元化，即使对其他的人，甚至是曾经不善待她的人，她也会如此。

晚年王元化总结张可的为人时说过："张可心里几乎不懂得恨。我没有一次看见她以疾言厉色的态度待人，也没有一次听见她用强烈的字眼说话，她总是那样温良、谦和、宽厚。从反胡风到她得病前的二十三年漫长岁月里，我的坎坷命运给她带来无穷伤害，她都默默忍受了。受过屈辱的人会变得敏感，对于任何一个不易察觉的埋怨眼神，一种稍稍表示不满的脸色都会感应到。但她始终没有这种情绪的流露。这不是任何因丈夫牵连而遭受磨难的妻子都能做到的，因为她无法依靠思想和意志的力量来强制自然迸发的感情，只能听凭善良天性的指引才能臻于这种超凡绝尘之境。"①而这也恰恰是导致了王元化的心因性精神病好转的重要原因。

1955 年 4 月 3 日，上海市委第三书记、常务副市长潘汉年，突然被当做反革命分子逮捕。此后就开始了一场大规模的肃反运动，而反胡风运动从最初不同的文艺思想之争扩大为革命与反革命的殊死较量，正是在这一个大背景中形成的。在王元化被隔离期间，外面的社会动荡不安。从机关到学校、工厂基层正经历着几场大的运动。在 1957 年开始了反右扩大化的暴风雨，幸而王元化在隔离审查，几乎与世隔绝，算是逃过了这一劫。

王元化虽然释放回家，但是审查的结论长期拖延不下，没有分配工作，只拿一点生活费，全家的经济支撑主要靠张可的工资。为了增加一些收入，也为了打发时间，王元化开始和出版社接洽，帮他们翻译书稿。由于王元化不能署名，他就与父亲合作，在那段时间中，他们共同翻译了英国呤唎著《太平天国革命亲历记》，当时署名的是王维周（王芳荃的字）。维周先生其时已经是七十七八岁的高龄，毕竟不能跟年轻人相比，出版社索稿又急，大部分工作落在年近不惑的元化肩上，几乎每天伏案笔耕 10 个小时左右。

---

① 王元化：《王元化集》（第十卷），第 102 页。

在那艰难的岁月中，父子间的温情和理解，围绕着译事往复讨论推敲之乐，是又一盏黑夜中的明灯。王元化后来回忆这段生活时说："本书是先父王维周和我在五十年代末用了将近一年工夫翻译出来的。书中前八章出于先父手笔，后面十八章，则由我译成。全书完稿后再经我作最后的校定和润色。书出版时由先父一人署名（当时出版社领导不允署上我的名字）。译此书时，先父已届高龄，可是出版社限时限刻，索稿甚急，因此大部分译事落在我的头上。那时我大病初愈，工作尚未分配，有的是时间，每天几乎工作十小时以上。过去，我对太平天国史很感兴趣，所以翻译时不太陌生，这给我不少方便。"①

回到家中后还有一件乐事——逛旧书店。当时的福州路（俗称四马路）是王元化最爱逛的书店一条街。那时的福州路有中华书局、商务印书馆发行部、上海旧书店、上海外文书店、古籍书店等，颇多别处不易见到的好书、绝版书和外文书，王元化几乎每个星期都要去那里几次。到四马路去看书，成了他生活中最重要的享受。不仅是看书，他还要买回来很多书，这也看得出王元化读书的重点：他从外文旧书店不仅买回了原版《莎士比亚全集》，还买回了柯勒律治、赫兹列特的专著以及从班·琼生到19世纪莎剧评论名篇的选集，泰纳的巨著《英国文学史》以及《皇清经解》清代石印本全套、《十三经注疏》等中外重要典籍。

从1959—1961年，正是中国最困难的经济萧条时期，全国粮食紧缺、很多地区逃难人口增加。上海作为大都市，也可以感受到食物的极度紧缺。每一家均有严格的定量限制，副食品大量缺乏，例如食油每人每个月只有三两，肉类、家禽类等都是罕见的食品，几乎每个人都不能达到温饱，其他副食品更是极度地供应不足，市民们常常以番薯、南瓜甚至南瓜叶来代替主食。王元化一家也不例外。走在淮海路国泰影剧院前的繁荣马路上，经常可以看到外地农村来的逃荒者。他们为饥饿所迫，已经没有力气去

① 钱钢：《王元化集·学术年表》（第十卷），第333页。

出卖劳力，来大都市中寻找着一线的生机。王元化在上海的街头常常看到菜色的脸、无力的躯体。令王元化难以忘却的亲眼所见是：一个身材高大的壮年汉子，面庞浮肿，形容憔悴，在饥饿的折磨下有气无力，下意识地缓缓向前挪动着，步履蹒跚。一位领着孩子的上海妇女，手里捧着一盒糕点从他身边经过。他猛地夺过糕点，马上塞到嘴里吞吃起来。被抢的妇女开头一怔，但很快走掉了，像什么也没发生一样。这一过程迅速而安静，始终没有发生任何声响。日后，王元化在脑海里屡屡地再现这一幕，总让人觉得似乎不是真实。但确实地，这是真实，每个人都面临着生存的严峻挑战。

栖身作协文研所

1959 年底，王元化的审查结论终于传达下来，组织上的定性几乎就决定了王元化的命运："胡风反革命"分子，开除党籍，行政降级，也即从原来的正处级降为普通科员，勉强还是一个国家干部，算幸运的。这大概也是有关领导惜才吧。从王元化处理的结果来看，上面也希望能够让他有一个研究的地方，而不是到农村、工厂去干体力活。1960 年 5 月，他便被安置到刚刚成立的上海作家协会文学研究所。

从 1957 年 2 月回到家中，困顿焦虑地待了将近三年，王元化才正式有了一个上班之所。这段时间，除了天灾人祸而引起的生活苦难之外，在政治上还经历了反右和"反右倾"两场大运动，王元化属于所谓的戴罪之身，死老虎，政治空气虽严峻，但对他来说倒没有额外的影响，他是在阅读、学习、研究和翻译中度过的。但是在政治界、文化艺术界、学术界、教育界几乎每个领域都面对着这两场运动，一片凋零的景象，理论荒芜、光景惨淡。然而就在这惨淡当中，王元化觉得似乎又萌动着一股隐隐的生机。他在书店里看到了不少商务版的汉译西方名著，王元化虽然经济拮据，还是尽力去买。

王元化与文联、作家协会早就结缘。1953 年 1 月 8 日，中共中央华东局文艺工作委员会为了加强华东、上海文学艺术界联合会(即文联)的领导,决定成立华东及上海文联党组,书记为夏衍,副书记为赖少其。经华东及上海文联党组提出,中共中央华东局文委批准:柯蓝为文联党组书记,肖岱、王元化为党组副书记。①

1960年4月29日,为适应文学理论研究工作的开展,文学研究所成立了,在复兴西路62号5室,行政上与作协合署办公,郭绍虞兼任所长,副所长则由叶以群、孔罗荪担任。当时郭绍虞还担任复旦大学中文系教授、主任。郭绍虞入党不久(1956年加入中国共产党),曾先后兼任华东区军政委员会监察委员,上海文学艺术界联合会副主席,中国作家协会上海分会副主席兼书记处书记。该所下设古典文学组、文艺理论组和现代文学组。王元化被分配在古典文学组,时间是很多的,领导希望这位当年的青年才俊通过学习研究,来认清自己思想中的错误。这也就意味着他在仕途上是不会再受到起用了。

王元化来到了文研所古典文学组,但没有安排他任何具体的研究内容。从专业来看,王元化以前主要是在当代文艺理论方面研究和撰写文章,现在需要改弦更张了。令他感到幸运和温暖的是,一来到文研所,意外地受到了郭绍虞、孔罗荪和古典文学组的青年成员黄屏、田念萱的欢迎,在一般的客套中王元化感受到了一份理解、一份同情和一份尊敬。在当年动荡的环境下,知识分子已经连续经历了肃反、反胡风、反右、"反右倾"的运动,此刻又正值三年困难的煎熬时期。对于王元化在反胡风运动中的表现,人所皆知,他的孤傲、正直、诚实的性格(用当时上海话来说是"耿"),毕竟保持了一份独立人格的精神。不光作协上下,就是在整个上海滩的知识分子圈子中也都对之敬佩。在知识分子群中,经过了多年的磨难,眼看着一个个熟识的朋友亲人被打成胡风分子、右派分子或者反革命分子,在当时属于"贱民""另类",人们不会鄙视,反而都会寄予同情和

① 参见《上海作家协会历史》,http://www.shzuojia.cn/plus/list.php?tid=73。

理解，但是要对“贱民”表达一种尊敬，那是不太容易的，那需要人格和风骨。王元化得到了人们的尊敬。

古典文学组的青年研究人员对王元化的到来表示了特别的热情，他们不仅知道这位中年文艺理论家在反胡风运动中受到了冤屈，而且还了解他在新中国成立之前所从事的文艺活动，提出的文艺理论。于是他们要求王元化给他们讲讲文艺理论。

王元化感到有些尴尬，文艺理论照理说是他最擅长的，如别、车、杜，如莎士比亚，或者他最崇敬的罗曼·罗兰。但是经过了几场文化方面的运动，只有一种文艺思想在文艺界可以讲，其他的都是有问题的了。既然是古典文学组，就要讲一些古典文学的理论。他想起了 13 年前在北平铁道管理学院给学生们讲《文心雕龙》，讲《文赋》，讲《离骚》，他更想起了当年向汪公严夫子请教的情景。所长郭绍虞是古代文艺理论的大家，他的开山之作《中国文学批评史》奠定了古代文论的基石，使王元化觉得在这里道不孤，研究古代文论信心倍增。为此，他开始给年轻人讲起了中国古代文论的开山之作，也是中国古典文学和理论经典中的奇葩《文心雕龙》。真的是教学相长，王元化在作协的文研所讲这些内容的时候，自然要结合作家创作的理论，而且也必须要按照当时规定的思想理论和意识形态，不过，他还是不时穿插进自己的见解。为了讲课，他必须要花更多的时间钻研和探究《文心雕龙》中的一些基本概念，于是就在这方面开始一边讲课，一边研究。从当时的情况来看，他只是耕耘者，从来没有想到将来会在《文心雕龙》的研究上独树一帜，成为这一领域的专家。

说起来，王元化跟郭绍虞还是有着渊源的。新中国成立后，郭绍虞担任复旦大学中文系主任，由于该系缺少文艺理论的教师，聘请了不少非学院派的文学家、理论家前往教学，雪峰、胡风、李健吾、王元化、唐弢等都在其中。王元化主政的上海新文艺出版社，曾出版过郭绍虞的《中国文学批评史》。更重要的是，郭绍虞了解王元化的经历，也钦敬这位年轻的行政领导者在遇到人生抉择的时候，敢于说真话的文人风骨。于是他们开始了一段亦师亦友的漫长岁月。

复旦大学教授朱维铮在回忆中，提到了这段时间的王元化："1963年开始，要搞反修，在上海成立一个班子，叫做'学术反修'，机构设在丁香花园，专门跟苏联学术界文化界论战，在这个里边有一个历史组，还有一个文艺组。我跟文艺组的人聊天，知道有些人读过一些古书，《文心雕龙》《世说新语》等，我问是谁教你们的？他们说，他们资料室里有一位'胡风分子'叫王元化。文艺组的年轻人来自上海作协，领导叫这些年轻人去听元化先生的课，中间有一个就是后来赫赫有名的戴厚英。"①

由此，王元化展开了他生命史和学术史相结合的一个重要画卷。他将会在自己钟爱的学术领域中开始一生最重要的耕耘和收获。

---

① 朱维铮：《朱维铮忆王元化》，http://www.aisixiang.com/data/109737.html。

第六章　沉思[①]（1962—1976）

短暂的百家争鸣时期

1962年，中共中央批转《关于当前文学艺术工作若干问题的意见（草案）》，其中指出，一切文学艺术作品，只要不违背毛泽东同志在《关于正确处理人民内部矛盾的问题》中提出的六项政治标准，都可以存在。1962年4月30日，中共中央批准中央宣传部定稿的《关于当前文学艺术工作若前问题的意见（文案）》（简称《文艺八条》），由文化部党组、文联党组下发全国各地文化艺术单位贯彻执行。《文艺八条》是在1961年8月1日印发各地征求意见的《文艺十条》的基础上修改而成的。八条的内容包括：贯彻执行百花齐放，百家争鸣的方针；正确地开展文艺批评；批判地继承民族遗产和吸收外国文化；改进领导作风；加强文艺界的团结等。[②]

在这个文件的指导下，学术界和文艺界有了一个小阳春。经历了几次运动，又度过了三年困难时期，一些学人对于"唯意志论"感到切肤之痛，在上述较为松动的政策环境下，慢慢地在各个领域中出现了微弱的不同声音。如，经济领域出现了孙冶方的价值规律理论，虽然很快遭到批判，但已经初试啼声；哲学界则展开了科研方法的讨论；史学界对农民战争的性质做出了新的估价；文学方面便掀起了以《文心雕龙》为代表的古代文论研究小高潮。以研究中国古代文学和理论为宗旨的权威性学术刊物《文学遗产》上，编辑部主导并兴起了一场热烈的不同观点的讨论，即关于刘勰的世界观问题：世界观改造得好不好，这是重大"学术"问题。因此

---

① 取自儒勒·马斯内《沉思曲》，歌剧《泰绮斯》插曲。

② "中国共产党新闻网·党史大事记·1962年"，http://cpc.people.com/GB/64162/64164/4416048.html。

就要首先对刘勰究竟属于唯物论者还是唯心论者问题进行学术讨论，这一讨论渐渐地在古代文论界形成了一个研究热点。

本着古为今用的原则，《文心雕龙》的今译工作也艰难地起步了。"《文心雕龙》共 50 篇，气脉相连，丝丝入扣。前人对此书的体例进行过种种探讨，尤其是对于篇章之间的逻辑关系，属上属下的编排，尚存在不同看法。如果我们按照刘勰本人在序志篇中所述，那么，他是把《文心雕龙》一书的体系结构，比作一张渔网而分为三个部分。……其中，刘勰视为纲领的，是论述文体的产生和流变的上篇 25 篇。下篇 25 篇，则是重要的文学创作论的论述。"①文学理论界更重视创作论这一部分白话翻译工作。《文艺报》主编张光年率先开始了语体翻译的尝试，接着周振甫在《新闻业务》、赵仲邑在《作品》、刘禹昌在《长春》等刊物上，也分别连载或发表了《文心雕龙》部分有关创作论篇目的翻译。白话文翻译《文心雕龙》的尝试，毕竟要比研究刘勰的思想安全得多了，于是在全国出现了一个翻译《文心雕龙》的热潮，出现了不同版本的白话文《文心雕龙》。特别值得一提的是：陆侃如、牟世金合译的《文心雕龙选译》(上下)和郭晋稀翻译的《文心雕龙译注十八篇》于 1962—1963 年正式出版问世，成为当时最早的《文心雕龙》白话文译本。这两部普及性的译本，选择有关创作理论的篇目，都采用直译方式，深入浅出，对当时读者学习研究《文心雕龙》有较大帮助。

关于《文心雕龙》的论文，1949—1959 年这段时间里，十年总共才 30 篇；1960—1965 年的五年多达 150 篇。可见在思想文化方面政策松动之后，知识分子搞研究的积极性。虽然这些论文在当时的意识形态背景下，大多只是运用马克思主义的观点和方法对《文心雕龙》进行分析和研究，具有明显的生搬硬套的公式化痕迹，不过在某些理论和史料占有上也有一些突破。例如，在对《文心雕龙》进行全面综合论述的文章中，刘绶松的《〈文心雕龙〉初探》和郭绍虞的《试论〈文心雕龙〉》值得重视。二文作者都

---

① 吴琦幸：《文心雕龙声训论》，载《汉学研究》第九卷第一期，台湾汉学研究中心 1991 年版。

试图在新观点和方法指导下，立足于现代文论，对《文心雕龙》的理论价值进行深入研究。尽管二文的行文特点和论证方法各有不同，但还是得出了不少相似的结论：即都认为刘勰是根据儒家进步的文艺思想来建立“接近现实主义的文学理论”，反对齐梁“内容上的颓废主义和形式上的唯美主义”，并通过宗经复古以求通变革新，追求思想内容与形式技巧的辩证统一。论证了刘勰在文艺思想上的进步意义。

以上是通论部分。这一时期也有一些论文涉及《文心雕龙》的专题研究，其中有关刘勰的思想、现实主义与浪漫主义、风骨和艺术构思等几个问题研究比较突出。尤其是关于刘勰的思想，更是讨论的重点之一。由于刘勰早年崇儒，后来尊佛以至身入空门，他的思想是属于儒家还是佛家、唯物还是唯心，形成了两种对立的意见，争论比较大。除张启成主佛家思想外，大部分学者，如刘绶松、陆侃如、杨明照等，都主儒家思想。认为《文心雕龙》思想属于唯心主义的有炳章、曹道衡，他们认为这种唯心主义接近于黑格尔的客观唯心主义；但主唯物的仍属多数，如陆侃如、祖保泉、翁达藻等。当然，思想问题是个复杂的问题，宗教派别与思想属性、世界观与文学观之间都不能简单地画等号。所以，论者一般都不会绝对地认为刘勰是彻底的唯物主义或彻底的唯心主义，或是完全的儒家或佛家。但在当时的语境下，所有论者都有以下共识，即：“唯物”倾向伟大和正确，“唯心”则接近错误和渺小，并且都要在这个前提下来作出对刘勰的思想分析。

此外，在这个“小阳春”的争鸣时期，为配合当时文艺界现实主义和浪漫主义两结合创作方法的研究，很多研究者也对《文心雕龙》中涉及的现实主义和浪漫主义问题展开了热烈的讨论。刘绶松、郭绍虞的两文都肯定《文心雕龙》接近于现实主义，后来陆侃如和牟世金又发表《刘勰有关现实主义的论点》一文，比较全面地总结了《文心雕龙》中的现实主义文学理论。同时，一些论者也注意到刘勰有关浪漫主义的论述，葆福和广华的《刘勰对于浪漫主义的态度问题》、陈鸣树的《刘勰论浪漫主义》、陆侃如和牟世金的《刘勰有关浪漫主义的论点》、张碧波的《刘勰的浪漫主义创作论初探》等文，都对《文心雕龙》中的浪漫主义因素进行了分析。这些分析基本上都以《辨骚》《夸饰》为依据，认为这证明刘勰已经接触到浪漫主义精神。但是，在有关刘勰的浪漫主义是积极的还是消极的、刘勰是否已明确认识到浪漫主义的特征以及他对浪漫主义的态度是排斥还是赞同等问题上，分歧仍然很大。当然共识也在这两方面的讨论中逐步形成：即现实主义一般都是走向唯物，而浪漫极容易导致唯心。

撰《文心雕龙柬释》

王元化在郭绍虞任所长的文研所工作，一边为青年理论工作者介绍《文心雕龙》一书中有关创作论的部分，一边也在思考着《文心雕龙》创作论与他以前研究的文艺理论、外国文学等方面的关系。慢慢地，他将研究的兴趣集中在《文心雕龙》的几篇有关创作方法和创作指导思想方面，这也开启了他决心将此作为他一生研究方向的目标。在论述中，王元化用西方哲学、文化概念来与传统中国文论进行比较。用这种方法来研究《文心雕龙》跟王元化的学术背景有关。从表面上看，王元化的这一学术兴趣的转变是源于他本人正好在文学研究所中的工作需要，但却也是因缘际会，其中有一条清晰的脉络，那就是王元化早在 1946 年就在汪公严的指导下阅读、研究《文心雕龙》。现在，他结束了待在家中自在的学习和研究，去作协文研所上班，“从此天天要去上班，不能再由自己的兴趣去读书了。所里一些青年要我给他们讲授《文心雕龙》。从这时开始，我的研究方向转向了《文心雕龙》方面，一直延续到‘文革’后七十年代末我的《文心雕龙创作论》出版为止”①。如果没有这样一个机会，王元化也许并不会选择《文心雕龙》作为自己的研究方向。谁知道呢？

① 王元化：《王元化集》（第三卷），第 28 页。

有时候，外部环境的客观需要会成为一个事件的激发点，促动主观上的努力。人生总是有这两方面的碰撞才能做成大事，重要的是“准备好了没有”？古典文学组的成立也属偶然。本来，成立文学研究所的本意是研究马克思列宁主义的文艺理论，建立中国式的文学观和文艺理论的基础学科。1961 年 3 月，郭绍虞要编《中国历代文论选》作为大学教材，时任副所长的叶以群就决定成立古典文学组，将黄屏和田念萱调出来；另外张秀珩、魏绍文、邓牛顿等人也陆续加入。这些青年原本都是搞现当代文学的，在古典文学方面缺少基础，于是请王元化给他们定期地讲些古代文论的经典作品。这就是王元化所说的“需要”。

但这仅仅是一个契机，一个契机的产生有很深刻的内在因素，往往由历史和现实相互配合而促成的。王元化对《文心雕龙》的研读兴趣当然不自伊日始，他最初喜欢《文心雕龙》一书是受了鲁迅的影响。在《摩罗诗力说》一文中，鲁迅提到刘勰对《楚辞》后学者的评价：“才高者菀其鸿裁，中巧者猎其艳辞，吟讽者衔其山川，童蒙者拾其香草”[①]，各有所取的不同层次的学人，面对着百科全书般的宏论，敬仰之心有之，感叹之情有之，但无法把握这部巨作之整体的内容。用此四语来形容《文心雕龙》后学者，恰也合适——皆著意外形，不涉内质，孤伟自死，社会依然。鲁迅由此感叹道：“四语之中，含深哀焉。”[②]对于一部伟大的作品，没有深入其内核，仅凭一己之私意，各执一面，是无法真正把握其整体和精髓的。鲁迅这四句话常常令王元化思考，究竟这部书为何能够让不同的人感悟不同的内质，或只能接触到肤浅的外表？如今，经过了隔离审查中的潜心阅读，王元化具有了宏观的思考能力。从童蒙时代开始的读书经历，使他了解了西方文学和哲学，在这种学术背景下来钻研此书，意义尤为不同。而在 1960 年代初期的中国社会，体味分外深切。中国学术界短暂的活跃时期，为他提供了这个机会。此外的一个个人的动机是，他要以自己的“耿”劲，钻研

①② 鲁迅：《摩罗诗力说》，《鲁迅全集》（第一卷），人民文学出版社 2005 年版，第 71 页。

这门深奥的“龙学”，向关心他、期待他却不敢在非常时期跟他联系的友人交上一份艰难的答卷——我心还在，我情依然。

在当时的形势下，搞现代文艺理论是一个危险区，而要王元化违背自己的意愿去迎合或改作其他专业研究，则是一件无意义的事情：“六十年代初因卷入胡风案件，栖身在上海作协文研所那时，除翻译外国文学作品和研究我国古代文学外，实在也没有其他较有意义的事可以做。正好由于需要，我开始了《文心雕龙柬释》的写作。前后延续了三四年，初稿全部完成。可是紧接着‘文革’开始，稿件被抄走。直到七十年代‘文革’结束，原稿才发还。”①

但是，这个学术界小阳春很快就由于“千万不要忘记阶级斗争”的一声号召而风云突变，学术界包括文艺界、文化界的百家争鸣烟消云散。由于王元化此时已经开始了对《文心雕龙》一些概念的新的解释、新的研究，欲罢而不能，即使未来出版无望，但他仍秉持着一种信念继续研究下去，直到“文革”前夜，他完成了这部书稿。

王元化写作此书的过程比较特别。由于当时只是栖身在文研所的古典文学组里，给年轻文艺工作者讲《文心雕龙》的创作论概念，并与现代文学理论进行比较，当然，必须从马克思主义的观点来讲。家中，王元化将要讲的内容进行资料综合，写成文字；紧接着准备第二课第三课的讲授，这就是第二篇第三篇地写下去。后来成型的《文心雕龙创作论》很有点当年讲解古代文论的样式，所以他一开始想把这部书名也就叫作《文心雕龙柬释》。柬者，柬择，挑选之意，选择一些概念来解释。

王元化每次写完一篇都会呈郭绍虞指教。执古代文论学界之牛耳的郭绍虞，此时正在重新修订《中国文学批评史》，对于《文心雕龙》的研究自有其独到的见解。他认真地一篇又一篇地读下去。1962 年下半年，郭绍虞有感而发，亲自给王元化写了一封信：

① 王元化：《文心雕龙讲疏 · 新版前言》，广西师范大学出版社 2004 年版，第 359 页。

元化同志：

大作数篇均取诵，所论甚有新见，颇佩。拟推荐此数文发表在全国性的杂志上。一、文艺报。他们要我写篇关于论文气的文章，我答应替他们介绍一篇，想选其中一篇送去。二、中华书局的文史论丛。此为学术性较高的刊物，似亦可发表。此外拟留几篇自己派用场，以前以群同志说好文学研究所将出一种刊物，如果出版也需要几篇好文章撑场面。这样代为安排不知你可能同意否？这方面的工作希望继续写下去，或者暂时不发表，俟将来积累更多时，同时在各报刊分别发表，似更能引人注意。在读者再提意见之后，然后再汇集出书。我信此书出版，其价值决不在黄季刚《文心雕龙札记》之下也。（下略）

郭绍虞①

黄季刚，即近代国学大师黄侃，字季刚，他的《文心雕龙札记》是他1924年在北京大学讲授《文心雕龙》课程的札记，也是清末民初三大文学流派纷争中涌现出来的一部名著，从而奠定了中国文学批评史作为现代的一门学科。

郭绍虞有意以此书比方，既肯定了王元化在文研所讲课的工作，也对他的学术水平予以高度的评价。这是寒冬之后的春雷，也是久旱之后的及时雨，王元化研习《文心雕龙》学术成果得到了郭绍虞的肯定，坚定了他在《文心雕龙》研究方面的信心。此后郭绍虞又与王元化多次面谈，对于王元化在逆境中如此顽强地钻研学术甚为钦佩，并手书一条幅送给王元化。此条幅一直挂在王元化家中的客厅里，虽搬家多次，条幅依然。

条幅所书内容为三国时期嵇康的四言诗《赠兄秀才入军诗》，诗如是：

---

① 蒋述卓：《识佳文于未振——郭绍虞与王元化〈文心雕龙创作论〉的写作》，见钱钢编：《一切诚念终当相遇——解读王元化》，第214页。

良马既闲，丽服有晖，左揽繁弱，右接忘归。风驰电逝，蹑景追飞。凌厉中原，顾盼生姿。

携我好仇，载我轻车，南陵高阜，北属清渠。仰落惊鸿，俯引川鱼，盘于有田，其乐只且。

《赠兄秀才入军诗》是嵇康为其兄嵇喜参军而作的组诗，共有 18 首，郭绍虞录的是其中第九和第十首。诗篇描写青年才俊骑马奔驰在原野之上的潇洒倜傥之风，充满乐观向前的意识。作者用浪漫主义的手法写尽军武之后的英雄形象，而壮行色。给遭难后的王元化一种鼓励，愿他在学术的道路上达到人生的另一番境界。作为忠厚长者，郭绍虞对这位青年才俊充满了希望。

1960 年，昔日的国学老师汪公严听说了王元化遭磨难之事，并且了解到他在研究《文心雕龙》，年逾九旬的他，赋诗一首由清华同事转给王芳荃，鼓励他。其中的诗句，王元化读后颇有感悟，玩味再三，成为他后来研究学问的动力和方法。全诗如下：

同对西山看夕曛，阶前落叶已纷纭。
人间何限风兼雨，物外犹存我与君。
学不干时身更贵，书期供用老弥勤。
卅年旧梦谁堪续，重话琼宴酒半醺。①

首联回忆了 1940 年代游西山的情景，怀旧的意味甚浓，也可见出两人的关系不同一般。颔联则将王元化的 1955 年遭遇以凝练的语言道出，

① 王元化在《记汪公严》中称："先生在九十高龄时，父亲收到清华旧友寄来的一首他作的诗。"但在他同我的谈话中，称此诗是汪公严先生听说他的磨难之后，写给王芳荃并转给王元化的。《人物・书话・纪事》一书中，写了所有教过王元化的老师，失收汪公严，后补记于《王元化集》(第七卷)中。

含义深远：人间风雨何处不在，超越于风雨的是精神世界，而在这精神世界中，汪公严拈出“我与君”，给王元化莫大的鼓舞和安慰。颈联则将自己的治学体验用凝练的诗句道出，可谓警句，也是全诗的诗眼。到了晚年，王元化还常常书写其中的句子“学不干时身更贵，书期供用老弥勤”给学生和友好，以资鼓励。学者保持着以超然于时政之外的学问，其人格更为高大珍贵，从书本上获得的知识和学问，愈老愈臻新的境界，愈有新的体会。虽然王元化后来和他就没有来往，但是“我和先生在精神上联系未断，先生过去为父亲作的十来幅尺方山水画存在我处，我时时把玩，恍如与先生仍在沟通，闻其謦欬。其中有一张是画的傍晚雪景，在一座依山的茅舍前，有一排篱笆，一童子抱着一瓶新采的梅花走来，茅舍窗口有一人孤独坐在那里。画上题着一句诗：‘山家除夕无他事，插了梅花便过年。’我很喜欢这张画。那几年，我们一家三口每逢过旧历年时，我就把这张装在像框里的画拿出来放在台子上，以度寂寞的岁末”①。

用唯物主义观点

研究和写作关于《文心雕龙》的书还有其个人内在的冲动，这种冲动与彭柏山的鼓励有关，那就是要向昔日爱护他、关心他的领导如周扬、夏衍等人来证明自己没有失去生活的信念和工作的热情，也是要向对他关怀备至的家人做出一种担当，证明自己虽然失去了昔日的辉煌，但是精神上、肉体上并没有被打倒，而是像正常人一样地工作、学习、研究。当然，要跨出这一步，需要时间，同时也需要调整自己的学习、研究方式。从一个曾经从事现代文艺理论的党的领导干部，转变为沉浸于故纸堆中古代文论(其中还包括了一些资料的考证、概念的训释、古籍的校正等)的研究者。但是最重要的是，研究的方法必须要符合当时国家正全面贯彻的马列主义、毛泽东思想所

① 王元化：《王元化集》(第七卷)，第142—143页。

指导的唯物主义辩证法。这一步跨出去，王元化将从一个中层文化干部走向专业的学者，也才有可能成就王元化的古代文论研究的学术地位。正像李子云所说，没有反胡风反革命集团的运动，没有后来一系列的厄运，中国也许就多了一个作风峻急不太高明的文化官员，却少了一位大学问家。

来到文研所古典文学组后，在郭绍虞的鼓励下，王元化放下其他事情，埋头于《文心雕龙》的研究中去，他欣喜自己真的可以像黄季刚那样，在教学中进行研究和写作。从此，王元化有机会向郭绍虞请教，又可以给青年朋友讲授《文心雕龙》。王元化谈到这段经历时说："我向绍虞先生请教问学，始于六十年代初。那时他是上海文研所的所长，而我则是审查五年后刚被处理下放在所里栖身的人员。我们最初接触是我将自己所写的几篇《文心雕龙柬释》送他审阅。我没有料到很快就得到他的同情的回应。他在信中不仅给我鼓励，还为我筹划怎样将这些文字同时分批发表，这是我在那寒冷岁月中从未领受过的温暖。不久，他还托人送来亲手书写的条幅。从此以后，我把陆续写出的《文心雕龙柬释》逐篇送给他审阅，他每次退回给我的原稿上都夹有用端正小楷书写的签条。他对这些文章读得十分认真仔细，甚至对文中所引用的书籍也进行了不同版本的对勘。比如，他指出，我所引用的《四部备要》本《弘明集》，有些篇章的卷数和《四部丛刊》本不同。这真使我既感且愧。"①

在这样一个大环境下，王元化于 1961 年 8 月 23 日完成了《文心雕龙》研究的处女作《〈明诗篇〉山水诗兴起说柬释》，首刊于 1962 年 3 月的《文艺报》。

为什么我们可以断定这篇文章是王元化《文心雕龙》研究的处女作？理由有三：

(1) 上海作家协会文学研究所 1960 年 4 月底成立，王元化调到该所是 5 月之后。当时并没有分配任何研究任务给王元化，组织上的意思只

① 王元化：《人物·书话·纪事》，第 72 页。

是因为王元化自地下党工作期间就开始从事文艺理论工作，发表了多篇有质量的论文，出版过一本论文集《向着真实》。里面的文章没有很大的根本错误，总体上是遵循着党的文艺理论要求写的。从党的要求来看，王元化应该是属于经得起考验的青年才俊，因此，给他一个可以学习研究的地方，既可以发挥他的长处，又不至于埋没人才。这就是安排他到文学研究所工作的意图。但之后所里有一些更为年轻和缺乏古代文论素养的年轻人，知道王元化曾经在北平铁道管理学院讲授过古代文论，于是要求王元化讲授，《文心雕龙》才成为他的话题。在此情况下，根据需要，成立了古典文学组，由王元化为青年人阶段性地讲授《文心雕龙》。这又似乎回到了 1946 年底王元化转移到北平，给北平铁道管理学院讲授国文课中的《文心雕龙》的年代。他适应这样的环境和重新写作需要时间，经过了一年之后开始酝酿，慢慢地写成的这篇文章，从时间上来说正是他确定研究方向并开始系统阅读搜集资料的过程。此文以"柬释"为题，总共仅 3 500 字，并以"读书札记"作为副标题。在王元化看来，是初试啼声，也是一篇不成熟的读书笔记，离后来颇成体系的《文心雕龙创作论》架构较远，视为《文心雕龙柬释》的试作可也。

(2) 全文似乎颇为僵硬地用唯物主义认识论来探索古代文论，尤其是关于刘勰的世界观和谢灵运的创作方法。将唯物主义认识论用到古代文论中，对王元化来说是第一次。当时"正是学术界自由探讨的空气比较活跃的时候，报刊上时或出现一些有关科研方法的文章。……它打开我的思路，使我想在《文心雕龙》的研究方面作些新的尝试。我首先想到的是三个结合，即古今结合、中外结合、文史哲结合。尤其是最后一个结合，我觉得不仅对于我国古代文论的研究，就是对于更广阔的文艺理论研究也是很重要的"①。这是王元化日后的总结。在 1961 年，王元化尚未能有意识地或纯熟地运用上述三个结合，文中的立论和证据展开都不免带有

---

① 王元化:《文心雕龙讲疏》,第 350 页。

生涩，但它的立意是明确的，论证刘勰为唯物论者，而谢灵运的山水诗则是唯物主义反映论的体现。全文似乎小心翼翼地进行着试探，生硬地将刘勰论述为唯物论者，而谢灵运的山水诗就是刘勰用唯物的方式来肯定“庄老告退，而山水方滋”的作品。

(3) 由于这篇文章过于强调唯物和唯心之争，明显地在理论上有着“强古人而从己”的牵强，后来在结集《文心雕龙创作论》一书时，被王元化删落，并在后来该书多个版本的重印本中都不见踪影，甚至在王晚年亲手修订完稿的《王元化集》中都付之阙如。从此这篇文章成为佚文，表明了作者不再承认这篇文章有存在的价值。他在阐述《文心雕龙创作论》写作缘起时说：“这是一部旧稿，开始写于一九六一年。后来因为患病，时写时辍。至一九六六年初，初稿基本完成。当时还来不及整理出版，‘文化大革命’开始了。在四人帮横行猖獗之际，原稿被抄走，经过了十多年的漫长岁月，才重新回到手中。我将原稿作了一些修订，删去了几篇，又增加了新写的一章《释〈体性篇〉才性说》。”[①]此篇就是被删去的几篇之一。

刊登该文的《文艺报》创办于新中国成立前夕 1949 年 9 月 25 日，是中国作家协会的机关刊物，也是中共中央直接领导下的文艺政策的权威解释者和指导者。新中国的文艺风云均与《文艺报》有着密切关系。当年的反胡风运动就是在《文艺报》上率先吹响了冲锋号，国家主要领导人都曾对《文艺报》的工作做过重要指示。鉴于此，知识界凡被打入另册的胡风分子、右派分子、反革命分子要想东山再起，在这个机关刊物上亮相等于是宣布自己的重生或表明自己的存在，具有特别重要的政治意义。

王元化写完《〈明诗篇〉山水诗兴起说柬释》后，曾给彭柏山阅读。彭柏山读后立即建议王元化将这篇文章寄给周扬、夏衍。彭柏山认为周扬并没有因为“胡风案”而忘却他们，或许周扬知道他们有蒙冤之嫌，会对他们网开一面。于是王元化在 1961 年完稿后寄给了周扬。虽然王元化与

① 王元化：《文心雕龙创作论・初版后记》，上海古籍出版社 1984 年版，第 303 页。

周扬在地下党时期没有直接的接触，但周扬对于党内青年才俊王元化是了解的。新中国成立之后，有关在上海成立新文艺出版社一事，周扬曾参与筹划和组建。周扬收到王元化寄去的稿子，没有拒绝，认真读了之后，给了一个与处理彭柏山《战争与人民》截然不同的结果，立即推荐给《文艺报》。其时张光年任该报主编，此刻也正在用白话文翻译《文心雕龙》。很快，张光年将其发表。从收到稿子到发表，仅仅用了半年的时间，其间还经过周扬阅读再转给张光年，速度不可谓不快。

这是王元化被打成"胡风反革命分子"后在学术舞台上第一次亮相。从 1955 年 2 月最后一次发表批判胡风的文章，到这篇文章的发表，时隔八年，王元化又看到自己的文章变成了铅字，登载在《文艺报》，心情激动，对于未来更增强了信心。自然他也想到，是周扬伸出援手，让他用文字和学术向文艺圈和政治圈内的友朋昭示，他没有被一场运动打倒，不仅还活着，同时还在勤奋地从事研究工作，且已经从文学理论的研究转向了古代文论，转向了《文心雕龙》中的唯物主义和唯心主义之辨。这就是这篇《文心雕龙》研究处女作的意义。

相对于彭柏山，王元化是幸运的。这种幸运自然跟个人的学养和文学工作经历有关。彭是一位作家，他还在沿用过去的成名之路——小说《崖边》的老创作手法，用两条路线的斗争和资产阶级情调来写战争。王则是文艺理论家，20 年前就在上海写了许多理论文章，例如《现实主义论》《鲁迅与尼采》等从立场观点方法来论证唯物主义、辩证法的文章。王元化此番用唯物主义来论证刘勰和谢灵运，一是理论家，一是文学家诗人。将此两人作为中国文学史上的唯物论者来论证。王元化仍与时代的要求保持一致，从 1940 年代撰写文艺理论文章，根据普列汉诺夫的三大模式即唯物唯心之辨、立场观点之析，在这方面，王元化显得比较老练。周扬也许是出于对王元化的赏识，也可以说是在当时的情况下，周扬在调动一切力量(包括所谓"将消极因素转化为积极因素")，让主流思维模式去占领学术领地。这才有了这篇在王元化学术和政治生涯中的奠基之作的发表。

《〈明诗篇〉山水诗兴起说柬释》析

最关键的词是刘勰《文心雕龙·明诗篇》中的九个字："庄老告退，而山水方滋。"

王元化认为这段话是以文学发展观点来探讨山水诗兴起的原因，他的论述就从文学发展史开始。他认为山水诗的出现从谢灵运为代表的时代开始，虽然在《诗经》和《楚辞》中已经有了山水的描写，但"不是根据自然本身去描写自然，而是采用了'附托外物'的手法去处理自然的"①。也就是说这些文艺作品中的山水花草虫鸟都不是纯自然的，而是一种具有象征意义的比喻。而谢灵运为代表的山水诗则不同，其中的山水是大量自然景色的描写，也就是以真山真水为范本，而不是虚拟的《离骚》中"昆仑""西海"那样虚构的假象山水。刘勰将之与庄老告退为前后顺递关系。这个老庄之魏晋以后的玄学，是一种神秘主义，反映在文学作品中就是玄言诗。于是，玄言诗与山水诗的对立，也就是唯心主义和唯物主义的对立。而刘勰认为"只有当人们不再把自己锁闭在这种神秘的内心世界里从事于虚幻的冥想时，才可能把大自然作为客观存在的物质世界予以重视，从而文学方面才会出现根据自然本身描写自然的作品"②。这种机械的强古人以从己意的研究方法，正是当时文艺理论界的一种机械的理论思维，评价一个作家作品，必须先确定其思想是唯物或唯心的。正像王元化 20 多年之后所批评的"由于我们用它来解释文学史，为了强行纳入两条路线斗争的模式，往往作出种种削足适履的论断，以致要肯定某一著作的价值，就把本来是唯心的也说成是唯物的"③。"解放后我们的文学史、思想史就是按这两条路线斗争的模式去写的。因此在过去的文章中，首

①② 王元化:《〈明诗篇〉山水诗兴起说柬释》，载《文艺报》1962 年第 2 期。

③ 王元化:《思辨录》，第 228 页。

先(往往也成唯一)要解决的问题,是要确定所研究的文学家或思想家是唯物论者还是唯心论者的问题,只有唯物主义的思想家才能成为被肯定的对象,而唯心主义的思想家则必须加以批判。"[①]这是王元化后来批评的内容和模式,是他自己用以作为戴罪之身而奉命之作,不敢逾规矩一步,正是他运用之妙,才可在未来可以奋力一击,打中要害。

王文所楔入的"兴起说",与刘勰原意有异。谢山水诗"极貌写物"之"物",并非"指客观物质世界",更不宜把它当成谢"从玄言诗到山水诗的发展,正是从内心世界到现实世界的转变"之依据。[②]刘是在"近世之竞",即宋初语境论述"山水"对"玄言"的文学史替嬗,故其重心是落在"体有因革"即诗语体式的因袭与革新上,故循此续读"俪采百字之偶,争价一句之奇"云云,也就行云流水,文无阻隔。王是偏移了文学史语境,而挪到"人对自然的态度"的哲学框架,来展示他对"庄老告退,而山水方滋"的解释,结果刘氏"兴起说"在王笔下,就被改写成宋初文坛的"唯心告退,而唯物方滋"了。

文章发表后,获得了当时的学界好评,主要集中在王元化的研究精神和他坚持唯物主义和古代文论之间关系的论证。直到 1983 年,王元化还未能警觉到这种思维方式的意识形态化。在《文心雕龙创作论》第二版"跋"中批评另外一些"从事文艺理论工作的人,不在哲学基础上从美学角度去分析文艺现象,以至不能触及这些现象的根底""在阐释文学史的问题时,更很少从哲学方面去揭示它的思想根基"。[③]此"思想根基"在当时语境,也就要回答理论家们的哲学屁股坐在哪一边:唯物论,还是唯心论?而这种思维方式也正是王元化 1930 年代末就开始崇奉的、发端于列宁《唯物主义与经验批判主义》、后被日丹诺夫所权威化的思维模式。

---

① 王元化:《思辨录》,第 228 页。

② 王元化:《〈明诗篇〉山水诗兴起说柬释》,载《文艺报》1962 年第 2 期。

③ 王元化:《文心雕龙创作论·第二版跋》,第 311 页。

但三年后即1986年春，王元化有了很大的触动，也可以说在方法论上的苏醒。其重要标志就是他在安徽屯溪举行的中国《文心雕龙》学会年会上的一篇重要演讲，他谈到中国学界在五六十年代曾为《文心雕龙》属唯物主义还是唯心主义而争论不休，根子是“过去我们常常谈到整个哲学史就是唯物主义和唯心主义两条路线的斗争史，这一点马克思、恩格斯并没有谈到过”[①]，“由于我们用它来解释文学史，来评价刘勰的《文心雕龙》，为了强行纳入两条路线斗争的模式，往往作出种种削足适履的论断，以致要肯定某一著作的价值，就把本来是唯心的也说成是唯物的”[②]。他所说的“我们”这一称谓，不仅包括了国中文学史和文艺理论的学者们，而且也包括了1940年代初便研读《文心雕龙》，在1960年代初撰《文心雕龙创作论》的“我”（即王元化本人）。而他在不断的反思中，认识到列宁的《唯物主义和经验批判主义》提出了整个哲学史就是唯物主义和唯心主义两条路线的斗争，传到中国的理论界被演绎成从古到今凡唯物主义就是进步的，凡唯心主义就是落后的或反动的。这就是从1930年代开始的用唯物和唯心来区分思想和政治上的进步与反动的来源。[③]

《文心雕龙创作论》

王国维《观堂集林》卷六“艺林篇”有一种考释字词和概念的本义和引申义，用“释×”为题的文章。王元化很欣赏这种简洁、明快、信息量大的方式。这也是文献考证中常用的解释方式，于是仿而选择《文心雕龙》一书中有关创作论述的概念来进行诠释。他希望通过一篇一篇概念的考释和阐述，对该书的有关概念进行自己独到研究的阐发。一开始想定名为《文心雕龙柬释》，在成书的时候，他的原初立意一变而为对于概念的古今

① 王元化：《传统与反传统》，第71页。

② 王元化：《传统与反传统》，第72页。

③ 参见夏中义：《反映论与王元化：从〈明诗篇〉山水诗兴起说柬释〉到〈文心雕龙讲疏〉》，《中国比较文学》2012年第2期，第52页。

中外的比较研究。书中共选取了《文心雕龙》中有关创作的8个重要概念《物色篇》之“心物交融说”、《神思篇》之“杼轴献功说”、《体性篇》之“才性说”、《比兴篇》之“拟容取心说”、《情采篇》之“情志说”、《熔裁篇》之“三准说”、《附会篇》之“杂而不越说”、《养气篇》之“率志委和说”。此为下篇；上篇是三篇论文，论述刘勰阶级出身的《刘勰身世与士庶区别问题》、论刘勰意识形态问题的《〈灭惑论〉与刘勰的前后期思想变化》和《刘勰的文学起源论与文学创作论》合二为一后取名《文心雕龙创作论》。这部书在1979年出版之后，很快受到该领域研究专家的注意和好评，奠定了王元化在古代文论学界的地位。

王元化具有创新的学术成果主要在下列三个方面：

(1) 对于研究界历来关于刘勰的出身是代表大地主阶级的士族还是贫寒庶族进行了精确而扎实的考证，从而推翻了历来的士族出身的说法，而以其属于庶族为结论。此一结论后来相当多的学者所认同。由于从1950年代之后，通行阶级出身决定其立场观念的理论，所以对于刘勰的出身就成为首要解决的问题，这将影响到《文心雕龙》的思想究竟是唯物主义还是唯心主义。由于刘勰的身世没有非常详细的记载，甚至出生的具体时日也很模糊，这给了学者很大的空间进行考证。

(2) 此书以“创作论”为名，其主要研究对象也是《文心雕龙》阐发的创作论部分，他采用了三个结合的方式，即古今结合、中外结合、文史哲结合的方法来进行阐述。这在1970年代末是石破天惊的治学方法，从而开创了《文心雕龙》的综合研究法。

(3) 开创了古代文论研究的新形式。即从微观研究到宏观研究相结合的方式，对于《文心雕龙》的概念术语进行层层分析，以点带面，建立了作者古代文论研究的独特风格。

以下分别述之。

以考据证刘勰为庶族出身

王元化著述此书，进入了传统训诂考据领域，并用与以往不一样的研究方法（实证和言必有据的考证方法），来论证刘勰属于庶族而非士族。这是此书的第一大收获。

为撰此《刘勰身世与士庶区别问题》一文，王元化博览群经，从民国石印本的《十三经注疏》和《四部备要》之类基本的国学书籍，到新中国成立后出版的各种经史子集等，在家中一直使用并保存到去世。徐复观在《读王利器〈文心雕龙校正〉》一文中说“王元化写此文时，看到了王利器的《文心雕龙校正》，可以说是对王著的反驳；所以王（利器）的基本立足点早已经站不住了”①。

确实，有关刘勰身世的士、庶之争，是研究刘勰身世的关键问题，从当年意识形态笼罩一切学术的时代，这也是确定刘勰属于哪一个阶级（或曰阶层）的首要问题。1960 年代的学术研究中，习惯于为历史人物划线，阶级出身成为研究历史人物的重要依据，这牵涉到立场问题。王元化很了解这一点："我们解放后，一个时期使文化遭殃的就是这个东西。要证明这个作者是唯物的还是唯心的，唯心的就是坏的，唯物的就是好的。"②当时最流行的一首歌是“什么树开什么花，什么藤结什么瓜，什么时代唱什么歌，什么阶级说什么话”。阶级立场也决定了思想上的唯物唯心之分，也就是政治上的进步与反动。所谓的进步，在阶级之分中就是代表进步的劳动人民和下层人民，代表落后的则是统治阶级及其附庸，例如地主、官僚等。士族代表的是地主官僚阶级，庶族是贫寒之族，阶级立场显而易见，故可以归入进步的和唯物论这一家。

1950 年代初，刘勰出身于士族说由王利器、杨明照提出后，几成定论。而在现成的史料中，可以很容易得出东莞刘氏是士族的结论。于是乎，王利器便以此来贬黜《文心雕龙》的价值，其进步性就大打折扣。

王元化为最早提出刘勰出身庶族的论者之一。王元化的立论有两

---

① 钱钢：《王元化集・学术年表》（第十卷），第 337 页。

② 吴琦幸：《王元化晚年谈话录》，第 62—63 页。

条，一是根据其对刘勰家世的考定，第二是参照刘勰的著作中所表现的思想观点来加以印证。

他首先解释了一个重要的概念，即士庶两族的概念并不截然属于上下层。即便是庶族，在刘勰所处的南朝时代还是属于社会上层，与当时的下层民众如小农、佃农、奴隶、兵户、门生义故、手工业劳动者等不属于一个阶层。其次，他认为，士族拥有政治上、经济上的特权，实际上成了当时改朝换代的幕后操纵者；庶族也有多属中小地主阶层，占有的土地时有被兼并的危险。

该文提出的第一个证据是：按照士族身份的规定，首先在于魏晋间的祖先名位，其中积世文儒为贵，武吏出身的不得忝列其数。在刘勰的世系表中，找不出一个在魏晋间位列清显的祖先。秀之、灵真的祖父爽，事迹不详，推测可能是刘氏在东晋时的最早人物。《南史》说他做过山阴令，而晋时各县令系由卑品充任。至于世系表称东莞刘氏出自汉齐悼惠王肥后，这就是王族后代了，但王元化认为颇可疑。虽然此说原本之《宋书·刘穆之传》，似乎应有一定根据。但他又指出，南朝时伪造谱牒的现象极为普遍，许多新贵在专重姓望门阀的社会中，为了抬高自己的身价，编造一个做过帝王将相的远祖是常见的事。因此，到了后出的《南史》，就把《宋书·刘穆之传》中"汉齐悼惠王肥后"一句话删掉了。这一删并非随意省略，而是认为《宋书·刘穆之传》的说法是不可信的。王元化举出根据《南史》改削《齐书》本纪一事推知，《齐书》本纪曾记齐高帝萧道成世系，自萧何至高帝之父，凡二十三世，皆有官位名讳。《南史·齐本纪》直指其诬说："据齐、梁记录，并云出自萧何，又编御史大夫望之，以为先祖之次。案何及望之，于汉俱为勋德，而望之本传，不有此言，齐典所书，便乖实录。近秘书监颜师古，博考经籍，批注《汉书》，已正其非，今随而改削云。"①可见《南史》改削前史是以其有乖实录为依据的，也就是言而有据的。王元

① 参见王元化：《文心雕龙创作论》，第7页。

化据此认为东莞刘氏不仅没有一个在魏晋间致位通显的祖先，而且连出于汉齐悼惠王肥后的说法也是不可靠的。这是刘勰并非出身士族的第一个证据。①

第二个证据是，在刘氏世系中，史书为之立传的有穆之、穆之从兄子秀之、穆子曾孙祥和刘勰四人（其余诸人则附于各传内）。其中穆之、秀之二人要算刘氏世系中最显赫的人物。据《宋书》记载，穆之是刘宋的开国元臣，出身军吏，因军功擢升为前军将军，义熙十三年卒，重赠侍中司徒，宋代晋后，进南康郑公，食邑三千户。秀之父仲道为穆之从兄，曾和穆之一起隶于宋高祖刘裕部下，克京城后补建武参军，事定为余姚令。秀之少孤贫，何承天雅相器重，以女妻之；元嘉十六年，迁建康令，除尚书中兵郎。他在益州刺史任上，以身率下，远近安悦。卒后，追赠侍中司空，并赠封邑千户。穆之、秀之都被追赠，位列三公，食邑千户以上，自然应该归入官僚大地主阶级。可是，从他们的出身方面来看，我们并不能发现属于士族的任何痕迹。穆之是刘氏世系中最早显露头角的重要人物，然而史籍中却有着充分证据说明他是以寒人身份起家的。《宋书》记刘裕进为宋公后追赠穆之表说："故尚书左仆射前军将臣穆之，爰自布衣，协佐义始，内端谋猷，外勤庶政，密勿军国，心力俱尽。"②（此表为傅亮代刘裕所作，亦载于《文选》，题为《为宋公求加赠刘前军表》）这里明白指出穆之出身于布衣庶族。《南史》也曾经说到穆之的少时情

---

① 1969年，江苏句容出土了南齐《刘岱墓志》，未残损，碑文完整。王元化从这一墓志读出了几条有关刘勰身世的新线索，可用以订正杨明照先生的刘勰世系表：在刘爽名上应增刘抚，在刘粹之名下应增刘岱。刘抚当为东莞刘氏之远祖，而刘岱则为刘勰的堂叔。刘抚、刘岱，史书无传。刘抚距穆之、仲道已有三世，估计当为晋代人物。于是王元化转而又查阅了《晋书》，发现《晋书》于汉帝刘氏之后，多为立传，举刘颂、刘乔、刘琨、刘隗、刘超、刘兆等人。另外有一位刘胤，《晋书·列传五十一》有传载"刘胤为汉齐悼惠王肥之后"。但他的籍贯却是东莱掖人，而不是东莞莒人。成为刘勰家族非汉齐悼惠王之后的又一个佐证。此说遭朱文民先生驳之，认为刘胤刘超等都是从莒县分封出去的城阳王子孙繁衍的后裔，这在《刘超传》和《元和姓纂》中均有记载。查唐《元和姓纂》卷五第363条"东莞"下载："齐悼惠王肥生城阳景王章，传国九代，至王津，光武封为平莱侯，徙居东莞。裔孙晋尚书、南康公穆之。"

② 参见王元化：《文心雕龙创作论》，第8页。

况，可与此互相参照："穆之少时家贫，诞节，嗜酒食，不修拘检，好往妻兄家乞食，多见辱，不以为耻。其妻江嗣女，甚明识，每禁不令往。江氏后有庆会，属令勿来，穆之犹往，食毕求槟榔，江氏兄弟戏之曰：'槟榔消食，君乃常饥，何忽须此？'妻复截发市肴馔，为其兄弟以饷穆之。"①（此事亦见于宋孔平仲之《续世说》）这段记载正和上表"爰自布衣"的说法相契。在当时朝代递嬗、政局变化的情势下，往往有一些寒人以军功而被拔擢高位，加入了最高统治集团。但是，他们并不因此就得列入士族。细审刘穆之、刘秀之、刘祥三传的史实，刘氏出身布衣庶族，殆无疑义，这是刘勰并非属于士族的第二个证据。

第三，再从刘勰本人的生平事迹来看，王元化认为也可以找到一些线索。首先，这就是《梁书》本传所记下面一段话："初，勰撰《文心雕龙》……既成，未为时流所称。勰自重其文，欲取定于沈约。约时贵盛，无由自达，乃负其书候约出，干之于车前，状若鬻货者。"②据《范注》说，《文心雕龙》约成于齐和帝中兴初。此时刘勰已居定林寺多年，曾襄佐僧祐校订经藏，且为定林寺僧超辩墓碑制文（据《梁僧传》载，超辩卒于齐永明十三年），不能说是一个完全默默无闻的人物。另一方面，当时沈约与定林寺关系也相当密切，这里只要举出定林寺僧法献于齐建和末卒后由他撰制碑文一事即可说明。法献为僧祐师，齐永明中被敕为僧主，是一代名僧。刘勰与僧祐关系极为深厚，而僧祐地位又仅次于其师法献。沈约为《法献碑》制文在建武末，《文心雕龙》成书在中兴初，时间相距极近。在这种情况下，刘勰如果要使自己的作品取定于沈约，似乎并不十分困难。为什么《文心雕龙》书成之后，刘勰不利用自己在定林寺的有利地位以及和僧祐的密切关系去会见沈约，相反却无由自达，非得装成货鬻者干之于车前呢？这个疑问只能用"士庶天隔"的等级界限才能解答。这也是王元化提出的一个

---

① 参见王元化：《文心雕龙创作论》，第 9 页。

② 参见王元化：《文心雕龙创作论》，第 10 页。

重要的论据。

全文稿成之后，并没有立刻发表，直到1978年2月才寄给好友、中国社科院外国文学研究所所长陈冰夷，由陈转交给《历史研究》主编、中国近代史研究所副所长黎澍，由黎澍发表在当年的《历史研究》上，引起国内“龙学”界的注意。后王元化将此文收录在《文心雕龙创作论》中，于1979年出版。不少人都赞同王元化的刘勰为庶族出身的观点，一时间从者如流。这期间虽然周绍恒先生先后发表了《刘勰出身于庶族说献疑》和《刘勰出身于庶族说商兑》两文，以较为详尽的资料论证了刘勰出身于一个士族官僚家庭，并对庶族说进行了反驳，但仍未能改变局面。在当今学术界发表和出版的论文及专著中，王元化的庶族说观点几乎已经成为定论。

最新关于刘勰出身士族的文章是2009年朱文民的《刘勰出身门第考论》（刊于《文学前沿》第一期）一文，对王元化的刘勰出身庶族说进行了颇为详尽的商榷。

朱文认为，判定南北朝时期某个家族的门第士庶问题，史学界的共识是：政治上至少连续三代人中有两代官职在五品以上者；文化方面，家学渊源深厚，诗书继世。以此两个条件衡量，刘勰家族为士族门第。根据南北朝士庶不婚的社会制度，考察与东莞刘氏通婚的家族，皆为士族门第，可证刘勰家族为士族门第。“奉朝请”“丹阳尹”和“吴郡太守”等职，只有士族子弟才有资格任其职，刘勰家族中的成员曾任其职，可证刘勰家族为士族门第。以“家贫”“寒士”“布衣”等材料否定不了刘勰的士族身世。《宋书·刘穆之传》：“刘穆之……汉齐悼惠王肥后也”一语的记述是可靠的史料。

此虽可备一说，但无法根本性地动摇王元化“刘勰出身庶族说”观点。

以三个结合证理论之完密

1960年代写作此书，王元化对于如何研究《文心雕龙》创作论部分颇费心思，既要继承古代文化遗产，又必须顺应时代要求，对其进行“批评继承、古为今用”。尤其是在选题方面详加思考，要选出“那些至今尚有现实意义的有关艺术规律和艺术方法方面的问题来加以剖析"①，如前文所说共计有"心物交融说""抒轴献功说""才性说""拟容取心说""情致说""三准说""杂而不越说""率志委和说"八义。

与传统研究《文心雕龙》者不同的是，王元化首创了用科学观点来进行分析，这个科学观点就是马克思主义，并以之成为此书的根本指导思想。分析的方法解决了，继而在实际的研究中，王元化认识到如果仅仅拘泥于中国古代文论范围内，而不是以今天发展了的文艺理论（以马克思主义指导的文论）对之进行比较剖析，从中探讨中外相通、带有最根本的普遍意义的艺术规律和艺术方法，就无法达到古为今用的目的。这就是他运用现代马克思文艺理论来分析的出发点，而这也是王元化的强项。经过 1950 年代对于马克思主义理论坚韧的研究，尤其是经过从马克思到黑格尔等原著的学习之后，王元化认识到下面这段话对于他的古代文论研究有着重要的现实意义和方法论意义："人体解剖对猴体解剖是一把钥匙。反过来说，低等动物身上表露的高等动物的征兆，只有在高等动物本身已被认识之后才能理解。因此，资产阶级经济为古代经济等等提供了钥匙。"②而现代文艺理论对于古代文艺理论也是一把钥匙，现代文艺理论主要就是马克思、恩格斯、列宁等的哲学、文艺的有关论述。这一思路使王元化跳出了传统古代文论研究的途径，他将古代文论与现代文论相比较，用中国的文艺理论与外国的文艺理论相比较，用不同学科——文学、历史、哲学比较并贯通研究，来阐述《文心雕龙》关于创作的理论在现实世界中的应用合理性。这就是为学界称道的三个结合。

当时中国文艺理论界、文学界尚没有比较文学或比较文化一说，王元化为了适应当时古为今用、推陈出新的号召，并且也是为了避免钻到故纸堆中之讥，他运用自己长期的学术积累，除了考释创作论概念的本义和延

---

① 王元化：《文心雕龙创作论》，第 95 页。

② 马克思：《〈政治经济学批判〉导言》，见《马克思恩格斯选集》（第 2 卷），人民出版社 1995 年版，第 23 页。

伸范围之外，还通过西方哲学和文学理论来观察刘勰的世界观，他认为刘勰并不是唯物主义，也并非主观的唯心主义，而应该属于客观唯心主义。在魏晋时代，刘勰崇尚古文学派，在对宇宙的生成和历史的发展，比唯心主义更重视客观的因素。例如在一些概念方面，他并没有堕入今文学派或谶纬哲学的极端唯心主义立场，而能够用言而有据的古文学派的考证来阐释艺术的术语。他通过三个结合来推敲出刘勰的政治思想、宇宙论、认识论以及创作论，比较客观地再现了刘勰艺术理论的来源。①

以微观和宏观相结合而新创体例

《文心雕龙创作论》的另一大贡献是为古代文论研究提供了一种从微观到宏观相结合的方式，即为既有宏观的理论探讨，又有细微的训诂解读、考证考据。这两方面的学问，从传统上来说，常常会将之归为“汉学”和“宋学”之别，也就是考据和义理之辨。王元化此书将二者结合起来，开创性地将之运用在文章的结构中。

与其他研究《文心雕龙》专著用章节的方式，或者以专题的方式来切入研究主题不同，《文心雕龙创作论》既非论文的合集，也不是系统研究《文心雕龙》的专著，而很有自己的个性。王元化写作此书时，在文研所为青年讲解《文心雕龙》，又鉴于他的学术经历和研究的实际情况，他采用了论文和系统剖析相结合的方式。他将该书分为上下篇，上篇的三篇长文分别从考证和论证的角度对刘勰的阶级属性、客观唯心主义思想以及文学起源论的观点、创作论的基本思想作了深刻的分析。这种宏观性的论述，使本书对于刘勰的生平和思想都有比较完整的介绍；下篇则是创作论

---

① 在1988年底他给我上课的时候，已经对这个观点有所改变，认为不能简单地把刘勰归为古文学派或今文学派，并说将在此书新的版本中阐发这一观点。但是从《文心雕龙创作论》到《文心雕龙讲疏》(上海古籍出版社1992年版)，以及到定本的《文心雕龙讲疏》(广西师范大学出版社2004年版)中，我们却没有看到这些改动。在该版本的“新版前言”中，他自承“这本书基本完成于四十年前，倘用我目前的文学思想和美学思想去衡量，是存在较大的差距的，但要我将我今天的看法去校改原来的旧作，那是不可能的，除非另起炉灶，再写一本新书”。

八义篇。当然，《文心雕龙》一书中涉及创作的远不止上述之八义，王元化精准地选择这八个概念或范畴来进行研究，有过相当的考虑。①他以此八义来为文研所的年轻人讲解，又由于年轻人都是文艺青年和从事现当代的文艺理论研究和创作的，他讲解古代文论时，也常杂以现代文艺理论的比较，因此这八义的写作就有了时代的特点。从中我们可以看到，既有创作中常见的问题，也有古代文论中的固有专题。为此，他用王国维《观堂集林》"艺林"中专用"释"指来拈出某些概念进行考订和解释的方法，故有了这八义的诠释，并分别归为现代文艺理论中的"创作活动中的主客关系""艺术想象""风格：作家的创作个性""意象：表象与概念的综合""情志：思想与感情的互相渗透""创作过程的三个步骤"以及"艺术结构的整体和部分""创作的直接性"。在正文的"论"之外，王元化别出心裁地以附录的形式从更深的考据、训诂阐发现代和国外文艺理论，有的附录多达四种，较好地解决了在释义正文中无法展开的诸如中西文艺理论比较，哲学的思考以及历时和共时比较的问题，同时也将其后来不断精深的思考贡献于读者，从而可以了解作者不断思考、不断补充甚至修正自己观点的著述风格。

下面即以笔者当年在求学时王元化讲课的一段笔记来说明该书的精密和严谨：

今先生讲心物交融说中的"物"字，认为范文澜《文心雕龙注》一书中讲《神思篇》中的神与物游句，前后有矛盾。他引用黄季刚的《文心雕龙札记》中说此言内心与外境相接，也就是说心与外界的环境交接。但是在另外一个段落中的"物沿耳目"又做了相反的解释，说物就是理、事。这就互相矛盾了。物如果作为事理解释的话，那就失去

① 王元化完成的创作论并不止八义，据笔者所知，另外还有几说删落了，研究界好友多次要求补收，最后仍未收入，原因就是作者自认为不成熟(牟世金语)。

了训诂中本义。从马克思主义的认识论来说，只有感性事物才能够被耳目所感知，也就是人的感官所摄入的是具体的、可见可听的具象。但是事理则属于抽象思维功能方面，绝不能由感官直接来捕捉。黄季刚的外境就包含了可见可听的环境中的具体内容，范注这一点就不合理。他训事理一说来自说文段玉裁注：说文在牛下注，大牲也。牛，件也；件，事理也。段注则牛下，王国维考定物亦牛名，是则牛可以引申为物。如果说，事也，理也。根据段注是把理字解作文理之理，那么自属视而可见的感官对象，而和诉诸抽象思维的理字绝不可混为一谈。《范注》援段注之说，却又混淆了这种区别，反统而谓之曰“事理”，已属不伦。倘更进一步加以引申，把它附会为哲理或道理之类的理学，那就更是差之千里了。《文心雕龙·神思篇》前后的物字训，并没有歧义，就是王国维《观堂集林·艺林》中《释物篇》中所考证的本义“杂色牛”的来源，引申为万有不齐之庶物。我也为先生贡献了一说，后来的事物、事理成为两个词，分别在造词过程中沿抽象和具象的路径而形成。先生表示首肯。①

求学韦卓民

软弱的人在困境下会躺倒下去，坚强者却学会了顽强地站起来。早在隔离审查期间，王元化就开始从哲学的脉络，反向阅读，从最流行和通俗的著作返回到源头。最后读到了黑格尔哲学，并花了很大功夫进行研究。这是王元化一生中思辨逻辑阅读和研究的华彩乐章。正如他在后来的书中写道：“人的尊严愈是遭到凌辱，人的人格意识就愈会变得坚强起来，这是施加暴力的人所无法理解的。”②这一时期，王元化除了专心研究

① 吴琦幸：《求学笔记·1986—1989》，未刊。
② 王元化：《无梦楼随笔·序》，见张中晓：《无梦楼随笔》，第4页。

《文心雕龙》之外，又在黑格尔的哲学世界里找到了心灵的契合，这时他完全被黑格尔的哲学所吸引。

王元化读黑格尔的这一段生活，不能不提到与他通信讨论黑格尔的韦卓民先生。

《王元化画传》中讲到韦卓民是王芳荃在文华书院的同窗好友，并非事实。实际上韦卓民与王芳荃不是同窗，而是有师生之谊。王芳荃担任文华书院英文教师时，韦卓民则是高年级学生。后来韦卓民留校工作，他们遂成为同事，应该说他们有同事之好。更重要的是共同的信仰将他们俩联在一起——两人都是基督教圣公会教友。

韦卓民，英文姓名 Francis Wei，1888 年 12 月 7 日出生于广东珠海一个富有的商贾之家，祖辈世代经商。自幼接受良好的传统教育，父亲不惜为他重金聘请英语家庭教师，教他学习英语。1903 年，韦卓民 15 岁，父亲带领全家移居湖北汉口。父亲经营茶叶生意，稍事安顿后，送他进入基督教圣公会所办的文华书院读书。此时正是王元化外公桂美鹏的连襟曾兰友担任校长。

韦卓民学习勤奋刻苦，成绩优秀。1907 年，他升入正馆（大学部）继续攻读。三年之后，王芳荃从日本回国，来到这所教会学校任教，很快与年龄小他八岁的韦卓民成为好友，此时韦卓民是大学部高年级学生。一年后即 1911 年，韦卓民以优异成绩获得学士学位。由于多年受基督教氛围的熏陶，他逐渐坚定了基督教信仰。在圣公会受洗成为一个基督徒。取得学位后，韦卓民应文华书院聘请，留校担任数学和中文课程的教师，转而与王芳荃成为同事。同时，他进入文华大学研究部继续攻读硕士学位。四年后（1915 年）以英文论文《孟子的政治思想》获得硕士学位。

1918 年，圣公会派遣韦卓民赴美国哈佛大学深造。这与王芳荃在清华学校教书几年之后获派遣去芝加哥大学留学性质是一样的，均由教会出资。在哈佛两年时间里，他先后完成哲学硕士学位和博士学位的必修课程，同时也在当地圣公会神学院选修课程，其学习勤奋、品格良好、才学精进，使他在教授和同学中有口皆碑。应中国教育之亟需，韦卓民毅然放弃行将完成的博士学位，于1920年返回文华大学担任哲学教授，同时在圣公会神学院任教。1924年，武汉的三所教会学校，即武昌文华大学、汉口博习书院(John Griffith College)和武昌博文书院(Wesley College)合并成为华中大学，韦卓民出任华中大学主管行政的副校长兼文学院院长，并代理中文系主任。1926年，代理校长孟良佐主教(Bishop Alfred Gilman)离华返美之后，韦卓民受命主持全校校务。此时北伐军攻占武汉，政局动荡，华中大学的西籍人士纷纷撤离，韦卓民也搭船前往上海避难。在船上韦卓民不幸被人诬告为共产党，旋遭逮捕，情势危急。恰巧美国圣公会传教士、文华大学圣保罗神学院院长舒满博士(Dr. Arthur Sherman)与他同船赴沪，向警方抗议，并为其作保，方得释放，保全了性命。

1927年，韦卓民获得美国南方大学所颁赠的荣誉民法博士学位。1928年4月，他和20几位中国教会领袖一起组成中国教会代表团，搭船前往耶路撒冷参加国际宣教会议(International Missionary Council)。会后，他转赴德国柏林和法国巴黎做短暂进修，然后进入英国伦敦大学攻读博士学位。留学期间，他曾应邀举办系列专题演讲"以中国人眼光看今日之中国"，后整理成专文发表，题为"东西文化之综合问题"。在该文中，韦卓民探讨中西文化，基督教与中国文化相融合，以及中国教会本土化的历史。1929年，韦卓民以《孔门伦理》一文获得伦敦大学哲学博士学位后回国，担任重组后的华中大学校长。此时的华中大学已再次扩大，湖南岳阳的湖滨大学和雅礼大学皆并入该校。校内设有文学院、理学院和教育学院3个学院，该院成为华中地区著名的基督教高等学府，也是中国当时的著名大学。

此后20余年，韦卓民主持华中大学校务。其间多次赴国外访问、交流，曾先后应邀到美国耶鲁大学、哥伦比亚大学和奥柏林大学等学校演讲。1945—1946年，韦获选美国的"亨利·鲁斯访问学人"奖金再度赴美，一边应邀在纽约协和神学院授课，一边调养身心。他在多所大学和神学院主讲“中国文化之精神”，颇受欢迎。后来以此内容为基础，稍加整理之后，在纽约出版英文著作《中国文化之精神》(1947)。同年8月，韦经英国返抵上海，参加中华圣公会第十届主教院全体大会，并被推举为大会主席。

抗战胜利后，华中大学由云南迁回武汉。原华中大学校园在战争期间损毁严重，韦卓民返校后，即投身于学校全面复原工作。到1949年新中国成立之初，韦卓民仍然担任校长职务。

1950年9月23日，在政府的支持下，中国基督教界40位领袖在北京发表了《三自革新宣言》(中国基督教在新中国建设中努力的途径)，这一天成为中国基督教三自爱国运动的开始。在40位发起人中，韦卓民名列其中，他也是“三自筹备委员会”中25位委员之一。1950年，抗美援朝战争爆发，美籍教授皆被逐出校园，国外经济援助(基督教圣公会的资助)也告中断。在院系调整中，华中大学与当地一师范学校合并成为华中师范学院，韦卓民亦由校长降职为外语系和政治系教授。在1957年的反右运动中，他受到无情的控诉与批判，被打成右派分子。1976年，韦卓民病逝于南昌，终年88岁。

王元化少年时，王芳荃常常以韦卓民手不释卷的好学精神勉励他勤奋读书，在王元化心中，韦卓民的好学深思、钻研学术的形象十分高大。自此后，他盼望着能够见到传说中的楷模。与韦卓民第一次亲密接触是在1933年，王元化13岁，刚进育英中学读书，适值长城抗战，北平局势日紧，王芳荃率家暑假期间南避到武汉，寄居在华中大学校舍。这是极好的向韦卓民求学的机会，王芳荃对自己的儿子没有能够接受系统的国学基本训练抱有遗憾，于是向韦卓民请求，在暑假中给王元化教授《大学》和《中庸》这两部国学典籍，也是传统文化最起码的学习内容。整个暑假，王元化认真地跟随韦卓民的学习，对于这两部典籍有了初步的了解。暑假后王氏一家返回北平，自此一别就是30余年。但这段时间的教育对王元化来说，终身难忘。他从中国传统经典中得到了滋养，尤其是韦卓民深入浅出，运用了东西方比较文化的解释，使王元化获得学校中无法给予的知识，对这种中外比较的学习方法和概念的诠释，他都有所领悟。这样的学习，又岂能是学校中可以获得的。他在韦卓民这样的名师亲炙下，才导致后来不愿意去读上海的大学。

1960年代初，韦卓民到沪探亲访友，王元化受到“胡风案”的牵连后，此时正在钻研黑格尔哲学及《文心雕龙》。对于黑格尔哲学中有关“知性不能掌握美”的思想特别有感，但要全面把握黑氏的观点还需要深入把握整体，于是提出向韦卓民请教黑格尔，卓民先生慨然应允，并约定通信讨论。此后，他们十天左右就通一次信。韦卓民先生的治学态度严肃认真、一丝不苟，于勉励后学事上丝毫没有马虎。他回答元化问题的复信往往长达十纸以上，且正反两面书写，笔画清晰、端正，几乎从无圈改涂抹的地方。在复信时，常因为一段话，甚或一个术语，而查阅各种版本。倘若手边无书，没有查到，也在信中言明，绝不肯含糊过去。一次，王元化接到他的复信较迟，读后才知他连日缠绵病床，刚能下地即赶忙作复。王元化对这位父执辈的老师，其感激绝非言语所能讲得清。在那个年代，这种纯学术性的通信探讨进一步促使王元化的心灵远离了外在的烦恼，投向追求真实与智慧的道路。后来王元化兴趣转向思想史方面，与韦卓民先生在信中谈到中国思想史方面研究贫乏有很大关系，这种影响一直延续到1990年代王元化钻研西方哲学并且将思考的成果写入第三次反思中。

通信指导　受益匪浅

1960年代的王元化从韦卓民那里，主要是在哲学领域获得指导。韦卓民是康德翻译和研究专家。新中国成立后，他翻译了300多万字的外国哲学译著，其中有关康德的研究占据了绝大的比重。他所翻译的康德著作，不仅数量最多，而且在质量上堪称上乘。例如《判断力批判》上卷原是由别人译述的，后来商务印书馆改请他续译下卷，就是因为编者认为韦卓民更能胜任的缘故。他不仅精通英、法、德、俄诸语种，也精于拉丁文。王元化认为他不是那种偏执一隅之解的学者，把自己的研究拘囿在狭窄的范围内。他学贯中西，深知融汇古今、触类旁通的重要。韦卓民曾经向王元化谈起，在英国留学时，他曾经打算钻研佛学，曾向一位年老的英国女专家请教。这位女专家告诉他，要想精通佛学，而不是泛泛的学习，就必须懂巴利文，而学会这门古文字又非得三五年不可，于是才废然而止。尽管如此，他还是读了不少汉译梵典，并与佛学专家结交。王元化研究《文心雕龙》，其中涉及不少佛学方面的知识，尤其是刘勰后来出家入佛，从佛教的因明学中得到了启示，在著述的过程中用了不少佛典和佛学思维逻辑，这对于王元化来说，又是一个新的课题，但他必须要弄清其中的渊源，因此他希望在佛学方面得到进一步指导，韦卓民坦诚地告诉王元化，自己在这方面的研究还无法指导，于是介绍了自己的好友、佛儒哲学研究大家熊十力给他。

韦卓民指导王元化学习研究黑格尔具体的方法是通信。在通信中，王元化向他提出在研究黑格尔尤其是《小逻辑》中的一些领会和疑难，有时也评论其中利弊。王元化后来将保存下来的信件予以发表。他认为，韦卓民不仅对此书的体系、用语、体例以及读书方法有着独到的见解，而且还提出了与通行说法不同的独到见解。韦卓民晚年撰写《黑格尔〈小逻辑〉评注》具有相当高的学术价值，包括了部分重译、注释、评论，约 75 万字。1982 年王元化平反，之后在中国大百科全书出版社上海分社担任领导，将韦卓民致他的论学书信在学术刊物上发表，并给周扬写信呼吁，搜集韦卓民遗稿整理出版。此信在王元化的《清园书简》中失收。现附于此：

周扬同志：

奉上上海师院学报(1982 年 1 期)。其中有韦卓民(已故)论学书，是给我的信，由我整理发表，并附一跋。

韦先生是国内康德哲学专家，生前曾为商务译出亚里士多德及康德著作多种，共三百余万言，内中约近半数积压在商务未予出版。他晚年曾著《黑格尔的〈小逻辑〉评注》一书（即拙跋中所记），功未毕而人已故。此稿我虽未见，但与他通信中多有涉及，深感具有相当价值，倘能问世，当嘉惠学人。因此于三年前即向陈翰伯同志当面呼吁，他亦表示重视，并记下此事，但迄今无下文。我不单纯是出于私人受业之情，也确实为了我国学术界的兴旺繁荣，谨向您呼吁，请您推动有关方面（商务）尽快将韦先生评述早日印行出版。韦死后，我与其子女无来往，也无通信关系，仅知他们在武汉某单位任教或任工程师之类，其长子名鄂生，女名安娜。我想出版社如关心此事，当可查出他们的地址。

今夏我大约要来京谈百科文学卷事，届时当趋前拜访。我一直在关心着您的健康，听说您一直很好，颇感快慰。望您珍重。

目前文艺界很需要老一辈，特别是像您这样一直担任领导，深知文艺界情况，并对文艺具有高度修养的领导人发言，使我国社会主义文学事业得以茁壮成长。我感到我们党的文学事业向前发展仍存有阻力，因此更希望您于必要时作必要发言，我深信您一定会这样做，因为您过去已经这样做过多次了。这效果及影响是巨大的。

请代问候灵扬同志。

致

敬礼

王元化手上

（1982年）四月十日①

① 徐庆全：《王元化关于韦卓民遗著的一封信》，载《学习时报》2005年7月25日。

直到晚年，王元化每每想起韦卓民在书信中常用的“世兄其与我共勉之”的话，仍可深切地感受到其中所含的期望与激励。

访学熊十力

此时，王元化学术道路上重要的一位老师走进了他的学问世界，他就是当代新儒家的代表、哲学家熊十力。

熊十力早年曾经是基督教圣公会的一员，曾积极参加该会一些人组织的日知会，为推翻清王朝统治而参加辛亥革命，后由革命转入佛学，投师欧阳竟无。蔡元培请他在北大教了几年佛学，熊忽又毁稿重撰《新唯识论》，转而以儒家大易精神融化佛理，自创新说，成为20世纪重建传统哲学的开山人物，与梁漱溟、马一浮并称为新儒学三圣。在中国的学术界负有盛名。新中国成立后，他担任全国政协委员。

王元化是经韦卓民介绍去见熊十力的，那时是1962年。熊十力时年77岁，即逝世前六年。当时他的身体已每况愈下。起因于1960年2月，熊十力曾遭家中煤气中毒，经抢救后才从昏迷中脱险，对于身体有一定的影响。熊十力原本就有神经衰弱的病，睡眠不好，以后这个老毛病更加严重。再加上此后不断的坏消息袭击，更影响他的情绪和精神。1960年，他的密友林宰平逝世；1961年，王孟荪逝世；1962年，刘静窗逝世。三年中，三位老友先后离他而去，这都是他相交多年的精神支柱，此后他愈益觉得世事无常。素来精通周易象数之学的他，曾经为自己算卦，认为不久于人世，于是他开始谢绝会客，静心养生。

在王元化访问熊十力之前，很多人（包括华东师范大学的教授李平心）对王元化说，熊十力这个人性情古怪。他的身上既有佛家的神秘主义，又有狂儒的狷介。后他在学界得了一个“狂哲”的名号，对于他的狂狷不羁，学术界流传很多故事。他和废名为了佛学问题“大打出手”的轶闻，在学术界中就广为流传。[1]新中国成立后熊十力虽有著述，但流传较少。当时都注重群众性的普及读物，他的学术似乎不受重视，虽然也出版了一些著作，但印数几乎可忽略不计，与当时动辄几十万册、上百万册的普及性文学读物不可同日而语。1958 年，熊十力的《体用论》由上海龙门联合书局石印 200 册。1959 年 4 月，《明心篇》由龙门书局排印 200 册；其余著作，也都是只在 200 册左右，只有《原儒》正式发行时，印了 5 000 套，这可以说是熊十力生前印得最多的一部著作。他虽被尊为大儒，作为统战对象给予了较高的地位，也贵为全国政协委员，但是他关于复兴中国传统文化、重振儒学的主张，在一个梁思成保护古建筑都要被批为“复古主义”的年代，怎么不成为“过时之论”？坚守传统儒家思想、处处身体力行的熊十力感到世事不如意，其内心之寂冷，亦可想而知。需知，国家正在提倡哲学走出庙堂、走向工农兵，尽量要把深奥的哲学通俗化、简单化、世俗化，而熊十力的这一套与现实远如九天之上，他的“新唯识论”早成为无味之鸡肋、已陈之刍狗，学术界几乎将他忘掉或有意冷落了。

鉴于这个原因，熊十力在北京再待下去也感无味。他本想入川，后来董必武劝他跟儿女在一起。1954 年 10 月，熊十力离开生活了四年多的北京，在弟子刘公纯、周朋初陪同下，南下来到上海定居。当时上海市长陈毅礼贤下士，对这位大儒闻名已久，熊十力南下，陈市长专门为熊十力觅了淮海中路 2068 号的公寓居住。这是一幢仿法国城堡式的建筑，建于 1910 年，初名“又斯登公寓”(Houston Court Apartments)，新中国成立后改为“登云公寓”。登云，大概是形容它当时是淮海路上的第一高楼，望之

---

① 废名本名冯文炳，(1901—1967)，湖北黄梅人，北大教授，文学家、哲学家。关于这段轶事，汤一介在《真人“废名”》一文中写道：“大概在一九四八年夏日，他们两位都住在原沙滩北大校办松公府的后院，门对门。熊十力写《新唯识论》批评了佛教，而废名信仰佛教，两人常常因此辩论。他们的每次辩论都是声音越辩越高，前院的人员都可以听到，有时甚至动手动脚。这日两人均穿单衣裤，又大辩起来，声音也是越来越大，可忽然万籁俱静，一点声音都没有了，前院人感到奇怪，忙去后院看。一看，原来熊、冯二人互相卡住对方的脖子，都发不出声音了。这真是‘此时无声胜有声’。”

高入云霄吧。这座老洋房装饰艺术风格独特，贴面的褐紫色耐火砖墙面，底座宽大，雄浑大气。

搬迁到上海后，熊十力潜心研究学问，但是往来的师友慢慢稀少，知熊者日希，使这位自称“熊十力菩萨”的心高气傲的人，日渐灰冷。

熊十力需要王元化这样的年轻人来理解他。

当韦卓民知道王元化有意向熊十力问学时，即为他拟了一封介绍信，嘱告他说：近年来，十力先生谢客来访，他脾气古怪，不知见得见不得。这年的秋天，王元化手持韦卓民的介绍信，来到登云公寓熊十力的寓所前时，颇有点惴惴不安。他早听说过熊十力先生性格狂狷，意气自雄，在自己著作上署“黄冈熊十力造”，也曾自称“熊十力菩萨”，为人治学往往意气风发，情不自禁，如此种种，是一个放达不拘的古怪人物。他上楼后，看见熊寓所门上贴着一张写着字的普通信笺，纸已褪色，字墨尚浓。大意是说，本人年老体衰，身体不好，面赤、气亏、虚火上延……谢绝来访云云。王元化有点拘谨地敲了几下门，开门的是一位60上下的人。这就是当时正在为十力先生誊写《乾坤衍》并照顾熊十力的丰先生。他把王元化引进客厅，即持介绍信入房间。等候了两三分钟之后，熊十力先生从隔壁房间走来。

> 他的身材瘦弱，精神矍铄，双目奕奕有神，留有胡须，已全白，未蓄发，平顶头，穿的是老式裤褂。①

这是王元化看到熊十力的第一印象。当王表示了仰慕之意后，“他询问我在何处工作，读什么书等等。这天他的心情很好。他的态度柔和，言谈也极儒雅，声调甚至近于细弱。当时我几乎与人断绝往来，我的处境使我变得很孤独。我觉得他具有理解别人的力量，他的眼光似乎默默地含

---

① 王元化：《人物·书话·纪事》，第15—16页。

有对被侮辱、被损害者的同情，这使我一见到他就从自己内心深处产生了一种亲和力。这种感觉似乎来得突兀，但我相信它。在我们往来的三年内，我从未谈过自己的遭遇，他也从未询问过。直到他去世十多年后，我才从他的哲嗣世菩夫妇那里得悉，十力先生对我的坎坷经历和当时的处境十分清楚，并且曾为之唏嘘”①。

王元化比熊十力小35岁，但似乎一见如故。人的交流只需要心灵的契合就能够沟通，他们初见的那种默契，使王元化增添了信心和定力。经熊十力许诺，从此王元化几乎每周都到熊十力住处走访一次，并以通信方式畅谈佛儒之学。后来两人来往书信达数十封之多，每封信都有好几页。这些书信都是王元化请熊先生释疑解难的内容，或是熊十力让他去找寻某些书来阅读。只是在“文革”中，王元化被迫将这些珍贵的书信销毁，只留下一张明信片，还记载着他们的友谊。

与其他人对熊十力的描述不同，王元化感受到了熊十力的内心世界和不同于常人的气质。“他不是性格深沉内向的人。他的感情丰富，面部常有感情流露，没有儒者那种居恭色庄的修身涵养。卓民先生说，这次沪上相会，一见面他就号啕大哭，使卓民先生深觉不安。”②在那个年代，有这样一份真诚的师生之交，是王元化的难得之学术精进机遇。

沉潜往复　从容含玩

在王元化问学熊十力的时候，熊此时的学问已经由佛转儒，成为一代新儒学的宗师，对于王阳明、王船山的学问最为服膺。此时他的《原儒》刚刚发售，正在撰写另外一部重要的著述《乾坤衍》。这一领域对曾经历过反传统的王元化来说是一座高山，况且王元化其时并不在儒学上用力，而

① 王元化：《人物·书话·纪事》，第16页。

② 王元化：《人物·书话·纪事》，第21页。

主要在于思辨哲学和考证《文心雕龙》作者刘勰的佛教背景。中古时期的佛学门派林立，需要有人指点迷津。刘勰的这部著作是中国古代文论中第一部具有严密的系统和结构的著作，刘本人也是佛门弟子，因此王元化会碰到掺杂在文论结构、叙述、体系以及概念中的佛学内容。在问学熊十力的过程中，熊十力赠送他一部早期的佛学名著《佛家名相通释》，是一部疏释名相、提纲挈领的佛学入门书，以便使“玄关有钥，而智炬增明”。熊十力宗唯识，在治学上力求成一家之言之学，著有《新唯识论》《破〈破新唯识论〉》等，自成一派。《佛家名相通释》一书本是一部小的百科全书，用以解释佛相大意。其中带有入门导言性质的《撰述大意》是王元化反复精研的重点，其中最大的益处是讲授了读书的方法。当时已经完全接受了唯物主义的王元化，对于熊十力的唯心主义无法接受的，但是他还是肯定了唯心论的某种思想方法，尤其是在认识论上。熊十力说“吾以为言哲学者，果欲离戏论而得真理，则佛家在认识论上，尽有特别贡献”①。他说：“尽管十力先生始终未能摆脱唯心主义的局限，有时甚至流入神秘主义，但他融会古今，力图用哲学观点来整理佛学的玄奥，使之明白易晓，却是应该予以首肯的。作者申明自己整理佛学所遵守的原则是‘根底无易其固，而裁断必出于己’。这句话很重要。”②这是他在 1979 年写的，但到了 1991 年《再记熊十力》的时候，王元化对于熊十力的学问有了更深的了解。他认识到熊十力使用心理学去阐释法相宗，颇有新意。就是一例。

但是相反的，对于这个时候已经转变到新儒家的熊十力哲学思想中饱含的儒家哲学精义，因此时的王元化对儒家的哲学尚抱批判的态度，没有进入其思想内核。这一点在晚年王元化自己谈及时，也并不讳言熊十力所服膺的二王之学“在这方面，我没有好好钻研，不敢妄议。我只能谈谈自己的一些粗浅的看法”。③王元化认为，熊十力“早岁忿詈孔子，中期疑

---

①② 王元化：《人物·书话·纪事》，第 13 页。

③ 王元化：《人物·书话·纪事》，第 19—20 页。

佛，最后归宗大易。他曾对龙树的大雄大勇、无所不破的精神深表敬服。由佛入儒后，一反以往，以大易立人极之旨对此加以批驳。他恪遵'天行健，君子以自强不息'之义，演大易翕辟成变之论，从而构成一完整的思想体系。我以为，不论他的哲学经过怎样的发展与变化，其核心仍在本心这一概念。有的学者认为，十力先生的体用论出，乃一大转变。由于他的体用论有摄体归用、万物真实之旨，于是说他'接近于唯物论'。但是，细察十力先生本心说之根底，则不得不承认贺麟辨析明心章之明澈。贺评见于一九四七年，至今读来，仍觉深邃有据。十力先生所谓本心，即仁，即生生不息、凝成众物而不物化、新新不已的'绝对本体'。这个刚健的本体（或本心）之显见，如贺氏所说：有其摄聚而成形象的动势，名曰翕；有其刚健而不物化的势用，名曰辟。所谓心物即是辟翕两种势力或过程。

"一辟一翕，恒转不已。心与物交参互涵，不可分而为二，而是一个整体的相反相成的两个方面。十力先生既不承认唯物论，也不承认唯心论。贺氏称他为泛心论者，庶几近之。他认为有物即有心，纵使在洪荒时代，心的势用即随物而潜在。体用一如，心物不二，这就是十力先生哲学的真谛。他不墨守二王之学，而有所发展。他参照柏格森的生命哲学，而有所批判。他的哲学是称得上为一家之言的。"①

虽然无法进入熊十力的哲学精髓，也不同意他的唯心论，此时的王元化却在哲学的方法论上，对熊十力表示了理解，而不是一味的否定。王元化认为他并不只重义理，而是兼综踏实与凌空二义。所谓踏实，并不意味考据训诂之类，而是"必将论主之经验与思路，在自家脑盖演过一番，始能一一得其实解。若只随文生解，不曾切实理会其来历，是则浮泛不实，为学大忌"②。这对于王元化的研究非常受用，王并不专精训诂，但于关键处，考证训诂运用得非常扎实。而所谓凌空者，则是"掷下书无佛说，无世

---

① 王元化：《人物·书话·纪事》，第20页。

② 王元化：《人物·书话·纪事》，第18页。

间种种说，亦无已意可说。其惟于一切相，都无取著，脱尔神解，机应自然，心无所得，而真理昭然现前”①。其中的关键词是无已意说，因人从学，初始从师说，如研治佛学，则要从佛说。继而，得各种世间他人之说。及其深，必有己说或己意。要得真义，必去之。王元化揭橥熊十力治学之精要，恰从此而来“根底无易其固，而裁断必出于己”，可谓伴随王元化后半生治学的原则。

从熊十力的精神上，王元化认为有两大要点，受益无穷：第一是熊十力提倡和身体力行的“孤往”或“孤冷”精神中得到启发，处于打成贱民之后的人际交往的孤独和读书做学问的孤冷，需要人来理解，王元化从熊十力身上得到的是不必求人理解。这种精神与他1990年代拈出陈寅恪的独立之精神、自由之思想同气相求。其二则在读书做学问方面不能骄躁，需沉潜往复，从容含玩。不寻求功利的需要，或急于求成，人云亦云。

自然，王元化在熊十力的晚年得识这位导师，他的身上从早年性格狂放，意气自雄，具有一种慑服人的气概，此时已经不复既往。王元化与其交往三年，直到1966年“文革”初起。此时他看到的熊十力，“无论在生理上还是心理上，都经受着老年人才有的痛苦折磨。他和我谈到自己的消化不良，常常便秘，成为他天天发愁的事。他未装义齿，无法咀嚼，由丰先生为他煮一点烂面软饭，生活上照料得并不好。他向我说，离京前想要入川，可是董老劝他说：‘年老了，还是和儿子住在一起好。’所以他到上海来了。世菩、承厚伉俪住处并不宽敞，条件也差。十力先生为了坚持写作，住在淮海中路寓所，有五间房屋，可是亲人都有工作，不能来照料了。我是在‘文革’风暴前夕，最后见到他的。‘文革’开始，就此音讯隔绝。一九七九年底我才平反，听到他的去世消息，已经是他离开这个世界十一年了”②。熊十力的曾孙女熊明心回忆王元化的时候谈到，熊十力决定是否

① 王元化：《人物·书话·纪事》，第18页。

② 王元化：《人物·书话·纪事》，第21页。

与人交往，要先相面。王元化第一次去拜访，被熊十力捧着面孔看了许久，他心里很是忐忑。所幸熊十力看后说，以后可以常去。王元化认为熊十力确实精通面相之学、子平之术。作为一个唯物主义者，王元化当时并不相信，因此他理解熊十力可能把这当作识人的一种方法。熊明心还讲起"曾祖父一次突然到他家，说要把自己的书存在他那儿，可是爷爷当时的住房很小，根本没有能力保管那些书。这件事，爷爷不知说过多少回，带着怀念和遗憾的神情。当时的情景，据承义（王元化之子）伯伯讲是这样的：冬天，曾祖父来到他们家，穿着旧棉袄，腰间扎着根草绳，一口黄冈话"①。

在熊十力身上，王元化仿佛感到有一些神秘的东西，除了相面之外，还有其他的命运之类偶合的东西，这种东西在中国文化中，往往普遍存在于乡野僻地的村民之中，并且承传有绪。例如熊十力"在著作中曾记述，民国六年，他自武昌赴荆襄，参与守军独立。事败，辗转军中，七年入粤。一日午睡，忽梦他的五弟继刚陈尸在床，他不禁抚遗体痛哭，醒而泪痕犹湿。后离军返乡，始知五弟确已去世。他认为梦是预兆休咎的，不能尽以变态心理去说明"②。

王元化印象很深的是在他起居室内，有三幅大字书写的君师帖。中间的一幅，从墙头直贴到天花板上，是孔子之位；右边的一幅，上书阳明先生；左边的一幅，上书船山先生。他听王元化要学佛学后说："你学佛学做什么？现在没有人学这个了。"王元化认为，熊十力并不是菲薄佛学，而是对这种学不干时的态度有所感慨，所以还是欣然同意了王元化的请求，并约定用通信方式笔谈。不久，他惠赠王元化一部战前由北大出版的《佛家名相通释》上下两册。③书已陈旧，上面还有他用朱笔写的"仲光读本"四字。

---

① 熊明心：《窗明几净读书天——与王爷爷相处的日子》，《新民晚报》2008年7月9日。

② 王元化：《人物·书话·纪事》，第17页。

③ 王元化"文革"后复出之后，担任中国大百科全书出版社上海分社的负责人，为该社编纂了一套"中国文化丛书"，熊十力此书作为第一批书目编入出版。

师生之间相见，常常由王元化向熊十力谈自己的读后心得，熊十力不拘形迹，颇有魏晋六朝风度。一次他去请教，正好熊十力在洗澡，他并不避嫌，让元化进去，就在澡盆旁边两人对谈。王元化受到熊十力的这种精神影响颇深，他本人是钻研六朝文论的，六朝文人的气质在王元化精神和行事上体现出来。他那种放言不拘、喜怒形于色的风范，"清园"客厅中的高谈阔论，浸染着这种风格，甚至在行事上，也颇有熊十力之风格。晚年他患病，每天需要打一种进口的针剂，其副作用是出汗甚多。我去访问他时，正逢睡起，他让我进卧室，他裸裎在榻，让我帮着他擦拭，师生之间不避嫌。但决不让外人进房。

熊十力曾向王元化讲述他治佛学的艰苦，面对浩如烟海的内典，茫然无所措手足。曾有一个时期，他埋头在明人的疏记中，废寝忘食，而所获甚微。"他说这些话无非鼓励我勤奋好学，但我由于怠惰荒疏，终未入门，深感愧疚。"①

根底无易其固，裁断必出于己

王元化具备朴学的治学精神，求证必须要达到无征不信的地步，由此出发甚至对于老师熊十力被人讥讽的考证不严，以己意断言、不够踏实等弊病也无不在王元化的学术批评之中。他曾经称赞熊十力在论学时的那种张扬不拘的精神，"他在论学时往往意气风发，情不自禁。有一次他与张东荪论学，谈得兴起，一掌拍在张的肩上，张逡巡后退。诸如此类传说，不一而足，使他在人心目中成为一个放达不拘的古怪人物。但他也有亲切柔和，平易近人的一面，大概由于太平凡罢，很少为人述及"②。王元化记熊十力自认为要踏实治学，但是熊在治学中有时也无法按照这一原则

① 王元化：《人物·书话·纪事》，第18页。

② 王元化：《人物·书话·纪事》，第16页。

进行。在考据训诂方面，熊十力常遭非议，“人说他辨真伪多出臆断，任意改变古训，增字解经。这些评骘出自对他诚服崇敬的同辈或友人，不能说没有一些道理。他重六经注我、离识无境之义，于现代诠释学或有某种暗合，可能会受到赞扬。但我以为训解前人著作，应依原本，揭其底蕴，得其旨要，而不可强古人以从己意，用引申义来代替”①。

王元化批评熊十力的这种毛病，实际上也是新中国成立后学术界的通病，就像他在其他文章中所说“目前有些运用新的文学理论去研究古代文论的人，时常会有望文生义、生搬硬套的毛病，就是没有继承前人在考据训诂上的成果而发生的。——事实上，自清末以来，如王国维、梁启超等，他们一面吸取了前人考据训诂之学，一面也超越了前人的界线，在研究方法上开拓了新境界”②。王元化相较于老师熊十力，既吸收了熊关于佛学的理论，用于他的《文心雕龙》论述之中，同时也对于熊十力的局限进行了超越，他说：“我觉得十力先生所立的原则，即‘根底无易其故，而裁断必出于己’，是精辟的，可惜他在实践方面未能贯彻始终”③，“我觉得，十力先生在治学方面所揭橥的原则‘根底无易其固，而裁断必出于己’，最为精审。我自向先生请教以来，对此宗旨拳拳服膺，力求贯彻于自己治学中。自然能否达到是另一问题，不过在我至少是虽不能至，心向往之”④。王元化作为熊十力的弟子，虽未能最终追随熊十力的学术路径，以研究佛儒为终身学业，但对于熊十力学问的方法和思想能得其中三昧，尤以方法论为最得，同时，他也看到了熊十力实践中的某些不足。

熊十力在王元化身上寄托颇深的厚望，但其时王元化无意以佛学研究为主，而只是要对刘勰的佛学背景进行一番精进的了解，转而用力于撰写《文心雕龙创作论》。虽然熊十力对于他勤奋治理佛学的寄托似亦未能如愿，但是熊十力的读书之法，王元化却深谙其中三昧。“不求甚解”的读书之

①③ 王元化：《人物・书话・纪事》，第19页。

② 王元化：《思辨录》，第286页。

④ 王元化：《人物・书话・纪事》，第18页。

法，熊十力深不以为然；“沉潜往复，从容含玩”，才是治学问的学者所应该遵循的良箴。后来王元化在为熊十力《佛家名相通释》所写的跋中有语：

> 能不能做到“必谨缺疑，而无放矢”，就是在读书上知难而退还是知难而进的分界线。读书可以作为一种消遣，但目的还在学习。作为专业学习对象的精读书，都应一遍又一遍地读下去，否则就不能吃透其中容易一眼滑过的重要内容。精读之要，首在必谨缺疑，使读不懂、吃不透的疑问常在心头。①

这是对熊十力读书法的继承与发挥，也是一个严谨的学者所应该遵循的法则。这一代的知识分子潜心于传统学问，为薪火相传作出了榜样，但是在一些更为激进的知识分子的洪流面前，他们被迅速地吞没了。只是，只要有像熊十力这样具有“孤往精神”的学者存在，真正的传统就不会薪尽火灭。

熊十力自居儒家，他像宋明儒者一样，泛滥于佛老，返求于六经。他自称其学为“玄学”，这并非一时兴到之语。熊十力七十寿辰时，马一浮赠诗有“萧山孤寺忆谈玄”。直到暮年，他对庄子兴趣未减。他给王元化来信时皆以书斋名漆园、或漆园老人自称。他这样偏爱庄子，可借用他论张江陵的一句话“以出世态度做入世学问”来阐明。他虽然最不喜六朝清谈名士，但从生活上看，却颇有魏晋人的通脱旷达风度。

王元化引《十力语要》说：“吾国人今日所急需要者，思想独立，学术独立，精神独立，依自不依他，高视阔步，而游乎广天博地之间，空诸依傍，自诚自明，以此自树，将为世界文化开发新生命，岂唯自救而已哉？”②王国维、陈寅恪、熊十力等，皆主张空诸依傍、精神独立，绝非泥古不化、墨守传

---

① 王元化：《人物・书话・纪事》，第 14 页。

② 王元化：《十力语要初续・序》，上海书店出版社 2007 年版，第 17 页。

统。观熊十力对传统文化之批判可知。又，王元化引熊十力于1950年代初《与友人论张江陵》书中称："学术思想政府可以提倡一种主张，而不可阻遏学术界自由研究、独立创造之风。否则，学术思想锢蔽，而政治社会制度何由发展日新？"①熊十力在1950年代有此等议论，足证翟志诚指摘熊十力新中国成立后谄媚当道之说，实属诬枉。学术与政治关系问题，迄今仍在争议。

王元化赞成熊十力所谓学术衰敝将影响政治不振之说，并将这个意见在他的晚年谈话中加以发挥。②

熊十力对传统的坚守让他在"文革"中遭遇了非人的折磨。1966年夏，当熊十力在《人民日报》上看到《横扫一切牛鬼蛇神》一文时，伤感至极，他持反对态度，怎么可以革文化的命，他要保卫文化。后来家被抄了，81岁高龄的他被批斗。他的老友、新儒学三圣之一的马一浮是一言不发，绝言而死；而他不，他甚至在裤子上、袜子上都写着对"文革"的抗议。"中国文化亡了！""中国文化亡了！"一个油尽灯枯的老人，双泪长流，在公园中跌跌撞撞地走着，口中喊着与时代格格不入的话语，其结果是无人理解。

1968年，熊十力一度以绝食的方式抗议"文革"对中国文化的破坏，但身体虚弱的他感染肺炎，于当年5月23日去世，终年84岁。③

生命的磨难

正当王元化沉浸于对传统国学、古代文论、佛学、黑格尔等学问的热

① 王元化：《十力语要初续·序》，上海书店出版社2007年版，第17页。

② 参见吴琦幸《王元化晚年谈话录》有关章节。

③ 熊十力有二女一子：长女幼光，在北京航空学院退休，次女再光，曾在上海居住。其子熊世菩，曾就读西南联大，后在上海船舶研究所任职，已去世。熊世菩有二子二女，两女孩名分别为"原""儒"；而二子各育一女，名为"明心""明宗"，以喻后辈对老人的纪念。其曾孙女熊明心是上海复旦哲学系硕士生，后去德国深造。

切研究中时，一个意外的打击发生了。1964 年夏天，旧时曾缠绕少年王元化达一年之久的眼病（静脉周围炎：眼底出血症）突然复发。

1936 年王元化发眼病时在育英中学读高一。但是这次不一样了。他已经不是一个渴望求知、前途无限的少年，也不是文艺战线上的一名战士，更非思想理论领域的一方领导，而是以戴罪之身进入自己喜爱的研究领域、有了独立思考的学人。他沉浸在对《文心雕龙》的研究和写作中，需要寻找资料、阅读典籍，只有在广泛系统地占有材料的基础上，才能在学术上有所建树。眼睛对于他来说，是何等重要——其价值等同于生命。

王元化回忆那段生活，正是自己研究和写作进入高潮的时期，一天早晨醒来，他发现右眼一片黑暗，完全看不见了。这在他心灵上引起了巨大的恐慌。头上戴着"反革命分子"帽子，被剥夺了许多政治和社会交往的权利，现实中的混乱更使他不忍目睹，研究和写作成了他精神上的唯一寄托，如果因为眼病导致写作上的中止，他不敢想象他的生活还有什么意义？也许会处于更加绝望的地步。霎时愁云密布，孤寂难耐，失去光明的痛苦无异于致命的打击，甚至会将人迫于绝境。好在家的爱，给了他永生难忘的深情，除了父母贴心的关爱和妻子张可无微不至的照料，姐妹们也都给予了他精神上的支撑，尤其是三姐桂碧清，费尽心思上下求索，四处打听，终于为他找到了上海最好的眼科医生何章岑。何医生医术高明，极有魄力，他决定在王元化的眼球中直接注射药物，以便促进药物快速渗透。又一次奇迹发生了，王元化的右眼居然逐渐从黑暗中明亮起来，他看到了光明的前景，虽然是微弱的，但给了他无限的信心。而自信正是治疗眼疾的一剂良药。

由于他此时尚不能完全使用目力，便请求父亲帮助他完成书稿。王芳荃时已 84 岁，早从北方交通大学退休回来，住在离王元化不远的武康路。每天，他步行到位于皋兰路 12 弄的王元化家中，以极大的耐心为他阅读资料，笔录他的口述，这是父子俩第二次合作了。上一次是合作翻译呤俐的《太平天国革命亲历记》，这一次则是完成王元化对《文心雕龙》研究。父亲不仅喜欢收藏字画，而且在书法、诗词方面都有所成就。他以工整的书法前前后后为王元化誊写了八大本书稿。王元化患难之中的研究成果，正是依靠这些手稿，可惜后来被抄家抄走。幸好“文革”结束，这些书稿又被发还。王元化将其修订后，结集为《文心雕龙创作论》，1979 年正式出版。

王元化此后一直保存着这些手稿。

王元化晚年的书房中，在客厅中挂着王芳荃的墨宝，每一工作疲累，便停下注目欣赏怀念。父亲的手书似有灵性，显示了他晚年的豁达开朗，以求知识为自己的崇高目标，以追求精神生活为毕生的情怀。父子情感交流，感激和辛酸之意油然而起，充溢心中，久久难释。

苦难与抗争，友情与亲情，在那个艰苦的年代，虽然物资匮乏，但是倒没有其他的麻烦，可以静心读书研究，也可以静心养病，对于王元化来说是一个不断而恒久的过程。半年之后，正当他的眼睛有所好转的时候，“文革”爆发了。

黑白颠倒

在王元化个人生命的记忆中，“文革”是以他的眼病好转为标志而开始的，大概命运要他给这个荒唐的运动以清醒的认识，眼前出现的却是盈目的黑暗。“文革”一开始，他这个所谓的“死老虎”，一个戴罪之身，再度被打成历史、现行双料反革命。对于王元化来说，这种罪名在他身上已经麻木了，无非是黑白再一次颠倒。整个社会在毋庸置疑的声音号召下，全国上下沸腾起来，从上到下都是阶级敌人，王元化在这个世界中看到的都像是一个荒唐的寓言，但它却偏偏于眼前活生生地发生着。

社会秩序失去了往日的宁静和正常，混乱交织着狂热，昔日的道德标准和美丑概念都彻底被打翻。狂热的口号和血腥的斗争，掩盖了物质的贫困和精神的贫乏，也淹没了清明的理性和正常的人性。这股浪潮冲刷了社会的秩序，足以使原先的信念变为狐疑，将本来的常识也变成一大堆荒唐话。谬误和谎言被一千次地重复之后，变成了堂而皇之的真理。整整一代的知识分子在被改造之后放弃独立思考，卷入残酷的斗争中，无人可以幸免。魔鬼与人性较量，力量竟然是如此的悬殊，以至于每天的生活似乎都如履薄冰，被打倒的人每说一句话都谨小慎微，更难以忍受的还有内心里真正的思想的死寂与冰冻……许多人被逼迫至死，许多人在黑白颠倒中疯了，还有一些人则幸存下来。

王元化是幸存者中的一个。“文化大革命”之初，造反派还没有兴起的时候，上海市委宣传部只是指定上海作协成立了以芦芒为首的五人小组（后来被称之为“保皇文革”领导小组），领导作协的运动。芦芒布置揭发批判任务时说，王元化这个人当年在“反胡风运动”中，被隔离起来审查，要他交代，他就是死不承认，整天在房间里跑步，地板上被他磨出一圈脚印来。现在虽然是“死老虎”，但还要揭发他的罪行。那个时候，有罪和无罪只在一念之间，甚至今天在造反，明天就被宣布为反革命，人人都朝不保夕。

不久，上海作协的“保皇派”被打倒，造反派揪出了许多新的牛鬼蛇神，王元化这样的“死老虎”，就轮不上作为揭批的重点。新进来领导“文革”运动的工人毛泽东思想宣传队和解放军毛泽东思想宣传队成为各个文化机构的最高领导。为了深批新揪出来的“反动权威”“叛徒”“特务”“走资派”，工宣队军宣队除了将他们的政治问题依靠造反骨干作专案调查外，还“废物利用”，组织一些“二等公民”和未发现新问题的“死老虎”，阅读新揪出来的“牛鬼蛇神”们的书籍，从中找问题，发现反革命的罪行。不幸王元化也是其中之一。他 18 岁入党，后长期在上海参加地下党的文委工作，交往的人都是当年地下党的重要人物，而这些人，所谓白区工作的地下党成为一个比“胡风反革命集团”大几百倍的叛徒集团，几乎无人幸免。而王元化又曾经被打成“胡风反革命集团”分子，这一部分的罪行也要重新交代。于是王元化又要像隔离审查那样回忆自己的生涯，寻找那些并不存在的反动罪行。

除了交代自己罪行之外，当时作协的革命造反派经常要找王元化内查外调其他人的问题。虽然王元化已经是所谓的“死老虎”，但是还是需要监督劳动，常常被迫为造反派想要打倒的人写证明或调查材料。笔者找到了这样一份王元化的交代材料，真实地记录了当年诬陷和罗织罪名之实况，特将全文录下，可见一斑：

上海作家协会文化革命领导小组1968年7月4日调查

罗永麟是否为胡风集团分子，调查王元化

调查人：张谷平　沈承章

被调查人：王元化

通过贾植芳在解放以后51年认识，在贾植芳家与梅林家介绍与我认识。是贾植芳介绍进震旦。王元化教到52年初。王元化由贾、梅带着去过罗家一二次(51、52年)。在那时，贾植芳带罗去过胡风家。当时在胡风家，罗带去一本日文版果戈理选集会胡风。他当时拼命挤进文艺界，当时对胡风蛮拉拢(巴结)的。我在贾、梅家碰到罗永麟。贾可能与胡风谈到过罗永麟。估计罗与胡风见面不会只止一二次！文艺观点，所说的观点完全迎合胡风反革命文艺观点。在交谈中，罗也经常攻击党的文艺方针(某某与耿庸关系很密切，估计张认识罗的)。当时罗的经济条件还不错的。当时认为他是个商人，商人习气很盛，对他不重视。何满子在我离开震旦后去震旦，与贾植芳关系密切。当时有“三友”(梅林语)贾植芳、何满子(其中可能有罗永麟)在一起喝酒。罗请我们饭馆里吃过，我们在贾植芳家吃喝过。罗与贾植芳关系非常密切，附和胡风集团的反动观点，应该是胡风集团分子。

王元化(签名)

王元化系胡风骨干分子，所谈情况供参考。①

此资料读来发噱。上海作协“文革”领导小组派出的调查人员文化水平太差，行文语言错乱，语法不通，但却保存了一份证据，在上海作协这样一个庄严的上海作家的最高组织中，造反派都是何许文化程度的人！

上海作协“文革”领导小组的一位成员、后在作协文学刊物任编辑的左泥回忆道：

> 王元化被分配在阅读柯灵作品的一个组里，我是组长。这时候，又有人向工军宣队揭发，讲王元化的爱人张可解放前就是搞电影戏剧的，与柯灵这些人一伙的，怎么可以让他参加审读柯灵作品呢？如此一来，王元化便又靠边了。他极为不服，回沪休假期间，在家属劝阻不住的情况下，夜里闯到我家来，要与我细谈，由我去向工军宣队把柯灵那些文章的情况解释清楚。其实那时我这个组长已被撤职了。可见他“固执”“拎不清”到什么程度。休假后再下乡，他还是想不通，每天清早一个人早起身，穿着单衣，像《红岩》里的华子良一样，在学校操场上跑步兜圈子。工军宣队制止无效，强迫押送他去精神病院。及至进了奉贤海边五七干校，他还偷逃回沪，逃到了黄浦江渡轮上才被追捕到。由于“强头倔脑”，还挨了拳脚，抓回到干校后再批斗。这在当时特殊背景下，只算小事一桩，无须赘述。以上这些，都是当时上海作协人所共知的事实。②

这些小事对于认识王元化倔强的性格很有意义。民不畏死，奈何以

① 此资料出现在一家旧书拍卖网站上，笔迹非王元化所写，而是调查人的记录，最后由王元化签名。

② 左泥：《读〈如今咒骂郭沫若并不崇高〉有感》，见钱钢编：《一切诚念终当相遇——解读王元化》，第204页。

死惧之？王元化的身上具有一种凛然的正气，他在20多年后的《思辨发微·序》中说："人的尊严是不可侮的。青少年时代，我在一本通俗小册子里读到伽里略的事迹。我一直记得伽里略创地动说受到教廷审判宣告自己错误的情景，当这一切完毕后，他怀着屈辱站起来说：'可是地球还是动着的！'至今我一想这事，我的心仍会感到战栗。思想是古怪的东西。思想不能强迫别人接受，思想也不是暴力可以摧毁的。"①

1969年夏，王元化的岳母汪毓秀去世。汪毓秀天性温蔼，善良勤勉，对于王元化和张可的小家庭常常予以照顾，尤其是在困难的日子里，从不吝惜自己的关怀和慈爱。王元化曾经说过，张可温婉的性格中有岳母的遗传，从她那里获得过许多温暖，他也真诚地把她视为自己的第二个母亲。人伦悲怆，无时或消，王元化感伤而赋五言古诗志哀：

龙华落葬日，阴雨昼如晦。踽踽道路上，老少衔同悲。②

这是王元化一生中写的第三首古体诗。

中国传统文化，颇重人生的生离死别，眼看着曾经是熟悉亲切的家人从此在人世间消失，亲情所凝聚的丝丝思念无从消除，即便是再豁达的人也无法漠然置之，况且这个时候春雨迷蒙，虽昼犹晦！但是，在那个"文革"的年代，一切都是以阶级斗争为纲，到处都是敌情，仅仅这首诗中有"阴雨如晦""老少同悲"的语境，就被作协的造反派认为是影射中国当时的政治环境暗无天日，竟然把王元化揪出来再度批斗。王元化欲要申辩，但是无处可讲，在批斗中，他想到了清代的文字狱，龚自珍诗"避席畏闻文字狱，著书只为稻粱谋"回荡于耳边，中国历史难道就会这样重复回旋，他对于"无罪无辜，谗口嚣嚣"的时世，有了更深的体会；想到中国历史书上

① 吴琦幸：《思辨随笔》，第372页。

② 胡晓明：《跨过的岁月——王元化画传》，第106页。

记载的“侧目而视，裹足而立”的那种情景，居然在现代中国又重现了。王元化从己身想到国家，年少时代昂扬发奋，指点江山，如今一腔热情和理想居然在这个时代被破灭，这是中国之灾难，时代之悲剧。惜乎自己却无力亦无暇为国家发声叹息！

心因性精神病

“文革”中，作为历史上的阶级敌人，王元化再度被隔离审查，时间是1970年至1972年。王元化对“隔离审查”这个专有名词非常熟悉，他已经在1950年代经历过一次。审查而加以隔离，是那个时代特有的政治用语，颇似严重的传染病人被送至医院，加以隔离一样。曾经沧海难为水，一个人没有坚定的精神和理想，很容易在这四个字的后面崩溃，甚至结束自己的生命。但王元化已经练就了坚定和粗糙的精神意志。他在将近40年的生命历程中，具有一种意志，那就是追求真理，崇尚真实，无论是地下工作还是学术研究，都本着这样的信念进行。而他从没想到的是，自己居然会被看得如此“重要”，在十多年中两次被隔离审查！

但是这一次已经没有了第一次的那种信念的颠倒和落差，与第一次隔离审查相比，他现在变得坦然许多，稳重许多。他在读书中和人生的历练中，所获得的力量、信念比获得的一般知识更加重要。尤其是他第一次隔离中所阅读的经典著作，给了他信心。他坦然、镇定，因为他追求真理的路上，常常想到的是，思想本来只不过是自家生命中事，而世间某些不相干的人过于看重，数次三番地兴师动众，惹后人发笑。其中有被蒙蔽者，也有别有用心者，希望以此来转移目标，无论如何，这一切只不过因为不幸而生于这样的时世，尤其是不幸在这样的时代又是为一个以思想为生的知识分子。

李子云回忆王元化在“文革”中又一次遭遇批斗的原因，竟然是王元化自己执拗地坦白，说想要翻案，于是再度受到磨难，从中却可看到王元化的坦然：

“文革”开始，我们这些人通通被赶进“牛棚”，他算是算过旧账的“死老虎”，与我们这些新揪出来的“牛鬼蛇神”还有些不同。如果他“老实服罪”，埋头劳动，也许不会发生大问题。但是他按捺不住“破门而出”。一九七〇年，我们都在郊县劳动，在张春桥命令下，上海要进行一次深挖“黑线人物”运动。上海作家协会（当时叫“文化四连”）造反派、革命委员会的任务就是要将我重新“挖”出来批斗（这一公案的详情我在此就不多说了）。我事先得到几位“革命群众”的内部消息（当年“革命群众”实在不是铁板一块），告诉我将在明天早上“天天读”的时候，把我重新揪出来批斗。因此我倒事先有思想准备。斗争会进行到最后，班组“天天读”的负责人照例要做一个“杀一儆百”的总结发言，当他声色俱厉地喝道，我警告你们全体牛鬼蛇神，不要翘尾巴，翘尾巴是没有好下场的。话还没有落音，只见王元化突然站了起来，大声说：“报告，我不但有翘尾巴思想，我还想翻案！”一下子，全场鸦雀无声。时在隆冬，我却感到全身冷汗淋淋。我抬起头，定定地望着他，真想大声喊，你这是干什么！他们要把我重新“揪”出来，有你什么事！而他对这一切都视若无睹，还接着往下说，把我定为反革命分子，我一直思想不通，不服。我一直等着翻案机会。这几年我埋头研究莎士比亚，我又担心我对麦克白斯、李尔王、奥赛罗的分析被怀疑为自己不满情绪的流露——这时会场上有人带头喊起口号，痛击翻案风、打倒反革命分子王元化等等，打断了他的话，于是，本来针对我的批斗新高潮转向了他。当时我简直对他的“迂腐”感到愤怒。对我的批斗是张春桥的钦定，在劫难逃，你这种自投罗网、自找苦头算是什么？对这些人、这种运动讲什么忠诚老实！他的问题自然升级，“死老虎”变成了“活老虎”。抄家、审问又重新来过。他居然将他“翻案”的心理过程、他十几年来的苦闷情绪全无保留地倾泻出来，弄得所有人都目瞪口呆。然后有一天下午，他突然离开干校出走了。造反派去追，原来他准备回上海去取《莎士比亚全集》。不少人都觉得他精神崩溃了，而且想起他在反胡风运动后期他一度患过心因性精神病。当然某些造反派骨干分子还想藉此扩大事态，不予承认。幸亏当时未进牛棚，当年曾参加过肃反小组工作的茹志鹃挺身而出说了话，并且坚持带他去精神病院做了检查，才算没有酿成更大的悲剧。这里我横插出几句，就我接触所及，当时的革命群众，工、军宣队当中，仍有头脑清醒，明事理、知是非的人，我个人也曾受到过这些“好心人”，有的是素不相识的好心人的关照和精神支持，至今我对他(她)们心怀敬意。

我觉得这次事件与拒绝承认胡风反革命集团性质的事同出一辙。通过这次事件，可以进一步看清他性格中的两面，既刚烈，然神经又不够坚韧粗壮。他刚直不屈的本性容不得虚伪，他既不能为自己把别人诬指为反革命，他也无法忍受被人冤枉为反革命。长期的委屈愤怒使他忍无可忍，终于爆发了出来。而这种爆发的形式，又显示出他诗人气质的一面，显示出在高度紧张的状态下神经有时会失去自我控制而崩溃。这一行为不但给他带来更严重的后果，还危及了妻子张可。她不但作为妻子必得接受审查，还要受到强制揭发的折磨。①

就在这次事件之后，王元化又被隔离审查，还经常要被揪出来批斗。一次批斗会上，王元化忽然感到脸上身上有无数的小虫子在爬，疼痒难禁，他禁不住全身扭动着。这次批斗会以他为重点，这副古怪的样子自然也引起了大家的注意。一位因去过苏联也被批判过的女同志，对此大为生气，以为他是在装假。于是恶声叱骂起来，眼里闪动着憎恶和仇恨的光

① 李子云:《我所认识的王元化》，见《王元化集》(第十卷)，第170—172页。

芒。王元化日后没有多提这件事，也未揣测那位女同志当时的心理，只是，对当时人与人之间因这些琐事无端产生的厌恶与仇恨，他看到了人的灵魂深处的某种龌龊，使王元化感到极度痛心。

在 1955 年的第一次被隔离审查中，只是王元化个人的问题，最多也就是“胡风小集团”，涉及清查 2 100 多人，逮捕 92 人，隔离 62 人，停职反省 73 人，到 1956 年，共正式认定 78 人为“胡风分子”，其中骨干 23 人。在孤独的隔离生活之外，王元化至少还有个温暖的家可供休养生息，父母妻子的抚慰让王元化每每重新获得勇气和信心。这一次，再被隔离审查，再一次发作心因性精神病，似乎一切又重来了一遍，但却有了很大的不同。

“文革”这场运动根本不是一个小集团的问题，你要么是革命者，举起红旗斗争他人，你要么就是被打倒者，接受批斗。整个国家覆巢之下，再无完卵。小家庭也如此。由于王元化作为“死老虎”被揪出，他的家庭也受到了株连，妻子张可也被定为反革命家属，她工作的上海戏剧学院所在系里的两个造反派的头头居然将她非法隔离，对她实行高压迫害，甚至因高血压昏厥也不准看病。张可早就患有高血压的病，也正是在这期间，血压高而无法服药，张可落下了严重的病根。“文革”中的迫害使她在结束隔离之后爆发了出来，而且是以一种意想不到的悲剧形式降落在这个本来就遭受了无穷灾难的家庭——1979 年 6 月，张可“文革”落下的病根突然引起中风，昏迷达七日而不醒！

那个时候，正是王元化《文心雕龙创作论》交付出版社将要付梓的时期，他整天陪在医院里，一边在张可的病床边用一张小凳子坐着改稿，一边伺候、看护着张可。他望着最亲爱的、携手经过了无数苦难的人，如今不省人事昏迷不语，他禁不住像一个小孩子那样嚎啕大哭。后来虽然经过抢救而脱离了危险，但张可却留下了严重的后遗症，不能用脑，语言能力极度下降，读写俱废。她从一位莎士比亚戏剧的教学、表演专家，被折磨成为木讷迟钝的人，人世间的悲剧莫此为甚！至今人们回忆的是她那慈爱和高雅的笑容、风度，对待任何人的善良和宽厚，直到她生命的最后一刻！

在这丧失自由、倍尝屈辱的年头，丈夫和妻子谁都从来没用那几个词：抱歉、对不起、谢谢……这些语言已经成为生疏的负担。王元化和张可夫妇在患难中，相濡以沫，默默地替对方承担那一份痛苦，又默默地传递着自己的关怀和理解、劝慰与同情，通过一个眼神，一个手势，一个在寒风中绽开的小小的微笑。那个年月，有多少对夫妇因为个人的利益或者相互间的不理解而分开了，甚至包括父子、兄弟，多少人因为这雪上加霜的行为而心淌着血，眼流干泪！人生多蹇，生命诚贵，唯有在艰难中磨炼出来的真情最为感动人，也最能指引人。“文革”中的许许多多夹杂着寒风冷雨的日子，就靠着真情的相互扶持熬过去了。

“文革”中，家庭的变故总是频繁，似乎老天就要在那个艰难的年月考验人的承受。正是“祸不单行”，又一个打击在这段时间中向王元化袭来。1975 年，父亲王芳荃先生遽然逝世。此时王元化的唯一感觉就是：一棵大树倒下，霎时间天崩地暗。他无法相信这是事实，只欲哭无泪，独坐灯下，对着父亲的书法陷入深深的沉思中：

> 此屋寄居数十年，如今屋破不留连。光阴荏苒蜉蝣梦，岁月逍遥鸥鹤仙。
>
> 流光催促毫无情，乐把此躯付丙丁。好是精神同日月，悠游自在永安宁。①

诗中乐观逍遥的情绪并不能安抚王元化心中的悲恸，父亲的去世是这段时间一系列苦难中最大的打击。虽然王芳荃于 90 余岁高龄仙逝，可是王元化还是没有想到有朝一日，他将会永远地睡去，从此再不醒来，总

---

① 胡晓明：《跨过的岁月——王元化画传》，第 115 页。

觉得那一天还早呢。是啊，十余本父亲笔录的《文心雕龙柬释》的手稿还在面前，墨迹仍然清晰。那些个父子灯下治学的夜晚重现眼前，父亲的笑尽管已显苍老，却仍透着爽朗和豪迈。怎么可能就这样去了？昔年教儿女们作文、吟诗的温和的声音，“七七事变”那年的爱国激情，那又宽爱又严肃的面容，偶尔因自己的顽皮而显暴烈、严厉的眼神……一切都在眼前。那是什么模糊了双眼，也同时模糊了记忆！

《韩非论稿》

一段又一段的坎坷路途都在超于常人的坚忍之下走过去了，父亲的逝世反而更激起了王元化对命运的抗争。他从没忘记“楚虽三户、亡秦必楚”的那种坚韧、勇敢的个性，也从不以为人世的艰辛就可以磨平思想中不屈的棱角。现实中的种种思想混乱、理论颠倒、钳制言论，加上造反派的斗争，一大批干部、知识分子被打倒，此时社会上的儒法斗争嚣嚣嚷嚷，韩非子被尊为法家之祖，得到最高的推崇。王元化决心寻根究源。于是，从1975年起，王元化开始研究《韩非子》，并就其时代背景和对历代的影响进行爬梳，写作长篇论文《韩非论稿》，终在1976年8月完成。

请注意这篇论文完成的时间点，这是十年“文革”的末期，形势还远未好转。王元化写作此文是从当年提倡的儒法斗争中，感到了某种诡异。政治形势变化莫测，传统的斗争方式常常用历史来影射现实，以古人作武器，为现实的政治斗争提供炮弹，达到打倒某人或某个集团的目的。王元化在这些年的运动中积累了经验。他深知这种批儒评法并不是单纯的历史研究，而是又一场政治斗争，于是，他从1974年开始就认真地注意这个倾向。事实上，社会上都广为流传着当时的最大儒家是周恩来，“四人帮”要通过这场运动来打倒谁的目标也呼之欲出。当时所谓宣传法家，肯定法家的历史贡献，由此而封了很多法家名号，凡被宣布为法家的都是推动社会进步的人物。这套名单从秦始皇到康熙都是法家，而先秦的韩非则成为集法家之大成的人物。借助法家来打倒被认定为落后势力的儒家，对此，王元化是有疑问的。王元化深信学术的价值必然比一时政治为巨，他潜心研究韩非，只是因为一个学者的心灵不愿意盲从于时势之下，力求做到客观、历史地评价人物。

李子云谈到了当年王元化撰写《韩非论稿》的经历：

> 元化从那时起就有一个习惯（这习惯一直保持至今），每当他正在思考哪一方面的问题时，只要有人来谈，他必讲他对这问题的看法。不论你懂不懂，他都会滔滔不绝地讲下去。就在这滔滔不绝中，他逐步形成自己明确的新观点。因之对他所研究的问题我虽不懂，但我却能知道他这时的研究中心。“文革”后期，开展大规模的评法批儒运动，尊韩非子为法家。元化开始对此问题进行思考。“四人帮”倒台前夕，他写就了《韩非论稿》给我看。我虽似懂非懂，但是他所作出的论断还是让我吓了一大跳。他说韩非思想以“术”为主，他所主张的以“术”治民，并非法治，而是正好相反的“君主本位主义”。这不是和当时的批儒评法运动，和对韩非的评价正好唱反调吗？特别是他对“术”的解释——“术”主要指一种极端诡秘的权术运用，这是非常可能会被上纲为影射、攻击运动发动者的，那不再一次引来殃及全家的大祸吗？我劝阻他千万别拿出去，等将来形势有所变化时再说。这事件让我更懂得了他这类知识分子，有言在心不得不发，对自己以为是的，执著不屈，哪怕杀头也得发出来。更可贵的是，他对自己也不断地进行反思，不断地调整自己的观点，甚至进行自我否定。当然，这是八九十年代之后的事了。①

王元化的《韩非论稿》中最大的亮点，直到今天还具有学术价值和社

① 李子云：《我所认识的王元化》，见《王元化集》（第十卷），第166—167页。

会价值的是，他区别了韩非与早期法家的不同，指出韩非思想并非一般的"法"，而是以"术"为主，一种权术，此种"术"承之于申不害，而兼容法势，韩非将之大大发展和阐述。

王元化首先区别了"术"与"法"的概念。"术"，主要指一种极端诡秘的权术运用；而"法"则是成文的刑法条例。其例证如下：韩非自言"法莫如显，而术不欲见"。他的术就带有隐秘的性质。事实上，司马迁也认识到韩非的"术"与法家不同，在《史记》中称韩非"喜刑名法术之学"，将申、韩并列合传，而在《李斯列传》中称："明申、韩之术，而修商君之法。"也明显地把申、韩之"术"与商君之"法"区分开来。这是韩非与法家相别者一。其二，先秦早期法家代表人物大都崇尚法制，其进步意义在于不别亲疏贵贱，一断于法，属于"法治主义者"，以法为统治国家的手段。所以，商鞅辱太子，刑公子虔，虽明知后必为祸，仍不屈法求容。而韩非主张的并非法治，而是正好相反的君主个人极权统治，所谓"君主本位主义"。凡事断于君主，不是决于法律，君王的意志可以凌驾于法律之上。可见，韩非以君主的意志作为法令，并不能说是集法家之大成。在这一点上，他比起早期法家来，只能是后退了。当然，王元化说到早期的法家大抵是"法治主义者"，这是可以商榷的。所谓的"法治"，是依法治国，与人治相对；而"法制"则是以法治民。法家提倡的"法"，只是提供给统治者来管理国家、钳制民众的一种统治方式，充其量不过是法制，并不是真正意义上的法治。这在王元化 1990 年代的第三次反思中已经将这个问题重新澄清了。王元化此文的贡献是将韩非关于"术"的应用与"法"区别开来。这样的观点如果在当时被了解，将有可能使他成为第三次隔离审查的对象。这也是他没有将此文公开而只是在友好间传阅的原因。

王元化在文中详细地论证了韩非站在君王的立场上，主张以"术"治民的各种论述和具体方式。这种"术"具有极其阴暗诡异的心态。他关于"术"谈得特别多，大略言之，首先在"疑"，不信人；其法又有着"疑诏诡使""挟知而问""倒言反事"等种种。如《内储说上》中的一个故事"挟知而问”，说韩昭侯握紧手，假装失去了一截指甲，故意寻找。左右把自己的指甲割下来，假装找到献给昭侯。因此，韩昭侯知道了左右的不诚信。韩非言人，“猾民愈众，奸邪满侧”，因之劝君主也以作伪的手段去试探别人。但又仅靠君主的人力显然不够，其次提倡“告奸”。但怎样能相信告奸的人呢？韩非自己解答道：“此其所以然者，匿罪之罚重而告奸之赏厚也。”也即利用人的恶而不择手段。

韩非是一个性恶论者，认为人性本恶，这是无可奈何的事，唯一的办法就是利用并约束人的恶劣情欲，而执行这任务的就是法、术、势。《外储法左上》：“（人）皆挟自为心。”这就是说人人都藏着为自己的私心，而这恰好可供君主奴役臣子。韩非对这点也有明确的说明，提出“质”“镇”“固”三术，把官吏的妻子、亲戚作为人质，以备其变，是谓“质”；用尊厚的爵以压官吏之心，是谓“镇”；参伍之验，以官吏之言，所以因其实，是有“固”。如果三术都不足以制之，唯“杀”一途。“杀”有明杀、暗杀或于饮食中下毒、或假装仇杀等。而这种法子，对于一断于法的商君，正是不屑为的。

王元化研究到这里，已可断定韩非与法家的不同，发现韩非凭其法、术、势建立的“太平盛世”，其实是一个阴森森的社会。在这样的社会里，人民甚至不得相互往来，否则就有朋比为奸犯上作乱的嫌疑；人们也不得随便讲话，争辩是非，因为君主的话就是法令，除了重复法令的话之外，愚者不敢言，智者不须言。所有的历史均可让后世以为镜鉴，与“广大劳动人民”相脱离的似乎“空言无用”的学术却又可能掺入到现实社会政治中来。

当时，文章不敢也不可能公开发表，王元化只把原稿给满涛、裘柱常、李子云等有限的几人看过，在小小的共求真知的朋友圈子里共享心灵的欢悦。1987 年，此文始收入《文学沉思录》结集出版。此文在当时有着强烈的现实意义，王元化借韩非这个人物，对于当时的儒法斗争提出了不同看法，尽管在理解“法治”和“法制”的区别有所误会，但不失为一篇认真研究法家的论文。只是因为在“文革”这种环境下，无从发表，才使他逃过了一场厄运。

第七章　春天[1]（1976—1988）

“文革”结束

1976年10月6日，“四人帮”被粉碎，标志着持续十年之久的“文革”结束。

王元化的老上级、曾担任地下党文委领导的姜椿芳在第一时间告诉了王元化“四人帮”被抓起来的消息。

姜椿芳是王元化的入党介绍人之一。1938年，姜椿芳担任中共上海局地下党戏剧支部书记，后又任文化总支部书记，负责文学、戏剧、新文字三个支部，后短暂担任过江苏省文委书记，是王元化的直接领导，他们的上下级关系一直保持到新中国成立初。姜椿芳非常欣赏王元化，他主持的杂志和出版社总是请王元化担任主编或编辑。新中国成立之初，他组建的时代出版社将王元化调去工作；后来王元化主持新文艺出版社的时候，不少编辑骨干均来自时代出版社。后来姜椿芳奉命组建上海俄文学校（上海外国语大学的前身），逐步离开文艺界和出版界，进入外语教育界。对于姜椿芳来说，由于专注于一项新的事业反而避开了文艺界从“反胡风运动”开始的历次运动，但是在“文革”中仍未能逃过一劫。1968年9月16日，姜椿芳被“四人帮”以莫须有的罪名投入秦城监狱。此时已经年过半百的他被独囚一室，四壁索然。他“坐看微光入铁窗”，思绪驰骋。此时他想到的不是个人安危，不是家人团聚，他苦苦思索的是，为什么会产生“文化大革命”？为什么为之奋斗的崇高事业却要来吞噬自己的战士？长时间的思考和阅读，他的最终结论是中国的现实问题，也是“五四”以来

① 取自贝多芬F大调第5号小提琴奏鸣曲《春天》，作品编号：OP.24。

的老问题——“愚昧”和“民智未开”。两百年前法国哲学家狄德罗开创了百科全书派，揭开了欧洲现代文明的序幕，把人类从封建宗教桎梏中解放出来。愚昧是大乱之源，愚昧产生盲目迷信，难道中国就不能以百科全书这所“没有围墙的大学”来撕开愚昧落后的黑幕吗？中国需要科学，中国需要启蒙。从此，他用一种奇特的方式来度过漫长的岁月，为自由做准备——独自一人在心中默默地构思着出版中国大百科全书的计划和方案，决心一旦恢复自由，就为编辑出版大百科全书而献身。

1975年，在周恩来、邓小平的关怀下，一批老干部得到了解放。姜椿芳平反后开始实现他在狱中思虑已久的计划，1978年正式被任命筹建中国大百科全书出版社，成为第一任总编辑。他筹建大百科上海分社的时候，自然就想到了王元化。虽然此时王元化的“胡风反革命集团分子”身份尚未平反，他认为这只是时间问题，于是招揽王元化参与中国大百科全书出版社上海分社的工作，开始只是文学组的负责人，王元化正式平反后即担任该社领导。

王元化从姜椿芳处获知“四人帮”被粉碎的消息后，感到兴奋和激动。他一口气跑到满涛住的顶楼上，把这个喜讯告诉他，两人高兴至极，相对流泪。他们坚信，中国的新时代即将来临。

要真正结束“文革”则是漫长的。此时亟待清理、平反的是“文革”中的冤案，使一大批干部可以重新出来工作，“文革”之前的冤假错案则也要逐步平反。王元化的案子则属于后一种，进程较慢。更何况，极“左”思维和意识形态深深地存留在人们的头脑中，要想在短时间内清理是很困难的，需要另外一场为期十年甚至更多时间的思想解放、理论创新运动，才能真正清除。

不过，春天毕竟来了。王元化在作协文学研究所的同事们都认为他的命运即将出现转机。他本人则立即向有关方面申诉，要求重新审阅他的冤案。他有信心自己的这桩冤案可以平反。他也有更重要的工作要做，此时更加集中精力于他的研究和写作。自1955年一度失去自由后，王元化长达20年的大量阅读，成为他一生中最集中、最丰富、最有效率的读书生活。现在到了反刍的时候，他要把其中最重要的思想研究成果汇集成文字展现给世人。

理论和思想的丰收

1970年代末的四年(1976—1980年)是王元化学术丰收时期，因为现在他可以抛开一切干扰和杂念，有时间也有精力可以将多年的读书和思考成果写成文章，可以出版，可以向久违了的一流学术杂志《文学评论》《历史研究》《中华文史论丛》等投稿，可以与同道们分享。这种普通人都应该具有的基本权利，王元化等待了整整20年！“四人帮”的粉碎给了渴望这个国家走向光明的王元化进行学术研究的动力。他的动力还来自这20年的悲愤，郁积成地火，在此刻喷发出来。从参加革命工作开始，他就从未屈服于暗夜，坚信黎明终将来临。他始终坚挺自励，自信所有耕耘的种子经过培育，总会生长、抽枝，最终会开花、会结果……

这时期，王元化研究的题目主要集中在四个方面：

(1) 对于“文革”中的所谓理论思想，经过重新思考后具有新的看法的文章，其中一项重要的研究是对于“文革”中被作为儒法斗争工具的法家韩非、龚自珍的研究；

(2) 重读黑格尔的哲学札记和论文；

(3) 有关文学理论的重大问题，例如形象思维、由抽象上升到具体、有关知性的分析方法等；

(4) 对《文心雕龙》的研究。相关研究手稿，当年被造反派抄走，现在发还给他，可以重新修订。

《龚自珍思想笔谈》照见了自己

“文革”结束之后完成的第一篇长篇论文是《龚自珍思想笔谈》(1977

年6月28日)。这篇文章写作的缘由是王元化目睹"文革"以来,借助古人来打倒政敌的一幕幕你死我活的斗争,从来没有停歇过。他以自身的经历,敏锐地意识到从《海瑞罢官》开始,到后期的"评法批儒",一系列的历史人物、事件都从史学或文学中剥离出来,被政治家利用。为现实政治斗争的需要而厚诬古人,或强以己意凌驾其上,借古讽今,达到打倒政敌的目的。

在那段时间里,王元化开始思考学术与政治的关系,这一思考,一直延续到1990年代。本来,史学、文学,甚至政治学,都是在学术领域中知识和科学的探索,具有每个学科的独立性和学术性。不知何时,这些学术却成为政治斗争的工具,失去了本身的独立性。这种做法的动机,是为了打倒政敌而先造舆论,用史学、文学或者任何学科来作为工具,利用它们达到学术之外的目的。在"评法批儒"运动中,龚自珍等一批古人,被尊为法家,尊为进步阶级,而儒家则是所谓垂死的、落后的阶级。凡是法家,就代表着新生力量,是政治正确的。这种看似荒谬的理论,在今天似乎是匪夷所思,但是那个时代,却是真实地发生过的。用所谓的"大儒"来针对政治上的对手,成为政治斗争中的一种策略性的运用。而所谓的法家和儒家,并没有一种标准,用历史来为现实服务,正是那个时代的策略。

王元化此时要做的正好相反,是要把尘沙从历史人物的身上清除开去,还其本来面目。政治是权术的斗争,而学术却只承认真实,王元化无法容忍政治强加于学术的虚伪,龚自珍本来就是一个诗人,在被封为法家之后,无形中被拔高了,他要还龚自珍的真实的历史面貌。经过潜心研究,王元化认为龚自珍恰是一个"歌泣无端字字真"的真情率性之人,不懂得曲学阿世,他身上有一种让人震颤的力量,那也正是王元化所追求的。从龚自珍到王元化,在思想和精神上有着一种人格脉络相通。王元化并不按照当时时髦的写作组和梁效之流的遵命之作,以儒法斗争为线索,而是从真实出发,有自己的思考。他从人物的个性精神中,似乎看到了与自己相通的地方,激发了自己追寻目标的热情。

龚自珍传世的《己亥杂诗》315 首，充满了关心天下事，意图改革的雄心。其第 125 首更是脍炙人口："九州生气恃风雷，万马齐喑究可哀。我劝天公重抖擞，不拘一格降人才。"真实地反映了所处时代的黑暗。鸦片战争前的清王朝，朝廷腐败，士气衰颓，上下一片萎靡风气。世风反映到学术界，便是"文格渐卑庸福近"，满朝文人官员"避席畏闻文字狱，著书都为稻粱谋"，龚自珍将社会现象揭示得如此深刻。王元化不禁想到，中国在向近代社会转型中，产生了一批学识渊博、性格坚强、才气横溢的思想家。他们留下的著作不仅反映了自己的时代，也开启了资产阶级启蒙思想的先河。龚自珍即为其中杰出代表。他和他的友人都是有胆识有魄力的人。鸦片战争前，他在京师曾与林则徐、魏源、黄爵滋等交往。于厉行禁烟、抵抗侵略问题上，他们都以救亡图存为己任，砥砺磋商、安危与共。这种人格力量激励了王元化奋发向上。《龚自珍文集》中充满个性解放的呼声是在封建王朝处于衰世之时，震破漫漫长夜的第一声春雷。

王元化每每读龚自珍的诗文，都会感到时代脉搏在激烈地跳动，真性情的龚自珍就像王元化自己。王元化笔下刻画的龚自珍交游极广。上到官吏文人，下到贩夫走卒，均有来往，而并非只是"谈笑皆鸿儒，往来无白丁"的书生。曾经有人为龚自珍绘制肖像，但见他广额宽颐、戟髯炬目、故衣残履，再现其人精神炯炯，不修边幅。龚自珍做人不懂世故，率真独行，说话不知顾虑，交游不问身份，常常和社会底层的人来往。他的一位友人记载他"曾乘驴车独游丰台，于芍药深处藉地坐，拎一短衣人共饮"。当时的读书人穿长衫，贩夫走卒则着短衣，他与一个平民共饮，可见出他敢于打破所谓的门阀等级，接触社会底层。龚自珍内心常自觉得这些小人物纯朴率真，其高尚品质远远胜过上流社会的达官贵人和追名逐利的名流学士，因此他有"愧杀读书人"之说。他的这种思想行径自然引起人们的误解，所谓上层人物大多视他为言行怪诞的狂士，称其为"龚呆子"，甚至知交魏源写信劝告他"吾与足下相爱，不啻骨肉，常恨足下有不择言之病"。世人尽多非难，龚自珍也经历了几度彷徨，但从未放弃过冲决封建罗网的大声疾呼，要求个性解放。王元化每每读到这些，心有戚戚焉，总觉得龚自珍的性情中有着可以跟他相通的地方。

王元化认为，思想必然会在他的文学中反映出来。龚自珍的理论主张可以用“达”“诚”“情”来概括。所谓“达”，指除以词达意外，还需完整地表达个性；“诚”，指真实性，抒发真情实感，不作无病呻吟；而“情”为根本，在龚自珍，“情”非指“持人情性”之类的故作呻吟，而是反封建束缚、要求个性解放的“自我”。龚自珍曾著《宥情》篇专论“情”为何物。正是由于这一个“情”字，龚自珍不能如他外祖、著名的文字训诂家段玉裁所劝诫的“努力为名儒，为名臣，勿愿为名士”，不能“著书都为稻粱谋”，不能谨言慎行，一世为“乡愿”，以致龚自珍在被漠视和被曲解中度过了一生。他一生与穷困相伴，家里常常有讨债者上门，在这种贫寒的境地中，龚自珍勤于著述，最终在寂寞中悒悒以殁。

这样一位具有思想、文采、情感的晚清大家，长期以来并没有被真正重视，他大放异彩的年代居然是因在“文革”中被封为法家。王元化归纳的龚自珍的文章，一为经世致用之学，一是批判性的讽刺文，以后者价值最大。他的经世致用之学的更法主张，以“变”为纲，因此“文革”间把他纳入法家队伍。当时的标准就是凡是提倡所谓的革新思想，扫除旧制度就是法家，几乎都以“新”“老”来划线。事实上，龚自珍从未推崇过法家，从未提到过《商君书》，对王安石则有褒有贬。龚自珍的思想来源复杂，杂采儒释，从没有反对过儒家。他只是在许多思想、许多道路中寻找最适合经世的一种，但都无成效，反而是他的讽刺寓言极大地冲击了当时的统治。一旦领会了隐寓在其诗文中的深意，就会使人感到他的讽刺像利刃般的犀利，像烈酒般的辛辣。而他自己也充分地认识到他的寓言的价值，自言“经济磨白昼，幽光狂慧复中宵”。

王元化完成此文时，尚未平反，手边又缺乏资料，文中有二三处失实，历史研究所的樊克政写来恳切的信，从训诂与考据方面一一指出，才得以纠正了资料上的错误。后来，王元化在训诂、考证方面的文章发表，总要先寄送樊克政征求意见。

读黑格尔的哲学

到了晚年，王元化总是说，我读书不多，但务求其精，重要的书籍我常常反复阅读。他的这种读书方法，使他在有限的读书范围中，达到深刻理解并熟练运用的程度。黑格尔的哲学就是王元化一生中用力最勤、读书最精的，他读黑格尔是被逼出来的。

他读的第一本黑格尔的书，是1954年三联书店初版印行的贺麟翻译的黑格尔《小逻辑》。这是根据新中国成立前商务印书馆的本子重印的。在该书的最后一页，王元化亲笔写下了："一九五六年九月七日上午第一次读毕。"下面还附有这样几行文字："用了一个多月的时间。开始很吃力，但越读兴味越大。深刻、渊博、丰富。……作了重点记号。作了第一次笔记。"这次读书的原始笔记已经遗失了，只留下了这些鸿爪。晚年回忆时，王元化说他只记得初读《小逻辑》时，宛如进入一个奇异的陌生世界。他完全不能理解黑格尔所用的专有名词和表述方式。在读《小逻辑》的开头几天，他完全气馁了，几乎丧失了继续读下去的勇气。但是在隔离期间，他想自己无论如何要把这部难读的书读完，因为他还有很多疑问需要在这部著作中得到解答。他计划反复去读，先通读一遍，然后再慢慢细读或精读。于是开始耐心地读第二遍。在最后一页上，他又记下"一九五六年十一月一日下午第二次读毕。此次历时两个多月，做了十一册笔记，共三百二十六面，约二十万字左右"。在第二遍阅读时，开头很缓慢，每天早上只读书中的一节，并努力要求自己读通读懂。对书中的某些疑难问题，他在隔离室中从早上就开始反复思考，有时候会一直呆呆地想到下午。这样一点一滴去消化，逐渐养成了一种钻研思考的习惯。通过思考将很多艰深的理论问题打通，心中自是一番凿通山洞、迎来曙光的欣喜，甚至因此养成了一种喜欢阅读艰深著作的习惯，正因为这样的思考，他可以将现实中的不幸和不理解,甚至自己身处何地付诸脑外,在理论的抽象思考中得到了读书之乐。

他回忆当时读黑格尔时的经历说:“六十年代初,我向熊十力先生问学时,他批评读书‘贪多求快,不务深探’的作风,而提倡‘沉潜往复,从容含玩’,使我深锲于心,即由于我有过上面那一段读书体验的缘故。这次所写的十一册笔记连同差不多时期所写的读《资本论》第一卷的十来本笔记,我于一九五七年隔离结束后带回家中,‘文革’动乱中也没有随同其他书札一起被毁,幸而保存下来。”①

他第三次阅读《小逻辑》是在 1974 年,他在最后一页又记下“一九七四年十月二十九日第三次读毕”,下面没有附加任何说明。第三次阅读,他仍写了大量的笔记。记笔记的时间约在 1974 年 11 月到 12 月。②

王元化一生中这三次有系统地阅读黑格尔《小逻辑》,具有很重大的意义,不仅从马恩的原著思想上承续其来源,还锻炼了个人抽象思辨能力,作为思想家的格局开始形成于此时。韦卓民先生在与王元化的通信中,曾称赞他读黑格尔如“韦编三绝”,即出之于此。当然这三次阅读《小逻辑》仅仅是就通读而言,至于平时为了研究和写作而翻阅该书以及其他黑格尔的著作,则更是无数遍,但这种阅读就没有记录了。王元化自己也认为,他是靠自学来掌握专业的知识,而在哲学方面所受到的严格训练,就是这几次认真阅读黑格尔《小逻辑》的时候打下的基础。他自己说,从此以后使他可以顺利地阅读黑格尔以及其他一些哲学著作,并且对于黑格尔的思想有了比较系统的了解,尤其是方法论。

从 1970 年代末到 1980 年代初,王元化从另外一个方面来理解黑格尔。他认识到马克思的很多哲学观点来自黑格尔,他多次对黑格尔表示

---

① 王元化:《读黑格尔·读黑格尔的思想历程》,新星出版社 2006 年版,第 2 页。

② 王元化于 1990 年代将此部分笔记捐给了上海市档案馆,这部分的笔记由百花洲出版社于 1997 年影印出版,名为《读黑格尔》。

服膺，加以思考后提出创见。他说："自从读了黑格尔哲学以后，我成为黑格尔的景仰者。我觉得他的哲学具有无坚不摧扫除一切迷妄的思想力量。我曾经一遍一遍重读书前所载黑格尔在柏林大学授课前向听众所做的《开讲辞》：'精神的伟大力量是不可低估和小视的。那隐闭着的宇宙本质自身并没有力量足以抵抗求知的勇气。对于勇毅的求知者它只能揭开它的秘密，将它的财富和奥妙公开给他，让他享受。'我每次读《开讲辞》这几句结束语，都会感到心情激荡，它体现了文艺复兴以来对人和人的思想充满信心的那种坚毅的人文精神。在那些愁苦的岁月中，它增加了我的生活勇气，使我在隔离中不致陷于绝望而不可自拔。从那时到现在已经有数十年过去了。虽然我这些年不再像过去一样，怀有对于理性主义那种近似宗教式的热忱，但我仍牢记黑格尔所说的'精神的力量是不可低估和小视的'这句话。"①

在那艰难愁苦的岁月中，当一个人对于现实世界中的真与假、善与恶、丑与美颠倒混淆而无法分辨出来的时候，黑格尔哲学的严密逻辑和抽象性思维，逼着王元化从现实生活中走向纯思维的抽象世界，在思维的世界中驰骋，增添了生活的勇气。这勇气与其说是生活下去的勇气，不如说是用虚拟的抽象世界来忘却现实世界的一种精神疗法。

于是，他认真地像德国兵营中严肃冷酷地操练那样，每天刻板地阅读，像刺猬一样沉浸于一件事情之中，渐渐对于现实中的某些理论有了怀疑，开始在哲学的基础上重新思考，陆续将这些心得记录下来。

发表《读黑格尔〈美学〉第一卷札记》

对知性的思考和寻根问底式的反思，是王元化读黑格尔的一大收获。

---

① 王元化：《读黑格尔·读黑格尔的思想历程》，第 3 页。该书的扉页上有"谨以此书纪念我的妻子张可——她于 2006 年 8 月 6 日永远离开了我们"。

在1976年完成的《读黑格尔〈美学〉第一卷札记》中，他体悟到，黑格尔论证精辟的文字对自己的思想起了极大的解放作用。他阐述了黑格尔“知性不能掌握美”的认识论，对当时国中流行的定论即从感性世界向理性世界飞越的思维模式作了重新解释。

在黑格尔看来，在感性到理性之间还有一个知性，知性是理性认识的一个低级环节，知性的功能是“抽象”和“分离”，而“在作为美的统一体中，具有普遍性的内在本质方面和特殊个体的外在现象方面可以相互渗透”①。它使王元化认识到，自康德以来的德国古典哲学把知性作为认识的一种性能和一个环节是完全必要的。王元化领悟到，这可以纠正通常按照习惯思维仅仅把认识分为感性和理性两类，以为前者是对于事物的片面的、现象的、外在联系的认识，而后者是对于事物的全面的、本质的和内在联系的认识。而按照这种简单的两分法，就很难将知性放到正确的位置上，甚至还可能把它和理性混为一谈。知性和理性虽然都是对于感性事物的抽象，但两者区别极大。知性具有形而上学的性质，并不可能达到对事物的全面的、本质的和内在联系的认识。知性思维是片面的、僵硬的和静止孤立的，故而是创作的障碍。长期以来，中国的文学界、理论界都将这种方式来指导创作，因此造成了创作中的虚假现象。王元化提出应该采用德国古典哲学的说法，用感性—知性—理性的三段式去代替有着明显缺陷的感性—理性的两段式。

为什么王元化对于这一理论的发现而欣喜和欢乐？王元化掌握了黑格尔感性—知性—理性的认识方法，使他的思想第一次从多年不敢质疑的权威理论中解放出来，这是凡有过同样思想经历的人都会体会到的。他认识到“用知性来掌握美，就会把美的统一体内的各差异面看成分裂开来的孤立的东西，从而把美的内容仅仅看作一抽象的普遍性，而与特殊性的个体形成坚硬的对立，只能从外面生硬地强加到特殊的个体上去，而另

---

① 王元化：《读黑格尔》，第25页。

一方面，作为美和形式的外在形象也就变成只是拼凑起来勉强黏附到内容上去的赘疣了”①。王元化选择从美学层面来批评知性，是比较纯学术和客观的，在当时的情况下也是可以容忍的，因为这只是艺术理论中的一种争鸣观点，但他还无法彻底地从更高的层次批判剖析极“左”的意识形态，因此从美学层面来暴露知性的无能和荒谬，成为王元化的唯一选项。黑格尔的最大贡献就是突破了形式逻辑的僵硬束缚，提出了动态的、综合性的理性概念，即包含特殊性和个体性的“具体的普遍性”。“普遍性的内在本质可以把特殊个体的外在现象统摄于自身之内，同时特殊个体的外在现象也可以把普遍的内在本质宣泄于外，从而形成各差异面的和谐一致。”②

此文在新时期文艺理论方面具有举足轻重的影响，更重要的是解放了思想，转变了思维角度。

对“由抽象上升到具体”的理解

在完成了对黑格尔关于三段论的研究和思考之后，王元化进一步地寻找马恩经典著作中关于这一观点的提法和认识。他重读了马克思《〈政治经济学批判〉导言》。这篇不长的文字中所提出的“由抽象上升到具体”的方法是学术界长期争论未决的问题。一般认为这个说法很难纳入认识是由感性到理性的共同规律，王元化进而再仔细阅读《资本论》，《资本论》第二版跋提出以“说明方法”和“叙述方法”进行解释，认为“由抽象上升到具体”是指“叙述方法”。后来他根据《小逻辑》中有关知性的论述再去思考这个问题时，渐渐从暧昧中透出一线光亮。越思考下去，问题就越变得明朗。就马克思在《〈政治经济学批判〉导言》中对这问题的说明来看，他认为马克思也是运用了感性—知性—理性三段式的。如果这样去理解他

① 王元化：《读黑格尔》，第 39 页。

② 王元化：《思辨录》，第 214 页。

对“由抽象上升到具体”所作的说明，问题就变得明白易晓了。

马克思在《〈政治经济学批判〉导言》中仔细地阐释了这个方法的全部过程。王元化认为，可以把他说的过程也分为三个阶段：第一阶段“从混沌的关于整体的表象开始”（即指感性），第二阶段“分析的理智所作的一些简单的规定”（即指知性），第三阶段“经过许多规定的综合而达到多样性的统一”（即指理性）。这一发现不禁使王元化欣喜万分，似乎渐渐看到了自己的理解和诠释是切合《〈政治经济学批判〉导言》本义的。而从黑格尔到马克思，正是这一种理论的过渡和继承。

当时这个问题在哲学界很有争议，有人认为马克思并不是说的由感性到理性的三个阶段。王元化举了马克思在《〈政治经济学批判〉导言》中的关于政治经济学科学方法的全部过程：“如果我从人口着手，那么，这就是关于整体的一个混沌的表象，并且通过更切近的规定我就会在分析中达到越来越简单的概念；从表象中的具体达到越来越稀薄的抽象，直到我达到一些最简单的规定。于是行程又得从那里回过头来，直到我最后又回到人口，但是这回人口已不是关于整体的一个混沌的表象，而是一个具有许多规定和关系的丰富的总体了。”①王元化认为马克思这一个认识的叙述就是一个从感性到理智，然后再从理智到理性的过程。他说，我们可以把这一过程概括为三个阶段：从混沌的关于整体的表象开始（感性的具体）—经过理智的区别作用作出抽象的规定（理智的抽象）—通过许多规定的综合而达到多样性的统一（理性的具体）。在这里，马克思指出政治经济学的方法有两条道路：在第一条道路上，把完整的表象蒸发为抽象的规定。这是17世纪古典经济学家所采取的知性分析方法。在第二条道路上，使抽象的规定在思维行程中导致具体的再现。这是历史唯物论者所采取的辩证方法。按，马克思对于17世纪古典经济学家的批判，实质上也就是辩证观点对于知性观点的批判。而“17世纪古典经济学家，是

① 马克思：《〈政治经济学批判〉导言》，见《马克思恩格斯选集》（第2卷），第18页。

以‘思维着的悟性(知性)’作为衡量一切的尺度”[1]。王元化坚持唯物主义辩证法的观点,并以此来阐发马克思批判知性的观点,也就是用马克思已经否定的知性来为他阐述人的认识将要经过感性、知性、理性这三个阶段服务。“一九九七年我有了投稿的可能,就把对‘由抽象上升到具体’的理解写成一篇短文,投寄《学术月刊》。这是我在沉默二十多年后发表的第一篇哲学文章。但是它并没有得到什么回应。我并不因此放弃自己的看法。”[2]这篇最先在《学术月刊》上发表的文章,只是王元化来试探当时的理论思想界的气候。由于观点并不具有明显的针对性,在当时并没有引起很大的注意。但这给了王元化继续就这个问题研究下去的勇气和机会。

两年多以后,王元化在上述短文的基础上比较充分地阐释了自己的观点,写了一篇正式的论文《论知性的分析方法》,于 1982 年发表在《上海文学》上。在这篇文章中,王元化扩展了他的美学思考,首次在文中明确提出将知性范畴引进到认识论:“我觉得用感性——知性——理性这三个概念来说明认识的不同性能是更科学的。”[3]与短文不同,他此时理论修养比 1970 年代末更加丰沛,虽然意图仍然是通过知性与理性的区分明确形而上学与辩证法的不同,但带有了针对性,认为知性在一定的范围内是必要的、是认识过程不可缺少的环节,但一旦越过这个界限,它就变成片面的、狭隘的、抽象的,就会把事物当做孤立的、固定的、僵硬的、一成不变的,陷入形而上学。“知性不能认识到世界的总体,不懂得一切事物都在流动,都在不断地变化,不断地产生和消亡。”[4]而知性的抽象片面的思维可以在辩证总体的思维中克服,黑格尔和马克思设计了从感性具体到知性抽象再到理性的“具体的普遍”的思维路线。辩证法能够“克服知性分

---

① 王元化:《清园论学集》,第 391 页。
② 王元化:《王元化集》(第六卷),第 466 页。
③ 王元化:《王元化集》(第六卷),第 100 页。
④ 王元化:《王元化集》(第六卷),第 102 页。

析方法所形成的片面性和抽象性，而使一些被知性拆散开来的一些简单规定经过综合恢复了丰富性和具体性，从而达到多样性统一”①，从总体上认识和掌握世界。王元化联系实际，运用这一观点，举出大量在文艺界所谓“三突出”的例证，批评了在理论界盛行不衰的“抓要害”观点，为清算“文革”极“左”的文艺路线提供了马克思主义的理论指导。王元化根据中国的情况，尤其是在“文革”之后，在“实践是检验真理的唯一标准”的大讨论中，进一步解放思想，并澄清文艺思想上仍存在着的许多混乱。

王元化在文中明确指出：“这一知性观点经过任意套用已经变成一种最浅薄最俗滥的理论。”②当时“文革”结束不久，人们对大鸣、大放、大辩论、大字报所谓的“四大自由”“攻其一点、不及其余”的祸害心有余悸，王元化此文犹如一石击破千重浪，引起了很多人的共鸣。这篇文章在阐述理论的同时联系到“文革”及之后的实际情况，在中国的文艺理论界以及一般读者中产生了一定影响，为中国文艺理论界冲破教条，进一步解放思想而先声夺人。直到现在它也没有完全被人遗忘，还被人提起。

受到解放思想的鼓舞，王元化写了一系列的文艺理论文章：1978 年撰《应区别两种不同的表象》《由一般到个别和由个别到一般》《特殊性和普遍性寓于个别性中》等关于形象思维问题的短论，1979 年撰《艺术表现方法不应划在形象思维之外》《感情和理性》，1981 年撰《形象思维和理论思维》《要保持生活的现象形态》，后来集合诸文，合题为《形象思维杂记集录》，后收入《文学沉思录》③。

参加第四次文代会

1979 年，王元化已经调到中国大百科全书出版社上海分社工作，但

① 王元化：《王元化集》（第六卷），第 101 页。

② 王元化：《王元化集》（第六卷），第 104 页。

③ 王元化：《文学沉思录》，上海文艺出版社 1983 年初版，后多次再版。

是他的所谓“胡风反革命分子”的问题还没有解决，平反的通知没有下达。虽然看到了光明，担任了一定的工作，终究是名分未定。眼看很多冤案、很多熟识的朋友问题解决，平反昭雪，轻松地放下了多年的包袱，王元化的心中坚信这一天很快就要来到。但是家人尤其是年迈的母亲心急如焚。那一年，93岁的她，亲自颤巍巍地提笔，给时任文联主席、中宣部副部长的周扬写了一封信。全信如下：

> 元化16岁时即参加学生救亡的运动，18岁入了党，做地下工作，遇了许多危险，难以尽数。华主席一举粉碎了“四人帮”，人民重见天日，许多冤案错案均已平反，刘雪苇亦已平反，恢复组织、恢复级别。吾儿廿四年沉冤不白，至今仍未改正。我们全家心中很是难过。他一生正直，对党忠实，工作认真。1955年遭叛徒张春桥陷害，将元化隔离反省，吃苦万分。我们不知他下落近二载。1976年承蒙阁下主持公道，命将元化释放，说他没有什么，至今我还铭刻于心。目下落实政策，搞四个现代化，而元化之事拖延至今，仍未解除，致使他受不了，得了精神分裂症。1977年回家时，嘴歪话说不清，我见了如此，心痛万分。素知阁下早已洞悉元化，为人公正，是以泣血恳求，代吾儿伸冤，伏祈悯老怜幼，如蒙允诺，终身感激无涯矣。于万不得已特修芜函。

王元化当时并不知道母亲为其申诉的事情，后来中国大百科全书出版社上海分社的有关领导告诉了他。“一九七九年，母亲以九十三岁高龄为我胡风案件冤案事写信给周扬申诉。事后始从大百科上海分社获悉此事。据云此信促使周扬改变态度，同意我平反。一九九四年初，清姐自父母遗物中清出此信草稿交我保存。”①王元化读到母亲这封信的底稿，感

① 胡晓明：《跨过的岁月——王元化画传》，第155页。王元化母亲桂月华1986年逝世，年届百岁高龄。

动泣下，并在 1994 年 2 月 22 日写了上述这段话志之。

1979 年 11 月 9 日，王元化作为特邀代表出席全国第四次文代会。①

第四次文代会，正式名称是中国文学艺术界联合会第四次全国代表大会，为中国最高规格的文化艺术界代表大会。从 1960 年到 1979 年没有召开过文代会，这是“文革”之后的第一次文代会。会议实际上在 10 月 30 日就开幕了，筹备的时间则更早，但是由于王元化的问题没有解决，在考虑代表的时候就没有放进去。后来由于周扬的关心，才决定王元化以负责大百科全书文学卷编辑身份作为特邀代表参加此会。这个通知来得比较突然，王元化直至 10 月 16 日才获知自己参会的消息。就在这次开会期间，上海代表团团长陈沂代表组织郑重向王元化转告，他 1955 年被打成“胡风反革命分子”的冤案正式平反。历经 24 年，王元化冤案终得洗刷清白。也就在这次会上，他看到了不少熟悉的面孔，有着和他相同经历的老朋友、老上级，经过平反成为今天出席会议的代表，心情无比激动。

胡风没有参加这个会，为“胡风反革命集团”的整体平反时间尚没有来到。虽然被列为集团中的成员分别陆续出狱或解除隔离或平反，但是作为标志性人物的胡风，直到 1980 年 9 月 29 日，中共中央才正式做出决定：“胡风反革命集团是一件错案，予以平反。”此时，受到“胡风案”牵连的人才全部得到平反。

王元化并不是第一次参加文代会，在新中国成立后不久就是第二届文代会的代表。追溯文代会的历史，这个中国文学艺术界最高的组织和机构，它的诞生和历次的会议，都记录着中国文学艺术工作者的沧桑和坎坷苦难的脚步。

---

① 《跨过的岁月——王元化画传》中谓“其时，‘文革’虽已结束，王元化仍未得到平反。11 月 9 日，王元化作为特邀代表出席第四次文代会”。但在王元化致陈冰夷信中则说：“我大概于（10 月）二十八日随上海代表团乘机来京参加文代会。此间组织上向我说，要把我的问题提前解决（即参加文代会前解决）。”见王元化：《清园书简》，第 321 页。

第一次文代会的全名为中华全国文学艺术工作者第一次代表大会，于 1949 年 7 月 2 日开幕，7 月 19 日闭幕，会期共 17 天，中间有若干次休会，实际开会时间为 11 天左右。会上，郭沫若作了题为“为建设新中国的人民文艺而奋斗”的总报告，周扬、茅盾分别作报告总结了解放区和国统区的文艺工作。大会明确了今后文艺工作的方针与任务，指出新中国的文艺事业必须服从中国共产党的领导，必须表现工农兵生活，为工农兵服务。大会最后通过了宣言，产生了全国性的文艺机构——中华全国文学艺术界联合会，郭沫若任主席，茅盾和周扬任副主席，并成立全国文联和文协等各个下属专业协会。

第二次文代会于 1953 年 9 月 23 日至 10 月 6 日在北京举行，王元化时任新文艺出版社副社长兼总编辑，作为上海代表，他来到了北京。也正是这次会议期间，毛泽东、刘少奇、周恩来、朱德、陈云等党和国家领导人接见会议全体代表。王元化晚年回忆这次会议的时候说，自己那个时候就没有崇拜领袖的感情。他说：“二次文代会，我到北京第一次见到毛泽东，许多人都怀着虔诚膜拜的神情拥过去，我觉得自己没有这个情绪，只有我这样站着，内心不免有些惶恐。”①在他的心目中，人是无法超越的，总是有缺点有不足，包括思想和观点。这大概是我们可以见到的他对这次文代会的一点回忆了。

该次会议上将中华全国文学艺术界联合会更名为中国文学艺术界联合会（即后来一直沿用的文联），主席为郭沫若。会上对新中国成立 4 年来的文艺工作做出总结；确立社会主义现实主义为未来中国文艺创作和文艺批评的最高准则。在会议期间，全国文艺家协会也相应地召开第二次会员代表大会，10 月正式更名为中国作家协会（作协），主席为茅盾。

1960 年 7 月 22 日至 8 月 13 日，中国文学艺术工作者第三次代表大

---

① 胡晓明：《跨过的岁月——王元化画传》，第 29 页。

会召开，改选领导机构，主席仍旧是郭沫若。大会期间，毛泽东等党和国家领导人接见全体代表。那时，王元化已被打成“胡风分子”，自然无缘此会。

粉碎“四人帮”一年多后，1978年1月，由中宣部提议，经中共中央批准，成立了恢复中国文联和各个协会的筹备组，林默涵任组长，张光年、冯牧任副组长。“文革”中，文联及各个协会是被“彻底砸烂”的单位。人员或被打倒，或被下放；办公用房让其他单位占用了，办公用具和业务资料几乎荡然无存。筹备组在有关部门的配合下，从人员、财物等各个方面为恢复文联和各个协会做了大量工作。1978年5月27日至6月5日，由筹备组主持，在北京召开了“中国文学艺术界联合会第三届全委会第三次(扩大)会议”。会议宣布，中国文联、中国作协等单位恢复活动，《文艺报》立即复刊，并决定在适当的时候召开全国第四次文代会。会后，各协会陆续成立了代表大会筹备组和文件起草组，紧锣密鼓地开展工作。1979年2月，中国文联在京召开“全国29个省市自治区文联工作座谈会”，着重研究地方文联和各协会的筹备恢复问题，并就全国第四次文代会召开的若干具体问题进行了部署安排。经过一年多紧张有序的筹备，会议终于在北京开幕。

应该说，第四次文代会是中国文艺战线上一个重要的里程碑，是“文革”后全国各路文艺大军具有历史意义的盛大会师，出席会议的有3 200名代表。这时候全国上下都在进行真理标准的理论大讨论，探讨新中国成立后文艺界成为重灾区的原因。在开幕式上，中共中央副主席、国务院副总理邓小平向大会致祝词，热情洋溢，充满对文艺工作者的期望和鼓励。

邓小平在讲话中明确提出了新时期社会主义文艺的主要历史任务，提出了要在建设高度物质文明的同时，建设高度的社会主义精神文明这一重要课题。对于社会主义新时期文艺的发展，他指出，我们要继续坚持毛泽东同志提出的文艺为最广大的人民群众、首先为工农兵服务的方向，坚持百花齐放、推陈出新、洋为中用、古为今用的方针，在艺术创作上提倡不同形式和风格的自由发展，在艺术理论上提倡不同观点和学派的自由讨论。这种提倡不同形式和风格的自由发展及自由讨论对于当时文艺界来说是一个思想的大解放。

文学界共有663名代表。其中既有“五四”时期的新文化先驱，有“左联”时期的革命文艺家，有延安时期的文艺战士，也有新中国成立以后成长起来的文艺工作者，“文革”期间或“文革”以后的文艺新秀，还有来自台港澳的代表；他们中有被错划的“老黑帮”，有在“文革”中被批斗的“黑线人物”，也有在“文革”后期被错划的“五一六分子”“阶级异己分子”……不同年龄段、不同色彩的人团聚一堂，共商文艺大计。

王元化后来对这次会议的情况谈得比较少，他感到最高兴的是与几十年前的老朋友、老领导、老战友见面，如张光年、周扬、姜椿芳、陈冰夷等都有机会与之畅聊，诚是人生一大快事。周扬的报告中详细论述了中国革命文艺的发展历程，列举了大批不同时期的优秀作品。他专门论述了粉碎“四人帮”近三年来文艺战线的巨大变化。更重要的是，周扬经过了秦城监狱的监禁，有机会深刻反思了新中国成立以来的文学文艺界的历次运动，在报告中不仅总结了几十年来文艺发展的历史经验，还总结个人工作中的经验教训，对遭受不公正批评和待遇的同志一再表示歉意。这也是晚年周扬与王元化心有戚戚焉的共同感受。

中国大百科全书出版社上海分社

早在陈沂于1979年11月9日通知王元化平反之前，王元化已经离开上海作协的文学研究所，被姜椿芳，这位共事多年的兄长般的战友调到了中国大百科全书出版社上海分社工作了，就像新中国成立前夕调到时代出版社一样的温馨，时为1978年12月。当时，编纂《中国大百科全书》是一项获国务院批准立项的重大国家项目。1978年11月18日在北京成立了中国大百科全书出版社，姜椿芳任总编委副主任、总编辑。上海成立大百科全书出版社分社，由陈虞孙负责。他们立刻将还在等待平反的王元化拉到了出版社工作，负责文学卷的编辑。

大百科全书出版社上海分社的工作，周围的人事关系，以及“大百科全书”这块金字招牌，很多人都想往这里调动，人事关系比较复杂，令王元化感到不太适应。他在给陈冰夷①的通信中叙述了自己的苦恼：“组织上一再表示五五年事‘就要解决’、‘快了’，但仍一拖再拖，延至今天。无论如何，我想年内总会有个结果吧。在大百科工作，如饮苦酒。我性愚直，总以为一旦问题解决，就绝裾径去，未免太甚。所以我想把中国文学卷搞好，再作脱身之计。如何脱身，我还想就商于你，望你出出主意。一旦‘改正’，我不想去担当什么实质性的负责工作，只愿找一挂名之所，以解决编制问题。这样，我就可以埋头读书写作了。直白地说，我不想当‘官’。这是我的想法，但不足为外人道也。”②

一个有能力有经历也有热情的人才，组织上总是要把他放到合适的位子上的。平反之后，王元化马上担任了中国大百科全书出版社上海分社领导小组成员，并担任文学卷的副主编。

由于自己的兴趣，也是由于工作的关系，王元化开始与学术界人士广泛交往，并且继续保持了对于学术必须讲究严谨和扎实的朴素学风。以前搞理论，往往下笔洋洋洒洒，在思辨的海洋中遨游；经过了《文心雕龙》研究和其他专题研究，他更加重视材料的充分占有和史实考证、考据训诂的重要性。他并以自己作为例子，“治史学，首在资料的准确性，而我却往

---

① 陈冰夷（1916—2008），上海嘉定人，中共党员。1933 年毕业于江苏省立上海中学，1937 年起师从俄籍教授学习俄文。1941 年后在上海时代出版社担任《时代》《苏联文艺》等刊物与图书编译出版工作，曾任该社社务委员会副主任、副主编。1964 年任中国社科院外文所《世界文学》副主编，内部刊物《外国文学动态》主编、外文所副所长。中国作协第二、三、四届理事，第五、六、七届全委会名誉委员，1981—1984 年兼任作协书记处书记、作协外国文学委员会副主任，中国翻译工作者协会理事，中国苏联文学研究会副会长、名誉理事。

② 王元化：《清园书简》，第 319—320 页。

往掉以轻心，不大注意。这一方面是由于我的散漫，只凭兴趣办事，对有兴趣的问题还肯钻研，因此有时尚有所获。但对某些我认为无关宏旨的问题（其实此为治史之大病），则懒于深究，随便放过，以致往往造成不少失误。我缺乏我国传统史学家那种认真精神。读来信后，真有振聋发聩之感，今后当痛自惩戒”①。甚至也不揣冒昧地对南北学风进行了比较："大家说，人才集中于北京，这是实话。上海所谓学者，除少数年长者外，大抵趋奔名利之场，而不务实学。我一向感到和他们没有什么共同语言……"②这恐怕也是受了《世说新语》中品评南北学风的影响吧。

关于比兴的讨论

1979年10月，王元化用功最勤的学术著作《文心雕龙创作论》，由上海古籍出版社出版。这部书稿在“文革”前已经完稿，但在“文革”中被造反派抄家搜走，“文革”结束后发还给王元化。书稿出版之前，王元化将书稿抄写一份，给学术好友阅读。他也寄给了姜椿芳，请他转给佛学专家赵朴初审阅，以便可以在佛学方面提供意见。姜椿芳还将这部书稿转给了周扬。周扬1977年8月当选为第十一届中共中央委员，后担任了中国社会科学院副院长、社会科学院研究生院院长，中国文联副主席、主席、党组书记，中国作家协会副主席，十二大代表，中共中央宣传部副部长、第五届全国政协常委等职。读到这部著作，他不禁为王元化在逆境中仍孜孜不倦地研究学术而感动。

晚年周扬的思想有巨大转变，对自己早期种种极“左”的思想和历次领导的文艺界运动都有所反思。他对于王元化的才学和学术功力一向是欣赏和爱护的，并曾经在1955年“反胡风”时站出来为他说过话。王元化

---

① 王元化：《清园书简》，第625—626页。

② 王元化：《清园书简》，第306页。

研究《文心雕龙》，周扬在“文革”前就已经了解，并亲自将当时王元化寄给他的论文《〈明诗篇〉山水诗兴起说柬释》一文推荐到《文艺报》1962 年第三期上发表。

此时收到王元化的《文心雕龙创作论》全稿，周扬欣喜异常，立即取其中一篇有关比兴的文章《释〈比兴篇〉拟容取心说》推荐到《文学评论》。在周扬的推荐下，这篇文章很快就在《文学评论》上发表了，题为“释《比兴篇》‘拟容取心’说——关于意象：表象与概念的综合”（1978 年第一期）。完稿于 1977 年 10 月 19 日的这篇论文，在国家学术一级刊物上的发表，给王元化带来的信心不亚于 1962 年困境中发表的第一篇文章《〈明诗篇〉山水诗兴起说柬释》。但也很快招来了批评。该刊第三期上发表了文铨和曾祖荫的两篇商榷文章，其主要观点认为王文在阐述比兴时没有遵照毛泽东援用朱熹的阐释，是错误的。①王文确实没有提到毛泽东的这一解释。王元化将比兴分开来解释，认为兴的作用比较重要，两者是艺术思维的两个方面，提出比兴与西方文艺理论有相通之处等论点，这些他们都进行了商榷。对此，王元化的看法是“某些责难因其无理地上纲上线、戴帽穿靴而难以令人心折，可是由于没有击中要害，却也并不使我怎么懊丧”②，而且这种观点随着后来的思想解放的理论大讨论之后很快就没有市场了。但认真且耿直的王元化为此还是写了答辩文章《再释〈比兴篇〉拟容取心说》通过陈冰夷转寄《文学评论》主编、中国社会科学院文学研究所所长许觉民，希望本着“双百方针能贯彻，容许批评也容许反批评的自由讨论能真正实现”③，后由于正刊稿挤，没有在《文学评论》上发表，刊于另外出版的丛刊第一期上。

---

① 参见曾祖荫：《对〈释比兴拟容取心说〉商榷》、文铨《关于比兴的一点浅见》均刊于《文学评论》1978 年第三期。

② 钱钢：《王元化集·学术年表》（第十卷），第 353 页。

③ 王元化：《清园书简》，第 294 页。

今天回顾这一争鸣的经过，还是很有意义的。

此次争鸣缘起于 1978 年的《诗刊》一月号，该刊全文登载了毛泽东写给陈毅的一封谈诗的信，其中谈到了形象思维，也谈到了比兴问题。

毛泽东这段话本是应陈毅的请求为他修改一首格律诗而写，在回信中他顺带说到了一些关于诗词创作的看法："诗要用形象思维，不能如散文那样直说，所以比、兴两法是不能不用的。赋也可以用，……然其中亦有比、兴。"①其中引用了朱熹关于赋比兴的定义。

中国成熟的诗歌可以追溯到最早的《诗经》，此后唐宋明清以来的诗歌，基本上沿着民歌、古风、格律诗的发展线索，赋比兴是最早总结的诗歌创作方法，历来都有很多文人对此进行过诠释，当然各种解释都颇有微歧，朱熹的说法最经典且被很多人所接受。毛泽东用了朱熹的定义，并从认识论的角度加上了形象思维这个概念。经过了"文革"，知识分子的思维方式还带有某种惯性，对于有过的敬畏还深层次地埋藏于心中，对于"棍子""帽子"的威力仍心有余悸，他们还在用百试不爽的遵照和诠释领导文艺思想的模式，以避免出错。上述的几篇与王元化商榷的文章大致如此。

赋比兴的概念与风雅颂并列，其说法起源于《诗经》，合称"六义"。《周礼·春官·大师》总结："教六诗，曰风，曰赋，曰比，曰兴，曰雅，曰颂。以六德为之本，以六律为之音。"唐朝孔颖达《毛诗正义》说："赋比兴是诗之所用，风雅颂是诗之成形。"前者是诗的作法，后者是诗的体裁。这对于原始诗歌的产生和运用的方法有了比较清楚的划分。但是就赋比兴三者来说，赋、比，较清楚，兴有疑问，后人分歧很多，没有定论。赋作为诗的一般表现手法，"通正变，兼美刺"。比和兴，历代解释很多，有三种学说：政治的解说、语言的解说和文学的解说。赋按朱熹《诗集传》中的说法，"赋者，敷也，敷陈其事而直言之者也。"赋是直接铺陈叙述，是最基本的表现

---

① 《诗刊》，1978 年 1 月号。

手法。如“死生契阔，与子成说。执子之手，与子偕老”，即是直接表达自己的感情。

比，用朱熹的解释，是“以彼物比此物”，也就是比喻之意。《诗经》中用比喻的地方很多，手法也富于变化。如《氓》用桑树从繁茂到凋落的变化来比喻爱情的盛衰；《鹤鸣》用“他山之石，可以攻玉”来比喻治国要用贤人；《硕人》连续用“荑荑”喻美人之手，“凝脂”喻美人之肤，“瓠犀”喻美人之齿，等等，都是《诗经》中用比的佳例。赋和比都是一切诗歌中最基本的表现手法，而兴则是《诗经》乃至中国诗歌中比较独特的手法。兴字的本义是起。《诗经》中的兴，用朱熹的解释，是“先言他物以引起所咏之辞”，也就是借助其他事物为所咏之内容作铺垫。它往往用于一首诗或一章诗的开头。有时分辨一句诗中的句子看似比似兴时，可用是否用于句首或段首来判断。例《卫风・氓》中“桑之未落，其叶沃若”就是兴。

王元化《释〈比兴篇〉拟容取心说》一文，并非探讨比兴的内涵和外延，而是用中外比较、古今比较的方法来探讨“艺术形象”这个重要概念的生成和思维活动，全篇并没有引朱熹的说法。此文从《文心雕龙》的解释开始，并将之提升为艺术思维这个现代概念。王元化认为，比兴本来含有二义，用比喻的方式来指某种意涵，而兴则用情感的抒发来指向某种含义。“根据刘勰的说法，比兴含有二义。分别言之，比训为‘附’，所谓‘附理者切类以指事’；兴训为‘起’，所谓‘起情者依微以拟议’。这是比兴的一种意义。还有一种意义则是把比兴二字连缀成词，作为一个整体概念来看。《比兴篇》的篇名以及《赞》中所谓‘诗人比兴’，都是包含了更广泛的内容的。在这里，‘比兴’一词可以解释作一种艺术性的特征，近于我们今天所说的‘艺术形象’一语。”①他随后拈出“诗人比兴，拟容取心”来详细介绍和论证刘勰的比兴观念。这是刘勰从陆机的“离方遁圆，穷形尽相”的仅接触艺术形象的形式问题出发，更从内容方面去探讨艺术形象问题的思

① 王元化：《文心雕龙讲疏》，第158页。

想。“只有容和心或现实表象和现实意义的统一，才能构成完整的艺术形象。”①

该文还研究了龙学的另一个重要问题，即《比兴篇》中，刘勰题目虽以比兴兼用，但是在论述中则侧重论比。前人也已经注意到了这个问题，但往往以“兴义罕用”来解释，因为在创作中比是经常用的，兴却用得较少。王元化认为这种说法是不充分的。他解释为比属于描绘现实表象的范畴，也即拟容切象的意义，而兴则属于揭示现实意义的范畴，取心示理的意思。比兴是整个艺术形象的两个有机方面，因此他认为比兴必须综合在一起，才能真正塑造艺术形象。

在附录中，王元化将刘勰的譬喻说与歌德的意蕴结合起来进行观察，认为中外在注重艺术形象方面的理论有相通之处。这是王元化研究《文心雕龙》的独到之处。中外诗学有着相通之处，因此在理论上来比较研究这种心理、艺术、表现手法就显得很有必要。刘勰从艺术的形式和内容两个方面进行观察，认为“称名也小，取类也大”，而这一说法取自《易·系辞下》中的“其称名也小，其取类也大，其旨远，其辞文，其言曲”。原意是指《周易》中的简单文字所蕴含的深邃哲理，而《周易》常以譬喻来暗示事物的发展变化。刘勰借以阐述他对文学中比兴的看法。而歌德的“譬喻说”也正包含了两个方面，一个艺术作品直接呈现出来的外在形状，而内在方面则是灌注生气于外在形状的意蕴。王元化既注意到了刘勰的“拟容取心”与歌德的外在形状和内在意蕴说的某种类似之处，同时又指出了他们之间不尽相同，最大的区别就在于对于个别和一般关系的不同理解上。王元化以哲学的视点，从比较中外的艺术理论来研究刘勰的比兴说，在当时可以说是独辟蹊径，在他 1930 年代撰写文艺理论文章的层次上提升了一步。

我们从这场讨论中可以看到下列三点重要启示：

---

① 王元化：《文心雕龙讲疏》，第 162 页。

(1) 一些学者因袭“文革”的习惯，尚未能依据艺术规律来研究古代文论，思想上还停留在习惯思维，即：遵奉领导和权威的指示，即便是在一个专门的领域例如古代文论研究方面也一定具有无可辩驳的真理性，忽视了专家的研究成果。1978 年初，古代文论界奉“形象思维”论作为最高指示，不可有丝毫修正。这两篇商榷的文章发表之后，激起了王元化从更广阔和深层的古代文论核心问题方面，即《文心雕龙》一书的内在结构及其互相关联的逻辑因素进行辩驳。

(2) 文艺学的理论并不能仅仅从文艺学的角度来研究，就像《文心雕龙》开创了中国古代文论研究的系统之学，但是该书并不仅仅讨论文学创作的理论，其中的诸多关键之处却需要从哲学、逻辑、美学甚至佛学等各个方面来相互参证。王元化从哲学认识论的角度来解读比兴之间的关系。他在答辩文中说到“创作活动始终是通过形象思维来实现的。它并不像有的文章所说那样，先把作为感性材料的表象抽象成为概念，再把这抽象概念通过艺术表现手法化为艺术形象，即所谓：表象—概念—表象（这个公式实际上是表象—概念，概念—表象）这种形象图解论”①，他强调了艺术与政论著作或其他一切非艺术形象作品的区别，认为“艺术思维是以形象为材料，始终围绕着形象来进行”②，而不是去图解某种理论或者思想。

(3) 王文的观点落实在具体的考证之中，而非仅仅从理论到理论。鉴于批评者认为王文违反了历史主义，例如他们指责比兴是两个概念，就像毛泽东所说的“比、兴两法是不得不用的”，并抓住这一点，批评王元化将比兴混而为一，因而是错误的。这种观点也许在今天会觉得匪夷所思，在当时却颇习见，可以说教条到家了。王元化考证了刘勰的所有篇章有关概念的用法，书中所用的“比兴”篇名以及“诗人比兴”可证比兴连缀成词的证据，另外他找出了大量的旁证，即“体性”“风骨”“情采”等都是先是

---

① 王元化：《文心雕龙讲疏》，第 171—172 页。

② 王元化：《文心雕龙讲疏》，第 172 页。

一个词的原意，当和另外一个稍有微殊的词连缀之后，后来便成为双音节的词。这种例子在汉语史上层出不穷。

学术奠基之作

在王元化的学术生涯中，他颇反对先建立一个体系，然后将观点和材料往这个框架中填。因此他的一生学思文章，从1930年代担任地下党文委工作开始，到学思成果最为丰富的1990年代，都根据时代的需要，撰写了不少理论文章，在国内外均有影响。但他践行的是不建立体系的治学方式。唯独伴随了他半生时光的《文心雕龙创作论》(先定名为《文心雕龙柬释》、后改为《文心雕龙创作论》，晚年经增补修订后易名《文心雕龙讲疏》)颇具理论体系并以这种体系影响了《文心雕龙》学(俗称龙学)界。到了1990年代反思阶段中，他对自己的这部书稿却越来越感到不满，甚至到晚年，还在思考着如何重新修订这部书稿，尽管此时的他已经力不从心了。按照他晚年的思想，这部书稿仍秉持着僵硬的立场、观点、方法的三段论，但已经无法作局部的修改，欲予以推倒重来，已经没有时间和精力了，这是他最大的遗憾。

1979年10月，《文心雕龙创作论》由上海古籍出版社出版，在学界引起了很大的反响，第一版很快售罄，并发表了很多评论文章。在成书后的扉页上，王元化以马克思《资本论》第一版《序言》的最后一段话作为鞭策自己的良箴：

> 任何的科学批评的意见我都是欢迎的。而对于我从来就不让步的所谓舆论的偏见，我仍然遵守伟大的佛罗伦萨人的格言——走你的路，让人们去说罢！①

---

① 马克思：《马克思恩格斯选集》(第2卷)，第102—103页。

这也是他在所有的学术思想研究中鼓励自己的箴言。

最初开始构思并着手撰写这部书的时候，王元化的旨趣主要是通过《文心雕龙》这部书去揭示文学的一般规律。“在六十年代的头一二年开始酝酿并写作此书时，正是学术界自由探讨的空气比较活跃的时候。报刊上出现一些有关科研方法的文章，比如‘抽象上升到具体’等有关科学规律的理论、边缘科学、科学杂文、文献与文物结合等，这种活跃的学术空气带来的清新气息，不仅给人鼓舞，也使人的头脑从僵滞狭窄的状态变得开豁起来。它打开我的思路，使我想在《文心雕龙》的研究上作新的尝试，首先想到的是三个结合，即古今结合、中外结合、文史哲结合。”①

《文心雕龙创作论》分为上下两篇，上篇总论刘勰的身世，前后期思想变化及文学理论的梗概；下篇专论《文心雕龙》的创作论，共八题。书稿体例以释义为正文，释义小引中说：“《释义》根据批判继承遗产、古为今用的方针，企图从《文心雕龙》中选出那些至今尚有现实意义的有关艺术规律和艺术方法方面的问题来加以剖析，而这方面的问题几乎全部包括在创作论里面，这就是《释义》以创作论作为主要研究对象的原因。”②正文之后有附录，或专题研讨，或提供理论资料，或有答辩之文。王元化参照清代阎若璩《古文尚书疏证》，修订时不更动原来文字而只加附录的体例。该书出版后，得到了郭绍虞、季羡林、王力、钱仲联、王瑶、朱寨诸先生的赞誉。此外，见诸文字的品评或引论，包括有《中国大百科全书·中国文学卷》《新文艺大系理论二集导言》在内的专论、专著数十种。这些品评不仅仅限于古代文论范围，而且也伸展到其他领域。在全国首届（1979—1989）比较文学图书评奖活动中，《文心雕龙创作论》与钱锺书《管锥编》《谈艺录》《七缀集》，季羡林《中印文化关系史论集》等，同获全国比较文学图书荣誉奖（最高奖）。十年辛苦不寻常，对自己的著述能够取得如此广

① 王元化：《文心雕龙创作论》，第310页。这三个结合的第三个结合有时作“义理和训诂考据的结合”。

② 王元化：《文心雕龙创作论》，第95页。

泛的影响及回应，王元化无疑感觉欣慰。这部书稿获得了学术界的肯定，也奠定了他在中国古代文论研究中的重要地位。

1981年前后，当代史家称为“拨乱反正”时期，文学史家称为“新时期”。人们的政治生活出现前所未有的亮色，声讨“四人帮”、反思“文革”，一场思想运动表明：中国思想界渐渐恢复健康、理性、平正。王元化作为文化艺术战线上活跃的理论家，发表了不少文章。在这一时期的文章，主要涉及两个大的问题。一是写真实，这是王元化从新中国成立前就开始触及的理论问题。新时期的文学实质上是苦难文学，很多作品大量展现时代悲剧和中国人心中的苦难和创伤，麻木的中国心灵终于激活了对苦难的感应，后逐渐形成风格，成为“伤痕文学”，出现了一大批反思“文革”的文学作品，也被称之为“反思文学”。然而在长年积习的影响下，这种作品受到一种声音的教导，要求人民“向前看”，说苦难和悲剧不是必然性，不是“艺术真实”，说真实性强了，倾向性就弱了。王元化撰文鲜明地为写真实作理论上的辩护，他认为只要直面人生，写出生活的真实本来样貌，就一定会体现出真正有诗意的思想倾向。王元化论述的“真实”观无疑带着黑格尔式的烙印：理性潜寓于现实之中并表现自己，然而却有力赋予苦难文学的合法性存在。第二是人性的问题。从讴歌领袖和英雄神话，转而发现人性，从革命、斗争到反对精神奴役、人性摧残，新时期文学犹如一江春水，解冻之后流动着对人性的追求。虽然理论界重新讨论人性原则，但是要从既定的观念中突围是何等困难？习惯和多年的紧箍咒一旦松绑，却还有那几分痕迹在那里，人们总是在人的自然属性、阶段性、共同人性等概念中畸轻畸重。王元化写《人性札记》，除了他深厚的思辨哲学素养，能够在时代的语言套套之中游刃有余，更可贵的是他的生活经验显出理性的清明。他非常重视《神圣家族》中一段话：玛丽所理解的善与恶不是善与恶的抽象道德概念，她之所以善良，是因为她不曾害过任何人，她总是合乎人性地对待非人的环境。她之所以善良，是因为太阳和花给她揭示了自己的像太阳和花一样纯洁无瑕的天性。

国务院学科评议组成员

“文革”十年，教育界是重灾区，尤其是大学，在开始的几年中全部砸烂、停办，教授们被赶到农村劳动，大学关门。直到1973年才开始正式从工农兵中招收学员，这届招生本来还可以通过考试来剔除大字不识的人，却被“白卷先生”张铁生一闹，于是就完全废除了考试。大学校门只为政治表现好，能够吃苦耐劳的工农兵以及下放到农村的知识青年开了。这些工农兵学员的表现，后来的历史证明，呈现出明显两极化的现象。优秀的学生犹如高山上的青松，独树一帜，而一般的学生都沉入海底。1977年底开始恢复高考，招收“文革”后的首届大学生，开始了高等教育的新里程。1979年恢复招收研究生。周扬被调去担任中国社会科学院研究生院院长，负责中国高级人才研究生的招考和导师的选拔。此后国家决定恢复学位制。1980年2月12日第五届全国人民代表大会常务委员会第十三次会议通过了《中华人民共和国学位条例》。

要培养自己的硕士、博士，导师从哪里来？当然从中国现有的、优秀的、高水准的教师中聘请。如何审定这一高水准？又必须请中国现有的最优秀的学者来评定。王元化，被国务院学位委员会聘任为第一届学科评议组成员，成为评审教授资格的专家，这在中国现代史上是破天荒的。因为从学历上来说，王元化只是大夏大学肄业，但他以精深和雄厚的学术实力，向世人证明了他的学术成就处于同领域中的前列，这也是学术界给予王元化最高的学术水平的鉴定。

中国的学位体系，从1911年中华民国建立到1935年为第一阶段。当时中国没有研究生学位体系，只培养大学本科生，大学毕业之后再出国深造，获得国外的硕士或博士学位归国任教或担任研究工作。因此当时的大学教授，只要从事的是与洋学问有关的专业都普遍要有一个洋学位，或至少在国外留过学。这也是王元化的父辈曾经经历过的。从1935年到1949年可以为第二个阶段。1935年4月，当时的国民政府希望培养中国的硕士博士，遂仿效英美体制颁布了“学位授予法”，对学位授予的级别、学位获得者的资格和学位评定的办法等做了规定，这是中国现代学位制度的开端。但此后由于一直处于战乱，从抗日战争到国共内战，一些著名大学南迁北移，有条件的莘莘学子无意在国内深造，纷纷留学国外。这项制度最终没有得到广泛而认真的施行，到1949年，全国仅有232人获得国内的硕士学位。第三阶段可以从新中国成立之后开始，引进苏联的学位制度。1950年代，建立并实行副博士学位。在中国的留苏人员当中，有相当一部分人获得了副博士学位，中苏关系交恶之后，很快就废除了。1980年12月开始，经过长期酝酿，国务院第一届学位委员会正式在北京成立，主任委员为方毅，副主任委员为周扬、蒋南翔、武衡、钱三强。胡乔木任主任后，1983年3月7日周扬不再担任副主任。委员有于光远、王淦昌、石美鑫、冯至、冯康、冯德培、白寿彝、朱云谦、华罗庚、孙俊人、苏步青、李国豪、严济慈、沈元、何康、吕叔湘、张文佑、张文奇、张友渔、张维、季羡林、周培源、周惠久、金善宝、侯祥麟、费孝通、夏鼐、高景德、唐敖庆、钱信忠、钱学森、陶亨咸、黄辛白、黄家驷、黄葳、梅益等。秘书长为黄辛白。在此委员会领导下聘请学科评议组成员。

国务院学位委员会学科评议员制度的建立，是一件大事。它标志着我国恢复研究生教育和学位授予工作，同时也标志着国家将高级人材的培养，学校专业建设的长远规划，以及对专业水平的评估等权利，不再由官员决定，而是交给学术权威和专家教授决定，国务院学位委员会评议组成为中国高等教育的最高学术决策机构，它的组成成员均为各专业学术领域众望所归的权威学者。

各学科的评议组成员由学位委员会确定，王元化被聘为文学评议组成员，他所在的文学评议组成员如下：

王力、王中、王元化、王佐良、王起、王瑶、王朝闻、卞之琳、叶永夫、叶圣陶、刘振瀛、朱东润、李荣、李健吾、李赋宁、李瑞年、吴世昌、却太尔、萧涤非、哈米提、钟敬文、何如、张庚、张骏祥、陈洪、陈嘉、赵沨、祝彦、钱锺书、曹靖华、清格尔泰。

该组又分为两个分组：语言文学小组和电影戏剧及翻译小组。与王元化同在语言文学小组中的教授都在海外留过学或在中国的大学研究院深造过。如王力（法国文学博士）、吕叔湘（毕业于英国牛津大学）、李荣（北京大学研究院 1946 年毕业）、朱东润（1916 年英国伦敦西南学院留学）、吴世昌（1928 年从燕京大学英文系转为哈佛燕京学社国学研究所研究生，硕士学位）、萧涤非（1933 年清华大学研究院毕业）、夏鼐（1934 年清华大学历史系毕业获文学士学位；1935 年留学英国伦敦大学，获埃及考古学博士学位）、钱锺书（1937 年获牛津大学艾克赛特学院文学士学位）、王起（1929 年东南大学中文系本科毕业）、王瑶（清华大学研究院研究生毕业，留校任教）、钟敬文（1934 年日本早稻田大学文科研究院深造）。

王元化破格成为学位评议组成员正体现了当时中国不拘一格降人才的自信和开放，这种敢为天下先的用人方针，可以比肩 1920 年代时没有拿过任何学位的陈寅恪成为清华学校研究院国学门四大导师之一、成为教授的教授之年代。

王元化一直珍藏着一帧学术评议组成员合影的照片。这张照片中有王元化、王力、吕叔湘、李荣、朱东润、吴世昌、萧涤非、夏鼐、钱锺书、王起、王瑶、钟敬文等人。

1981 年 12 月，王元化来到北京京西宾馆，参加了国务院学位委员会第一届学科评议组会议。是年，王元化 61 岁，为评议组最年轻的成员，他比吕叔湘（1904）小 16 岁，比王力（1900）小 20 岁，比朱光潜（1893）小 23 岁，比朱东润小 24 岁，比钱锺书（1910）小 10 岁。

政治人生的种种风光，王元化只当作烟云过眼，但是学术世界的故旧知交，他是如此地相悦眷念。回忆起那次开会，王元化说：老一代学人办事认真，不徇私情，完全从为国家培养人才着想。王力是小组长，吕叔湘是副组长。王力见我时说，你的《文心雕龙》研究写得好，你开了一个很好的头。钱锺书对我说:“我可不承认我的书是比较文学,你呢?”当时,我的书和他的著作同被评为首届中国比较文学荣誉奖。现在社会上有人喜欢以炒作方式标榜学术,学术界要反对浮夸之风,提倡老一辈学人的踏实严谨。谈到他们的合影,其中王元化站在前排,挡住了后面的王起,王元化指着这张照片说:“这是当时钱锺书一把将我拉过去,所以挡住了王季思(起)先生。”

在这次与会的专家学者中,王元化与北京大学王瑶教授最是神交。1989年冬天,王元化与王瑶通信,说自己心情不好。王瑶回信表示不久要到沪上开会,会后一定好好在一起谈谈,并宽慰说:

> 来示所说的心情,彼此与共,晋人王弼曾云:“圣人应物而无累于物”,姑共勉之。①

谁知这封信竟成绝笔。王瑶在上海因病不治去世,后王元化撰文悼念:

> 龙华举行的遗体告别一结束,王瑶的家属和北大来沪的同人就匆匆回京了。这时我才感到茫然若失。在寒冷的夜晚,白天的喧嚣归于沉寂,四周静下来,我为国家失去这样一个人才,为自己失去这样一个朋友而感到悲痛。我想到他信中所说的“应物而无累于物”,大概对他来说,是表示了一种对生死处之泰然的态度吧。但是,我又不大理解,他这次动身之前就已感到不适,可是还要奔波于苏州、上海。为什么他这样不爱惜自己的身体呢?……我又想,他在信中,在电话中,甚至住院躺在床上都和我提起叙衷曲的事。他的家人也和我说他向她们提过这事。但预定的这次谈话永远不能实现

① 王元化:《人物·书话·纪事》,第32页。

了，我不知道他要谈些什么，我似乎可以料到一些，但这些朦朦胧胧的感觉一旦具化，又像阵阵幻影从意识中纷纷褪去，无影无踪了，这使我感到遗憾。①

学位评议组会议基本上每五年就要进行一次，王元化前后一共参加了三次。1985年2月16日国务院学位评议委员会审议通过了第二届学科评议组成员名单，共有成员644人。王元化继续担任文学评议组成员，并参加该届学科评议会议。该次评议会通过第三批新增博士学位授予单位41个，新增博士学位授予学科、专业点675个，新增博士生指导教师1 791个；通过新增硕士学位授权单位130个，新增硕士学位授权学科、专业点2 045个。

第三届学科评议组会议于1990年6月25日在北京京西宾馆召开。王元化循例参加。但是文学评议组中的成员除了他和李荣之外，全部都是新聘任的，老一辈的专家学者不是病故就是体弱无法参会。他感觉到这时的评议组成员只是一种摆设，入选名单都是国家教委的学位委员会事先通过的，而他们作为国务院学科评议组成员的权威专家都无法再改动。王元化在会上说："如果初审的权力这么大，而我们可有可无，那还不如根本撤销掉。"他在日记中写道："这届学科评议会简直无法和上届相比。不仅参加成员在学识上相差很远，作风也两样。上届所有老先生都是认真的。每个人看资料，研究问题，直到深夜，一丝不苟，公正无私。现在却有请托说情种种徇私现象发生。结果在博导人选上劣进优退，不学无术者滥竽充数，而品学优异者却往往落选。这真使人为我国教育前途感到忧虑。"②他举了不少例子。例如，北京的高校有几位没有列入博导候选人名单的人，王元化认为其中几人确实应该评上的，他们来到京西宾馆要求容许他们到会申诉，但都被拒之门外。更有一些人洁身自好，虽受

① 王元化：《人物·书话·纪事》，第34—35页。

② 王元化：《九十年代日记》，第33页。

到不公正待遇，却默默隐忍了。后来王元化还碰到了其中两位，他们对此事并无任何表示。他认为，这种高尚作风虽然令人敬佩，但对于教育界弊病的改革不利。

最后一天，工作人员按照惯例通知大家第二天去人民大会堂集合，虽未作任何说明，但王元化预料到要与国务院领导合影。他的倔脾气又一次显露，当即向工作人员请假。工作人员愕然，一时不知怎样回答。王元化说：我每次都是请假的，因为我的腰椎有病，不能站立过久，而每次照相都要用很多时间排地位，排好后还要一动不动地站在那里等候许久，这样站几个小时，我的腰病受不了。与王元化同岁的语言学家李荣接着说他身体也不好，也要请假。这两位老人说完之后，几位年轻的成员也跟上来推说，小组的材料还没有看完，明日不如加个班，看材料，把扫尾工作做好。这时工作人员忍不住了，着急地大声说：他们两位老的不去，没有办法。你们也不去，小组全不去，那怎么行？后来年轻的学者只得都去拍照，总算交卷了。王元化对于跟领导拍照的事情从来都不积极的。

王元化后来将历届所颁赠的学位委员会的聘书、感谢信、奖章连同他的 4 000 余册藏书全部捐赠给了家乡湖北省江陵县（今荆州市）图书馆。

当选党的十二大代表

1978 年 5 月 11 日，《光明日报》发表特约评论员文章《实践是检验真理的唯一标准》，由此引发了一场关于真理标准问题的大讨论。这场讨论冲破了“两个凡是”的严重束缚，推动了中国当时的思想解放运动，成为中国共产党第十一届中央委员会第三次全体会议的思想先导，实现新中国成立以来中国共产党历史上具有深远意义的伟大转折，也为中国共产党重新确立马克思主义思想路线、政治路线和组织路线，做了重要的理论准备；为深入探讨马克思主义理论，以及将其跟中国的社会实践的结合也开阔了思路。

1978年12月18—22日，中国共产党十一届三中全会召开，对于解放思想，改革开放起到了关键的作用。王元化此时已经调往中国大百科全书出版社上海分社工作。

这次全会之前，召开了历时36天的中央工作会议。在中央工作会议上，党的许多老一辈革命家和领导骨干，对"文革"结束后两年来党的领导工作中出现的失误提出了中肯的批评，对党的工作重点转移到经济、政治方面的重大决策，党的优良传统的恢复和发扬等，提出了积极的建议。邓小平在会议闭幕式上作了题为《解放思想，实事求是，团结一致向前看》的重要讲话。这次中央工作会议，为随即召开的十一届三中全会作了充分准备。邓小平的讲话实际上成了三中全会的主题报告。中共十一届三中全会揭开了党和国家历史的新篇章，是新中国成立以来我党历史上具有深远意义的伟大转折。

在此背景下，1982年9月1日到11日，中国共产党召开了第十二次全国代表大会。王元化被推选为党的十二大代表。

得到这个消息的时候，他在外地。当时他由中国大百科全书出版社上海分社安排去黄山疗养院休养，在黄山一边休假一边写作。7月中旬，上海打电话来，让他提前结束假期，准备去北京开会。这次被推选为党的十二大代表是偶然的。本来文艺界没有代表，后来决定临时补上，由上海市党代会投票，王元化的得票最高，大家反映他为人正直，敢说真话，理论文章写得好。更重要的是，在上海，人们都知道王元化脾气倔强骨头硬。人民心中自然有杆秤。解放思想、冲破"两个凡是"之后的中国政治形势和衡量真理标准的确立，使人们对于是非的认识有了公正的看法。王元化的当选，体现出新时期的世风清明，民意公正。

关于马克思主义几个理论问题的探讨

在新形势下，当王元化开始发出一点自己清醒的声音时，却不料又引起一场大的麻烦。这场麻烦事出有因，说明了旧思想要解放、要转化为新形势的思路还有一定的阻力。

这必须要从当时的中国新时期思想解放运动中，周扬奉命作的一个报告说起。

1983 年 3 月 14 日是马克思逝世一百周年纪念日，3 月 7 日，周扬将要在中共中央党校作纪念马克思逝世一百周年的报告。王元化参与了这个报告的起草，就是后来的《关于马克思主义的几个理论问题的探讨》。这一报告引起了一场运动，周扬处于漩涡之中，被勒令写检查，并被撤消了国务院学位委员会副主任以及其他职务，引起周扬的极度郁闷和忧郁。现在此事件已经成为历史，几位当事人周扬、王元化、王若水、顾骧的叙述似乎稍有点出入，至今尚没有一种统一的说法。王元化在《为周扬起草文章始末》中说到："关于我参加这次起草的始末，我看到几个当事人的回忆文章，有些地方与我的记忆略有出入。"①后来又专门写了一篇文章详细讲述。上海的刘绪原采访了他，他就此事又做了更正。而顾骧则认为王元化记忆有误，在王元化去世之后撰文指出。由于此事在当代思想史上的地位重要，这里就各方的回忆以及现有史料来做一个介绍。

这篇文章写作的大背景是跟当时的思想解放运动有关。也就是，人们高举实践是检验真理的唯一标准的大旗，但在实践中却要解决一个问题，思想解放究竟可以解放到哪一个尺度？

1982 年的秋天，中宣部通过上海市委通知王元化，让王元化去北京参加由周扬召集的一篇文章的撰写，具体事务由王元化到北京之后商讨。但当时由于周扬生病住院，未能商议撰文的事情。

10 月，王元化参加了在山东济南举行的第一次全国《文心雕龙》研讨会。在会上讨论酝酿成立全国性的《文心雕龙》研究学会的事宜，决定先成立《文心雕龙》学会筹备小组，推举王元化担任组长。

---

① 王元化：《人物·书话·纪事》，第 293 页。

1983年年初，王元化奉召去北京，参与起草了周扬将要在中央党校发表的纪念马克思逝世一百周年讲话文稿。

回顾这个事情的经过，周扬在事后(1983年3月28日)写给胡耀邦、胡乔木、邓力群的信中，说明写此文的缘起："二月中旬，中国社会科学院和中央党校联名写信给我，约请我在马克思逝世一百周年学术报告会上作一讲话。当时我因跌伤骨折住院。偶然和前来探视的王元化同志谈起此事，并希望他和王若水同志帮我起草。"①信中所说似乎是与王元化商量之后才决定请二王来帮助起草。王元化不知道为什么周扬要如此说明，事实上帮助周扬写文章是由中宣部指定的。

> 据我记忆，一九八二年秋，当时我在大百科出版社上海分社分担领导工作。上海市委通知我参加总结一九七六至一九八二年六年来上海情况的定稿工作。这份总结是根据中央指示来清理上海六年来工作中存在的问题，以肃清"四人帮"在上海的流毒。市委书记陈国栋亲自组织班子主持起草，并指定几个人参加定稿工作。我是被指定参加定稿工作者之一，记得其他人有陈虞孙、洪泽、罗竹风。正在这时，大百科党委接到市委电话，说中宣部来电叫我去北京。我摸不到头脑，去问陈国栋，他说他也不了解详细情况，只知道为了周扬要写一篇文章的事，中宣部叫我去。他让我放下还未完成的协助"六年工作回顾"的定稿工作，先去北京。②

周扬逝世后，有关当事人也发表了一些回忆文章，王蒙、袁鹰编了《忆周扬》、顾骧《晚年周扬》也详细记录此事，但是似乎当事人都有不同说法，尤其是顾骧，在王元化逝世后发文指王元化的记录失实。下面我想用当

---

① 王元化：《人物·书话·纪事》，第293页。

② 王元化：《人物·书话·纪事》，第294页。

事人所述的方式来还原真相。

王元化说：

> 到北京后中宣部文艺局长梁光第来接，直接去中宣部，才知道是中宣部副部长贺敬之安排的，同时在座的还有陈涌、陆海林、程代熙、顾骧等人。一坐下来，为了人道主义问题，陈涌和我因意见不同发生了争辩，记得他大意是说西方现在提出了人道主义有反动的目的。
>
> 在这次碰头会上，梁光第宣布，这个会原是由贺敬之召集各位来研究协助周扬同志写一篇文章的事，但他们两位都生病住在北京医院，这时我才完全弄清楚中宣部要我来京的意图。在梁光第主持的这个会上，大家首先研究为周扬文章主持起草的人选，有人提出要我担任。我说我工作中断了二十多年，复出不久，情况不了解，接受这项工作有困难。我提出请陈涌承担最适合，因为他人在北京，又在中央政策研究室工作，对政策和情况都容易及时掌握。可是他们几个人，你说一句，他说一句，还是说由我担当最合适。我说上海市委还有任务要我去做。梁光第说，这没有关系，我们中宣部可以给市委发文去调你。在这种情况下，我只好接受了任务，但提出希望顾骧也参加起草工作。
>
> 会后，似乎是顾骧陪我去了北京医院，先到了周扬房间，周一见到我就问："你怎么来了？"我听了感到非常奇怪，说："中宣部说是你要我来参加研究一篇你要写的文章。"他才恍然记起说："是的，前些时候，部里要我写一篇纪念马克思逝世一百周年的文章，那时我曾说过，想找几个人一起谈谈，比如上海的王元化。可是我现在生病躺在医院了，怎么能写呢？"这时我才明白，原来是贺敬之下令叫我来的。①

---

① 王元化：《人物·书话·纪事》，第294—295页。

接着中宣部安排王元化住在北纬饭店，由顾骧负责具体接待王元化的工作。王元化和顾骧商量，并建议题目定在“中国特色的马克思主义文艺理论”的范围。由于周扬无法工作，王元化回到了上海。

1983年春节前4天(春节是2月13日)，即1983年2月9日，王元化收到了周扬的来信，说现在可以开始工作了，要他到天津迎宾馆。在春节后，2月15日，王元化赶到了天津，“向周提出请王若水、顾骧一起来参加讨论。人到齐了，开始讨论写文章的事”。王元化认为现在文艺方面的许多问题说不清楚。由于文艺思想都有哲学、美学的背景，如果不在哲学上弄清，许多文艺理论问题就谈不深、谈不透，所以最好先从哲学方面弄弄清楚。

这也是王元化的一贯观点，从1955年隔离审查后，他阅读马克思、黑格尔哲学之后的体会之一，认识到哲学是文艺思想的根本问题，不在哲学方面有一个清醒的认识，很多文艺理论就说不清楚。他的知性问题的论文就是从哲学来谈文艺理论问题的。周扬同意王元化的意见，并让他们3人就这个问题进行准备，并指定第一天由王元化谈，第二天王若水谈，第三天顾骧谈(此处的顺序有不同的记忆，顾骧当时笔记记录了：16日上午，王若水谈，下午王元化谈；17日上午顾骧谈，下午周扬谈)。有关这件事后来起草执笔的经过，现在4位当事人周扬、王元化、王若水、顾骧均已作古，他们都分别留下了长短不拘的回忆文章或访谈。有的说法不一致，甚至有局中人为此还动了感情，指责有人叙述不实。我们从发表的几篇文章中，还是可以触摸到这桩理论公案的来龙去脉。

2012年8月24日下午，顾骧先生在北京华威北里他的寓所接受吴敏的访谈时，认为王元化的回忆失实：

> 王元化在上海《读书周报》上发表《我给周扬写文章》。《关于马克思主义的几个理论问题的探讨》的文章是我们三个人起草的，怎么能用“我给周扬写文章”这样的标题？王元化这样一个好朋友这样编

造，我心里很不是滋味。（吴案：这里至少有两个错误，一是上海并无《读书周报》的刊物，而是《文汇读书周报》。二是王元化写的文章题目从来没有用过《我给周扬写文章》，而是《为周扬起草文章始末》。这两者之间的区别是，前者所说是自己个人为之起草，后者则包括了其他人，题目的每个字都有分量，不可改动。由于把题目都搞错了，接下来的指责就无的放矢了。）王元化与周扬以前并不认识。（吴案：大概是顾骧看到王元化回忆文章中有“我和周扬没有什么接触”云云。这只是王元化的谦辞，事实上王元化认识周扬很久了，长期以来周扬就是王元化的领导和识才的伯乐。“反胡风”运动中，周扬要求王元化承认胡风是反革命就可以结束审查。在王元化蒙难时期他还推荐了王元化的两篇学术文章到刊物发表，并主持了为王元化的平反等。）他参加这篇文章的起草班子是我推荐的。（吴案：有周扬给胡乔木的信为证，周扬最初只是想到了王元化。）当时，贺敬之向中宣部传达中央书记处的意见，说中央要召开纪念马克思逝世一百周年座谈会，我们给周扬搞个班子起草文章，中宣部三个人：徐非光、梁光第、我，外面请了三个人：陈涌、陆梅林、程代熙，我在讨论时提议加上王元化。我与王元化此前在云南、庐山、上海一起开过三次会。我说写作班子需要不同的声音。然后开会讨论起草工作，王元化说他主持会议，做起草组的组长，他提出写文化问题。他说的这三点都不对。（吴案：了解王元化的人都会知道这段对王元化的描述是不准确的。王元化去北京起草文章是应周扬的再三邀请，并且通过上海市委通知他。以其个性，他后来连上海市委宣传部长都不愿意当，怎么可能去争一个周扬文章的起草组组长？）他还说一定要顾骧参加。本来是我推荐他来的，变成了他说一定要我参加。《王元化文集》里没有他一定要顾骧参加的话，大概是他的大弟子给改掉了。①（吴案：

① 吴敏、顾骧：《为周扬起草“异化”文章相关史料考论》，载《中华读书报》2015年6月10日。

《王元化集》中恰恰有这一段，并没有删掉："在这种情况下，我只好接受了这项任务，但提出希望顾骧也参加起草工作。"另外《王元化集》是王元化生前亲自审定出版的，并无大弟子可以来改掉一说。）

王元化回忆道，当周扬听到王元化阐述对知性问题的新看法时，表示很有兴趣，坚持要王在讲话稿中把这一问题写进去。虽然王元化说在此以前已经发表文章谈过了，周扬表示说没有关系，可以在讲话稿中说明他对这观点的赞同。

对于这篇文章被批判的主要原因，王元化认为是因为周扬的一个重要观点，即"中国革命在民主革命阶段就理论准备不足。俄国民主革命有别林斯基、车尔尼雪夫斯基、杜勃罗留波夫，有普列汉诺夫这些理论家，而中国革命缺乏这样的理论家。我们往往只重实践而忽视理论，强调'边干边学'、'急用先学'、'做什么学什么'等等"①。王元化认为，周扬的意见是切中时弊的。我们向来对理论采取功利态度，所谓以《禹贡》治水、以《春秋》断狱、以《诗》三百做谏书，把学术作为工具，用学术来达到学术以外的目的，而不承认学术具有其本身的独立价值。"这种轻视理论的传统一直延续至今，为中国革命带来很多问题。据传这篇文章后来成为问题，主要在于这一点。当时众所周知的'理论权威'向中央进言，说周扬没摆好自己的位置，他不过是一个中央委员，竟将自己站在党之外，甚至党之上，说中国从民主主义革命到社会主义建设，甚至在十一届三中全会召开之后，都缺乏理论准备，难道十一届三中全会文件不是最好的马克思主义理论？于是这一点就成为这篇文章的主要问题。"②

在这次事件中，公开发难的却是针对周扬提出的人道主义和异化问题。在这一点上，周扬与王元化的观点相近，王若水则走得更远一些。

---

① 王元化：《人物·书话·纪事》，第296页。

② 王元化：《人物·书话·纪事》，第296—297页。

"周扬还曾对我们说过，王若水对于人道主义、异化的说法有些偏颇的地方。他说马克思主义不可没有人道主义，但是人道主义不能代替马克思主义。他认为在我们社会里是可以通过自我完善来解决异化问题的。我在定稿时按周扬意见将王若水所写部分删去了约四五百字。"①知性问题虽然不是主要的批判对象，但也受到株连，被指摘和权威理论唱对台戏，"要回到康德去"②。

现综合当事人的回忆，这篇文章的写作过程大概是这样的：

1982年秋，王元化从上海市委接到通知，应中宣部之召，要求他立即去北京，据市委书记陈国栋说为周扬要写一篇理论文章事。王元化立即放下手头的工作，到北京中宣部报到，方才得知由贺敬之副部长安排，召集了陈涌、陆梅林、程代熙、顾骧等人来座谈。但周扬和贺敬之此时均生病住院，只得由理论局长梁光第主持座谈会。首先研究为周扬文章主持起草的人选，王元化提名陈涌，众人的意思请王元化主持，梁光第表示可以用中宣部名义发文上海市委请调。王元化接受，但希望顾骧也参加起草。然后王元化去医院看望生病的周扬。周扬居然并不知道王元化会来。他在病房中跟王元化说要写一篇纪念马克思逝世一百周年的文章，曾经跟中宣部的人提及要找几个人来谈谈，比如上海的王元化。此时王才知道让他来的原因。王元化然后回上海。

1983年2月9日接到周扬来信，说现在可以工作了，请他春节后直接到天津迎宾馆参与起草文章。

1983年2月15日，王元化、王若水、顾骧三人到天津迎宾馆，与早已在那里的周扬会合。16—17日，此四人做务虚谈，并分配写作任务。他们三人就这个问题进行准备。第一天由王元化谈，第二天王若水谈，第三天由顾骧谈。王元化主要谈了认识论方面的问题。他认为《实践论》和

---

① 王元化：《人物·书话·纪事》，第297页。

② 王元化：《读黑格尔》，第6页。

《矛盾论》是毛泽东哲学思想的基础，贯穿在他的一切理论之中。理论界对这两论也作过很多探讨，问题也很多。有些和文艺理论有直接的关系，值得研究。王元化谈了他从感性到理性的看法。这个看法主要就是在王元化关于《知性不能掌握美》一文中提出的看法。周扬很欣赏王元化对知性问题的阐释，他坚持要王元化在讲话稿中把这个问题写进去。王元化则认为他在此前已经发表文章讲过这个问题了，写入讲话稿有所不妥。周扬则坚持没有关系，可以在文章中说明他对这观点的赞同。后王若水因处理家中事务返京，剩下周扬、王元化、顾骧以及秘书丁春阳、周扬夫人苏灵扬，几个人朝夕相处。王元化和顾骧写稿，周扬修改，三人交谈，再修改；王若水则在北京修改人道主义部分。3 月 3 日或 4 日，王若水返回天津改稿。3 月 5 日晚，王元化开夜车改稿，修改第一部分。3 月 6 日星期天，王元化和王若水在《人民日报》总编室等待排印的稿子，等到大样排出来后给周扬。晚上，周扬润色、审定，顾骧有事回家，王元化和王若水继续在《人民日报》印刷厂排字房边改边排，对讲稿作最后的润色，打印出最后的稿子。两人一直忙到 3 月 7 日凌晨。这份讲稿的题目最后定为《关于马克思主义的几个理论问题的探讨》。周扬报告会定于 3 月 7 日上午在中央党校礼堂举行，临开会时讲稿才送到会场。

报告之后

根据当事人的追忆，由于周扬身体不适，专门请了一位播音员来朗读这份报告。中央党校校长王震、中央书记处书记兼中宣部部长邓力群出席了会议。邓力群身体也不适，特意从医院赶到了会场，听着听着他觉得有问题：“特别是关于异化问题。按周扬的说法，社会主义在发展过程中，会走向自己的反面，政治、经济、思想等方面都会异化，都会走向自己的反面。我觉得，他的这种说法与过去党的一贯说法不一样。我们历来讲，我们的党、我们的革命队伍，由于受到资产阶级思想和非无产阶级思想的影响，党员干部中会发生腐化变质的现象。异化问题我过去没有接触过。现在周扬讲，社会主义本身要发生异化，社会主义国家在发展过程中必然走向自己的反面，政治、经济、思想上都走向自己的反面。这与过去长期的说法不一样。当时，我没有立即断定周扬的说法是错误的，只认为是新说法，有疑问：这种说法对不对？能不能站得住？另一个是人道主义问题。我听周扬讲人道主义时，感觉他的语言和赫鲁晓夫的语言、提法差不多，这种讲法也有问题。周扬讲过以后，一些学者、专家当时就表示对他的讲话有意见。贺敬之听了也有意见，但不敢出来讲话，因为周扬是他的老领导。"①

讲话结束时，邓力群还和王震一起上台和周扬握手祝贺。对此，没有参加会议的王若水和王元化都曾有回忆，电视台也播放了新闻。

王若水说："我没有参加这个会，因为头一天晚上和王元化一起对讲稿进行最后的润色，工作到凌晨，弄得很疲劳。讲稿在《人民日报》印刷厂排印；王元化和我就在排字房修改，边改边排，第二天早晨才匆匆忙忙送到会场（周扬对我们很放手，让我们替他最后定稿）。因此，事先送审是来不及了。邓力群似乎很放心地说：'先讲吧！'"②

"周扬本是出色的演说家，他的报告常常是很吸引人的，但现在他已年迈，只简单地作了一个开场白，就由一个广播员代念讲稿。据参加报告会的记者回来告诉我，这个广播员很有本事，事先没有看讲稿，拿起来就念，居然念得抑扬顿挫，声调铿锵。当时，台下鸦雀无声，大家聚精会神地倾听。报告结束时，全场一片热烈的掌声。这是这次会上最受欢迎的报告。王震走到周扬面前说：'讲得好！我还有一个问题想向你请教：你说的"YIHUA"，这两个字是怎么写的？'"③

对此，王元化的说法是："报告结束王震和他（周扬）握手说讲得很好，还问周扬异化是哪两个字，是什么意思。当时我也高兴，第二天就回上海

---

①③　丁晓平：《1980年代的周扬与胡乔木》，载《同舟共进》2013年第9期。

②　王若水：《周扬对马克思主义的最后探索》，http://www.wangruoshui.net/CHINESE/zhouyang.htm。

了。我走后，不想事情急转直下。后来我听说，原定于三月九日结束的会突然延期，三月十日胡乔木找郁文、夏衍、王若水到周扬家，提出了意见，由此逐步升级，掀起了一场清除精神污染运动。”①

组织方突然要求延长两天的理由是中宣部有反对意见。之后的两天会议中，出现四个针对周扬的批判发言。3 月 10 日，胡乔木到周扬家谈话，夏衍、贺敬之、郁文、王若水等在场。胡乔木当场未对文章发表批评意见，回去后在其他人面前提出他的异议。并不知情的王若水等人，认为胡乔木没有反对意见，于是 1983 年 3 月 16 日在《人民日报》上发表了这篇文章。后来情况急转直下，3 月 26 日中宣部会议上，邓力群宣读中宣部为《人民日报》刊登周扬文章一事给书记处的报告，认为文章错误的主要负责人是周扬、秦川、王若水三人。报告决议应该组织力量，撰写“学术讨论会上持不同观点的文章”，要求将王若水调出《人民日报》，批评周扬的不负责态度。会议上，周扬与胡乔木直接发生言语冲突。

在之后的几个月里，胡乔木、邓力群与周扬、秦川、王若水多次争辩，未有结果。9 月 7 日上午，邓力群协助整理十二届二中全会讲话稿，邓力群带人组织材料撰写讲话稿。于是，事情就完全转向了。

“清污运动”

中共十二届二中全会上（1983 年 10 月 11—12 日）讨论通过《中共中央关于整党的决定》，要求“同资产阶级腐朽思想和制造精神污染的行为作斗争”，陈云发表了“不搞精神污染”的讲话。会议上，邓力群、胡乔木发言，批评王若水，尤其是人道主义和异化论。为了让与会者容易理解“异化”，会议组织者从《大英百科全书》找到“异化”的内容，印发给与会者。

① 王元化：《人物·书话·纪事》，第 297 页。

10月19日，报纸开始报道全国工会十大上的致词，其中提到职工应当“抵制和克服各种精神污染”。10月22日《人民日报》头版头条用大字标题刊登文章《保持工人阶级本色，抵制各种精神污染》。次日，《人民日报》的社论也谈到了“精神污染”。

10月24日，书记处发出了通知，把“不搞精神污染”提升为“清除精神污染”，这可视作这场运动的开始。10月25日，《人民日报》头版头条提出“清污”。其后《人民日报》上刊登各地“清除精神污染”新闻。

有关领导要求周扬接受新华社记者采访，谈对反“精神污染”问题的看法，检讨自己的错误。周扬接受了采访，并进行了检讨。1983年11月6日此采访发表，不久后周扬病重入院。

一开始，“清除精神污染”仅仅是在理论界和文艺界中进行，在该运动中，很多文艺作品遭到批判。其中最重要的一部作品是白桦的《苦恋》（又名《太阳与人》）。由于执行这项任务的中下层机构扩大化，导致了一些科幻小说继而被定性为“精神污染”，受到直接正面的打击。出版管理机关多次发文禁止刊发科幻小说，相关杂志纷纷停刊整顿。

11月14日，高层领导在中央书记处对“清污”正式发表讲话，提出限制“清除精神污染”。此后的数篇文章，对“清污运动”提出批评。12月31日，中共中央发出《关于在清除精神污染中正确对待宗教问题的指示》。

后来于光远编选马克思逝世一百周年纪念论文选，选入周扬在中央党校做的报告《关于马克思主义几个理论问题的探讨》，并以周扬的文章名作为书名，署名为“周扬等著”。

王元化后来回忆，“清污”开始，中纪委派了一位老同志，姓刘的委员，来上海找他谈话，对这篇文章写作的始末进行调查。当时王元化因为颈椎病发作，住在医院里治疗，在医院中向这位刘同志讲了全过程。他听了之后说，这和他所听到的情况很不一样，不属于纪律调查范围。此事在王元化这里从表面上看就算结束了。

任上海市委宣传部部长

李锐在《怀念王元化》一文中说：

> 1982年3月，我被陈云同志派到中央组织部，组建青年干部局，实现干部四化——革命化、年轻化、知识化、专业化。首先通过十二大，清洗"文革"中坏分子，选出新的年轻领导人，当时称为选拔第三梯队。十二大结束后，立即全国换新的省部级班子。我参与其事。1983年初，上海成立新市委时，元化担任宣传部长。元化是黎澍介绍我认识的，知道他的"胡风分子"经历，在长年逆境中，坚持独立思考，未脱离本行，特别是研究《文心雕龙》。当年我也是不赞成批判胡风的，庐山会议后开除党籍的罪状中，就有这一条。我敬重元化还有一个原因，知道他的父亲是清华大学的教授，他是在清华园长大的。①

在王元化为周扬起草报告期间，中央组织部已经开始准备考虑任命他担任上海市委宣传部部长了，正式任命下来却是1983年的6月。

王元化是不愿意当官的。他从1952年即担任新文艺出版社总编辑兼副社长，后来担任上海市文委文学处处长，作为一个1938年入党的中共地下党江苏文委（文艺总支）临时负责人，王元化在党内担任着一定的职位。但是他在多种场合向不同的人表示，他并不想当官。例如他在平反后进入中国大百科全书出版社上海分社工作，后来担任领导一事，就向好友陈冰夷表示，"我并不想把大百科作为一个地盘，拉一些人进来，作为发展个人势力之地。但很可能由于我昧于世故，不懂人情，已给别人造成

① 李锐：《怀念王元化》，载《美中社会和文化》第12卷第1期，2010年。

这样一种印象。……我的志愿本来是想在自己余生中，多读些书，写点东西，到大百科是抱着牺牲自己爱好而来的。可是没料到情况如此。所以我打算将来一有机会，即跳出这是非之地，找一糊口之处，让我安心读点书写点东西，则于愿足矣”①。这是王元化的真实想法，也是他后来始终坚持的一种信念。即远离权力中心，找一块清净的地方读书研究和写作。这个宗旨，贯彻在他的晚年生活中。

这次组织上要他担任上海市委宣传部部长，他一开始是推脱的。但“四人帮”曾在上海活动猖獗，张春桥、姚文元、王洪文的潜势力，在意识形态和组织方面的影响一时难以干净清除，上海是重灾区。在党的十二大上，邓小平提出“攻碉堡”、陈云提出“挖根子”，中央对上海新领导干部的班子，甚为关注。这也是陈云要求在中组部中更加注重发现正派的、有能力的领导的出发点。王元化坚持原则、立场坚定、党性强都受到中共高层的认可。在这一背景下，王元化开完十二大之后，不久即被提名作为市委宣传部部长的人选，是顺理成章的。从提名到他正式上任有一段时间。在这期间，王元化表示自己不适合做，理由是自己长期脱离宣传工作，人不熟，很多情况也不一定了解；再有就是自己的性格也不十分适合，因为过于率直，有时会误事情。请求组织给一点时间，能做点一些学术工作。但是，组织派人说服王元化，主要理由是这是一段新老交替的过渡时期，希望王元化能出来主持工作，带一带年轻同志。最后，王元化终于答应了。

1983 年 6 月王元化上任宣传部部长，到 1985 年 5 月正式离任，总共当了两年。任职期间，首先就遇上了当年 10 月的“清污”运动，这个运动的源头却跟王元化为周扬起草《关于马克思主义的几个理论问题的探讨》有关。本来只是一个马克思主义的理论问题的探讨，有不同的意见，只要通过民主的思想交锋，并不难达成一致。但是在中国，任何一个思想认识

---

① 王元化：《清园书简》，第 309 页。

问题，在“权威”提出不同看法后，就很容易扩大化，最终导致让整个社会参与，易走向极端。

作为市委宣传部部长的王元化，当时首要的工作自然就是要遵照中央的指示精神，贯彻“清除精神污染”的各种措施。先要传达中央有关“清污”的文件精神。于是，在上海万体馆召开全上海的宣传干部工作会议，进行布置传达，这个会议的声势很大，当年的万体馆是上海最大的会议中心，可以容纳上万人。王元化主持会议，主要内容是宣读中央文件，只用了半个小时宣读，然后王元化就宣布——散会。这可能是当年全国所有的省市中最短的一次传达中央文件的大会吧。其他地方则是变本加厉地贯彻精神，把“清污”扩大到社会上各个角落。当时港台的歌曲、文艺、文化生活开始进入中国大陆，一股抵制这种方式的运动慢慢地在兴起中，似乎刚刚开放的国门要悄悄掩上……

王元化在市委常委会上，提出了对这场运动的看法：不要重复过去运动的方式，不要人人表态，不用去剪披肩发。这个意见得到了市长、市委副书记汪道涵的支持，当时的市委书记陈国栋也不主张用运动方式“清污”。王元化提出了这个意见后，陈国栋同意将市委宣传部副部长在《解放日报》上的两版表态文字取消了。这种种作为引起了中宣部长邓力群的不满。此外，在王元化担任两年部长期间，中宣部开重要会议都要求部长前去，上海这个直辖市却与其他省市不同，每次都是派副部长去，邓力群当着开会的各个部长面说，你们上海的部长怎么不来开会。当然，王元化都是因为工作忙，抽不开身，或者是身体不好。胡乔木对王元化也很“关心”，派人到上海了解王元化的情况，但是没有查到什么问题。当部长不到两年，王元化就生病，似乎再也没有主持什么正式的会议。上海市委保护王元化，但是来自上面的压力很大。有关方面要他写检讨，他不想写，就去了广州疗养。两年一到，就正好“下台”。①

① 参见王元化：《人物·书话·纪事》，第298页。

从新中国成立后王元化担任的领导职务来看，新文艺出版社两年的副社长兼总编辑（1952—1954），上海市文委文艺处半年多的处长（1955），中国大百科全书出版社上海分社两年的核心领导（1981—1983），直到此次的上海市委宣传部部长一职，时间都没有超过两年，即便在上海解放前，短时间代理党的上海文艺总支负责人，也是由于不听话而被唐守愚罢免了。从这些细节上都可以了解到王元化是多么不适合在体制内当官。

王元化庆幸自己能够从这个位子上下来。他后来回忆说，还是离开这个位子，才可以真正静下心来读点书，写点东西。他毕竟是一个知识分子，过惯了独立思考生活的人。尤其是长期自学的读书生活，自己思考，养成任何事情必须认真推究学理到底的习惯。官场上纷繁琐碎的日常事务性工作，对一些人适合，而对于他却未必适合。

担任博士生导师

1985 年 5 月王元化离开上海市委宣传部部长的位子；9 月，他在华东师大中文系古代文论专业招收的两名博士生蒋述卓、陆晓光入学了。从这个时候开始，65 岁的王元化正式离开了政坛，开始了他专职的学术生涯，成为华东师大兼职教授。

从 1981 年恢复研究生学制开始，王元化就是国务院学科评议组成员，自然有资格招收博士生或者硕士生。由于当时复出未久，有很多工作需要去做，就没有招收博士生，甚至他也没有确定在哪个大学担任博士生导师。此前，因为上海社科院文学研究所的邀请，他曾经在该所招收过一位文学理论专业硕士研究生金华。

按照王元化古代文论的专业，上海有两个大学有这方面的专业：复旦大学和华东师范大学。

早在 1981 年国务院评议组通过的第一批博士招生点，复旦大学中国古代文学专业即获得中国各体文学、中国古代文学、中国文学批评史三个博士点，郭绍虞、朱东润、赵景深分别为首批博士生导师。1985 年，又增补章培恒、王运熙为博士生导师。该校在中国古代文学和文学批评史领域实力很强。作为领头人的郭绍虞是王元化当年研究《文心雕龙》的伯乐，王运熙则在研究领域方面与王元化非常接近，他们都有相当多的专业兴趣点。更何况，王元化在新中国成立初应郭绍虞的邀请，就曾经担任过复旦大学文学理论课的兼职教授。他要进入复旦大学任博士生导师应该是顺理成章的。但是他后来担任了华东师大的博士生导师，其中是有一个因缘的。

华东师大中文系的师资力量非常强，拥有许杰、徐震堮、施蛰存、徐中玉、钱谷融、程俊英、周子美、余振(李毓珍)、万云骏、史存直、林祥楣等名师，但却缺少中国文学批评史(古代文论)的博士点。华东师大中文系的第一批博导是中国古代文学专业的徐震堮；1987 年批准第二批博导，规定年龄不超过 70 岁。由此，中文系徐中玉、施蛰存、程俊英等名家，全部被划出线外，只有钱谷融(1919—2017)接近 70 岁，一人当上博导。当时其他名校增加了很多博导，华东师大中文系受到重创，极其被动。王元化具有带博士生的资格，但他的工作并不在高校。“1985 年，作为华东师大的兼职教授，学校的一位友人未经他同意把他报了上去”①，作为中文系中国文学批评史专业的博士导师。

事情是这样的。1983 年 9 月，王元化作为中国社会科学院委派的学者访问团团长，率团访问日本。教育部让各校申报新的博士点，华东师范大学教授，也是王元化的朋友徐中玉先生为了争取中国文学批评史的博士点，将他上报为申请中国文学批评史的博士生导师，由此华东师大有了这一专业的博士培养点。他是一个重友情的学者，博士点批下来以后，他

① 胡晓明:《王元化画传》，第 156 页。

就开始指导新招进来的两位博士生蒋述卓和陆晓光。[1]

王元化学术方面的活动很繁忙。自从担任《文心雕龙》学会筹备小组组长后，第二年当选为中国《文心雕龙》学会的副会长。筹备小组曾讨论一致推举他担任会长，但在他的一再推辞下，最后由张光年担任会长。他和杨明照担任副会长，周扬担任名誉会长，郭绍虞、朱东润担任学会顾问。同时，王元化也与国际学术界进行了广泛的交往，在此期间他赴日本京都、九州、广岛、东洋等七所大学发表演讲，向日本学术界介绍中国《文心雕龙》研究的成果，并与日本著名汉学家、《文心雕龙》专家兴膳宏、冈村繁、目加田诚、古田敬一、户田浩晓、小尾郊一等及日本罗曼·罗兰的研究者相浦杲夫妇订交。此后又在上海促成了复旦大学主办的"中日学者《文心雕龙》研讨会"。在 1985 年的深圳大学中国东西方文化比较研讨会上，与美国学者魏斐德(Frederic Evans Wakeman, Jr.，1937—2006)、杜维明相识相交。

拓展研究领域

在高校担任博导之后，王元化也要经常主持相近专业的博士论文答辩，参与高校的职称评议以及学术研讨会，与学术界、高等教育界的故交、专家联系更多了，与国际学者交往的学术活动也非常频繁，王元化在学术研究方面的眼界也更加开阔，并不仅限于古代文论领域，包括了哲学、历史、戏剧等，似乎又回到了 20 世纪三四十年代，一切研究和写作均与现实紧密联系，从现实中寻找具有学术价值的课题，这也使王元化的研究与现实紧密相连，凸显了王元化综合研究的能力和眼光。

在这段时间中，王元化至少在以下几个领域进行了独具慧眼的

---

① 参见吴琦幸：《王元化晚年谈话录》。王元化总共指导了五位博士生，除蒋、陆(1985)两位之外，另有吴琦幸(1986)、胡晓明(1987)、傅杰(1992)。

研究：

(1) 鲁迅研究。1981年是鲁迅诞辰一百周年，从中央到地方，中国的学术研究机构都举行了规模不一的纪念活动。这是“文革”后在拨乱反正中第一次对鲁迅作出新的评价，把在“文革”被利用的鲁迅还原到一个学术研究领域。王元化应中国社会科学院之邀，参加了北京举行的纪念鲁迅诞辰一百周年学术讨论会，与王瑶、唐弢、李何林等一起担任大会执行主席。

1981年7月发表在中国社会科学院文学研究所鲁迅研究室编辑的《鲁迅研究》第四辑上的《关于鲁迅研究的若干设想》，则是王元化为此次大会撰写的学术论文，这是从1930年代到1980年代阅读鲁迅、研究鲁迅的总结。该论文受到学界的关注。

在这篇论文中，他提出了很多令人耳目一新的观点，但最主要的是提出鲁迅研究要运用“综合研究法”，并引用恩格斯的“分工的奴隶”一语和刘勰在《文心雕龙》中所说的“各照隅隙，鲜观衢路”“各执一隅之解，欲拟万端之变，所谓东向而望，不见西墙也”之语，对鲁迅研究者提出这样的希望：“我们的研究者最好从拘于一隅的狭窄范围走出来，就力之所及争取做到博一点，至少对于和自己专题有着密切关联的学科，也花功夫去钻一下，这不仅有好处，也是必要的。试问：研究我国现代文学的某一作家，能够不去了解他的时代、社会和环境么？——这就需要有一些政治、经济、历史的知识。能够不去了解他和前代或外国作家的继承或借鉴关系，和同时代作家的交互影响以及对后代所发生的作用么？——这就需要有比较全面的文学创作和理论的知识。能够不去了解他在作品中反映出来的时代思潮、思想根源和美学观点么？——这就需要有一定的思想史和美学的知识。我以为，这些知识都是文学理论研究者不可缺少的。鲁迅研究并不例外，甚至还应该特别注意这一点。鲁迅曾经说过，专家多悖，博学者多浅。倘使抛开上述应有的知识，孤立地研究鲁迅和他的作品，不但难免于悖，而且也往往流于浅薄和空疏。因此，我倡议鲁迅研究尽量采用综合研究法。”①

（2）哲学史上一种值得商榷的提法。1986 年 4 月 18 日，中国《文心雕龙》学会第二次年会在安徽屯溪举行，王元化在会上作了一个演讲，这个演讲虽然不长，但他提出了一个前人未曾说过的提法，成为思想解放中的重要成果，也是王元化的 1980 年代思想标志，那就是他首次反思了多年来中国文艺理论受到日丹诺夫的立场、观点、方法的影响，机械地用唯物、唯心的哲学观念来判定政治上的进步和反动。这一理论几乎在中国文艺理论界被完全搬用。他认为此说出自列宁的《唯物主义和经验批判主义》中提出的整个哲学史就是唯物主义和唯心主义的两条路线斗争历史的观点。这在当时中国思想史上的意义非凡。他后来不断地完善、补充这个发言内容，改写为一篇短文，在《人民日报》《文汇报》上发表。其中说：“列宁曾经认为整个哲学史就是唯物主义和唯心主义两条路线斗争史，可是这一点马克思、恩格斯并没有谈到过。我以为把政治上的概念硬套在哲学上是不妥当的。因为这样一来，势必得出从古到今凡唯物主义就是进步的，凡唯心主义就是没落或反动的。但问题并不这样简单。”②他举了不少例子来证明马克思从德国古典哲学中吸收了不少唯心主义的东西，而德国的古典哲学代表人物除了费尔巴哈是半截子的唯物主义之外，其他康德、费希特、黑格尔、谢林都是唯心主义。如果用两条路线来划分，那么，就要站在唯物主义一边来反对这些唯心主义的哲学。但事实恰恰相反，马克思从这些唯心主义哲学中汲取了重要的内容，最终成为马克思主义哲学的组成部分。

这已经触及认识论中的根本问题，也即王元化从 1930 年代末入党之后就接受的反映论的世界观。如果深入思考并刨根问底地钻研，可能完成思想方法论的一种飞跃。可惜，王元化虽敏锐地感觉到这个课题的重要性，却没有时间，更由于所掌握的中外哲学资料的缺乏，而无暇深入，

① 王元化：《文学沉思录》，第 56 页。

② 王元化：《思辨短简》，上海古籍出版社 1989 年版，第 62 页。

只是浅尝辄止，并没有从学理上来解决缠绕在他心中多年的疑问。这是王元化的一块心病。直到晚年，他才意识到这个问题的重要性，但是如何从学理上来研究和推翻以前的想法，已经没有精力和时间了。因此在他的《文心雕龙创作论》以及后来几次修订都保留着这一思想的尾巴，终于未能彻底清算。直至晚年，他说他已经没有精力去推翻这部书的根本架构重新写了。他感叹，反映论缺乏英国经验哲学式的“怀疑精神”，不仅人类对宇宙的把握极其有限，而对于反映论的认识论的根本问题，没有时间去深层次地探索。①

（3）对时代思潮关注并发出声音。王元化思维特别活跃和敏感，关注新思潮、新思想，及时回答时代思潮所提出的新问题。其中比较重要的有下列文章：

《和新形式探索者对话》(1980)

针对当时中国社会在通向西方的窗户打开之后，“过去那种坚定的信心，原来是盲目的唯意志论，过去那种深信不疑的确认，原来是经不起事实考验的主观独断”②。于是在匆忙引进西方的科学技术、文化艺术的同时，也涌进了喇叭裤、盲公镜、洋玩意儿，有人主张取缔腐朽的资本主义生活方式，王元化在此文中强调对于年轻人的这种心理和追求，应该予以宽容，这也包括了西方艺术中的意识流、抽象画、性感等，他认为对于一切其他传统和新生形式的借鉴，都应该予以包容。

《论样板戏及其他》(1988)

1988 年前后，“文革”中由江青树立的所谓革命样板戏又开始在电台、电视台以及演出剧目中出现，并被重新作为革命宣传与教育工具而被提倡。有一种舆论认为，样板戏在“文革”之前就已经有了基本架构，江青等人只是窃取了革命文艺工作者的成果，因此可以作为一种群体的创作

① 参见吴琦幸：《王元化晚年谈话录》，第 56—64 页。

② 王元化：《文学沉思录》，第 13 页。

成果重演。王元化则认为样板戏实践了三突出的理论，在“文革”中达到鼎盛，成为当时“四人帮”否定其他艺术作品的理由。而三突出理论并不是一朝一夕形成的。他指出新中国成立以来教条主义猖獗，为后来宣扬个人迷信的三突出做了准备，提供了条件。他联系到自己的认识，如果说“文革”在提供反面例证上也有某种用处的话，那就是使过去潜在的东西显露了，隐藏的东西明朗了。王元化从新中国成立之后的历次运动和自己的遭遇中，感知了一种隐藏的东西。他再不能欣赏那种说大话、浮夸成风的豪言壮语，再也不能去崇拜自己也曾经陷于其中的个人迷信。从这个角度来认识所谓的样板戏，无疑就从根本上拆穿了样板戏不是一个文艺的问题，也不是一个集体创作与个人剽窃的关系，而是从中挖掘出了“文革”的实质。“文革”已经被否定了，那么代表其精神的样板戏也应该被彻底否定。此文发表，在全国有一定的影响力，得到了同情的支持，但很多包括文艺工作者、理论家以及一般的群众都有不同的看法，甚至还收到了谩骂信。这个问题直到今天还在继续讨论着。

为顾准的文集《从理想主义到经验主义》撰写序言(1989)

虽然顾准是王元化的旧识，但他们从1939年分手后，就再也没有见过面。直到这次顾准弟弟陈敏之找到王元化，他才了解到与顾准分手后他的生活。在序言中，王元化提及顾准文字给他的重要影响，有关于希腊文明的研究，中世纪骑士文明的作用，宗教给予社会与文化的影响，从法国大革命到巴黎公社的经验教训，对直接民主与议会制度的评价，对奴隶制与亚细亚生产方式的阐发以及对黑格尔思想的批评与对经验主义的再认识等。“读了这本书我不能不想，是什么力量推动他这样做？请想想看，他很早参加革命，解放不久在‘三反’中就被打下去。‘文革’前曾两次戴上了‘右派’帽子，一次在一九五八年，一次在一九六五年。据我所知，这是绝无仅有的。‘文革’开始，惟一关心他的妻子自杀了，子女与他划清界限。他断绝外界来往，孑然一身，过着孤独凄苦的生活。在异地的弟弟和他通信，他寄给弟弟大量笔记。”①王元化对顾准在孤独中读书、反思感同身受，他想起了自己在1955年被隔离之后的境地，也是以读书寄托自己的理想和平生的志向。但是他觉得顾准对于中国问题的思考更加深刻。这时他还没有余力去与顾准一起思考，延续顾准开创的深刻的思路，他赞颂顾准的精神。“他的这些笔记是在十年浩劫的那些黑暗日子里写的，没有鼓励，没有关心，也没有写作的起码权利和条件，也许今天写出来，明天就会湮没无闻，甚至招来横祸。这是怎样的毅力！我由此联想到历史上那些不计成败、宁愿忍辱负重、发愤著书的人物。记得过去每读司马迁的《报任安书》，总是引起内心的激荡，真所谓展卷方诵，血脉已张。为中国文化作出贡献的往往是那些饱经忧患之士。鲁迅称屈原的《离骚》：‘怼世俗之浑浊，颂己身之修能，怀疑自遂古之初，直至百物之琐末，放言无惮，为前人所不敢言。’《坟・摩罗诗力说》他指出达到这种高超境界是基于思想的解放，摆脱了世俗的利害打算。倘用他本人的话说，这就是：‘灵均将逝，脑海波起……茫茫在前，顾忌皆去。’我想，本书作者在写下这些文字的时候，大概也是一样……为了完成自己的使命与责任，义无反顾，至死方休。所以，在造神运动席卷全国的时候，他是最早清醒地反对个人迷信的人；在‘凡是’思想风靡思想界的时候，他是最早冲破教条主义的人。仅就这一点来说，他就比我以及和我一样的人，整整超前了十年。”②

无怪乎王元化把此书看作是1980年代读到的最具有独立思考和深厚学术功力的书，也是一本“最好的书”。顾准提出和论述的问题一抛出，便促使王元化思考、反省由于习惯惰性一直扎根在头脑深处的既定看法。可以说，顾准的书，对王元化的思想冲击是空前的，是王元化1990年代反思的前兆和思想风暴来临前的闪电。他开始对自己一向从未怀疑的某些观

① 王元化：《人物・书话・纪事》，第27页。

② 王元化：《人物・书话・纪事》，第27—28页。

点发生了动摇，甚至要考虑把自己著述中的章节删去或改写。而当时他正在编辑自己 1980 年代学思的总结——《思辨短简》和《传统与反传统》。

遗憾的是当时王元化尚未能完全有时间来系统地对顾准的具有颠覆性的思想进行阐发，或者从得到的启发中引发对问题做更深入的思考，写出系统的如后来 1990 年代反思高度的论文。这一方面是由于 1980 年代改革开放伊始，文化界思想界在解放思想后，可以进行无拘无束的理论研究，需要撰写的题目和课题不少；另一方面他的工作和社会兼职也特别多，想要专门对一项课题做深入的研究，缺少大块的时间。

他承认，1980 年代工作的忙乱，使他无法静下心来认真地阅读有关书籍。但是对于顾准的书，他已经敏锐地认识到"许多纠缠不清的问题，经他（顾准）一点立即豁然开朗，变得明白易晓"①，特别是对"从一九一七年到一九六七年半个世纪的历史，包括理论的得失、革命的挫折、新问题的涌现，都作了认真的思索。这些经过他深思熟虑概括出来的经验教训，成为他的理论思考的背景，从而使他这本书形成一部结合实际、独居卓识的著作"②。只要从这点出发，王元化抛开当时的俗务和既定的观念，可以触及到他后来第三次反思的核心。但晚来的反思毕竟更加成熟而且具有思想的结构性变化。当时的王元化发现了顾准，高度评价了顾准，以至在中国当时及以后掀起了顾准研究热，使顾准的思想在后来成为学术界关注的具有现实意义的标杆。对顾准的思想作延伸研究，那要进入 1990 年代后。正像朱学勤的回忆中所说："先生主持答辩前（指 1992 年 6 月为朱学勤的博士论文答辩），我曾以书面提纲向先生汇报。先生之鼓励记忆犹新：'批判法、俄政治文化及其激进主义，在你之前的顾准先生已经做过，可惜当时环境不允许，只是开了一个头，希望你能接着这条路走下去。'对顾准的推崇，是先生和我在那一时期最为强烈的共识。先生所回忆的 1991 年，我们每一次见面，几乎没有一次不谈顾准。1992 年我在香

①② 王元化：《人物 · 书话 · 纪事》，第 27 页。

港《二十一世纪》上发表《地狱里的思考——读顾准思想手记》一文，可能是学界第一篇评述顾准思想贡献的论文，但那是我们两个人的共同结晶，手稿上还有先生留下的改过的笔迹。”①

创办《新启蒙》刊物

1988年，筹备了将近一年的政论性不定期刊物《新启蒙》创刊号发行，王元化任主编。此刊物到1989年4月停刊，总共出版了4期。②第五、六期已经编好，却未出版。

第一期有两篇重要论文：童大林的《中国改革开放与思想解放运动》，王元化的《为五四精神一辩》。

“新启蒙笔谈”中刊登了夏衍、邵燕祥、金观涛、高尔泰等八人的有关文章，阐述何谓“新启蒙”。夏衍在文章中强调“新启蒙”要重提科学和民主，迎接时代的挑战，不能错过了目前这个千载难逢的机会。

第五、六期中，有如下一些文章未能同读者见面（底稿也找不到了）：于光远的《关于当代社会主义和资本主义的若干基本概念》，苏绍智的《对资本主义的再认识》，于浩成的《权力与法律》，黎澍的《新文化与传统文化》，王元化的《启蒙与人的觉醒》，邵燕祥的《文字狱传统在当代》等。

---

① 朱学勤：《敬答元化先生》，http://www.yuwenwei.net/ReadNews.asp?NewsID=8099。

② 关于《新启蒙》的创刊到四期而终，坊间有不少说法，详见钱钢编《一切诚念终当相遇——解读王元化》一书当事人有关文章。我采用李锐的回忆。原文标题为《王元化与新启蒙》，载《美中社会和文化》第12卷第1期，2010年。

第八章　欢乐颂[①]（1989—1999）

《为五四精神一辩》

从1980年代初担任中国大百科全书出版社上海分社的领导到后来担任上海市委宣传部长，王元化行政工作繁忙，要为上海的文化发展战略规划作出重要的决定性的建议。他在任上主持的这些规划到后来都逐一实现。今天上海的一些大型文化项目如上海图书馆、上海大剧院、美术馆都是在他当政时期竭力推动的。1986年他提出了具有纲领性的《上海文化事业建议书》，四大倡议，即扬长避短、政策保证、成立上海文化发展基金会和文化体制改革，为上海这座城市的文化发展宏观战略奠下了基础。当然他也写了不少文化发展方面的建议性文章，收入《文化发展八议》一书。这是他当时的工作札记，共八篇，包括了：《文化发展战略是一项系统工程》《文化发展与文化建设》《文化经济与管理政策》《思想政治工作的改革》《文化发展战略的理论准备》《哲学社会科学规划的制定》《理论建设与观念更新》《文化交流与古籍整理》，上述文章均与工作有关，显示了作者从宏观的角度对文化发展的思路。

但是对于这些工作和文章，王元化后来并不看重。他坦然地对朋友说，1980年代平反之后，百废待兴，很多新的工作、任务以及杂事，虽然也写了一些文章，但是满意的很少。离开行政岗位将近30年的王元化，从专心致志研究学术和思想的环境中，也从一个孤独做学问的闲散人回到了文化工作领导岗位上，这种身份的转变使他感到陌生甚至有点不适应。但他具有很强的党性，各项工作都努力去完成。不过这些行政职务给进

---

① 取自贝多芬第九交响乐第四乐章“欢乐颂”，作品编号：OP.125。

行思想文化方面的学术研究带来了某种“干扰”。他曾坦然告诉林毓生：“到了1955年反胡风后，我回到学术里来。后来‘文革’结束了，我平反了，又让我去做官。我虽然很不愿意做官，做了两年官害得我六年的思维处于停滞的状态。所以我就没有真正好好读过书，与你们不同。”①这个“六年”就是指1980年代中后期，他的思考必须要有体制内的立场、观点。而这个时候正好是理论思想大解放的时期。

中国在1980年代初开始的改革开放达到了一个新的阶段，随着“实践是检验真理的唯一标准”的深入人心，随着各种政治经济和思想经典著作的引进，伴随着对“文革”的彻底反思，知识分子率先冲出“文革”时期的迷雾，开始呼唤人的尊严、价值、自由、启蒙与思想解放。在这种情况下，对外开放、市场经济和民主政治自然而然地成为许多知识分子共同追求的目标。思想界在价值态度、思维方式、政治取向上出现了同质性、共向性与板块性。尽管研究和关注的问题有所侧重，但根本价值与目标趋向上的意见分歧并不突出。知识分子有一种共识，在总体上的价值、思想与观点的同质性。青年学生尤为活跃，校园中出现了各种沙龙，举办各种讲座；学术刊物刊发了大量对西方经典著作的评论，引进了不少海外研究中国问题的思潮。

又正值“五四”70周年，“五四”的意义再一次被强调。对于如何理解这场运动在中国思想史上的重要地位，思想界理论界需要没有包袱的讨论，各地学术机构开始筹备学术讨论会作为纪念活动。这是“文革”结束后第一次大型的“五四”纪念活动，也是1980年代改革开放大潮中的一次学术盛会。从中国社会科学院、高等院校到各地的学术研究机构，甚至海外，组织了不少学术纪念及学术论文征稿活动。王元化也参与筹备、主持一些纪念活动。如上海中西哲学与文化交流研究中心举办的“‘五四’以来的文化反思”（1988年12月26日），武汉大学哲学系、荆楚学院举办的

① 王元化、林毓生：《王元化林毓生谈话录》，《文汇报》2008年3月30日“笔会”版。

“法国大革命与‘五四’比较”学术讨论会(1989年3月中旬),山西师大中外文化研究交流中心“长安—环太平洋地区国际学术讨论会”;中国社会科学院及该院哲学研究所、北京大学哲学系、中国文化书院、国家教委分别举办纪念“五四”70周年学术活动(1989年3月),上海中西哲学与文化交流研究中心举办的“关于忧患意识”学术讨论会(1989年5月)等等。

思想文化的大讨论真正展现了知识分子的百年共聚,从老一辈的学者如冯友兰、张岱年、季羡林等,到中年一代的汤一介等以及青年一代学者金观涛、包遵信、刘再复等,在学术思想领域解放思想,开拓领域,大胆引进西方思潮。《走向未来》丛书编委会、中国文化书院、《文化:中国与世界》丛书编委会成为1980年代中国的三大民间文化机构。三大机构共同点燃了1980年代的“文化热”,也成为引领当时中国人文社会科学各种思想风潮的源泉,其中尤以《走向未来》丛书影响最大。

在纪念“五四”的大主题下,李泽厚于1986年在《走向未来》杂志创刊号上发表《救亡与启蒙的双重变奏》,就“五四”新思潮的得失作了新颖尖锐的探讨,其主题便是经由“政治干扰了学术或文化”的观点而论证“五四”期间启蒙性的新文化运动开始不久,就碰上了救亡性的反帝政治运动,由此压倒了对个体尊严、个人权利的解放,科学和民主等等,国家的危机压倒了新文化运动的启蒙。这就是当时颇为流行的救亡干扰了启蒙,甚至将启蒙运动的中断是由于救亡运动兴起,以致走向革命,从而没有将由启蒙而带来的西方现代思想,静坐在书斋中得到研究,导致了启蒙的流产。

这种观点,王元化是不能同意的。他认为这种观点是首先从境外提出,后来传入大陆,成为当时很时髦的说法。通过研究,他找到这种观点的来源:由胡适首先提出。在《胡适口述自传》中,用整整第九章《“五四运动”一场不幸的政治干扰》来论述这场运动。胡适自认为出于一番愚忱,想把“五四”运动维持成一个纯粹的文化和文学改良运动,终于被政治救亡所阻挠而中断了。胡适认为当时青年由于受到多个政党的争取拉拢，都对政治发生了兴趣，因此使他一直作“超政治构思”的文化运动和文学改良运动，也就被大大削减了。胡适的这一说法引导出国内学者追捧“‘五四’启蒙运动的中断是由于救亡运动”的观点。

由此而溯源，王元化阅读了一些境外学者论“五四”的文章和书籍，他发现海外学者对于“五四”与大陆学者的说法有很大的差异，特别是在新儒学和儒学第三期复兴的观点背后，对于“五四”的这场文化论战用了一个简单的否定，即“五四”是全盘性的反传统主义，全盘性地打倒中国传统，这是一种激进思潮，而这种思潮一直延续到新中国成立之后，到了“文革”达到了一个高峰。①他觉得这种理论触及了底线，也即执政党的合法性问题。他秉持理论战线尖兵的责任，要出来为之呐喊，为之辩护，于是写下了此期间称得上有分量的学术文章《为五四精神一辩》一文，首先发表于他创办的《新启蒙》杂志创刊号上，经过《人民日报》《新华文摘》等报纸杂志转载，在全国影响很大，引起了境外学者的关注，毁誉蜂起，成为王元化当年最受争议的一篇文章。②

同时，这篇具有争议的文章的撰写恰也成为导引王元化晚年反思的关键性事件。尽管当时他还站在既定的立场和观念上，对于从海外转进到大陆的“五四”的讨论和批评持对立态度。正是这篇文章的发表，引起不同的反应，其中来自林毓生的商榷文章《迈出“五四”以光大“五四”》与其他人的一些文章和书籍，促使他寻找更多的书籍阅读并重新思考“五四”问题以及相关的国家政治学说、哲学以及传统文化等的转折点。而这一反思一直持续到最后的岁月。

《为五四精神一辩》是在王元化主编《新启蒙》的忙乱工作期间抽空写

---

① 王元化此时尚未能将新儒学和林毓生的全盘性的反传统主义区别开来。事实上，林毓生提出的“中国传统的创造性转化”与新儒学是两回事。

② 《为五四精神一辩》刊于《新启蒙》第1期，湖南教育出版社1988年版，第9—31页。

的。从1988年初开始搜集资料，到当年9月2日完成，以问答的形式刊发，全文约18 000字。继而稍作精简，删去问答体，改成论文形式，以“论传统与反传统——从海外学者对“五四”的评论说起”为题，刊登在《人民日报》1988年11月28日第五、六版以及次日的《人民日报》(海外版)上。他鲜明维护“五四”的立场以及认为“五四”反传统等思想不容置疑的观点，立即引起海内外的注意，被认为是当时关于“五四”文章中观点鲜明、立场坚定、具有战斗性的一篇论文。①

针锋相对的源头

王元化不同意这种“救亡压启蒙”的观点，根本原因是他认为这一理论否定了中国共产党领导的救国救亡运动。他是“五四”之子，在“五四”精神的感召下参加了革命，否定了“五四”精神就是否定了自己曾为之奋斗的事业。他以为产生此种现象是宣传部门和理论界漠视对“五四”根本精神的研究和提倡。这些否定“五四”启蒙运动的观点也与王元化本人经年累月所形成的“‘五四’思想必须全部继承”不符，他认为在1980年代新启蒙、改革开放意识下，不能否定来之不易的思想运动。

诚如王元化在《人民日报》发表《论传统与反传统》一文时所加的副题“从海外学者对‘五四’的评论说起”所指，他不仅批评了这种照搬境外学者的观点，而且还找了不少境外学者有关“五四”的论文阅读，发现身居境外的学者对中国政治昧于了解，站在不同的立足点，因而曲解了“五四”。其立论之一即境外的新儒学和提倡儒学第三次复兴的学者，

① 王元化当时的一部论文集即以《传统与反传统》为书名。《为五四精神一辩》后收入《王元化集》第六卷，删去了言辞激烈、观点偏颇的1 800字，如“为了追求真理，‘我喜揭人短，诸君恕狂直’”“身居海外，昧于实情，被彻底批判和彻底决裂的叫喊所迷，以致作出错误判断，这是不能苛求的”等，并写了一个补记：“本文对五四和陈独秀的评价有片面性，未就其反传统主流作出切合实际的论述，和作者后来的看法有较大出入。请参阅作者论杜亚泉及现代思想史二文。”

从崇儒的立场出发，引申出“五四”是全盘否定传统和主张全盘西化的论断。

该文批评了美国华裔学者杜维明、汪荣祖、唐德刚、林毓生，日本学者宫崎市定，以及早年发起“五四”新文化运动的人物胡适，还包括了旅居海外的中国学人等。正像他1990年代反思之后所说，当时站在既定的立场，对于“五四”问题坚守既定的立场，即“五四”是彻底的不妥协的反帝反封建是不容置疑的。对于“五四”反旧传统，则认为是天经地义的，而且认为只有批判得越深才能发掘其中的精华。后也被李泽厚批评为“否定的哲学”。

以下为该文中他摘出的对手的错误观点：

杜维明：把五四运动跟义和团运动相提并论，说成是偏颇的两极。

唐德刚：在为本杰明·史华慈的《五四运动的回应》写的书评中也说五四时代的知识分子，甚至包括最温和的胡适在内都是“感情用事”的，而这种“感情用事”的行为和作风在“文革”时勃然再起，这对那些“以天下为己任的传统读书人的老遗传，而又受有时代教育的新知识分子，真是一拍即合”。

林毓生：(1)（毛泽东）继承了五四的彻底反传统和全盘西化的思想才发动“文化大革命”；

(2) 断言五四的全盘性的反传统主义本身就是根源于中国的“传统思想模式(或称为分析范畴)，换言之，也就是由一元论或唯智论所构成的有机整体观界思想文化为解决问题的途径”。如果用简明的表述，这就是说五四的全盘性反传统主义是被更深层的传统意识所支配所渗透的；

(3) 林毓生论文是先立一框架，然后再去填补材料，多少带有先验模式论倾向。①

王元化认为这些先出自境外、后传入大陆的论调，受到追捧，在大陆一片赞扬中似乎不容置疑。作为"五四"之子，他能够切身体会到"五四"人的精神和理想，这些理论论著，全都是宏观性的概述，几乎很少有具体的剖析和科学的论证。

"五四"的精神

首先，王元化认定境外学者的论述对"五四"有着曲解或误解，特别是将"五四"运动的激进思潮与"文革"的破四旧、立四新及批判儒家思想联系起来，这是根本不同的两回事。他不认为"五四"启蒙运动中断的原因是"救亡压倒了启蒙"，更不能将1919年之后不久即成立了中国共产党而导致此后的一系列激进思潮，与最终爆发"文革"有关。

他认为"五四"启蒙最后失败的原因是：

(1) 由于当时有些马克思主义者的幼稚和理论上的不成熟。他们错误地把启蒙运动所提出的个性解放、人的觉醒、自我意识、人性、人道主义等都斥为和马克思主义势如水火、决不相容的资产阶级反动思想。

(2) 由于受到一种传统偏见的束缚，那就是传统观念中侧重于共性对个性的规范和制约，忽视个性，压抑个性，由此形成了一套固定的僵化的思维模式和伦理道德规范，从而使五四启蒙运动中的个性解放等得不到张扬，否定了人的价值。

(3) "五四"反传统和倡导西化是天经地义的，因为传统中有许多的糟粕。当然对反传统需要分析，"五四"人物对于有些传统，如墨家、民间文化等并不全反。

---

① 参见王元化：《为五四精神一辩》，见《新启蒙》第1期，第9—31页。

(4) 毛泽东对于中国传统文化中的经典著作是深刻了解的，并不反传统。

总体而言，他认为境外学者对“五四”曲解的原因分别是由于站在不同的政治立场上，同时也是由于这些学者身在境外，对大陆的政治和思想方面的斗争隔膜所致。

以上四个观点撑起了王元化当时的主要思想脉络，他批评的重点是林毓生的全盘性反传统主义。王元化认为，林毓生提出“五四”是全盘性的反传统主义也即把传统全部打倒是一个情绪性的过激立场，“与其说是出于理性的考虑，不如说更多地出于偏见与好恶”①。这里他并没有进行进一步的理性分析，而是将境外学者的研究归结为从立场和个人的好恶来看待“五四”。而对于新儒家代表杜维明的义和团之说，王元化直斥为是由于“五四”的反儒而引起新儒家学派的嫌恶，进而将之与义和团等同。“把五四精神和义和团精神以至造反精神一锅煮，是一种不分皂白的牵强说法。”②王认为从义和团到“五四”，从“五四”到“文革”并不存在着一条激进、偏激的思路。他将“五四”从义和团和“文革”的关系上剥离出来，“为什么把五四作为‘文革’的先河，而不把义和团视为红卫兵的前驱呢”③？

至于“文革”中个人崇拜的狂热情绪，他认为并非激进思潮的集中爆发，而是某种文化传统，甚至是一种全世界普遍的萨满教传统。王元化引用了美国人类学家张光直在《中国青铜时代》一书中有关论述原始宗教“萨满”的理论，用来解释个人崇拜，认为红卫兵与萨满教一脉相承，基于同一种农业文明，一种连续性的，发源于萨满文化的在世界范围内具有普遍性的文化传统。从而将“文革”的个人崇拜、极端偏激的思想归于某种普遍性文化，而否定了这种个人崇拜从传统中借取资源进行重新包装后

①② 王元化：《为五四精神一辩》，见《新启蒙》第1期，第13页。

③ 王元化：《为五四精神一辩》，见《新启蒙》第1期，第14页。

的利用。他认为，红卫兵在天安门接受检阅时那种丧失理智的狂迷、号叫、哭泣，犹如巫神附体，准备为了愚昧的崇拜赴汤蹈火，献出自己，这和义和团以同样的狂热和愚昧，凭着刀枪不入的符咒，冒着敌人的炮火，毫无畏惧，前赴后继，没有什么两样，是一种萨满意识。这与"五四"崇高的呼唤人的觉醒、个性解放、人道主义、民主与科学是完全两种性质。①至于有海外学者认为"五四"打倒孔家店与"文革"批孔一脉相承，正是继承了"五四"的全盘性的反传统，他认为这是对于大陆情况的不了解。由于境外学者，对于"批孔"的真意有误解，不知"批孔"的真意是为政治和权力斗争所用。他一条条引用毛泽东如何尊重传统的例子来反驳境外学者的立论，"如果仅仅根据他说的一些话，从表面上去判断，就难以弄清真相"②，并根据毛泽东读大量的线装古书和喜欢引用古文的例子来证明毛并不反传统。归根结底，境外学者对大陆情况做出的判断往往只是表面的现象，"批孔"、批儒家、批海瑞、批《水浒》等都并非真的去批判，而是一种影射符号，来达到某种政治目的。

"身居海外，昧于实情，被彻底批判和彻底决裂的叫喊所迷，以致作出错误判断，这是不能苛求的。"③

《中国意识的危机》

对于林毓生《中国意识的危机》一文中关于"五四"是"全盘性的反传统主义"观点，王元化尤为下功夫，拈出五点批评林毓生：

第一，王元化认为"五四"反传统是天经地义的，用不着讨论，并且指出林毓生所谓"'五四'全盘性反传统主义是被更深沉的传统意识所支配所渗透"的观点，"前提的本身是有待论证的。不经过论证而作为必然的

① 应该说，王元化这一看法是偶然从张光直的《中国青铜时代》一书中得到的启发。
② 王元化：《为五四精神一辩》，见《新启蒙》第1期，第16页。
③ 王元化：《为五四精神一辩》，见《新启蒙》第1期，第15页。

结论，这只是一种先验论”。①

第二，批评林毓生的研究方法“全都是宏观性的概述，几乎很少有具体的剖析和科学的论证。有的论者纵使援引一些原著文字以证己说，但又往往陷入摘句法，也有削足适履地用夹叙（事实）夹议（理论）方式写成的专著。如上面提到的林教授的论文。但我感到是先立一框架，然后再去填补材料，多少带有先验模式论倾向”②。

第三，从上述的方法论问题自然引出了论者“在对五四启蒙运动进行批判的时候，由于缺乏对照比勘，放弃了对于论战对方的考察，以致陷入片面”③。也就是说林毓生对“五四”启蒙者批判传统的内容并没有进行分析，即使分析了，也没有对照比勘，从口号的背后去分析研究其精神实质。尽管“五四”启蒙者用了一些诸如“玄学妖孽，桐城谬种”，比起对立面、保守一派如林纾的反击如“人头畜鸣”来则温和得多了。更重要的是，王元化认为“五四”启蒙者主要反的是儒家的“吃人礼教”而没有全盘性反传统，并举了很多“五四”启蒙者肯定传统的证据，包括陈独秀、鲁迅、吴虞以及毛泽东等人对传统文化的肯定，如墨子、老庄、商鞅以及魏晋时代的人物等，来证明五四启蒙人物并没有全部的反传统和传统文化。至于林毓生认为“五四”的全盘性反传统主义是源于作为王权的“奇理斯玛”（CHARISMA）崩溃的后果。王元化举出历史上有过王权未崩溃而反传统的例子，以非孝而言，在王权并未崩溃的魏晋时代，孔融远比吴虞更为激烈。由此可见，王权崩溃并不会导致全盘性的反传统出现。

第四，认为林毓生的论证有矛盾之处。林毓生提出，中国文化的整体观形成了“借思想文化为解决一切的途径”，从而造成了“五四”的“全

---

① 有学者认为，王元化并没有对林毓生“‘五四’全盘性的反传统”加以否定，因为当时“五四”全盘性的反传统是一个常识，已经成为国人和世人的基本常识。但纵观王元化此文，在当时，王元化对“五四”全盘性的反传统的激烈思想是不认可的，他认为“五四”反传统只是反吃人的礼教。

②③ 王元化：《为五四精神一辩》，见《新启蒙》第1期，第21页。

盘性反传统主义”的形成。王元化对这一论断质疑“难免会使人产生这样的疑问，既然如此，那么要反对五四全盘性的反传统主义的偏颇，就必须铲除产生这种偏颇的深层根源——中国传统思想模式（分析范畴）？试问：这岂不是比五四的全盘性反传统主义更进了一步”①？王元化认为林毓生当作前提东西的本身是有待论证的。“不经过论证而作为必然的结论，这只是一种先验论。过去，我们把‘阶级’当作涵盖一切，代替一切，超批判超逻辑的主体，认为它无处不在，每个人从生到死都无法逃脱它打下的烙印。现在，我觉得一些文章谈到‘传统’时似乎也有这种趋向。我不赞成超批判超逻辑的‘阶级论’，也不能赞成超批判超逻辑的‘传统论’。”②

第五，对林著说毛泽东继承了“五四”全盘性的反传统主义而导致了后来的“文革”，王文不仅在正文反驳了这种观点，并在文末用了一个2 000字的附注，详细列举出毛泽东的早、中、晚期如何阅读线装古书《近思录》《仁学》《资治通鉴》等古籍，说明毛泽东重视中国古代传统。此外毛泽东还在实践中常常引用古书成语，对古代掌故引之即来，但是以此证明毛泽东受传统影响很深，并推论说他“继承了五四全盘性反传统主义，以致导致了‘文化大革命’的悲剧，虽然似乎也言之成理，但却令人感到持之无故，距离事实太远了”③。

总之，王元化毫不掩饰“五四”全面反传统的重要性和正确性，甚至用毛泽东的论点来批评林毓生——“早在40年代，毛泽东就以‘形式主义’的说法指出五四评价问题全好全坏方式的片面性。这恰恰与上面那位海外学者（指林毓生）说的把传统文化当作统一整体加以全盘否定的五四人物的思想模式是大相径庭的”④。

上述种种，既可以从学术层面看到，王元化对境外学者的所谓建立体

---

①② 王元化：《为五四精神一辩》，见《新启蒙》第1期，第19页。

③ 王元化：《为五四精神一辩》，见《新启蒙》第1期，第30页。

④ 王元化：《为五四精神一辩》，见《新启蒙》第1期，第16页。

系的思辨方式还没有认同，以致误会了当时的一些境外学者关于"五四"是全盘性的反传统主义的深刻观点；这也说明来自他心中的传统中国的文化意识尚未觉醒。用王元化本人的话来说："我是在五四的精神氛围和思想影响下长大成人的。我生下的那年，北洋政府教育部就颁布了中小学应一律使用国语读本的命令。我一直认为五四的反传统和倡导西化是天经地义的。直到八十年代下半期，我编《新启蒙》和写《传统与反传统》一文时，都是秉承了这样的思路。那时我虽然也有一些独立思想，但在五四的问题上，仍像今天许多人一样，认为这是一条必须坚守的底线：五四思想必须全盘继承"①。

一个非常厉害的反驳

《为五四精神一辩》一文在当时被称为对境外学者及大陆流行的观点"最有力的质疑"，尤其是其中认为"五四"反传统精神是用不着讨论的，但"五四没有全盘性的反传统问题，而主要的是反儒家的'吃人礼教'"②，指出林毓生所说的"'五四'的全盘性反传统主义是被更深沉的传统意识所支配所渗透"的观点，"当作前提东西的本身是有待论证的。不经过论证而作为必然的结论，这只是一种先验论"，③很能得到持反对意见者的支持。

身居海外的林毓生很快就读到了这篇文章。

林毓生 1958 年毕业于台湾大学历史系，殷海光的弟子；1960 年在芝加哥大学社会思想委员会攻读博士，问学于思想史、哲学、经济学专家哈耶克(Friedrich August von Hayek)，又得著名社会学家席而斯(Edward Shils)教授指导；博士论文完成后到哈佛大学做博士后，在史华

---

① 王元化：《王元化集·总序》(第一卷)，第 6 页。

② 王元化：《为五四精神一辩》，见《新启蒙》第 1 期，第 21 页。

③ 王元化：《为五四精神一辩》，见《新启蒙》第 1 期，第 19 页。

慈(Benjamin I.Schwartz)教授门下研究思想史;1970年获哲学博士学位,毕业后任美国威斯康星大学麦迪逊分校历史系教授,专精思想史研究。其时林毓生正在新加坡东亚哲学研究所作为期两年的访问研究。王元化的《为五四精神一辩》刊出后的第二天,就有人拿报纸给林毓生看,说林先生有个人批评你,写得很长。林毓生仔细看了,觉得有误解。他那时候并不认识王元化,所以很快写了一个"非常厉害的反驳",根据报上的地址,寄到北京《人民日报》海外版编辑部,但迟迟没有下文。此事就不了了之。

后来,林毓生将此文以"迈出'五四'以光大'五四'——简答王元化先生"为题,收入1989年5月出版的林毓生论文集《政治秩序与多元社会》。①

文章一开始,他从王文"误会"的角度,和缓地切入了这场论战。文章开头就说"任何细读过拙著英文原本或中译增订再版本的读者都会知道,王文对拙著的批评主要是建立在误解之上;而这些误解又主要可能由于王文作者只浏览过拙著初版本的缘故"。接下去的用词逐渐加大批评分量。林文提到在《中国意识的危机》增订再版本(1988年版)中,增加了一倍的文字,包括另外两篇译自英文发表的论文和两篇中文撰写的论文,这才是一部全面论述"五四"全盘性反传统主义的著作。"任何读者看过之后,断不会像王文那样,以为笔者之所以认定'五四'反传统主义乃是'全盘性的',是'从新儒学和儒学第三次复兴的崇儒立场出发,自然会引申出"五四"是全盘否定传统文化和主张全盘西化的'论断。"

事实上,林毓生本人并不赞成新儒学或儒学第三次复兴的观点,更非新儒学派人物,王元化当时并不了解。论辩接着进入王文为何会误解林著。林毓生指出,"误解"关键是王文对于林著所定义的"意识形态"涵义

① 本节所引林毓生论述均摘自氏著《政治秩序与多元社会》,台湾联经出版公司1989年版,不另出注。

没有确切了解。林文认为“王文最根本的错误是：它（吴案：这个它是指文章，并不是指王元化，英文原文为 it。）对‘五四’反传统主义的意识形态的性格与涵养，毫无了解。因此，以为用考据的方式找到了一些‘五四’反传统人物肯定传统的材料，便可反驳拙著的论旨”。换句话说，这也是深陷于意识形态的封闭状态中而无法了解其本身涵义的典型案例。意识形态（Ideology）这个词原是舶来品，中文翻译并非译自西文，而从日文辗转引进。林毓生认为这个译名并不足以说明此词之内涵，为此他自创音意译相结合的一个词“意谛牢结”来指代，意为思想意识的禁锢，可惜中文世界没有流行。长期以来中文世界泛用的“意识形态”这个词，似为正确的“思想、立场、态度”之等同义，其原意反而变得松散与模糊。虽然它的解释各家说法不一，但是从分析范畴来看，还是非常有用。林毓生的解释是：“意识形态是对人、社会及与人和社会有关的宇宙的认知与道德信念的通盘形态。”接下来比较重要而极易导致误解的是“它对与它有关的各种事物都有高度而明显的‘系统性’意见（此处‘系统性’意见并不蕴涵‘正确性’），它往往要把系统中的其他成分整合于一个或几个显著的价值（如平等、解救、种族纯粹性等）之下。就这样，它往往是一个封闭系统，对外界不同意见采排斥态度。从内部来看，它一方面拒绝自我革新，另一方面，要求追随者绝对服从，并使追随者觉得绝对服从是具有道德情操的表现。意识形态的形成与传播则要靠‘奇理斯玛’（charismatic）型的人物的出现与领导”①。从这个概念出发，林文认为“五四”人物在意识形态的层次上，而并非在思想体系、看法或者教义上，主张非全盘而彻底地把中国传统打倒不可。这也就是全盘性反传统主义而非全盘反传统的区别。请注意这个“主义”，大凡思想而有了主义，就成为一种意识形态，在思想看法上形成了一种全方位的结构。例如，尽管有的人在某种程度对于传统予以肯定，但是只要信奉这种意识形态，也就必须在整个思维脉络

① 林毓生引用这个概念源自其芝加哥大学求学时代的导师之一希尔斯。

中提出全盘性地否定中国传统的口号，也即全盘性地反传统主义（totalistic antitraditionalism）。林毓生认为由于传统的儒家思想中的一元式“借思想、文化以解决问题的途径”的思维模式，无论是康、梁、严、谭，还是后来的陈独秀、胡适、鲁迅，莫不受此影响而接受全盘性的反传统主义或曰反传统的整体主义。

对于陈独秀、鲁迅等人在反传统的过程中还保留着对于传统的某些留恋或流露，林文认为人脑是很复杂的，譬如有情感的部分，有理智的部分，有情感理智掺杂在一起的部分，在这些知识分子头脑中非意识形态的部分里，存在着一种肯定传统的思想，而林著恰恰就是讲意识形态反传统的部分与非意识形态肯定传统的部分的冲突，讲这一代知识分子的内在矛盾。这个分析是很复杂的，需要通过非常细致的推理和论证的过程，并不能简化成为——“五四”时期的主要干将和一些大知识分子（如陈独秀、胡适、鲁迅等）领导的反传统运动是一个要整体打倒传统的运动。

从这个意义上说，“五四”人物并不全部否定传统，在非意识形态方面，他们又要保留如孝、义、忠、恕等观念，这正是“五四”人物的矛盾和焦虑之处，陈独秀、胡适、鲁迅均如此。由此而在整体上处于一种意识形态化的思想方法，奉行全盘性的反传统主义。林文称，他所称谓的“全盘性反传统主义”就是指在意识形态层次上的要求，而并不是说(1)在他们要求把传统全部打倒的时候，就可以从传统中完全解放出来了。(2)他们对传统中的每一个特殊成分（也就是个例）都经过仔细的研究，发现这些成分不是恶毒的，便是无用的，因此必须从理性出发，中国传统必须予以全部铲除。虽然陈独秀承认儒家思想有些成分可取，但是这并不动摇他在逻辑上要全盘性反传统主义的立场。这就是林毓生强调的全盘性反传统主义的主要涵义。

其次，王文批评林毓生的全盘性反传统主义是源于作为王权的“奇理斯玛”崩溃的后果，并举例“就以非孝来说，在王权并未崩溃的魏晋时代，孔融远比吴虞更为激烈”①。林认为此误解更深。林文是指“奇理斯玛的普遍王权崩溃以后，社会与道德秩序因失去依靠而发生混乱。这样的混乱给知识分子带来极大的焦虑，迫使他们找寻解决之道”。对于传统的激烈批评态度并不会导致全盘性反传统主义的产生，任何时代都会有这种情况。只有王权崩溃，道德秩序失去依托，即如陈寅恪所说“社会经济之制度，以外族之侵迫，致剧疾之变迁，纲纪之说，无所凭依，不待外来学说之掊击，而已销沉沦丧于不知觉之间；虽有人焉，强聒而力持，亦终归于不可救疗之局”②，这才会非直接地导致全盘性地反传统主义，这里不能忽略社会与道德秩序失去依靠而发生混乱的因素。孔融等的“非孝”，只是就局部的某些道德概念做反对状而已。

再者，林毓生认为王文的思维模式尚未能摆脱整体主义的思维方式，是“二分法”的非此即彼。不赞成“五四”某些方面的意见，便被认为是新的保守主义，这恰恰是受到了“五四”时期意识形态化的思维方式。林毓生认为“五四”的重要精神，来源于中国知识分子的使命感而导致的一种思维，以为真理本身应该指导政治、社会、文化与道德的发展，凝聚成为一切要以理性为基础的启蒙精神。这就是林毓生认为王文为何会发生“误会”的原因。

“在笔者对‘五四’既肯定而又批评的分析与多元的立场作了以上的交代以后，王文作者之所以对拙著遽作论断的‘非偶然性’便很易了解了。”王文的重要观点认为：“林毓生的《中国意识的危机》断言：‘五四’的全盘性的反传统本身就是根源于中国的‘传统思想模式（或称分析范畴），换言之，也就是由一元论或唯智论所构成的有机整体观借思想文化为解决问题的途径。’如果用简明的表述，这就是说‘五四’的全盘性反传统主义是跟更深层的传统意识所支配所渗透的。”③

① 王元化：《为五四精神一辩》，见《新启蒙》第1期，第24页。

② 陈寅恪：《王观堂先生挽词并序》，载《国学论丛》1928年第一卷第3期。

③ 王元化：《为五四精神一辩》，见《新启蒙》第1期，第19页。

林文指出，当没看过他本人著作的读者看到王元化这一段话的时候，大概会以为林著是一武断及教条气味很浓的事。事实却是“王文引号之内的引文并不是拙著的原文，而是王把拙著的意思简化与重组以后的话。拙著所论‘借思想文化以解决问题的途径’是在一限定意义上说的思维模式，不可如王文那样‘简明表述’为‘传统意识’。因为思维模式就是思维模式，并不指思想内容。这一思维模式当然更不是作为自觉的脑力活动之总称的‘意识’(虽是其中的一个部分)”。

什么是“五四”精神？林文认为精神是“人在生活态度与作法中所表现的气质和力量。‘五四’精神乃是一种表现在中国知识分子身上的特有的入世使命感。……这种入世使命感直接上承儒家思想传统所呈现的‘先天下之忧而忧，后天下之乐而乐’与‘家事、国事、天下事、事事关心’的精神”。这种精神在“五四”时期受到西方启蒙精神的影响，则表现为“要求一切要以理性为基础的启蒙精神”，这与18世纪启蒙精神的相通之处即在于，它们“都建立在一种信心之上，认为根据理性所获得的知识，将会带来人类的解放”。“五四”的问题则在于以封闭的意识形态来对待传统，故而把思想意识形态化了，因而在思想上的建树极为有限，因此今天的知识分子必须超越“五四”的这种局限，重新检讨自由、理性、民主、科学、法治的真义。“五四”人物，不是悲歌慷慨就是迫不及待。

王元化的反应

林毓生《迈出“五四”以光大“五四”——简答王元化先生》一文发表后，王元化是否及时看到了，以及看到之后他是如何反应的呢？

王元化生前很少谈到这个话题，只是说自己跟林毓生有过这样一次很厉害的论争，但他确实非常及时地读到了林毓生这篇反驳文章，这一点连林毓生都不太清楚。因为两人在1991年夏威夷开会时见面，丝毫没有谈到这篇文章，双方握手言欢，尽释前嫌。事实上，王元化读到这篇文章之后，心中是“恼怒的”，并且还想要找机会与林毓生再度商榷。1989 年 5 月王元化编辑完的论文集《传统与反传统》，当时因故无法出版，延宕到 1990 年 4 月由上海文艺出版社出版。此书的第二篇就是《论传统与反传统——为五四精神一辩》，并在该书的“书后”说：

> 本书是我近两三年所写的文章结集。稿子是五月前编好交出版社的。五月初我就出国去了，将近月底才回国。其中《论传统与反传统》一文，被香港一家出版社收入一本以林毓生文章为题的集内。事先未征得我同意，而文中误排之处，真可说飣餖满眼，幸而这篇文章差不多同时也被台湾联经出版社出的由汤一介同志编的“五四”论文集（以拙题目为书名）收入，如果海外读者看到这篇经我校阅交给编者的文章，可以免去我讲昏话的误会。我收到那本书已晚，来不及撰文回答林教授的质疑了。但一有机会我是要和林教授讨论的。也由于同样的原因，对于我去年七月收到的晚出的《文艺报》上所读到的一位友人指摘被林教授质疑的同一篇拙文有“破坏激情”的话，也来不及作出答复了。我得说，我不对这种指摘作出回答，将是一种不负责的态度。但这也同样只有俟诸他日，只要我还有可能写答辩文章的话。
>
> 一九八九年作者写于沪上清园①

这段话中稍有几个笔误，“香港”应为台湾，所说的以林毓生文章为题的一本集子，即为林毓生的个人论文集《政治秩序与多元社会》。《论传统与反传统》一文是作为林毓生“简答王元化先生”一文的附录收入的，以供读者查阅，确实未经作者同意。笔者将此文与《新启蒙》上的原文仔细校

① 王元化：《传统与反传统》，第 239 页。

对，其排印错误似并未到飣餖满眼之境地。汤一介编的《论传统与反传统：五四70周年纪念文选》，收录了王元化《论传统与反传统——为五四精神一辩》全文，由台湾联经出版公司出版。"另外一位友人"指的是李泽厚，"一位友人指摘"是指发表在1989年6月3日的《文艺报》上《语言的迷宫及其他——李泽厚、于建对谈录》一文，其中于建问"正是鉴于这种历史经验，你才特别强调'加深"五四"的科学精神'，提倡理性，是吗"？李泽厚回答："准确地说，是建设的理性和理性的建设。我们现在破坏的激情很大，什么都扔弃、否定。反映在学术上也如此，包括王元化提倡的所谓否定的辩证法。还有刘晓波搞的那些东西。其实很多都是过去的重复，甚至是重复'文革'，不过是用黑格尔的语言代替毛泽东的语言罢了。总之，不是理性地建立形式，而是情绪地否定一切。"①

从现存的文字资料中，没有见到王元化发表再反驳林毓生的文章或其他形式的商榷。但读了林毓生的反驳文之后，他对其观点并不赞同。在1989年之后，有相当长的一段时间，王元化闭门读书，与外界保持较少的联络。进入1990年代之后，他从反思"五四"开始，直到对中国传统文化进行通盘的思考，慢慢地转变了从意识形态层面上反传统的思维方式。正像王元化在《九十年代日记》中写道：

> 我感到奇怪，我和一些人开头因见解分歧发生争论，甚至双方都由此产生不快，而后来都成为朋友，这是我最初想不到的。我和林毓生的关系如此，和余英时的关系也是如此。②

传统文化意识的复苏

进入1990年代的最初几年，社会发生了变化，思想界也有了变化，从

① 李泽厚、于建：《语言的迷宫及其他——李泽厚、于建对谈录》，载《文艺报》1989年6月3日。
② 王元化：《九十年代日记》，第85页。

激烈的反传统思潮走向冷静思考如何对待中国传统的问题，王元化对于中国传统也有了新的思考。王元化“痛定思痛”，开始思考为什么“左”的思想在中国的影响如此源远流长，在许多人（甚至包括他本人）头脑中如此根深蒂固。就像他后来所说，他在思考的过程中，除了阅读大量晚明到清末的思想家、学者的文章之外，同时将自己思想的历程放进去一起思考，因此，他的思考就不纯是一种学术的思考，而是带有他自己的体验和经历在其中的剔骨剜肉的过程。

1980 年代初，上海市古籍整理出版规划小组成立，由陈其五任组长，王元化等为顾问；1985 年，王元化接任组长；1991 年，王元化被任命为上海市古籍整理研究委员会主任，并担任了国务院古籍整理出版小组成员。出于责任和需要，他不仅推动了一系列的重要古籍的编纂和出版，如《古文字诂林》《王国维全集》《章太炎全集》等，同时也阅读了大量的传统文化书籍。据其日记记载，1992 年，他借阅了一百多种清人笔记，认真阅读后，对于中国传统文化有了新的理解和心得，并据此选择一些有现实意义的掌故写成《沈荩之死》《曾国藩著挺经》《宦术》《吴汝纶论中西医优劣》《李鸿章办外交》《周汉其人》《屈大均葬衣冠》《跪拜礼》《祀天敬孔》《刚毅识金龙》《伪造合影》《甲午缉奸》《水晶灯笼》《司法护官》《青松红杏图》等文。他十分关心古籍整理出版的工作，不仅是工作需要，而且也是他此时的研究兴趣。

王元化虽然出生于一个新式的家庭，但从祖辈开始，对中国的传统文化即重视有加，小时候曾得韦卓民授以国学基本知识。1939 年问学国学教授任铭善，学习如何作文章，但是当时忙于地下党文艺工作，并没有用心去学，常被任老师批评；1947 年到北平担任北平铁道管理学院的国文代课老师，由父亲专门带到汪鸾翔家中问学，此时才开始了国学包括词章、训诂、考据等学习。在汪先生的指导下，王元化认真研读了包括《文心雕龙》《楚辞》《文赋》等在内的中国重要古典文学原著。与他父亲王芳荃或满涛等相比，他对于传统文化的体认比这些在国外接受教育的学者多了一份理解，这些资源都可以用到他 1990 年代的反思之中去。

王元化在治“龙学”中练就了阅读、背诵古文的基本功，打下极为精湛广博的国学根柢，同时也精通义理之学。但是由于工作和兴趣的关系，他相当长一段时间没有浸润于古书堆中，直到了此时，他才由 1980 年代较为激进的思想和心态渐渐趋于平和，有更多的时间阅读和思考。他有系统地阅读并撰写了一些有关古籍和古代文化的考辨文章，包括《扶桑考辨》《列子·杨朱篇考》《原壤夷俟柬释》《与友人谈考辨古史书》《子见南子与前人注疏》《达巷党人与海外评注》等。

王元化本人很看重他的这些文章，曾经携其中的《达巷党人与海外评注》一文参加哈佛大学 1993 年的国际学术研讨会，此文用考据训诂的方式，与史华慈商榷古籍训诂，在会上得到林同奇和张隆溪的欣赏，但似没有引起足够的重视。换句话说，这种类型的会议探讨的是文化、社会或政治的理论，离真正的考据、校订以及训诂较远。而在这些思想家、理论家中，更重视的是义理，也就是思想和理论，林毓生甚至认为考据训诂的意义并不是很大。因此，王元化于 1992 年 5 月给张灏写了一封信。在此信中，王元化分析海内外治学的异同，认为“海外多尊宋学，再融以西方现代哲学思潮。在兼综中外方面，是以后者为体，前者为用。而大陆仍延续五四整理国故传统，受到海外已被新起的诠释学所扬弃的兰克(Ranke)较大的影响，重论据、论证，偏向客观主义。同时，也掺杂甚至充盈着庸俗社会学的滥调(此一情况乃一十分复杂的问题，可惜海外学人无暇耐心探索，故多不谙其原委，不究其本末，以感情的厌恶代替理性的判断)……改革开放以来，海外现代思潮冲击大陆，所谓绝对客观标准受到挑战，我以为这对推进大陆学人的思考，十分有益。不过就我个人来说，对海外这种以六经注我或强人从己的诠释理论与实践，却不大能够接受”①。他强调

① 王元化:《清园书简》,第 474 页。

熊十力先生所倡导的“根柢无易其固，裁断必出于己”的治学原则，同时也批判了熊先生“诠解古书，往往强古人从己意，以致其文虽颖脱迥拔，却因难寻文证，而终遭非议”[①]。在此信中，他批评了杜维明不应该将古人拔高或理想化，举出的例子是孟子思想与杜维明所主张的多元化相违，特别是在阐述孟子民本思想时有拔高之嫌。他认为孟子在思想倡导多元化方面，不及庄子、孔子。“孔子在容忍异见上似乎更要好一些，并不像孟子拒杨墨那样偏激。”[②]王元化曾经在1988年批评林毓生建立理论框架的想法至今未变：“海外有些学者好作高屋建瓴、把握全局、统观整体之论，因此常常采用概括方法。”[③]对于境外学者将对传统持批判态度者，均归为搞影射史学一说，他认为大陆学人在以往历次思想批判的政治运动中，均因被诬为影射而遭祸，有了这样的经验教训，他们怎会作茧自缚，授人以柄？且影射非比兴之正途，为有识者所轻。这是当时王元化对传统学问的解读。

曾经在1988年撰文批评杜维明新儒家观点的王元化，此时对于杜维明从当年儒学的观点后退却表示了不理解。杜维明对于“五四”全盘性反传统的思想都有批评，1990年开始重新思考之后有所改变。1994年1月，杜维明在美国《世界日报》上发表《儒学研究：当代东亚儒家人文主义的讨论》，对于“五四”全盘性的反传统做了某种程度上的肯定，认为传统需要分析，在“五四”时代，梁漱溟、熊十力等儒家学者，孤军奋斗，他们提出儒家的重要性需要有一种精神气质。“有一点是值得注意的，我曾说过要继承‘五四’的批判精神，什么意思？‘五四’那些强烈批判儒家的人，其实都是强烈的爱国主义者，他有一种强烈的爱国情绪，但是有些地方有很狭隘的民族主义。”[④]杜维明也对中体西用说作了批评，认为作为一个中国人要站起来，一定要向西方学习，不能有“民族主义”在背后推动。他

---

① 王元化：《清园书简》，第474页。

②③ 王元化：《清园书简》，第475页。

④ 杜维明：《儒学研究：当代东亚儒家人文主义的讨论》，载《世界日报》1994年1月5日。

认为，"五四"一代虽然对儒家传统批评得很厉害，但是对中国的命运，对中国人将来在世界上能够站起来，鲁迅、胡适这些人都是有非常坚定的信念的，这些信念就是儒家讲的君子有独立人格，能够不畏强暴，靠自己堂堂正正做人。表面上他批评儒家，实际体现的正是儒家的那种精神。

读了杜维明的这篇文章之后，王元化认为杜维明对"五四"的评价较以前有转变，"杜对五四评价与前有较大转变。文中与过去意见相反，肯定了五四的批判精神，同时也批评了中体西用说。这两个问题在大陆学者中已成为学人关注的新的传统及观念。杜在美籍华裔学者中，社会活动较多，在适应环境方面亦较灵活。为在新环境中立足并传播自己之学，往往从策略性出发修饰措词，或作某些思想调整。这种灵活性究竟是好是坏，颇值得研究。倘为了适应环境而伤害原则性是不妥的"①。

虽然这阶段在读书方面并没有一个整体的规划，但可以知道王元化也在思考一个大的问题，他认为中国长期将学术作为一种手段，缺少西方式的纯学术的研究。思想则更是附庸在既定的观念上，为政治服务，因而产生了大量的所谓"影射史学"。在研读"五四"以来的知识分子的著作中，他深感"独立的精神和自由的思想之重要性"，学术与思想无法分开，要倡导一种"有思想的学术和有学术的思想"，也就是将学术中立的角色还给学术。1993 年 10 月 19 日的日记中记读余英时论道统与治统不可互侵，应各司其职，并摘录其文中的重要段落："现代知识分子的活动主要是限于文化的领域，而不在实际政治和经济的范围内。知识分子是通过'影响力'去指导社会，而不是凭借'权力'去支配它。"②王写道："这段话和我意甚吻合，在此之前我亦说过大意相同的意见。可见对于知

---

① 王元化：《九十年代日记》，第 225 页。

② 王元化：《九十年代日记》，第 206 页。

识分子的角色，他有了比较明确的认识，即保持独立，而不能将责任混同于学术之中。”①

推进《古文字诂林》的出版

对于一向重视训诂考据的王元化来说，在他担任古籍整理出版规划小组领导任上的一项重要工作是推动《古文字诂林》的编辑出版。

王元化不仅是《古文字诂林》出版的倡议者，也是领导者。该书在讨论之初，计划增补和续编《说文解字诂林》《经籍籑诂》，这个意见原则上得到了古籍整理出版规划小组的同意，也得到了一些专家学者的肯定和支持。后来经过进一步研究认为，还是集中精力搞一部《说文解字诂林新编》。

1991 年 7 月市古籍整理出版规划小组在锦江饭店举行会议，由王元化主持，讨论《说文解字诂林新编》的编纂规划与设想，市委宣传部、市出版局部分领导，市古籍整理出版规划小组一些成员，华东师大中文系负责人和几位教授出席了会议。会议上，华东师大中文系李圃（李玲璞）教授说了他对该书编纂工作的初步设想；与会者对书的名称、内容、体例、规模及经费等问题展开了充分的讨论，商定由市古籍整理出版规划小组与华东师大一起筹备，于 10 月下旬召开一次论证会。当年 10 月 26—28 日，王元化主持第一次专家论证会，中国社科院的胡厚宣、张政烺，北大的裘锡圭，上海图书馆的顾廷龙，上海博物馆的马承源，华东师大的戴家祥等几位学术顾问都出席了会议。在会上大家对编纂工作的方方面面都畅所欲言，各抒己见。会后又增聘了北大的朱德熙和中国社科院的李学勤为学术顾问。也就是在这次会后，书名正式定为《古文字诂林》，确定在华东师大中文系专门设立《古文字诂林》编辑室。编辑室成员除华东师大中文

① 王元化：《九十年代日记》，第 206 页。

系古代汉语教研室的中青年教师外，还吸收了校内古籍研究所、史学研究所、情报学系、图书馆古籍部等几个系、所、部的一些教师；同时又延请外单位，如中国社科院语言研究所、复旦大学、上海师范大学、四川大学、吉林大学里的一些中青年学者。

要编纂出版如此大规模的一部工具书，单凭古籍整理出版规划小组每年 20 万元的资金，显然难以完成。对此，王元化其实早已了然于胸，很早就向市有关部门商量，邀请几家出版社进行协商。当时很多出版社都资金匮乏，最后，上海教育出版社时任社长陈和决定勇挑重担，由副总编辑王为松与《古文字诂林》主编李圃[①]教授联系，表示愿投入 50 万元作编纂经费，并全部承担后期高额的出版成本费。这样，《古文字诂林》的编纂、出版便顺利开展了。

王元化为《古文字诂林》倾尽心力，在他的《九十年代日记》中多处记了有关内容："去华师大与古文字诂林编辑室人员座谈"（92 年 5 月 7 日），"午后钱伯城、魏同贤、李玲璞、汪寿明来谈诂林事"（92 年 10 月 24 日），"下午去华师大见诂林同人"（92 年 11 月 18 日），"午后古文字诂林诸人来谈"（93 年 7 月 2 日），"李玲璞偕汪寿明来，他们告诉我古文字诂林将于二十日在华师大开会"（94 年 1 月 16 日），"早去华师大主持古文字诂林汇报会"（94 年 1 月 20 日），"早吴曼青来，嘱她将古文字诂林材料及照片等送金炳华等"（94 年 3 月 31 日），[②]等等。还有很多为日记所未载的，如 1993 年 10 月，已年逾古稀的王元化亲率钱伯城、魏同贤、李玲璞几位编委赴京，在中国社科院举行论证会，与会的除在京的学术顾问张政烺、李学勤、顾廷龙（朱德熙、裘锡圭外出不在北京，胡厚宣因病卧床未参加）外，许多著名学者，任继愈、张岱年、汤一介、刘坚、许嘉璐、傅璇琮、管燮初、傅允和等，都到会发表了不少真知灼见。可以说将当时中国在

① 李圃，即李玲璞（1934—2012），华东师范大学中文系教授，博士生导师，曾任中国文字研究与应用中心名誉主任。李圃为他的学术笔名。——编者注

② 以上均见王元化：《九十年代日记》。

古文字学领域最具学术影响力的专家都汇集在一起了，如果没有王元化自身的学术影响力和号召力，要集中聘请这些古文字学的顶尖学术权威是比较困难的。这些都为保证《古文字诂林》的学术质量而起到了奠基作用。

但是在《古文字诂林》出版后从头至尾看不到“王元化”三个字，因为他一再表示自己只是“敲边鼓的”。编委会考虑设一“工作委员会”，请王元化任主任，他反对；想署“总策划王元化”，他又反对；准备在“前言”中提一下王元化在成书过程中的作用，他还是反对。最后，在大家的强烈要求下，王元化总算答应为这部书题写书名，但不落款。《古文字诂林》最后出版之时，封面上“古文字诂林”五个字由王元化题签。①

参加国际学术会议

1991 年 2 月在美国夏威夷东西文化中心召开了一个很特别的国际学术研讨会，即会议的官方语言为中文，这在美国学术界是很少见的。研讨会主题为“文化与社会——二十世纪中国历史反思”，由正在东西文化中心担任主任的杜维明和加州大学洛杉矶分校教授李欧梵共同策划主办。王元化收到了邀请信。经过一番曲折的手续之后，王元化得以赴会。这次会议对王元化 1990 年代反思具有重要意义，这是他第一次参加国际学术讨论会，不仅与 1980 年代的对手林毓生见面，而且与境外研究中国思想文化问题的学者余英时、张灏等人相交。

王元化的参会论文仅是一个提纲《五四·传统·社会》，后来在宣读的时候，他择取其中之一点“关于中国政治主流的农民意识”，认为中国主流政治中所含有的封建成分即来源于农民意识，毛泽东的思想受到农民

① 参见汪寿明：《王元化与古文字诂林》，《中华读书报》2019 年 8 月 7 日；王世伟：《我印象中的王元化先生》，《文汇读书周报》2009 年 1 月 14 日。

意识很深的影响。他从三个方面来进行阐发：(1)早在1960年代初期，大陆史学界在探讨农民战争性质问题时，就有人提出农民不代表进步的生产力，他们反剥削、反压迫而不反封建，所以中国历史上的农民起义，只成了同义反复的改朝换代。(2)由于封建社会的长期停滞，封建意识的不断浸染，自然经济的封闭性，都使得反对封建压迫的农民阶级不能形成新的思想体系，而产生了以农民意识为特征的封建主义思想。(3)主流政治思想长期以来就已确立了以农民为主体的革命理论。在此之前，无政府主义者刘师培在20世纪初，曾根据历史上层出不穷的农民运动提出了无政府革命必须以农民为主力军，中国现代革命重要文献《湖南农民运动考察报告》和《在延安文艺座谈会上的讲话》等都是承袭了这个观点。他举例说，从1954年毛泽东在中央文件中圈去了所有“小资产阶级”一词中的“小”字以来，就使农民从小资产阶级中超脱了出来，进入了无产者行列，与工人阶级并驾齐驱，从而在“文革”时期出现了“接受贫下中农再教育”的口号。而原来作为小资产阶级的知识分子，则晋升为资产阶级。这些背景材料都是王元化论文中所有的，但在此次会议上的发言仅阐述了其论文的要旨，没有来得及详细介绍有关材料，由此他的发言就像是个人的感受，缺乏坚实的客观根据。

他的发言立刻遭到余英时、林毓生等的质疑，对于王元化将毛泽东的思想归之于农民意识的影响进行商榷。余英时说，他在抗日战争初期曾经在农村住过，他所见到的农民都是很质朴老实的。王元化回忆他当时立即起来申辩说：“我也以我于一九三九年初在皖南新四军军部的亲身经历为例。我说新四军的士兵多半都是出身在农村的小伙子，他们对来到那里的知识分子抱着歧视态度，一见到戴眼镜的人，就叫‘新闻记、新闻记’。他们不懂知识分子这一名词，那时新四军成立不久，他们所能见到的文化人，只有从外边来的少数几个戴眼镜的新闻记者。可是按照传统习惯，人的姓名只有三个字，因此代表文化人的新闻记者也就变成‘新闻记’，而‘新闻记’的唯一表征就是戴眼镜了。那时嘲笑文化人是普遍现象。（林淡秋曾由上海去皖南新四军军部，因不适应这种空气，坚决要求返回上海。他回来后，讲到一些情况，除聂绀弩、陈辛劳等等之外，还有骆宾基。林说，骆宾基不告而别，出来后胡须满脸，狼狈不堪。）”①

林毓生也提出异议，认为农民对于传统是热爱的和深浸其中的，农民不会去反传统，而是保护传统和继承传统的重要支柱。王元化后来回忆道：“我的辩驳大概并不使余英时满意。他没有再发言，这件事也就不了了之了。后来我发现在这以后不久，他在香港中文大学发表的演讲记录，对刊登在《人民日报》大半版上的我那篇为五四一辩的文字进行了不点名的批评。这篇文字措辞激烈，很明显他是带着感情写的。那些尖锐的指摘，激起了我的恼怒。”②

由于在1980年代末王元化曾经写过《为五四精神一辩》，对于境外学者的有关“五四”全盘性的反传统主义提出了不同意见，但却没有提过农民的问题，他的这个观点在当时是很新颖的。余英时在会议上宣读了他的论文《中国近代思想史中的激进与保守》，此文原是他在香港中文大学的讲演，1988年9月收入香港中文大学25周年纪念讲座第四辑论文集。此文刊发后对于中国思想界和理论界影响极大。文中对于中国近代思想史的激进与保守思潮作了全新的研究，并说他本人是从“五四”过来的人，经历了中国思想界的变化，也是其个人历史的一部分，“所以我很想借这个机会进行一点反省、反思（reflection）”③。他将思想史上的保守和激进作了精辟的定义，即保守就是要维持现状不要变，激进就是对现状不满意，要打破现状，而极端的激进就是一切都打倒。他得出了这样一个结论：中国近代思想史就是一个激进化的过程，最后一定要激进到最高峰，

① 王元化：《九十年代日记》，第84—85页。

② 王元化：《九十年代日记》，第85页。

③ 余英时：《中国近代思想史中的激进与保守》，见氏著《犹记风吹水上鳞》，台湾三民书局1991年版，第199页。

几十年前的"文化大革命"就是这个激进的结果。在这条激进和保守的主线下,所谓的"科玄论战"、个性解放和民族主义(牺牲个人自由完成民族自由)以及激进思潮在"五四"之后几年更为激烈,而乌托邦的产生在康有为的《大同书》中已有此倾向等观点,对与会者来说有很大的震动。余英时认为,"如果我们以'五四'为起点,我们不妨说,经过七十年的激进化,中国思想史走完了第一个循环圈,现在又回到了'五四'的起点。西方文化主流中的民主、自由、人权、个性解放等观念再度成为中国知识分子的中心价值"①。笔者当时也参加了会议,感受到这篇文章甚至影响了整个会议学术气氛,王元化后来所说:"会上有人把当前思想界划为激进、自由、保守三种类型的问题。我对这种划分感到困惑。我在发言中说,在大陆上我们曾有左中右的三分法,把所有的人按照一定的模式去分类,穿上一样的号衣。这种机械的分类,将人的复杂思想化为一种简单的符号,阉割了人的有血有肉的性格与生命,再没有比它更粗暴、更违反真实了。"②

王元化听了余英时发言之后的反应,似乎就这些了。但是我认为余英时的文章和夏威夷会议对于他后来反思近代到现代的激进思潮是有一定影响的。这篇文章收录在会议资料中,王元化带回内地。他在这次国际会议上获得的境外学人最新的研究信息和论点,对于他后来的九十年代反思起到了很大的作用。而在这些境外学人中,最重要的还有林毓生。

与林毓生握手

夏威夷会议,王元化跟林毓生的结识和学术上的交流,成为学术界的

① 余英时:《中国近代思想史中的激进与保守》,见氏著《犹记风吹水上鳞》,第193页。

② 王元化:《九十年代日记》,第80页。

一段佳话，这纯属无功利性的知识人之交往。

> 我来夏威夷的目的主要是想多了解一些海外的学术动态和结识一些新朋友……在几位美籍华裔教授之中，我和林毓生接触最早。我们在这次见面以前曾发生过一场论争，后来我在港台版的《思辨发微序》中曾谈到过这件事。我说，我们之间的争论并不含有学术以外的动机，虽然我对他提过反对意见，但他并不以我的驳诘为忤。我们都持学术民主的立场和态度。在我们经过比较激烈的争论后，他成了我最敬重的朋友，虽然那时我们的意见并未达到一致，但心灵的相契有时比观点上的分歧更为重要。我抵达夏威夷的第二天，他也来了。我们见面后，他就约定当晚到我房间来看我。这天晚上我们的交谈持续了四个多小时，直到深夜十二时以后才散。他不是一个能言善辩的人，说话甚至时时会口吃。我逐渐了解到，他讲话的时候，对于遣词用语是非常顶真的。但这并不是为了语惊四座，扬才耀己，也不是为了刻意雕饰，炫人耳目。他是平实的。了解他的人可以懂得，这是由长期从事理论工作所养成的习惯。加上他那毫不苟且的认真性格，使他在讲话的时候，唯恐词不达意，尽量想说得最准确、最完善，因此他无论在与人谈话或在会上发言，有时都会讲到一半突然而止，口中喃喃，似乎在与自己商量，斟酌如何表达。每逢出现了这种情况，会场上总会有人发出笑声，但是他全不在意，下次仍然一样。①

笔者是该次会议的参加者和报道者，后来写了一篇文章专门谈王元化、林毓生的夏威夷之行。特摘要如下：

---

① 王元化：《九十年代日记》，第77—78页。

1991年夏威夷“文化与社会——二十世纪中国历史的反思”会议，王元化收到由我转交的邀请，我告诉王元化先生，林毓生先生也将赴会，他觉得这是一次非常好的互相交流的机会，向我表示：我来夏威夷的目的主要是想多了解一些海外的学术动态和结识一些新朋友。经过了一番周折之后欣然赴会，并提交论文《五四·传统·社会》。我也从洛杉矶飞赴夏威夷与会。我临走之前有点担心，两位素未谋面的论战对手相见，会不会又是一场唇枪舌剑？事实证明这种担心在两位以学术为生命的知识人那里是多余的。王元化先生在会上宣读完论文中一节关于农民问题的内容之后，林毓生举手要求发言，我预料会有一场辩论。不过林先生只是对于王元化文中的观点进行了提问，态度友善，表情松弛，说话斟酌词语，似乎在寻找适合自己表达的准确方式，丝毫没有辩难诘问的对峙情绪。王元化也作了和缓的解释。在休息的时候，我注意到两人在走廊上交谈，后来王元化先生告诉我，林先生主动要求晚上到他的房间去看他。当天晚上约八点左右，我在王先生房间谈话，并取回我姐姐托他带来的中药。这时候林毓生先生来了，此时他们见面已像老朋友那样招呼、握手。于是我就离开。后来听王先生说当天晚上他们谈了足足有四个钟头，内容由王先生披露在他的《九十年代日记》中。两人在会上虽然始释前嫌，成为好友。但这只是从友情的这一方面来说，对于林毓生的治学路径以及一些思想史上的重大观点，王元化尚没有真正认同。这还需要时间。①

夏威夷会议结束的时候，林毓生赠送给王元化一本自己的论文集《中国传统的创造性转化》(香港三联书店1988年版)，希望王元化能够通过

① 吴琦幸：《高山仰止的真诚友情——记王元化与林毓生的交往》，载《文汇报》2015年5月7日。

此书可以全面地了解他的观点并互相进一步交流。此书比他的《中国意识的危机》更为全面地反映了他对中国传统的看法。林毓生表示，他很希望王元化跟他能够在学术交流中不至于误解。王元化收到此书后，置于箧中，未及阅读。日记中仅载(1992 年 8 月 11 日)："早陈鼓应来，刚下飞机，尚未用餐，留他随意吃些东西。读毓生赠书。"[①]这一小段，没有写下任何心得。但是对于那场由《为五四精神一辩》而引起的学术争论，王元化仍在思考之中，他需要阅读更多的资料，经过更深的独立思考，才能向着真实迈进。

1992 年 8 月王元化又得杜维明的邀请，赴哈佛大学参加"文化中国·诠释与传播"国际研讨会，会议为 9 月 3 日、4 日两天。王元化此番参会论文是《"达巷党人"与海外评注》，与史华慈在理解文字训诂方面进行商榷。文章源自美国另外一位汉学家牟复礼与史华慈商榷关于《论语》中"达巷党人"一语的理解。王元化认为牟复礼与史华慈都没有理解这个词语的确诂，将《论语》中的"达巷党人"解为"无知的乡下人"。王元化仔细研究历年来《论语》研究文献中的注解，提出"达巷党人"应为"聪颖的人"。"达巷党人"说孔子"大哉孔子！博学而无所成名"[②]一语，海外汉学家均本朱熹集注解释为"盖美其学之博，而惜其不成一艺之名"，即可惜没有一项专精的学问和技艺。王元化认为不妥。他考证朱熹之说实源于郑玄注"此党人之美孔子博学道艺，不成一名"[③]。郑玄此语中"不成一名"本义，清毛奇龄解为"所谓不成一名者，非一技之可名也"[④]，即不仅专精享誉一项技能而已。而孔子在被赞美之后，回答"吾何执？执御乎？执射乎？吾执御矣"[⑤]。这几句难以索解的话，前人诠释虽多，但都难以信解。王元化推其大意曰"孔子听到达巷党人的赞美，可能触动了不见用于世的

---

① 王元化：《九十年代日记》，第 135 页。

② 《论语集释》，中华书局 1990 年版，第 568 页。

③ 《论语集释》，第 569 页。

④⑤ 《论语集释》，第 570 页。

感慨，而发出了'吾执御'的感叹。这和他说'将浮于海'（吴案：应为'乘桴浮于海'）或'欲居九夷'属同一性质"①。

此文是王元化1991年在深圳白藤湖撰写，其时他正埋头于传统书籍中，引用孔子听到达巷党人的赞美之后，触动了内心不见用于世的感慨等情绪，也可佐证王元化当年读古书、做考据的抑郁心情。此文在哈佛的会议上宣读之后，未在会上引起注意。

此次会议中，林毓生发言的重要观点即中国传统需要一个创造性转化，王元化对他提出的"五四"是一元化的封闭系统及全盘反传统问题仍存疑，②而对林毓生批判儒学时，认为应将其人文色彩与人权观念严加区别，予以肯定。另外还需要区分公民社会的不同形态，"公民社会如无法制和法律制衡，就会变成消极的东西。其说甚是"③。

会议期间，王元化与小时候清华园的玩伴、赵元任的两个女儿赵如兰、赵新那见面。会议后去拜见90岁的宪文姨母和五姨母桂醒华。王元化看到五姨母晚年一个人居住，事事需要亲力亲为，直觉地感叹，"她子女多，各人境况都不错，有的十分富有，有的还是医生。我不懂为什么她非得一个人住"④？遂由此感叹道："中国家庭虽在五四时期被视为必须铲除的恶物，但它也有好的方面，而不像美国人家庭那样缺少亲情和互助。五姨母告诉我，在此如果昏倒，手上戴的电子仪器就会发出警报，使在远处的亲人可以及时赶来。我一方面感到先进技术的优越性，另方面也为使用这种仪器的老人感到了凄凉。"⑤从中美家庭的实际情况来比较传统与西方文化，——王元化常常会从生活实际中，通过自己的经验和常识中领悟到某种哲学或思想问题。后有人据此称其为常识具体

---

① 王元化：《清园论学集》，第540页。

② "封闭系统"本为林毓生引用希尔斯关于意识形态的学术性解释，并非是论文观点。此处尚未对全盘性反传统主义一语作正确的引用，显见此时王元化尚无法进入林毓生的理论系统。

③ 王元化：《九十年代日记》，第141页。

④⑤ 王元化：《九十年代日记》，第142页。

主义。[①]

1993年6月11—14日，应瑞典斯德哥尔摩大学的邀请，王元化参加由该校东方系主任罗多弼主办的“当代中国人心目中的国家、社会、个人”研讨会，李欧梵、李泽厚、金观涛、余英时、林毓生、张灏、陈方正、苏绍智、刘再复、陈平原、李庆等学者均与会。王元化携论文《谈契约论的两种不同类型》参会，这是根据他写给李锐的长信“谈公意及其他”一文改写的，正好碰到张灏也送交了同一主题的论文，其观点与王元化不谋而合。王元化此文是受到朱学勤的博士论文《道德理想国的覆灭》启发，对长期以来信奉的卢梭《社会契约论》中提出的国家创制者拥有无上的公意代表的权力而写。这次会议上，王元化又见到了余英时、林毓生等老朋友。因为读了王元化的参会论文，余英时对王元化的态度和认识改观了。在休息的时候，王元化在走廊上见到余英时，他们互相点头示意。余英时走向王元化，说读了王的《文心雕龙》研究，表示称赞之意。不料王元化却稍有情绪地脱口而出道：“我是被指为反传统的。”这句话暗指余英时香港发表文章批评他的《为五四精神一辩》中的话。显然，此时说出明显有些不逊，使空气有些紧张。但余英时并不在意，他沉吟了一下说：“你并不全反传统，有的你并不反。”[②]王元化觉得余英时是认真地说出这句话的，表明他对自己有了一定的了解，气氛转缓和。此后，王元化跟余英时的嫌隙消除，关系一直保持得非常好。在该次会议上，余英时还将自己的《历史与思想》一书赠予王元化。事实上，王元化在1990年之前就曾读了些余英时的著作，并表示过海外学者中最佩服余英时，觉得他对中国传统文化是有深切理解的。[③]七年之后，当王元化在2000年回忆这些往事的时候，他平静了：“我感到奇怪，我和一些人开头因见解分歧发生争论，甚至双方都由

---

① 参见金观涛：《中国当代自由主义的代表》，载《美中社会和文化》第12卷第1期，2010年。

② 王元化：《九十年代日记》，第89页。

③ 王元化1990年写给吴琦幸的书信收入了《清园书简》，该书出版时作了删节。信中褒余贬林，用词激烈。

此产生不快，而后来竟都成为朋友，这是我最初想不到的。我和林毓生的关系如此，和余英时的关系也是如此。我想能够出现这种情况，首先在于双方都必须具有追求真理的热忱和对于学术民主和自由讨论的原则的尊重，这才能够虚己服善，平等待人，而不是居高临下，意在求胜。”①他比较了在大陆持有不同意见学者的学术态度，他们“自以为真理在握，凡是和他们意见不同的就被当做异端，恨不得将对手打入畜生道。因此在大陆上很少有真正的理论探讨，更难得有争论后所产生的友情。学术领域原本是追求真理的园地，可是在我们这里却成了你死我活的斗争场所”②。

事实上，余英时与林毓生对王元化的《为五四精神一辩》进行的批评，后来与其他因素都成为王元化重新思考“五四”的动因。王元化自承夏威夷会议是他生平第一次参加国际性的自由讨论和辩驳的会议，“我要感谢杜维明对我的邀请，使我在这个会议上领略了自由讨论的风气，我在九十年代所进行的反思，也得益于在这些会议上的质疑和启发。可惜到一九九五年以后，我因身体的缘故，不能再去参加这样的会议了”③。

王元化这次已经是第二次来斯德哥尔摩了。1987 年 10 月，他曾应当时的东亚语言学院院长马悦然之邀率领作家代表团来此访问，并在学校演讲，主题为“《文心雕龙》的若干范畴”，后以瑞典文发表在瑞典《斯德哥尔摩东亚研究期刊》1988 年第一卷。王元化还为当时正在翻译戴震《孟子字义疏证》的罗多弼撰写了一副对联——“对联是录许寿裳赞鲁迅语：‘皜皜焉坚贞如白玉，懔懔焉劲烈若秋霜。’罗甚喜此联。”④王元化此次重返东亚研究院，见到罗多弼将此对联悬挂在办公室内。.此时，罗多弼

①② 王元化：《九十年代日记》，第 85 页。

③ 王元化：《九十年代日记》，第 94 页。

④ 王元化：《九十年代日记》，第 178 页。

已经成为东亚语言研究院院长了。①

《杜亚泉与东西文化问题论战》

瑞典之行回到上海后，王元化受邀为《杜亚泉文选》撰写前言，从而阅读了大量以前被刊落的关于“五四”的资料，重新思考了传统与现代、东西文化异同等问题。

这个反思有一个长期过程。瑞典会议结束之后回到上海，恰逢华东师大出版社要出版《杜亚泉文选》，编者许纪霖、田建业等人请王元化作序。7 月中，他们来到刚回国不久的王元化家中，商请此事。王元化表示，对于杜亚泉的生平事迹并不熟悉，需要时间寻找有关资料。许纪霖等均参与帮助寻找和提供包括《东方杂志》在内的大量资料。王元化从 8 月 1 日开始阅读有关杜亚泉的资料，在他的日记中记载有“读得越多，就越感到杜未被当时以至后代所理解，更未被注意”②。连续阅读了半个多月之后，也连续思考了很多问题。其中有些问题无法找到思想理论的核心部分，即如何界定“五四”时期态度决定思想的思维方式，这种思维方式在以后的革命中为何习以为常。其中最关键的是，态度和立场决定一切的正确性。例如在杜亚泉与蒋梦麟争论的思想与态度问题，涉及“五四”时期的一个重要理论问题，即思想跟态度的关系。杜亚泉认为态度非思想，思想非态度，“先定了我喜欢什么，我要什么，然后想出道理来说明所以喜欢及要的缘故。此是西洋现代文明之病根”③。王元化认为这个病根即是态度决定认识。但这种从西方到东方都存在的理性与感情的问题，在

---

① 王元化在日记中记此事时误以为这副对联为许寿裳创作。此联原出自《后汉书·孔融传论》：“懔懔焉，皜皜焉，其与琨玉秋霜比质可也。”唐李贤注：“懔懔言劲烈如秋霜也，皜皜言坚贞如白玉也。”

② 王元化：《九十年代日记》，第 183 页。

③ 王元化：《杜亚泉与东西文化问题论战》，见田建业等编：《杜亚泉文选》，华东师范大学出版社 1993 年版，第 7 页。

理论上如何予以界定？这种思维方式为何到现在的中国还存有市场？王元化似乎看到这种模式的普遍意义。但如何从理论上进行定义？他一边思考，一边利用阅读杜亚泉资料间隙，开始阅读林毓生的赠书《中国传统的创造性转化》，这次不再是像以前那样“颇难悟入”了。他被林著叙述理论的平畅清晰、将繁复化为明快的风格所吸引，其中蕴含着深刻哲理和西方思想理论的前沿研究成果，居然一口气读了 146 页，也即读完了该书的第一部分，包括了下列诸篇：《中国人文的重建》《什么是理性》《论自由与权威的关系》《再论自由与权威的关系》《论民主与法治的关系》《两种关于如何构成政治秩序的观念》，此外还读了林毓生阐述韦伯关于“责任伦理”“意图伦理”的定义及其应用等章节，对林毓生的治学精神和其深邃的内容有了了解。

林毓生的这些文章中阐述了真正的自由主义的内涵，他认为自由主义必须要建立在“法治”(rull of law)上，而不是“法制”(rull by law)。其次，自由主义者也有妥协的原则，这就是一种“责任伦理”而不是“意图伦理”。“意图伦理”常常是在政治行为的层次上不择手段，只要政治主张或谓立场正确，所做的一切都是正确的。林文认为主张激进的人所持的往往是意图伦理式的。对这些人来说“最大的责任是保持他意图的纯真，而不是考虑行为的后果。只要意图是对的，他的行为就是对的，结果如何，他不负责”①。这里虽然并没有直接对“五四”进行评判，但他所用的韦伯的这些重要概念对王元化关于“五四”问题思考是一次震动，也是促使他反思自己关于“五四”问题的重要节点。他在限时限刻撰写《杜亚泉文选》一书序的关键时刻，8 月 20 日和 21 日两天中，给林毓生写了一封长达 6 000 多字的信，成为现在公开发表的最长的一封信②。是什么原因促使王元化停下正在撰写的文章，来给林毓生写信？

① 林毓生：《中国传统的创造性转化》，第 424—425 页。

② 另一封长信是致李锐，但其中很大部分是引用朱学勤论文的文字。

是什么样的思想资源，可以让王元化感觉到一种豁然开朗的境界？这些对于王元化反思“五四”起到极大的作用，同时也成为写《杜亚泉文选》一书序的基调。

先看王元化此信的关键点：

这封信的目的，主要是谈谈我拜读了大作《中国传统的创造性转化》的感受。前年檀岛之会后，你将此书惠赐，曾表示希望我将读后感奉陈。这话至今未敢忘怀。一直延迟到现在。

……

你在治学为人上是一位多么令人敬佩的人。你的一丝不苟的严谨态度，你的好学深思的钻研精神，你的开阔的仁慈的胸襟，使我感到那么亲切。记得我曾对你说过，你是我的一位尊敬的“畏友”。这就使我更想把自己的想法向你陈述，得到你的教益。

大著一百四十多页的文字中，容纳了极为丰富的思想。这本来需要促膝长谈才能把话说清楚。现我在信中所述，你只能把它当做简单表意的符号。我不想用太多篇幅，来谈我对你的思想渊源、你的师承、你的思想架构以及本书中还有一些重大问题的理解。这样，信将写得漫无边际，太长了。我也来不及将想法进行整理，综合概括，理出层次与条理。我只能将想到的一点一滴写出供参考。

你对笛卡尔的理性及建构主义的批判，对实证论的批判，都是经过深思熟虑提出来的，其中有着令人折服的中肯见解。

……

我觉得你对时下有关主观与客观之类的庸俗的，或机械的论调的批评很对（包括你对存在主义批判等等）。①

---

① 王元化：《清园书简》，第356—357页。

该信用词谦虚，文气热情真诚，我们可以见到当时的王元化在读了林毓生的文字之后满心欢喜之情。我查遍他所有的书信，从来没有见到他用这种语气来给人写信，即便是对于多年的老友或亲人。可见此信之重要，对于王元化来说，林毓生所引用的西方思想家的理论，使他正在反思从“五四”以来的激进思潮及其影响的问题豁然开朗，就像在深黯的理论山洞中寻寻觅觅，希望找到出口，虽感觉到那条路是对的，但又不敢断定。在隐隐约约中似乎有一丝光线，就在此时，有人从洞口的另一面将山洞凿开了一条缝，一缕阳光灿烂地照射进来，对于久久寻找着洞口的探索者来说，该是多么欣喜，他不禁要对凿洞口的先驱者说，谢谢你。

为什么王元化在阅读研究杜亚泉的时候，会有这种思考短板，一旦寻到了这种理论资源，就似看到了理论之路的光明？从 1980 年代末为反传统一辩，到现在他已经理性地认识到过去的激进情绪和立场先定的偏颇。但是在理论上用什么概念来定义这种既定的思想、立场、观点和方法呢？他需要整体性地思考“五四”的问题。于是，下面的这段话就很重要了：

> 你援引韦伯关于“责任伦理”与“意图伦理”的论述和引申，给我很大启发。我在读你著作前对这样一个重要问题，只有犹豫不定的朦胧观念，你的话不多，但把问题说深说透了，令人折服！（由于传统和五四以来潜藏在论者思想内不知不觉起作用的观点，几乎支配了绝大多数论者，我也包括在内。）你把韦伯的话加以阐释，如果联系到大陆许多青年的“革命意识”，是太有意义了。（正如你对自由的界说可用来匡正那些自以为最进步、最解放、最新潮，但实质是一知半解的狂妄分子一样。附带说一句，这些人是“文革”中长大成人的，受影响极深。你书中有时也接触了这类人。）这引起我（还有别人）的深深

共鸣。

……

我将你视为在学术问题上，可无话不谈的朋友。我从你书中领受到你的治学严谨，为人热诚，这是我要好好学习的。你的书“容量”很大，不像有些人洋洋洒洒写了一厚本，而内容却空洞无物。你的精美纷纶的见解，我很佩服。如果要我说一些我不以为然的意见，那就是从你身上看到德国深邃哲学家的某些拘谨的性格。如你对思想架构的论述，你认定了一种概括出来的模式就谨守不渝，以此去衡量品评一切，这我觉得太拘谨了。你批评只谈思想道德以至你自己完全不谈思想道德，这也似乎有些畸轻畸重。①

信的结尾，王元化也委婉地提出与林毓生的分歧，他不赞成先设立一个框架，然后再找材料构建理论云云。这是他在 1988 年撰《为五四精神一辩》中就提及的，但殊不知这正是西方思想史或哲学史的一个重要特色。结合王元化的求学和治学经历，以及他的治学风格，我们不难了解到这种批评的偏颇性。

从此信的用语和分析，可以看到王元化对林毓生用严谨的学术态度提出中国传统如何进行创造性转化的理论的周密性和深刻性，这才使这对论战对手不仅是感情上而是学术思想上结成了至交！

完成了给林毓生的信之后，王元化才正式开始酝酿为《杜亚泉文选》撰写序言。9 月 21 日，“阴雨。杜文集序《杜亚泉与东西方文化论战》于今日午后完成第二稿。五百字稿纸三十五张，共一万七千余言，为近年所撰最长之文。连日撰写不辍，实觉精疲力尽”。9 月 22 日，“阴。再改《杜序》，删去约千余字”。②

---

① 王元化：《清园书简》，第 360—361 页。

② 王元化：《九十年代日记》，第 190 页。

……长达52天的阅读和写作告一段落。

王元化将此次为《杜亚泉文选》撰写的序定名为《杜亚泉与东西文化问题论战》，该文可视为王元化对“五四”看法转变的标志：

> 上述看法的改变是由我被朋友嘱托写一篇《杜亚泉文集序》所引起的。这时我发现，过去我对五四的认识是基于长期所吸取的大量既定观念，这些既定观念已被我当做不可动摇的信念，深深扎根在我的头脑中。过去所读到的那些资料的汇编，理论的诠释以及史的著述等等，几乎都是在这些既定观念的导引下编写而成的。所以我以前所看到的资料只限于被既定观念所认定是改革、进步、革命的一方，而被判定为落后、保守、反动的一方则多被刊落，纵使少量收录，也往往加以主观上的取舍和判定，所以不能使人看到历史事实的全貌和真相。当我着手要写有关杜亚泉的文章时，我用了半年多的时间，去阅读过去资料汇编等所没有收录的第一手资料。经过阅读和思考，我认为五四精神当然要继承，但五四的一些缺陷（如意图伦理、功利主义、激进情绪、庸俗进化观点等）是不应该继承的。我们要继承的是它好的方面。可是这样简明的道理竟不被一些人理解，有的甚至意气用事。那些号称坚持“继承五四”的人以为通过诅咒和谩骂就可以将我击倒。但辩论靠的是真理，而不是权谋与蛮横。①

《杜亚泉与东西文化问题论战》一文的重要性在于：王元化为中国现代思想史发现了一个真正的自由主义思想家——杜亚泉，并重新评定了1918年发生在《东方杂志》上有关中西文化异同以及此后一连串如何正

① 王元化：《王元化集·总序》（第一卷），第6—7页。

确对待东西方文化的问题，并促使王元化去阅读了以前被忽略的资料，从而启发了他重新认识"五四"和"五四"以来的激进思潮的源流，成为王元化第三次反思的标志。

杜亚泉于1911年到1920年执掌商务印书馆《东方杂志》笔政，前后共9年。他出任主编后，刷新内容、扩大篇幅，使这个刊物成为当时具有重大影响的学术杂志。他在杂志上发表的文章，对下列重大问题都发表了真知灼见：

(1) 减政主义。杜亚泉认为政府对于社会，只能养其活力的源泉，而不要使之枯竭；只能顺其发展的道路，不要设置障碍。只有这样，得到活力才得以顺畅发展，也才能保证社会不发生专制集权的现象。

(2) 要有一个民间社会的独立空间。政府需要受到法律的严格限制，才可以避免对于社会进行过多的干预。

(3) 对于个人自由的容忍，"勿轻易排斥异己之思想""勿极端主张自己之思想"。王元化认为，这种"毋意毋必毋固毋我"的观点，固然来自传统资源，但杜亚泉使它和现代民主思想接轨。

(4) 杜亚泉提出温和渐进改革的观念。在"五四"前，由于近代历史上的每次改革都以失败告终，使得新的改革者总结改革的失败教训是因为改革的不彻底，因而普遍形成了一种越彻底越好的急躁心态，这种要求彻底的态度到"五四"形成高潮，并且一直延续到数十年之后的历次政治批判运动中。由于人的心态建立在矫枉必须过正，以至形成以偏纠偏，越来越激烈，越来越趋于极端。

(5) 辨别了态度与思想的区别。蒋梦麟对杜亚泉的调和论进行批判道"新思想是一个态度"。杜亚泉辩明思想是心的作用，属于智的作用；态度则是心的表示，属于感情的概念，"以感情与意志为思想之原动力，先改变感情与意志，然后能发生新思想，是将人类之理性为情欲的奴隶。先定了我喜欢什么，我要什么，然后想出道理来说明所以喜欢及要的缘故”①。

这一点，王元化的再思考具有原创性，那就是“许多人至今仍相信思想取决于态度的正确。解决思想问题，不是依靠理性的认识，而是先要端正态度，先要解决爱什么，恨什么，拥护什么，反对什么的问题。这种态度决定认识的观点，正是马克斯·韦伯所说的意图伦理。我们都十分熟悉意图伦理的性质及其危害，它使学术不再成为真理的追求，而变成某种意图的工具。这种作为意图工具的理论文章，充满了独断和派性偏见，从而使本应具有的学术责任感沦为派性意识”②。

(6) 知识分子的游民性。杜亚泉在研究中国历史方面写了一篇《中国政治革命不成就及社会革命不发生的原因》，其中以大量篇幅谈到游民与游民文化的问题。他说游民是过剩的劳动阶级，即没有劳动地位，或仅做不正规的劳动，其成分包括有兵、地棍、流氓、盗贼、乞丐等，有时与过剩的知识阶级中的一部分结合，对抗贵族阶级势力。他认为知识阶级缺乏独立思想，达则与贵族同化，穷则与游民为伍，因而在文化上具有双重性。一面是贵族性，夸大骄慢，凡事皆出于武断，喜压制，好自矜贵，视当世人皆贱，若不屑与之齿者。另一方面则是游民性，轻佻浮躁，凡事皆倾向于过激，喜破坏，常怀愤恨，视当世人皆恶，几无一不可杀者。处境拂逆则显游民性，顺利则显贵族性。

曾经为“五四”精神一辩的王元化，对“五四”的反传统有着很深沉的认同感。他认为这是一种底线，否定了“五四”的反传统，也就是否定了此后一部现代革命的历史。但是经过阅读大量“五四”前后的文章——特别是那些被刊落的非主流文章，如杜亚泉的文章，使王元化触摸到了历史的真实，他看到了另外一面。

① 王元化：《杜亚泉与东西文化问题论战》，见田建业等编：《杜亚泉文选》，第 6 页。

② 王元化：《杜亚泉与东西文化问题论战》，见田建业等编：《杜亚泉文选》，第 7 页。

对传统的再认识

在全面西化的"五四"人物身上,王元化发现了传统正在以另外一种形式出现。全盘性的反传统固然是不可取的,但如何继承传统,如何对待中西文化?杜亚泉和他的辩论对手陈独秀等人站在不同立场上。其激辩集中在"三纲六纪"等中国传统文化的伦理基础上。虽然陈独秀站在反传统的立场上批评杜亚泉要维护名教纲常的观点,同时陈独秀也不否认"儒者三纲之说,为吾政治伦理之大原,共贯同条,莫可偏废"。从这一点上,王元化认为中国的传统文化不能仅仅用伦理道德来概括,但它毕竟已经渗透到传统的方方面面,从民间文艺的忠孝节烈观念,直到穷乡僻壤的不识字妇女,都成为传统中十分重要的主导力量,而这恰恰是尊重传统、重视伦理道德的原因。如果从中抽掉伦理道德,传统也就所剩不多了。王元化认为现代的一些学者都像杜亚泉一样,对于传统的伦理道德在旧社会中所表现的呆板僵硬和带给中国人民的黑暗冤抑或是了解的,甚至像梁漱溟、陈寅恪等人还会对传统伦理道德采取维护态度。

这里必须要提出陈寅恪对王元化的影响。王元化在早年的治"龙学"之初就接触到陈寅恪的学问,并曾阅读研究陈寅恪的文章。作为"中国文化托命之人",陈寅恪在当代的学术意义和思想史意义的真谛,尚未被中国大陆的知识界发掘出来,他揭橥的"独立之精神、自由之思想",只有经历过历次的政治运动之后,学界才能从中探知其深刻的意义以及作为一个大写的人的精神。王元化在1990年代的读书治学中,真正认识到陈寅恪对于中国现代思想史研究的重要意义。王元化将这两句话作为"五四"时期摆脱意识形态束缚,进行知识追求的纯正理念。他在1990年代常常提及清华园,其精神底蕴也就是这两句话中蕴含的简明而深刻的道理。但是,在厘清传统文化的过程中,王元化却从陈寅恪的一段话中似乎发现了陈对"三纲六纪"的维护(如在《王观堂先生挽词(并序)》、感叹三纲六纪之沦丧，但又在《论〈再生缘〉》中写陈端生冲破三纲之束缚，他认为显示了陈寅恪在对待传统文化上的思想矛盾。

王元化的原文如此：

> 陈寅恪也存在着同样看来类似的矛盾。他一面在《王观堂先生挽词》中感叹三纲六纪之沦丧，一面又赞赏被斥为“不安女子本分”的陈端生，说她“心目中于吾国当日奉为金科玉律之君夫妇三纲，皆欲借此描写以摧破之也”。端生此等自由即自尊即独立之思想，在当日及其后百余年间，具足惊世骇俗，自为一般人所非议。①

这里认为陈寅恪的矛盾，既感叹“三纲六纪”之沦丧，是吾国不可或缺的道德基础，又赞赏陈寅恪能够在“写法俗滥、为人轻视的弹词小说《再生缘》中，发现了一个平凡女子为人所不见的内心世界，说明他具有一颗深入幽微的同情心”。

陈寅恪是否真有如此之矛盾呢？

考《再生缘》的作者陈端生（1751—1796），时处于清朝的乾隆年间，“三纲六纪”全面裹束全民的时代；王国维（1877—1927）则处于晚清到民国时代，正是“三纲六纪”崩溃之时，可以说分属两个时代。故陈寅恪要说陈端生蔑视“三纲”在当时及其后百余年间，有惊世骇俗之效。这百余年正是中国未有之大变局，传统伦理道德在东西方文化碰撞之后大崩溃。1927 年 6 月王国维自杀后，陈寅恪在挽词并序中要回答“观堂先生所以死之故”，他认为“凡一种文化值衰落之时，为此文化所化之人，必感苦痛，其表现此文化之程量愈宏，则其受之苦痛愈甚；迨既达极深之度，殆非出于自杀无以求一己之心安而义尽也”②。而什么是中国文化的定义呢？

---

① 王元化：《清园论学集》，第 672 页。

② 陈寅恪：《王观堂先生挽词并序》，载《国学论丛》1928 年第一卷第 3 期。

“吾中国文化之定义，具于白虎通三纲六纪之说，犹希腊柏拉图之所谓Idea者。”①Idea既可以作“理念”，也可译作“理想”。“三纲六纪”本中国古代社会传统伦理道德之基础，这也就是前文说的金科玉律。陈寅恪认为这种伦理道德依托相应的社会政治和经济制度而存在，制度的变化将导致其沦丧，“夫纲纪本理想抽象之物，然不能不有所依托，以为具体表现之用；其所依托以表现者，实为有形之社会制度，而经济制度尤其重要者。……近数十年来，自道光之季，迄乎今日，社会经济之制度，以外族之侵迫，致剧疾之变迁；纲纪之说，无所凭依，不待外来学说之掊击，而已销沉沦丧于不知觉之间；虽有人焉，强聒而力持，亦终归于不可救疗之局”②。陈寅恪所说的重要一点即：到了今天（1927年）社会经济制度已经完全溃败，纲纪制度也就无所依凭。虽然有人想要强行维持，终将螳臂当车，不可救疗。很明显，陈寅恪所说的“三纲六纪”在现代的社会政治和经济制度下将无法继续维持。故王国维的理想之国，都已破碎，这才使他不得不绝望而死。③由此可见，陈寅恪的关于“三纲六纪”在中国的不可疗救与赞赏早期传统伦理道德束缚之下的“端生此等自由即自尊即独立之思想”实并不矛盾。

现代激进思潮的形成

杜亚泉与当时的“五四”战将陈独秀分属两个阵营，陈独秀自然是革命的左派，而杜亚泉则被看成是反对革新的落伍者，被打入保守甚至反动势力的一方。王元化在深入了解两人论战的细节之后，认为“百余年来不断更迭的改革运动，很容易使人认为每次改革失败的原因，都在于不够彻

---

①② 陈寅恪：《王观堂先生挽词并序》，载《国学论丛》1928年第一卷第3期。

③ 王元化关于传统纲纪的认识到2006年的表述中认为在现代社会中可用作道德的资源。参看第九章有关部分。

底，因而普遍形成了一种越彻底越好的急躁心态”①。在陈独秀与杜亚泉辩驳的文章中，王元化看到了以前在正史中所罕见的史料，充满着过激言论：“譬如货物买卖，讨价十元，还价三元，最后结果是五元。讨价若是五元，最后的结果，不过是二元五角。社会上的惰性作用也是如此。”②联想到鲁迅文中所说过的，如果房子闷热，要开窗子，也许大家不同意。但是如果说要放一把火烧掉，人们就会同意开窗了。“五四”精神中充满这种要彻底打烂旧世界、改革要彻底的情绪性想法。王元化反思这种激进的思想“要求彻底的态度一直延续到数十年后的政治批判运动中。由于矫枉必须过正，以致形成以偏纠偏，越来越激烈，越来越趋于极端”③。这个观点延续了余英时所说的“中国近代一部思想史就是一个激进化的过程(process of radicalization)。最后一定要激化到最高峰，十几年前的‘文化大革命’就是这个变化的一个结果”④。

王元化同样也对鲁迅作出了类似的评价。他谈到中国的保守主义者，包括梁漱溟、熊十力、刘师培、章炳麟等，在最早的时候都是主张变革的，尤以刘师培为典型。他早年是一个革命派，用了大量西方社会学各种观念来解释中国的古籍，也提倡无政府主义，要变革中国的传统社会制度，甚至为中文译本的《共产党宣言》作序。在这种思潮下，知识人都是以激进的态度来看待社会改革。而希望调和东西文化的杜亚泉则成为了保守派。可见当时社会对于激进的要求。

反思的第二大要点是关于新思想问题的争论，即蒋梦麟提出的“新思想是一个态度，这一个态度是向那进化一方向走，抱这个态度的人视吾国向来的生活是不满的，向来的思想，是不能得知识上充分的愉快的”⑤。

---

① 王元化：《杜亚泉与东西文化问题论战》，见田建业等编：《杜亚泉文选》，第4页。

②③ 王元化：《杜亚泉与东西文化问题论战》，见田建业等编：《杜亚泉文选》，第5页。

④ 余英时：《中国近代思想史中的激进与保守》，载《香港中文大学廿五周年纪念讲座集刊》，第48页。

⑤ 王元化：《杜亚泉与东西文化问题论战》，见田建业等编：《杜亚泉文选》，第6页。

如果说将思想混同于态度，那就是将理性混同于感情和意志，结果将会用立场来决定人的思想。王元化觉得这是一个重大的问题，且是他切身经历了几十年尚未能用理论来解决的大问题。杜亚泉认为态度非思想，思想非态度。于是引出了杜亚泉说“先定了我喜欢什么，我要什么，然后想出道理来说明所以喜欢及要的缘故”①。王认为中国的现实政治生活中对“这一问题的讨论，具有普遍意义。许多人至今仍相信思想取决于态度的正确。解决思想问题，不是依靠理性的认识，而是先要端正态度，先要解决爱什么、恨什么、拥护什么、反对什么的问题”②。这是我们多么熟悉的一种思想方法啊！但这是一种什么样的思维模式？也就是说作为政治、思想的概念，如何展开一种人类思想过程的共同模式？林毓生有关韦伯意图伦理和责任伦理的介绍提供了思想资源和理论模式，王元化得以豁然，他接着写道：“这种态度决定认识的观点，正是马克斯·韦伯所说的意图伦理（an ethic of intention）。我们都十分熟悉这种意图伦理的性质及其危害，它使学术不再成为真理的追求，而变成某种意图的工具。这种作为意图工具的理论文章，充满了独断和派性偏见，从而是本应具有的学术责任感沦为派别性意识。”③

第三个反思要点则是“五四”以来知识分子的特征。王元化特别摘出了有关知识分子的论述，成为他重新反思“五四”的重要资源。“杜亚泉认为知识阶级缺乏独立思想，达则与贵族同化，穷则与游民为伍，因而在文化上也有双重性；一面是贵族性，夸大骄慢，凡事皆出于武断，喜压制，好自矜贵，视当世人皆贱，若不屑与之齿者。另一面则是游民性，轻佻浮躁，凡事皆倾向于过激，喜破坏，常怀愤恨，视当世人皆恶，几无一不可杀者。”④

在谈到陈独秀驳钱智修的《功利主义与学术》一文时说，陈独秀没有

① 王元化：《杜亚泉与东西文化问题论战》，见田建业等编：《杜亚泉文选》，第 6 页。

②③ 王元化：《杜亚泉与东西文化问题论战》，见田建业等编：《杜亚泉文选》，第 7 页。

④ 王元化：《杜亚泉与东西文化问题论战》，见田建业等编：《杜亚泉文选》，第 8 页。

注意到西方社会虽然在俗世生活中重功利、重物质，可是在俗世生活之外还有宗教生活，可以使人在这个领域内吸取精神的资源，以济俗世生活的偏枯，但是中国没有超越的领域，一旦受到功利观念的侵袭，“整个人生都陷于不能超拔的境地，所以有人慨叹现代中国人过分讲究实际，过分重功利，缺乏敬业精神。很少有人为知识而知识，为艺术而艺术，只有一种工具理性”①。

后半生经历了大大小小运动的王元化，饱受激烈斗争的磨难，生活经历促使他透过思想史表面现象，去思索可以连贯史实的深层原因。结合自己的经历，他得出了这样的结论：激进思想实际上有两种表现形态，一是以“人民”的名义，在“神圣”的崇尚下，去取消、压制个人的真实声音；一是以“进步”的名义，在“求新”的崇尚下，去破坏摧毁优秀文化传统的存在，同时也去取消其他被他们认为不进步不理性不新潮的声音。二者无论如何不同，都自以为真理在握，要强迫别人服从自己，要改造和控御他人的思想，要用越来越激烈的手段来达到目的。

中国现代思想的起点是“五四”。王元化在杜亚泉文章所反映的思想中，从论战双方坚持的主义中，得到了可以进行综合性反思的资源，包括后来的《新青年》杂志的其他论战，最终都从不同的问题辐射到“五四”这一现代思想发源地的核心问题上，但始终不离对“五四”的重新思考，而思考的问题又不断扩大，诸如文化传统、国家政治、哲学、中西思想比较以及近现代思想人物评价，最后落点到理性世界及反映论的根本问题上。

1993 年 9 月 21 日完成了这篇文章，王元化松了一口气，仿佛甩掉了自己近年来最大的精神包袱，此文标志着他对自己头脑中既定的“五四”观念进行了重新反思，其中对于所谓被认定的保守派杜亚泉进行了精辟的分析。可以说，这是王元化第三次反思中关键性的一篇文章，也是他从

---

① 王元化：《杜亚泉与东西文化问题论战》，见田建业等编：《杜亚泉文选》，第 11 页。王文改写的这段话出自一位境外学者，根据笔者查阅，出自林毓生的《什么是理性》，见氏著《中国传统的创造性转化》，第 67 页。

《为五四精神一辩》到客观冷静评价“五四”的一个节点。

四种思维模式

自1996年起，王元化先后在南京大学、上海师范大学、杭州大学、华东师范大学、上海戏剧学院、复旦大学、中国美术学院，以及台北联合报系“跨世纪文化反省与展望系列论坛”等，作同一主题的讲演，题目是“对‘五四’新文化运动的再认识再估价”。不断地演讲，他也不断反思，这种反思是“对自己的思想进行反省和检讨”，换句话说，就是反思自己曾经有过的激进思想，所谓的“痛定思痛”，指他始终把自己放在理性的天平上拷问，从中提炼出精髓。他反复指出，“五四”除了个性解放，人的觉醒，值得在中国思想史上大书特书之外，独立思想和自由精神也是“五四”精神传统的一个重要内容，而后者更是值得中国知识人承传的现代精神遗产。他在不断的演讲中，同时也是对“五四”是否凸显了真正的民主思想，感到了怀疑，并认为值得探讨。很大程度上，“五四”只是凸显了高调的民主，即大革命的民主，而低调的民主，即经验主义的民主，“五四”思想是相当不够的，这必然形成中国现代思想的先天不足。

在读书、讲演、反思的过程中，王元化逐渐得出一些结论，然后充实、精炼，慎重归纳出“五四”时期流行的四种观念：(1)庸俗进化观点（不是来自达尔文的进化论，而是源于严复将赫胥黎与斯宾塞两种学说杂交起来而构成的《天演论》。这种观点断言凡是新的必定胜过旧的）。(2)激进主义（指态度偏激、思想狂热、趋于极端、喜爱暴力的倾向，它成了后来极“左”思潮的根源）。(3)功利主义（即学术失去其自身独立的目的，而将它作为为自身以外目的服务的一种手段）。(4)意图伦理（即在认识论上先确立拥护什么和反对什么的立场，这就形成了在学术问题上往往不是实事求是地把真理是非问题的考虑放在首位）。王元化结合了自己本身的经历和思想历程，进行了清醒地再认识再估价。经过大量资料的搜集，他发现，这四种流行观点，在互相对立的学派人物身上，都可以或多或少地发现它们的踪迹，遂凝固成为一种既定思维方式。

这种既定的思维方式并非仅就“五四”人物而言，从“五四”以来直到今天，这四种思维模式在生活中、在社会上可以轻易找到它们的影子。庸俗进化论只是一种概括而已，但凡新的总比旧的好，“革命”一词转化了原先的本义，成为一种激烈的用新的代替旧的手段。迷信革命带来的新面貌、新气象、新社会，也就鼓励人们抛弃旧的，这也是对传统的一种颠覆态度。激进主义中归纳的四种表现方式“态度偏激、思想狂热、趋于极端、喜爱暴力”，也就是在中国非常有市场的“左”比右好，极“左”比“左”好。这种思维模式沉浸在人的思想深处，王元化多次谈到过，在当今的思想界、理论界，谁的嗓门大，谁的调子高，谁就是革命者。事实也是如此，每一次运动来了，最后总是这些人得以全身甚至高升，而对立面总是倒霉。从“五四”以来的历次运动和斗争，正是在不断验证“左”比右好。

王元化批评功利主义只是阐明在学术中的倾向，造成学术不是学术，而追求学术之外的东西。但功利主义的范围要广大许多，渗透到每一个人的生活和国家的政策中。这种思维习惯的最大特点是为获取利益（常常是短期效益）而不择手段。有关环保、生命、人类、地球等的攫取资源，都不顾及地球和人类的整体利益。意图伦理则是韦伯提出的政治家的两种伦理之一，另一种是相对的责任伦理。意图伦理只注意意图的纯真而不顾及意图的后果，也就是说，只要目的纯正伟大（这种目的是自我认定并以正确的口号来渲染的），为了达到这个目的可以不择手段，即便这个手段是极不道德的和极不公正的。责任伦理则相反，政治家必须要深思熟虑政治行为可以预见到的后果。王元化精粹地论述这 4 种思维模式，为“五四”和“五四”以来的思潮作了一个非常精辟的阐发。

1997 年 12 月，王元化在《清园近思录》一书后记中说：“在 20 世纪中，‘五四’新文化运动是一股最具影响力的思潮，其覆盖面之广，持续时间之长，是此时期其他思潮不能比拟的，直到今天它仍在支配着许多人的思想，甚至对一些和‘五四’精神并不一致的人来说也是一样。值得认真探究的是，这些人虽然已脱离了‘五四’的思想轨道，他们用群体意识来代替个性解放，用集中来代替民主，用暴力来代替人道。可是在思想方式和思维模式方面，他们和‘五四’时期所盛行的意图伦理、激进情绪、功利主义、庸俗进化观，却是完全一致的。”①

这可以说是为他提出的四种思维模式作的最好的现实诠释。

上述关于“五四”的思考，并不意味定论。王元化治学的一个特点，一个问题一经提出，他的思考就没有中断过，于是在不断的思考中不断增补材料，互相印证和丰富其内涵。直到晚年，对“五四”的思考还是王元化反思的核心问题，虽然表述的方式也时有变动，但基本精神不变，一直延续到21世纪。

在这次反思中，他要探寻这种激烈的“左”的思潮为什么在中国的影响这样源远流长，从而发现从明朝末年就在一些士大夫身上有一种激进和极端的看法。“五四”时期的西学输入，在对待中西文化的关系上出现了决定性的变化，“一些趋向极端的偏颇看法”蔓延开来，这就是全盘性的反传统主义的市场。王元化认为这种“激烈的反传统虽然并不是萌生于五四时代，它早在明末何心隐、李贽等人身上就已露出端倪了”②。自此王元化开始从这条长长的激进的反传统往上溯源。同时他又把自己放到这个思索过程中。他多次说过，他的反思是把自己放进去进行思考，“我是在严格意义上使用‘反思’一词的，即指对自己的思想进行反省和检讨”③“痛定思痛之后要探寻为什么‘左’的思潮在中国的影响中这样源远流长，在许多人头脑中这样根深蒂固”④？因此才发现这种极“左”思潮早

① 王元化：《清园近思录·后记》，中国社会科学出版社1998年版，第429页。

② 王元化：《王元化集·总序》(第一卷)，第6页。

③ 王元化：《王元化集·总序》(第一卷)，第1页。

④ 王元化：《王元化集·总序》(第一卷)，第5页。

在“五四”之前就已存在，20 世纪初从西方传入的无政府主义思潮，即激进主义的来源，迅速在知识阶层中蔓延，其政治原因就是当时中国的社会环境太黑暗，多次改革运动的失败，“使人们容易产生一种急躁的情绪”①。做任何事情都无法静下心来。到了辛亥革命之后，西学的输入，传统文化面临了前所未有的挑战，在中西文化的关系问题上出现了一些趋向极端的偏颇看法。

2007 年王元化编辑《沉思与反思》一书，在他写的小引中有这么一段话：“一九八八年我写的《为五四精神一辩》，就是自觉或不自觉按照长期存在头脑里的既定观念，去对待那些持异见者的。”②当时的他，认为“五四”的反传统和倡导西化是天经地义的，“五四”思想必须全盘继承。落款日期是 2007 年 4 月 25 日。算起来，离开他辞世之日一年多一点，此时他身患重病，目眇耳重，不善读写，但靠着友人的记录，以最明晰果断的语言，在最后的时刻，对于《为五四精神一辩》文章的观点及思维方式进行了反思。“那些持异见者”主要指的就是林毓生等。正像撰文研究王元化思想历程的林同奇先生指出，王元化在 80 年代的思想是值得关注的：“我个人认为，和上阶段相比，在这阶段王先生的思想出现了某些滑坡现象。而造成这种现象的根本原因，是在他身上再度出现了第一阶段(吴案：指身处困境中的 1955 年到 70 年代末)的身份认同的困境；他的学者/思想家身份再度受到了过多的非纯正学术活动的干扰。”③王元化后来曾对林毓生说：“到了 1955 年反胡风后，我回到学术里来。后来‘文革’结束了，我平反了，又让我去做官。我虽然很不愿意做官，做了两年官，害得我六年的思维处于停滞的状态。所以我就没有真正地好好读过书，与

---

① 王元化：《王元化集·总序》(第一卷)，第 5 页。

② 王元化：《沉思与反思·小引》，第 2 页。

③ 林同奇：《呕血心事无成败　拔地苍松有远声》，载《美中社会和文化》第 12 卷第 1 期，2010 年。

你们不同。”[①]“六年”指的是1985—1990年。1990年他已经是70岁的老人，倦鸟归林，他似乎在说：“是时候了，我该回到我那绿色的家园，独自在思想的天空自由地探索、追寻。”[②]

最后，我想用林毓生的一段话来回答王元化在《为五四精神一辩》中质疑林毓生关于全盘性反传统主义本身就是根源于中国的“传统思想模式(或称为分析范畴)，换言之，也就是由一元论或唯智论所构成的有机整体观借思想文化为解决问题的途径”[③]这一观点，他认为有待论证：

> 我认为当时中国的意识形态例如反传统，但并不是完全封闭的。他们思想里面还有非意识形态的思想，胡适有，鲁迅也有，陈独秀也有。换句话说，他们的思想上并不全部反传统，但是意识形态上却要求自己把传统打倒。在非意识形态的一方面，他们还有着嵇康的反抗精神，肯定民间文学，魏晋风度，民间戏曲，对庄子等的肯定。但是他们总的说是反传统的，就像鲁迅所说的，中国历史上只有两个时代，一个是做奴隶的时代，一个是想做奴隶而无法做的时代。这就是说中国人有奴性，喜欢做奴隶。这种文化传统那不是全部要打倒吗？但我的书里使用的是一种非常抽象的分析的方法，跟中国的国学治学方法是完全不一样的方法。遗憾的是他们看不懂这一点。
>
> 他们的意识形态中这种思想被整体主义的反传统给压倒了。为什么会被压倒了呢？因为这些“五四”人物都要救国的，要救国，就要团结力量，假如受中国传统的影响，就无法救国了。他们是一个政治行为，不是一个勾心斗角的行为。所以“五四”反传统是一个政治思想的行为，是要把中国传统全部打倒，才能有希望建立一个新中国。

---

① 王元化、林毓生：《王元化林毓生谈话录》，载《文汇报》2008年5月11日。

② 林同奇：《呕血心事无成败　拔地苍松有远声》，载《美中社会和文化》第12卷第1期，2010年。

③ 王元化：《为五四精神一辩》，载《新启蒙》第1期，第19页。

但是这些内容在当时跟这些老先生无法沟通，后来就到了1991年跟王元化先生的见面。

从这点上说，反而我们两人（与王元化）的辩论变得不重要了。跟他认识了几年之后，有一次他还是跟我说过，你的那个反传统我还是不赞成的啦。我也没有答复。因为太熟了，我们就没有再辩。①

卢梭的政治学说与黑格尔哲学

在1988年王元化为顾准《从理想主义到经验主义》一书写的《书后》中，王元化就注意到顾准"对黑格尔思想的批判与对经验主义的再认识"中，重新反思了黑格尔主义的关键问题。1992年6月20日，王元化应复旦大学法国史教授金重远的邀请，为其博士生朱学勤主持博士论文答辩会；下午收到了李锐托人送来的《毛泽东的晚年》书稿。

朱学勤的博士论文为《道德理想国的覆灭——从卢梭到罗伯斯庇尔》。从王元化收到论文到主持答辩，大概有将近三个星期的时间。王元化认真地读了，并找了不少有关的书来参考，并作了笔记。6月23日，王元化激动地写信给李锐介绍了这篇论文的大意，并联想到中国政治运动中的道德理想主义的动机——"同时从一大、二公、三纯的道德理想出发，政治运动又可以被视为使人净化，达到集体大我消灭个人小我的惟一途径"②，"道德理想主义所要求的'纯'，不同于斯多噶派的禁欲主义，而是从传统的大公无私演化来的一种政治意识。这种政治意识可以用'斗私批修'这一口号来作最简明的阐释"③。这种道德理想主义的来源，一是传统理学，二是卢梭的"公意"，三是黑格尔的总体性。请注意王元化下列这段叙述："公意是被宣布为更充分更全面地代表全体社会成员的根本利

---

① 林毓生、吴琦幸谈王元化（录音稿），2011年7月24日下午3:00—5:00，洛杉矶—麦迪逊。

② 王元化：《清园书简》，第167页。

③ 王元化：《清园书简》，第167—168页。

益与要求的。它被解释作比每个社会成员本身更准确无误地体现了他们应有却并未认识到的权利。公意需要化身，需要权威，需要造就出一个在政治道德上完满无缺的奇里斯玛式的人物。不幸的事实是，这种比人民更懂得人民自己需求的公意，只是一个假相，一场虚幻。其实质不过是悍然剥夺了个体性与特殊性的抽象普遍性。”[①]王元化自承这“是从那位青年学者论文中摘出的要旨，我不过是作了简单的复述”[②]。这篇论文对于王元化的思想有着雷霆万钧之力的颠覆。

朱学勤的论文研究了从卢梭到罗伯斯庇尔这一条道德理想国的理论阐发和到后来的罗伯斯庇尔实践之最终覆亡的原因。虽然后来他也承认这一部分带有翻译介绍的成分，并非自己的研究所得，但是在中国研究卢梭《社会契约论》、法国大革命、巴黎公社等重大影响国际共运史的问题，此文在当时具有开创之功。对于启蒙运动的思想家，以往王元化只知道一家之说和一条线索，那就是从卢梭的社会契约论—法国大革命—巴黎公社—十月革命，这也是被“经典性革命理论所阐述的，而对于被批评为‘不可知论’的英国经验主义者休谟、洛克等则不屑一顾”[③]。而朱学勤这篇论文恰恰是对以前忽视或有意避谈的问题重点阐发。由于其观点偏离了主流，一直未被其博士论文答辩委员会接受，甚至在最后一刻还被批评为“资产阶级右翼保守主义史学观”。面临无法答辩的窘境，其导师金重远先生寝食难安，后商请王元化先生担任答辩委员会主席，王元化在此严峻关头慨然允诺，并力挺此文的学术价值，方得以顺利通过。

对朱学勤论文的阅读、思考以及参照其他书籍的研究，王元化的思想有了一个很大的震动。在激烈的传统思维和现代开放式研究的相互映衬下，其思想深处发生了剧烈的冲撞，教科书和指定的读物所掩盖的史实

---

①② 王元化：《清园书简》，第169页。这是王元化生平写的另一封长信。

③ 王元化：《九十年代日记》，第86页。

和理论，像一扇新打开的大门，使王元化进入了历史深处的真实，结果“轰毁了我长期以来所形成的一些既定看法，对于我从那些教科书式的著作中所读到而并未深究就当做深信不疑的结论而接受下来的东西产生了怀疑”①。

有了怀疑，就需要研究和反思，“学勤的论文印证了为我陌生的一些观点，对我的思想发生了剧烈冲撞，促使我去找书来看，认真地加以思考和探索”②。王元化在对卢梭国家学说、法国大革命背景怀疑基础上进而深入探讨既定的思想，发现长期在中国被奉为不可怀疑的权威理论中的极左思潮。并去寻找极“左”思潮的根源，“纠正了原来对于激进主义思潮的看法”。那就是国家学说中的理论基础建立在公意永远代表着创制者的不可动摇的正确。王元化在这一个重大问题上的反思过程是漫长的，他自承虽然一进入1990年代就开始了，但到了这时候才真正进入了“角色”！从1992年6月开始研读朱学勤的论文（主要是该文的第三章《道德理想国的发生逻辑——自由之沉没》），到最后在1998年底成文《社约论三书》，总共花了六年的时间思考、阅读、研究，成为1990年代反思中的重要内容载入史册。

具体而言，他开始重新深入研究西方契约论的两种类型，即小契约论和大契约论。小契约论（也即政府契约论），由人民让渡的权利是部分的。交出的小，留下的大。而国家取最小值，社会取最大值。由此形成了小政府、大社会。西方现代国家都取这种形式。这种类型的契约并不赋予国家以道德化的要求，更不能奢望国家领导社会去实现道德化，只能以权力制衡权力。这种权力牵制，既需社会对国家的外部规定，又需有国家内部的分权平衡。国家与社会各有运行的规则。前者为民主，多数人决定；后者为自由，个人具有永恒价值，任何人不能强制任何人，不论是独夫暴政，或多数暴政。而第二种形式是社会契约论，也就是卢梭所阐述的，也称大

---

①② 王元化：《九十年代日记》，第86页。

契约论。其假设由于人性是恶的，人不可以留下一部分权力，形成所谓的自治市民社会。于是交出的是全部权力，接受权力的也只能是一个具有绝对权威的主权者（专制的君主）。卢梭批判了霍布斯的权力强制性和非道德的理论，把服从君主个人转化为服从"社会公意"。卢梭的论述是，服从社会公意，无异于服从交出去又转回来的自己（这是一种诡辩术），二者之间没有疏离与异化，这也就是卢梭人民主权论的逻辑依据。卢梭的社会契约建立在道德基础上，而卢梭的公意是相对"众意"而产生的"公意只着眼于公共的利益，而众意之着眼于私自的利益"。如此一来，从纯粹的私意到众意是一种一度聚合的物体变化，再从众意到公意则是二度抽象，为化学变化，化合产生一种新的东西"公共人格"或称"道德共和体"。在公意的名义下，抽空了众意的聚合空间即民间社团。而公意就成为至高无上的道德，谁代表了公意，那就是公意的化身——公推出来的领袖。王元化从这些叙述中，猛然领悟到，这种公意是多么的熟悉。

但这个思考只是将朱学勤的论文中有关卢梭国家哲学的部分做了介绍，事实上朱学勤的论文也是一种介绍，基本上是选择性地翻译了西方的有关论著。①而在给老友李锐的信中，王元化则更进一步地反思了黑格尔哲学，这一自年轻时为之激荡、在1950年代隔离中给自己带来生活下去的勇气的思想："黑格尔幻想有一种不同于抽象普遍性的具体普遍性，可以将个体性与特殊性统摄并涵盖于自身之内。但这种具体普遍性只存在于黑格尔的逻辑中。不承认独立存在于普遍性之外的个体性与特殊性，实际上也就是用普遍性去消融个体性与特殊性。不管把这个普遍性叫做抽象的，还是具体的，情况并不会有什么两样。黑格尔的同一哲学，使他

---

① 2010年有人指出朱学勤的《道德理想国的覆灭》抄袭美国学者卡罗尔·布拉姆《卢梭与美德共和国》。经复旦大学学术委员会设立专门小组调查，证明只是部分袭用，不构成整书的抄袭和剽窃，但引起方舟子等人的发文指责学术不公。朱学勤承认在翻译引用的外文资料中并未注明是引用，构成了袭用部分材料而不出示原作之来源的错误。

非常方便地作出了上述逻辑推理，得出消融在普遍性中的个体性和特殊性，竟能保持其自身的独立价值。过去我曾十分迷恋黑氏关于普遍性、特殊性、个体性三范畴的哲学，认为这是他的辩证法所创造的一大奇迹。现在应该从这种逻辑迷雾中清醒过来了。”①

1996年他回顾自己当年阅读黑格尔哲学，曾对其中的规律问题以及精神力量是如何的着迷，信奉其为人生中的指路明灯的过程：“当时我对于黑格尔关于两种普遍性的划分十分钦服，认作是逻辑学中的一个重大揭示。长期以来我不止一次援用了这个说法。近几年我为了清理自己的思想，对黑格尔哲学进行了反思，这使我的看法有所改变。我认为黑格尔在总念的普遍性问题上，没有能够摆脱给他哲学带来局限的同一哲学的影响。知性的普遍性固然不可取，但以为总念的普遍性可以将特殊性与个体性一举包括在自身之内，却是一种空想……如果不承认它是不可能将特殊性与个体性一举囊括在自身之内这一事实，那么这样的思想就会给人类生活带来极大的灾难。卢梭在设想公意超越了私意和众意，从而可以通过它来体现全体公众的权利和利益的时候（这也是以为普遍的可以一举将特殊的和个体的统摄于自身之内），原来是想为人类建立一个理想的美好社会，可是没有料到竟流为乌托邦的空想，并且逐渐演变为独裁制度的依据。当黑格尔陷入同一哲学的时候，我们必须注意它的后果。”②

张奚若的有关研究

王元化没有停止这一问题的思考，他希望能够搜集更多的资料进行充分的研究。在为杜亚泉著作写序的过程中，他又接触到了更多的中国

---

① 王元化：《清园书简》，第170页。
② 王元化：《读黑格尔·读黑格尔的思想历程》，第7—8页。

早期学者论述的国家学说，其中的一位即是著名的政治学者张奚若①。1997 年末，王元化写下了《张奚若谈卢梭》②。

王元化在清华大学出版社出版的《张奚若文集》中找到了三篇论卢梭的文章。第一篇是《卢梭与人权》，是张奚若于 1930 年在政治学会所作的演讲稿。第二篇是长达八万字的论文《法国人权宣言的来源问题》，曾经连续刊载于《武汉大学社会科学季刊》(1931—1932 年)。王元化通过法文专家翻译文中卢梭的原文，而认真地读完这些资料，发现了张奚若对于卢梭的研究是非常深刻的。这位参与创制中华人民共和国的早期政治学家、国家学说的研究者，对于卢梭的契约论理论早就有所批判。他认为卢梭的主权者，自定义言之，不能作非，所以用不着限制，所以无需对人民提供任何保证，导致了主权者由于是权力之主，便永远都是他所当然的那样，为所欲为。《社会契约论》第二卷第七章的一段话："主权者既然只能由组成主权者的各个人所组成，所以主权者就没有，而且也不能有与他们的理由相反的任何利益；因此，主权权力就无需对于臣民提供任何保证，因为共同体不可能想要损害它的全体成员；而且我们还可以看到，共同体也不可能损害任何个别的人。主权者正因为他是主权者，便永远都是他所当然的那样。"③张奚若称这段话是《社会契约论》的"根本注脚"。张奚若研究卢梭，并通过冷静剖析完全掌握了《社会契约论》实质，他对卢梭的国家理论带来的后果有什么评价呢？这是王元化所关心的。他通过细致的阅读和研究，发现：卢梭认为人民建立的国家其性质规定了它是不会作非的。张奚若针对这种观点说"假使国家真是不能作非，政府是的确万

---

① 张奚若(1889—1973)，早年参加同盟会，后赴美国哥伦比亚大学攻读政治学，获硕士学位。回国后任中央大学、清华大学、西南联大教授，新中国成立后担任第二任教育部长。中华人民共和国国名的提议者。"文革"中与章士钊等人一起受到保护。1973 年去世。曾发表过《社约论考》《主权论》《法国人权宣言的来源问题》《卢梭与人权》《自然法则之演进》等文章。王元化读到的是其中两篇。

② 最早见于王元化《清园近思录・后记》，后在不同的报章杂志上发表。

③ 卢梭：《社会契约论》，何兆武译，商务印书馆 2003 年，第 23 页。

能，那么，绝对的服从，无条件的拥护，至少还有实际的利益。不过，不幸经验告诉我们，世上没有这样的国家和政府。最简单的理由就是因为政府是由人组织的，不是由神组织的。政府中人与我们普通人一样，他们的理智也是半偏不全的，他们的经验也是有限的，他们的操守也是容易受诱惑的。以实际上如此平常、如此不可靠的人而假之以理论上无所不包无所不能的权力，结果焉能不危险”①。紧接在这段话下面，又谈到权力的腐蚀作用：“权力对于运用它的人们有一种侵蚀的力量，有一种腐化的毒素。这种腐化侵蚀的象征，便是滥用权力。坏的统治者固然逃不掉此种侵蚀与腐化，就是再好的统治者，若不受限制，也很难抵抗滥用的引诱。某种限制权力的特殊方法，例如分权，不见得一定有效，但是权力应受限制的原则却是毫无问题的。经验告诉我们，接受批评容纳意见是有效方法中最重要的一种。”②以上体现了张奚若的政治眼光和勇气。

王元化在1997年写的文章中对张奚若作了客观的评价：“张奚若走过的道路和他的许多见解不一定都是正确的，但他是五四以来不受意图伦理拘囿的少数学者之一。在一九一九年那个轰轰烈烈热火朝天的时代，他就对五四作了冷静的思考。……他的理性态度在那些受意图伦理支配的激进分子眼中，也许正是立场摇摆丧失原则的一种表现。直到今天这种看人论事的方式仍在流传不绝，想到这里不禁令人感到惆怅。”③

此时的王元化对于卢梭的理论并不很熟悉，毕竟是在另外一个陌生的政治学说领域，他自承“卢梭的知识渊博，书中的政治学说正是我的弱项。从青年时期起，我和许多同时代人一样，虽喜爱文、史、哲，却对政、法、经不感兴趣，很少问津这方面的书籍”④。友人的一封信则在无意中开启了王元化的思路，并且以锲而不舍的精神钻研张奚若的有关理论，但

①② 王元化：《王元化集》（第六卷），第281页。

③ 王元化：《王元化集》（第六卷），第282页。

④ 王元化：《王元化集》（第六卷），第283—284页。

还有更多的问题需要思索、研究，他要从更高的视角来研究卢梭的《社会契约论》，从而使他完成了晚年最重要的反思。

系统反思国家学说

前述王元化的这些文字最初出现在他的《清园近思录》一书的后记中，是他思考的内容。这本书他购买了两百册，分送给京沪等地的诸位老友和学生、同道等。

中央党校理论室主任、当年发起实践是检验真理的唯一标准大讨论的理论专家之一吴江也收到了一册。在王元化给吴江的附信中，特意让吴江留意一下后记中关于张奚若评卢梭国家学说的部分。吴江看完之后，写了一封信给王元化，对于王元化激赏张奚若国家学说尤其是张质疑卢梭的社会契约论这个问题谈了自己的看法。信中对于卢梭的评价沿用了正统的说法："卢梭是十八世纪法国启蒙运动的杰出代表人物。……但是卢梭在国家问题上总的说来是一个民主主义者，而非专制主义者，他的理想国家是实现人民的完全平等和自由，而政府是受人民监督的，也是受限制的。"①对于张奚若所认定的法国的《人权宣言》不可能来自《社会契约论》，吴江认为"这种论断未必恰当，原因在于他对卢梭的国家学说理解得并不全面(像《后记》中引用的张举出的那四条理由)"②。吴江根据介绍卢梭思想的书籍中找到的材料认为，卢梭认为每个人都是主权者，这个主权包括人生来就有的自由和平等。但卢梭同时认为人们由于在自然状态下生活遇到障碍，因而需要用契约将每个成员组织起来，即组织成国家，每个成员把自己的主权(权利)交给国家，构成共同意志。国家主要官员由普选产生。卢梭的理想是每个人为了社会利益，都放弃

---

① 王元化:《王元化集》(第六卷)，第 311 页。

② 王元化:《王元化集》(第六卷)，第 311—312 页。

自己的主权，每个人服从共同意志也就是服从自己。“人生来就是自由的，可是却处处都在桎梏中”“不服从共同意志的人应当强迫他服从，也就是强迫他自由”。这成了当时革命思潮的响亮的口号。卢梭根据自由行为是由自由意志和行为力量两种原因促成的原理，引申出国家必须把立法、行政两种权力分开的学说。卢梭反对行政权执行者的神圣不可侵犯性。为了防止行政权以自己私人的意志僭窃人民的意志，他提出必须由人民经常监督它。为此，他认为必须定期召开人民会议，讨论：(1)人民是否愿意保存现有的统治形式？(2)人民是否愿意把行政权保留在当时行使它的人们的手里？在卢梭眼中，人民就利用这样的方式来保障自己选举任命和撤换行政首长的权利。

吴江引用的卢梭这些思想从表面上看来确实非常完美，照顾到人民的利益和权利。也正因为此，受到卢梭影响的马克思也同样主张普选主义和集权主义。而马克思后来受到法国空想社会主义(特别是圣西门)的影响，又与卢梭拉开了距离，提出国家亦是一种“祸害”，在当政之初不得已用之。吴江最后说到，现在的理论界(无论前辈或后辈)并没有提出过一个比较具体的完整的新国家学说来。

吴江在信的最后说了一段意味深长的话：“先哲曰：没有革命的理论就没有革命的行动。我想，这恐怕正是导致我们的政治体制改革步履艰难的重要原因之一吧。质之元化同志，以为如何？”①

王元化得信后，心中有底了。吴江，作为中央党校的权威理论专家，给了他一个宏观的关于国家学说理论的研究现状，中国现在没有真正在国家学说方面有深入研究的人，而卢梭的《社会契约论》是中国理论家引用最多的旧说而已。像吴江这样的党内理论专家，有勇气提出实践是检验真理的唯一标准这样重要的理论，在中国转型期进一步地解放了思想，但是如何再向前推进？

---

① 王元化：《王元化集》(第六卷)，第314页。

吴江出了一个非常好的题目，那就是《社会契约论》还需要好好研究。王元化花了好几个月来阅读、搜集材料，为回答吴江在信中所提出的有关卢梭的国家理论问题而准备。

从反思黑格尔引发对政治学说的关注和兴趣，王元化一开始只是从哲学层面敏锐地发现了问题，但他还没有真正深入卢梭《社会契约论》的内部，去察看它的来龙去脉，卢梭思想与洛克、与西方政治学说史的关系，他还没有涉及。在读书治学上，王元化有一种“咬定青山不放松”的寻根问底习惯，在1955年隔离审查期间读经典，就养成了不断往深处追寻的做法。他非常推崇中国老一辈学人读书读第一手材料、读原典的朴学精神，于是不顾自己已是近80岁的老人，不顾自己对于西方政治思想史并不十分熟悉，执意要闯进这个对于自己来说较为陌生的领域中去探寻究竟。

1997—1998年，他用了几个月的时间，认真反复精读《社会契约论》。用的是那本商务版“汉译世界名著丛书”本，1980年代初经原译者何兆武校订过的中译本。这个译本译得非常认真，先后修订过两次，并将哈勃瓦斯(M.Halbwachs)、伏汉(C.E.Vaughan)、波拉翁(G.Beaulavon)等人注释本的注释作为脚注收录书内。虽然只是一薄薄的小册子，却被王元化反复阅读，密密圈点，其上朱色灿然。同时，他又摘录、钩记了一大本笔记。在读原典的过程中，他还参读张奚若多年前的《卢梭与人权》和《法国人权宣言的来源问题》两篇长达十余万字的大文章。由于张文引文直据法文原典，王元化不谙法文，但为了确认张奚若理解的准确性，他又邀请了复旦大学法语专家李棣华来家里，一句一句地校读释解。在研读原文的基础上，经过反复探索其词义背后的概念、思想，他发现《社会契约论》是一本思辨色彩极为浓厚的政治哲学著作，之所以后人有不可化解的歧解甚而得出截然相反的结论，原因即在于“书中那些思辨哲学不是仅仅凭借常识就可以理解，相反，常识在这里往往只会起着误导作用”①。王元化素

---

① 王元化:《王元化集》(第六卷)，第286页。

喜散步，可以在散步中思考。这一次，他犹如行走在密林深处，踏着荆棘丛生的小道，曲折迂回，跋山渡水，柳暗花明，终于从中发现了理论的奥秘。由此，第一步的阅读研究告一段落。

灵隐的创作之家

1998 年 5 月 18 日，王元化来到了他喜欢的杭州郊外靠近灵隐寺的“创作之家”，他要在这里安营扎寨，将他思考研究的结果结成文字。

这是一群白墙黑瓦，古色古香的乡村式楼房。王元化很喜欢这里的环境，他房间的窗口正对雨雾缭绕的北高峰。他描述道：“夜间万籁俱寂，间有几声犬吠，但更多的是从附近池塘边传来的阵阵蛙声。每天清晨，天未大亮，我就起身到近处树林中去散步。松树丛随着微风散发出清香的新鲜空气，沁入心肺，令人心旷神怡。我一边散步，一边听着林中啾啾的鸟叫声，慢慢地走回住所，提起笔写这封信。”[①]此文酝酿、撰写共计两个星期，计 14 000 字，于 5 月 31 日封笔，6 月 1 日回上海。

用什么样的形式来写作这样一篇思辨性、理论性极强的文章？

作为文章大家，王元化作文从来不拘泥于文体。在他成熟的思想家的生涯中，用通信、书评、问答、谈话录、序言、后记、讲演甚至日记、回忆录等各种形式的文体来表达自己的思想观点。例如他在写作《为五四精神一辩》的时候，初稿发表的时候就是一篇问答，据笔者所知，当时并没有人跟他问答，而是一种自问自答的形式。到了第二稿和第三稿的时候，他觉得成熟了，就改为论文形式。书信，则是当王元化感觉自己并没有足够的材料构成一篇非常严谨的论文时所用的体裁，这样可以非常精练地将思考的内容投射出去，突出关键的思考重点。现在，王元化虽然思考成熟了，但是要用写作《文心雕龙创作论》那样有系统有考据的方式，

① 王元化：《王元化集》（第六卷），第 310 页。

并不适应。于是他采取了书信漫谈的形式，向读者娓娓道来他读书的心得。

这封信大概是王元化写过的长信之一，不过他从来没有将这封信看作是信，而是一篇极有分量、考证严谨、新意迭出的论文。此信字数大约是吴江来信的七倍，俨然是一篇大文章，并且附有约占全文五分之一的长段注释。

这篇文章从剖析卢梭对民主制度的矛盾态度入手，深入考察思辨哲学对卢梭构建公意概念的影响，努力还原卢梭民主理念的来龙去脉，并把他与洛克等西方政治学家的思想相参证比对，证明张奚若对卢梭的评判大体正确。公意概念确是通往全权国家和抽象人民的合法性依据，而与《人权宣言》强调个人权利不可剥夺南辕北辙。细心的读者很容易发现，这篇文章有两层结构：一是学理层面的求真、求实，力图对西方民主学说，以及卢梭思想本身，有真实透彻的理解。另一层是中国思想史层面的映照、对勘。王元化说，这是关系到中国政治生活中的重大问题。他一直有现实与历史关怀的一份自觉。前一层面是“根底无易其固”，而后一方面则是“裁断必出于己”。

王元化指出卢梭的《社会契约论》具有强烈的思辨色彩，要理解它需要进入卢梭的思辨世界中。卢梭所用的术语和概念似乎是在玩文字游戏，但却颇有深意。例如卢梭提出社会契约的双方，乃是社会成员自己与自己缔约，因为他们具有双重身份。这显然是十足的思辨说法，许多人不理解它，以致生出许多种的误会，对于擅长于思辨哲学的王元化，这却是他的强项，抓住了卢梭《社会契约论》的关键所在。

王元化揭橥卢梭在《社会契约论》中的第二种特殊的写法是，在讨论同一问题时，在不同场合往往将坐标移动、背景转换，也即前后出现自相矛盾的说法。王元化花了相当多的精力在这个问题上找出卢梭的矛盾之处，而关键的矛盾是有关少数人和多数人统治和被统治的问题。他总结道：“卢梭一方面如上面所引反对多数人统治而少数人被统治，但另一方面又如你信中所说，他主张不服从共同意志的人应当强迫他服从。”[①]按照他的逻辑所谓的强迫他服从，就意味着使被强迫的人自由，因为只有公意才是自由的。卢梭作为18世纪的启蒙思想家，王元化也认识到他的局限，“他也不能预料到将多数作为公意强迫别人服从的思想，在他身后所爆发的法国大革命中变成怎样一种残暴的力量，使多少无辜者——包括一些同是启蒙思想家的百科全书派人士丧生在断头台上。‘少数人总是有罪的！’成了当时实行屠杀的一条理由”[②]。

王元化将卢梭的国家学说定义为专制制度。王元化写道：

> 写至此处，我不禁想，上面有关法国大革命的议论一定会使得你和一些老朋友难以接受。过去有许多看法和大家一致，但这些年我在反思中有了新的认识，我不愿向你们隐瞒自己的观点。但许多问题不是一时可以说得清的，我已向一位友人约定，找机会和几位朋友见面畅谈。我要和朋友们一起讨论的不仅是理论，还有一些写法国大革命的小说，特别是狄更斯的《双城记》、罗曼·罗兰的法国革命悲剧系列：《七月十四日》、《丹东之死》、《群狼》、《爱与死的搏斗》等等。这些书我在青少年时就读过，但近年来它们给予我过去未曾领受的一些新的意蕴……[③]

王元化还联系到了实际，例如卢梭反复强调的代表人民这个概念。“人民”这个概念正如公意的概念一样，排除了特殊性与个体性，即公意排除了私意和众意。而卢梭“为了表达公意最重要的是国家之内不能有派系”[④]。王元化举证说法国大革命雅各宾专政时期，就是按照卢梭的理论

---

① 王元化：《王元化集》（第六卷），第292页。

② 王元化：《王元化集》（第六卷），第294—295页。

③ 王元化：《王元化集》（第六卷），第295页。

④ 王元化：《王元化集》（第六卷），第299页。

取缔小集团的。“在我国，一九五五年‘肃反’时也专门下过指示整肃小集团。当时，‘胡风反革命集团’最早即称‘胡风小集团’，‘反右’期间也有过‘丁陈小集团’等等之称。卢梭书中对为什么要反对小集团，有详细说明。”①

王元化摘录了卢梭书中对于立法者的崇高地位的描写：

> 为了发现能适合于各个民族的最好的社会规则，就需要有一种能够洞察人类的全部感情而又不受任何感情所支配的最高的智慧；它与我们人性没有任何关系，但又能认识人性的深处；它自身的幸福虽与我们无关，然而它又很愿意关怀我们的幸福；最后，在时世的推移里，它照顾到长远的光荣，能在这个世纪里工作，而在下个世纪里享受。要为人类制订法律，简直是需要神明。（第二卷第七章《论立法者》）②

王元化认为，卢梭有不少地方是正确的，比如人民往往容易受到欺骗，不知道什么才是幸福，并且补充道：

> 不仅个人或小团体常常陷于私利私意，就是大家众心一致认为应该去做的事，有时也可能有错误。（例如我曾经举出过的小亚细亚一带居民为扩大耕地面积而砍伐森林，由于耕地面积扩大，当时居民普遍得到了利益，可是后来却造成一片沙漠，使人们遭到巨大损失。）③

王元化指出，虽然卢梭想到了这些问题是正确的，但是卢梭把确认什

① 王元化：《王元化集》（第六卷），第 299 页。
② 王元化：《王元化集》（第六卷），第 303 页。
③ 王元化：《王元化集》（第六卷），第 304 页。

么是公意、什么不是公意的能力赋予一个立法者，说这个立法者像一个牧羊人对他的羊群那样具有优越性，把他视若神明，这却是一种危险的理论。王元化认为卢梭的出发点并不是实行专制，只是使用浪漫的语言，对那些具有最高智慧，却又超脱物外的异邦立法人，情不自禁地发出赞美罢了。但在这一理论中，只要把异邦人改变成集体中的领袖，那么它的后果是难以想象的。他说："他（卢梭）身后的历史证明上述恐惧并非是杞忧。我还认为后来果然出现的那些野心勃勃以牧人自命的领袖，他们的倒行逆施也都不一定是出于为恶的目的，也许他们因为被权力冲昏了头脑，自以为掌握了人类命运，所以才悍然不顾地干出了令千万人战栗的蠢事。"①王元化这一诠释的重要性，颠覆了正统的或曰既定的观念。

最后一点是关于改造人性的问题。卢梭在该书的第二卷第七章《论立法者》中又说：

> 敢于为一国人民创制的人，——可以这样说——必须自己觉得有把握能够改变人性，能够把每个自身都是一个完整而孤立的整体的个人转化为一个更大的整体的一部分，这个个人就以一定的方式从整体里获得自己的生命与存在；能够改变人的素质，使之得到加强；能够以作为全体一部分的有道德的生命来代替我们人人得之于自然界的生理上的独立的生命。总之，必须抽掉人类本身固有的力量，才能赋予他们以他们本身之外的、而且非靠别人帮助便无法运用的力量。②

王元化与众不同的理解在这里：

> 主要是说立法者负有改造人性的任务。所谓"改造人性"，也就

①② 王元化：《王元化集》（第六卷），第305页。

是将自然的人改造成为社会的人。自然的人是个别的生存，社会的人则是集体的生存。有些人以为卢梭主张回到自然，这是误解，回到自然就不必谈什么社会契约了。缔订社会契约就是要使自然的人变成社会的人，过集体主义的生活，因此必须要有一个大转化大改变，也就是先要从他们身上抽掉所有那些固有的东西，再赋予他们原来所没有而在集体生活中必不可少的新成分，这就是人性的改造。我们对于这种在卢梭时代还仅仅是设想的改造是懂得的。这种人性改造简直是一项巨大的系统工程，它就由卢梭所谓“敢于为一国人民进行创制”、在一切方面都是国家中的一个非凡人物的立法者来承担，而接受这种人性改造的自然仍是称做主权者的人民。①

最后，当王元化进一步思考了曾经给了他巨大的精神力量的黑格尔哲学之后，发现了卢梭与黑格尔之间的相承关系：“我更进一步思考了黑格尔哲学中著名的总念三范畴论和历史与逻辑的一致性的命题，这是我曾经多么赞赏的理论啊！可是，过去那么引起我喜悦之情的信念动摇了，破灭了。特别是当我对卢梭的《社约论》作比较深入的探索时，我发现卢梭的‘公意’和黑格尔的‘普遍性’，竟是这样的不谋而合。我回过头去再去查黑格尔的《小逻辑》，发现《小逻辑》在阐释普遍、特殊、个体三环节关系时，就援引《社约论》的‘公意’‘众意’‘私意’三范畴作为例证，并直截了当地指出‘公意才是意志的总念’。黑格尔的三范畴和卢梭的三范畴都认为普遍性可以一举将特殊性、个体性囊括在自身之内。这样就将普遍性（公意）、特殊性（众意）、个体性（私意）视为同一的了。而囊括了特殊性和个体性于自身之内的普遍性以外，哪里还存在独立自在的个性呢？但我们必须承认，独立自在的个性，有些方面是不可能被普遍性所涵盖，或统摄于其自身之内的。我从黑格尔那里发现了这种同一哲学，再从他的前

① 王元化：《王元化集》（第六卷），第306—307页。

辈卢梭那里认识到这种同一哲学运用在国家学说中的危险性，这是我在第三次反思中一个重要的收获。”①

虽然在国外研究卢梭的学界中，已经有人将其跟黑格尔哲学比较，并作出相似的看法。但王元化并没有借助别人的看法，他也不知道海外是否有这方面的著作。

海内外的影响

至1998年底，王元化前后论《社会契约论》共计三篇文章，即为《卢梭〈社约论〉笔谈三篇》，此系列文不仅在中国学界，而且在境外学术界也引起高度关注和赞誉。林毓生、余英时等境外学者对于王元化关于卢梭国家理论的论述非常赞同，认为王元化精确地对卢梭国家思想作出了恰当的评价，王元化在并没有大量的前人著述的基础上，硬凭着个人钻研精神和单打独斗的治学方法，与海外学者的研究成果暗合，对此表示了高度的赞赏。在2011年我与林毓生先生的对话中，有这么一段有关的谈话内容：

> 吴：您认为王先生晚年的第三次反思最重要的成果是哪一些？当然他自己也做了一些总结，但是我很想知道您作为先生至交，作为一位在美国研究多年西方思想史和中国近代思想史的著名学者，您的看法对于研究先生思想的人会有很多的启发。能否可以介绍一下？
>
> 林：我认为他晚年最重要的反思成果是关于卢梭的国家理论。这是极为艰苦的经验和反思。将西方的国家理论集中在一起，他没有那种经验，也没有办法思考到这种程度。但他做了很深的努力，这

① 王元化：《王元化集·总序》（第一卷），第8页。

是非常难得的。卢梭的许多东西，他(王元化)看了很多家中文的翻译，居然从这些论述中，看出了卢梭的集体主义和集权主义的来源，这个是非常难得的。这个分析跟西方研究卢梭的一派理论家的结论相近。但是西方研究卢梭的派别还有很多，这说来话长。他的分析跟我了解的卢梭，跟史华慈先生了解的卢梭也比较接近。我们站在自由主义立场上的一派，这是很重要的一派。元化先生的这一个研究是经得起历史考验的。

吴：这篇文章的写作，他有没有跟您讨论过，或者说你们有没有在一起研究过？

林：没有，完全是他自己艰苦奋斗的结果。在美国，我接到他寄来的这篇文章，仔细读了之后，当时的我是感到很兴奋的。忘记了是当天的晚上还是第二天，我就打电话给余英时先生，他说，这位老先生真不容易啊，到了八十几岁还能做基本功。余先生对元化先生是很尊重的啦。①

意识形态化的启蒙心态

在1988年王元化跟林毓生论战时，境外有关意识形态概念的各种界说，对于他来说，是陌生的。林所说的全盘性的反传统主义是从意识形态层面上来说的，也就是说不是具体的每一项旧传统都要反，并非是每一部古书、每一种思想以及随之而来的社会各个方面都要否定，而是在思想意识上确立了旧传统是邪恶的、落后的、罪恶的。而传统是全面渗入到思想、习俗、文字、制度中，因此必须先要进行打倒，才能走向现代。但王元化认为传统有优秀的、善的和美的，无法全部打倒。因此两人在论战中扞格难通。

---

① 林毓生、吴琦幸谈王元化(录音稿)，2011年7月24日下午3:00—5:00，洛杉矶—麦迪逊。

不过，境外学者严谨的研究给了王元化以启发。当他 1994 年为写《杜亚泉文选》序而找来了大量“五四”时期有关东西文化论战的资料，阅读之后再联系林毓生、余英时、张灏等人的有关著作，他得到了很大的启发，并提出了关于“五四”的思维模式，这只有亲身经历过“五四”以来的各种革命和运动的人才能有此感悟。1997 年 9 月《文汇读书周报》上发表的《王元化对“五四”的思考》，提出了“五四”时期所流行的四种观念。当然此时他还坚持“‘五四’是反传统的，但不是全盘反传统”。虽然在举例的时候，已经从早年的孤证增加一些庄子、墨子、韩非子及民间文学在“五四”时期受肯定的例子，但是已经从 1988 年的有关“五四”反传统的笼统认识上有所分疏。他已经认识到“第一，庄、墨、韩学说还不是传统中的主流，传统中的占重要地位的儒家学说在五四时期是被激烈反对的。第二，‘五四’对庄、墨、韩等的肯定，或是用来作为一种反儒的手段（如肯定庄子反孔），或是用来附会西方某种学说（如用韩非附会进化论与功利主义），还不能被视为是吸取传统资源以建设新的文化。第三，‘五四’号召提倡平民文学，打倒贵族文学，固然使长期被湮没的民间小说、山歌、民谣等得到重视，为中国文化建设开拓了新领域，但同时将封建时期的士绅文化或精英文化一概目为必须打倒的贵族文化，却具有很大的片面性”。①

更重要的是，王元化的思考并没有停止在争论“五四”是否以一种意识形态的方式，或后来他提出的以“意识形态化”的方式来全盘性地反传统。在阅读了大量的海内外有关启蒙、意识形态、启蒙心态等书籍，并结合自己从革命到学术研究的精神体验，他提出对于启蒙要进行反思，并正式提出一个概念，即要克服“意识形态化的启蒙心态”。他认为“五四”人物中就有这种心态，以致喊着启蒙的口号，高扬理性主义的大旗，俯瞰世间万物，无一不可在理性的旗帜下，到达一种人为设计的崇高境界。我们可以说王元化的反思进入了一个新的境界。但这一点引起了学界的不同

① 王元化：《王元化对“五四”的思考》，载《文汇读书周报》1997 年 9 月 6 日。

意见,甚至很多跟他站在同一条战线的朋友、学者都对王元化的这一反思存疑。曾经一起办《新启蒙》杂志的金观涛这样说:“元化是我们的忘年交,也是思想学术上亲密的朋友,但这并不是说我们不存在思想分歧。1990年元化由反传统的‘五四’启蒙主义转化为常识具体主义时,他希望我们亦作类似转化。我们没有同意,他信中多次讲到有朋友不反思就是指这件事。他在临终前不久,还让人带话让我不要大理论体系,因为他知晓我不接受常识具体主义的立场,一直在寻找普遍之理。”①所谓的常识具体主义即从本人的生命体验中,结合时代的思想政治潮流来思考具有前瞻性的问题,而不是以在书斋中苦思冥想的学术理论体系。因此王元化常说,他的反思是把个人的生命体验放进去思考,而并非脱离社会现实的思想和学术。他从意图伦理这一理论点出发,继续思考一生中的思想历程,终于提出了意识形态化的启蒙心态这一长久以来被既定的观念所限定的思想方式。

所谓的启蒙心态本身就是一种意识形态。作为人类历史上最具活力和转化力的意识形态,它是现代西方崛起的基础。实际上,作为现代特征的,人们关注的所有主要领域,比如科学技术、工业资本、市场经济、民主政治等,都从启蒙心态中受惠或汲取养分。而且,我们追求的那些被视为属于现代意识的价值,比如自由、平等和人权等,如果不是在结构上,就是在起源上,与启蒙心态密不可分。杜维明1990年的文章中就认为,秉持着启蒙心态,“我们想当然地认为通过工具理性,我们能够解决世界上的主要问题;进步,主要就经济而言,是人类整体的渴望和需求”②。现代人都同意激进的人类中心主义(anthropocentrism),它造成现代人的心理倾向:人不仅是万物的尺度,还是经济繁荣、政治稳定、社会发展的唯一动力源。尽管启蒙心态对进步、理性和个人主义的信仰在现代西方学术界已

---

① 金观涛:《中国当代自由主义的代表》,载《美中社会和文化》第12卷第1期,2010年。

② 杜维明:《超越启蒙心态》,雷洪固、张眠译,载《哲学动态》2001年第2期。

经受到一些智者的挑战，但它仍然是激励全球知识精英和精神领袖的准则。

王元化通过自己的思考并结合中国革命的历史和现实，将这种影响当今全球思潮的这一观点浓缩为“意识形态化的启蒙心态”。这个观点的形成，他也有过思考并不断补充成熟的过程。

据今所见的资料，这一观点的提出首见于王元化 1998 年 11 月 29 日赴台讲学的日记中。从 11 月 19 日赴台，11 月 27 日回上海，王元化应台湾联合报系的邀请，到台北与林毓生做一个对谈，后来《联合报》刊登的整版内容标题是“王元化、林毓生谈知识分子有批判有呼吁”，王元化于当天记下：

> 我一直在思考的一个问题是，今天中国仍需要启蒙，但又须防止或克服启蒙的“扭曲心态”。（这个词不确切，尚需再酌。）[补记：后来我在文章中用了“意识形态化的启蒙心态”一词。]这种心态，一、以为人的力量是万能的，人的理性可以掌握终极真理。二、一旦自以为掌握的是真理（即“真理在握”），必不容怀疑，更不容别人反对。因而反对真理的人也就名正言顺地成了异端。对于反对真理的异端（为了全人类的利益），不是去改造他，就只有去消灭他！（我还记得年轻时所常听到的一种说法：“如果敌人不投降，那就消灭他！”）三、由此形成的理想是崇高的，伟大的，可以为之献身，也可以为之牺牲自身以外别的一切！（应该将它“执着如怨鬼，纠缠如毒蛇”。）这就形成一种狂热，一种激进，一种偏颇。[补记：后来我的这一观点最受攻击。]①

到了 1999 年 4 月，王元化正式提出了“意识形态化的启蒙心态”这一

① 王元化：《九十年代日记》，第 475 页。

说法。他与《人民日报》的李辉作了一次谈话，将他对于“五四”的思考又进一步深化。下面是其中一段对话：

问：你曾说到在你们那一代知识分子中间，往往根据一种政治信念，在民主理论上只取一家之言，形成偏识的现象。这是不是一种普遍现象？

答：当然不是少数人的问题，而是普遍问题。因为它是从一种政治信念引发出来的。这种政治信念又产生了一种意识形态的思维模式。意识形态化往往基于一种意图伦理。意图伦理在我国有悠久的传统。许多观念改变了，但这一传统未变。“五四”时期反传统反得很厉害，但意图伦理的传统却一脉相承下来。我那篇为杜亚泉文集做的长序，曾谈到一九一九年东西方文化论战时，蒋廷黼（吴案：应为蒋梦麟）①和杜亚泉曾就思想和态度问题进行了争论。杜批评蒋以感情和意志作为思想的原动力说：“先定了我喜欢什么，我要什么，然后用道理来说明所以喜欢以及要的缘故。”这就是意图伦理。近数十年来此种思维模式大盛。我曾询问一些友人，延安文艺座谈会的讲话，提出知识分子思想改造的要义可否用一句话回答，朋友多答不出。其实很简单，就是“把屁股（后改为立足点）移过来”。这意思是说：在认识真理、辨别是非之前，首先需要端正态度、站稳立场。也就是说：你在认识真理以前首先要解决“爱什么，恨什么，拥护什么，反对什么”的问题，以达到“凡是敌人赞成的我们必须反对，凡是敌人反对的我们必须赞成”。但是这样一来，你认识的真理，已经带有既定意图的浓厚色彩了。我觉得这是思想领域的一个重大问题。此外，思想领域还有一个问题也是值得注意的，那就是意识形态化的启蒙心态问题。我认为，今天仍须继承“五四”的启蒙任务，但是“五四”以

① 由王元化亲订的《跨过的岁月——王元化画传》一书中也误为蒋廷黼。

来(不是“五四”时才有)的启蒙心态,则需要克服。我所说的启蒙心态是指对人的力量和理性的能力的过分信赖。人的觉醒,人的尊严,人的力量,使人类走出了黑暗的中世纪。但是一旦把人的力量和理性的能力视为万能,以为可以无坚不摧,不会受到任何局限,而将它绝对化起来,那就会产生意识形态化的启蒙心态。我生于一九二〇年,从小就受到“五四”思潮的洗礼。我的科学信仰以及接下来的政治信仰,使我亲身体验过这样一种意识形态化的启蒙心态。这和我所读过的那时被奉为经典的书籍有关。它们使我相信人的知识可以达到全知全能,从而认定英国经验主义启蒙思想家是不能和欧洲大陆的理性主义启蒙思想家相比的,因为前者往往是不可知论者,有着怀疑主义倾向。所以,休谟、洛克比不上卢梭,而在德国古典哲学家中间,康德又比不上黑格尔。因为前者多了一份怀疑,少了一份信念。这就是你所说的偏识。……往往自以为真理在握,必不许反对意见有反驳的余地,接下来舆论一律、压制不同意见,思想定罪,以至改造人性,改造思想,不都是这样发生的么?……我认为这对于继承“五四”是不利的,但其影响不但至今未绝,且有变本加厉之势,这是值得我们深思的。①

这一阶段中,王元化接受了西方有关意识形态的定义,他的理解就是:对人、社会,及与人和社会有关的宇宙的认知与道德信念的通盘形态。它对与它有关的各种事物都有高度而明显的“系统性”意见;它往往要把系统中的其他成分整合于一个或几个显著的价值(如平等、解救、种族纯粹性等)之下。就这样,它往往成为一个封闭系统,对外界不同意见采排斥态度。从内部来看,它一方面拒绝自我革新,另一方面,要

① 胡晓明:《跨过的岁月——王元化画传》,第212—213页。此节内容在2006年修订再版的《王元化画传》以及《王元化集·传略》(第十卷)中全部被删除。

求追随者绝对服从，并使追随者觉得绝对服从是具有道德情操的表现。意识形态的形成于传播则要靠“奇理斯玛”(charismatic)型的人物的出现与领导。①

王元化以自己的切身经验过的这种封闭式的思想观念，来看待社会和人生，形成了一种既定的看法，通过反思，他认识到了“对人、对社会及与人和社会有关的宇宙的认知与道德信念的通盘形态”②，而无法容忍其他的世界和社会的观念。在这种自身的经验中，他的常识判断起到了重要作用。而现在这种常识在大量具体的事实前经受了考验，发现了以往的观念是一种激进的以理性为号召的，最早从西方开始，在浮士德精神(一种本能地去开发、了解、征服、压制的精神)的鼓舞下，一直成为现代西方的主导意识形态，转而在全球风行，如今在东亚，它正被拥戴为毋庸置疑的基本发展理论。

如果这一表述还是初步的话，那么到了 2004 年，经过几年思考和阅读之后，他提出了更加完整的解释和界定：“在这次反思中，我取得的另一个重要成果，就是我对于个人的力量、理性的力量获得了新的认识。过去我一直认为，人的力量，理性的力量是可以扫除一切迷妄，无坚不摧的。自从文艺复兴以来，人类从黑暗中世纪的昏睡中觉醒，认识到人的精神和理性是一种伟大的力量。确实，从那个时代开始，人的力量和理性的力量曾经在历史上起过巨大的进步作用。启蒙时代的一些重要学说，更将这种思想发扬光大，形成了一种普遍信念。但是，在这次反思中我逐渐感觉到，过去的看法也有它的缺陷。把人的精神力量和理性力量作为信念的人，往往会产生一种偏颇，认为人能认识一切，可以达到终极真理，但他们往往并不理解怀疑的意义，不能像古代哲人苏格拉底所说的‘我知我之不知’，或像我国孔子说的：‘知之为知之，不知为不知，是知也。’所以，一旦自以为掌握了真理，就成了独断论者，认为反对自己的人，就是反对真理

①② 参见林毓生：《政治秩序与多元社会》，联经出版公司 1989 年版，第 354 页。

的异端，于是就将这种人视为敌人。结果只能是：不把他们消灭，就将他们改造成符合自己观念的那样的人。”①

王元化从启蒙心态这一西方概念出发，联系到中国百年来的历史，正是因为他经历了中国现代革命的历史，借助“意识形态化的启蒙心态”这一独特的表述，来表达他对于自己亲身体验到的激进思想和路线的后果。虽然从意识形态到启蒙心态的概念有所重复，但是他认为中国知识分子或者革命的知识分子正是走过了这样一条不同于西方的道路。他常常说他的反思是将自己放进去进行重新审视的意思。他曾经从理性力量的光辉中走向怀疑这种力量，正是对中国现代史上的个人崇拜的彻底反叛。于是他觉得青年时期初读哲学时，服膺于“反映论”，现在他觉得反映论的对立面“近似的”象形文字论，似乎更有其真理性。自此与一辈子沉浸其中的“反映论”告别了。

联想到王元化早年从困境中走出来，凭借着黑格尔的那句“人的精神的伟大力量是不可以低估和小视的”，他获取了从精神危机中解救出来的力量。在这里他又一次地重新反思了黑格尔的规律论。如果将一切事物都认为具有规律性，那就成问题了，他认为：“我读了黑格尔以后所形成的对于规律的过分迷信，使我幻想在艺术领域内可以探索出一种一劳永逸的法则。当我从这种迷误中脱身出来，我曾经把自己的经验教训写进《〈文心雕龙讲疏〉序》中……我相信，了解这些经历，就会理解我在某些观点上的改变，并非见异思迁或趋新猎奇，而是认真思考的过程的。”②

赴台湾学术讲演

1998 年 11 月，王元化应台湾联合报系的邀请，前往台北参加“中国

① 王元化：《王元化集・总序》(第一卷)，第 9 页。

② 王元化：《读黑格尔・读黑格尔的思想历程》，第 10 页。

知识分子之思想特色”研讨会，与林毓生分别作了精彩的演讲。

讲座在亚太大饭店艺文中心举行，听众百余人。王元化从鲁迅自称的“遵命文学”讲到鲁迅的局限性。他说“遵命文学”必然会导致学术独立自主立场的丧失，知识分子不管是遵从谁的命令，都同样是不对的。鲁迅在那个时期写的文章就明显地证明这一点。在谈到中国近代历史上的改革运动时，王元化表示，鸦片战争后，出现了主张引进西方船坚炮利的洋务运动；甲午一战遭到惨败，继起者认为有科技不可能孤立发展，于是产生了政治改革的康梁维新运动，却又遭失败，引发以共和代替帝制的辛亥革命。然而政治情况并未改善，军阀割据、民不聊生，还演出了议员贿选、政客收买猪仔议员的丑剧，继起者再次认识到共和只能在一定的社会背景和思想基础上形成，于是思想革命诞生……王元化说，从严复的“天演论”译本开始，进化论在中国成为主导思想，出现“新的总比旧的好”的价值观，加上百年来不断更迭的改革运动，很容易使人认为每次改革失败的原因，都在于不彻底，因而普遍形成一种“愈彻底愈好”的急躁心理，助长了激进主义，成为极“左”思想的基础。王元化指出，激进主义的内涵是狂热性、破坏性，趋于极端，喜爱暴力，其最后的结果还是导向失败。

王元化讲完之后，听众提问热烈，总计有十多位人士提出了有关中国改革、传统文化和现代社会等问题。王元化在回答中谈到“中国文化不可以西学为坐标，但又必须以西学为参照系”，听众反应热烈，很赞成这一说法。会议主持，“中研院”副院长杨国枢对王元化为激进主义下的定义“态度偏激、思想狂热、趋于极端、喜爱暴力”很表赞同。

林毓生讲演中提到戊戌变法一百年来，中国知识分子的社会关怀、对国家政治的介入及改革运动，前赴后继，赴汤蹈火，但却一再失败，感慨良多。他认为知识分子爱国是天经地义，但如何关怀，如何实现理想，更加重要。他举例，康有为把改革全部押在光绪皇帝一人身上，迷信用天子制度的能力来改革天子制度，并讲托古改制，说民主也是孔子的圣训，在方法上是错误的。林毓生指出，今天的中国知识分子想要脱离历史上的恶性循环，一定要建立相对于意图伦理的责任伦理。因为以意图伦理从事政治，只要顾及意图的纯真，都可以不择手段，"愈理想，愈激进，愈能保护腐化和滥权"。若以责任伦理来关怀或介入政治发展，首先必须受现实节制，如此手段和目的之间存有紧张关系，从这样的背景来考虑如何找到达成目的的有效手段，才能产生比较好的手段，也才是关怀政治发展的正途。

王元化在日记中认为这次讲得不成功，不如林毓生讲的内容丰富、语言简练，但却激发了他思想中的火花，对启蒙心态有了新的认识。在参观"中研院"几个研究所，并接触了一些中青年学者之后，王元化觉得，台湾的中青年学者似乎过于西方化。他了解到他们很多人在英美等国进修留学，打下深厚学术基础，成绩斐然。但是他感觉到他们对本国的文化传统渐渐疏离了。他在日记中说："二十年代中国的学者大多是学贯中西的，我可以随手从长辈举出几个例子。一个是我的四姨夫闻亦传，从美国回来后，在北平协和医科大学教授胚胎学。他是闻一多的堂兄，闻一多小时读中文是他给打下的基础。他擅长中国的诗书画。我在读中学时喜看现代作家作品，他也时常向我借阅。还有一个是我的父亲，他一直在大学教英语，他是圣约翰大学的第一届毕业生。他觉得自己中文根基差，曾向清华大学（吴案：此处误，应为清华学校）同事汪公严先生问学，此后在教英语之余，挤出时间练毛笔字、画中国画、学做中国旧诗。他曾以英文写过两本论中国画的著作，又以英文翻译过《孟子》、《文赋》等。他的成就不一定突出，但那种勤学苦练精神，却令人敬佩。他天天读写，直至逝世前三天因病而停止。再有一个是上面提到的汪公严先生，年龄比我父亲还要大，他不但关心西学，而且文理兼通，早在清末就教过自然科学。更使我惊讶的是他思想并不左倾，却读左翼书籍。四六年我在北平向他问学时，就看到他的书架上排列着一套鲁迅等翻译水沫书店出版的马列主义文艺理论丛书。四十年代因战争受到影响，这种人已经不多了，但仍勉强继续着。可是五十年代提出了'厚古薄今'以后，中国传统文化列入了封资修黑名单，一概予以打倒。这和苏联不同，在那里罗蒙诺索夫、别、车、杜、普希金、托尔斯泰等等一直受到尊重，历史未割断，传统在继续。台湾没有将传统当作反动的封建主义打倒，可是今天也岌岌可危了。但愿我所得到的信息不可靠，但愿我的担心成了真正的杞人之忧。不过，在这问题上我是比较悲观的。有人认为二十一世纪将是东方文化的世纪，我却认为这个世纪恐怕将是中国传统文化的没落期。”①

王元化这种经验式的担忧到了21世纪越发深沉，他希望在中国传统文化中找到转化的资源，这也是他提出了中国传统文化中“三纲”在现代依然有值得开发的价值原因之一。

在与台湾新闻评论家南方朔（王杏庆）见面时，南方朔谈到中国大陆学者学脉深厚时，王元化认为不见得，他认为从1990年代初期中国文化传统就开始没落，于今为烈。在进入21世纪之后，王元化对中国文化传统的断裂感到更加忧心。

主编《学术集林》

在王元化晚年生涯中，创办、编辑《学术集林》是他的一项重要工作，虽然有人对王元化1980年代主编《新启蒙》，到了1990年代编《学术集林》，从反传统到珍视传统，进行了批评，但这正是在学术研究中特立独行，不结帮拉派的王元化的风格。究其实，也是“独立之精神、自由之思想”在他学术研究中的具体体现。

王元化1993年10月赴北京参加文化书院纪念梁漱溟、汤用彤、张申府三老百岁冥诞之会，在会上的发言讲意图伦理等论述；几天后去中国社科院召开《古文字诂林》论证会，与胡厚宣、张岱年、张政烺、任继愈等交谈，遂产生办一个学术文丛之意。

① 王元化：《九十年代日记》，第468—469页。

11月16日他参加上虞杜亚泉研讨会，蔡尚思、汤一介、庞朴等与会，他们商讨了此事，酝酿办《中华学术集林》。1994年正式将此事提上日程，定名为《学术集林》，并决定在远东出版社出版，成员有：王元化、任继愈、朱维铮、李学勤、杜维明、汪荣祖、林毓生、周一良、周策纵、胡道静、胡厚宣、施蛰存、张灏、冯契、汤一介、潘重规、刘述先、兴膳宏、钱仲联、萧箑父、饶宗颐、罗多弼、庞朴。

从丛刊的编辑宗旨到组稿审稿，王元化都亲力亲为，在其1994年的日记中记载了大量这方面的工作："下午许、朱、陆等来谈丛刊事（2月26日）""托维铮约请复旦诸人为丛刊组稿[计有陈绛、章培恒、周振鹤、葛兆光、张汝纶等（3月11日）]""丛刊集稿略有眉目。共同办刊，前已感吃力，今更觉困难，盖年轻人中间有人不愿做与己无直接利益之事，略加劝诫，则反唇相讥。这是我过去没有发现也没有想到的（3月28日）""南北朝时中原文化赖北魏孝文帝及北齐得以保存。寅恪论此事甚详。今日中国传统文化多为大陆青年学人所轻，而受到海外学人之重视。此与六朝时代中国文化为汉人所不喜，反得到外人之珍爱，岂非如出一辙？（4月14日）""读熊十力书信，其中有云：'汉宋群儒，其遗毒甚深，直令夏族萎靡莫振。'又有云'吾国帝制久，奴性深，不可不知。'熊先生此语，其激烈程度不下于当今反封建之激进青年（4月17日）""连日阅《集林》稿，甚觉疲劳。熊老书信只得暂时放下。得京中电话，约定二十七日去杭，住灵隐中国作协创作之家，拟休息一周左右。离沪在即，需将《集林》稿读毕编好后成行（4月21日）""读《集林》稿，今日始告一段落。……我赞成熊老所谓学术衰蔽将影响政治不振之说。激进者则反之（4月24日）""前在复旦所组稿件中，或与丛刊性质不合，或质量不高，均拟退回（5月17日）"，等等。①

到7月18日，第一辑正式完稿，王元化在编后说："读者读了这一卷，

① 以上均见王元化：《九十年代日记》。

就可以知道《学术集林》大概是颇不合时尚的读物。我们不想遵循目前流传起来的说法，把学术和思想截然分开。《学术集林》发表的文字，希望多一些有思想的学术和有学术的思想。倘不是在非常时期，知识分子毕竟应在知识领域中发挥作用，而不应抛弃自己的本来职责。”①第一辑的选文体现了王元化办《学术集林》的宗旨，既有传统学术的文献性质的资料，如首次发表的“章太炎遗嘱”、黄季刚的“量守文钞”“顾颉刚遗札”、裘锡圭的“说‘格物’”等，也有理论文章如余英时的“论文化超越”、徐梵澄的“精神哲学”，更有一些学人的回忆文章，如姜亮夫的“忆清华国学研究院”、林毓生的“记殷海光先生”等，充分体现了王元化提倡的“有学术的思想和有思想的学术”的编辑方针和旨趣。论文自然都是精彩的，有一流的学者凝聚的作者群，中外并蓄，古今兼收，学思融汇，东西汇通。反映了这一时期王元化平和、端正的学术趣味，同时也显示了王元化晚年所重视的学术与思想并举的治学风格。

但是就在王元化编辑的过程中，另一种声音传来。李泽厚在香港1994年6月出版的《二十一世纪》杂志发表的一封致编者的信，说现在对当年《学衡》杂志及这一派的学术进行重新评价，很好；并且说1990年代的大陆学术界的时尚是“思想家淡出，学术家凸显”②。李泽厚的看法不仅仅是他个人的，在当时还代表了一些知识分子的意见。李泽厚也许并不是针对王元化，但这不重要，他提出1990年代思想家淡出，学术家凸显这一说法，意指不少在1980年代热衷于文化思想讨论的学者们，到了1990年代热衷于搞国学了。大陆的理论界当时就有人指责王元化“转向”，并根据政治倾向和思想进行划派，王元化属于国学派。事实上，这种划派并不能公正地评价王元化在1990年代初写了一些考据文章的动机及其背后的意义。进入1990年代之后，王元化从《为五四精神一辩》，进

① 王元化：《王元化集》(第七卷)，第464页。

② 李泽厚原文为“1990年代大陆学术时尚之一是思想家淡出，学术家凸显，王国维、陈寅恪被抬上天，陈独秀、胡适、鲁迅则退居二线”，载《二十一世纪》1994年6月，第159页。

入到了冷静思考传统，或传统在他身上复苏的阶段。他一向不喜欢拉帮结派，这种划派的方式令王元化不喜，他在他的书信及日记中都有提及，大致上说如今的大陆学术界，分为启蒙派、国粹派和后学派，“目前学界有三派，一是国粹派，以季羡林为首；二是启蒙派，以李慎之为代表；三是后学派，大多是留洋的青年人……在北京与李慎之先生吃饭，他很认真地说，有生之年要全力做的一件事就是为启蒙派找回一块阵地。这次他又问起先生，如何从启蒙转向《学术集林》”[①]？王元化居然被看作是国粹派、传统派或国学派中南方重镇，诸如此类，不一而足。王元化对于学术界思想界根据不准确的资料来任意划派本来就不同意，而将他划入传统派，阉割了他的思想，这令王元化有些恼怒。这些主张划派的人依据有两条，一是王元化批激进主义，二是主编《学术集林》。

考察一下当时的语境，王元化之所以将有思想的学术和有学术的思想作为《学术集林》的办刊宗旨并在学界提倡，实际上是他反思了“五四”之后在思想上对传统的“复苏”。

有学术的思想和有思想的学术

王元化提倡有学术的思想和有思想的学术是针对“五四”以来的四种积习而言。对于庸俗进化论者来说，新比旧好，越彻底越好，凡事只要是新的就好。于是对于任何西方传来的新思潮新思想，尚未全面了解就摘取其中的一两个观点，作尽情发挥，建立所谓的庞大体系。这种思想缺乏基础，缺少认真踏实的研究，因而就成为没有学术的思想。意图伦理是在认识论上先确立拥护什么和反对什么的立场，然后在去奉命论证其中的道理，这就形成了在学术问题上往往不是实事求是地把考虑真理、是非问题放在首位。而功利主义更使学术失去其自身独立的目的，成为为其自

① 王元化:《九十年代日记》，第 423—424 页。

身以外目的服务的一种手段。

这四种思维方式或曰观念今天听上去是多么的熟悉，百年来中国发展的历程中，都笼罩着这个阴影，即使今天，又何尝不是呢？王元化正是出于对于这种多年来存在于中国知识分子身上的积习，并导致了中国思想界缺少真正的学术而做了非常重要的概括，并希望通过主办一份体现主编思想的学术杂志来对思想学术界的这种积习进行纠谬。《学术集林》中所收入的论文就是要摆脱这些观念，以传播知识为己任，依靠知识分子自己的专业来进行，而不能以专业之外的手段取之。

至于思想淡出，学术凸显说，当时在国内确实有不少应声者。王元化的反应是，其实这种担忧完全是不必要的，现在中国这种真正的学术空气还十分微薄，简直成不了什么气候。“我敢断言在相当长的时期内，学术研究也不会成为可以和其他文化活动抗衡的力量。我们长期以来，受到意识形态的影响很深，学术为政治服务，在这种理论下，真正的学术渐渐消失，代之以为时政服务的学术。我觉得，学术和思想不需要成为非此即彼的矛盾之中。思想可以提高学术，学术也可以充实思想。”①王元化的本意是，在以往的学术研究中，把为政治服务，为某种需要服务放在第一位。例如儒法斗争中，也有学术，也有历史研究，但是出现了影射史学，阴谋史学，真正的学术被利用成为一种工具。而思想研究的方法，也是一种意识形态化的研究。因此今天需要强调王国维、陈寅恪们那种独立的精神和自由的思想。在思想和学术之间没有“不是东风压倒西风，就是西风压倒东风”那种势不两立的关系。

这段话听起来有点像在玩文字游戏，以致后来李泽厚批评说这是“正确的废话”，他认为思想就是需要有学术积累的，说了等于没有说。②李泽

---

① 王元化：《思辨录》，第 367 页。

② 《当下中国需要建立“公共理性”（对话李泽厚）》，载《新京报》2010 年 11 月 23 日。原文为：“王元化讲过‘有思想的学术，有学术的思想’，我就笑他：这是正确的废话。王元化在世的时候，我不想伤害他，现在他死了，我可以讲了。真正的思想家，是要有学问积累的。”

厚第一次对这一说法提出异议时，王元化逝世已经有两年半了。事实上，就像林毓生所说，李泽厚实际上并不懂王元化。①

莘莘学子　每怀靡及②

1999年11月，王元化80岁生日③，学术界、思想界一连串的生日庆祝活动。另外多家出版社和报纸、杂志都出版或刊登了为这位思想者祝寿的书籍、文章。华东师大文学院、王元化的学生们倡议编印学术论文集，以志先生的寿诞。由王元化的门生后学朱杰人、吴琦幸、洪本健、胡晓明(执行)、陆晓光、巢宗祺、傅杰、蒋述卓、钱文忠、钱钢十人发起④，组成编辑委员会，历时一年多的沟通联系，海内外鸿儒硕学惠赐学术论文，钱仲联撰写序文，撰稿者有季羡林、汤一介、张灏、庞朴、裘锡圭、李学勤、饶宗颐、王运熙、冈村繁、葛兆光、余英时、朱维铮、林毓生、周策纵、章培恒、李欧梵、罗多弼、墨子刻、成中英、马悦然等，结集为《庆祝王元化教授八十岁论文集》，由华东师范大学出版社出版。据笔者不完全统计，这一时期发表、出版的书籍和文章总计约79篇(部)之多。其中最值得一提的纪念文章是钱谷融先生的《谈王元化》。这篇最初发表在《文汇报》1999年11月的文章，成为解读王元化心灵和思想世界的妙文。钱谷融先生在1950年代提出"文学是人学"而被打入另册，到了新时期他成为引导社会思潮的重要人物。而他的《谈王元化》就是从一个人开始的，他自王元化的眼睛谈起，将王元化的个性和内在的心灵活动写得栩栩如生，更重要的是此文得到传主王元化的首肯，在王元化亲手编定的《王元化集》专门收录他

---

① 林毓生、吴琦幸谈王元化(录音稿)。2011年7月24日，下午3:00—5:00，洛杉矶—麦迪逊。

② 原为"莘莘征夫，每怀靡及"，出自《国语》。意为勤劳辛苦的征夫，总恐怕达不到规定的行程目标。

③ 王元化出生于1920年11月30日，按照中国传统以虚岁计，故1999年庆祝80岁生日。

④ 此份名单录自《庆祝王元化教授八十岁生日论文集》后记，华东师大出版社2001年版。

人对王元化学术思想成就的“评论集”中列为首篇，同时还收录了夏中义的《王元化襟怀解读》。这两篇可以说是此一时期研究王元化的最重要的作品。

在王元化长期的学术生涯中，他的周围除了他的学生外，慢慢凝聚起一批高校、出版界、新闻界和文化界的青年朋友。王元化喜欢与青年人对话，不仅使青年人受到教益，青年人给予王元化思想上的启迪也是很大的。他喜欢跟青年朋友谈最近思考的问题，有的时候毫无顾忌地将正在思考的问题先行披露，跟青年朋友反复讨论，以臻完善，再动笔写作。

应家庭、学校、社科院、学生等热烈要求，王元化的 80 生日宴会举办了好几次。他并不在乎这种形式的东西，最好的庆祝是围绕着他谈论学术和思想。但是王元化是一个很有人情味的人，他不愿意拂了众人的意，因此前后有了好几次的生日庆祝宴会。在上海社科院餐厅举办的一次，3 桌人基本上都是他的学生和朋友，如林其锬、许纪霖、夏中义等，与他堪称师生之情。在 80 生日之际，他看着青年朋友簇拥在他的周围，心中充满欢愉。在上海社科院聚会上，王元化在中间，右环绕着许纪霖、柴俊为、钱钢、翁思再、钱文忠、陆灏、王为松。王元化跟这些青年朋友有着很深的情谊，他们给清园带来了生气和温馨。

在上海庆祝生日活动结束之后，王元化兴犹未尽，应杭州中国美术学院许江、舒传曦等的邀请，组织了一次杭州之游。杭州是王元化最喜欢的地方，除了灵隐旁的云栖小径，树林清晨的鸟鸣、云起云落的写作环境，中国美术学院也是他的情有所钟，他担任了此校的客座教授，还推荐了林毓生、夏中义等来此任教。这次杭州之游得到了该学院的热情欢迎，除了蒋述卓、吴琦幸、胡晓明、傅杰 4 位学生以外，同游者还有赵自、林其锬、许纪霖、钱文忠、兰云、高建国、翁思再、柴俊为、王为松、陆灏、吴洪森等。王元化事先约法三章：(1)每人的食宿费用自理；(2)出发之后，不接电话；(3)纯游玩，不再搞生日宴会的活动。

在随行的这群青年学生和朋友中，年龄最大的是赵自、林其锬，年龄最小者王为松、陆灏，其中有大学教师、研究员、出版社编辑、媒体记者等。不管什么身份，他们属于思想、学术上有着追求和勤于思考的年轻一辈，王元化看到他们，似乎从他们身上折射出当年的自己。他们一路上畅谈学术、历史、典故，王元化讲了他青年时代的几位老师的故事，更多的则是谈他正在思考的内容。他乐于跟朋友们交往，特别在进入 1990 年代，他的周围总是聚着一批这样的青年朋友。一行人游西湖、登孤山、观日出、赏落霞，在美丽而极具中国意境的景色中度过了王元化的 80 生辰。

由于王元化家中一卧、一厅、一书房，面积都比较窄小，无法接待众多的朋友和学生，也无法安静工作，1997 年 3 月 9 日，新建成的上海图书馆为他安排了一间研究室，在该楼的 204 室，这对于晚年王元化来说，是一个极大的便利，他可以摆脱俗务，专心读书和写作。他渴望有一个安静的环境，有了这间研究室，他可以安心躲进小楼一角去阅读或写作。没有喧嚣，没有任何干扰，那里成为他生活中的小片绿洲，对他而言是一种愉快的享受，他说这是他多年梦寐以求的愿望。这个工作室，一直使用到他去世以前，他留下的一批档案后来就捐赠给了上海图书馆。

1997 年 3 月 11 日，上海市有关方面为王元化安排了一间卧房，在王元化家宅的对面——衡山宾馆 9 楼。王元化在日记中写道："家中已无法用书房，无法接见来访者——向组织申诉困难后，昨日为我落实了在衡山的一间类似工作室的房间，作为安身立命之所，晚间小周陪同去看房间。此事虽定，但心中惆怅万端。今天清早醒来，不能摆脱空虚之感。我已年过古稀，生命旅程已到最后一段，盼望过安静、和谐的生活，如今却以旅舍作为栖身之地，一个人在这间小房间内咀嚼痛苦——"①

五年之后——2002 年，组织安排王元化从这间书房迁居衡山路庆余别墅 210 房间。清园，从最早的吴兴路到衡山宾馆，再到庆余别墅，王元

① 王元化：《九十年代日记》，第 371 页。

化的客厅一直高朋满座,《九十年代日记》中仅有名有姓的客人就达到400多人。听王元化谈思想、谈文化、谈他自己最近的新的课题等,是上海文化思想界的一件盛事。从这里传送出去的是具有时代特色的文化脉动,王元化的思考在小小的客厅中向社会传播,"五四"精神、意图伦理、功利主义、顾准、杜亚泉、张中晓、有思想的学术和有学术的思想、卢梭、鲁迅、第三次反思等,从这里传入上海,乃至全国的思想界。青年朋友们都有一种体会,在清园中听王元化畅所欲言,上下纵横,广征博引,都是随兴即发,彻底放开思路,往往比读他的文章更具有深刻性,此是围坐在元化身边的人都知道的。今举笔者所闻之一例:王元化曾经发表多篇文章谈鲁迅,已颇具新意。但听他在客厅中谈的看法,更值得一提。他说:自己年轻时崇拜鲁迅那种不妥协的战斗精神,喜欢鲁迅那支犀利而深刻的笔。但经历过一系列残酷斗争之后,重读了鲁迅的著作,才看出了鲁迅自身的众多自相矛盾之处。他说,鲁迅追求个人自由,但真不懂什么是自由,不懂自由需要制度化的保障。鲁迅的每一次变化都是"自我否定"或"自我嘲讽"。比如,鲁迅早年极力张扬个性的解放和独立,鼓吹尼采哲学,但经过一系列挫折和失望,他却像当时的革命青年一样转向左,当上了左翼文坛的帮主。他大部分骂人的杂文,都是左转后的产物;再后来,他又与周扬等左翼文人分道扬镳,大骂"四条汉子",但有一点始终没变,那就是满腹的怨毒和好斗。鲁迅更愿意看到人性阴暗的一面,这方面看得准,打得狠,对国民性的批判深入骨髓。但鲁迅的怨毒也导致了他的好斗和不宽容。鲁迅说,我活着,不为爱我的人,而为恨我的人,我和恨我者斗,到死也一个都不宽恕。其他诸如谈"五四"、谈教育、谈国家学说、谈哲学等,莫不是在这里先有大量的谈话,逐渐酝酿成熟之后再作文。总的说来,王元化谈话粗放,下笔严谨;谈话使人获得启迪和思想解放,文字则具有深刻的内容,表述也平和中道,其中经验性和理论性交融在一起。他因时而发的观点,结合个人的感触和史实,像黑夜中的闪电一样,给人深刻的启迪,同时也有很强很久的生命力和穿透力。

1990年代的沪上清园，成为当年上海思想文化界的一道风景线，王元化给了青年朋友很多思想理论上的教诲和指导，同时青年朋友们也反馈着很多最新的理论、思想、学术动态，这种双向交流，构成了王元化晚年反思不可缺少的资源。清园客厅中，王元化如涓涓泉涌的讲话和闲聊，不仅充溢着人文的关怀，而且通过互动，形成了学术和思想的各个领域的支援意识，为青年学子积累了宝贵的思想理论资源，而时代的脉动和理论的更新在这种互动中更加贴近现实。除了他的亲炙弟子之外，还有不少青年学者后来成为思想界、文化界的骄子，如夏中义、许纪霖、邵东方、汪丁丁、朱学勤等。

有喜悦也有烦恼。王元化对青年朋友有着真诚的友谊和关怀，但他对于学生的要求颇高，尤重做人之品格和学术研究之方法。但是有的时候免不了出现误会、冲突，甚至也会偶尔反目。王元化待人尤其是年轻人和蔼可亲，熟知他的人知道，王元化最看重的是人品。年轻人学术青涩、思想不深没有关系，他都以海量包容，但是对于人品的高低，他往往是最在意的，有的时候会控制不住自己的脾气而直言不讳，甚至得罪了一些人。这一点，在王元化的晚年，他也认识到，并常常会为自己的一时冲动而后悔，在日记中多处记载了“中午事不快”“年老易发怒，当控制”“引我不快”种种情况。颇有感受的许纪霖撰文说，如果王先生对你发脾气了，那就说明他不把你当外人了，是值得可喜可贺的。①1997年4月2日王元化日记中记读易中天《武汉人的脾气》，他联想到自己的脾气：“我祖籍江陵，生在武昌，也算是个武汉人，我觉得，除了作者所没有提到而应视作楚人（也包括武汉人）最大毛病的暴躁和冲动性格等等之外，他所说的也都是或多或少地接近事实的。我自己的身上就可以印证这些特征的存在。作者的片面处，在于他没有用些篇幅多谈谈坏的方面，比如上面所说的暴

① 许纪霖：《他是“文化托命之人”》，见胡晓明主编：《后五四时代中国思想学术之路——王元化教授逝世十周年纪念文集》（上、下），华东师范大学出版社2018年版，第2页。

躁和冲动性，就是在谈武汉人脾气时无论如何也不能避开的。我自己就为自身的这份家乡遗产深感苦恼。我很不喜欢这种自己也无法控制的脾气，但是要克服却十分困难。它是遗传基因在人的气质上所发生的影响，正如遗传基因在人的体质上所发生的影响一样，都是巨大的。这种脾气使人对武汉人也是讨厌的。”①他还会多次在公开的场合将自己的脾气不好，冲动和暴躁等等说出来，以获得友朋的谅解。

笔者可以用三个词来形容王元化一生的性格，那就是“耿”“疙瘩”“飙”。

“耿”，是指他的倔强，凡认准的事情和观点不容易扭转，最好的例子是 1955 年时，只要他承认胡风是反革命就可以免去厄运，可以从隔离审查的黑暗中走出来。但他认准胡风不是反革命，当时胡风集团中甚至有人还并不完全认可他是自己人，他却在那厢为胡风不是反革命付出代价，直到临终前才吐露：“我对于胡风这个人可以说是很不喜欢的。但是后来说胡风是反革命我是不同意的，我始终不认为。”②

“疙瘩”，王元化对事对人的极度认真、极度的严格和挑剔。他在学问上是“疙瘩”的，为了一个问题可以几年、十几年甚至几十年地思考，他晚年在其论文集《清园论学集》上题字“咬定青山不放松，立根原在破岩中。千磨万击还坚劲，任尔东西南北风”。用夏中义的话来说：“王元化自年轻时起便有‘精神洁癖’，他绝不愿让一个未经独自思考且认可的观念永驻其大脑，否则他在 40 年代初就不会有第一次‘反思’了。但问题是，作为精神血肉，已在其身心活了半世纪多的既定观念，一俟经不起历史证伪，晚年元化依然不屈不挠地将它‘呕吐’掉，哪怕因此承受撕心裂肺式的痛楚。”③王元化对人也是“疙瘩”的，他坦承待人，希望朋友之间也必须真诚相待，对真诚的执着，使他无法忍受师生、朋友之间的虚伪和欺骗，与有的人反目也都是这个原因。

---

① 王元化：《九十年代日记》，第 434 页。
② 吴琦幸：《王元化晚年谈话录》，第 48 页。
③ 夏中义：《鲁迅与王元化第三次“反思”》，载《南方文坛》2009 年第 3 期，第 53 页。

"飙",就是王元化所独有的自信心。自从事学术研究开始,王元化对于自己花精力做的学问,他都有这种自信。从孩童时期起他就是一个真挚诚实的人,到了老年还保持着一贯的正直、诚实、自信,当然他认为人总是有缺点的,因此他也会为自己一时兴起而发脾气或者误会而道歉。①

对名声和地位的思考

2003年5月,笔者在清园与王元化谈知识分子的从政问题。

王元化说,关于知识分子也卷进了物质主义、消费主义,这个观察是对的。今天的知识分子没有自觉其为知识者的公共声音,而甘于与一般人群一样地贪图享受,甚至出现了很多虚假的、用不正当手段获取利益的现象。熊十力说过的,知识之败,慕浮名而不务潜修;品节之败,慕虚荣而不甘枯淡。今天的知识之败,正在于不务潜修,这个潜修,就是要人静得下心来做学问。至于浮名的问题,我也想过的,是不是每个人都会有一点呢?保持自己的名节是好的,但是追求名声,却往往使人变得虚伪可憎。在过去的士大夫和今天的知识分子中间,都可以找到利欲熏心、追求功名的人。很多读书人直到今天还在热衷当官。虽然,从真正的荣誉来看这也并不一定光彩。

王元化说,鲁迅曾称他对于地位、名声都不要。可是胡适晚年谈到鲁迅的一些政治表态时,却说他除了认识的原因之外,也含有追求名声的成分在内。鲁迅如果后来也能够像他早期在《野草》中所说的,"欲知本味,

① 与王元化有师生之谊的林其锬说,他有过一两次受到王元化发脾气而被骂的情况,后来王元化都向他道歉。他说:"王先生跟你发脾气,常常是一种误会或一时不满。但如果是其他方面的问题,王元化就不容易去谅解一个人了,即便是他的学生。"这也是与王元化接近的人都有此体会的。他与朱学勤的反目,后来没有谅解。可参见王元化《九十年代日记》,第86—88页;朱学勤《敬答王元化先生》,http://www.yuwenwei.net/ReadNews.asp?NewsID=8099,2001年1月14日。

剖心自食”一样地去解剖自己，就一定可以在中国杰出的知识分子灵魂中，看出最隐秘最不容易被人察觉的奥秘。至于胡适本人，他为了坚持自己的独立见解，不惜做出许多干犯众怒的事情，例如批评学生反对“二十一条”的游行，反对将溥仪驱出清宫等，似乎是我行我素，不在乎世人的毁誉，但是熟知他为人的学生却说他是很看重后世名的。从他日记准备给别人看，写信留底稿这方面来说，固然是出于一种喜欢整齐有序和细心谨慎的性格，但恐怕也是给人一种良好印象的出发点吧。我在这个问题上一直没有决断，没有做出最后的结论：需要否定追求名誉带来的负面作用，还是应该肯定？①

① 参见吴琦幸：《王元化谈话录》，第360—361页。

第九章　告别[①]（2000—2008）

对文明的忧虑

进入21世纪，中国和世界都在经历着重大的变化。

2000年1月，王元化为新世纪作的寄语发表在由上海市委党校主办的《党政论坛》。在这篇短短的寄语中，王元化感叹："这一百年里，发生了太多的事变。即使在我八十年的漫长人生中，也亲身经历了无数事变。其中有许多事令我感动，有许多事使我震撼，也有许多事使我得到了深刻的教训。"[②]

用"事变"来归纳这100年的历史，这在王元化的文字中还是第一次。所谓"事变"，指突然发生的重大事件而改变国家现状、使历史走向另一端。从1900年到2000年，中国历史上大概有着以下改变历史并且对于王元化的一生有着重要影响的事件：1900年的义和团运动，1919年的"五四"运动，此两事件的性质及其对历史的影响，成为王元化1980年代撰文与西方学者论争的焦点，后在1990年代反思中重新予以评价。1931年"九一八事变"及1937年"七七事变"，打破了少年王元化平静的生活，亲眼见日军在北平的恣意横行，不得不离开北平来到上海，在王元化心中播下爱国救亡的种子，并毅然参加中国共产党。1941年12月，太平洋战争爆发，上海全面沦陷，王元化作为中共地下党成员，冒着被捕暗杀的危险在敌人的刺刀底下生活，尝尽亡国之痛。新中国成立之后，1955年开始的反胡风运动，从1955年6月上旬至1957年2月上旬王元化被隔离审

① 取自贝多芬钢琴奏鸣曲《告别》，作品编号：OP.81a。

② 钱钢：《王元化集·学术年表》（第十卷），第423页。

查，失去人身自由，得了心因性精神病，最后戴上“胡风反革命分子”的帽子，撤销一切职务，行政降六级监督使用。1966年“文革”开始，王元化再度被打成“历史、现行双料反革命”，并被批斗，导致又一次心因性精神病发作。1976年“四人帮”被粉碎，1979年王元化平反，重新担任出版社领导职务，然妻子张可因“文革”时留下的病根而突然中风，读写俱废。上述事件，都是影响王元化人生和思想的重要契机。从思想解放运动、改革开放、经济发展直到1989年政治风波之后，王元化走入了新的读书、研究阶段，成为他晚年反思的重要节点，其中有令王元化震撼也有令他得到深刻教训的事变，更重要的是下面这句话：在21世纪的第一天，他最关心的是“我离开工作岗位已经十多年，但我没有放弃读书和写作。我始终关注着中国的文化建设问题”①。

进入21世纪后，王元化的身体状况有了明显的变化。前一年他自己觉得身体如昨，还可以跟青年朋友坐车去杭州，在灵隐附近的创作之家中健谈良久，甚至一道爬山，在崎岖的小路穿行，往上攀登，没有丝毫落后。但到了2001年，不知怎么，他就觉得自己身体明显衰老了。那一年王元化右眼做了白内障手术，其后一年又患青光眼，虽及时治疗，但未见成效，以致右眼视力完全丧失，无法阅读，这对他是最痛苦的事情。他几乎失却了自己最喜爱的读书生活。好在他身边有着一群热爱他的学生、友人、青年。老友蓝瑛的女儿蓝云成为他晚年最重要的助理；友人将他的视力减弱、无法阅读的消息在《新民晚报》上披露之后，复旦的一批学生志愿来为他读书；他的写作则只能以口授的方式，由蓝云笔录。此情此景似乎轮回往复到1936年突患眼疾而在家“听读”书籍的少年时代，又似乎回到了“文革”初期眼前一片黑暗的时候。他对于文字一向有着近乎苛刻的要求，如今失去了笔走游龙的写作快感，要想表达的思想似乎也断断续续。追求完美的王元化很不习惯这种方式，以致写一封信都需要更改数次。

---

① 钱钢：《王元化集·学术年表》(第十卷)，第423页。

此外还有几种慢性疾病连番地侵袭着他。最初是过敏性皮炎，瘙痒难忍，一位江西的乡间中医用蛇毒和其他配方来缓解，却无法改变他的老年病变；颈椎狭窄导致头晕、疼痛以及老年性支气管炎和哮喘，也使他无法长时间地静坐。2002 年 10 月，王元化被查出前列腺癌，由于年事已高，他接受了医生建议的保守疗法。他给友人的信中说“最近两年我的健康大不如前，毛病很多，经常要去看病，住院的时候也越来越多。我因患前列腺癌，需四周打一次针。打针后身上有反应，燥热、出汗，虽冬天也是一样”①。

此时的王元化，病痛的折磨甚过于任何其他的打击。在病中，他自然地回忆起年轻时向熊十力问学的年代。他记得那时也正当熊十力的晚年烦恼境地，曾经在赠王元化诗中写道：“衰来停著述，祗此不无憾。”当时他还无法理解这种“停著述”的心情，现在他同样感到了这种苦恼。

为将有限的体力、脑力用于更重要的思想研究中，从这一年始，王元化辞谢一切社会活动。

身体的衰弱和疾病的折磨，并没有停止王元化精神的昂扬向上，思想则不断向灵魂深处发掘。他的思考、他的阅读、他的写作，甚至在他生命的最后时期都没有停止和放弃。不同的是，他关心的层面更为远大，研究的课题更为扩展，在思考中西文化的同时，对人类和世界的精神做了具有终极意义的叩问。他在 1990 年代反思的基础上，思考知识分子在新的时代应该为人类做出什么样的贡献以及人文精神的最后归宿和危机等。

> 人的一生真是时间苦短。当我开始懂事时，正是国家危难之秋。这十多年就在战争的烽火中度过。解放后，又是陷入了频仍的政治运动。等到我得以平反，转眼已是二十多年过去了。我真正能从事自己所向往的工作，只有短短的十几年。九十年代一过，已没有精力

---

① 王元化：《清园近作集》，第 185 页。

去做自己想做的工作了。[1]

他对自己50年理论生涯竟做了如此委婉的、不无遗憾的评价，坦言真正向往的工作居然只有短短的十几年。这十几年指的就是从1990年代初开始到21世纪开始的那段时间。值得令人深思。从1990年代开始，他参加了三次重要的国际学术会议，从国外学者的著作中，获得了前所未有的思想资源，并以其独有的方式进行了深刻的反思。从晚明以来的文人到"五四"以后直到当代的激进思想，把它作为一个整体或一个很长的脉络来详尽地分析和阐述。更重要的是，他将自己从早年的激进思想以及此后的不断认识过程放到这一思考中，呈现出难得一见的思想界学者自我思想解剖的模式。

王元化晚年的文字中，尤其是临终之前的岁月中，常常说自己只是个过渡时代的人物，这在不同场合中多次提及，自然他是希望有更多的年轻人踩着他的脊梁攀到更高的境界。然细细揣摩"过渡人物"的含义，虽然不无自谦，似更觉其中一种凄凉，他认为自己反思所发掘的诸多课题，还只是开了个头，还有很多可供后人深入探讨和研究。

2001年9月，《南方周末》发表王元化与胡晓明的对话——《知识人与二十一世纪》[2]。这是他进入21世纪重要的文章之一，其中关于知识与理性的认识，反映了他的忧思与信念。他主张知识人应保留一点对文明的忧虑：

现在大家都说全球一体化。其实对文明的忧虑是十九世纪人文知识分子的老问题。从尼采以来就不断有一种呼吁。恐怕这一个世纪的主流仍然是科技文明的功利主导。我们正在看到文化和教育走

① 王元化：《清园近作集·序》，第1页。

② 后更名为《人文精神与二十一世纪的对话》，收入《清园近作集》，第1—9页。

向商场，大学也在企业化，知识人才走向规模化大批量生产。工商由效率重新组织、教师和知识分子成为普通雇员……人们的大多数活动和形形色色的个性，正在逐渐被科技和利润之手整合为一体，科技和利润的逻辑正在逐渐成为评估一切发展进步与落后的准绳……如果是这样，离马克思所说的人的解放、人的全面发展、个性的充分伸展，确是还有相当远的路要走的。所以，人文知识分子特别敏感，他们对文明发展的思考，是对人的自由命运的忧虑关心。①

他认为市场文化与大众文化，对于人的自由是有危害的：

比如它具有商品拜物教的特征，它的标准化、统一化和同质化的生产，是排斥真正的个性和创造力的，久而久之会产生出同质、平面的社会主体，一个以时尚为主导的社会文化中，是没有真正有深度的精神生活可言的。而商品的规律使它具有强烈的支配力量，控制和规范着文化消费者的需求。助长一元化(如市场至上等)的意识形态统治，产生着新的压抑形式。所以我赞成知识人在大众文化面前保持清醒的头脑和批判的意识，这样可以尽力去保证一个社会在发展中不至于产生太多的文化泡沫。②

社会的发展一步一步地印证了王元化的忧虑。

对谈中，王元化反思了20世纪中国的思想灾难及其原因，指出根本上是狭隘的理性观对人的自由的侵害，但是这不应该成为知识人放弃理性与责任的理由：

---

① 王元化：《清园近作集》，第2页。

② 王元化：《清园近作集》，第7页。

为什么这种过分信赖甚而崇拜的心态会导致对人的自由的侵害？理性精神和人的力量，曾经使人类走出了黑暗的中世纪，但是一旦把它加以神化，又自以为掌握了终极真理的时候，他就会以真理的名义，将反对自己和与自己有分歧的人，当作异端……。对于我本人来说，在得出这样的结论之前，经历了十分长久痛苦的思考。……

但这并不是说知识人可以不去探求真理，放弃追寻理想。我理解的探求真理的态度，仍然是一种执著虔敬诚实的热忱，是人文知识者的一种高尚的气质。……一方面，对知识和文化的信念，对真理和道义的担当，对人的自由命运的关心，永远都是人文知识分子的尊严所在，没有这些东西就没有人文的意义。另一方面，这些信念和追求并不只是一些光秃的冲动，而是有内容的，考虑后果的、负责任的。总之，既有积极的理性精神，又对理性的限度和责任真实了解的知识人，才是二十一世纪真正有力量的知识人。①

由此出发，王元化对知识、理性在近现代命运的反思，走出了一个明确的方向，那就是不主张太过于强调其中人的力量，也就是过于自信和认定所谓规律的发现，但又不完全放弃责任。王元化总结这种反思是一种“集中在描述一种我称之为‘意识形态化的启蒙心态’或‘扭曲的启蒙心态’”②。至此，他的反思进入了新的阶段，人对于客观世界究竟有多少的认识，理性的能力是否可以完全认识世界，甚至可以改变世界？如果是肯定的话，人的力量就会异化成神。这个问题王元化在1990年代反思就已经涉及，进入21世纪之后，他明确地将此与理性精神高扬下而无视怀疑精神相联系。如果过分地信赖人的力量，将会导致对人的自由的侵害。

这些思考是对1990年代反思的继续，也是王元化不避重复，反复强

① 王元化：《清园近作集》，第8—9页。

② 王元化：《清园近作集》，第7—8页。

调的精神遗产。

世界不再令人着迷

如果说王元化此时的思考尚建基在中国的历史和思想史上的话，一年以后的一个新的契机，使他对蔓延整个世界的物质主义和消费主义，导致社会精神堕落，走向虚幻的富足的实质有了宏观认识。

2003 年 4 月，林毓生先生应邀到杭州中国美术学院讲学，王元化曾推荐他为该校的荣誉教授，两位好友常借此机会相聚畅叙。欢欣的聚会时间嫌短，他们有着谈不完的话题。这次见面时，林毓生谈及他的老师史华慈教授①有一份临终遗笔，对于当今物质世界和中国的未来写了一些非常深刻的内容。

这篇文章原是为参加 1999 年“过去千年的欧亚及非洲会议”②而提交的论文。一开始史华慈准备提交的论文以“单线演化观与中国的命运”为题，但他的思想被美国出现的一个日益严重的现象所盘踞着，即如脱缰野马般失控的消费主义和物质主义。他观察到这种靠自我喂养来生长的思潮特点，近时期愈演愈烈，将会对整个世界有着一种强烈的冲击力。于是他临时改换题目——作为一个关心中国、研究中国的知识人，他要把自己最后的关怀投射到他一生致力的研究课题中。在他临终之前，完成了《中国与当今千禧年主义——太阳底下的一桩新鲜事》一文。

---

① 本杰明・史华慈(Benjamin I.Schwartz)(1916—1999)，美国著名汉学家，人类文明比较研究专家，哈佛大学费正清东亚研究中心教授，其成就奠定了他在美国乃至世界中国学界大师级人物的地位，成为哈佛大学中国学研究的领军人物。史华慈在语言方面掌握有英语、希伯来语、法语、德语、意大利语、西班牙语、葡萄牙语、日语、俄语、拉丁语、中文及意第绪语(Yiddish)共 12 种语言，多种语言的掌握对他在东亚尤其是中国问题的研究上有着巨大的帮助。他一直是哈佛大学东亚和中国问题研究方向的学术负责人。曾任 1979—1980 年度美国亚洲协会主席，其影响力堪比“中国学之父”费正清(John King Fairbank)。

② 即由威斯康星大学古代史学家 Mike Clover 主办的“Eurasia and Africa during the Last Thousand Years”。

史华慈本人信奉犹太教，对于宗教有精深的研究，此文带有一种预言性含义，遣词用语极具宗教化，从题目就可以知道——“太阳底下的新鲜事”一语来自《圣经·传道书》，原文为 There is no new thing under the sun，意味着世界万物是上帝在创世的时候都安排好的，所以，太阳底下没有新事物。但史华慈反其意而用之，以表达当今世界已失去了秩序，一切都反其道而行，这里的“道”就是指史华慈认定的宗教精神。文章不长，大约两千多字，内容则极为深刻，英文晦涩深奥，拮据难懂。文中，史华慈充满了悲观精神，他以古老的先知精神向世人提出严正的告诫，并以此作为他的遗言。

此文开篇就是一个警告，关于当代中国最为显而易见的评论之一是：中国实在没有理由为了当今西方的千禧年主义感到兴奋。

然后细数原因，讲到“新科技·经济千禧年主义所代表的，确实与十九、二十世纪似乎能够提供持续改善人类处境之可能的科技·经济的转化不同……十九世纪的物质主义进步观，不仅经由基督教的信仰，而且还透过许多十九世纪欧洲俗世的意识形态，联系着伦理关怀。当时有整套的意识形态，诸如社会主义、自由主义、无政府主义、浪漫主义、民族主义等，都持续地对于科技·经济进步的非‘物质主义’的、伦理的后果，感到深切的不安与忧虑。科技·经济的进步，毕竟不能阻止屠杀犹太人的大浩劫(the Holocaust)、前苏联的集中营(the Gulag)，以及两次世界大战所带来的惨痛。恰恰相反，它把古已有之的恶推向恶毒的新极致”①。

此文是史华慈生前最后的一篇论文，由于身体的原因，他没有参加这次学术会议，后由学生林毓生在会上代为宣读。这次会议范围很小。美国的学术界，依其学科范围的不同，常有一些较小而较高学术水平的专家圈子，讨论某些精深的学术前沿问题。在这个学术会议上，众专家都各自

① 史华慈：《史华慈遗笔：〈中国与当今千禧年主义——太阳底下的一桩新鲜事〉》，见王元化：《清园近作集》，第145页。

提出了正在思考的问题。林毓生在学术研讨会上宣读了这篇论文后，认为应该让史华慈先生心系梦绕的中国知识界读到这篇文章，于是委托哈佛大学林同奇先生和台湾政大毕业的刘唐芬教授分别翻译，由林毓生 2001 年 12 月完成校订。此文收入在《人文东方》一书中，2002 年出版。但由于此文的英文深奥难读，翻译成中文后不少地方颇有不同看法，林同奇看过林毓生的校订稿之后，又做了校订，并用英文写了五纸说明。

王元化听了林毓生介绍了前后经过及文章的大意之后，立即产生了共鸣，请林毓生将校订过的稿子给他，推荐到上海《社会科学报》，并写下《关于〈中国与当今千禧年主义〉几句话》一文作为导读，与该文同时发表在 2003 年 1 月 9 日的《社会科学报》。

这是王元化进入新世纪之后反复思考的问题，当史华慈的遗笔用西方哲学家的眼光来看待新世纪的潮流并影响人类的生活方式时，使王元化进一步思考了这个问题："当脱缰野马般失控的消费主义与物质主义已从美国开端，并向世界各地蔓延时，史华慈的遗笔等于是向我们提出了这样的问题：'就人作为人而言，得到越多的物质享乐和满足，就能过得更美好、更幸福吗？'我想，史华慈的看法大概是，消费主义与物质主义将会造成精神上的真空世界。所以，他才在遗笔中向世人发出他的告诫的。"① 又说："中国今天实在没有理由为西方以消费主义、物质主义为涵义的普世理念蔓延感到兴奋。我是怀着深深的感激之情来读史华慈教授这篇遗笔的。"②这是一位深刻理解中国文化的学者对史华慈遗笔的初读体会。

经过了四个多月的思考，王元化将史华慈遗笔中的警示和启迪再度扩展，在刚出版的《清园书简》"后记"中，他认为史华慈谈到的席卷一切的物质主义和消费主义将造成人类精神世界上的空虚，这非常重要；而另一

① 王元化：《清园近作集》，第 140 页。

② 王元化：《清园近作集》，第 141 页。

位美国政治学家罗伯特·莱恩也有同样观点，认为即将向全球蔓延的物质主义和消费主义，将使人间的亲情和友情荡然无存。王元化联想到过去读过的莱蒙托夫的长诗《恶魔》中的两句话："在你所俯视的大地上，没有真正的欢乐，也没有真正的痛苦……"①他反思自己"初读这些诗句时，我还是个不谙世事的青年，它曾使我毛骨悚然，心想这样的世界是不可思议的，也是不可能发生的。但是，发端于美国的物质主义与消费主义正在向全球泛滥的前景，却是一个告诫：当时我认为不可思议的事，是可能发生并变成现实的"②。这已经不是在中国的范围中思考这个问题了，而是一个全球化的问题。

2007年，十卷本《王元化集》出版。身边的朋友、弟子们都为他个人的学术思想全集面世感到高兴。但他的心情却是意外的沉重，甚至有点悲观。这倒不仅仅是病魔对他的折磨和影响，更多的是他对于当今社会文化衰败的忧虑。每一次的清园客厅中，他都会跟学者、青年学子谈起当今社会中物质主义和消费主义横行的后果：文化的衰落，精神世界的空虚以及传统的消失。在编辑最后一本思想理论集——《沉思与反思》中，王元化专门选了一组他与林毓生教授的通信，标题是《世界不再令人着迷——关于文明的物质化、庸俗化与异化的通信》，表达了他这种深深的忧虑和悲观。这封信虽然不长，却是他对现今社会的最新也是最后的思考。

信中讲到，2004年年底的时候，在几位热心朋友的策划下，上海美术馆举办了一个"清园书屋笔札展"，将王元化先生亲笔书写的书法条幅展览了半个月，内容都是先生的著述摘录。令人失望的是，这样一个有意义的文化活动，来参观的人大多为看热闹，能够真正体会到他的用意和苦心的人为数寥寥；有的人甚至将看展览作为一种庸俗的约会。在大厅中的留言本上，很多令人啼笑皆非的言语令王元化感到悲哀。在信中他告诉

①② 王元化：《清园书简·后记》，第653页。

林毓生，十多年之前，《思辨随笔》出版时，新华书店特意邀请他到书店签名售书。读者们那种对于文化的渴望，对于精神世界的追求，令先生深受鼓舞。没有想到的是，仅仅十来年，那种文化的衰败和人的素质的下降这样迅速，令他忧虑。他认为文明的衰落使他感到作为一个知识者的责任重大，决定文化导向的力量更应该担起责任。

林先生回信非常赞同王元化的看法，并且进一步认为"目前塑造年轻人'无意识'与'无品位'的最大力量，是媒体的与政治的炒作。各国制度尽管不同，许多年轻人趋向享乐，趋向低俗的情况，大同小异"①。究其根本，是全世界的精神力量都被这股强劲的物质力量摧毁中。事实上，人在资本主义的笼罩之下，只有异化一种途径。这种资本主义的病态，早期的马克思看到了真相，但他提出的解决办法是建立在历史具有进步性的假设，也即王元化所悟出的人类总是走向光明，新的比旧的好，以及科学规律的掌握、乌托邦的想象之中。林毓生认为："就十九世纪以来的历史来看，进步与退步是同时向相反方向进行的。自然科学、工程、医药等与时俱进的同时，人文与社会生活明显地是在退步！……从韦伯的观点来看，资本主义所主导的社会，其最大的特征是，它赖以发展的'工具理性'有自我推展至极致的内在动力。这种内在动力排斥一切阻挡、抑制其推展的思想、文化、道德、社会素质，使它们无法产生效用。"②这种推展的结果，就会产生大家为了赚钱，会绞尽脑汁，尽一切可能或手段达到目的，至于这个目的是否有理性，是否应该有所节制，是不去考虑的。最后，工具理性越发达，价值理性就会越萎缩。不管是底蕴深厚的欧洲文明还是古老的东方文明，都碰到了这个问题——人性物质化及动物化的侵蚀。一个国家在物质初步发达之后，不注重文化传播、抛弃了传统价值观念，就会很自然地产生一种纯粹物质的行为。

---

① 王元化、林毓生：《世界不再令人着迷》，见王元化：《沉思与反思》，第67页。

② 王元化、林毓生：《世界不再令人着迷》，见王元化：《沉思与反思》，第68页。

林毓生最后引用了韦伯常常喜欢引用的德国诗人席勒[1]的名句:“世界不再令人着迷”,恰到好处地点出了对于物质世界带来的全球性的精神灾难。并引用韦伯的话“专家们没有灵魂,纵欲者没有心肝,这个废物却在自己的想象中以为它已经达到前所未有的文明水平”[2]。

此信引起晚年王元化的共鸣,尤其是这句诗和韦伯的那段精彩和深刻的论述。他将此作为标题,副题则用“关于文明的物质化、庸俗化与异化的通信”发表。“世界不再令人着迷”本是林毓生先生独创的翻译,其英语原文为“the disenchantment of the world”,即“对世界的祛除迷魅”的意思。此“迷”指原始宗教的鬼魅之力,其本义与汉语中的被美好事物所吸引的“着迷”有不同的来源和含义。故应该解释“着迷”是“被原始宗教的巫术所吸引”,此为原始人类的精神生活,并且也是早期人类赖以生存的一种信仰。“祛魅”也即驱除宗教式的崇拜,而韦伯的原意指工具理性的高度发达,一方面使得经济发达,科技进步,以至象征着精神生活的巫术之魅力不再使人类有兴趣;另一方面,也切断了美好事物的“神圣”或“超越”的源头。王元化甚至认为这场物质化、庸俗化对中国的影响,超过了“文革”对国人的摧残,他在回答有人关于如今的物质主义消费主义对文化的打击和“文化大革命”对文化的打击相比,哪个危害更大?他的回答是:“现在的更大。‘文革’只是从外部灭绝了人们追求理想的条件,而在人们心中,还保留有一份精神追求;而今天,在人们的心中已为物质主义、消费主义盘踞,已全然丧失了精神方面的追求。连一些很不错的学生,考虑的也完全是毕业后的生存问题、就业问题,除了赚钱别无他求了。这令人痛心。”[3]语虽激烈,不失为一种深刻的观察。

---

① 席勒(Friedrich von Schiller,1759—1805),德国18世纪著名的诗人、哲学家、历史学家、思想家和剧作家,德国著名的启蒙文学的代表人物之一,德国文学史上最著名的“狂飙突进运动”代表人物之一,被公认为德国文学史上地位仅次于歌德的一位伟大作家。

② 王元化、林毓生:《世界不再令人着迷》,见王元化:《沉思与反思》,第70页。

③ 蓝云:《王元化及其朋友》,上海教育出版社2020年版,第34页。

与京剧的情缘

抗战爆发激发了少年王元化的爱国情怀。1937年底他随全家逃难到上海，1938年初加入中共地下党，组织上安排他联系上海的戏剧交谊社，与上海的各大专业和非专业的剧社有了广泛的联系，从此开始对戏剧有了职业性的爱好。当时他与姐姐王元美、后来成为王元美丈夫的杨村彬，以及张可、满涛、陈西禾等人，都是戏剧爱好者。从1940年代末到1950年代初，他们经常在一起观看各种戏剧，包括话剧、京剧、评剧、昆曲、汉剧等，并在一起热烈地讨论戏剧的表演，从唱词到舞台布景、人物形象的刻画等无所不谈，王元化对于所看过戏剧的评论往往一针见血。但是，受到五四新文化运动的影响，他们自然也接受了反传统的观念，认为京剧继承了传统中保守落后的一面，是阻碍中国走向科学与民主的绊脚石。

在"五四"代表人物中，王元化最服膺的是鲁迅，而以鲁迅、胡适、陈独秀等为代表的激进的反传统主义者，都把京剧归于旧道德、旧文化的封建糟粕，认为应予以剔除，反对京剧就是在进行新文化的传播。事实上不仅仅是京剧，当时"五四"运动领袖人物揭橥新文化运动大旗，凡属宣扬旧道德、旧传统的文艺样式，均视为糟粕。京剧仅是其中最具代表性而影响也最大的一种。胡适直到1961年还在他的日记中批评京剧道："京剧的音乐简单，文词多不通，不是戏剧，不是音乐，也不是文艺，所以我不看京戏。"[①]五四新文化阵营的人多持这种态度。传统京剧的内容不外乎表现封建的忠孝仁义、贞妇节妇内容。胡适等人从小接受了这种民间文化的影响，甚至常常以观看京剧、讨论京剧为业余爱好，却站在"五四"的立场上视京剧为封建糟粕的旧文化。作为左翼的战斗青年，王元化自然也受

① 王元化：《清园谈戏录》，上海书店出版社2007年版，第119页。

到这种影响。在“五四”反传统的思潮影响下，王元化当时也对代表封建传统道德的京剧的内容和表演方式进行了批评。他后来自言“我本人也有过同样的经历，多达十余年之久。主要原因就在于用西方的标准去衡量中国传统文化，从而采取了一种偏激态度，认定新的一定比旧的好。就以力求公正持平的胡适来说，他纵使谈到自己所钦佩的乾嘉诸老时，也仍以西学为标准，说他们的成就远远逊于更懂得科学精神和科学方法的西方学者。他对于京剧的批评，正如他对《红楼梦》的批评一样。……他认为京剧不值一顾，是因为没有西方戏剧‘最讲究经济方法’的三一律”①。

王元化承认自己在“三四十年代，我和我的朋友也是如此。我们都是五四时代的儿子，对五四时期的各种观念，不论是什么，一概奉行不渝”②。“五四”前的京剧舞台上，都宣扬封建时代的忠孝节义道德观念，这对于“五四”人物要建立新的科学民主自由的观念是一种阻碍。作为旧传统道德的外在表现形式的京剧，正像后来王元化反思的那样，五四观念中“就是新的一定胜过旧的。谁也不会否认社会是向前发展的，但这是从总的方面和大的方面来说，而并不意味着任何时候和任何事物新的都好旧的都坏，或新旧之间没有持续关系，而只能是彻底决裂。”③他举了一个例子：“那时满涛是很懂也喜欢京戏的，不过他一直没有声张，直到被我发现后，他才带着愧色向我招供，他有一种‘不良嗜好’，这就是看京戏。解放后，举行了几次戏曲会演，我们才改变了。”④晚年王元化反思自己当年的立场是“自以为在坚持进步，坚持科学，坚持新潮流。抱这种态度的不止我们这一代，至今还有不少中青年也是如此。我以为这和五四时代的庸俗进化观点多少有点联系”⑤。

观看京剧，居然在这些年轻人中成为不良嗜好，可见当时对京剧有多大的偏见？而这些都是在“五四”反传统的大旗下导致的政治正确的偏激

---

① 王元化：《关于京剧与文化传统答问》，载《中国文化》第12期，第25—26页。

②④⑤ 王元化：《清园谈戏录》，第120页。

③ 王元化：《清园谈戏录》，第121页。

思想。王元化的外甥女杨乡回忆道:"虽然我父母是搞戏剧的,而舅舅是从事思想理论研究的,但是他们还是有许多共同的语言和爱好。记得在1950年代初期,舅舅、满涛叔叔(舅妈的哥哥)、陈西禾和我父母经常聚在一起,每当看到一场精彩的演出(我记得有京剧、川剧、昆曲、秦腔等)他们激动万分,兴奋不已地议论,深入探讨它的成功之处;当意见有分歧时,他们会毫不留情地争论,面红耳赤,额头的青筋都爆出来了,嬉笑怒骂,无比欢畅,直至深夜,这是他们生活中最愉快的时光……幼年的我,不懂他们为什么要'吵架',还担心他们会'打起来'。"[①]王元化自己也说,他、满涛、陈西禾、村彬、元美常在一块聊戏,他们对京剧、昆曲、川剧、秦腔、汉剧等都很喜欢,只不喜欢越剧。他们觉得越剧过于缠绵悱恻,脂粉气太重,陈西禾曾称他们是"反越大同盟"。但这并不妨碍他和张可,也有越剧演员的好朋友。像范瑞娟,他们对她是非常尊重的,范瑞娟对他们也非常好。[②]

一般人常常会将王元化在激进思想影响下,忽视他曾经对京剧不喜欢的态度。事实上从1930年代开始一直到1950年代初,王元化对于京剧的表现形式一直抱持批评态度。在1953年他撰写的评论汉剧《宇宙锋》的文章中,通过对汉剧的赞美而否定京剧的程式化艺术,认为是形式主义。"我们比较更喜欢汉剧《宇宙锋》,主要的恐怕是它没有京戏的某些形式主义的毛病。京戏在其他许多方面也许的确是超过了汉剧:在舞蹈化的动作上,它可能是更凝练一些;在结构布局上,它可能是更紧凑一些;在分配角色和使用角色上,它可能是更经济一些……但是,讲究淳朴典雅往往失去了蓬勃的生气,讲究形式上的美往往冲淡了原有的民间色彩。(我想,京戏中的这些毛病,和京戏本身曾经进过宫廷,恐怕是有很大关系

① 杨乡:《舅舅王元化逝世十周年琐忆》,载《世纪》2018年第3期。

② 参见王元化:《清园谈戏录》,第190页。王元化对越剧的看法作为一个文艺理论家是可以成立的,但是在他当上海市委宣传部长的时候,有这样的看法就会影响工作。徐玉兰老师曾告诉我,她就此在某次会上与王元化有不同看法,两人为此而生嫌隙。事实上,越剧经过老一辈艺术家袁雪芬、徐玉兰、尹桂芳等人的改革改良,已经不再仅仅是"缠绵悱恻,脂粉气太重",也与京剧一样具有多样化地塑造人物形象,反映人物性格的功能。

的。)就我个人来说,我是更喜欢那些虽然粗糙一些,却更多的保存了民间活力的作品。"①

这个关于京剧经过宫廷赏识之后变得典雅和讲究形式美的观点显然来自鲁迅,王元化受其影响颇深。鲁迅曾经针对梅兰芳的表演说过,梅兰芳在俗人中得到欢迎,但是被士大夫下手改成典雅的之后,犹如将民歌《竹枝词》改成文言,将"小家碧玉"改成姨太太,就远离民间的活泼泼的生气了。使得多数人都不爱看了。②这些评论对青年王元化的思想都有很大的影响。

最激烈的莫过于京剧的程式化表演,这一后来在王元化中西艺术观比较研究中,认为是中国艺术重要的表现特点被当时的王元化指责为矫揉造作。他比较了汉剧与京剧在同一个剧目《宇宙锋》中不同表现手法,指出"有人曾举出赵艳容准备装疯之前的一个表演:这时她咬紧牙关,张开五指,狠狠抓破自己的脸皮。这种表演不是像京剧中一般所用的办法,挡起水袖,伸出兰花指,象征性的在脸上比划一下。自然,后一种动作是更合乎程式化的,但是前一种动作,不是更能传达人物的经过了极痛苦过程所下的决心么?因而它也就更能使观众感到震撼"③。这后一种程式化的表演方式恰恰是王元化晚年谈京剧表演艺术时着力肯定的。

写意型表演体系

同时他提出京剧的写意型表演体系。

在讨论样板戏的过程中,他从传统艺术的高度,提出了京剧的不同于其他戏剧的表现方式。如唱念做打,服饰、道具、布景等属于程式化,

---

① 王元化:《清园谈戏录》,第168—169页。

② 参见鲁迅:《鲁迅全集》(第五卷),第609页。

③ 王元化:《清园谈戏录》,第169页。

"不是公式化，也不是象征化，而是一种具有民族艺术特点的写意型表演体系"①。这个提法有别于前人所说的象征化，梅兰芳曾经在1934年说"中国旧戏原纯是象征派的，跟写实的话剧不同"②。时人沿用这种说法。王元化1960年代开始撰写《文心雕龙创作论》时就萌发一种思考，那就是中国的传统艺术，从书法、绘画到戏曲都存在着与西方艺术不同的表现方式。他认为：

> 中国艺术讲究含蓄，讲究意会，所谓意到笔不到，言有尽而意无穷等大量艺术格言，都是需要从写意这一特点才能理解，才能解释的。最明显的就是写意画，这是人人熟知的。中国戏曲的特点也是写意的。在戏曲舞台上任何写实的东西都变成实中有虚和以虚带实的写意性的程式化的东西。上楼不需要楼梯，上马没有真的马，《空城计》中诸葛亮站在一块幕布后当作高矗的城墙，司马懿带领四龙套代表一支庞大的军队，这些观众一看就明白，并且马上进入境界。③

他批评了当时的京剧改革为了引进话剧表演和布景，硬是把写实的东西强加到舞台上，结果就破坏了京剧以程式化为手段的"写意表演体系"。他举《三岔口》中摸黑一场戏，"把原来灯火通明改成仅有微光以表现暗夜，结果也同样破坏了写意的特点。需知摸黑中的开打虽在灯火通明的台上进行，可是演员的动作就完全可以使观众明白并理解他们是在夜里厮杀"④。正是因为在灯火通明的台上表现暗夜厮杀这一情节，更显示出京剧的写意的绝招，观众从演员的动作上来体会暗夜厮杀的紧张和

---

① 王元化：《传统与反传统》，第108页。有关写意型表演体系，前人也曾提出过"写意"来概括京剧表演艺术，作为体系，是王元化第一个提出。见本文第四章。

② 犁然：《在梅兰芳马连良程继先叶盛兰的欢宴席上》，载《大晚报·剪影》1934年9月8日。

③ 王元化：《传统与反传统》，第108页。

④ 王元化：《传统与反传统》，第108—109页。

惊险。

对于京剧唱词的俚俗句子甚至文理不通的唱词，王元化认为是“老艺人根据表演经验的积累，以音调韵味为标的，去寻找适当的字眼来调整，只要对运腔使调有用，词句是文是俚，通或不通，则在其次，因为京剧讲究的是‘挂味儿’。可以说京剧虽在遣词用语上极其粗糙，但在音调韵味上却是极为精致的，目前其他剧种尚无出其右者”①。作为文艺理论大家，王元化这里对京剧的俚俗风格作了极为精辟的分析，也可见他对京剧艺术的深刻理解。同时，他广征博引，“记得国外一位戏剧家说过，好演员读菜单也能令人下泪。我觉得这一说法用来说明京剧的唱词与唱腔是十分合适的”②。

京剧与中国传统资源

到了 1990 年代，王元化除了继续对样板戏的实质进行剖析，并开始介绍传统京剧的艺术表现手法、舞台艺术的特色，与西方戏剧的表现形式和手法进行比较，从而在戏剧理论研究领域中独树一帜，极大地丰富了艺术研究的广度和深度。在王元化的文艺理论研究中，这成为一个新的高度。王元化对京剧的研究，将可见到的古今中外的资料和理论收于囊中，进行了挥洒自如的阐释。③他甚至从文化人类学“大传统”和“小传统”的理论中获得资源，依据这个理论框架，对于中国传统的京剧以及 1980 年代中有关文化传统大讨论之余绪，进行了重新表述，这一表述集中在 1995 年发表的《京剧与文化丛谈》长文中。可以这样说，王元化有关京剧艺术和中国文化的关系形成了一套独特的理论体系。

---

①② 王元化：《传统与反传统》，第 109 页。

③ 《九十年代日记》中记载了王元化为研究京剧而阅读的“五四”以来的文献资料如《新青年》《鞠部丛刊》《齐如山剧学丛书》《京剧之变迁》《戏剧改良平议》等。见 1995 年 5 月 19 日、20 日、21 日、22 日等所记，第 321—324 页。

该文采用与记者对话的方式，后再经过作者重新写定，成为12章2万字的单篇论文。据对谈者翁思再的回忆，从最早的谈话到后来成文，王元化基本上已经完全重新改写一过，这与王元化接受记者采访或与弟子对谈的风格是一致的。①这也是王元化关于京剧和传统文化的最重要的文章。他自承："文章谈的虽是京剧，但不仅限于京剧问题，其中涉及大传统与小传统的关系，京剧所含的传统道德观念，中国传统艺术的固有特征等等多方面的问题。笔者半年来所考虑的问题大多写在这篇文章中了。"②

王元化引用1950年代文化人类学的芝加哥学派代表、时任芝加哥大学人类学系主任瑞菲德(Robert Redfield，1897—1958)的"大传统"和"小传统"的观点，将中国传统文化也分为"大传统"和"小传统"，并引李亦园的解释："大传统是指上层士绅、知识分子所代表的文化，多半是由思想家或宗教家反省深思所产生的精英文化。与此相对所谓小传统，则是指一般社会大众，特别是乡民或俗民所代表的生活文化。精英文化与生活文化也可称作高层文化与底层文化。"③具有学术悟性的王元化，敏锐地意识到这两种文化与中国过去所说的雅文化与俗文化，以及今天所说的高雅文化与大众文化是比较接近的。于是，他论述京剧与文化就从文化结构中的大众文化谈起，京剧则属于大众文化中最典型的例子。200年来

① 此文先摘要刊登于《新民晚报》，后全文刊登在《中国文化》杂志。乙亥年岁末(1995年底)自印线装特藏本50本分赠好友，笔者得到第28号本。王元化自己承认，他不善于作即兴式的谈话，很多问题都需要长时间的反复思考才有比较满意的结论，而成文则需要更长时间的推敲、斟酌。唯一没有由他亲笔动手修改过的谈话是《王元化晚年谈话录》，由上海人民出版社2013年出版。

② 王元化主编：《学术集林(卷五)·编后记》，上海远东出版社1995年版，第364页。

③ 王文引用了西方的这两个概念来对应中国传统的概念，却非文化人类学研究的主要理论，仅借用文化人类学概念。文化人类学的理论很复杂，其功能是根据社会调查和田野文化考察研究文化传播的传播和影响，非仅仅划分界限，更重要的是文化人类学对于文化的阐释具有不同体系，并从大量的田野调查中抽绎出规律。与王元化此处谈京剧无关。我认为如果去除这两个西方的文化人类学的概念，王元化借用其两种文化的论述，以解释中国传统，也可言之成理。另，《清园谈戏录》中将"文化人类学"误植成"人类文化学"。

的京剧在民间文化中占有十分重要的地位，其中的道德观念和审美趣味，影响了不止一代的中国人。他举鲁迅和胡适的孝道为例。虽然他们是“五四”新文化运动的主帅，反传统中也包含了对京剧这种形式的反对，但他们还是不自觉地接受了京剧所传播的伦理道德。

他这组文章的更重要的意义是从文艺学的角度，对京剧表演程式所作的理论上的阐释。上承《诗经》的六艺说，《文心雕龙》的比兴篇，陆机《文赋》离方遁圆说；下接齐白石的空白艺术、梅兰芳表演艺术的写意性；外引契诃夫的停遁法和布鲁克的空间艺术，内证京剧百家各派的表演细节，融会贯通，发前人所未发，道前人所未道。写作风格挥洒自如，上下纵横，把王元化的哲学、文学、艺术的理论以京剧为由头而挥洒得淋漓尽致。

需要指出的是，王元化对京剧程式化的表现方法以及与中国文化传统的关系是有一个认识过程的，一开始受到“五四”反传统的影响，对于京剧持否定态度，并对京剧表现方式进行批评。40 年后，即到了 1990 年代，王元化对中国传统文化有了更深刻的认识，他在分析京剧的表演艺术，站在一个比较高的视点、比较广的视野，把京剧表演艺术放在中国传统艺术的模式上来进行比较评鉴，动用了古代文论中的重要观点来分析把握传统思维模式，揭示出与西方艺术的根本区别，着力肯定京剧艺术的重要特点，并以之与中国古代文艺理论“比兴”、刘勰的“随物婉转，与心徘徊”以及龚自珍的“善入善出”说联系起来，申明中国的审美方式的两方（主体与客体或理性与感情），是平等的、互融的，凸显中国戏剧表演的独特性。

这是王元化在 1990 年代反思中的一个重要收获。

我们要特别注意王元化在文艺学中从思维模式提出的中国特色，即“中国的思维方式缺乏思辨思维和形式逻辑，主要强调直观和经验，把一切都同伦理道德挂钩……从亚里斯多德《诗学》开始，西方人提出自然的模仿说，中国没有自然的摹仿说，因而很少有史诗、长篇叙事诗，这就跟思维方式相关”①。王元化的这个看法综合了文艺、历史、哲学学科中的一般化思维方式，点出了中国思维的特点，而他的京剧表演艺术的特点就是站在这一思辨的高度提出来的。王元化认为，西方艺术重在摹仿自然，中国艺术则重在比兴之意，也即与自然保持一定距离，形成主观上的想象来补充自然。他运用了刘勰《文心雕龙》论创作时所用的比兴，即心与物的主客观关系。摹仿说以物为主，以心服从于物，即以客观为主，主观需服从客观，进入客观世界。比兴说在重想象，在表现自然时，不受到身观的限制，即可以不拘自然原型，取其精髓，也就是取其意，用观赏者的想象去补充客观之外的空白。从客观自由地反入主观，主客观之间的自由来往，善入善出，即此谓也。中国传统的国画、古琴艺术、书法等都采此法，均用空白艺术来创造具象之外的意境。他进而论述到京剧表演中开门没有门，上下楼梯没有楼梯，骑马没有马等空白艺术特征。王元化将这种方式统称为写意，而西方则是写实。

比前人论述更精彩的是，王元化运用了西方戏剧理论来比较研究京剧表演艺术。他引进法国著名戏剧家老柯克兰新的三一律和布莱希特的理论，即将演员在舞台上的三个自我与京剧舞台上的表演艺术相比较，深化了这一理论，并为京剧表演提出了一个重要的民族性模式。两者的区别即写意和写实，这就导致了在对待或处理审美主体（心）和审美客体（物）的关系上所遵循的不同立场和原则。这三个自我即演员本人、出演的角色和观众，演员的第一自我是他自己，第二自我是他扮演的角色。而观众的第一自我是他自己，第二自我是看戏进入角色的境界，也即自己化身到戏剧的境界之后的设身处地，完全离开了现实生活。西方理论要求演员一旦进入角色之后，他的第一自我就要“终止”在第二自我身上。这也就是王元化说的心与物的关系交融在一起了，不可分别。王元化举例说“这种观点为西方艺术界普遍认同。有一篇记载说，当巴尔扎克写羊

① 王元化：《传统与反传统》，第76页。

时，他自己也几乎变成了羊”①。

王元化比较中西两种戏剧的异同时说：“这种第一自我沉没在第二自我中的故事，在西方剧场里是很普遍的。相传契诃夫的《海鸥》在多次上演失败后，史坦尼斯拉夫斯基的艺术剧院决定将它上演，来挽救经济情况已处在岌岌可危的境地。《海鸥》演出了第一幕，大幕徐徐落下，剧院工作人员在幕后焦急地等待着反应，可是一片沉寂，一点动静也没有。在令人窒息的两三分钟后，观众席上突然爆发起震耳的掌声……发生在西方剧场中的这种情况，是不会发生在京剧的戏院里的。在京剧的剧院里，尽管台上演的是催人泪下的《六月雪》这类感人的悲剧，观众也不会出现艺术剧院演《海鸥》时的现象。相反，当观众看到窦娥负屈含冤行将就戮的悲惨场面时，还会为扮演这个可怜女性的演员（假定他是出色的演员）的动人唱腔和优美身段鼓掌叫好。”②而这两种不同的反应正是东西方文化背景下所形成的不同戏剧观念。王元化从理论上说明这就是审美主客观（心与物）的关系上不同立场和原则。西方观众观剧时，由于写实的表现方式，使他们的心完全沉浸在审美客体（物）中去，故而在一刹那结束之后无法恢复过来，无法从客体转换到主体，所以会出现短暂的沉寂，等到从角色或剧情中脱身而出，并恢复了自我，才会站在主体立场上，对客体报以欣赏的掌声。而中国艺术的表现方式不同，以京剧的观众为例，始终保持着观众主体的自我独立性，虽然被客体的喜怒哀乐表演所感染，但他们始终保持着观众所具有的观赏性格，故而当他们被情节角色所感染时，仍能击节赞赏。

需要补充的是，西方的话剧与中国的京剧表演形式的不同也给予了欣赏角度的不同。西方的摹仿说，完全用生活中的语言和道具来再现生活的真实，因此观众比较容易忘我地进入剧情中去。而京剧的表演形式与生活有着隔离，唱腔、念白都是一套独特的形式，甚至角色之间的唱腔对白都不

---

①② 王元化：《清园谈戏录》，第19页。

同，重要的是这种语言形式的不同，就自然地将观众和生活的真实疏离开来，造成京剧观众可以保持观剧时的独立性，然后方可善入善出地加以欣赏。

当中国观众观看西方式的话剧时，他们所表现出来的情绪，也完全可以进入到角色和剧情中。1946 年在延安演出歌剧《白毛女》，发生了战士义愤填膺地举枪要打地主黄世仁的场面。就是因为表现生活真实的歌剧接近生活原型，更会引起观众沉浸在角色里无法恢复过来的缘故。①由此可见，中西方艺术的表现方式，并非是截然对立的，无法融通的，完全可以互相借鉴和欣赏。

王元化提出的另外一个重要理论是关于京剧改革的问题。从民国初到新中国成立后，关于京剧改革的讨论就从来没有间断过。京剧讲究写意，通过虚拟性程式化的手段删繁就简，也恰是中国传统艺术理论中的"以少总多，情貌无遗"(《文心雕龙·物色》语)原则密切相关，但如果用写实代替写意，就没有不以失败告终的。民国初开始就有改革京剧的呼声。为此，梅兰芳曾经试图改革京剧的布景，用写实的装饰和实物道具来代替传统的虚拟化。王元化认为这种改革并不可取："梅兰芳……民国十七年，他上演齐如山编的新戏《俊袭人》。台上布置两间相连的房间，一间卧室，一间书房，把家里缀玉轩中的花梨、紫檀木器、太师椅、多宝格也搬到台上。这出戏有四个人物，梅兰芳扮袭人，姜妙香扮宝玉，萧长华扮茗烟，姚玉芙扮麝月。阵容也算不错了，满想一炮打响。没料到因限于布景，演技施展不开，那三人上上下下成了活动布景，梅兰芳也只能在两间屋里活

---

① 1946 年，演员陈强随华北联大文工团到怀柔县前线演出《白毛女》。当戏演到斗争黄世仁一幕时，台上演员"打倒恶霸地主黄世仁"的口号声一响起，台下突然像下雹子似的飞来了无数的水果。陈强的左眼被打成了"乌眼青"。最危险的一次，要算联大文工团在冀中解放区河间县为部队演出《白毛女》。舞台上的悲剧气氛，演员逼真的表演，台下一片啜泣之声。演到最后一幕，有个翻身后新参军的战士，"咔嚓"一声把子弹推上了膛，突然举枪瞄准了"黄世仁"。他的班长发现不好，一把把枪夺了过来，问："你要干什么？"那个新战士一边哭泣一边理直气壮地喊着："我要打死他！"从此，部队在观看《白毛女》的时候，都不带枪。见 http://bbs.tianya.cn/post-worldlook-1429473-1.shtml。

动，没有机会使身段，只卖几段唱腔。”①新中国成立之后，裘盛戎演《雪花飘》，有人提出要用实景飘落雪花，裘盛戎反问“布景用实在的，再下雪，在台上要我干什么”②？演员就是要演出那种下雪的味儿。这里通过虚拟性的布景，兼及其他方面如身段、唱腔、服饰等的传统表演方式的重要性都道出来了。王元化认为，改革京剧最容易犯的毛病就是往往忘记京剧写意的特点，而用模仿的手段去向写实靠拢，认为只有写实才可以表现生活的真实。这种在中西方不同文化之间教条式的改革，是不了解真实有“形、神”两方面的真实，有的剧种就是追求“神”的真实，所谓的“以神传真”，而不能完全套用西方式的写实，他的这段话道出了真谛：“京剧以神传真往往体现在唱念做打所显示出来的情绪和气质上面，其中尤以唱占主要地位。”而京剧的这些传统表现方式，又跟他晚年对于传统的重视的思想有关。

传统的现代化转化

从对京剧作为传统文化的反思中，王元化发掘出中国文化和艺术的传统模式，这是他晚年反思具有特殊意义的一个成果。京剧代表的是中国传统文化中的大众传统，与精英传统相对。虽然王元化并没有专门研究文化人类学，但他从这门西方学术中获得资源，用以诠释中国传统文化，在戏曲研究方面具有独特的意义。

由于传统京剧的剧目中往往宣扬中国传统中正统的“三纲五常”思想，这种思想通过通俗化的戏曲以及其他的剧种如弹词、说书、章回小说中向普通民众传播，由此在中国社会中有根深蒂固的影响。以往王元化对这种所谓的宣扬“三纲五常”、皇权奴化的“封建糟粕”都在批判之列，到

① 王元化：《清园谈戏录》，第39—40页。

② 王元化：《清园谈戏录》，第40页。

了晚年他逐渐认识到中国的传统文化有着与西方不一样的合理素质。他从全盘性的反传统意识形态,进而深入思考占据中国两千多年的思想的内核,并考虑了这一传统资源是否可以在当今的中国是否可以继承的问题。这是一个在当时颇有不同看法的研究。在一向被视为封建余孽、专制魔咒的"三纲"是否可以获得当代中国社会现代化转化的资源时,王元化作了肯定的答复。

在 1990 年之前,王元化对于"三纲五常"的认识是很明确的,那就是他在《为五四精神一辩》中说的,"对旧传统不能突破就不能诞生新文化。每一种新文化的诞生,都是对旧文化的否定……五四所面临的是在思想领域占统治地位达数千年之久的封建主义。它并没有陈旧衰颓,相反,倒是盘根错节,豺踞鸮视,始终顽强地挺立着"①,"五四精神自然体现在反传统上。它反对具有强烈封建主义色彩的纲常伦理与吃人礼教,这是它的光辉所在"②。

从 1990 年以后他开始了对传统的再思考和再认识,他对传统在中国文化中的价值逐渐有了新的认识。正如他所说的,他的反思不仅是从读书中得来的,而是将自己的生活经验和常识融入其中,因此他关于传统的反思有一条明显的生活经验和具体思考的内容。这是我们在研究王元化的反思脉络中的一个重要的环节。不了解这一点,就无法把握王元化从反传统到肯定传统,甚至包括"三纲"也要重视的思想轨迹。他在 2006 年与胡晓明谈话中说:"我赞同传统文化中有关家庭价值的一些肯定的表述,比如父慈子孝、长幼有序等。我这样的认识并不全是从书上看来的,也不全是从古代人那里学来的,更多的,是我从自己的亲人,父母、姐妹、妻子那里,长期以来,切近地感受到了家庭生活的温暖与亲人之间的爱。"③他对

① 王元化:《为五四精神一辩》,载《新启蒙》第 1 期,第 18 页。

② 王元化:《为五四精神一辩》,载《新启蒙》第 1 期,第 24 页。

③ 胡晓明:《王元化与儒家思想之分合》,见胡晓明编:《后五四时代中国思想学术之路》(上、下),第 908 页。

于西方的家庭观念、个人独立所导致的亲情疏淡也有很深的认识。他坚信“一个在家庭生活中浸润过温情的人,可以相信在社会上也是比较讲礼讲道德的人,而且不会对人类社会有太多的仇恨”①。

王元化对传统的思考从1990年到1993年8月为《杜亚泉文选》作序为第一阶段。

在这期间,他对于早期反传统的哲学和思想进行了深入的剖析。尤其是清华园的导师王国维、陈寅恪对于传统思想的认识以及各自的人生态度对于他都有所启发。在《杜亚泉和东西文化论战》一文中,除了反思“五四”激进的思维模式之外,他追随前贤,从传统资源中发掘新旧调和的观点,也就是如何从旧传统中获取中国“现代化的转化”。中国传统伦理道德“三纲五常”是他关注的焦点。

杜亚泉曾有一段话特别提到中国传统中的纲常名教之不可废:“吾人在西洋学说尚未输入之时,读圣贤书,审事物之理,出而论事,则君道若何,臣节若何……而关于名教纲常诸大端,则吾人所以为是者,国人亦以为是,虽有智者不敢以为非也,虽有强者不敢以为非也。”②从杜亚泉到论战对手陈独秀对于这一点似乎都不予否认,甚至海外学者杜威也认为中国的道德主体、和谐意识与西方的认知主体、政治主体有所区别,而这个道德主体延续中国两千多年的结构。

从这些先贤的论述上,王元化看到,他们并非没有认识到传统伦理道德在旧社会中表现的呆板僵硬和它带给人们的黑暗冤抑,这些论述并不是主张开倒车回到从前封建时代,而是通过认识来分疏传统中的合理部分。

王元化关于传统思考的第二阶段可以从1994年10月开始正式对京剧进行传统和现代的研究为起点,对“三纲五常”在现代化中的转化的意

① 胡晓明:《王元化与儒家思想之分合》,见胡晓明编:《后五四时代中国思想学术之路》(上、下),第908页。

② 杜亚泉:《减政主义》,见田建业等编:《杜亚泉文选》,第15页。

义进行了更深一步的思考，他认为民间文化中有关"三纲"的思想，在中国现代社会中仍存在着现实的应用，并对杜维明关于"三纲"必须否定，而"五伦"等可以作为传统资源在现代应用的说法进行商榷。

杜维明1994年杭州会议的发言中，认为要客观地评价"三纲五伦"，"中国儒家的'三纲(君为臣纲，父为子纲，夫为妇纲)'，自宋明之后，重要的思想家，包括朱熹在内，基本上都认为'三纲'是天经地义的。但经过五四之后，现在看来，'三纲'是最没有说服力的了。实际上，'三纲'与'五伦'是有冲突的。'五伦'是双轨：父慈子孝，兄友弟恭，君仁臣忠，夫妇有别，朋友有信。'三纲'则不仅是单轨，而且是权威主义的，家长制的和男性中心主义的。那么，抛弃'三纲'，突出'五伦'，是不是一种现代的转化？我认为应当是奋斗的目标。假如维持'三纲'，不把'三纲'经过'五伦'的彻底转化，儒家传统就变成'吃人的礼教'。从这里也可看出，以前天经地义的现在要被淘汰了"①。

王元化对杜维明的这一观点进行质疑，他在随后的发言中引陈寅恪"三纲六纪"之说，认为"三纲"不能废。1995年1月他应邀去加拿大文化更新研究所开会，得知杜维明也将参会，于是将过去他陆陆续续作的一些有关"三纲"的札记整理出来，交给杜维明，供杜参考，并与杜维明就这个问题谈到深夜。这些札记保存在王元化的《九十年代日记》中，是王元化从1994年之后的日记中摘录的，主要来自《白虎通义》中的有关"三纲五常""五伦六纪"之说。②《白虎通义》属董仲舒一派的谶纬学说，承《春秋繁露》比附的手法，将君臣、父子、夫妇之义与天地星辰、阴阳五行等各种自然现象相比附，用以神化封建秩序和等级制度。董仲舒宣扬"天人合一"之观念，开后来阴阳五行学说之风，其学说一向不为严肃的理学、儒学所采。出于其维护"三纲五常"的伦理所需，其所用方法则是穿凿附会、随欲

① 杜维明：《儒学的核心价值应该在全球文化视野中考量、反思》，见《中国文化国际研讨会论文集》，1994年，杭州。

② 参见王元化：《九十年代日记》，第343—346页。

而定文字训诂之义。王元化在日记中记下大量此类说法，如“《白虎通》中《论六纪之义》称：‘君，群也，群下之所归心也。臣，繵(纏)，坚也’”；又如“父者，矩也。以法度教子也……妇者，服也，以礼屈服也”；其他如释五常、仁义礼智信等来源，随心所欲，均与文字本义相去甚远；又如“人生而应八卦之体，得五气以为常，仁义礼智信也”“仁者，不忍也，施生爱人也。义者，宜也，断决得中也。礼者，履也，履道成文也”云云，这些都并非从文字本义上溯其源，而以音近字代指，以反映释者之主观概念，在经学、小学上一向不用。尤以三纲为最：“子顺父，妻顺夫，臣顺君，何法？法地顺天”(《天地》)，“三纲之义，日为君，月为臣也”(《日月》)，“君有众民，何法？法天有众星也”(《五行》)，“三纲者何谓也？谓君臣、父子、夫妇也……故《含文嘉》曰：‘君为臣纲，父为子纲，夫为妻纲。’……人皆怀五常之性，有亲爱之心，是以纲纪为化，若罗网之有纪纲而万目张也”。将政治与人伦混在一起，并用唯心的宇宙观，讲“天人合一”，以道德人伦附会自然界，沿当世释义之谶纬一派，其中皆主观臆想，不足为证。①王元化尤为重视的是《白虎通义》中有关家的表述：“敬诸父兄，六纪道行，诸舅有义，族人有序，昆弟有亲，师长有尊，朋友有旧”“妇者，服也，以礼屈服也”，并引《仪礼·昏礼》传“夫妇判和也”，他解释说：“夫妇各是半个人，合起来才是整个人。”②

王元化又从贺麟1940年撰写的《五伦观念的新检讨》一文中发现了可资玩味思考的资源，即“五伦”与“三纲”之间的密切关系。“五伦观念的最基本意义为三纲说，五伦观念的最高最后发展也是三纲说。而且五伦观念在中国礼教中权威之大，影响之大，支配道德生活之普遍与深刻，亦以三纲说为最。三纲说实为五伦观念的核心，离开三纲而言五伦，则五伦说只是将人与人的关系方便分为五种。此说注重人生、社会和等差之爱

---

① 杜维明尊重王元化的说法，但并不认同其说，后多次与人对话录中谈及“三纲五常”之说时，常会引王元化之说，聊备一格。

② 以上均见王元化：《九十年代日记》，第343—346页。

的伦理学说，并无传统或正统礼教的权威性与束缚性。儒家本来是与诸子争鸣的一个学派，其进而被崇奉为独尊的中国人的传统礼教，我揣想应起于三纲说正式或成立的时候。”[①]贺麟介绍了“三纲”与“五伦”的关系，“三纲”的起源却是来自法家，是用以集权统治的伦理之说。同时，他也批评了五伦在中国后世社会中的消极作用“偏重五常伦的思想一经信条化、制度化，发生强制作用，便损害了人的自由与独立。而且把这五常的关系看得太狭隘了、太僵死了、太机械了，不惟不能发挥道德政治方面的功能，而且大有损坏于人伦的超社会的种种文化价值”[②]。这是对的。他认为现代社会必须减少五常伦的权威性和偏狭性，从开明自由着手，才能推翻五常观念。既肯定了“五常”在中国人际中的重要性，也提出了要转化这种人伦道德，但对于“三纲”却排除在外。

王元化认为其中有着某种可资进一步思考和佐证他对于这个问题的观点，但他没有率尔为文来阐述现代社会如何来继承传统文化、如何定义传统文化的基本纲领。

直到1990年代后期，他对于传统如何被新时代所吸收的问题没有停止过思考，但是从来没有为文申说。到了他思考传统文化的第三阶段，进入了21世纪，王元化才终于比较系统地提出了中国传统的伦理道德，包括“三纲六纪”都可以作为现代化的转化的论述。他的这一观点在后来特别有争议。

传统资源：具体中的普遍性

2002年10月，王元化与胡晓明谈传统文化在当代的资源，后经过反复修改之后，以“传统资源：具体中的普遍性”为题收入他晚年最后一本新

---

①② 王元化：《九十年代日记》，第346页。

书《清园近作集》中。①从该文中我们了解到晚年王元化思考的有关传统文化如何在现代应用的问题。王元化也用了林毓生先生的"转化"(conversion)一词,但他没有用林毓生"创造性的(creative)转化"概念,而用了"现代化的转化"。"创造性的转化"是林毓生积数十年的研究,提炼出来的一个专门术语,即把中国文化传统中的符号与价值系统加以改造,使经过创造地转化的符号与价值系统,变成有利于变迁的种子,同时在变迁过程中,继续保持文化的认同。有些元素,例如人权、法治、平等、个人等概念,在中国文化传统中是稀缺的,所以必须转化;某些传统质素,在现代生活中已无位置,就应该扬弃之。从王元化用了"现代化的转化"这个术语,我们可以看到王元化对于传统的态度与早前已经有了比较大的转变。现代化,意为在传统的概念中要注入现代的因素。但是现代化有多种质素,如何取舍?这就缺少像"创造性的转化"中梳理、吸收中外因素的内涵。所谓的传统的转化,要在有利的历史条件之下,传统的符号及价值系统经过重新的解释与构建,方能成为有利于变迁的"种子",在变迁的同时方可维持文化的认同。②

王元化认为"在现代化的转化当中,传统本身就有现代的意义在里边。传统文化的某些因素可以开发出来,融入到现代中去,成为普遍意义的因素……。我们要舍弃的只是一种价值独断的世界。各种价值纷呈、对话、交流才是真实的世界"③。这个基本点是正确的,但是传统中的哪些资源可以在现代化中转化运用呢?于是王元化谈到了中国传统中个人权利的思想资源。"我们中国文化中个人的权利问题谈得比较少,是从关系来肯定个人,但在关系里也可以保持一定的个人独立性。三纲五常不是如通常所想象的。三纲一词最早见于法家著作,但一般都以

---

① 王元化晚年出版的书中,有不少均重新编辑而再版。此书收录的均为此前未发表过的文章。

② 参见林毓生:《创造性的转化"再思"与"再认"》,见氏著《中国激进思潮的起源与后果》,联经出版公司 2019 年版,第 50 页。

③ 王元化:《清园近作集》,第 42 页。

为是汉代儒家的发明，其实汉代儒家是法家化的了，所谓‘汉家自有制度，以霸王道杂之’，外儒内法，以吏为师。公孙弘对武帝说过，要用驯服豺狼虎豹的办法去驯服臣民。”[①]他认为中国传统中有独立人格，“中国士人的反抗精神，还是有很多的。其中有像毛泽东所讲的‘骂皇帝’那样的海瑞精神……证明中国的伦理观念，并不是把一定的条件底下所形成的角色固定死”[②]，“比如独立人格（三军可以夺帅，匹夫不可夺志），自我尊严（富贵不能淫，贫贱不能移，威武不能屈），民贵君轻（诛独夫）”[③]等之类就是在上下关系中保持某种独立性，这种独立性所体现的道德理想人格可以转化为现代资源。但是此处忽视了“三纲”是一种政治思想。由于儒家并没有把政治当作独立范畴来思考，将政治伦理和家庭伦理交织在一起，导致了社会制度中的家庭，变成了政治社会的一部分，在这种体制中，可以说个人的独立只是一种理想。

王元化也思考了西方的个人主义，他认为个人主义如果走向极端就成为社会的负担，对于社会会有极其负面的作用。特别是 1995 年 2 月在俄克拉荷马州发生的一件恐怖袭击案，王元化从中看到了极端个人的负面因素。[④]他认为该爆炸案主犯麦克维尔，以极端个人主义来定是非，个人近乎等于上帝。他认为对的就是对的，他认为错的就是错的，那么多人死了，等到他被逮捕判刑，到了自己最后的时候，他只想唱《不屈》，认为没有向被害家属道歉的必要。从此点出发，王元化认定这是一种美国的个人主义走向极端的例子，它会发展到“个人是一个独断的价值源头，只能

① 王元化：《清园近作集》，第 49 页。

② 王元化：《清园近作集》，第 50 页。

③ 王元化：《清园近作集》，第 47 页。

④ 俄克拉荷马城爆炸案发生在 1995 年 4 月 19 日，是一起针对美国俄克拉荷马城市中心艾尔弗雷德·P.默拉联邦大楼发起的本土恐怖主义炸弹袭击。麦克维尔是一位曾参加过海湾战争的退伍军人，仇视联邦政府，认为政府对 1992 年的红宝石山脊事件和 1993 年的韦科惨案处理失当，他把自己的攻击时间定在韦科惨案以多人死亡告终这天的两周年纪念日。他把一辆租来的卡车装满炸药后停在艾尔弗雷德·P.默拉联邦大楼前，然后引爆了炸药。特里·尼科尔斯是麦克维的同谋，他对炸弹的制备进行了协助。

是自己根据自己、自己决定自己,反对有任何别人的批评和别的价值来源,这就有问题了"①。反观中国的儒家思想是把人与人的相处放在一个关系的网络去理解,这就可以纠正个人主义偏执于极端的发展。

在此事件中,王元化认定麦克维尔是个人主义或极端个人主义的表现。确实,美国崇尚个人,讲究每个人的独立。但这种个人主义的最大意义在于个人的独立精神,以及每个人在社会中具有无可侵犯的个人权利。个人主义只是对于崇尚个体精神而所拥有的一种意识形态,但它无法超越社会的制约,也即个人主义的基本原则需要在法治的范围之内活动。也即是在法律制约下的个人或个人主义,只有在这一范围内的活动方可伸张其个人精神,但如超越了法治规定的范围,那就突破了个人的极限,进入到法治的范围中,此时便与个人主义脱钩。在一个法治国家,每个人都会对自己的个体负责,超越了界限,其性质也就起变化。麦克维尔在他用炸弹袭击联邦大楼、企图炸死联邦人员时,就进入犯罪的界限。此时不能说他是个人主义,而是社会的敌人。如果要求麦克维尔向被害人道歉,在此时已经没有任何意义了。道歉是个外来语的翻译,其概念源于希腊语απολογία,即 apologia,是人类社会的一种社交礼仪,也是公共社会中的软化剂。"道歉"这个词流传到中国现代社会中虽然意味着承认犯错,但在西方的礼仪中并不一定是犯错,甚至在影响他人心情时,也应该向他人致歉。这与犯法之后在法庭上审理的认罪 plead guilty 是性质完全不同的。当然麦克维尔作案还有一层宗教信仰的因素,不过这已经是另外一个问题了。

另外,支撑王元化的此一观点是陈寅恪的《王观堂先生挽词并序》。从 1994 年撰写《杜亚泉与东西文化问题论战》一文,王元化就将陈寅恪作为赞同"三纲"在当代不可偏废的论点支柱。后世学者讨论"三纲六纪"在中国文化中的地位以及如何为现代所用或转化的文章也常常源于此文。

---

① 王元化:《清园近作集》,第 47 页。

有的学者认为是王元化误解了陈的观点①；有的学者则认为他并没有系统地研究自由主义，而是以其自身的经验和常识进行评判。②

陈寅恪论“三纲六纪”

陈寅恪的原文如下：

> 或问观堂先生所以死之故。应之曰：近人有东西文化之说，其区域划分之当否，固不必论，即所谓异同优劣，亦姑不具言；然而可得一假定之义焉。其义曰：凡一种文化值衰落之时，为此文化所化之人，必感苦痛，其表现此文化之程量愈宏，则其受之苦痛愈甚；迨既达极深之度，殆非出于自杀无以求一己之心安而义尽也。吾中国文化之定义，具于白虎通三纲六纪之说，其意义为抽象理想最高之境，犹希腊柏拉图之所谓 Idea 者。若以君臣之纲言之，君为李煜亦期之以刘秀；以朋友之纪言之，友为郦寄亦待之以鲍叔。其所殉之道，与所成之仁，均为抽象理想之通性，而非具体之一人一事。夫纲纪本理想抽象之物，然不能不有所依托，以为具体表现之用；其所依托以表现者，实为有形之社会制度，而经济制度尤其重要者。故所依托者不变易，则依托者亦得因以保存。吾国古来亦尝有悖三纲违六纪无父无君之说，如释迦牟尼外来之教者矣，然佛教流传播衍盛昌于中土，而中土历世遗留纲纪之说，曾不因之以动摇者，其说所依托之社会经济制度未尝根本变迁，故犹能借之以为寄命之地也。近数十年来，自道光之

---

① 批评者有林毓生、袁伟时、林贤治、李慎之、李泽厚等人。林毓生先生认为将儒家的“三纲”列为传统资源加以现代化，是与王元化的自由主义思想相矛盾的；袁伟时认为王元化误解陈寅恪这段话的意思。

② 金观涛认为王元化属于常识具体主义，即从个人的具体体验并依据常识对一些问题作出的分析。

季，迄乎今日，社会经济之制度，以外族之侵迫，致剧疾之变迁；纲纪之说，无所凭依，不待外来学说之掊击，而已销沉沦丧于不知觉之间；虽有人焉，强聒而力持，亦终归于不可救疗之局。盖今日之赤县神州值数千年未有之钜劫奇变；劫尽变穷，则此文化精神所凝聚之人，安得不与之共命而同尽，此观堂先生所以不得不死，遂为天下后世所极哀而深惜者也。至于流俗恩怨荣辱委琐龌龊之说，皆不足置辨，故亦不之及云。①

陈寅恪分析王国维投湖自尽之原委，道尽中国士大夫与其所寄命之意识形态之关系。其中最关键的表述为“三纲六纪”的性质，实为一种传统制度下士大夫的崇高理想，其伦理所及，深植于士大夫之内心。陈寅恪进一步认为这种理想必须要依托一定的社会政治和经济制度而生存。王国维赖以生存的根基即千年传承并浸染其中的君主制度，故在新旧制度交替之际，也就是在这个轰毁传统纲纪社会的大变故来临之际，其内心无法忍受无父无君的惑乱社会。不仅王国维如此，他如梁漱溟的父亲梁巨川之死也与此有关。那就是“普遍王权之崩溃所导致的社会、政治秩序之解体，不可避免地破坏了传统的文化、道德秩序。于是，对激进的中国知识分子而言，传统文化与道德中的每一部分都已失去了可靠性”②。新的社会结构和经济基础产生的是新的意识形态，因此在新的形态出现后，再用旧制度的“三纲六纪”作为社会制度之依凭，将成为社会发展的阻力。因此陈寅恪认为自清末道光以来的数十年中，由于社会经济制度遭到外族侵略而变迁，“三纲六纪”说逐渐失去赖以依托的制度，已经销沉、沦丧于不知不觉之间了，虽有人极力挽救，也无法改变其不可救药之地——如此导致了王国维的绝望。

---

① 陈寅恪：《王观堂先生挽词并序》，载《国学论丛》1928 年第一卷第三期。

② 林毓生：《中国传统的创造性转化》，第 256 页。

可见，陈寅恪并没有将“三纲六纪”作为现代中国的精神制度资源，而只是一种过去式的存在。现代社会的上下级关系和其他人际关系，人格上是完全平等的，在法律的地位上也是平等的，与“三纲”的依附和服从格格不入。“三纲六纪”确实是像陈寅恪讲的，是无可救药的。这一个观点也就是文化人类学中关于社会制度与意识形态之间的对应关系的理论。游历西方各国的陈寅恪必了解此种关系，在世界范围内也如此，现代文化人类学中有很多这样的实例。如，美洲印第安人早于现代文明千年已经生活在北美大陆，形成了一套游猎民族的经济制度，即酋长制统治之下的一夫多妻制，男女分工明确，战争、狩猎由男人承担，女人负责子女的抚养和种植，最高权力归于酋长。他们也有固定的教育者，传承印第安人的文字。这种早期原生态的文化由于哥伦布发现新大陆后由欧洲殖民者来到美洲开发之后全部崩溃。战争之后，美洲殖民者通过设立保留区，允许印第安人按照自己的方式生活，愿意融入主流社会者给予受教育、工作的福利。禁不住现代生活的诱惑，年轻的印第安人纷纷走出保留区。现仅存的印第安人部落只是名义上的，他们成为美国社会的一部分，原有的部落文化逐渐丧失，现存的一些部落也成为旅游观光者或设立旅游景点、赌场（联邦政府允许印第安人在他们的保留区中设立赌场）、酒店等，完全颠覆了早期印第安人的社会形态。而所谓的酋长制、一夫多妻、尚武尚猎等均随之而瓦解，成为现代美国的一部分。另一个案例则是美国东部宾州等地的阿米什人（Amish）的生活方式和文化。这个独特的由宗教信仰而自成一个社会的族群，拒绝接受现代文明的同化，保持原始的宗教信仰、社会制度、经济生活和家庭。大约现在有 20 万左右的阿米什人，以社区的形式居住在一起。社区内重视原宗教信仰、和平、家族、团契，与这个世界的价值观念分裂。阿米什人禁用暴力，不当兵，不参政。在这社会里，团体精神比个人主义、协同比竞争、灵性比物质更有价值。家庭是社会经济形态的重要组成部分，崇尚多生育，每个家庭平均有 7 个孩子；不接受美国政府的学校教育，自办小学、中学，传承阿米什文化，中学毕业即回家务农，拒绝现代文明例如电、汽车及其他科技。这个群落得以保持缘于对“骄傲”的恐惧和对“谦卑”的推崇，不过度表达自我主张。社会政治和经济形态没有变化，他们的传统得以代代相传下去，人口具有增长的趋势。这与美洲印第安人部落接受美国文化之后的案例截然相反。

这种“传统伦理中的抽象最高之境”，依凭着社会制度和经济制度而生存。一旦社会经济变化，这种传统伦理之抽象最高之境也将彻底变化。

在中西文化比较中，王元化始终认为从宏观的角度来看，不能将西方的制度、观念、理论照搬到中国，所以要花点力气去做古典文献的挖掘、整理。他特别提到了中国传统的选官制度、考试制度，其中有可以利用的资源。中国古代从先秦开始，在选官的理念上，就有着“选贤与能”，为了选拔贤才，很早的时候就完善了一套制度，将教育、实习、选举、考试几方面结合起来。西周的选士、汉代的察举、隋唐的考试，都是在选官制度上往客观化、公正化、理性化的路上走。甚至他也赞成这种看法：西方的文官制度是从中国学过去的（邓嗣禹）①。他认为历史上都是在制度背后尚贤举能的，只有法家不尚贤。“在国家有灾难危机的时候，皇帝要下罪己诏，要举贤、找出好的人来。好的人就是能‘称君之恶’，不然光说好的话，或都只是听话，怎么可以真的做事呢？现在干部的选拔我看仍然存在很大的问题。对我忠，称我意，我就把你提拔上来，中国现实的弊端多生在此。”②

王元化认为，要开发中国传统的资源，要吸取传统中优秀的成分，如中国伦理方面的概念，如忠恕、仁爱，这些都是讲人与人之间怎么在社会里和谐相处，“可以把忠孝的价值开发出来，将它的好的方面引申出来，作一个现代性的转化”③。关于儒家传统中的“三纲五常”，都不是如通常所想象的，实际上可以为我所用。中国文化中讲到的“人”，都在关系网络、

---

① 参见王元化：《清园近作集》，第 53 页。

② 王元化：《清园近作集》，第 54 页。

③ 王元化：《清园近作集》，第 49 页。

道义网络里讲人和人之间的态度、道德、操守等。当情况有所改变时，可以有另一种态度出现。例如孟子讲的“诛独夫”、君命可以“革”、情操亮节等，而不是要人们在关系网络里做奴隶。王元化认为，不能够从僵化的角度来理解“忠恕”。因为，忠恕在中国，如仁爱、爱人，都是讲的关系网络，人与人怎么在社会里边存在。我们之间应该产生一个什么关系，是一种现世的真实性，这都是通过在互相的关系上来考虑。固然，愚忠愚孝不对，因为那时是没有自主性原则的。但可以把忠孝的价值开发出来，将它的好的方面引申出来，作一个现代化的转化。他还认为，我们中国文化中个人的权利问题谈得比较少，是从关系来肯定个人，但在关系里也可以保持一定的个人独立性。中国传统是不要过于作个人的意志的伸张。个人的价值判断，要考虑对方，是相对的，故而夫对妻，父对子，都要有一个相对的格局。这些问题王元化越到晚年思考得越多，当然他也认为自己这些看法还需要研究、补充甚至颠覆，因此他没有写成论文发表，只是与学生谈话或在日记中提及。我们姑且将此作为王元化晚年未及完成的课题吧。

有限理性与21世纪知识分子使命①

如何对自己90年代的反思作一个理论上的总结？作为自己一生中最重要的思想理论成果，在21世纪伊始，王元化就进行了长时间的探索，并对1998年的表述进行了补充和修订。人一过80，可以真正做到随心所欲不逾矩，可以放开任何思想包袱，较为彻底地探讨了这个问题。此时的王元化思想中，不管是马恩列斯，不管是黑格尔、卢梭，也不管是毛泽东、鲁迅，他都要放在理性的天平上重新思考。

王元化进一步综合思考在关于“五四”以来的思维模式、在国家学说

---

① 此为《王元化集》第十卷第九章的标题。王元化在《传略》后写了一句话“本传略第一至第八章由胡晓明撰写，收入本卷时经作者修订”。《传略》的第九章和第十章由王元化本人撰写。

的论述中所总结的人民与领袖的关系，发现一旦过分强调理性，到了最后理性一词就会被滥用，导致独断论、一元化、偏激的意识系统，以致夸大理想的神圣性，将民众为了这一理想而集中在一个口号之下，其结果将会成为一场灾难。进而他把这种思想方式称之为“意识形态化的启蒙心态”或“扭曲的启蒙心态”。这种心态的出发点是高度强调人的力量，忽视客观存在的规律，结果反而是对自由的侵害。他认为，理性精神和人的力量，曾经使人类走出了黑暗的中世纪，但是一旦把它神化，过于迷信这种力量，自以为掌握了终极真理，他就会以真理的名义，将反对自己和与自己有分歧的人，当作异端，不是去加以改造，就是把他消灭掉。于是人性改造工程、灵魂爆发革命就成为当然和必然。王元化的这种思考，与西方哲学家有着惊人的相似之处，尽管他没有去研究过伯林、哈耶克的思想，他只是从中国近代思想中得到的范本，并通过自己的思考而得出了这些具有世界普遍意义的命题。

王元化郑重地提出了“有限理性和 21 世纪知识分子”这个命题，当前中国的现状，一方面是旧的转型还没有完成，另一方面是新的危机正在加深。坚持自由理念，就要面临两种环境的压力，一是在政治与体制的权力之外，如何争取更多独立的空间，一是在新的权势如市场即商品利益、大众舆论之外，不受其影响，仍保持思想自由的精神。这才能成为真正的独立的知识分子。

他总结道：“二十世纪中国的思想灾难及其原因”，“根本上是狭隘的理性观对人的自由的侵害”。[①]王元化认为：“探求真理的态度，仍然是一种执著虔敬诚实的热忱，是人文知识者的一种高尚的气质。一方面，对知识和文化的信念，对真理和道义的担当，对人的自由命运的关心，永远都是人文知识分子的尊严所在，没有这些东西就没有人文的意义。另一方面，这些信念和追求并不是一些光秃秃的冲动与形式化的口号，

① 王元化：《王元化集》（第十卷），第 95 页。

而是有内容的、考虑后果的、负责任的。总之，既有积极的理性精神，又对理性的限度和责任有真实了解的知识人，才是二十一世纪真正有力量的知识人。"①这段话，对于理解王元化与其他相类似有担当的思想者的区别是很有启迪的。

不倦的思想者

在王元化自己撰写的《传略》第十章中，他认为自己还有着许多课题没有完成，或者只是开了一个头，希望后来者继续进行下去。比较重要的观点与工作有：

(1) 以西学为参照，不以西学为标准

关于文化冲突与融合，他提出的一些重要原则，极具影响力。他认为中西思想传统，同具人类理性认识的某些普遍性价值。中西文化精神对于人文价值、人的尊严的追求，是有某些可以相通的地方的。不能因为要突出中国特色，就可以轻视或勾销普遍性的价值；也不能因为要引进西方观念，就承认只有西方观念才具有普遍性价值。另一方面又认为，中国的学问有其自身的特点，不能以西学为标准。

1990年代以来，王元化就提出中国传统思想的某些因素，可以重新开发出来，作为现代化价值的资源。比如道德思想、社会和谐思想、修身文化、选官制度及文化，以及家庭价值等，应当可以用来补正现代性的某些盲点。作为现代性价值不完全排斥传统价值的一个例证，他特别以较大篇幅讨论了近代学者朱一新的思想，也在有些场合提出要舍弃西方现代性价值独断的倾向。这都是有着很大的阐释空间的重要思想。王元化认为在引进西方思想的做法、态度上，存在着一种简单的空洞化的移植，而正确的态度，除了深入细致的学理之外，还应当有自己文化资源的准

---

① 王元化：《王元化集》(第十卷)，第96页。

备。中国现代思想史上，只有民族形式，才可以合法地讲，以致一讲到现代转换，只是西方的才有意思，对很多人来说，传统就只是一个空空洞洞的形式而已。

(2) 有学术的思想、有思想的学术

1990 年代，王元化针对有人提出“思想淡出，学术突出”，将学术与思想对立起来的特定环境，坚持倡导“有学术的思想、有思想的学术”。学术界长期的一个悖论是：要么就是只承认为政治而学术，学术沦为工具、为婢女；要么就是只信奉为学术而学术，学术成为准贵族式的智力游戏或另一种工具——吃饭的工具。其实学术作为人类追求真与美的心灵活动，在心灵根源之地，学术与思想与政治与道德，源源相通。王元化反对“一知半解，率尔运用”，无论中西学术，都主张从容讲论、冷静评估、再三衡论，这正是学术自身价值得到尊重的体现。“有学术的思想，有思想的学术”既不是简单地标榜为学术而学术，更不是反对学术有思想关怀，而是对于 1980 年代浮躁学风的拨正纠偏，有利于中国学术自身的尊严与发展。自 1990 年代以还，这已经成为很多学术刊物、学人与学术共同体所认同的思想立场。有思想的学术，最重要的是要有“独立精神、自由思想”。1990 年代初以来，他在学术界率先表彰独立、自由之精神、人格，特为提倡研究近现代如陈寅恪、胡适、杜亚泉、熊十力等人，特别是他们身上体现出来的中西知识分子精英人物共同可贵的传统。

(3) 个案：辩儒法“纲纪”之说

“文革”结束前，王元化撰《韩非论稿》，说到最早提出“三纲”的是法家而不是儒家。后来，在 1998 年《对于五四的再认识答问》一文中再次提出：“作为封建伦理观念集中表现的三纲，不是儒家，而是法家所提出来的”①。2005 年底，因为谈京剧的伍子胥，再次引起王元化对这个问题的兴趣。他重新发现了《韩非子・忠孝篇》里，有一句十分值得注

---

① 王元化：《王元化集》(第十卷)，第 99 页。

意的话，即韩非对孔子的批判："本未知孝悌忠顺之道。""韩非为什么要这样说呢？就因为他认为任何君王的权力，哪怕是昏主暴君，也绝对不容动摇和更易。孔孟赞美尧舜，称颂汤武，在韩非看来都是不合他所谓的'臣事君'之道的。尧舜禅位，是君臣地位颠倒；汤武鼎革，更有大逆不道。"① 王元化说，这是"三纲"之说为法家韩非提出来的明证。

尽管法家杂用霸王道，然而儒法两家在思想合抱之中也仍存区别。《白虎通义》并不像韩非那样采取绝对君主本位、君主专制的立场；又尽管班固曾批评屈原"依彭咸之遗则，从子胥以自适"为不合经义，而是一种狷狭之志，但太史公、王逸、淮南诸家，仍把子胥、屈原视为合于儒家道德理想的伟大人物看待。

王元化以《清园谈话录》为专栏，仅 2006 年，就写了 10 多篇文章，《辩儒法》是其中的一篇。一位 80 多岁的老人，依然在思想的路途中，不停跋涉。

上海古籍出版社出版了《思辨录》，这是王元化在 1994 年获国家图书奖的《思辨随笔》的基础上，又增入 150 余则新作的结集。2006 年，王元化因这本书，获上海市颁发的"学术贡献奖"。他的获奖感言是：

> 我已到了垂暮之年，对身外之物已经没有什么要求了。但我是一个用笔工作的人，我最向往的就是尽一个中国知识分子的责任，留下一点不媚时、不曲学阿世而对人有益的东西。我也愿意在任何环境下，都能够做到：不降志，不辱身，不追赶时髦，也不回避危险。②

张可去世

2006 年 1 月，人民文学出版社出版了王元化的随笔集《人物·书

① 王元化：《王元化集》（第十卷），第 99 页。
② 王元化：《王元化集》（第十卷），第 100 页。

话·纪事》,收进了从青年时代到21世纪所写的随笔。

当年8月6日上午9点25分,张可在上海逝世,享年87年。虽然张可已经卧床多年,神志不清,无法在垂危之际与王元化相对而视,沟通心曲。但王元化在精神上始终把张可作为他生活的重要部分。如今,相识相伴60多年的知音、妻子离他而去,王元化的心中充满了哀痛。他回顾了张可的一生:"张可心里似乎不懂得恨。我没有一次看见过她以疾言厉色的态度待人,也没有一次听见过她用强烈的字眼说话,总是那样温良、谦和、宽厚。从反胡风到她得病前的二三十年漫长岁月里,我的坎坷命运给她带来无穷伤害,她都默默地忍受了。人受过屈辱后会变得敏感,对于任何一个不易察觉的埋怨眼神,一种稍稍表示不满的脸色,都会感应到。但她始终没有这种情绪的流露。这不是任何因丈夫牵连而遭受磨难的妻子都能做到的,因为她无法依靠思想和意志的力量来强制自然迸发的感情,只有听凭善良天性的指引才能臻于这种超凡绝尘之境。"①

王元化亲自为张可逝世撰写讣告打动了亲朋好友。"我的妻子、知音、伴侣张可,于8月6日上午9点25分永远离开我们了。她因骨折、失语、吞咽功能的丧失,躺在床榻上,度过了一年多。虽然在这以前医生就已多次宣告她病危、已无生存希望,可是她一次一次闯过了死亡关口。她被病痛折磨得十分孱弱衰竭的躯体,若有神助。她的生命力如此顽强,显示了不同寻常的力量。是不是因为她知道我们不愿她离去?"

2006年8月12日上午,张可的追思会以基督教仪式在衡山路国际礼拜堂举行。特选取《东方早报》的报道来还原现场:"人生的得意或失意,荣华或屈辱,她似乎一直安静地面对——数十年来,她独立于所有能使她变脏的一切,成为一个人格优美的莎士比亚专家。她永远那么安详、平静,年轻时一身淡蓝色竹布旗袍,简洁而素净,七十多岁时见人还是很害羞地笑,像十多岁的少女一样纯真——许多年来,她不能读也不能写,

---

① 王元化:《王元化集》(第十卷),第101页。

只是端坐或是躺卧着，静默中悄然散发着一种清凉的古典气息……她在前些天永远地走了——她的名字是张可，她的爱人、学者王元化和上海文化界人士昨天平静地送别了她。

“昨天上午十点，在安详的音乐声中，上海戏剧学院教授、莎士比亚研究专家、著名学者王元化先生的夫人张可女士的追思会在上海衡山路国际礼拜堂举行。王元化与张可的生前好友及各自学生等近两百名亲朋好友以一种平静的爱送别张可。牧师的祷告对86岁高龄的王元化稍显得有一些长，但他精神的坚忍最终战胜体力的不支，凝现给爱人最后一份庄严的神情——这份庄严是宗教性的，也许在他心中，刚刚离去的妻子也是他仰赖一生的宗教。”①

最后落笔的文字

2007年，王元化花了两年多的时间，亲自审定了《王元化集》的出版前期工作。就像他多次说明过的，他希望把自己的思考和研究作为一个定本来出版，这个“定本”的意思是，他的思想有着前后期的变化，尤其是1990年代的反思，对同一个问题可能出现相反的表述。他想留给后人一个完成时态的定本。在全集收入的文章中，都不惜作了一些修订。

做最后的编辑工作，王元化的心情是喜忧参半的，他一方面为自己大半生的理论研究工作成果有了定本的结集而感到欣喜；另一方面，他很多的思想文化学术方面的思考，没有来得及完成，有的还刚刚起步。虽然十卷本的《王元化集》是他一生思想的定本，但他还是希望能够将这部书中最重要的思想理论方面内容，用“削繁”的办法，出一个有分量的简本，以体现他最重要的思考。在王元化一生的研究中，有两个重要的研究是他最为看重的。一是关于《文心雕龙》的研究，一是1990年代反思后的研究

① 《她代表了一个时代的完美》，载《东方早报》2006年8月13日。

文字。《文心雕龙创作论》，这部奠定了王元化在中国古代文论研究的扛鼎之作，到了1990年代的反思之后，他认识到其中存在的问题还是根本的认识论问题。虽然他曾经通过增、删、改、补等方式来进行完善和充实，并出版了《文心雕龙讲疏》《读文心雕龙》等不同的版本，但由于其秉承着唯物主义和唯心主义的两条斗争路线的世界观和立场，来研究古代文论和人物，以其1990年代之后的思想来看，需要进行脱胎换骨式的大改动，但是他已经没有精力和时间来进行这样的巨大工程。

另外一项他最看重的是思想研究的文字，对此他进行了精选，这就是后来成书的《沉思与反思》一书，王元化并为此写了一篇《小引》，这是他最后落笔的文字。写完此序后不久，他就最后一次被送进医院，直至去世。

在这篇写于2007年4月25日的《小引》中，他声明，没有选入这本集子中的文字并非是该否定的东西。“其中有些虽然和我今天的看法有差殊，但当年写它们的时候，我也是凭着自己的信念，真诚地去写的。但因为那时所信守的、自以为出自真挚的东西，其时都是受着某些根深蒂固的观念的拘囿……当我摆脱了自己身上那些既定观念，才对一些问题作出了新的认识和新的评价。”①

他斟酌遣词用语，总结了自己从1938年开始写作，到后来的思想理论研究成果，重新审视了从1988年写《为五四精神一辩》到晚年的反思经历的思想变化，在方法论上对当代的思想界作出了最后的评论。我们可以将其视作是王元化给这个世界绝笔之作。因为从此之后，他再也没有动笔写过成篇的文章，只有两次比较重要的谈话。一次是2007年7月中，与弟子进行的两个多星期的谈话；另一次是2008年1月18日，在癌症病情非常恶化，说话都很困难的情况下，与林毓生进行的谈话。

王元化《沉思与反思》一书赠送给他晚年的至交林毓生，林毓生读了该书的《小引》，立即去信称此文“很有分量，假如您的读者里面年轻

---

① 王元化：《沉思与反思·小引》，第1页。

人能好好看的话，应该对他们有点震动。印得也很好。希望在国内能引起注意”①。

《沉思与反思》中收录的是王元化最看重的文章，他称其是“思想比较成熟的文字”。收入文章共计五大类：关于“五四”的评价；关于《新青年》与《东方杂志》的论战；关于卢梭与集体主义的探讨；1990 年代初撰写的有关文史考证文字六篇；隔离审查期间所撰《韩非论》《龚自珍论》两论。

关于后两部分文章，在学术界没有异议，但是前三类文章，刚发表时，都与时行的不容反驳的信念相异，遭到很多人甚至是老朋友的质疑。王元化称这些信念是积年累月所形成的既定观念。“它深入人的思想，化为人的血肉；是观点、是立场、也是思维方式。一旦碰到和它相异的东西，人们自然就会血脉贲张，为它申辩、为它呼喊。”②他再一次地反思了自己当年的情况：“一九八八年我写的《为五四一辩》，就是自觉或不自觉按照长期存在头脑里的既定观念，去对待那些持异见者的。经过十多年的反思，我的看法改变了。一九九九年我写了《对于五四的再认识答客问》，就是我在反思中对我过去一些看法的剖析和论述。我提出五四的反传统、激进态度、庸俗进化论、意图伦理等这些被我长期当作不容置疑的信念，其实是偏颇的。自然这也就使我成了和因袭的既定观念格格不入的持异见者。正像我过去用既定观念去批评别人一样，现在别人也以同样的既定观念来批判我。”③

王元化对这些批判感到惋惜的是，这些批判采用了更加意气用事的态度和方式。这些人有两种，一种是没有深入研究，只是凭借着臆测来下结论，另一部分人则干脆只是反对，没有从理论上、逻辑上来反驳，形成一种讨论的气氛，这使他感到悲哀。虽然如此，王元化并不因此而沮丧，在多次政治运动中受过诬枉的他，不怕不被理解，也不怕孤立。“唯

① 王元化、林毓生：《王元化、林毓生谈话录》(上)，载《文汇报》2008 年 3 月 30 日。

②③ 王元化：《沉思与反思·小引》，第 2 页。

一企盼的是把自己历尽艰辛所获得的那点真知与人共享；纵使这也许要等待很久，纵使在我生前也仍然是不被理解，我也是心甘的，因为我相信未来。”①

他为思想而来，又为思想而去。他是一个精神的存在。陪伴他最后岁月的蓝云说：当最后的一个月在跟他在一起的时候，癌症已经侵入到他的肺部，每天咳血。虽然他意识到自己的生命无多，但他无所抱怨，只是为了这段时间无法进行他所喜爱的思想研究工作而憾。他说：“我是一个唯精神主义者，现在由一个精神人变成一个生物人，这个世界已别无所恋。”②

最后的日子

在2007年被查出患有肺癌之后，王元化的生命即处于倒计时。为了让他平静地度过最后的日子，负责治疗的瑞金医院沈医生和周围的亲人、好友没有将这一病情告诉他。他像往常一样地生活着。虽然眼睛已经失去了往常的视力——一目已眇，另一目也只有微弱的视力，看书阅信十分吃力，回信作文都要口述，由蓝云笔录。

思想家的大脑是身体中最重要的器官，一个有毅力的思想者，其大脑将随着时间永恒。病魔能够摧残王元化的肉体，但无法摧毁他的思想。在最后一年中，王元化并没有被病魔击倒，他还是像往常那样，该读书的时候就读书，该整理稿子的时候就整理稿子。

但是，人生苦短，告别这个“不再令人着迷的世界”的日子总是无可避免地要到来。当学生友朋知道王元化来日无多之后，除了感情上的悲痛之外，考虑的是如何让王元化在最后时刻留下他宝贵的思考。

---

① 王元化：《沉思与反思·小引》，第2页。

② 兰云：《如父、如师、如友，岁月悠悠忆元化先生》，见叶祝弟主编：《一个人的四十年：共和国学人回忆录》，生活·读书·新知三联书店2019年版。

一直陪伴在王元化生命最后日子的蓝云开始撰写搁笔已久的日记，来访的学生、朋友尽可能地跟王元化交谈，话题总是转向王元化思考着的政治、文学、艺术、京剧等有意义的话题；也有人开始为撰写王元化的传记做准备，通过与王元化的对话来深入他的内心。王元化喜欢谈话，从年轻的时候就在客厅的谈话中，无所顾忌地发表各种看法，内容包括学术、思想、时政、掌故、生活、戏剧等，当然最重要的是他对于自己研究内容的新的阐述和发挥。

在最后的一年中，有三份真实的记录比较重要，以时间为序分别是吴琦幸《王元化晚年谈话录》(2007 年 7 月 2 日—2008 年 1 月 14 日)①、蓝云《日记最后一年的元化先生》(2007 年 9 月 26 日—2008 年 5 月 9 日)②、《王元化、林毓生谈话录》(2008 年 1 月 18—19 日)③。

今择其要者，按时间顺序，述其精华于下：

(1) 与学生吴琦幸进行了前后半个多月的谈话，从 2007 年 7 月 5 日始全程录音。鉴于双方都知道这是准备发表的谈话录，王元化每天晚上都预先做了第二天谈话的准备。因此在与吴的谈话中，每次都以一个话题为中心，分别谈了关于当年被打成胡风集团分子的内幕、第三次反思的要点、关于他的五位老师、传统文化的继承、学术风气将影响时代风气等。

关于胡风

当年的王元化曾经为了不承认胡风是反革命而为此背负沉重的压力，对于这件事，直到晚年，王元化从不言悔。但如果从个人关系上来讲，他并不认同胡风的很多做法和思想，胡风的宗派思想非常厉害，这种宗派思想正是胡风小集团的风格。而那时，王元化并不是这个小集团中的人，但也确实与胡风保持着一定的关系。

---

① 吴琦幸：《王元化晚年谈话录》。

② 蓝云：《日记最后一年的元化先生》，载《世纪》2019 年第 6 期；又见兰云：《日记——王元化的最后一年》，载《点滴》2019 年第 2 期。

③ 王元化、林毓生：《王元化、林毓生谈话录》(上)，载《文汇报》2008 年 3 月 30 日。

王元化被隔离审查搞了半年，党组织认为王对敌斗争是好的，受过表扬的，为什么在胡风这个问题上没有站出来。王元化只好说胡风思想是反动的，反马克思的，但是从组织上没有办法说他是反革命。①

第三次反思的核心

王元化自己认定的第三次反思，从反思激进思潮作起点，以“五四”为中心，折射出下列几种不同的路径，即：(1)王元化受托为《杜亚泉文选》写序而阅读从 1919 年《新青年》与《东方杂志》开始的中西文化问题论战中一些不为主流认可的材料，提出了“五四”的四种思维模式，后修正为“五四的一些缺陷”（如意图伦理、功利主义、激进情绪、庸俗进化观点等）；(2)对卢梭《社会契约论》中的国家学说的反思，发现卢梭的“公意”与黑格尔的“普遍性”的相同性，认识到这种抽去了个体性（即私意）的学说以及用在国家学说中的危险性；(3)对于个人力量、理性的力量获得新的认识，即对“人和理性的力量是扫除一切迷妄的无坚不摧之力”有了怀疑。

在这次谈话中，王元化集中谈了他的第三次反思，其要点直接归纳为起源于受启蒙思想的影响。这种传自欧洲的启蒙思想后来形成一种倾向，那就是认定理性的力量可以无远弗届，但是过分相信人的力量，就会缺乏一种怀疑精神。他引用恩格斯的《自然辩证法导言》里面批评了“不可知论”。他认为人的认识当然是相对的，在无穷世界里继续下去就可以继续接近真理，他有这种信念，所以对怀疑主义的思想是否定的。这也是王元化以前深信不疑的。而他的第三次反思，最终归结到人的认识，人的力量，人的理性的力量是有限的这一哲学高度。

他承认，这种思想到了 90 年代初他还坚持，但是接触到近代的量子力学理论中测不定原理，他开始怀疑了，宇宙里面不是那样有规律的，人类无法穷尽一切。王元化上的思考从启蒙更进一步，认为要有一种怀疑精神，在认识论上提出要像苏格拉底所说的“我知我之不知”，他也引用传

① 具体论述参见吴琦幸：《王元化晚年谈话录》，第 50—55 页。

统资源中的孔子"知之为知之，不知为不知，是知也"说，认为今天在理论上要有怀疑精神，而不能持独断论。而今天，这个时代的人往往缺乏这种东西。他有一段话非常深刻，即"人类的认识领域是极其狭窄的，任何一个东西的微观是无穷的，你只是认识某一个小部分，再深入下去，你就不会认识。在宇宙里面你不过是小小的地球，(在这上面)你认识了一些知识。但是离开了地球，你的物理学、化学不一定都有用。人的认识是一种真实的反映论吗？我怀疑。我觉得人类认识，不是一个绝对的东西，这是我的最根本的一个命题。所以我觉得这个启蒙学派，把他认识到的就认为是一个绝对真理，他认为就是他掌握了。他一旦掌握了绝对真理，就非常大胆和独断，因为不是为了个人的一个东西，而是为了真理。这是我的第三次反思的核心"①。

王元化的五位老师

王元化认为在他的五位老师(汪公严、韦卓民、任铭善、熊十力、郭绍虞)中，最对不起的是任铭善先生。那时候他很年轻，还参加了地下党，没有好好地向他求学；任铭善觉得他自由散漫，不好好读书。

王元化认为自己当年跟熊十力求学有点功利性，因《文心雕龙》里面有不少内容涉及佛学，于是就请他讲授有关佛学的内容。

韦卓民是黑格尔研究的专家。他鼓励王元化好好学数理逻辑，不过王元化自承并没有好好读，也可以说无法分身学这些研究哲学的基本功。后来韦卓民让他读康德，王元化自承也没有完全读好，只是随便看看。但是他自认对黑格尔是真懂了。

向郭绍虞先生求学时，是在戴上"胡风反革命分子"帽子，被处理到文学研究所资料室的 1960 年代。他写的《文心雕龙柬释》初稿就经过郭绍虞的审阅，还给他写信鼓励，帮助他筹划如何将这些文字发表。郭绍虞鼓励和支持他搞《文心雕龙》的研究。新中国成立之初，王元化到复旦大学

① 吴琦幸:《王元化晚年谈话录》，第 63—64 页。

兼课，也是郭绍虞推荐。王元化认为他是具有传统风骨的知识分子，也是有着传统道德的温厚长者。

五位老师中，汪公严对他的帮助最大，跟着他真正读了一点东西，而且都是精读。如《文选》《离骚》《文心雕龙》，为后来的钻研《文心雕龙》打下了基础。到了1990年代王元化还用当时汪公严讲的有关《文赋》的内容写论文。例如“虽离方而遁圆，期穷形而尽相”。

学术风气影响时代风气

1990年代中，王元化创办《学术集林》刊物，提倡“有学术的思想和有思想的学术”，特别重视传统学术。他说，陈澧在中国近代史不太被人知道，但是他对乾嘉以后的学风影响很大；钱穆的《中国近三百年学术史》中专门对陈澧有论述，陈澧抨击乾嘉后期的学风，提倡治学不立门户，调和汉宋。这是了不起的见解。但是陈澧和朱一新的著作新中国成立之后长期没有重视，直到1990年代才重新排印。王元化认为我们近代的思想史，有一个偏差的地方，着重在政治，着重在维新改革这个方面，对于整个学术的脉络就没有理清楚，比方张之洞、李鸿章，戊戌变法的一些人，包括严复后来的《天演论》，都是这样的一批人。他提出了清代学术思想脉络说，说对这个学术思想脉络要花功夫研究。里边一个比较重要的人物就是陈澧，陈兰甫；还有朱鼎甫，朱一新。但是关于他们两个人的书，从民国以来却没有印过，都是木刻的版本。

他谈到很多人研究思想史的一个现象，就是很少提学术的脉络。例如乾嘉学派之后到了清末民初忽而转向，不讲汉学，而以宋学为主，不是以古文为主，而是以今文为主。又如顾颉刚等到中山大学讲课，都是讲今文学的东西。这个潮流为什么会有变化呢，不怎么清楚，至少没有人好好地研究。

王元化认为在陈澧和朱一新的文章中，会看到这个思潮不是一个突然的无缘无故的变化，而是学术发展当中的一个完全可以理解的脉络，这个脉络在学术史上很清楚。陈澧、朱一新等批评了乾嘉的末学，其实在陈澧之前像章学诚等人都批评过。在清代的学者中王最推崇的就是章学诚(章实斋),虽然他们在经学的建树上面不一定有什么很特殊的贡献,但在关于学风的改变上面,他们都是关键性的人物。

传统文化

王元化谈到传统文化时,说关于王学(王阳明的学派),尤其是王阳明的后期,对中国的文化是具有破坏作用的。后来传到泰州学派,王艮(王心斋)先生,他的儿子东崖先生(王襞),形成了一种反传统的思潮,涤荡一切,对中国文化是破坏力极强的一种;到了李贽,以及到了后来就涤荡一切了,很强烈地反传统;龚自珍也如此。所以"五四"的反传统,不是一个突发事件,也不是当时候突然产生的一种思潮,而是延续到差不多可以上溯几百年前明末泰州学派的这些东西。清末旧的古文学派渐渐地出现毛病,经过极端的末流的发展,流露出来了,所以后来渐渐向宋学,向这个宋学转化,这是主要的。

章太炎号称古文学派,是最后一家古文学派。但是太炎先生又是一个反传统很厉害的,反儒很厉害的人,这一点没人讲。实际上他跟真正的古文学派原来的东西距离很远了,他在那里赞成法家,赞成秦始皇,批判儒学。"崇法批儒"用的是谁的材料呢?恰恰就是古文学派章太炎的两篇文章《秦政纪》《秦献记》,都是推崇秦始皇的。"五四"人物都有内心的矛盾,这两篇非常重要的文章反映这些人的内心世界。《秦政记》和《秦献记》对于了解"五四"人物的思想,既矛盾又有点儿激进的思想很有用。他又举出一个例子:鲁迅也是这样。他的国学没有超过章太炎的范围,在国学方面,鲁迅没有什么新的见解。

(2) 王元化与林毓生的谈话。2008 年 1 月 18 日到 19 日,王元化晚年的挚友林毓生在香港讲学两周之后,来到上海瑞金医院第九病舍访问王元化。此时,王元化的病情已经开始转危,肺癌病灶有蔓延的趋向,并开始咳血,精力不支。林毓生夫妇的到来则给了王元化谈话的兴趣。他们俩在两天总共约四五个小时中,谈了哲学、政治、思想等方面的问题,以林毓生谈得较多。

林毓生告知王元化，自己和几位海外学者李欧梵、林同奇、胡志德等人共同将王元化的几篇重要论文翻译成英文，其中有关于卢梭的《社会契约论》的研究、关于“五四”反思、《杜亚泉文选·序》等，拟在香港中文大学出版。王元化听了之后非常高兴。当然，在交稿之前，他还要写一篇导言，2008年底应该可以出版。林毓生讲到他在香港中文大学讲的题目是韦伯所谓ideal-typical analysis。Ideal-type一般译成“理想型”。那就是人对自我以外的事物，到底能够认识多少？他觉得这是一个很大的问题。而韦伯的理想型的认识，只能是近似的、模拟式的、大体上的，而不能完全认识到自我外面的东西。

王元化坦然地谈了他求学的经历，他觉得自己在学者中是一个很特殊的例子——成长在动乱当中，抗日了，参加地下党就不读书了；后来在政治运动当中了无法读书；到了1955年反胡风后，被隔离审查，才有机会读书，回到学术。“文革”结束平反后，让他去做官，虽然他也不是很情愿。“做了两年官，害得我六年的思维处于停滞的状态。所以我就没有真正地好好读过书。与你们不同。”①王元化谈到柏杨时说，他认为中国是个大染缸。外国什么好的东西到这儿来就变色了。王元化认为这意见(说法)也对也不对。外国什么好的东西到这里来就变色了，但中国根本就没有好好地去研究这些东西，只是知道名词在那儿叫叫，为的是赶时髦。章太炎、熊十力早就严斥过这种坏学风。

王元化告诉林毓生，他现在对鲁迅有了新的看法，他是个很特别的人。他说，他是不惜从最坏方面去看别人的(“我向来是不惮以最坏的恶意来推测中国人”，出自《记念刘和珍君》)。这在中国也是很少有的。他也承认他赞成韩非，他在《坟》的后记里面讲到：韩非的峻急，庄周的随便。他说：我活着不是为了爱我的人，是为了恨我的人，我跟他们斗。这和“与

① 王元化、林毓生：《王元化、林毓生谈话录》，载《文汇报》2008年3月30日。

天斗，与地斗，与人斗”有什么两样？可惜没有人很好地研究。王元化认为鲁迅受文艺复兴的影响，受西方的各种启蒙思想影响。所以，他的思想很混杂的。他还喜欢尼采。鲁迅到临死的时候，他就说——他是用哲人的态度来对待人生的——西方的规则，人快要死了，他原谅仇人，原谅他恨过的人，原谅恨他的人。但是，鲁迅到临死的时候，一个也不宽恕。①这个假设不弄清楚的话，就觉得很特别。“你的那些个仇人，当然有真正蔑视自由、正义的敌人，可自己的敌人无非就是梁实秋什么的那些个人。”②

（3）蓝云的日记。蓝云在题为“最后的日子”一文中，用日记的方式写出了王元化先生最后的生活和学术，包括了他的病况和所思所想，直到去世那一天。

王元化弥留之前还在整理《读莎士比亚》《读文心雕龙》小引，撰写出版说明等。他修改了与林毓生的谈话，该谈话录准备分两次在《文汇报》笔会刊登。在闲谈中关心中国的教育，认为其弊端还不仅是“灌输式”的问题，还有应试教育和实用主义的问题。在中国的教育中，学习的专业，往往是学了就要考虑回报是什么，有什么好处，这是“目光短浅”的问题。他说：“如果我小时候学习只是考虑回报，就没有今天的我了。”③他也继续关注学术动态，尤其是一些友人的文章，王元化让蓝云读北大哲学系教授汤一介的《五四运动与“东西古今”之争》，认为汤先生的其他看法还是很有道理的，但是他的文化三分法——激进主义、自由主义和保守主义，表示并不赞同。在行文风格方面，王元化说“文如看山不喜平”，感到汤先生的文章显得平了些。

关于自己的病情，虽然医生尊重家人和友人的意愿，没有告诉他患上

---

① “……想到欧洲人临死时，往往有一种仪式，是请别人宽恕，自己也宽恕了别人。鲁迅却说：我的怨敌可谓多矣，倘有新式的人问起我来，怎么回答呢？我想了一想，决定的是：让他们怨恨去，我也一个都不宽恕。”出自鲁迅：《且介亭杂文附集・死》。

② 王元化、林毓生：《王元化、林毓生谈话录》，载《文汇报》2008 年 3 月 30 日。

③ 蓝云：《日记最后一年的元化先生》，载《世纪》2019 年第 6 期。

了肺癌，但他感觉到这次入院之后再难出院。2008年1月25日那天，他不断地咳血，大家告诉他患的是肺结核，慢慢会好起来，大家都在善意地瞒着王元化。但他突然问蓝云：蓝云，你告诉我实情，我得的肯定不是什么结核，一定是肺癌！对吗，不要瞒我嘛。我不是傻子，你应该对我说实话。蓝云一时语塞，不知怎么回答，却忍不住哽咽。王元化则说：其实我早有预感，我的日子不多了。用淡定的口吻说：你不要这样，你难过，我心里会更难过。我并不害怕死亡的临近。但我是一个缺少耐心的人，不能读写，成天睡在床上，从一个思想着的人，变成一个纯粹生物意义上的人，生命对我已全无意义。就让我从容地有尊严地走。张可走时（一年半前）我很难过，最后的日子，我虽然也一直关心她，可是自己也是百病丛生，不能随侍在老伴身旁，我是遗憾的。而我生命的最后一程，我希望你陪伴着我，你能这样天天来我身旁，我心里很满足了。我总是说，我并不寂寞，但是我孤独。这十几年有了你，我就不那么孤独了。现在，我要离开你了，我最是放心不下你的今后，一个人会不会生活得快乐？你生活得好，我才放心啊。

他依旧如往常一样欣赏生活中的美，看窗外的雪景想起《水浒》林冲夜奔"那雪下得紧"；友人送来的插花，他说很美，只是花枝应该插得更蓬松一些，要错落有致。并进一步评价说，可惜这些花朵都是一模一样的！如果有的是花苞，还有含苞欲放的，甚至即将凋谢的，那会更美；所有的花如果开得整齐划一，如麦当劳，如兵列，如"一、二、三，起步走"，一个模子刻出来的，那就缺乏生命自然生发出来的美丽，这无疑是美的缺憾，这也就是产品而非真正的艺术品了。

1月18日和19日两天和林毓生的谈话，王元化极为重视，几乎每一个字都经过他仔细的校改修正，《文汇报》3月30日发表了谈话录（上）；4月10日那天，此时离他逝世仅一个月，还认真仔细看了谈话录（下）稿件清样，更正了编辑修改的不妥之处，一口气读了差不多一万多字。

浙江中国美院为王元化做了一尊青铜胸像，特意由王赞、舒展从杭州冒雨送来。王元化对这尊铜像的评价是似乎激昂了一些,希望更富于人文精神一些。他说自己性格中是有容易冲动的一面,但反思过后,又总是在文章中斯斯文文地讲道理,说自己内在的本质、至高的追求是——人文精神。

5 月 6 日那天上午,王元化也还清醒,只是脸肿得可怕。医生诊断后说癌细胞脑转移已经很严重了。王元化坦然地说想要知道病情发展的真实情况,以便有所准备。他不希望做创伤性抢救,不希望拖太久。

5 月 9 日的一早,脸肿得更厉害了,吸氧气的管子在脸上勒出了深深的印子。手脚都肿了,但是仍然需要挂针。说话喃喃而语,更加含糊不清,昏迷的时间也更长久了,依稀能听明白的是,“学馆的外文译著,一定要放译者的相片,还有他们简单的小传”。

2008 年 5 月 9 日 22 时 40 分,王元化在上海瑞金医院逝世,终年 88 岁。①

刻 石 明 志

在辞世前 3 天,王元化在病榻上低语嘱托学生胡晓明,将来学馆建成,从下面这段话中“做点删节,用三四行字,写在学馆门口的石头上”。

经反复推敲后,他拟定了下列文字:

> 这种知识人的特征是这样的:他们精力充沛,思想活跃,永远有着讨论不完的问题。他们敢言,从不谨言慎行,从不习惯于陈规陋习,该批评就批评,该反对就反对,但是他们却并不自命为“战士”或“先知”。生活在一个道德标准和文化意义渐渐崩解失坠的时代,他

① 王元化的学生和朋友们,在他生前就策划建立王元化学馆,将王元化的学术思想以及未完成的课题展示出来,并继续研究他的未完成的课题。现该馆设立在华东师大图书馆内。

们通常喜新而不厌旧,既召唤着变化的精魂、又时时流露出对旧日的好东西的一分留恋。他们对思想的事物十分敏感,对于经验世界和现实政治的事务却往往不太在意;沉思的心灵生活其实才是他们最为珍视的。他们是那种为思想、为观念而生的人,而不是靠观念谋生的人。

后　记

从 1986 年成为王元化先生的弟子到 2008 年先生去世，我从没有想过要为我的老师作传。

他的学术、思想、生平是这样的深邃、独立和精彩，从《文心雕龙》到黑格尔，从马恩哲学到魏晋玄学，甚至从国家学说到京剧艺术，他都要拿来在理性的天平上思考一过，挖掘其中的深处，“千磨万击还坚劲，任尔南北东西风”；他交往的人脉，是那样的丰富和广博，从学界巨擘、政治权威到一般的莘莘学子，“天下何人不识君”？他经历的人生，又是那样的跌宕起伏、多姿多彩，从国破山河在的 1930 年代加入中共地下党从事文化工作，到 1950 年代被打成“胡风反革命集团”分子，转眼成为政治贱民，1970 年代平反后成为中共党代会代表，并出任上海市委宣传部部长；从 1980 年代被选为国务院学位委员会首届学术审议组最年轻的成员，遴选评议中国学界的博士生导师，到 1990 年代开始了他一生中最精彩的第三次反思，真有“蓦然回首，那人却在灯火阑珊处”的境界。为先生写传记，就是写一部中国近代左翼知识分子的精神思想史，作传者须得在一个更高的视界、更丰富的学术层面来提炼传主的内心世界。

先生晚年曾物色过为他写传记的人选，前前后后几年，始终无法定夺。先生做事做人做学问顶真（疙瘩），要把一生托付给他人做一个总结和鉴定，对于他来说，是一件非常困难的事，于是直到临走的时候，他终于无法找到契合的人来做此事。

为先生作传的因缘，始于 2007 年的暑假。

7 月初，我接到蓝云的电话，说先生最近住院，病情不容乐观，很想你，希望你有空能够来医院，经常谈谈。我很快买了机票专程回上海，来到瑞金医院，开始了与先生的病床前谈话，进行了约一个月的时间。先生希望就这个谈话编一部书。此前先生与很多人都作了谈话,但都比较零散,或只是围绕某一个话题,没有像这次谈得完整和全面。7月25日,我到瑞金医院辞别先生回国,我在那天的日记写道:"我看先生谈得太累,于是请他休息,我要回国了,下一次再来看他。先生说,你下次来,我们还是两个人多谈谈。"到了第二年(2008年)的1月,我回上海后再次到医院看望先生,他似乎已经没有精力像去年那样谈话了。医院主治沈医生告诉我,先生的病情不容乐观。不过,来往的人似乎比去年多了,大多在谈关于建立王元化学馆的事宜和全集出版,我们无法再就一些话题从容谈论了。最后一次去看先生,我是这样记录的:"1月14日先生说,我对于清华园确实有一种情感在内,不过我更加看重的是早年清华的治学精神。清华大学国学院的导师,坚持学术独立,对后来有很大影响。王瑶生前对我说过,他后来院系调整,从清华大学分配到北大教书,但是他并不认为自己是北大人,而是清华人。这句话也含有对治学态度的看法,具体说就是要坚持自由思想和独立精神。蓝云在旁边说,先生说不动了,让他休息吧。我说,我明天就要回美国了,我也是特意来向先生告辞的。先生这时候已经躺到了床上,他伸出手跟我握着,一边在说,向建华孩子问好。你下一次什么时候回来?我说,大概是暑假的时候,6月底。先生'哦'了一下,眼光中突然闪现一种些微的失望,这是我跟他二十年来,在他的眼睛中很少见到的。他的眼神总是那样明亮,那样尖锐,这个时候,似乎变得很钝很迟。他缓缓地说,向林先生问好!那么,我们六月份再见……我们的手慢慢放开。"①

当年5月9日,先生去世。

回美国后,我将这次的谈话与以前上课期间先生跟我的谈话综合起来,出版了《王元化晚年谈话录》(2012年)和《王元化谈话录》(2015年)。整理谈话录的过程,也是我学习研究王元化思想学术的最好机会。我深

① 吴琦幸:《王元化晚年谈话录》,第162—163页。

切地认识到，先生和他所代表的一代人，随着时间的推移正在远离我们，逐渐消失在历史的尘雾中。那是怎么样的一代人呢？那是“五四”以后，为了国家和民族的命运而献身中国现代左翼运动的知识分子，在面临国难当头的时候，甘愿为了追求理想而付出自己青春和生命的激情一代。在此后“理想国”的破灭并带来的磨难和坎坷中，他们中的极少数人始终没有放弃年轻时代的信念，一直在苦苦寻找答案。先生是其中最勇敢地将自己放在理性中反思的少数人，他反思的深刻性达到了时代的高度。纵观其一生，可以说是代表了中国左翼知识人在 1920 年代之后的心路——从理想、激情、革命到历经后来的种种坎坷、整肃、平反、重回岗位，最终反思个人与国家的历史和主义。他们这一代人理想远大，信心十足，对于中国的未来抱有强烈的责任感，相信将来一定是人人都会有尊严、思想自由、公平公正的理想世界，“英特耐雄纳尔一定会实现”。正是这种革命的理想主义精神鼓舞青年王元化走向人生的尽头。应该说，他是一个另类。很多人在岁月磨难和历次运动挫折中，渐渐变老，思想也变老。唯有王元化，咬定青山不放松，人书俱老笔愈健。直到临终，他的思考没有停止，其独立的思想意境扩展到关心人类被消费主义、物质主义侵蚀的命运，他的精神已经升华。

以后每次到上海，都是先找蓝云和夏中义，我们三人谈话的内容总是围绕着先生的学术、生平和思想。夏中义研究王元化思想学术有年，是先生生前最器重的学生之一，并被先生认为得其真义。我们三人就此在王元化研究方面结缘，于是慢慢地，我也开始进入王元化的精神世界。

王元化生前留下了三部有关他的小传。第一部是《走自己的路——记王元化教授》（吴晓卓，1988 年），第二部是《跨过的岁月——王元化画传》（胡晓明，1999 年），第三部《传略》（《王元化集》第十卷，2007 年）。这些都是由他口述，弟子记录，最后自己改定的，可视为夫子自道。

第一部小传由先生口述，陆晓光、蒋述卓和我记录，并由我执笔，经先生改定后首刊在 1989 年冯契主编的《时代与思潮·五四反思》。“最近东北一份杂志将刊出我的博士生给我写的简略传记（经我阅改），约万余言，刊出后当剪奉。……如来得及年内将编好我的第五本论文集，并将《文心雕龙创作论》全部修订、重印。我曾在研究生为我写的简略传记中补充了自己的一些看法。这是我唯一一次自己对自己作的一些鉴定。可供参阅。”①可见，先生对于自己的传记非常严谨，是自己对自己作的鉴定，那是不能胡来的。基于此，1999 年的《跨过的岁月——王元化画传》也是由先生口述，胡晓明记录加工，最后由先生逐字推敲成书。至于 2007 年收入《王元化集》中的《传略》，则用了画传内容而稍作删改，先生本人亲自写了后两章。

前期积累的资料，并没有让我产生为先生去写一部传的冲动。但是当我看到有些关于先生生平思想和学术书籍的出版，我感到不安了。读书界和思想界始终没有忘记先生，尤其在当下，王元化倡导的反思、独立精神、自由思想具有一种激励后人的效应。每年的读书季，王元化的名字并没有随着时间被人淡忘，甚至更加受到重视。于是我开始搜集资料，写起了王元化传。作为他的学生，这是有利的条件，也是不利的条件。要做到客观地写出一个真实的王元化，是很难的。但我愿意尝试，于是变有了这部书。

今年是先生诞辰一百周年的纪念，胡晓明主持的王元化学馆即举办王元化思想和学术研讨会。设在华东师范大学图书馆的学馆，在王元化资料搜集和研究方面起到了很大的作用。我愿以此书献给先生百年诞辰纪念活动。

研究和传播王元化先生学术思想的论文，近年来不断在各种专业性的报刊上出现，先生的著作以不同的形式新编出版。先生的弟子和研究者均已不同方式来纪念和继承先生的学术思想和独立精神，这是值得欣

---

① 王元化致劳承万的信。

慰的。先生常说他并不寂寞，从现在来看，他的身后也不寂寞。他曾经希望有更多的后来者将他生前开启的一些课题持续地进行下去，这个愿望正在实现中。

在研究撰写《王元化传》的过程中，我首先要感谢林毓生先生。作为先生的至交，他给了我很多指导，2018 年和 2019 年，我分别到林先生麦迪逊和丹佛的住所请益，并蒙惠赠大著《政治秩序与多元社会》《中国激进思潮的起源与后果》。我也专程到先生的家族故居——荆州江陵和武汉，收藏先生大量赠书和资料的江陵图书馆寻访，得到先生的故乡人陈礼荣、张军、王世立等的支持，他们陪伴我去走访，使先生当年未能找到而抱憾的桂美鹏旧居和教堂的遗址，在我书中得到了具体的描写，甚至我还找到了先生在武汉的出生地。同学、朋友的鼓励和支持，如夏中义、蓝云、胡晓明、陆晓光、陈丹燕、林其锬、王为松、阚宁辉、陈征等人，都是我写作研究的助力。谢谢所有为这部书提供帮助的朋友。最后要感谢我的妻子王建华，这部书是在她的支持下得以心无旁骛完成的。

2020 年 10 月 16 日于洛杉矶白庐

图书在版编目(CIP)数据

王元化传/吴琦幸著.—上海:上海教育出版社,
2020.11
(清园百年书系)
ISBN 978-7-5720-0156-7

Ⅰ.①王…　Ⅱ.①吴…　Ⅲ.①王元化(1920-2008)
-传记　Ⅳ.①K825.6

中国版本图书馆CIP数据核字(2020)第172229号

特约编辑　张利雄　王瑞祥
责任编辑　储德天
责任校对　任换迎
书名题签　舒传曦
封面设计　莫　娇

WANG YUANHUA ZHUAN
王元化传
吴琦幸 著

出版发行　上海教育出版社有限公司
官　　网　www.seph.com.cn
地　　址　上海市永福路123号
邮　　编　200031
印　　刷　上海昌鑫龙印务有限公司
开　　本　890×1240　1/32　印张16.875　插页1
字　　数　416千字
版　　次　2020年11月第1版
印　　次　2020年11月第1次印刷
书　　号　ISBN 978-7-5720-0156-7/K·0002
定　　价　88.00元